D1985231

FISCHER SAUERLÄNDER

© Sonya Sones

Jandy Nelson ist die New-York-Times-Bestsellerautorin des Jugendbuchromans »Ich gebe dir die Sonne«, der mit dem Printz Award ausgezeichnet wurde, den Stonewall-Honor-Book-Preis erhielt und den die TIMES zu den *100 Best Young Adult Books of All Time* zählte. Ihr bejubeltes Debüt »Über mir der Himmel« wurde auf AppleTV+ verfilmt. Beide Romane haben sich weltweit über 1 Mio. Mal verkauft, wurden in mehr als 38 Sprachen übersetzt, von der Presse gefeiert und sind bis heute internationale Bestseller. Jandy Nelson lebt und arbeitet in San Francisco, Kalifornien, nicht weit von den Schauplätzen ihrer Romane.

Weitere Informationen zum Kinder- und Jugendbuchprogramm von Fischer Sauerländer auf *www.fischer-sauerlaender.de*

Jandy Nelson

WENN UNSERE WELT KIPPT

Aus dem amerikanischen Englisch
von Barbara König

FISCHER SAUERLÄNDER

MIX
Papier | Fördert gute Waldnutzung
FSC® C083411

Erschienen bei Fischer Sauerländer

Copyright © 2024 by Jandy Nelson
Die amerikanische Originalausgabe erschien 2024 unter dem Titel
»When The World Tips Over«
bei Dial Books for Young Readers, The Penguin Group (USA), Inc.
Published by arrangement with Pippin Properties, Inc.
through Rights People, London.
Die Nutzung unserer Werke für Text- und Data-Mining
im Sinne von § 44b UrhG behalten wir uns explizit vor.
Für die deutschsprachige Ausgabe:
© 2025 Fischer Sauerländer GmbH,
Hedderichstraße 114, 60596 Frankfurt am Main
Lektorat: Julia Hanauer
Umschlaggestaltung: Annabelle von Sperber,
unter Mitarbeit von Dahlhaus & Blommel
Media Design, Vreden
Satz: Dörlemann Satz, Lemförde
Druck und Bindung: CPI books GmbH, Leck
ISBN 978-3-7373-4415-9

Kontaktadresse nach EU-Produktsicherheitsverordnung:
produktsicherheit@fischer-sauerlaender.de

Für meine Familie,
die gleichzeitig meine allerbesten Freunde sind,
und
für meine Freunde,
die gleichzeitig eine wunderbare Familie sind

Am Ende sind wir alle Geschichten.
Margaret Atwood

Wie können wir leben ohne unser Leben? Wie können wir wissen, dass wir es sind, ohne unsere Vergangenheit?
John Steinbeck

Bisweilen lebt man, ohne wirklich zu leben und dann drängelt sich das Leben in eine einzige Stunde.
Oscar Wilde

Tag für Tag und Nacht für Nacht waren wir zusammen – alles andere habe ich längst vergessen.
Walt Whitman

Es gibt eine andere Welt, doch sie ist in dieser.
Paul Éluard

Suchst du mich?
Ich sitze neben dir.
Kabir

FANTASIE, DIE (SUBSTANTIV)

Fan|ta|sie \ fanta'zi:

1: Kompositionsform, frei improvisiertes, formal ungebundenes Musikstück
2: Erzeugnis, Gebilde der Gedankenwelt
3: Etwas Versponnenes, Wundersames oder Unglaubliches

TEIL EINS

DIZZY

Begegnung Numero eins mit dem Regenbogenmädchen

An dem Tag, an dem die zwölfjährige Dizzy vor einen viel zu schnell fahrenden Sattelschlepper lief und dem Mädchen mit dem Regenbogenhaar begegnete, ging auch wirklich alles schief. Die Scheidung von ihrem besten Freund Lizard – der jetzt seinen richtigen Namen Tristan trug – hatte Lizard-jetzt-Tristan Beliebtheit, einen coolen Haarschnitt und eine Freundin namens Melinda beschert.

Dizzy hatte sie gar nichts beschert.

Seit der ersten Klasse waren die beiden unzertrennlich gewesen, wanderten in jeden noch so verborgenen Winkel ihrer gegenseitigen Gedanken und Gefühle, backten sich Rezept für Rezept durch die erlesensten Nachspeisen im *Pastry Magazine*, ganz zu schweigen von ihrer gemeinsamen Lieblingsbeschäftigung: auf der Suche nach sachdienlichen Hinweisen in Bezug auf das Dasein durchs Internet zu surfen. Wetter und Naturkatastrophen waren Lizards Fachgebiet, Dizzy war zuständig für alles, was cool war.

In letzter Zeit war Folgendes cool gewesen: Geschichten von Heiligen, die ekstatisch verzückt in der Luft schweben; von im Himalaya lebenden Yogis, die ihren Körper in Stein verwandeln können; und von Buddha, der sich vervielfachen und aus seinen Fingerspitzen Feuer schießen konnte (Ja!). All diese Wunderdinge waren so was von total Banane, dass sie Dizzys Seele schwirren ließen und Dizzy wollte eine schwirrende Seele. Sie wollte *ganz und gar* schwirren.

Außerdem hatten sich Dizzy und Lizard vor Kurzem, vor der Scheidung, drei Sekunden lang geküsst. Sie wollten überprüfen, ob sie diese Endorphine fühlen würden, über die Lizard im Internet gelesen hatte oder vielleicht sogar spontane innere Explosionen, von denen Dizzy aus den Kitschromanen erfahren hatte, die ihre Mutter hinter den literarischen Werken im Bücherregal aufbewahrte; besonders aus *Jetzt für immer und ewig*, mit Samantha Brooksweather in der Hauptrolle, Dizzys Lieblingsbuch. Lizard fand Kitschromane völlig überflüssig, doch Dizzy lernte so viel aus ihnen. Das Tor zu ihrer wilden Weiblichkeit sollte endlich aufschwingen, ihre brennende Begierde erwachen, ihr glühender Glutofen in Flammen aufgehen, und obwohl sie, anders als Samantha Brooksweather, noch nie einen echten Penis gesehen hatte, wusste sie durch diese Bücher jede Menge über Liebeskolben, Lustmusketen und Freudenstäbe. Bedauerlicherweise hatte jedoch keiner von beiden während dieses Drei-Sekunden-Kusses Endorphine oder spontane innere Explosionen verspürt.

Jedenfalls, an diesem besagten Tag der ersten Begegnung, saß Dizzy den ganzen Morgen lang im Unterricht und musste zusehen, wie ihr Ex-Bester-Freund Lizard-jetzt-Tristan heimlich mit seiner schrecklichen neuen Freundin Melinda Nachrichten austauschte, bestimmt über all die spontanen inneren Explosionen, die sie erlebt hatten, als sie sich drei Wochen vorher bei der Party geküsst hatten. Dizzy hatte zugesehen, als es passierte, mit zugeschnürter Kehle, während Lizard seine Hand in Melindas Nacken legte, kurz bevor ihre Lippen aufeinandertrafen. Seit diesem Moment sprach Dizzy – dafür bekannt, ohne Punkt und Komma zu reden – in der Schule kaum noch und wenn doch, hatte sie das Gefühl, ihre Stimme würde aus ihren Füßen kommen.

Aber was blieb Dizzy noch zu sagen? Ihre Mutter hatte ihr einmal erklärt, dass die große Liebe nicht unbedingt immer romantischer Natur ist. Dizzy hatte eigentlich gedacht, dass sie bereits dreimal die große Liebe gefunden hatte: ihren besten Freund Lizard; ihre Mom, Chefköchin Mom; und ihren ältesten Bruder Wynton, der dermaßen fantastisch war, dass er Funken sprühte. Doch was jetzt? Sie wusste nicht, dass Menschen einfach aufhören können, jemanden zu lieben. Sie dachte, Freundschaft wäre für immer, wie Materie.

Nach der Mittagspause – die Dizzy im Computerraum damit verbracht hatte, über eine Gruppe Menschen in Osteuropa zu lesen, die davon überzeugt waren, jemand oder etwas hätte ihnen psychisch die Zunge geraubt – durchquerte sie die halbe Schule, um zu den Toiletten zu gehen, die niemand benutzte. Sie versuchte Lizard-jetzt-Tristan und Melinda aus dem Weg zu gehen, die in letzter Zeit ständig vor dem Wasserspender bei dem näheren Klo rumhingen, Hände und Seelen zusammengeschweißt. Nur, als sie die Tür aufschwang, stand Lizard da, in der einzigen Unisex-Toilette der Schule.

Er stand allein vor dem Spiegel, schmierte sich irgendein Gel in die neue Frisur und sah jetzt aus wie alle anderen Jungs, nicht wie der Lizard von vor einem Monat, mit der Wirbelsturmfrisur, genau wie sie, im Stil Nerdiger-Typ-bei-Jugend-forscht, auch genau wie sie. Er hatte sich sogar Kontaktlinsen besorgt, sodass sie jetzt nicht mehr die gleiche schwarze zehn Tonnen schwere Clark-Kent-Brille trugen. Sie wollte den alten Lizard zurück, den Jungen, der ihr von Lichtsäulen und Nebelbögen erzählte und mindestens fünfhundert Mal am Tag: »So geil, Diz« sagte.

Das Neonlicht in dem nacktschneckenfarbenen Bad flackerte. Seit einer gefühlten Ewigkeit waren sie nicht mehr allein miteinander gewesen, und Dizzy fühlte sich ganz leer. Lizard warf ihr einen Blick im Spiegel zu, mit ausdrucksloser Miene, und widmete sich dann wieder seinem Haar, das die Farbe von einem Kürbis hatte. Seine Haut war blass mit ein paar vereinzelten Sommersprossen im Gesicht – nicht ganzen Galaxien wie bei Dizzy. Als Tony Spencer, Dizzys Peiniger seit Anbeginn der Zeit, Dizzy in der fünften Klasse mal einen hässlichen Streuselkuchen genannt hatte, war Lizard am nächsten Tag mit einem Haufen eigener Galaxien, die er sich ins Gesicht gemalt hatte, zur Schule gekommen.

Dizzy erhaschte einen Blick auf ihr Spiegelbild und wie jedes Mal, wenn sie ihre Erscheinung sah, verspürte sie einen Stich: Sie sah aus wie ein Frosch mit Perücke. Sie konnte nicht fassen, dass es das war, was die Leute zu sehen bekamen, wenn sie sie anguckten. Würden sie doch nur was Besseres erblicken, wie zum Beispiel Samantha Brooksweathers Kopf. Samantha Brooksweather entflammte die Herzen der Männer mit ihren samtweichen, seidenen Locken, ihrem sinnlichen Schmollmund und ihren glitzernden saphirblauen Augen.

Dizzy richtete ihre ganz gewöhnlichen, nicht glitzernden braunen Augen wieder auf ihren Ex-Besten-Freund, diesmal auf die richtige Version, nicht die im Spiegel. Sie wollte so gerne seine Hand halten, wie sie das jahrelang heimlich unter Tischen getan hatten. Sie wollte ihn daran erinnern, wie sie ihre Haare früher immer zu einem einzigen Zopf geflochten hatten, damit sie so tun konnten, als wären sie eine Person. Sie wollte ihn fragen, warum er nicht auf ihre Nachrichten oder Anrufe reagierte, nicht an sein Fenster kam, sogar nachdem sie siebenunddreißig Kieselsteine hintereinander dagegengeschmissen hatte. Stattdessen verschwand sie in der Klokabine und hielt so lange den Atem an, wie sie konnte, und als sie wieder rauskam, war er verschwunden.

Auf dem Spiegel stand mit schwarzem Filzstift geschrieben: *Lass mich in Ruhe.*

Dizzy hatte das Gefühl, weggeblasen zu werden.

Dann kam Sport. Völkerball. Stunde des Grauens und des Schreckens. Auf dem glühend heißen Sportplatz schwitzte sie ihr T-Shirt durch, versuchte sich unsichtbar zu machen und so zu tun, als würde sie nicht bemerken, wie Lizard und Tony Spencer die Köpfe zusammensteckten. Iih. Bäh. Dizzy hätte sich am liebsten ein Loch gebuddelt. Warum hatte sie nie daran gedacht, dass es im Leben mehr als einen einzigen Freund braucht? Aber sie hatte keine Zeit, weiter darüber nachzudenken, denn Tony Spencer hatte sich von Lizard abgewandt und stürmte jetzt auf sie zu, den Ball in der Hand, mit einem cartoonhaften fiesen Grinsen im Gesicht. Und mörderischen Absichten. Ihr Herz plumpste in die Hose. Sie versuchte, ihm psychisch die Zunge zu rauben, und brach dann den Vorgang ab, weil: ekelig.

Aus ihrem Mund kam ein seltsames peinliches Quieken, als Tony den Ball in die Luft hob und ihr in den Bauch schmetterte, ihr den Atem und die Würde raubte. Als sie – wie ein Fisch auf dem Trockenen – schnaufend und nach Luft ringend auf dem Boden lag und sich den Bauch hielt, drehte er sich um, hockte sich über sie, schob ihr seinen verschwitzten Sporthosenhintern ins Gesicht und furzte.

Dizzys Verstand fror ein. Nein, flehte sie, mach, dass das gerade nicht passiert ist. Löschfunktion. Escape drücken. Ausschalten.

»Und, welche Farbe hat er, Dizzy?«, fragte Tony voller Schadenfreude. Lizard musste ihm von ihrer Synästhesie erzählt haben, dass sie Gerüche als Farben wahrnahm.

Um sie herum wurde gelacht und gelacht, doch Dizzy konzentrierte sich allein auf Lizards Wiehern, der lachte, als wäre sie nicht bereit, eine Badewanne voller Spinnen verspeisen, um ihm jeglichen Schmerz zu ersparen.

Deswegen musste Dizzy weinen. Deswegen befahl sie ihren nackten, knochigen, dünnen Beinen, über den Sportplatz zu rennen, über den Zaun der *Paradise Springs Middle School* zu klettern und einen Weinberg nach dem anderen zu durchqueren, bis sie sich in einem unbelebten Teil der Stadt wiederfand, mitten an einem Schultag und in einer Hitzewelle, in ihren Sportsachen.

Am liebsten wäre sie aus ihrem blöden verschwitzten Körper gesprungen und hätte ihn zurückgelassen.

Denn Tony Spencer hatte in ihr Gesicht gefurzt! Vor allen anderen! Und Lizard hatte gelacht! Hatte sie ausgelacht! Gott! Von jetzt an würde sie eine Tarnung brauchen, eine ganz neue Identität. Niemals würde sie wieder zurück in die Schule gehen, das stand fest. Sie würde die Kreditkarte ihrer Mutter klauen und einen Flug nach Südamerika buchen. In der Savanne mit den Wasserschweinen leben, denn bei einer ihrer Marathonrecherchen im Internet hatte sie erfahren, dass Wasserschweine von allen Säugetieren die nettesten sind.

Nicht gehässig wie Leute aus der siebten Klasse.

Und hallo? Ihre Synästhesie war nicht einmal etwas, für das Dizzy sich schämte, so wie für ihr Frosch-mit-Perücke-Aussehen oder ihre Atompilzfrisur oder ihre Sommersprossen, die jeden Zentimeter von ihr besiedelt hatten, bis hin zu ihren Zehen und ihrem glühenden Glutofen. Oder wie für alles andere. Dafür, wie klein und ungewölbt sie war und dass sie noch an keiner aufregenden Stelle ein einziges Haar aufzuweisen hatte oder dafür, dass sie sich oft wie ein Staubkorn fühlte. Ganz zu schweigen davon, wie groß ihre Angst war, zu sterben oder einzuschlafen oder allein im Dunkeln zu liegen oder ein Zimmer zu verlassen, in dem ihre Mutter sich aufhielt, oder für immer hässlich zu sein. Oder sogar dafür, wie viel Zeit sie *wirklich* im Internet verbrachte, auf der Suche nach sachdienlichen Hinweisen in Bezug auf das Dasein, oder für so viele andere Dinge, die Dizzy das Gefühl gaben, dass das Leben von einer Demütigung zur nächsten hüpfte, ob privat oder öffentlich.

Sie taumelte den verlassenen, glühend heißen Gehweg hinunter, vollkommen gedankenverloren und bekam gar nichts mit; nicht den bernsteinfarbenen Duft in der Luft, nicht, dass die Läden wegen der höllischen Hitze zugemacht hatten, nicht die sonnenversengten Hügel in der Ferne, nicht die seltsam knarzende Stille, weil alle vier Flüsse in Paradise Springs versiegt waren. Sie bekam noch nicht einmal den leeren Himmel mit, ohne einen einzigen Vogel, weil keiner Lust hatte zu fliegen, während die Teufelswinde durch das Tal streiften und für die schlimmste Hitzewelle seit Langem sorgten.

Blindlings machte sie einen Schritt auf die Straße.

Dann ein Kreischen, als würde die Welt auseinandergerissen.

Unter ihr bebte die Erde, die Luft wurde erschüttert. Dizzy hatte keine Ahnung, was los war.

Sie drehte sich um und sah das riesige Metallgesicht eines Sattelschleppers auf sich zurasen. *Oh nein oh nein oh nein oh nein.* Sie konnte sich nicht bewegen, nicht schreien, nicht denken. Sie konnte nichts tun. Ihre Füße waren wie einbetoniert, während die Zeit immer langsamer wurde und dann mit einem Mal vollkommen stillstand mit der Erkenntnis: Das war's jetzt.

War's wirklich.

Das Ende.

Oh, hoffentlich wurde sie ein Geist. Ein Geist, der den ganzen Tag lang zusammen mit Chef Mom in ihrem Restaurant *The Blue Spoonful* backte.

»Ich will bitte sofort zurückkommen, bitte«, flehte Dizzy eindringlich, an Gott gewandt. »Ein Geist, der sprechen kann, Sir«, ergänzte sie. »Nicht so ein stummer, bitte.«

Sie schluckte, Trauer erfüllte sie, ein eindeutiges Ich-bin-nicht-bereit. Sie würde sterben und hätte nur drei Sekunden von den durchschnittlich zwei Wochen damit verbracht, die ein Mensch in seinem Leben mit Küssen verbringt. Sie würde sterben, ohne sich je verliebt zu haben, ohne mit der Seele eines anderen zu verschmelzen, so wie Samantha Brooksweather und Jericho Blane. Bevor sie dem heißen Drängen von jemandem begegnen, in gemeinsamer Ekstase im Feuer der Leidenschaft verbrennen oder bevor sie all die anderen epischen Sexszenen in *Jetzt für immer und ewig* erleben konnte. Noch schlimmer war, dass sie sterben würde, ohne selbst je einen Orgasmus gehabt zu haben – sie bekam es einfach nicht hin oder war vielleicht missgebildet, keine Ahnung.

Und das Allerschlimmste war: Sie würde sterben, bevor der Vater, den sie nie kennengelernt hatte – weil sie an dem Abend, als er gegangen war, noch im Mutterleib gewesen war –, zurückkehrte. Sie wusste aber, dass er nicht tot war, so wie manche Leute behaupteten – weil sie ihn oben auf dem Bergrücken in seinem Cowboyhut gesehen hatte, und er genauso ausgesehen hatte wie auf all den Fotos, nur dass ihr das keiner glaubte (abgesehen von Wynton und Lizard), bedingt durch die Tatsache, dass sie regelmäßig die stummen Geister im Weinberg erblickte und ihr auch das niemand glaubte (abgesehen von Wynton und Lizard). Oh, Wynton. Und ihr anderer Bruder, der Vollkommene Miles. Ihre Mutter! Panik ergriff sie. Wie konnte sie die alle verlassen? Die Welt verlassen? Sie verließ noch nicht einmal gerne den Frühstückstisch. Wie konnte sie sterben, bevor sie sich alle – Wynton, der Vollkommene Miles, Chef Mom, Ent-entschwundener Dad, ihr komischer betrunkener Onkel Clive – auf dem uralten roten Samtsofa im Wohnzimmer zusammengequetscht hatten, ein Glücksgewühl von Menschen mit Dizzy genau in der Mitte und alle zusammen *Harold und Maude* oder *Babettes Fest* (die Lieblingsfilme ihrer Mom und nun auch ihre) gesehen hatten. Oh, hoffentlich würden sie im Gedenken an sie diese beiden Filme gucken, anstatt Blumen mitzubringen.

Nicht dass ihre Familie je etwas in einem Glücksgewühl geguckt hatte oder überhaupt je besonders glücklich gewesen war, Punkt. Aber jetzt konnte man diese Möglichkeit völlig vergessen.

Sie würde sterben, bevor überhaupt irgendetwas möglich wurde.

Und das Schrecklichste daran war noch nicht einmal, dass das Letzte vor ihrem Tod der Gesichtsfurz von Tony Spencer oder der Verrat von Lizard war. (Ach, vergesst die Filme. Statt Blumen bewerft lieber die Häuser der beiden mit Eiern und wickelt sie in Klopapier ein.) Das Schrecklichste war, dass sie sterben würde, bevor etwas wahrhaft Wundersames in ihrem Leben geschehen war.

Und dann geschah etwas wahrhaft Wundersames in ihrem Leben.

Zwei Hände griffen stark und entschlossen nach ihren Hüften. Sie drehte sich um und sah ein Mädchen. Ein leuchtendes, strahlendes, eine Sternschnuppe von einem Mädchen. Dizzy hob die Hände, um das Gesicht zu berühren, das von Regenbogenlocken umrahmt war, eine märchenhafte, farbenfrohe Pracht, die dem Mädchen bis zur Taille reichte; doch ehe Dizzy die lichte Wange berühren konnte, sagte das Mädchen etwas, stupste Dizzy auf die Nase, gab ihr dann einen gewaltigen Schubs, und Dizzy flog durch die Luft. Flog, flog, flog. Der Himmel kippte weg, während Dizzy aus ihren Gedanken geschleudert wurde, aus Zeit und Raum und schließlich in einem Wirrwarr aus Armen, Beinen und Bestürzung auf dem heißen Gehweg landete.

Heilig heilig heilig.

Dizzy bewegte sich einen Moment lang nicht. Äh. Was war da gerade passiert? Ihr Herz wie ein wildes Tier in ihrer Brust, lag sie mit dem Gesicht auf dem glühenden Schotter. War sie ein Geist? Sie wackelte mit zwei Fingern. Nein, noch immer fleischlich. Sie versuchte, den Kopf zu heben, aber alles war verschwommen – wo war ihre Brille? Sie rollte sich auf den Rücken und eine Gestalt ragte über ihr auf, ein Mann, das konnte sie auch ohne Brille erkennen, – nicht das Mädchen, das sie erwartet hatte –, und verdeckte die Sonne, streckte ihr seine Hand hin und redete wie ein Wasserfall.

»War das knapp. War das knapp. Jesus, Maria und Josef. Aber sieh dich an. Wie neu. Nicht ein einziger Kratzer. Gott sei Dank.« Er half Dizzy mit zitternden Armen auf die zitternden Beine. Trotz der Steinchen in ihrem Gesicht und ihren Handflächen, den Schürfwunden an den Knien, ihrem pochenden Herzen, war sie okay. Was den Mann anging, war sich Dizzy da allerdings nicht so sicher, er schien kurz vor der Schnappatmung zu sein. Schweißflecken breiteten sich auf seinem T-Shirt aus, sein Geruch schlug ihr entgegen, ein kürbisoranges Aroma, die Farbe, die Dizzy mit Männern verband, mit Männerschweiß. Mädchen und Frauen rochen meistens grün. Doch nicht alle, wie sie inzwischen wusste. Das Regenbogenmädchen, das ihr gerade das Leben gerettet hatte, duftete nach Purpur, genau wie Blumen.

»Ojemine. Oh Gott«, sagte der Mann. »Wie alt bist du, neun, zehn? Ich habe eine Enkeltochter in deinem Alter. Leicht wie eine Feder, genau wie du.«

»Ich bin eine zwölf Jahre alte Feder«, sagte Dizzy abwehrend. Weil ja, es war ärgerlich, dass sie immer noch gebeten wurde, als Elfe bei der Paradise-Springs-Sommerparade mitzumachen, vielen Dank auch. Sie bückte sich nach ihrer Brille, nur um festzustellen, dass sie in ihrem Haar steckte, das auch als ihr persönliches Fundbüro diente. Sie befreite sie und setzte sie auf, um zu erkennen, dass der Mann mit seinem großen, verschwitzten, freundlichen Gesicht im Grunde genommen ein sprechendes Walross war.

Das Mädchen hingegen war nirgendwo zu sehen.

»Okay, dann zwölf. Lag ich wohl falsch«, sagte der Mann. »Puh, puh. Bin so froh, dass dir nichts passiert ist. Dachte schon, das war's.«

»Ich auch«, sagte Dizzy, während ihr Verstand wieder auf Touren kam. »Ich habe gehofft, dass ich dann wenigstens als Geist wiederkomme, aber ich wollte nicht so ein stummer sein, wissen Sie?« Sie spürte Worte, Worte, Worte in sich anschwellen, eine

Flutwelle davon, die sich aus ihr ergießen wollte wie in den guten alten Zeiten vor der Scheidung. Klar, manche Leute, die hier nicht genannt werden, waren der Meinung, dass Dizzy viel zu viel redete und ihre Stimmbänder entfernt bekommen sollte, aber diese Leute waren nicht hier, also: »Das wäre furchtbar. Da zu sein, alles und alle beobachten zu können, aber nicht sprechen, niemandem etwas sagen zu können, nicht einmal meinen Namen. Wie die in unserem Weinberg.«

»Ich glaube, du wärst als stummer Geist schrecklich«, sagte der Walross-Mann.

»Ja. Eben.« Sie sah sich um. »Ich muss dem Mädchen danken, Sir. Wo ist sie hin?«

Der Mann verzog das Gesicht, sodass seine Augenbrauen eine buschige Linie bildeten. »Wo ist wer hin? Alles, was ich gesehen habe, ist die Sonne, wie du da im Licht standst, ganz erstarrt und zum Himmel aufgeschaut hast, wie so eine heilige Statue. Und dann bin ich in die Eisen gestiegen, volle Pulle, und in der nächsten Sekunde bist du aus dem Weg geflogen. Du musst sportlich sein, denn du bist echt geflogen. War das ein Anblick!«

»*Gar* nicht sportlich. Nicht wie mein Bruder, der Vollkommene Miles. Ich hasse Sport. Egal welchen. Ich bin nicht mal gerne draußen.« Sie holte Luft, um ihre Gedanken zu verlangsamen, die gerne wie eine Lawine über sie hereinbrachen. »Ich bin so geflogen, weil ein Mädchen mich geschubst hat. Und wie, sie hat mich einfach nach oben in die Luft gestoßen. Sie haben sie nicht gesehen?« Dizzy blickte noch einmal die Straße rauf und runter. Nirgendwo war irgendjemand zu sehen. Keine Touristen. Noch nicht mal ein Auto. Die Teufelswinde hatten Paradise Springs in eine trockene, staubige Geisterstadt verwandelt.

»Sie hatte lauter bunte Wörter eintätowiert«, Dizzy berührte ihren Arm an der Stelle, wo das Mädchen *Schicksal* stehen hatte, »und sie war wunderschön, ihr Gesicht …«

»Sind nur wir, Herzchen. Muss die Hitze sein. Kann keiner mehr klar denken.«

Als sie unter der brennenden Sonne durch die Weinberge nach Hause ging, ihre Kleidung schweißnass an ihr klebte, konnte sie nicht aufhören, an das Mädchen zu denken. Diesen Purpurduft. Die Art, wie sie Dizzy direkt angeguckt hatte, Auge in Auge.

»Keine Sorge. Alles wird gut«, hatte das Mädchen mit seltsam heiserer Stimme gesagt, bevor sie Dizzys Nase mit dem Finger berührt hatte – *Stups*. Dizzys Ängste wegen dem immer näher kommenden Sattelschlepper hatten sich in Luft aufgelöst. All ihre Ängste und Unsicherheiten wegen *allem* hatten sich in Luft aufgelöst. Überall auf dem Mädchen war Licht gewesen, ein Strahlenkranz hatte ihren Kopf umströmt, diese endlosen Regenbogenlocken, wie ein Heiligenschein.

Wie ein Heiligenschein.

Und dann hatte sie Dizzy in die Luft gestoßen.

DIZZY

Am nächsten Morgen saß Dizzy am Frühstückstisch – sie lebte, sie atmete, sie dachte Gedanken und war einem Engel begegnet! Sie konnte kaum an sich halten, wollte es dem Vollkommenem Miles zurufen, der ihr gegenübersaß, aber er hatte sein Zutritt-verboten-Schild aufgestellt, was bedeutete, dass er in irgendeinen Roman vertieft war, so wie immer, während sich seine rabenschwarzen Ringellocken rabenschwarz um sein prinzliches Antlitz ringelten.

Dizzy und ihr ältester Bruder Wynton hatten beide keine Ahnung, wo der Vollkommene Miles hergekommen war. Er hatte ein Sportstipendium an einer noblen Privatschule drei Orte weiter (Wynton, genau wie Dizzy, rannte regelmäßig irgendwo dagegen). Er war still, ernst und erschreckend schön (Wynton, genau wie Dizzy, sah aus wie ein Frosch mit Perücke und beteiligte sich ebenso gerne an unseriösen Kissenschlachten wie an unüberhörbaren Wortgefechten). Er ging am liebsten in der Natur laufen (Wynton, genau wie Dizzy, liebte Wände, Dächer, schnödeln vor dem Fernseher).

Und dann war der Vollkommene Miles auch noch gut, verbrachte seine freie Zeit damit, dreibeinige Hunde auszuführen oder blinde Pferde im Tierheim zu striegeln (Wynton war immer böse, war sogar vor ein paar Wochen ins Gefängnis geworfen worden, und Dizzy war darauf spezialisiert, bösartige Gedanken über ihre Altersgenossen zu haben). Und das Sahnehäubchen auf dem Eisbecher, den der Vollkommene Miles nie essen würde, weil er sich nie etwas Süßes genehmigte (kein Kommentar): Er wurde zwei Jahre hintereinander im Jahrbuch sowohl zum heißesten

Typen seiner Stufe gewählt als auch zum Schüler, der am ehesten erfolgreich sein wird.

Der Vollkommene Miles sorgte dafür, dass sich Dizzy besonders warzig fühlte.

Sie knuffte ihn in den Arm. »Ich bin gestern einem Engel begegnet.«

Er guckte weiter in sein Buch.

»Sie hat mir das Leben gerettet.«

Nichts.

»Vielleicht, weil sie mich auf die Nase gestupst hat.«

Nichts.

»Miles!«

»Ich lese«, sagte er, ohne den Kopf zu heben.

Nur weil Dizzy die Jüngste war und so klein und jetzt obendrein auch noch ein Mädchen, das keine Freunde hatte und gesichtsgefurzt wurde, schienen gewisse Mitglieder der Familie wie der Vollkommene hier, es in Ordnung zu finden, so zu tun, als würde sie nicht existieren.

»Ein Engel, wirklich, in echt, Miles. Ein supercooler mit Tattoos und allem.«

Er blätterte um.

Dizzy studierte seine bewimperten Augen, seine geschwungenen Lippen, seine lockeren lockigen Locken, die glänzten und sich nie krausten (genau wie Samantha Brooksweathers!) und die übrigen Merkmale des heißesten Typen seiner Stufe. Mal im Ernst, wie konnte es sein, dass sie, die Gesichtsgefurzte und der Vollkommene zur selben Gattung gehörten, geschweige denn zur selben Familie?

»Die Sache ist die, Miles«, sagte sie. »Du weißt nicht, ob heute vielleicht dein letzter Tag ist. Du könntest von einem Laster überfahren oder von einem Asteroiden getroffen werden, ein Krater könnte sich unter dir auftun. Es ist so grauenvoll, dass man absolut keine Kontrolle darüber hat, wann man sterben wird, findest du nicht auch? Es ist so was von schwer, sterblich zu sein.«

Miles verschluckte sich an seinem trockenen Toast aus braunem Reis (kein Kommentar), erholte sich wieder, ohne den Blick von seinem Buch abzuwenden.

Menno!

Wir sollten alle versuchen, wie Miles zu sein, pflegte ihre Mutter zu sagen. *Er verschwendet nie eine Sekunde.* Dizzy verschwendete alle Sekunden. Weil die Zeit für sie schneller lief als für andere Leute. Wie war es sonst zu erklären, was passierte, wenn sie im Internet surfte? Oder aus dem Fenster guckte? Oder was auch immer. Sie schnüffelte oft in den kleinen Heftchen rum, die Miles bei sich trug und in der untersten Schublade seiner Kommode aufbewahrte. Früher waren sie immer voller To-do-Listen gewesen, aber in letzter Zeit waren die Einträge völlig entgleist. Einer der neusten war: *Jemanden finden, mit dem ich Köpfe tauschen kann.*

»Ich will überhaupt nicht sterben« fuhr Dizzy unbeirrt fort. »Also, so überhaupt überhaupt nicht. Ich will unsterblich sein. Viele Leute sagen, dass sie es langweilig fänden, jahrtausendelang zu leben, oder dass es zu deprimierend wäre, wieder und wieder mitzuerleben, wie alle, die sie lieben, sterben. Ich aber nicht. Wie geht's dir damit?«

Erwartungsvoll sah Dizzy Miles an.

Er blätterte um.

Sie guckte sich an, wie seine Haut schimmerte.

Sie guckte sich an, wie seine Wimpern klimperten.

Sie guckte sich an, wie er immer vollkommener wurde.

Dieses Geschwisterdings zwischen ihnen funktionierte nicht. Sie waren furchtbare Frühstückspartner. Erst neuerdings verbrachte sie Zeit allein mit Miles. Früher war er nie zum Frühstück runtergekommen (oder zum Abendessen oder Filmegucken oder zu spontanen Tanzpartys oder Backmarathons oder Wortgefechten oder Kissenschlachten), wenn Wynton da war, was ja jeden Tag der Fall war, bis vor ein paar Wochen, als Mom Wynton rausgeschmissen und die Schlösser ausgewechselt hatte. (Allerdings schlief Wynton in diesem Augenblick auf dem Dachboden, weil Dizzy ihm illegalerweise die Schlüssel hatte zukommen lassen.)

Dizzy wusste, dass sie dem Vollkommenen Miles auf die Nerven ging; auf einer Skala von eins bis zehn war sie jetzt schätzungsweise bei sieben, aber hallo? Nicht beachtet zu werden, ging einem auch auf die Nerven. Und wie.

»Also, rat mal, was?«, sagte sie, ein letzter Versuch. Sie hatte schon ein paar Sachen in der Hinterhand, die ein Gespräch mit einem Felsbrocken in Gang bringen könnten.

»Du wirst es nicht glauben, Miles, aber in Pennsylvania gibt es eine Frau, die einen Orgasmus bekommt, wenn sie sich die Zähne putzt.« Das hatte sie von einer Webseite, die sie gestern Abend entdeckt hatte, bei dem Versuch herauszufinden, warum sie das mit der Selbstbefriedigung nicht hinkriegte. Mit einer theatralischen Geste nahm Dizzy eine Gabel in die Hand und tat so, als würde sie sich die Zähne damit putzen. Wenn es doch nur Lizard wäre, dem sie diese großartige Geschichte erzählen könnte. Schön wär's.

Als er einen soliden Genervtheitsgrad von zehn erreicht hatte, stand Miles auf – er war so groß geworden, es war, als hätte man einen Telefonmasten in der Familie –, nahm sein Buch und ging zur Haustür raus auf die Veranda, um der Hitze zu trotzen. Der Zahnputz-Orgasmus hatte nicht die gewünschte Wirkung gehabt. Der Vollkommene schien seinen Sinn für Humor verloren zu haben. Dennoch stand Dizzy auf, um ihm nachzugehen, weil sie nicht anders konnte, doch dann hörte sie die Hundemeute heranstürmen und beschloss, im klimatisierten Haus zu bleiben.

Miles war eine artenübergreifende Sensation. Wenn sie die Haustür nicht zumachten, verwandelte sich sein Zimmer in eine Hundewiese. Sie hatte in Verdacht, dass er mit ihnen so sprach wie der Heilige Franziskus. Dizzy mochte keine Hunde. Warum um alles in der Welt steckten sie ihre Schnauzen immer in ihren glühenden Glutofen? Sie zog grasende Kühe und Pferde vor, vernünftige Tiere auf fernen Weiden, die keine Perversen waren. Sie setzte sich wieder hin, schnitt in den warmen Gewürzkuchen, den sie gestern Abend gebacken und nun wieder aufgewärmt hatte. Dampf stieg auf, zusammen mit einer Duftmischung aus Nelken und Sirup – ein Kornblumenblau, das Dizzys Blickfeld vernebelte, während sie tief einatmete und weiter über den Vollkommenen Miles nachdachte.

Als sie klein war, hatte sie geschlafwandelt, einmal sogar bis in Mrs Bells Haus nebenan, aber das Zimmer von Miles war im Haus ihr liebstes Ziel gewesen. Nacht für Nacht wandelte sie in sein Zimmer und kuschelte sich in den braunen Sitzsack unter dem Fenster. So hatte sie erfahren, dass der Vollkommene Miles im Schlaf weinte. Von seinem Schniefen wurde sie wach und ging dann zu ihm rüber und berührte ihn am Arm. Ihre Berührung sorgte jedes Mal dafür, dass er aufhörte. Aber was seltsam war, noch seltsamer als das: Egal, wie dunkel es im Zimmer auch war, sie konnte ihn immer sehen. Er wachte nie auf, und sie erzählte nie jemandem davon, weder von dem Weinen noch von der Tatsache, dass er irgendwie im Dunkeln zu leuchten schien. Doch sie hatte oft das Gefühl, dass der echte Miles dieser weinende Junge in der Dunkelheit war, der dieses seltsame Traumlicht ausstrahlte, und nicht der Vollkommene, der mehr Gast war als Bruder.

Ehrlich, manchmal vergaß Dizzy, dass Miles existierte. Wenn es darum ging, einen Bruder zu haben, war das für sie nur ihr ältester Bruder Wynton. Und Wynton sagte, der Vollkommene Miles wäre ein Snob oder hätte einen Stock im Arsch oder würde sich für was Besseres halten oder wäre ein verdammter Heuchler oder Unmengen von anderen Gemeinheiten, die Dizzy ein mulmiges Gefühl gaben.

Sie schnitt sich ein Stück Lavendelbutter ab (aus dem Restaurant von Chef Mom) und strich es auf ihren Gewürzkuchen, beobachtete, wie es auf der Scheibe zerlief. »Bist du da?«, fragte sie in den Raum, unsicher, ob Engel die Fähigkeit haben, sich unsichtbar zu machen, was bedeuten würde, dass ihr Engel vielleicht neben ihr saß. »Wenn du da bist, wunderschöner Engel, danke, dass du mich gestern gefunden hast, mich gerettet hast. Ich würde so gerne …«

»Dizzy!«, hörte sie und sprang von ihrem Stuhl auf. Es war eine barsche Stimme, die Stimme eines Mannes, aber das hatte nichts zu bedeuten, oder? Engel konnten bestimmt jederzeit das Geschlecht und das Alter wechseln. Oder vielleicht war ihr ein anderer geschickt worden.

»Ja«, sagte sie und legte die Scheibe Gewürzkuchen auf ihrem Teller ab. »Ich kann dich heute gar nicht sehen.«

»Hier drüben. Ich bin's.«

Dizzy drehte sich um und sah Onkel Clive am Fenster stehen, der ihr bedeutete, zu ihm zu kommen. Was zum Himmel! Sein Kopf war zur Seite geneigt, um besser durch den schmalen Spalt des Fensters mit ihr sprechen zu können. Es ließ sich nicht ganz schließen – das Haus war über hundert Jahre alt –, sogar wenn die Klimaanlage an war.

»Ich dachte, du wärst ein Engel«, sagte sie.

»Das höre ich zum ersten Mal. Pass auf, ich habe von Wynton geträumt.«

Dizzy ging zum Fenster, öffnete es ganz, und ihr Onkel richtete sich auf. Ein ofenheißer Luftstoß, durchtränkt mit seinem Geruch – eine Mischung aus Zigaretten, Schweiß und Alkohol, in der Farbe von Rost –, fiel sie an. Er sah aus wie der haarige Riese

Bigfoot. Er hatte ein schlaffes Gesicht, seine blonden Haare und sein blonder Bart waren lang und strähnig, seine Kleidung war abgenutzt und passte nicht zusammen, und sein Leibesumfang schien von Stunde zu Stunde größer zu werden. Trotz der Hitze trug er ein Flanellhemd und matschverkrustete Jeans. Sein rotes Gesicht glänzte vor Schweiß. Es ging das Gerücht um, dass er vor langer Zeit mal ein Playboy gewesen war, doch es war schwer, sich das vorzustellen. Mom bat sie immer wieder, ihrem Onkel aus dem Weg zu gehen, wenn er getrunken hatte, was allerdings stets der Fall war. Sie sagte, dass Menschen manchmal zerbrechen und dann nicht mehr zusammengesetzt werden können, aber Dizzy war da anderer Meinung. Sie glaubte, dass alle Menschen wieder zusammengesetzt werden konnten. Ihr Onkel war einsam. Dizzy konnte das spüren, wie einen Sog, wenn sie bei ihm war. Und sie erzählte nie ihrer Mutter oder irgendjemand anderem, dass sie oft beobachtete, wie er nachts in ihr Haus schlüpfte, um zu schlafen, sich auf dem roten Samtsofa zusammenrollte wie ein trauriger, alter Berglöwe.

Onkel Clive lehnte sich vor und sagte: »In dem Traum hat Wynton Geige gespielt, nur kam kein Ton raus. Dann hat er den Mund aufgemacht, um zu singen und … nix. Dann hat er mit den Füßen gestampft und man konnte nichts hören. Verstehst du?«

Dizzy nickte. »Es war keine Musik mehr in ihm drin.«

»Ganz genau. Wusste, dass du es kapierst, Schnups. Das ist ein Omen. Er muss vorsichtig sein.«

»Das sage ich ihm.«

Onkel Clive strich sich über seinen Bart und blickte Dizzy mit trüben, ernsten Augen forschend an. »Okay. Gut. Komm bald wieder vorbei, ja?« Er wandte sich ab, um zu gehen. Natürlich erzählte Dizzy ihrer Mom auch nicht, dass sie ihren Onkel in seinem braunen Haus auf dem Hügel besuchte. Sie hörte ihm gerne zu, wenn er Klavier spielte, ab und zu auch Trompete, guckte gerne seine Zeichnungen und Fotos von Kühen an, ließ sich gerne von seinen Träumen erzählen und von David Bowie. Am liebsten mochte sie es aber, wenn er von ihrem verschollenen Vater erzählte, seinem großen Bruder Theo – was er immer machte, bis er sich dann irgendwann zu sehr aufregte und sie wegschickte. Dizzy wusste, dass der Vollkommene Miles Onkel Clive auch besuchte. Aber Wynton besuchte ihn nie. Wynton war der Meinung, dass der Fluch des Versagers auf Onkel Clive lag und das höchst ansteckend war.

Dizzy sah zu, wie ihr Onkel durch den jetzt ausgetrockneten Bach davonstapfte, der das Grundstück zwischen ihm und ihnen trennte, dann den Hügel hinauf, um sich aufs Geratewohl durch die versengten Weinberge zu begeben, die er vor langer Zeit an andere Winzer verpachtet hatte. Es hatte wohl mal eine Zeit gegeben, da hatten die Weinberge und die Weine der Familie Fall als die besten im Tal gegolten, aber das war, bevor ihr Dad in der Leichenhalle des Krankenhauses von den Toten auferstanden (Ja!) und in der Nacht verschwunden war. Oder abgehauen. Oder wer weiß, was mit ihm passiert war. Dizzy vermisste ihn, obwohl sie ihn nie kennengelernt hatte – als hätte sie Durst, und das ständig.

Sie wollte einen richtigen Vater, damit sie aufhören konnte, heimlich so zu tun, als wäre Wynton ihr Dad.

Sie legte ihre Hände auf das Fenster und sah zu, wie ihr Onkel kleiner und kleiner wurde und versuchte, sich Wynton ohne Musik in ihm drin vorzustellen, aber es gelang ihr nicht. Das war unmöglich. Andere Menschen machten Musik; Wynton *war* Musik. Sie tat das Omen ab, während sie zusah, wie ihr Onkel über den Hügel verschwand. Dann kniff sie die Augen zusammen, legte den Kopf zur Seite und entspannte ihre Gedanken, in der Art, wie sie das immer machte, um die nicht lebendigen Bewohner der Fall Weinberge zu sehen – sie benutzte ihren Seelenblick.

Und … voilà.

Da, über dem Sauvignon-Blanc-Weinberg sah sie die küssenden Geister. Zwei schimmernde alte Männer, einer dunkel, einer blond, flackerten im Morgenlicht. Die Geister waren ineinander verliebt und jedes Mal, wenn sie sich küssten, schwebten sie ein Stück nach oben. Dizzy wünschte, sie wäre nicht die Einzige, die sie sehen konnte, aber sie hatte längst aufgehört, sie irgendjemandem gegenüber zu erwähnen (abgesehen von Wynton und Lizard). Sie hatte es satt, auf ihre zu lebhafte Fantasie angesprochen zu werden, was eigentlich nur eine nette Art war, ihr zu sagen, sie würde lügen oder wäre nicht ganz dicht.

Dizzy hatte schon lange den Verdacht, dass der Geist mit den dunklen Haaren ihr Urgroßvater Alonso Fall war, weil er wie die Statue auf dem großen Platz aussah. Auf der Tafel an der Statue stand allerdings, dass Alonso Fall mit einer Frau verheiratet gewesen war, deswegen verstand Dizzy nicht, warum er im Jenseits ständig diesen anderen Typen küsste.

Trotzdem, sie war ganz verrückt nach den beiden flackernden Männern und wollte mit jemandem genau wie sie sein, nur dann lebendig und nicht stumm, aber vielleicht redeten die beiden ja in Geistersprache miteinander, und sie konnte sie nur nicht hören. Sie liebte auch die beste Freundin der beiden, eine ältere Geisterfrau, die Männerkleider trug und barfuß durch die Weinberge rannte, Blumen im roten Haar, das sich hinter ihr aufbauschte wie ein roter Blütenfluss.

»Hey, Jungs«, rief sie den schwebenden Männern zu. »Wisst ihr irgendwas über Engel?« Aber natürlich bekam sie keine Antwort. Sie waren mitten in einem Kuss, mitten in der Luft, miteinander verschlungen und wie immer entrückt.

Ihre Ewigkeit war nur der andere.

Ausschnitte aus der Paradise Springs Gazette:

Die Wiederauferstehung des Winzers Theo Fall

Paradise Springs – War es ein Wunder oder eine Fehlfunktion medizinischer Gerätschaften am vergangenen Montag im Krankenhaus von Paradise Springs? Diese Frage stellen sich die Einwohner von Paradise Springs angesichts der scheinbaren Wiederauferstehung von den Toten des gefeierten Winzers Theo Fall. Fall war plötzlich an einer Lungenentzündung erkrankt und letzten Donnerstag ins Koma gefallen. Er starb vier Tage später. Der Tod trat um 18:45 Uhr ein. Doch ein paar Stunden danach trank Theo Fall zusammen mit Jose Rodriguez in der Leichenhalle des Krankenhauses Tequila. Die beiden Männer sind unten auf dem mit Datum und Uhrzeit versehenen Foto zu sehen. Rodriguez hat der Gazette berichtet, dass er mit seinem Kollegen Tom Stead gerade Schach spielte, als spitze Schreie aus dem Leichensack auf dem Tisch zu hören waren. Laut Rodriguez rannte Stead kreischend aus der Leichenhalle, in dem Glauben, der tote Mann wäre wieder lebendig geworden. Später teilte er der Gazette mit, dass er seinen Job nicht wieder aufnehmen wird.

Rodriguez öffnete den Reißverschluss des Leichensacks und hieß Theo Fall mit einem Glas Tequila zurück im Leben willkommen. Die Bezirksklinik hat den Herzmonitor, der Theo Falls Herzschlag nicht angezeigt hatte, in den Ruhestand geschickt und bittet nun um Spenden für ein neues Gerät.

Das Verschwinden des Winzers Theo Fall

Paradise Springs – Der allseits geschätzte Winzer Theo Fall, der jüngst von einer Lungenentzündung genesen oder von den Toten auferstanden ist (je nachdem, wen man in der Stadt fragt), scheint seine Familie, sein Zuhause, seine Heimat, sein preisgekröntes Weingut verlassen zu haben und davongefahren zu sein. Laut einer Quelle, die der Familie nahesteht, ist Theo Falls Ehefrau, Chefköchin und Besitzerin des Restaurants *The Blue Spoonful* (schwanger mit ihrem dritten Kind) mit ihrem Latein am Ende. Sie hat unserer Quelle verraten, dass ihr Ehemann einen Zettel hinterlassen hat. Sie war nicht bereit, den Inhalt preiszugeben, hat jedoch gesagt, dass ihr Ehemann ganz bestimmt nicht nach Paradise Springs zurückkehren wird. So langsam wird die Sache interessant, wie man so schön sagt.

Die Stadt wollte Winzer Theo Fall nicht gehen lassen

Paradise Springs – Die meisten langjährigen Einwohner von Paradise Springs werden bestätigen, dass es bisweilen eine Herausforderung sein kann, Paradise Springs zu betreten oder zu verlassen. Seit ihrer Erfindung haben Autos ohne ersichtlichen mechanischen Grund an der Stadtgrenze eine Panne, als würde Paradise Springs selbst verhindern wollen, dass gewisse Leute in die Stadt kommen oder sie verlassen. Davor waren es Pferde, die sich geweigert haben, ihre Hufe über die Stadtgrenze zu setzen, sodass Kutschen und frustrierte Insassen im Motel und der Bar, die passenderweise *Better Luck Next Time* heißt, festsaßen. Ein Augenzeuge berichtet nun, dass alle vier Reifen von Theo Falls Truck geplatzt sind, als er vor einer Woche die Stadtgrenze überquert hat, kurz nachdem er eine Lungenentzündung bekommen hatte und für tot erklärt wurde.

»Er ist einfach weitergefahren, als könnte ihn nichts aufhalten«, sagte der Einheimische Dylan Jackson, der am Rand der Straße seinen Reifen wechselte, nachdem ihn ein ähnliches Schicksal ereilt hatte. »Der Mann sah aus wie sieben Tage Regenwetter. Hatte gerade ein Leuchtsignal gestartet, also konnte ich seinen Gesichtsausdruck genau erkennen, als er vorbeigerast ist. So habe ich Theo noch nie gesehen. Der kommt nicht zurück, wenn ihr mich fragt.«

DIZZY

Wenn der Engel sie gestern nicht gerettet hätte, dachte Dizzy, die sich wieder an den Frühstückstisch gesetzt hatte und gerade abbiss, dann würde sie nicht hier sitzen und warmen Gewürzkuchen mit Lavendelbutter essen. Ihre Mutter betrat die Küche. »Morgen, *chouchou*«, sagte Chef Mom wie jeden Morgen.

»Ich will nie sterben«, sagte Dizzy zu ihrer Mutter. »Wirklich nie, du musst dir also keine Sorgen machen, dass ich mich umbringe.«

»Dizzy!« So rief ihre Mutter oft ihren Namen aus, als wäre er ein Kraftausdruck. »Der Gedanke ist mir nie gekommen.« Sie schüttelte den Kopf, als wollte sie die Vorstellung wieder loswerden. »Bis jetzt.« Das Gesicht ihrer Mutter war genauso mit Sommersprossen übersät wie Dizzys, und sie hatte auch eine Krisselbombe auf dem Kopf, aber sie sah nicht aus wie ein Frosch und war auch nicht leicht wie eine Feder.

Ihre Mom stellte ihre Tasche auf der Küchentheke ab. Dizzy konnte das Notizbuch darin sehen. Das war Moms sonderbare Version eines Tagebuchs, voller Briefe, die sie nie abschickte. In Dizzys Alter hatte sie damit angefangen, nachdem ihr Bruder Christophe gestorben war – weil sie so dringend mit ihm sprechen musste. Zuerst hatte sie nur Christophe geschrieben, doch mit der Zeit schrieb sie an alle, einschließlich ihrer toten Eltern, Dizzys verschollenem Vater und sogar Dizzy selbst. Diese Information hatte Dizzy sich angeeignet, weil sie auf der Suche nach ihrem Namen vielleicht mal darin rumgeschnüffelt hatte. Größtenteils war es Schnulzkram darüber, wie sehr sie Dizzy liebte, trotz ihrer Schrulligkeiten und Wortschwälle. Sie entdeckte auch einen Brief an einen Apfel. Und einen an eine Mahlzeit, die Chef Mom in San Francisco gegessen hatte. Aus diesem Notizbuch hatte Dizzy auch erfahren, dass Chef Mom für Dizzys seit Langem verschwundenen Vater jeden Abend eine Mahlzeit kochte und im Restaurant unter eine Wärmelampe stellte. Abend. Für. Abend. Wirklich voll seltsam.

»Weißt du, was ich mir überlegt habe?«, sagte Dizzy zu der voll Seltsamen. »Nie mehr das Haus zu verlassen, damit mir nichts Schlimmes passieren kann. Ich würde mich nicht langweilen. Ich könnte backen und Filme gucken und Serien und weiter im Internet recherchieren. Also das, was ich eigentlich sowieso tue, aber ohne das Risiko, in einen katastrophalen Unfall verwickelt oder von meinen Altersgenossen gedemütigt zu werden.«

»Gedemütigt zu …? Ist was passiert? War das der Grund, dass du gestern aus dem Sportunterricht abgehauen bist?« Nach Dizzys dramatischem Abgang hatte die Schule Chef Mom im Restaurant angerufen und Chef Mom wiederum Dizzy. Sie hatte ihrer Mutter gesagt, dass sie die Hitze nicht mehr ausgehalten hatte, alles aber wieder in Ordnung sei, seit sie zu Hause war und Gewürzkuchen backte.

»Nein«, log Dizzy. »Nichts ist passiert. Es war nur so heiß und …« Dizzy laberte und laberte, bis der Blick ihrer Mutter glasig wurde. Es war nicht das erste Mal gewesen, dass Dizzy aus der Schule abgehauen war.

»Du kannst nicht einfach so abhauen, Herzchen«, sagte sie. »Geh das nächste Mal zur Schulschwester, okay?!«

Dizzy nickte und rutschte auf ihrem Stuhl rum, damit sie Chef Mom besser sehen konnte. Ihre Mutter war eine große, auffällige Erscheinung. Wenn sie nicht bei der Arbeit war, trug sie geblümte Kleider und hohe Schuhe. Sie behauptete gerne, dass sie das Patriarchat zerschlagen würde, indem sie sich nicht den soziokulturellen Normen skelettartiger weiblicher Schönheit anpasste, und hatte Kühlschrankmagneten, um das zu beweisen: *Riots not diets; Traue nie einem dünnen Koch; Ich bin Feministin, was ist deine Superkraft?* Dizzy fand ihre Mutter wunderschön. Das taten alle.

Wohlbekannte Tatsache: Dizzy war noch nie, nicht für eine Minute ihres Lebens, schön gewesen und würde es auch nie sein. Was ihr Aussehen anging, hatte sie keinen Sechser im Lotto gewonnen. Die einzigen Menschen, die behaupteten, dass Aussehen keine Rolle spielt, waren die schönen, wie der Vollkommene Miles oder Mom. Natürlich spielte Aussehen eine Rolle. Hallo? Das war ja wohl so was von offensichtlich. Dizzy würde wohl einen mystischen, weltabgewandten Jungen finden müssen, um ihre Seele mit seiner zu verschmelzen, einer, der nur ihr gutes Herz sehen würde.

Ihre Mutter war gestern Abend erst spät nach Hause gekommen, nachdem Dizzy schon schlafen gegangen war, also wusste sie es noch nicht. Von so einem bedeutsamen Lebensereignis hatte Dizzy ihr nicht am Telefon erzählen wollen. »Mom, ich muss dir was sagen, was Unglaubliches …«

Und … ihre Mutter rief gerade jemanden an, weil, im Ernst jetzt, Dizzy existierte für diese Leute nicht. Sie war nicht mal ein Staubkorn, sie war ein Atom in einem Staubkorn.

»Bin so froh, dass wir den Jungen als Saucier eingestellt haben, wie hieß er noch mal … stimmt, Felix Rivera«, sagte Mom mit ihrer Chefstimme ins Telefon. »Dieses Gericht, das er gekocht hat – hervorragend. Alles an ihm hat mir gefallen … Ja, besonders der Fedora.« Dizzy konnte erkennen, dass es Finn war, ihr Sous Chef.

»Okay, so machen wir es … Nein, nein, besorg lieber Chicorée oder Puntarelle. Warte mal, kein Heilbutt! Der kommt mir zu den Ohren raus! Nimm die Forelle. Dann machen wir …« Dizzy schaltete ab. Sie stand auf, lehnte sich an die Küchentheke und verlieh ihrem Mienenspiel so viel Dramatik wie möglich, um klarzumachen, wie dringend ihr Redebedarf war. Vergeblich. Der Telefon-Einkaufsbummel mit Finn nahm kein Ende. Dizzy fing an, mit den Händen vor dem Gesicht ihrer Mutter herumzufuchteln, was nur dazu führte, dass Mom ihr den Rücken zukehrte und ihr Gespräch vor dem Herd fortführte. »Eine kalte Suppe, keine *Gazpacho*. Wie wäre es mit Gurke und Avocado. Okay, ja, gute Idee, dazu noch *Crudo*. Gut, Heilbutt …«

Dizzy brüllte: »Mutter, ich bin schwanger!«

Ihre Mom schnellte herum und ließ das Telefon fallen. »Was?« Ihr war alle Farbe aus dem Gesicht gewichen. Uäh. Dizzy ruderte zurück. »Nein, nein. Nicht wirklich, natürlich nicht, hab das aus einem Film, aber ich muss dir echt was erzählen.«

»Dizzy, wie kannst du mir das antun? Im Ernst, mir ist das Herz stehen geblieben.« Sie drückte nun beide Hände auf ihre Brust. »Bitte, mach so was nie wieder. Versprichst du mir das?«

»Versprochen.«

Ihre Mutter bückte sich, um das Telefon aufzuheben. »Und wir haben uns ja schon darauf geeinigt, dass du niemals Sex haben wirst. Weißt du noch?« Sie guckte auf das Telefon, seufzte und legte es auf die Theke. »Ich gehe davon aus, dass der Keuschheitsgürtel noch richtig sitzt? Nicht zu unbequem unter deiner Jeans?« Da musste Dizzy lachen, was ihre Mutter lächeln ließ und dazu führte, dass ihr Silberblick noch silberner wurde. Sie und Chef Mom waren Lachpartnerinnen.

»Okay, was ist so wichtig, mein nicht schwangeres Kind? Ich bin ungeteilt dein.«

»Ich habe gestern einen Engel gesehen.« Dizzy legte sich die Hände auf ihr Herz, so wie ihre Mutter das eben getan hatte, um zu demonstrieren, wie ernst es ihr damit war. »In echt, Mom. Ein Engel ist zu mir gekommen.« Den Teil, wo sie fast von einem Sattelschlepper überfahren wurde und der Engel ihr Leben gerettet hatte, ließ sie aus, weil ihre Mutter ihr ständig damit in den Ohren lag, mehr auf ihre Umgebung zu achten, vor allem, wenn sie die Straße überquerte. »Das war ein sehr tiefgründiges Gefühl, ich fühle es immer noch, etwas …«

»Das kann nicht dein Ernst sein.« Die Hände ihrer Mutter schossen in die Luft. »Das ist ja das Gleiche wie mit den stummen Geistern. Und was kam dann noch mal? Gott höchstselbst in deinem Schrank?« Dizzy hatte den Fehler gemacht, ihrer Mutter eines Abends zu erzählen, dass sie da so eine Ahnung hatte. »Und jetzt ein Engel. Dafür hast du mich vom Telefon geholt – Dizzy!« Sie nahm ihr Handy in die Hand, tippte eine Nummer ein und hielt es sich ans Ohr. »Finn, tut mir leid, meine Tochter hat einen an der Marmel, liegt in der Familie … Im Ernst, wer braucht schon Marmeln?« Sie warf Dizzy einen bedeutsamen Blick zu und sagte ins Telefon: »Okay, weiter. Ach, weißt du was? Ich komme zu dir. Wir treffen uns in fünfzehn Minuten am Stand der *Lady Luck Farm*.«

Sie beendete das Gespräch und drohte Dizzy mit dem Finger: »Lass unter keinen Umständen deinen Bruder zurück ins Haus, hörst du?«

»Ich höre.« Dizzy ging zur Haustür, öffnete sie einen Spalt und rief dem Vollkommenen Miles auf der Veranda zu: »Mom sagt, du darfst nicht zurück ins Haus kommen! Tut mir leid!«

»Sehr lustig.« Sie knöpfte ihre Kochjacke zu. »Ich meine es ernst.«

Dizzy wollte nicht lügen, also sagte sie: »Du hast doch die Schlösser austauschen lassen, weißt du noch?« Eine wahre Aussage, die jedoch den Umstand ausließ, dass Wynton, dank Dizzy, längst wieder im Haus war. »Mom, falls ich zufällig durch einen Unfall ums Leben komme, bevor wir uns wiedersehen, solltest du wissen, dass ich dir nicht verzeihen kann, wie du mit ihm umgehst. Wyn hat gesagt, er hat den Ring gar nicht genommen. Und jeder baut mal einen Unfall.«

»Was ist bloß heute mit dir los? Du stirbst nicht zufällig bei einem Unfall«, sagte ihre Mutter und wollte ganz offensichtlich mit Dizzy nicht über den Abend reden, an dem Wynton ihren Truck zu Schrott gefahren, sternhagelvoll in die Statue von Alonso Fall gekracht war, ihren Urgroßvater, der nun enthauptet auf dem großen Platz stand. Die Rechnung von der Stadt belief sich auf zwanzigtausend Dollar, und Wynton war im Gefängnis gelandet.

»Tja, falls ich doch sterbe, da ist mein Testament«, sagte Dizzy und zeigte auf den Zettel, den sie heute früh am Kühlschrank befestigt hatte. »Ich finde es wichtig, dass du es hast.«

Chef Mom warf Dizzy einen Von-welchem-Planeten-kommst-du-Blick zu, aber die amüsierte Version. »*Chouchou*, warst du schon immer so sonderbar?«

»Ja«, sagte Dizzy. »Und, wohlbekannte Tatsache, Mom: Juden glauben total an Engel. Deine spirituelle Tradition. Dein Volk.« Sie gingen nicht in die Synagoge, aber Mom feierte den Seder, und an Jom Kippur machte sie das Restaurant zu und fastete. Am höchsten Feiertag blieb Dizzy immer mit ihr zu Hause, wartete auf Gott und tat so, als würde sie auch fasten, aber in Wirklichkeit versteckte sie sich, wenn nötig, hinter der Kühlschranktür und schaufelte alles in sich hinein, was greifbar war.

Chef Mom verdrehte die Augen. »Ach, bitte. Nein, tun wir nicht. Wir sind ein praktisch veranlagter Haufen.«

»Eigentlich ist die jüdische Religion pickepackevoll mit Engeln«, beharrte Dizzy. »Nach meiner Begegnung habe ich das gestern Abend nachgeguckt ...«

»Deiner Begegnung!« Ihre Mutter lachte. »Dizzy! Komm schon. *C'est folle!*« Französische Wörter waren nur gelegentlich von Mom zu hören.

»Es ist nicht *folle* ...« Dizzy hörte auf zu reden, denn Wynton stampfte in seinen Motorradstiefeln die Treppe runter. Er hatte seine Sonnenbrille aufgesetzt, und das schiefe Grinsen auf seinem Gesicht stellte den abgeplatzten Zahn zur Schau, den er sich bei irgendeiner Prügelei in der Jugendstrafanstalt eingehandelt hatte. Er trug zerrissene schwarze Jeans und ein schwarzes T-Shirt, auf dem das Markenzeichen seiner Band *The Hatchets* zu sehen war: ein Beil. In seinem Mundwinkel hing eine nicht angezündete Zigarette. Seinen ramponierten Geigenkasten trug er unterm Arm. Er sah aus, als gehörte er auf ein Albumcover. Das tat er immer. Die Frosch-mit-Perücke-Optik funktionierte viel besser bei ihm, bei Jungs im Allgemeinen, besonders bei Musikern.

Wohlbekannte Tatsache: Jungs waren sexy-hässlich, nicht einfach nur hässlich.

»Habe ich eben aufgeschnappt, dass ein himmlischer Bote meine Frizzy besucht hat?«, sagte er, und Entzücken breitete sich in Dizzy aus wie ein Feuer.

»Ja, hast du!«, rief Dizzy. Wenigstens ein Mensch in der Familie hörte ihr zu, glaubte ihr, schätzte sie!

»Großartig«, sagte er, stellte seinen Geigenkasten ab und steckte sich die Zigarette hinters Ohr. Dann, in rascher Abfolge, knuddelte er Dizzy, hob sie hoch, als wäre sie aus Luft, wirbelte sie herum, während er das Beatles Lied »Dizzy Miss Lizzy« sang (laut ihm ihre Erkennungsmelodie). In genauso rascher Abfolge errötete Dizzy, quietschte, lachte los und war dann Lichtjahre entfernt von der traurigen, langweiligen, gesichtsfurzenden, Lizardlosen Welt. Wyntonisiert innerhalb von fünf Sekunden.

Ihre Mutter – deren Blick sie auswich, wegen der ganzen Wynton-die-Schlüssel-zukommen-lassen-Sache – hatte Dizzy mal erzählt, dass man früher glaubte, weiße Trüffel würden entstehen, wenn ein Blitz einen gewöhnlichen Pilz traf. So sah Dizzy Wynton – anders als gewöhnliche Pilze wie sie, war der Blitz in ihn eingeschlagen.

»Also gut dann«, sagte er mit seiner rauen Stimme, während

er sie auf den Boden runterließ. »Wurde auch Zeit, dass wir beim Allmächtigen weiterkommen.« Er wuschelte durch Dizzys Haar. »Schick deinen Engel unbedingt auch bei mir vorbei. Ich kann Gottes Hilfe gebrauchen.« Er sah sie an und strahlte übers ganze Gesicht, jeder Zahn, jede Sommersprosse, jedes Fältchen. »Hab dich vermisst, Frizzy«, sagte er, und ihr Herz schwoll zur doppelten Größe an.

»Der Engel hatte lange Regenbogenlocken und überall Tattoos«, erzählte sie ihm. »Du kannst sie gar nicht übersehen.«

Wynton öffnete seinen Geigenkasten und holte ein paar welke Wildblumen heraus. Dizzy konnte Ameisen auf den Blütenblättern sehen. Wynton pflückte unterwegs immer Blumen. Wenn er zu Hause war, starben stets handgepflückte Blumensträuße auf allen Möbeln.

Wynton atmete aus und wandte sich an Chef Mom, die mit roten Wangen an der Küchentheke stand und ihn mit ihrem Blick durchbohrte. Sie zitterte.

Sie ist richtig wütend, dachte Dizzy, außergewöhnlich für ihre Mutter, die täglich in der chaotischen Restaurantküche Ruhe bewahrte. Wynton ging auf sie zu, die Arme in einer ergebenen Geste erhoben, in einer Hand die sterbenden Blumen mit gebrochenem Rückgrat.

Chef Mom sah Dizzy mit einem harten Ausdruck im Gesicht an. »Du hast ihn reingelassen?« Dizzy tat so, als wäre sie mit einem Mal taub geworden. Chef Mom wandte sich wieder an Wynton. »Bitte hör auf, das große Herz deiner Schwester auszunutzen, um an mich ranzukommen. Wenn ich vom Markt zurückkomme, möchte ich dich hier nicht mehr sehen.« Dizzy versuchte, nicht zu lächeln. Sie hatte nicht gewusst, dass ihre Mutter der Meinung war, sie hätte ein großes Herz. *Sie* hatte nicht gewusst, dass sie ein großes Herz hatte.

»Schon verstanden«, sagte Wynton, griff in seine Tasche und

zog etwas heraus. Dizzy stellte sich auf die Zehenspitzen, damit sie es sehen konnte. Es war der Saphir-Verlobungsring mit Diamanten! Oje. Dann hatte er ihn *doch* gestohlen.

»Es tut mir leid«, sagte er und legte ihn Chef Mom in die Hand. »Verzeih mir, okay? Ich brauchte einen neuen Bogen für den Gig heute Abend. Es tut mir echt leid, Mom.« Dizzy sah, wie ihre Mutter schluckte, während sie den Ring in ihrer Handfläche betrachtete. Sie sah aus, als würde sie gleich anfangen zu weinen. Er sagte: »Du hattest recht. Ich habe ihn genommen, aber ich habe gestern mein Motorrad verkauft, damit ich ihn im Pfandhaus wieder auslösen konnte.« Dizzys Schock spiegelte sich im Gesicht ihrer Mutter wider. Sein geliebtes Motorrad?

»Okay«, sagte ihre Mom und zog das Wort in die Länge.

»Ich habe nicht richtig nachgedacht, als ich ihn genommen habe.«

»Du denkst nie richtig nach – das ist das Problem!«

»Alles wird sich für mich ändern, Mom. Das habe ich doch versucht, dir zu sagen. Heute Abend kommt so ein Typ, um mich zu sehen …«

»Hast du das alles auch schon einmal gehört, Dizzy? Ich schon. Da ist dieser Typ. Da ist dieser Gig. Dann ist da mein Truck mit Totalschaden. Die Polizei an der Tür …«

»Ich werde dir das alles zurückzahlen. Wirst schon sehen. Dieses Mal ist es anders.« Er hielt inne und lächelte dann das Lächeln, bei dem den Mädchen der Kopf explodierte.

Ihre Mutter seufzte müde. »Wegen diesem Grinsen bist du im Leben mit viel zu viel durchgekommen, Wynton. Nichts davon ist irgendwie komisch. Ich will nicht, dass du am Ende …«

»Wie Onkel Clive wirst?«, sagte Wynton.

»Ich wollte sagen, ich will nicht, dass du in der Gosse endest.« Sie begann die tägliche Suche nach ihrem Schlüsselbund. Dizzy sah ihn auf der Theke liegen, sagte aber nichts. Sie mochte es nicht, wenn ihre Mutter ging. Hätte ihre Mutter doch bloß einen Beutel wie ein Känguru, in dem sie den ganzen Tag lang abhängen konnte.

»Du hast mich rausgeschmissen, falls du dich noch erinnerst.«

»Du hast mein Restaurant bestohlen, falls du dich noch erinnerst.«

»Ich brauchte das Geld, um ein Demo zu machen.«

»Und wo ist dieses Demo?«

»Er wird es schaffen«, sagte Dizzy. »Das wird er.«

Wynton lächelte Dizzy an wie eine geistesgestörte Vogelscheuche. »Siehst du. Dizzy glaubt noch an mich.«

»Ich glaube an dich, Wynton«, sagte Mom. »Du hättest mich um das Geld bitten können, anstatt …«

»Oh!«, platzte Dizzy raus und fiel ihr ins Wort. »Onkel Clive wollte, dass ich dir was sage. Er hat geträumt, dass du Geige gespielt hast, aber man konnte nichts hören.«

»Was?« Wyntons Gesichtsausdruck wurde finster.

»Er hat geträumt, dass keine Musik mehr in dir drin war. Er hat gesagt, es ist ein Omen …« Dizzy verstummte. Das hätte sie wohl besser nicht erwähnen sollen. Ihre Mutter hatte ihr schon oft gesagt, dass sie lernen musste, die Stimmung im Raum zu erfassen, bevor sie mit etwas rausplatzte. Es war klar, dass der Raum nichts von diesem Omen hören wollte.

Wynton zog die Augenbrauen zusammen. »Ich hasse das. Erzähl mir so was nicht. Gott, ich hasse es, wenn er von mir träumt.« Er rieb sich die Augen. »Das Letzte, was ich heute gebrauchen kann, ist eine Verwünschung.«

»So was gibt es nicht. Es gibt keine Verwünschungen *und* keine Engel. Was ist bloß mit euch beiden los? Wirklich, könnt ihr zwei nicht mal vernünftig sein?«, sagte Chef Mom, ohne zu ergänzen, *wie euer Bruder, der Vollkommene Miles*, aber Dizzy konnte es trotzdem hören. Sie ging davon aus, dass es Wynton genauso ging. Es war unglaublich, was Leute einem alles sagten, ohne es auszusprechen.

»Und Dizzy, ich habe dir doch gesagt, dass du Onkel Clive aus dem Weg gehen sollst, wenn er zur Flasche greift, und das tut er gerade ständig.« Ihre Mutter entdeckte den Schlüsselbund hinter der Espressomaschine, steckte ihn ein und nahm ihre Tasche mit dem Notizbuch an sich.

»Du wirst schon sehen, Mom«, sagte Wynton, ging zum Tisch zurück, auf dem sein Geigenkasten lag und öffnete ihn. »Diesmal schon.« Er nahm das Instrument heraus. Die Geige glänzte. Er hielt ihnen einen Bogen hin. »Mein gesamtes Motorrad für den hier. Hört mal zu.« Er strich ihn über die Saiten. »Habt ihr schon mal so einen Ton gehört?« Er spielte noch ein wenig. »Klang dein Engel süßer als das? Nein, tat sie nicht.«

»Du hast dein Motorrad für diesen Bogen verkauft?« Es war der Vollkommene Miles. Er stand in der Haustür und sah anders aus als vorhin. Sein Blick war kalt, die Kiefer zusammengepresst, sein Körper angespannt.

»Habe ich.« Wynton betrachtete den Bogen voller Bewunderung und polierte ihn mit seinem T-Shirt.

»Hervorragend«, sagte Miles, und bevor sie sich versahen, war er über das rote Samtsofa und den Wohnzimmertisch gesprungen. Wie ein wilder Bulle stürmte er auf Wynton zu.

»Miles!«, rief Chef Mom.

Dizzy brüllte: »Engel! Komm jetzt!«

Da musste Wynton lachen, während er sich die Arme über den Kopf legte, um sich vor Miles' Angriff zu schützen, bis ihm klar wurde, dass Miles es nicht auf ihn, sondern auf den Geigenbogen abgesehen hatte. »Fuck, nein«, rief Wynton und hielt sich den Bogen hinter den Rücken, aber er war zu langsam. Miles riss ihm den Bogen aus den Händen und schürfte ihm dabei die Haut auf. Dizzy konnte sehen, wie Blut von Wyntons Handfläche perlte.

Miles hüpfte ein Stück zurück, graziös wie eine Gazelle, den Bogen in der Hand, und ohne zu zögern zerbrach der Vollkommene den Geigenbogen über seinem Knie wie einen Zweig, ließ ihn in der Luft baumeln und dann fallen, bevor er zur Tür rausstürzte.

Durch das hintere Fenster, wo Onkel Clive gestanden hatte, konnte Dizzy die drei Geister sehen. Die zwei Männer (die sich nicht länger küssten) und die rothaarige Frau. Auf ihren toten Gesichtern war Bedauern und Sorge zu sehen.

Später würde Dizzy sich fragen, was wohl anders gelaufen wäre, wenn sie Wynton nicht die Schlüssel gegeben hätte, wenn er an dem Tag nicht zu Hause gewesen wäre.

Sie würde sich immer fragen, ob das, was danach mit ihm geschah, ihre Schuld war.

Dizzys Testament (am Kühlschrank)

Sehr geehrte Damen und Herren,
im Fall meines unerwarteten Todes möchte ich,
dass bei meiner Gedenkfeier Folgendes serviert
wird: Minisoufflés mit schwarzen Trüffeln,
Thymian-*Gougères*, Kürbistörtchen mit gerösteten
Salbeiblättern und Briochetoast mit Graved Lachs,
Crème fraîche und Kaviar (nicht mit dem Kaviar
geizen, Chef Mom).
Zum Nachtisch: Mini-Schokoladen-Himbeer-Soufflés,
damit sich alle verlieben können wie Samantha
Brooksweather und Jericho Blane in *Jetzt für immer
und ewig*.
Ich will, dass Wynton Calypso-Musik auf seiner Geige
spielt und alle im Mondlicht im Weinberg tanzen.
Danach sollen bitte alle *Babettes Fest* im Glücksgewühl
auf dem roten Samtsofa gucken.
Viel Glück, Welt. Ich werde versuchen, als sprechender
Geist zurückzukehren.
Mit freundlichen Grüßen,
Dizzy Fall

Aus Bernadette Falls Sammelsurium nicht abgeschickter Briefe

Liebe Dizzy,

es war so schwer, es geheim zu halten, aber nächste Woche wird alles preisgegeben. Okay, mein *chouchou*, bist du bereit? Trommelwirbel … Ich werde die Nachspeise, die du für mich gemacht hast, auf die Karte setzen! (Ich kann mich noch an mein erstes Gericht erinnern, das im Café meiner Eltern auf die Karte kam. Es war Galette mit Taleggio und sauren Trauben. Dieser Augenblick hat mein Leben verändert.) Die Nachspeise wird »Dizzys Blüten-Crêpes mit Lavendelcreme« heißen, außer du möchtest lieber einen anderen Namen. Ich habe Finn schon gesagt, dass er auf die Suche nach einem halben Pfund frischer Stiefmütterchen gehen soll.

Die einzige Frage: Ist Paradise Springs bereit dafür? Neulich hast du mir einen Vortrag über die Geschichte von schwebenden Menschen gehalten (wie man das eben so macht!) und erzählt (und erzählt und erzählt und erzählt, mein liebes Mädchen), und mittendrin hast du angefangen sie Luftwanderer zu nennen. Ha! Tja, das ist, was deine Nachspeise mit mir gemacht hat, sie hat mich in eine Luftwanderin verwandelt. Ich erwarte nichts Geringeres, als dass die Restaurantgäste von ihren Stühlen schweben werden, wenn sie deine Crêpes verspeist haben.

Kann die nächste Woche kaum erwarten. Mein allerliebstes Kind.

Chefköchin Mom

Lieber Theo,
habe gestern Nacht wieder von dir geträumt.
Aneinandergeschmiegt lagen wir da, deine Arme fest um mich geschlungen. Ich konnte deinen Atem in meinem Nacken spüren, deine Hand auf meiner Hüfte. Deine Gedanken in meinem Kopf. Deine Seele in meinem Körper. Liebe fuhr durch mich hindurch wie ein Sturm.
Seitdem großes Herzeleid. Habe allen im Restaurant gesagt, dass ich Allergien habe, um die Tränen zu erklären.
Als ich heute Abend deine Mahlzeit vorbereitet habe, war mein Ziel, den Traum auf den Teller zu bringen:
Vorspeise: Beefsteak-Tatar mit geräuchertem Wachtelei und Tamarinden-Dressing – Ekstase
Hauptgericht: Entenconfit mit gerösteter Knoblauchsoße und Pommes de terre sarladaise – Geborgenheit
Nachspeise: Gâteau Marjolaine – mein neues Rezept, das Mandelbaiser ist leicht und knusprig, die Zartbitterganache kräftig, die Haselnussbuttercreme absurd reichhaltig und samtig und dann der Schwall Crème Anglaise, den man darüber gießt – der Kuchen wird jeden Millimeter deines Mundes küssen
Dazu: *Sage Farms Private Reserve Cabernet* – eine wahre Wonne, du Glückspilz
Du fehlst mir, wie der Erde der Regen fehlt.
Bernie

MILES

Begegnung Numero zwei mit dem Regenbogenmädchen

Niemand würde je vermuten, dass Miles Fall in die Seele von Hunden blicken konnte.

Das behielt er für sich.

Genauso wie die Tatsache, dass er mit einem bestimmten Hund telepathisch kommunizieren konnte, einem schwarzen Labrador namens Sandro von der Bell Ranch nebenan, der jetzt bellend durch die Rebstöcke auf Miles zuraste. Sandro spürte ihn immer auf, wenn Miles sich in den Weinbergen versteckte, anstatt zur Schule zu gehen, so wie jetzt, weil … tja, das war die Frage.

Eine Antwort: Er versteckte sich vor Wynton, der ihn bestimmt umbringen wollte, weil er seinen Geigenbogen zerbrochen hatte. (Fürs Protokoll: Wynton hatte das verdient und noch viel mehr.)

Eine weitere Antwort: Es gab da mal so einen Typen. Seine Mutter nannte ihn ihre Stimme der Vernunft, ihre sichere Bank. Lehrer bezeichneten ihn als Gewinn, Coaches als Star, Teamkameraden als Bruder. Seine Geschwister als den Vollkommenen. Mädchen schickten ihm heiße Bilder. Liebesbriefe ohne Unterschrift fanden ihren Weg in seinen Rucksack, wurden auf Social Media gepostet, auf Klowände gekritzelt. Wenn er in der Schule ankam – immer möglichst spät, um das morgendliche Gedränge zu vermeiden, wo er so tun musste, als wäre er ein Mensch, der Menschliches von sich gibt –, hatte er Blätter im Haar, weil er im Wald laufen gewesen war, und Mädchen namens Emma oder Demi oder Morgan klaubten sie ihm aus den Locken. *Lass mich das für dich machen, Miles*, sagten sie dann und behielten die Blätter, bis sie in ihren Taschen zu Staub geworden waren.

Es gab da mal so einen Typen, der durch die Flure der *Western Catholic Preparatory Highschool* glitt, weder viel sagte noch sich beteiligte, doch das schien niemandem aufzufallen. Niemand schien zu merken, dass er immer versuchte zu entkommen, aus Räumen floh und vor Gesprächen, im Training so schnell lief, das Rudel hinter sich ließ, damit er allein sein konnte. Deswegen ging er auch die Wände hoch – im wahrsten Sinne des Wortes. Oft hatte er schon die Hälfte der Backsteinmauer der Schule erklommen, wenn es klingelte, was ihn seltsam machte, aber auch cool.

Er *war* seltsam. Das wusste er. Er hatte den Verdacht, dass er im falschen Körper war, in der falschen Familie, am falschen Ort, zur falschen Gattung gehörte, dass es da ein großes kosmisches Kuddelmuddel gegeben hatte. Dass er in Wirklichkeit ein Baum sein sollte oder eine Schleiereule oder eine Primzahl.

Er fand sich nur in Romanen wieder, sein wirkliches Selbst, nicht einmal in den Geschichten oder Personen, sondern in den Sätzen, den einzelnen Wörtern.

Außerdem weinte er nie, und das gab ihm das Gefühl, noch weniger menschlich zu sein. Er konnte sich nicht an ein einziges Mal in seinem gesamten Leben erinnern. Aber manchmal, wenn er aufwachte, war sein Kissen nass, und dann fragte er sich, ob er im Traum geweint hatte.

Von klein auf hatte Miles gelernt, wie er gleichzeitig für sich und mit Leuten zusammen sein konnte. Da und nicht da, wenn er zusammen mit der Leichtathletikmannschaft zu Mittag aß, da und nicht da, wenn er mit Mädchen auf Partys rummachte. Meistens nicht da.

Das hatte immer gut funktioniert.

Aber: Jetzt. Nicht. Mehr.

Seine Mutter wusste es noch nicht. Nicht, dass er aus der

Leichtathletikmannschaft ausgetreten war, dem Matheclub, das Tierheim aufgegeben hatte und den akademischen Zehnkampf. Dass die Noten, die ihn nach Stanford bringen sollten, immer schlechter wurden.

Dass er das Land der Finsternis nicht verlassen konnte.

Sie wusste nicht, dass ihn vor zwei Wochen eine völlig neuartige Verzweiflung ergriffen hatte, bei einem Auswärts-Leichtathletikwettkampf (direkt nach der beschissenen Scheißnacht mit Wynton), als ihm der Staffelstab in die Hand geklatscht wurde, und er, den Stab in der Hand, die Laufbahn verlassen hatte, über den Zaun gesprungen und dann weitergerannt war. Und weiter. Und weiter weiter weiter. Er war nach Hause getrampt und seitdem nicht mehr zur Schule gegangen.

Niemand wusste irgendetwas. Dafür hatte er gesorgt, alle E-Mails gelöscht, alle Nachrichten von der Schule an seine Mutter. Oh, …

Da war Sandro! Der schwarze fellige Gefährte im Wuff-Wau-Wackel-Rausch trotz seines fortgeschrittenen Alters. In Menschenjahren: siebenundachtzig. Zum Glück hatte Miles vor langer Zeit beschlossen, dass Sandro der erste Hund sein würde, der unsterblich war.

Du siehst gar nicht gut aus, Miles, sagte Sandro sofort. *Total beschissen eigentlich*. Das war keine Überraschung. Miles hatte kaum geschlafen oder gegessen. *Grottenpottenhässlich*, ergänzte Sandro. Der alte Hund benutzte gerne ungewöhnliche Ausdrücke. Er schnappte überall etwas auf.

Tja, erzähl mir was, was ich nicht weiß, sagte Miles zu Sandro, obwohl er eigentlich gar nichts wusste. Er schaute nie in den Spiegel, wenn er es vermeiden konnte.

Okay, hier ist was, was du nicht weißt, sagte Sandro und hörte auf zu wedeln. Er blickte so verzweifelt zu ihm auf, dass Miles' Herz kurz aussetzte. Miles kniete sich hin, damit er von Angesicht zu Schnauze mit dem Hund reden konnte.

Was denn?, fragte Miles. Sandro legte beide Pfoten auf Miles' Oberschenkel.

Ich habe so finstere Gedanken, erzählte Sandro ihm. *Manchmal will ich gar nicht mehr hier sein, hier so wie irgendwo, so wie nirgendwo.*

Miles legte einen Arm um den Hund und sah ihm in die traurigen Augen. *Nein, du bist okay, wir sind okay, wir gehören zusammen, zwei Grottenpottenhässliche.*

Sandro wand sich aus Miles' Griff und steckte seine Schnauze in den Dreck. *Ich konnte heute Morgen nicht aufstehen. Es überfordert mich sogar, zu meinem Wassernapf zu gehen. Ich fühle mich die ganze Zeit so allein. Ich habe viel zu große Angst, um auf die Hundewiese zu gehen. Ich rolle mich zusammen und tue so, als wäre ich krank, damit ich nicht hinmuss.* Er hob die Pfote und winkte damit in Richtung ihrer Häuser. *Die anderen Hunde verstehen mich nicht. Niemand tut das. Seit Dornröschen weg ist, ist mein Leben leer.*

Dornröschen war Sandros große Liebe, die vor Jahren abgehauen war.

Ich schon, Sandro, ich verstehe dich, sagte Miles, kraulte ihn hinter den Ohren, bis der Hund seine Schnauze hob und Miles' Blick begegnete.

Ich verstehe, wie sehr du Dornröschen vermisst. Miles streichelte Sandro unterm Kinn. *Und mich überfordert es auch, zum Wassernapf zu gehen, Sandro. Alles überfordert mich. Ich will mich auch einfach nur zusammenrollen. Keine Sorge. Mit mir kannst du immer reden. Wir haben einander.*

Sandro schnüffelte Miles' Gesicht ab, seine kalte Nase berührte Miles' warme. Miles spürte, wie sich sein Körper entspannte. Sandro war der Einzige, der ihn aus der Finsternis rausholen konnte.

Vielleicht war ich gerade ein bisschen zu melodramatisch.

»Ach, das ist ja ganz was Neues«, sagte Miles laut und kam auf die Beine. »Du bist die größte Drama Queen in Paradise Springs.«

Das sagt genau der Richtige, spöttelte Sandro.

Miles lachte. Sandro wusste, dass Miles schwul war, seit Miles das wusste, also im Prinzip schon immer, obwohl diesbezüglich nie etwas Aufregendes außerhalb von Miles' Vorstellungen geschehen war; bis vor ein paar Monaten, als ihm ein Koch im *The Blue Spoonful* in den Kühlraum gefolgt war, bei einer Party im Restaurant, zu der seine Mutter ihn gezwungen hatte hinzugehen, und ihn geküsst hatte, bis seine Gedanken in Flammen aufgingen.

Bis zu diesem Moment war Miles' Glaubensbekenntnis gewesen: Jungen, die in seiner Fantasie neben ihm lagen, Jungen, die in seiner Fantasie neben ihm gingen, Jungen, die in seiner Fantasie neben ihm rannten, Jungen, die in seiner Fantasie nackt waren, Jungen, die in seiner Fantasie angezogen waren, Jungen, die sich in ihrer Fantasie Jungen ausmalten, die sich in ihrer Fantasie Jungen ausmalten, und dann war da plötzlich etwas viel Besseres: mit einem Jungen Hals über Kopf in einem Restaurant-Kühlraum rumzuknutschen.

Obwohl sich Miles in der Gegenwart von anderen Menschen nie wohlfühlte, nicht wirklich, hatte er bestimmte Vorstellungen von der Liebe, da er seit seinem zehnten Lebensjahr den heimlichen Vorrat von Kitschromanen seiner Mutter verschlang, besonders *Jetzt für immer und ewig*, das er heimlich alle paar Monate wieder las. Wie Samantha Brooksweather wollte er in Liebe ertrinken. Eigentlich wollte er am liebsten Samantha Brooksweather *sein*.

Und mit einem Mal an diesem Abend im Kühlraum war er das auch!

Wochenlang spielte er diesen Kuss in Gedanken immer wieder durch, seine persönliche Du-kommst-aus-dem Land-der-Finsternis-frei-Karte. Er spielte ihn durch, während er Tacos mit der Leichtathletikmannschaft aß. Er spielte ihn durch, während er die alten Pferde im Tierheim striegelte. Er spielte ihn durch, als Amy Cho ihn bei der Party mit einem Kuss überfiel. Er spielte ihn in Gedanken durch, um morgens aus dem Bett zu kommen, wenn er sich schimmelig fühlte und kaum bewegen konnte.

Am Abend der Restaurant-Party sollte er für den Barkeeper Limetten besorgen. Er war auf dem Weg in den Kühlraum, in der Hand eine weiße Plastikschüssel, als jemand von hinten an ihn herantrat. Miles spürte eine Hand auf seiner Schulter, sah die andere Hand auf dem Türgriff vor sich. »Darf ich dir Gesellschaft leisten?«, hörte er. Miles wusste sofort, wer das war, nicht den Namen des Sauciers, doch er kannte die samtweiche Stimme, die zu dem großen, schlaksigem Körper gehörte, den schwarzen glatten Haaren, die ihm ins Gesicht fielen und den Schlafzimmerblick verbargen, dieser Blick, der Miles schon den ganzen Abend lang verfolgt hatte und dafür sorgte, dass sein Nacken ganz heiß wurde. Bei diesen Worten hatte Miles nach Luft geschnappt – *Darf ich dir Gesellschaft leisten?* – und hätte am liebsten Ja! gerufen. Hatte Angst zu rufen. War völlig fassungslos, dass etwas, was er sich bisher in seiner Fantasie vorgestellt hatte – er war geradezu ein Profi, wenn es um Fantasien ging –, wirklich und wahrhaftig passierte.

Miles guckte nach rechts und nach links. Es waren nur sie beide, zwei Schatten in der schattigen Ecke der Küche. Miles nickte, unglaublich nervös, so wie vor einem Wettkampf, und dann spürte er die Brust des Typen an seinem Rücken, die ihn sanft zum Kühlraum schob. Er zog die Tür auf und gab Miles in die kalte Luft frei.

Die schwere Tür fiel hinter ihnen zu, schnitt die Musik ab, schnitt den Rest der Welt von ihnen ab. Sie waren allein in der Kälte zusammen mit Paletten von Eiern, Säcken voller Zwiebeln, Tabletts mit marinierten Filets vom Weiderind, Kisten gefüllt mit Zucchini, Platten mit frischen Kräutern. Es roch nach Schnittlauch. Es roch nach Fleisch, nach Blut und Reinigungsmitteln.

Und jetzt nach Hoffnung, Aufregung, Schweiß. Miles' Herz pochte bis in seine Fingerspitzen, als er sich umdrehte, seine Hände feucht trotz der Kälte, sein Atem schnell, sein Penis erigiert. Der Atem des Typen roch nach Alkohol, als er auf Miles zuging (den Geruch kannte er von seinem Onkel und seinem Bruder). Er hörte die Worte: *Wunderschöner Junge* (Worte, die normalerweise von ihm ungehört geblieben wären, aber in diesem Augenblick loderten sie auf wie Glut.) und dann passierte es: der Zusammenprall ihrer Lippen, die Haut des Typen so viel rauer als die der Handvoll Mädchen, die Miles in seinem Leben geküsst hatte, während ein lautes Ja! durch ihn durchströmte, bis in sein Herz, seinen Kopf, seine Leistengegend, bis hin zu seinem früheren Selbst und seinem zukünftigen, solange, bis sie vom Disponenten unterbrochen wurden, einem Typen namens Pete mit tätowierten Armen, der sagte: »Was zur Hölle? Hände weg, oder ich erzähle es seiner Mutter, und du bist deinen Job los, Nico.«

Nico.

Ein Name, der türkis war, denn bei Miles' Form von Synästhesie waren Wörter farbig. (Als er klein gewesen war, spielte er manchmal ein Spiel, bei dem er die gelben Wörter auf einer Seite raussuchte und sie neu anordnete, sodass ein rein gelber Satz entstand. Oder ein orangefarbener. Oder ein gestreifter. Er liebte Wörter, die nicht zusammengehörten. So wie alles in ihm.)

Jedenfalls, Miles wusste nicht, wie sich das mit Nico wiederholen ließ – im Internet war er nicht zu finden –, also ging er täglich nach der Schule im Restaurant vorbei und starrte den Typen an, als wäre es eine olympische Sportart. Er war viel zu schüchtern und unsicher, um etwas Vernünftiges zu tun, wie mit ihm zu reden, also blieb nur, ihn anzustarren, doch Nico, außer er war betrunken, richtete seinen Schlafzimmerblick auf alles andere, nur nicht auf Miles. Miles starrte ihn trotzdem an. Während er aushalf (Mom: *Du arbeitest schon so viel ehrenamtlich und schaffst es trotz-*

dem, hier auszuhelfen, vielen Dank, du bist ja so hilfsbereit) und Besteck in Servietten wickelte oder Soufflés garnierte oder halb leer gegessene Teller mit *Coq au Vin* abräumte, starrte er ihn an. Während er kleine Schüsseln mit selbstgemachter Aioli zu Schälchen mit Lavendelbutter stellte, starrte und starrte und starrte er wie ein Psychopath. Und wenn er nicht starrte, dann ging er allein in den Kühlraum und wartete, spielte den Kuss nach, drückte seine heißen Lippen gegen die kalte Kühlschranktür. Er schrieb sogar ein Gedicht darüber und reichte es bei der Literaturzeitschrift der Schule ein. Er nannte es »Wie ich in einem Kühlraum bekehrt wurde«, und sie hatten es angenommen. Alle, einschließlich seinem heißen Englischlehrer Mr Gelman dachten, es wäre ein Gedicht über Gott, nicht über einen heißen Koch mit Schlafzimmerblick, der wahrscheinlich der einzige andere Schwule an diesem blöden Ort war, wo Miles lebte – ein Ort, der fast nur aus Landeiern bestand, mit einer Prise Wein und Hippies. Deswegen hatte Miles Sandro vor langer Zeit zum Ehrenmitglied der menschlichen queeren Gemeinschaft gemacht.

Ich liebe Gemeinschaften!, hatte der Hund an dem Tag zu Miles gesagt. Da war Miles zehn Jahre alt gewesen.

Es kam nie zu einer weiteren Kühlraumbegegnung und kurz darauf verlor Nico seinen Job, weil er während der Arbeit getrunken hatte, doch das war der Kuss, der alles veränderte.

So: Die Pornophase: Miles verschlang sie nicht nur mit Haut und Haaren, sondern drückte zwischendurch auch auf Pause, spulte zurück, guckte erneut, wieder und wieder und versuchte, sich das alles zusammenzureimen.

So: Er konnte nicht einmal durch den Wald laufen, ohne hinter einen Baum abzutauchen und seine Hände in seine Shorts zu stecken, während er sich in alles reinstürzte, was in diesem Kühlraum hätte, hätte, Fahrradkette, passieren sollen, wäre der Disponent Pete nicht hereingeplatzt.

So: Er fühlte sich die ganze Zeit schuldig, als hätte er ein Verbrechen begangen und wie ein Lügner, selbst wenn er die Wahrheit sagte.

So: Er hat Angst, dass er anstatt: »Gibst du mir bitte mal das Salz?« oder »Gutes Rennen, Alter!« aus Versehen sagen würde: »Ich bin schwul. Also, total schwul. Du ahnst nicht, wie schwul.«

So: Die Dating-App *Lookn.* (Dazu später mehr.)

So: Er fing an, andere Jungen wie ein Anthropologe zu studieren. So nah standen sie also beieinander. Da sagten sie »Bro« oder »Alter«. In dieser Tonhöhe lachten und redeten sie. Das machten sie mit ihren Gesichtern, anstatt dass ihnen die Sinne schwanden wie Samantha Brooksweather.

Miles beugte sich runter und vergrub sein Gesicht in Sandros Fell.

Wenigstens du liebst mich, sagte er zu Sandro.

Oh, ja! Ich liebe dich so sehr! Du bist mein bester Freund! Du riechst so gut!

Miles und Sandro machten sich auf den Weg zurück durch die Weinberge nach Hause, durch die erdrückende Hitze. Miles durfte nicht vergessen, die Nachrichten vom Dekan und dem Trainer zu löschen, sowohl die auf der Mailbox als auch auf dem Computer seiner Mutter. Gott sei Dank hatte die Schule nicht ihre neue Handynummer. Obwohl sie irgendwann bestimmt im Restaurant anrufen würden. Vielleicht hatten sie es schon versucht und hatten sie nicht erreicht? Würden sie einfach bei ihm zu Hause oder im Restaurant auftauchen? Irgendwann wohl schon.

Ich habe Wyntons neuen Geigenbogen zerbrochen, erzählte er Sandro. *Er hat sein Motorrad dafür verkauft.*

Gut. Das hat er verdient, nach dem, was er dir in der einen Nacht angetan hat.

Ja.

Du solltest mir endlich erlauben, ihn zu beißen. Ich und die an-

deren Hunde haben es echt satt, ihn einfach nur anzuknurren. Wie wäre es mit einem kleinen Biss ins Bein?

Ich werde drüber nachdenken.

Und?

Ja, okay.

Sogar zu so früher Stunde war es schon glühend heiß und drückend wegen der Teufelswinde. Das gesamte Tal war nur einen Funken davon entfernt, in Flammen aufzugehen. Miles hatte schon sein T-Shirt durchgeschwitzt.

He, wusstest du, dass Frauen vom Zähneputzen einen Orgasmus bekommen können?

Mein liebes Menschenkind, bist du high? Was für ein Käse, was für ein Suppen-Sandwich, was für ein Quatsch mit Soße.

Genau das hab ich auch gedacht, total ballaballa.

Du musst mal dein Oberstübchen sortieren, Miles.

Ah, der ist gut.

Miles lernte eine Menge neue Ausdrücke von Sandro. Die er aber kaum gebrauchte, außer mit dem Hund.

Als Sandro und Miles den Gipfel des Hügels erreichten, sah Miles ein Fahrzeug am Rand der Zufahrtsstraße stehen – was komisch war. Onkel Clive war wachsam, was nächtliche Eindringlinge anging (nachdem er jahrelang von Hippies im Drogenrausch geweckt worden war). Doch da stand tatsächlich ein orangener Truck, ein Oldtimer in tadellosem Zustand.

Er ging zum Fenster an der Fahrerseite und sah ein schlafendes Mädchen mit einem Wasserfall von bunten Locken, das auf der Sitzbank ausgestreckt lag. Grünen Glitzer auf den Augenlidern – und auf ihren Armen, die vor Schweiß glänzten, waren überall Wörter eintätowiert.

Oha. Eine schlafende Schönheit. In echt, sagte er zu Sandro.

Heb mich hoch. Ich will sie auch sehen. Heb mich hoch!

Obwohl Sandro sich von Kopf bis Schwanz alle Mühe gab, ihn

zu überzeugen, hob Miles ihn nicht hoch. Er gab seinem ehrenschwulen, suizidgefährdetem Seelengefährten einen liebevollen Schubser mit dem Fuß, während er sich auf das Mädchen konzentrierte, das etwa in seinem Alter zu sein schien, vielleicht ein wenig älter. Sie sah aus, als sollte sie in einem Wald Stroh zu Gold spinnen oder in einem Turm eingesperrt sein oder weiterschlafen, bis ein Prinz auf der Bildfläche erschien und …

Du bist echt ein hoffnungsloser Romantiker, mein liebes Menschenkind.

Wie war das vorhin? Das sagt genau der Richtige. Dornröschen, Dornröschen, Dornröschen.

Miles sah sich die Lawine aus Büchern auf der Sitzbank an, guckte, welche er schon gelesen hatte und welche er gerne lesen würde. Es gab ein paar Bücher über die Geschichte Kaliforniens, über Winzer in Nordkalifornien, aber auch Romane. Das Mädchen hielt sogar einen Titel – *Jenseits von Eden*, einen Roman den Miles fast in Gänze verabscheute –, in den Händen, als könnte sie Schlaf-lesen. Warum war sie hier? Warum schlief sie in ihrem Auto? Warum so viele Bücher?

Miles versuchte, ein paar der Wörter, die auf ihre Arme tätowiert waren, zu entziffern. Da gab es *Wahre Liebe* und *Kolibri* und *Schicksal*. Und dann ein Haufen Wörter, die er nicht kannte, vielleicht in einer anderen Sprache? Ein cooler Satz: *Wir waren zusammen, den Rest habe ich vergessen.* Und ein weiterer: *Wenn der Weg klar vor dir liegt …* doch der restliche Satz verlief um ihren Arm herum und war nicht zu sehen.

Miles wand sich wie eine Schlange, um die andere Hälfte des Satzes zu lesen, als ihm auffiel, dass das Licht im Auto an war. Sie musste bei der Lektüre dieses schrecklichen Buches von Steinbeck eingeschlafen sein. Miles griff mit der Hand durch das halb offene Fenster und schaltete es aus, damit sie nicht zu einer toten Autobatterie aufwachte. Als er vorsichtig seinen Arm durch das geöffnete Fenster zurückzog, richtete sich das Mädchen kerzengerade auf, keuchte, sah Miles voller Schock an, dann voller Angst und rief: »Oh, nein. Tut mir leid, bin schon weg.« Ihre Stimme ließ ihn zusammenfahren. Sie klang überhaupt nicht, wie sie aussah. Wären sie am Telefon gewesen, wäre er davon ausgegangen, mit einem kettenrauchenden, whiskeysaufenden Typen zu sprechen.

»Alles okay«, sagte er und konnte den Blick nicht von ihr abwenden. Ihre großen hellblauen Augen waren fast durchsichtig, sodass sie aussah, als wäre sie nicht von dieser Welt.

Sie suchte nach ihrem Autoschlüssel, erst in ihren Taschen, dann fuhr sie mit den Händen über die Sitzbank, wühlte in den Ritzen. Er sah ihr dabei zu und wurde von dem Verlangen überwältigt, ins Auto zu steigen.

»Es ist wirklich völlig in Ordnung, dass du hier bist«, sagte er, lehnte sich ins Fenster, und ein berauschender Duft von Blumen schlug ihm entgegen – Flieder vielleicht, oder Rosen? Er atmete tief ein und ließ dann seinen Blick um den Truck herum wandern, in der Erwartung, irgendwo einen blühenden Busch zu entdecken, aber rundherum waren nur Weinberge zu sehen. Er suchte die Fahrerkabine ab, doch die einzigen Blumen, die er sehen konnte, waren die Gänseblümchen-Aufnäher überall auf ihrer Jeans.

»Das Land hier gehört meinem Onkel. Den stört das nicht«, sagte er ihr und bemerkte dabei das Fußkettchen, die Zehenringe, den Totenkopf auf ihrem T-Shirt, das viele Edelmetall in ihren Ohren, die Ledermotorradjacke auf der Sitzbank. Hippie trifft Punk trifft Biker.

Das Verlangen, zu ihr ins Auto zu steigen, wurde so übermächtig, dass er sich die Hände in die Taschen stecken musste. Seine Worte hatten der hektischen Suche nach dem Schlüssel nicht Einhalt gebieten können. Sie beugte sich gerade über den Beifahrersitz und suchte darunter, und obwohl er es versuchte, konnte er immer noch nicht den Rest des Satzes lesen, den sie so sehr mochte, dass sie ihn auf den Trizeps tätowiert hatte. Sie richtete sich auf, den Schlüssel in der zitternden Hand und versuchte, ihn in die Zündung zu stecken.

»Alles in Ordnung?«, fragte er. Sie machte nicht den Eindruck. War sie ausgerissen?

»Hast du Hunger? Ich wohne dort drüben.« Er zeigte den Hügel runter auf sein Haus, das dort im Morgenlicht leuchtete, als wäre es der Smaragdpalast in *Der Zauberer von Oz*. »Wir haben hervorragendes Gebäck. Und auch Lavendelbutter.« Was machte er da? Warum war er so hartnäckig? In letzter Zeit kletterte er lieber aus dem Fenster, als ein Gespräch mit jemandem anzufangen.

»Oder vielleicht brauchst du ein besseres Buch?«

Irgendwie drang das zu ihr durch, trotz ihres hektischen Fluchtversuches. Sie guckte auf den Roman, der immer noch in ihrem Schoß lag. Sie runzelte die Stirn. »Was? Der hier? Ich liebe Steinbeck.«

»Ich verzeihe dir diesen Lapsus in Bezug auf dein literarisches Urteil, wenn du mir sagst, wie dieser Satz weitergeht.« Er berührte seinen Oberarm an der Stelle, wo bei ihr das Tattoo war. »Kann nur die Hälfte davon sehen. Schwer zu ertragen.«

Ihr Mund verzog sich, als würde sie gleich lächeln, aber sie tat es dann doch nicht. Sie machte den Motor an.

»Warte«, sagte er. »Bitte, nur noch eine Minute.«

Gruselig, sagte Sandro. *Was hast du bloß?*

Sie schüttelte den Kopf. »Tut mir leid. Ich muss los, ich muss noch wohin.« Sie legte sich eine Hand übers Gesicht. Sie zitterte immer noch. Sie stöhnte. »Das war ja so was von peinlich.«

Sie drehte sich zu Miles und begegnete seinem Blick – das erschütterte ihn. Dann lächelte sie, und da war er bis ins Tiefste erschüttert, nicht nur, weil sie ein Lächeln hatte, das einen Toten zum Leben erwecken konnte, sondern auch, weil, tja, er wusste nicht, warum, er wusste nur, dass er nicht weggucken konnte, nicht weggucken wollte, niemals, und das drehte ihm den Magen um und ließ sein Herz schneller schlagen.

Jahre vergingen.

Schönere, glücklichere Jahre.

»Mein Abschiedsgeschenk«, sagte sie schließlich mit ihrer Altmännerstimme, und ließ den epischen Blickkontakt abreißen. »Wenn der Weg klar vor dir liegt« – mit den Händen machte sie eine theatralische Tada!-Geste – »ist es vermutlich der eines anderen. Joseph Campbell.«

Dann fuhr sie davon, während Miles ihr hinterhersah und sich fragte, was da gerade mit ihm geschehen war. Hatte er ihre Seele gesehen? Es fühlte sich so an. Doch er hatte noch nie die Seele eines Menschen gesehen, nur die von Hunden. Sie fuhr langsam und so wie sie den Hals hielt, konnte er erkennen, dass sie ihn im Rückspiegel anschaute.

Er spürte, wie in seiner Brust etwas zerriss.

Sie sah auch traurig aus, oder, Sandro?

Keine Ahnung. Jemand wollte mich nicht hochheben.

Wer ist sie?

Ich beiß dich jetzt.

Gott, was für ein hinreißender Anblick.

Ich dachte, du stehst nur auf Jungs.

Miles gab ihm keine Antwort. Er wusste nicht wie. So reagierte er nie auf Mädchen. Er wollte ihr hinterherrennen. Er wollte die ganze Nacht mit ihr durch die leere Wüste fahren und dann mit ihr in einem lauten Diner lesen.

Er wollte ihr alles erzählen.

Liebes Menschenkind, hast du dich in einen Country-Song verwandelt? Oder in einen dieser Kitschromane, die du immer liest?

Ich lese keine Kitschromane.

Natürlich nicht, Samantha Brooksweather.

Miles ignorierte Sandro und zog sein Sudelheft raus, um den Satz von Joseph Campbell aufzuschreiben. *Wenn der Weg klar vor dir liegt, ist es vermutlich der eines anderen.* Der war gut. Besonders, weil der Weg, der immer ziemlich klar vor ihm gelegen hatte, jetzt ein verdammtes Dickicht war. Er konnte sich kaum bewegen. Und wenn doch, ging er in die falsche Richtung. Dann schrieb er noch den Satz von ihrem Unterarm auf: *Wir waren zusammen, den Rest habe ich vergessen.*

»Komm zurück«, sagte er laut.

Kurz vor der Abzweigung auf die Hauptstraße blieb der orangene Truck stehen, und die Beifahrertür schwang auf. Ein dicker Luftballon der Hoffnung schwoll in Miles Brust an, und dann rannte er, als würde er aus dem Gefängnis ausbrechen, Sandro dicht auf den Fersen, auf die offene Tür zu.

Aus Miles' Sudelheft

Miles kann nicht ans Telefon gehen, nicht zur Schule, nicht zu deiner Party, nicht zum Training, nicht ins Dasein. Es handelt sich um einen schrecklichen Fall von Seltendämlich. Einen schrecklichen Fall von Matsch, von toten Vögeln, von Was-habe–ich-getan?, von Zutritt verboten. Es handelt sich um einen schrecklichen Fall von Fickt-euch-doch-alle-ins-Knie. Er kommt auf Sie zurück, wenn er jemanden gefunden hat, der mit ihm den Kopf tauscht. Danke, dass Sie sich gemeldet haben.

Miles, der so tut, als wäre er ein Mensch, der ein Gespräch mit einem tatsächlichen Menschen in der Schule führt

Echte Person: *Yo, Miles, was geht ab, hab dich dieses Wochenende gar nicht bei Julie gesehen.*

Der Vollkommene Miles: *War kurz da, da ging's ja echt ab, Mann.*

(Er war nicht kurz, sondern gar nicht da, er war zu Hause und hat Charlotte Brontë gelesen, er war auf einer Wiese mit ein paar Drosseln und Narzissen, er hat sich mit einem Hund namens Sandro unterhalten.)

Echte Person: *Ja, echt. McKenzie und Conner …*

(Blablabla, blablabla, blablabla)

Der Vollkommene Miles: *So geil/Bin dabei/Was für'n Witz/Ja/ Wer hätte das gedacht/Kann man machen/Kann ich verstehen/ Geht klar/Machen wir*

(Wörter, Wörter, Wörter, die aus seinem Gesicht kommen, das auf seinem Körper sitzt, der eine Kombination aus Kohlenstoffmolekülen ist, auf einem Gesteinsbrocken, der durchs Weltall rast.)

Echte Person: *Miles, hast du Lust …*

Der Vollkommene Miles: *Hey, muss los, Mann, wir reden in der Mittagspause.*

(In der Mittagspause wird Miles wie eine gesengte Sau zum Bach laufen, sich auf den Rücken fallen lassen, zwischen den

Baumkronen in den blauen Himmel gucken, mit den Fingern über heiße Bachsteine fahren, einatmen, ausatmen, versuchen zu verhindern, dass sein Geist aus seinem Körper fällt.)

Miles im Gespräch mit der Frau von der Telefonseelsorge

Frau: *Um es so einfach wie möglich auszudrücken, eine Depression ist Trauer, die nicht im richtigen Verhältnis zu den Lebensumständen einer Person steht. Ist etwas passiert, dass diese Gefühle in dir ausgelöst hat? Oder …*

Miles: *Ja, es ist etwas passiert.*

(Gleichwohl würde Miles eine Depression so nicht beschreiben. Sondern eher so, dass man aufwacht und sich in ein Ungeziefer verwandelt hat, wie in dieser Geschichte von Kafka, die sie für seinen heißen Englischlehrer Mr Gelman lesen mussten.)

Frau: *Wann hat dieses Ereignis stattgefunden?*

Miles: *Vor ein paar Wochen, aber ich weiß nicht, vielleicht war es gar nicht das … vielleicht war das gar nicht so eine große Sache.*

(Denn hatte all das wirklich nach der Nacht mit Wynton angefangen? Nein. Doch früher hätte sich Miles nie als *depressiv* depressiv betrachtet. Sondern nur als einer dieser traurigen einsamen Leute. Würde er in einem viktorianischem Roman leben, wäre er die Melancholikerin, die ständig in Ohnmacht fällt und sich in ihr Bett zurückzieht.)

Frau: *Magst du mir erzählen, was passiert ist? Ich glaube, das würde helfen.*

Miles:

Frau: *Glaubst du, dass das Ausmaß deines Kummers angemessen ist? Wenn du an das denkst, was passiert ist?*

Miles: *Ich weiß es nicht.*

(War es Kummer, was er fühlte? Und wie sollte man das eigene Durchdrehen quantifizieren? Etwas aus der Bahn zu geraten, war bis zu einem bestimmten Punkt vertretbar. Aber er hatte das Gefühl, dass allmählich die Sonne in ihm ausgelöscht wurde – war das vertretbar?)

Frau: *Kannst du beschreiben, wie du dich fühlst?*

Miles:

(Er hatte Angst, es ihr zu sagen.)

Frau: *Du kannst mir alles sagen. Das hier ist ein Sicherer Ort. Ich will dir helfen.*

Miles:

Frau: *Gibt es jemanden in deinem Leben, mit dem du reden kannst? Ein Elternteil? Einen Lehrer? Einen Priester? Einen Beratungslehrer in der Schule? Einen älteren Bruder oder eine ältere Schwester?*

(Einen älteren Bruder. Sein verdammter älterer Bruder. Er legte auf.)

Aus Bernadettes Sammelsurium nicht abgeschickter Briefe

Lieber Miles,
als du neulich aufgehört hast, meine Zitronenschnitten zu essen, habe ich beschlossen, dass es am Rezept liegen muss. Und habe das ganze letzte Wochenende damit verbracht, es zu verfeinern. Habe mehr Butter zum Mürbeteig gegeben, habe nur Meyer-Zitronen verwendet, und nachdem ich ganz viel herumprobiert habe, bin ich schließlich über die Zutat gestolpert, die alles verändert hat: Aprikosenkonfitüre!
Nachdem ich das Rätsel gelöst hatte, habe ich darauf gewartet, dass du nach Hause kommst, fühlte mich wie ein Kind, so aufgeregt war ich. Die neuen Schnitten waren unglaublich: würzige, gehaltvolle, saftige Vollkommenheit, als würde man Sonnenschein essen. Doch als ich dir welche angeboten habe, hast du gesagt: »Hab keinen Hunger« und bist nach oben gegangen. Äh, entschuldige mal?
»Was hat Hunger mit Vollkommenheit zu tun?«, habe ich gerufen und bin dir mit dem Teller in der Hand hinterhergegangen. Ich konnte dich nicht dazu kriegen, sie zu probieren. Oder mit mir zu reden. Du hast gesagt, du musst Hausaufgaben machen.
Irgendetwas stimmt nicht, Miles, das weiß ich. Du machst immer so einen einsamen Eindruck, auch wenn dein Telefon vor Nachrichten geradezu explodiert. Als könntest du eine tiefe Traurigkeit nicht abschütteln, von der du glaubst, dass sie niemand sieht.

Ich sehe sie, finde es aber unmöglich, mit dir zu kommunizieren, außer mit blöden Zitronenschnitten und die sind ja jetzt vom Tisch. Wynton und Dizzy treiben mich in den Wahnsinn, und ich treibe sie in den Wahnsinn.
Ich würde mir so wünschen, dass *du* mich in den Wahnsinn treibst.
Vielleicht ist es meine Schuld. Vielleicht war es immer zu einfach, mir keine Sorgen um dich zu machen. Mein Fels in der Brandung. Du gleichst Theo so sehr. (Und wow, bist du ihm inzwischen ähnlich. Manchmal, wenn du um die Ecke biegst, verschlägt es mir den Atem, und dann tue ich so, als müsste ich husten.) Aber jetzt mache ich mir Sorgen. Vielleicht sollte ich mit dir wegfahren, nur wir beide? In die Stadt, für eine Lesung? Natürlich freue ich mich, dass du so viel liest (da bist du auch genau wie Theo), aber manchmal glaube ich, dass es deine Art ist, uns alle auszuschließen.
Ich glaube, du brauchst deinen Vater.
Du bist mein bestes Kind, mein Lieblingskind.
Mom

Lieber Chef Finn,
ich werde das nur einmal hier sagen, damit ich dein übergroßes Ego nicht noch mehr aufblase: Du hattest recht! Es hat sich gelohnt zu warten, ebenso wie die endlosen Vorstellungsgespräche und Probezeiten. Der neue Saucier Felix ist eine Entdeckung. Er ist so leidenschaftlich.

Ich liebe seinen französisch-mexikanischen Ansatz –
das bringt mich in Schwung. Jalapeño-Soufflés?
Entenconfit-Tacos mit Honig-Chipotle-Soße?
Schweinefilet gefüllt mit grünen Chilis und Käse?
Er hat viel mehr Talent als der nachlässige Nico.
Jetzt nimm bitte unseren neuen Koch Felix die ganze
Woche mit auf den Markt, damit ich ausschlafen kann.
Versprich mir außerdem, wie immer, dass du nie kündigst.
Ich könnte dieses Restaurant nicht einen einzigen Tag
ohne dich betreiben.
Chef B

MILES

Ich bin Miles«, sagte er und lehnte sich in die Fahrerkabine. »Und das ist Sandro.« Das Mädchen wischte mit ihrer freien Hand Bücher vom Sitz, um Platz für sie zu machen. Sandro sprang auf die Sitzbank. »Er ist suizidgefährdet.«

Wie kannst du es wagen?, sagte Sandro entsetzt zu Miles.

»Tja, dann behalten wir dich wohl besser mal im Auge«, sagte das Mädchen zu dem Hund und kraulte ihn hinter den Ohren. Das freute Sandro. Sehr, obwohl er sich überhaupt nicht darüber freute, dass Miles sein Vertrauen missbraucht hatte. Er stand auf dem Sitz mit dem Hintern in Miles' Gesicht und nahm die ganze Beifahrerseite in Beschlag. Miles ließ ihn sanft auf den Boden gleiten, obwohl Sandro ihn anknurrte, und hüpfte dann in das Wunder der Klimaanlage und schloss die Tür.

»Also, was hast du gegen Steinbeck?«, fragte sie mit ihrer Bassstimme und tat so, als würden sie zusammen für Englisch lernen und hätten vor, wochenlang gemeinsam zu büffeln. Jetzt, da Miles in der Fahrerkabine saß, war der Blumenduft überwältigend.

»Riechst du Blumen?«, fragte er.

Sie fuhr los, tat die Frage mit einem Kopfschütteln ab und sprach weiter. »Denn ich finde, dass Steinbeck Kalifornien *ist*. Wenn man seine Bücher liest, sieht man Kalifornien vor sich, riecht es, hört es, stimmt's?« Um dem Nachdruck zu verleihen, schlug sie mit der Hand aufs Lenkrad. Jeder Fingernagel war in einer anderen Farbe bemalt. »Und oh mein Gott, ich liebe es, wie böse die Mutter in dem hier ist! Jedes Mal, wenn sie auf einer Seite auftaucht, fange ich an zu schwitzen. Ich schwitze tatsächlich.« Erwartungsvoll sah sie Miles an.

Ich rede ja nicht mehr mit dir, Miles, sagte Sandro, *aber sie ist mir irgendwie vertraut. Ich habe sie schon mal gerochen.*

Die Blumen? Riechst du sie auch?

Das ist sie. Sie riecht so.

Niemand riecht so. Bist du dir sicher?

Ich bin ein Hund!

»Und? Geht dir das auch so?«, fragte sie, wollte sich eindeutig auf ein Gespräch über Steinbeck einlassen.

Das war echt seltsam, aber warum nicht? Niemand, den er kannte, las Bücher so wie er, als würde sein Leben davon abhängen. Der Einzige, mit dem er sich über Literatur unterhalten konnte, war sein heißer Englischlehrer Mr Gelman. (Und es war schwer, sich darauf zu konzentrieren, weil Miles ihn sich immer nackt vorstellte und so weiter. Eine Menge Und-so-weiter.) Miles war der einzige Elftklässler im Leistungskurs, aber sein Englischlehrer in der zehnten Klasse hatte darauf bestanden, hatte gesagt, dass Miles eine große Begabung habe, was die Literatur anging und dass seine Aufsätze auf dem Niveau eines Studenten waren.

»Ja, die Charakterisierung der Mutter ist unglaublich«, sagte er.

Sie lächelte mit geschlossenem Mund, selbstgefällig, und Miles hätte am liebsten gelacht. »Aber es nervt mich, wie belehrend Steinbeck ist. Immer muss er seine Meinung in die Geschichte miteinbringen, als wüsste er alles besser und der Leser wäre total debil, aber, abgesehen davon, okay, *Die Früchte des Zorns* ist in Ordnung, sogar gut, vielleicht sogar großartig. Das muss ich dir zugestehen.« Miles dachte einen Moment lang nach. »Vielleicht sind es einfach die Brüder in *Jenseits von Eden*, die mich so nerven. Vielleicht ist es was Persönliches.« Er beugte sich runter, um Sandro zu streicheln, der seinen Händen auswich, als würde er sich an ihnen verbrennen. »Ich glaube, sie erinnern mich an meinen großen Bruder und mich.«

Sie runzelte die Stirn. »Ich glaube, sie sind Kain und Abel nachempfunden.«

»Ganz genau«, sagte er.

Sie starrte ihn an, mit weit aufgerissenen Augen, fragend. »Ich bin ganz Ohr. Die größten Hämmer. Los.« Die Traurigkeit, die er vorher gesehen oder gespürt hatte, schien sich verflüchtigt zu haben. Genau wie bei ihm, seltsamerweise. Die Sonne tauchte hinter dem Berg auf, sandte ihre Strahlen über das Tal und sie fuhren direkt darauf zu, ins Licht. Das Mädchen schirmte sich die Augen ab, doch er kannte die Art, wie die Sonnenstrahlen ins Tal quollen. Irgendwie fühlte er sich nicht länger so, als hätte er eine tickende Zeitbombe in seiner Brust. Oder als wäre er im Land der Finsternis. Er warf einen Blick auf den Tacho. Mit 130 Stundenkilometern direkt ins Licht. Dieses Mädchen. Miles lehnte sich zurück, legte ein Knie an das Armaturenbrett. »Okay«, sagte er, obwohl er nie über die Familie redete. Mit niemandem. Aber wann war er je mit einem fremden, tätowierten Mädchen, das wie ein Blumengarten duftete, in einem orangenen Oldtimer-Truck davongefahren?

»Als ich sechs Jahre alt war«, erzählte er ihr, »und mein älterer Bruder acht, hat er versucht, mich zu *verkaufen*.«

Sie fing an zu lachen, und ihr Lachen war genauso überraschend wie ihre Stimme, laut und schallend. Ansteckend war es auch, und Miles spürte, wie ihm unbekannte Töne aus dem Mund kamen: Er lachte. »Ja«, fuhr er fort, »meine Mutter hat sogar die Anzeige aufgehoben. Ich zitiere: *Kleiner Bruder zu verkaufen. Mit Grüppchen.* Grübchen mit PP. *Alle sagen er ist so süß. 3 Dollar oder bestes Angebot.* Eine unsere Nachbarinnen hatte es an der Pinnwand im Supermarkt gesehen, hat die Telefonnummer erkannt und den Zettel unserer Mutter persönlich vorbeigebracht.«

»Drei Dollar! Mann, er fand wohl nicht, dass du viel wert bist, oder?«

»Nein.« Miles guckte zum Fenster raus. Genau das war der springende Punkt, bei allem. War schon immer so gewesen, würde immer so sein.

»Es tut mir leid, ich …«

»Alles gut.« Sie bog nun in den *Hidden Highway* ab, eine zweispurige Straße, die tief in die Berge führte. Miles fühlte sich verpflichtet, sie zu unterhalten. Er überlegte, welche geringfügigen Angriffe auf seine Würde es noch gegeben hatte – an die niederschmetternden wollte er gar nicht erst denken. Und die Nacht vor zwei Wochen würde er ganz sicher nicht erwähnen.

»Na, los«, sagte sie. »Raus damit. Welche Ungerechtigkeiten musstest du noch ertragen?«

»Okay. Am ersten Tag der Highschool – neue Schule mit lauter neuen Leuten –, bin ich aufgewacht, ins Bad gegangen und hab in den Spiegel geguckt. Er hatte mir mit einem Marker die Zähne schwarz angemalt, während ich geschlafen habe.«

Wieder dieses Lachen. Es erfüllte Miles ganz und gar.

»Oh, Scheiße!«, rief sie. »Wie furchtbar! Total schlimm!« Mit einem verzücktem Ausdruck im Gesicht guckte Sandro zu ihr auf, und Miles stellte fest, er selbst auch. Er versuchte, seinem Gesicht zu sagen, dass es sich zusammenreißen sollte.

»Und vor dem Bundeswettbewerb letztes Jahr hat er Pferdemist in meine Spikes getan.«

Sie lachte nun aus voller Kehle, schlug mit der Hand auf das Lenkrad, und er traf eine Entscheidung: Er wollte nie weniger als einen Meter von diesem Mädchen entfernt sein.

»Was für ein Arschloch!«, rief sie.

»Und vor zwei Wochen hat er mich als vermeintlich tot in einem Müllcontainer zurückgelassen. Ich bin in vollständiger Dunkelheit aufgewacht, voller Kotze und Müll. Zuerst dachte ich, ich liege in einem Sarg. Überall waren Ratten. Der Gestank … Es war …« Oh Mann, schon hatte sie ihn wieder ergriffen, diese schreckliche Angst. Er spürte, wie ihm das Blut ins Gesicht schoss. Das wollte er ihr gar nicht erzählen! Er wollte das niemandem erzählen.

Das Leuchten verschwand aus ihrem Gesicht. Sie sah Miles ungläubig an.

»Ja«, sagte er, und wieder würgte ihn der Gestank, sein Kopf drehte sich, er war völlig desorientiert, verrotteter Abfall im Haar, Schleim auf der Haut, der faulige Geruch verstopfte ihm die Nase, Kotze im Mund, ohne zu wissen, wo er war oder ob er noch lebte, entkommen konnte. Er schlug gegen die Seiten des Metallcontainers wie ein wild gewordenes Tier. Noch nie war er von so einer Panik erfasst geworden.

Und Wynton hatte ihm das angetan.

Wenn er heute Morgen Wynton den Hals anstatt des Bogens hätte brechen können, er hätte es getan.

An diesem Abend vor zwei Wochen saß Miles auf dem großen Platz, mit dem Rücken an dem gewaltigen Steinbein seines Urgroßvaters Alonso Fall, und schrieb in sein Sudelheft. Die Abenddämmerung brach herein, der Platz war verlassen. Miles war vom Training noch ganz verschwitzt, und ihm wurde allmählich kühl, aber er wollte nicht nach Hause gehen. Er hatte es satt, den ganzen Abend lang in seinem Zimmer zu verrotten und Hausaufgaben zu machen, während Dizzy und Wynton wie zwei Welpen auf dem roten Samtsofa herumlungerten und mit Popcorn nach dem Fernseher schmissen.

Als er das vertraute Hupen hörte, hatte er sich umgedreht, erwartet, seine Mutter auf dem Weg nach Hause vom Restaurant zu sehen, aber es war Wynton, der den Truck seiner Mutter fuhr, mit zwei Mädchen, die Miles nicht kannte. »Vollkommener Miles!«, rief Wynton und lehnte, nein, hing geradezu aus dem Fenster und sein Gesichtsausdruck sah aus, als hätte ihn ein Verrückter zusammengestellt. Er war ohne Frage sternhagelvoll, sein Grinsen schief, seine Augen trüb und blutunterlaufen, seine blonden Haare standen in alle Richtungen ab. Jeder, der nur halbwegs bei Verstand war, hätte die Straße überquert, um diesem Wynton aus dem Weg zu gehen, sogar mitten am Tag.

»Warum bist du nicht auf irgendeinem Sportplatz und brichst Rekorde?«, fragte er, die Worte schwappten aus seinem Mund. »Oder führst blinde Hunde aus? Oder gewinnst den Nobelpreis? Oder findest eine Lösung für den Klimawandel?«

Ein schwarzhaariges Mädchen mit Topfhaarschnitt und langen, falschen Wimpern streckte sich über Wynton und gaffte Miles an. Ihr Lippenstift war verschmiert, was ihren Mund riesig aussehen ließ, grausig. »Endlich lerne ich den vollkommenen Bruder kennen«, sagte sie. »Und er *ist* vollkommen!« Miles erhaschte einen Blick auf das andere Mädchen mit pinkem stacheligem Haar, das sich nach vorne lehnte. »Ich will ihn auch sehen«, sagte sie, als wäre Miles ein Tier im Zoo.

Normalerweise hätte er jetzt so schnell wie möglich einen Abgang gemacht und wäre auf die andere Seite des erschlossenen Universums geflohen, doch als Wynton sagte: »Na komm, Mann, überrasch mich doch ein einziges Mal in deinem Leben. Steig ein«, tat Miles das. Aus welchem verdammten Grund auch immer, quetschte er sich in die Fahrerkabine des Trucks.

Das Mädchen mit den stacheligen pinken Haaren roch nach Kokosnusslotion und hatte einen silbernen Nasenring in Form eines Delfins. Miles wusste das so genau, weil sie halb auf seinem Schoß saß. »Du sahst irgendwie traurig aus, als du da gesessen hast«, sagte sie zu ihm. Er versuchte, nicht zurückzuzucken, als ihm ihr Alkoholatem entgegenschlug.

»Sah er nicht traurig aus, Bettina?« Sie drückte Miles' Arm, ließ ihn nicht los. Mädchen kamen ihm oft zu nahe, gingen davon aus, dass er hetero war, als hätten sie das Recht, ihn einfach anzufassen.

»Aber jetzt haben wir dich«, rief sie, jauchzte laut auf – aus unerfindlichen Gründen, soweit Miles das beurteilen konnte – und nahm einen kräftigen Schluck aus einer Flasche. Dann wandte sie sich ihm zu, und bevor Miles wusste, wie ihm geschah, lagen ihre Lippen auf seinen und der Alkohol in ihrem Mund tröpfelte in seinen. Äh? Ekelhaft. Er wich zurück und spuckte sprühend das Zeug aus, fing dann an, sich zu entschuldigen und es ihr von den Schultern zu wischen und vom Armaturenbrett.

»Der Vollkommene Miles trinkt nicht«, sagte Wynton. »Mit dem Vollkommen Miles hat man keinen Spaß.«

Das war richtig. Der Vollkommene Miles trank nicht, und man konnte mit ihm keinen Spaß haben. Er hasste den Vollkommenen Miles.

Scheiß drauf, dachte Miles, nahm dem Mädchen die Flasche Tequila aus der Hand und kippte sie in sich rein.

»Warte mal«, sagte das Mädchen. »So doch nicht!« Er spürte, wie sich in seinem Gesicht alles abwehrend zusammenzog, aber er bekam den Alkohol runter. Sie nahm ihm die Flasche ab, sagte: »Tequila muss man in kleinen Schlückchen trinken, so wie Tee.« Sie machte es ihm vor, den kleinen Finger ausgestreckt, und gab ihn dann an ihn zurück. »Ich bin Madison.«

»Bettina«, sagte das andere Mädchen.

»Ich bin der Vollkommene Miles«, sagte Miles, und da mussten sie alle lachen. Sogar Wynton. Miles konnte nicht fassen, dass er Wynton zum Lachen gebracht hatte. Er lugte um Bettina herum, um sicherzugehen, dass Wynton sich nicht über ihn lustig machte, ihn nicht wie üblich von seiner Schuhsohle abkratzte. Aber nein. Miles hatte seinen Bruder tatsächlich zum Lachen gebracht. Zum allerersten Mal, und das richtete ihn auf. Auch der Tequila wärmte ihn, entspannte ihn, sorgte dafür, dass er sich besser fühlte, lebendiger. Miles und Madison tranken abwechselnd aus der Flasche.

»Und jetzt eins von denen«, sagte Madison und steckte Miles etwas in den Mund. Zuerst dachte er, es wäre ein Pfefferminzbonbon, blöd wie er war. Er biss drauf, in Erwartung, Pfefferminze zu schmecken, und stattdessen hatte er den Mund voller Bitterkeit, Aspirin vielleicht, dachte er, irrsinnigerweise. Er hätte es ausspucken sollen, aber weil er nicht nachdachte, den bitteren Geschmack loswerden wollte, trank er aus der Flasche und schluckte es runter.

Das waren die letzten Sachen, an die sich Miles in dieser Nacht deutlich erinnerte, na ja, einigermaßen deutlich:

1. Wie sie durch die Tür in eine Party reinplatzten, Wyntons Arm um seine Schulter, als wären sie beste Freunde. Wie Wynton ihn allen vorstellte und sagte: »Das ist mein kleiner Bruder Miles! Das ist mein kleiner Bruder Miles!«

Sein kleiner Bruder Miles. So hatte Wynton ihn noch nie genannt. Nicht ein einziges Mal. Er wusste noch, dass ihm ganz ausgelassen zumute gewesen war, er sich mächtig gefühlt hatte, beschwingt, was alles neu für ihn war. (Vielleicht war das die Droge.)

2. Wie er versuchte, nicht zu würgen, während ihm Bier durch eine Bierbong eingetrichtert wurde.

3. Wie er in Zeitlupe, oder zumindest hatte es sich so angefühlt, auf einer überfüllten Tanzfläche auf- und absprang, mit Wynton, Madison und Bettina, sie alle zusammen – einschließlich ihm! –, und sie sich gegenseitig zuriefen: »Ich liebe euch so sehr!«

4. Wie er auf einem Bett saß, während Madison ihm die Jeans aufknöpfte, dann Madison auf ihm drauf, ihre Hände wie ein Krake überall, dann Madison, die sich tatsächlich in einen Kraken verwandelte.

Dann nichts nichts nichts nichts.

Bis er voller Kotze und Schleim in dem stinkenden, rattenverseuchten Müllcontainer wieder zu sich kam, in einer Gasse mitten in der Stadt, die Jeans halb aufgeknöpft, sein Shirt verkehrt herum.

Also.

Ja.

Er hatte einen Filmriss gehabt, und Wynton hatte ihn weggeschmissen. Einfach weggeschmissen. Und Miles hatte wahrscheinlich zum ersten Mal Sex mit einem Mädchen gehabt (aber konnte sich an nichts erinnern), bevor er überhaupt Sex mit einem Jungen gehabt hatte.

Am nächsten Morgen entdeckte Miles in seinem Sudelheft Wörter in seiner Handschrift, die er sich nicht erinnern konnte, geschrieben zu haben: *Der Wind hat mein Gesicht weggeblasen.*

Und: *Orkan ist ein Gefühl.*

Und: *Es ist einfacher, sich was zum Anziehen auszusuchen, wenn deine Kleider nicht alle in Flammen stehen.*

Am Nachmittag nahm Miles den Staffelstab beim Leichtathletikwettkampf entgegen und rannte vor dem Rennen davon, vor seinen Gedanken, vor seinem vollkommenen Leben.

»Mein Gott. Warum hat er es denn so auf dich abgesehen?«, fragte das Mädchen und holte ihn zurück in den Truck.

»Ich weiß es nicht«, sagte Miles. Er versuchte, seine Fäuste zu entspannen, seinen Kiefer. Gott, er hätte zu gerne gewusst, was während seines Filmrisses geschehen war; das nicht zu wissen, nagte an ihm. Und wie hatte Wynton ihn überhaupt in den Müllcontainer bekommen? Miles war so viel größer als sein Bruder. Hatten ihm die Mädchen geholfen? Bäh. Hatten sie seine Beine genommen, ihn alle drei ausgelacht, während sie das gemacht hatten? Die Demütigung war unerträglich. »Er hasst mich. Hat er immer schon.« Seine Stimme brach. Gott, warum machte ihm das so viel aus? »Als ich klein war, habe ich ihn angebetet. Trotz all der Sachen, die er mir angetan hat.« Miles seufzte, und Scham kroch in ihm hoch. »Er ist ein großartiger Geiger. Egal, wie großartig du ihn dir vorstellst, er ist noch großartiger. Früher habe ich immer vor seinem Zimmer gesessen und ihm zugehört, wenn er stundenlang geübt hat. Und er ist cool, so in der Art einer menschlichen Granate. Du willst, dass er an deiner Seite ist, dir beisteht. Du willst, dass er – als ich klein war, wollte ich nur …«

Miles verstummte. Warum konnte er nicht aufhören zu reden? Wann hatte er je so viel geredet?

»Was wolltest du?«, fragte sie sanft.

Er atmete aus. Dass sie so neugierig klang, so liebevoll, und dass sie in dieser unerhörten Geschwindigkeit den Highway runterrasten, ließ ihn unversehens sagen: »Ich wollte nur, dass er mich liebt. So. Verdammt. Sehr. Aber hat er nicht. Tut er nicht. Ganz offensichtlich.« Er war sich selbst peinlich. Dann, weil es sowieso schon gesagt war, ergänzte er: »Kein Vater oder so. Also war er das. Er war alles.« Miles spürte, wie er rot wurde. Er wusste, dass er wie ein Kind klang. Er fühlte sich wie eins, dasselbe traurige Kind, das von der Treppe aus Wynton und Dizzy hinterherspionierte, während die beiden backten oder Filme guckten, wissend, dass sie still werden würden, käme er dazu, oder schlimmer, dass Wynton dann ätzend gemein werden würde.

Dasselbe traurige Kind, das sich vorstellte, sein Vater würde in der Tür seines Zimmers stehen, um ihm Gute Nacht zu wünschen, das ihm E-Mails schrieb (und nie abschickte, keine Adresse) und ihn anflehte zurückzukommen, ihn zu retten. Und er schrieb immer noch E-Mails an seinen Dad, obwohl er sich an den Mann kaum erinnern konnte, und speicherte die Briefe, das Flehen in einem Ordner auf seinem Computer, den er *Hilf mir!* genannt hatte.

Er suchte auch nach seinem Vater, meistens spät am Abend, auf seinem Computer. Er hatte die Vorstellung, dass er ihn finden würde, indem er Weinbewertungen las. Er suchte nach Kritiken, die so ähnlich klangen wie die, die über den berühmten Pinot seines Vaters geschrieben worden waren: *Ein kräftiges Granatrot, mit einem Hauch von Kirschen und Rosen, sorgt dieser Wein dafür, dass du mit dem Mond sprichst und der Mond umgehend antwor-*

tet. Passt hervorragend zu Kummer, gibt dir das Gefühl, so verliebt zu sein, dass du Fremden einen Heiratsantrag machst. Oder diese hier: *Mit seinem neuen Pinot Noir ist Theo Fall das Unmögliche gelungen – er hat die wahre Liebe zusammengebraut. Mit Anklängen von Traubenkirschen, Waldboden und purer schwungvoller Glückseligkeit passt dieser saftige Wein zu Wildgeflügel, fettreichem Fisch und zu dem, der entkommen ist, denn dieser Wein wird ihn zurückholen. Es ist ein Tanz, von dem du nicht wusstest, dass du ihn kennst, bis die Musik anfing zu spielen.*

Das waren echte Kritiken der Weine seines Vaters! Ein paarmal entdeckte er Weinbewertungen für einen Pinot, die so verrückt waren, dass er sich sicher war, dass sein Vater diesen Wein unter einen Pseudonym hergestellt hatte, aber wenn er dann den Winzer googelte, war es nie der Mann von den alten Familienfotos.

Sandro hatte sich zufrieden auf dem Boden zusammengerollt, noch immer mit diesem verzückten Ausdruck im Gesicht, außer wenn er den Kopf wandte und Miles empört anblickte, noch immer verärgert über die Bemerkung zu seiner Suizidgefährdung.

Tut mir leid!, sagte Miles ihm, doch der Hund erteilte seiner Entschuldigung eine Abfuhr, indem er den Kopf wegdrehte und gähnte.

Sie hingegen erwischte Miles immer wieder dabei, wie er sie anstarrte, und er sie, und wenn das passierte, wandten sie sich beide ab und guckten mit einem dümmlichen Lächeln aus dem Fenster, bis es wieder passierte. Und wieder.

»Du hast ein nettes Lächeln«, sagte sie bei einem dieser Male.

»Ich? Das soll wohl ein Witz sein. Wenn das Stromnetz zusammenbricht, dann … « Er zeigte auf ihr Lächeln.

Sandro hob den Kopf und begegnete Miles' Blick. *Miles, das war echt peinlich. Ich dachte, dass hättest du besser drauf.*

Wie kommst du darauf? Ich hab es überhaupt nicht drauf. Und es stimmt. Sieh sie dir an. Guck, wie das Licht sie umgibt. Ich glaube, ich kann eine Aura sehen.

Ich glaube nicht an New-Age-Sachen wie eine Aura. Vielleicht ist es aber ein Heiligenschein? Ich glaube ganz eindeutig an Heiligenscheine.

Miles atmete die blumengetränkte Luft tief ein und fragte sich, ob er träumte. Irgendetwas fühlte sich nicht echt an. Er hatte manchmal ein ähnliches Gefühl, wenn Lesen mehr wie Atmen wurde, und er wusste, dass er das echte Leben verlassen hatte und seine Seele aus seinem Körper in die Geschichte gefahren war. Aber er hatte das noch nie mit einem anderen Menschen gefühlt – *wegen* eines anderen Menschen.

Sie sah ihn an und sagte: »Ich fahre einfach nirgendwohin.« Er nahm sein Sudelheft raus, um das aufzuschreiben, und sie lachte und zog ein ähnliches Heft aus ihrer Tasche, lächelte und sagte: »Schreib es da auch rein.«

WTF?

Waren sie auf einem Sturm in eine andere Welt geblasen worden?

Nach einer Weile wurde die Straße schmaler und verwandelte sich in eine Schotterpiste, und die Bäume ragten noch höher in den Himmel. Sie stellte die Klimaanlage aus und öffnete ihr Fenster; Miles tat es ihr nach. Die Luft war hier ein wenig kühler. Der Duft von Eukalyptus erfüllte die Fahrerkabine und vermischte sich mit dem Blumengarten. Keiner von beiden erwähnte die Tatsache, dass sie eigentlich in der Schule sein sollten. Außer sie war damit schon durch, dachte er, und sollte auf dem College sein. Er wollte sie gerade fragen, als sie anfing zu sprechen.

»Hast du noch mehr Geschwister?«, fragte sie.

»Dizzy«, sagte er. »Meine kleine Schwester.«

»Seid ihr euch nah?«

Er schüttelte den Kopf. »Überhaupt nicht.« Miles steckte seinen

Arm zum Fenster hinaus, spürte, wie die Luft gegen seine Handfläche peitschte. »Ich bin den beiden egal. Zu Hause bin ich so eine Art Unperson.« Er konnte nicht fassen, dass er das laut ausgesprochen hatte, einfach so. Sandro auch nicht, der auf den Sitz hüpfte und seinen Kopf in Miles' Schoß legte, ihm endlich aus Mitleid verzieh. Miles streichelte den Hund und starrte aus dem Fenster.

Obwohl sich Dizzy von Anfang an für Wynton entschieden hatte, liebte er seine verrückte kleine Schwester. Die Art, wie sie sie selbst war, koste es, was es wolle. Und da gab es Kosten, die er nie geahnt hatte. Er hatte sie vor Kurzem von einer Party abgeholt (immer Wyntons Aufgabe, bis er rausgeschmissen wurde) und Miles konnte nicht glauben, dass dieses zarte Geschöpf, das dort ganz allein stand – die Haare im Gesicht, mit eingezogenem Kopf, völlig falsch angezogen –, Dizzy war. Die altkluge Quasselstrippe Dizzy, die zu Hause sofort jedes Zimmer ausfüllte. Er hatte sie eine Weile beobachtet, sich gefragt, wo ihre Freunde waren, wo *sie* war. Wie konnte es sein, dass jemand wie sie dort ganz allein stand, und jemand wie er, total verschlossen und unecht, in der Schule immer von »Freunden« umgeben war? Als sie Miles sah, hastete sie durch den Raum wie ein schlaksiger Vogel, der es nicht gewohnt ist zu laufen. Am liebsten hätte er sie hochgehoben und auf seine Schultern gesetzt, dafür gesorgt, dass sie fünf Meter groß wurde. Auf dem Weg nach Hause verwandelte sie sich wieder in die Dizzy von zu Hause, labberte über wer weiß was, aber er hatte sie gesehen, ihre geheime tägliche Qual, und es schnitt ihm ins Herz.

Fast hatten sie die Abzweigung zu den *Jeremiah Falls* erreicht; die Wasserfälle waren einer seiner Lieblingsplätze. Onkel Clive hatte ihm den Ort gezeigt, gesagt, dass er dort mit Miles' Dad und Mom schwimmen gegangen war, als sie alle in der Highschool waren. Miles sagte dem Mädchen, wie es fahren musste.

»Warum hast du es dir anders überlegt?«, fragte er sie, als der Weg im Schatten der Mammutbäume immer dunkler wurde, die Luft kühler, und der Fluss rauschte, weil sie so nah an den Wasserfällen waren. »Vorhin. Warum hast du angehalten?«

»Musste ich.« Sie presste die Lippen zusammen. »Ich habe dich im Rückspiegel gesehen und so, wie du ausgesehen hast … Ich weiß nicht. Als hätte ich keine Wahl.«

Ohne nachzudenken, streckte er die Hand aus und berührte ihre Wange. Sie hob die Schulter, um seine Finger einzufangen. Wieder spürte er in seiner Brust, wie etwas zerriss. Er hatte das starke Verlangen zu schreiben, doch keine Worte. Zärtlichkeit erdrückte ihn. Er konnte es nicht fassen, dass er solche Gefühle für ein Mädchen hatte.

Sandros Augen waren auf ihn gerichtet, zwei Fragezeichen.

Ich weiß, sagte Miles ihm. *Keine Ahnung, was los ist.*

»Es gibt so ein deutsches Wort«, sagte sie zu ihm. »Ich habe es mir auf die Schulter tätowieren lassen. *Sehnsucht*. Man sagt, es lässt sich nicht so gut auf Englisch ausdrücken, schmerzliches Verlangen kommt dem wohl am nächsten.« Ihre Blicke trafen sich. Miles schluckte. »Das ist es, was ich in deinem Gesicht gesehen habe.« Sie blickte nach oben, in den Rückspiegel. »In meinem auch.«

Sandro? Träumen wir?

Ich träume nicht in menschlicher Sprache. In meinen Träumen wird gebellt.

Wirklich? Das hast du mir noch nie erzählt.

Du hast nie gefragt.

Als sie in die Parkbucht bei den Wasserfällen einbogen, merkte er, dass es ihm besser ging. Nein, das war eine Untertreibung. Er fühlte sich wie verwandelt, als würde das Licht in ihn hineinströmen, nicht aus ihm hinaus.

Das muss Glück sein, dachte er.

Nachdem sie geparkt hatten, fing sie an, einen Rucksack mit Büchern zu füllen. Mit ungefähr einem Dutzend davon. »Wer weiß, auf was wir gerade Lust haben«, sagte sie und ging weiter die Bücher durch, tat noch ein oder zwei dazu, warf andere beiseite und zeigte damit mehr als deutlich, warum so viele Bücher in ihrem Auto waren. »Auf die Gefahr hin, dass das seltsam klingt: Ich bin mir ziemlich sicher, dass mein Geist oder meine Seele oder was auch immer ein Haufen Wörter ist. Manchmal lese ich sie nicht mal in der richtigen Reihenfolge, sondern nur ein paar aus einem Buch, ein paar aus einem anderen, egal, die ganze Nacht lang. Weil alles – und ich meine alles von allem – einfach eine sehr lange Geschichte ist.«

Am liebsten hätte er gerufen: *Ich auch!*

Um sie herum schimmerten die Blätter an den Bäumen wie winzige Spiegel in der Sonne.

Sie sahen sich in die Augen. Dieses Mal für Jahrhunderte. Etwas, das lange in ihm zusammengeknäult gewesen war, vielleicht sogar dem Tod überlassen worden, sein Geist, fing an, in ihm aufzusteigen. Sein Körper vibrierte. Was war da los? Wie konnte es sich mit einem Mal so einfach anfühlen, ein Mensch zu sein? Warum hatte er ihr so viel gestanden? Hatte er sich verliebt? War sie aus Fleisch und Blut? Noch vor einer Stunde hatte er elend und gehässig mit Wyntons kaputtem Geigenbogen in der Hand dagestanden. Ein Dauergast im Land der Finsternis. Der einem Kuss mit einem Fremden nachtrauerte, der Monate her war. Nun war er sein eigener Horizont. »Was geschieht hier?«, fragte er sie.

Langsam tauchte ein Lächeln auf ihrem Gesicht auf, wunderschön. »Wir.«

Das war ganz bestimmt ein Traum – das einzig Mögliche.

»Wer war zusammen?«, fragte er und zeigte auf das Tattoo auf ihrem Unterarm: *Wir waren zusammen, den Rest habe ich vergessen.*

»Alle!«, rief sie voller Freude. »Das ist das Leben!«

Ja. So fühlte er auch in diesem Augenblick, war Teil davon, nicht abgesondert. Aber warum? Wie? Was war hier los?

Ein paar Minuten später waren sie den kurzen Pfad zwischen den alten Eichen runtergegangen und kamen bei den *Jeremiah Falls* an. Wasser stürzte den Berghang runter. »Wunderschön!«, sagte sie und hob die Arme in die Luft.

Miles dachte dasselbe, während er sie anguckte.

Oh, Mann, sagte Sandro.

Ach, komm schon. Du kannst den Blick doch auch nicht von ihr abwenden.

Ich weiß. Ich fühle mich fast so, als würde ich Dornröschen verraten.

Sie trat sich die Sandalen von den Füßen, zeigte auf ein Wort auf ihrem Knöchel. »Nemophilist«, sagte sie zu Miles. »Jemand, der Wälder oder Waldlandschaften liebt; ein Waldliebhaber. Aus dem Altgriechischen. Ein Wahnsinnswort, stimmt's?«

»Stimmt«, sagte Miles und wollte vor Glück sterben, weil er dieses Wort gelernt hatte.

Sie bückte sich und hob eine große schwarz-orangene Raupe auf. »Bald ist sie ein Edelfalter.« Sie warf Miles einen Blick zu. »Magst du Insekten?«

»Sind mir egal«, sagte er und wollte nicht zugeben, dass er all dieses Krabbelgetier *hasste*. Er konnte ihre Seelen nicht sehen und wollte das auch gar nicht. Wenn er eine Spinne entdeckte, wurde ihm schwindelig und schlecht. Waren es zwei, musste sofort evakuiert werden.

Sie legte die Raupe zurück auf den Felsen, wo sie sie gefunden hatte. »Ich geh rein.« Ohne jegliche Hemmungen zog sie sich das T-Shirt über den Kopf, hüpfte dann hin und her, um aus ihrer Gänseblümchen-Jeans zu kommen, bis sie nur noch einen blauen Spitzen-BH und eine knappe grüne Unterhose trug. Sie war von

Kopf bis Fuß großartig. Er sah zu, wie sie an den Rand des riesigen blauen Felsenkessels ging; dachte, dass sie ihn an die Venus in dem Druck von Botticelli erinnerte, der in der Toilette des Restaurants hing, dachte auch, dass er nichts spürte, nicht auf *so* eine Art, überhaupt nicht, nichts, *rien du tout, rien de rien*. Und wenn er je solche Gefühle für ein Mädchen haben würde, dann wäre das jetzt, hier, mit ihr.

Sandro stand neben Miles und wackelte mit dem Schwanz.

Dann können wir das wohl abhaken, sagte der Hund nach einem Augenblick.

Miles nickte. *Ja, ich mag sie so sehr, aber wohl nicht so.*

Und dann hörte er diese unverkennbare rauchige Stimme genau in seinem Kopf, hörte sie laut und klar: *Ihr wisst schon, dass ich hören kann, wie ihr Volltrottel euch unterhaltet, oder?*

Sprachlos vor WTF starrten Sandro und Miles sich an und blickten dann schockiert zu ihr. Sie lächelte sie an, zwinkerte, drehte sich um und sprang ins Wasser.

MILES

Minuten nachdem Miles und Sandro abgesetzt worden waren, begann der Morgen mit dem Mädchen ihnen zu entgleiten, so wie das auch bei Träumen ist, sobald man mit den Füßen den Boden berührt.

Du hast schon gehört, wie sie uns Volltrottel genannt hat, oder?, fragte Miles Sandro ein weiteres Mal.

Aber klar.

Miles hatte nicht bei ihr nachgefragt. Was hätte er auch sagen sollen? »Also, dieser Hund hier und ich kommunizieren telepathisch, und wir könnten beide schwören, dass du gerade unserem Gespräch beigetreten bist – oder?« Äh, nein. Und es war nur dieses eine Mal. Die restliche Zeit schwammen sie im Felsenkessel, ließen sich auf dem Rücken treiben und lasen ihre Bücher im Schatten. Er hatte über den Goldrausch in Kalifornien gelesen, wie San Francisco damals zu fünfundneunzig Prozent aus Männern bestand, was für ihn wie das Paradies klang.

Sandro rannte im Kreis um Miles herum, wedelnd und hechelnd und wie wild schwadronierend: *Ich fühle mich viel besser! Als hätte ich eine neue Chance bekommen. Ich werde aus alten Mustern ausbrechen. Ich werde einer Selbsthilfegruppe beitreten. Nein, keine Selbsthilfegruppe. Ich werde ein Bonvivant! Ich werde neue Sachen ausprobieren: Camembert und Klettern und Polyamorie und … ich werde losziehen und Dornröschen suchen!*

Miles blendete Sandro aus. Erst als er die Tür des Trucks hinter sich zugemacht hatte, war ihm klar geworden, dass er sie gar nichts gefragt hatte. Nicht eine einzige Sache. Nicht mal nach ihrem Namen. Oder wie alt sie war. Oder wo sie wohnte. Oder was sie in

Paradise Springs zu suchen hatte. Er hatte ihr alles erzählt, mehr als irgendjemand anderem in seinem Leben, und sie hatte nichts von sich preisgegeben. Das Gegenteil von *jeder* bisherigen Begegnung in seinem Leben. Vielleicht hatte sie ihn hypnotisiert? Oder verzaubert?

Miles musterte Sandro, der vor ein paar Stunden noch suizidgefährdet gewesen war und nun ausgelassen um ihn herumtollte, über Camembert schwafelte und darüber, dass er Dornröschen, die Liebe seines Lebens, suchen wollte. Und was war das mit diesem Blumenduft? Und diese Stimme, die nicht zu ihr zu gehören schien? Und all diese Bücher? Und wer auf dieser Welt strahlte derart?

Ich glaube, ich mag sie mehr als dich, mein liebes Menschenkind.

Aua! Kann ich dir aber nicht vorwerfen.

Sandro stieß mit dem Kopf gegen Miles' Bein. Fest. *Wie konntest du sie nicht nach ihrer Telefonnummer fragen?*

Ich habe sie noch nicht einmal gefragt, wie sie heißt!

Miles war aus dem Truck gestiegen, als würden sie sich alle in einer Stunde wiedersehen. Genau wie das Tattoo: Sie waren zusammen! Den Rest hatte er vergessen!

Na, wenigstens weiß sie, wo wir wohnen, sagte Sandro. *Sie kommt zu uns zurück. Wir warten, oder?*

Miles streichelte Sandros Kopf, dann seinen Bauch, als der Hund sich auf den Rücken legte und vor Freude von Kopf bis Pfote wackelte. Miles dachte an das Wort, das hinten auf ihrem Rücken eintätowiert war: *hiraeth*. Sie hatte ihm gesagt, dass es ein walisisches Wort war, das Heimweh nach einem Zuhause bedeutet, zu dem man nie zurückkehren kann oder das nie existiert hat.

Er hatte ihr gesagt, dass er sich immer so fühlte.

Was er nicht gesagt hatte, war: bis jetzt.

Bis sie aufgetaucht war.

Ja, sagte er zu Sandro und kraulte seinen Bauch, *wir warten.*

Ein Auszug aus dem 1956 erschienenen Roman „Das wiedergefundene Paradies" von Celena Jake-Adams, der in Paradise Springs, Kalifornien spielt

---

Paradise Springs ist ein seltsamer Ort.

Fangen wir mit den Trauben an, von denen so viele zu jedem beliebigen Zeitpunkt gären, dass die Einwohner allein vom Einatmen trunken werden.

Dann ist da das Licht, so hell und klar, dass man jeden Neuankömmling sofort daran erkennt, wie er sich die Augen mit den Händen abschirmt und manchmal in Bäume oder andere Passanten reinläuft. Strahlenbündel, diese dicken Sonnenstrahlen, die durch die Wolken brechen und dich einen Moment lang glauben lassen, dass Gott oder irgendein Zauber stets präsent ist in dieser blumenwilden Stadt. Zehn Meter hohe Sonnenblumen sind hier nichts Ungewöhnliches, sie schwanken wie trunken im Wind, Sommerazaleen leuchten in der Nacht wie rosafarbene Monde, und rote Mohnblumen sind so lebendig, dass sie dir möglicherweise auf die Schulter tippen, wenn du vorbeigehst.

Der Wald drum herum ist üppig und urwüchsig und verändert sich Tag für Tag so sehr, dass man annimmt, die Haine tauschen nachts die Plätze und die Bäche suchen sich neue Betten. Es ist gut möglich, in diesen Wald hineinzugehen und als völlig anderer Mensch wieder herauszukommen.

Dann ist da der Wasserfall mitten auf dem großen Platz, das unendliche Stundenglas dieser Stadt.

Und zu guter Letzt ist da der Nebel. Wenn er aufsteigt, verschwindet der Ort, das ganze Tal. Vollkommen.

Dann ist Paradise Springs nicht einmal mehr auf der Landkarte zu finden. Nicht in den Geschichtsbüchern. Simsalabim, in Luft aufgelöst. In solchen Zeiten ist der Ort nicht zu finden, auch nicht von denen, die dort leben.

Ausschnitt aus der Paradise Springs Gazette:

Die Teufelswinde sind zurück

Paradise Springs – Gerüchte über die Teufelswinde gibt es in Paradise Springs in Hülle und Fülle. Wir alle kennen die Geschichten. Wie der Anwalt von Priscilla Jones, die beschuldigt wurde, ihren Ehemann Gabriel Jones ermordet zu haben, die Teufelswinde in seiner Verteidigung anführte, um seine Mandantin vor dem Gefängnis zu bewahren. Wie Charlie Holmes an einem glühend heißen Tag, so wie Gott ihn schuf, nur mit den Teufelswinden im Rücken, über das Wasser des *Paradise Rivers* lief, wie Jesus Christus höchstselbst, vor den Augen mehrerer Angler, die das inzwischen berühmte Foto von ihm machten. Und am berühmt-berüchtigtsten ist die Geschichte, wie die glutheißen Winde Theo Fall, einen der beliebtesten Einwohner von Paradise Springs, auf Nimmerwiedersehen fortgetrieben haben. Nun, Leute, sie sind zurück. In den kommenden Tagen erwarten wir Temperaturen von über vierzig Grad und flammenheiße Winde. Wir raten, die Eiswürfelbehälter zu füllen, die Klimaanlagen auf die höchste Stufe zu stellen (außer zwischen 16 und 20 Uhr) und nicht den Kopf zu verlieren.

Miles' E-Mails an seinen verschollenen Vater in dem Hilf mir?-Ordner auf seinem Computer

Lieber Dad,

seit zwei Jahrtausenden wird die Geige als Instrument des Teufels betrachtet. Der größte Geiger aller Zeiten, Paganini, hat für sein Talent angeblich seine Seele an den Teufel verkauft. Den Gerüchten zufolge hat er die Saiten seiner Geige aus den Gedärmen ermordeter Frauen gesponnen. Welche Schlussfolgerung auch immer du daraus ziehen magst in Bezug auf deinen genialen Geige spielenden Sohn Wynton.

Miles

Lieber Dad,

nachts spricht das Haus mit mir. Es sagt keine netten Sachen.
Miles

PS: Ich bin schwul. Niemand weiß das, außer der schwarze Labrador nebenan. Nicht, weil ich glaube, dass das irgendjemand stört oder so. Es ist nur so, dass niemand, außer diesem Hund, *IRGENDETWAS* über mich weiß. Ich fühle mich wie ein menschlicher Aus-Schalter. Bist du auch so? Einmal habe ich versucht, Mom zu sagen, dass ich schwul bin, habe ein paar Wörter rausgekriegt, aber dann kam Wynton reingestürzt und ich bin verschwunden. Wenn Wynton oder Dizzy sich im Umkreis von einem Kilometer von mir befinden, dann existiere ich für Mom nicht. Ich weiß nicht, warum.

Lieber Dad,

wo bist du? Wie konntest du mich bei diesen Leuten zurücklassen?

Miles

Aus Bernadettes Sammelsurium nicht abgeschickter Briefe

Lieber Schokoladenkuchen aus *Annie's Paradise Deli*,
du weckst in mir das Verlangen, auf ein Motorrad zu hüpfen und mit einem ohrenbetäubenden Schrei wie eine Banshee vor all meinen Verpflichtungen davonzufahren.
Ich. Liebe. Dich.
Diesmal dachte ich, ich wäre endlich dahintergekommen. War mir sicher, die geheime Zutat wäre Zitronensaft. Bin mit meinem eigenen Kuchenstück gestern zu Annie gegangen, mein neuester Versuch, sie Seite an Seite zu verkosten. Ich lag falsch. Es war nicht Zitronensaft. Wenn Annie mir doch bloß sagen würde, was in diesem verdammten Rezept steht, aber ach, meine Besessenheit macht ihr einfach zu viel Spaß.
Es ist nun drei Monate her, lieber Schokoladenkuchen, seit ich dich das erste Mal gegessen habe. Trotzdem hast du keine Chance. Ich werde herausfinden, woraus du gemacht bist.
Bernie
PS: Warte mal, ist es Essig? Annie! OMG, es ist Essig!

WYNTON

Begegnung Numero drei mit dem Regenbogenmädchen

Was niemand wusste (abgesehen von Dizzy): Wynton Fall konnte immer noch die Trompete seines Vaters hören. In der Ferne, gerade noch in Hörweite. Nicht die ganze Zeit, aber doch so oft, dass Wynton glaubte – egal, wie widersinnig das war –, die Musik sei geblieben, während der Mann selbst gegangen war, habe sich in Baumkronen verfangen, im Wind. Die Leute in der Stadt fanden es seltsam, dass Wynton draußen Geige spielte, ein Fiedler nicht nur auf dem Dach, sondern auch am Bach, auf den Hügeln, auf den Wiesen … Doch er hatte keine andere Wahl. Er ging dorthin, wo die Geistermusik seines Vaters ihn hinführte.

Einmal, vor vielen Jahren, als er dreizehn gewesen war, hatte sie ihn auf eine Wiese voller schwankender Sonnenblumen und summender Wespen geführt, wo er ein weinendes Mädchen entdeckt hatte. Sie hatten Rücken an Rücken gesessen, er und dieses Mädchen, daran konnte er sich noch erinnern, sein Rücken an ihrem, und wie vollkommen sie zusammenpassten, wie vollkommen sich das anfühlte. Und an ihren Duft, als würden alle Blumen auf der ganzen Welt zugleich blühen. (Und das war der Grund, warum er bis zum heutigen Tag so verrückt nach Blumen war.) An diesem Nachmittag auf der Wiese hatte er die Augen geschlossen und versucht, ihr mit all seiner übernatürlichen Macht die Traurigkeit zu nehmen, sie aus ihr rauszuziehen, so wie er das manchmal mit Dizzy machte, und es hatte funktioniert. Bald hatte sie sich unbeschwert mit ihm unterhalten, mit ihrer tiefen, dunklen, froschähnlichen Stimme – seltsam, dass ein so zartes

Mädchen so eine Stimme hatte –, und das hatte einen neuen Jungen aus ihm gemacht (jedenfalls für diesen Augenblick), einen ohne die schlechten Teile.

Wenn ihn jemand fragte, ob er je verliebt gewesen sei, dachte er bis zum heutigen Tag an dieses Mädchen, das nach Blumen duftete, an diesen Augenblick auf der Wiese, daran, wie er sie gefragt hatte, ob sie ihn heiraten würde (mit dreizehn!) und sie Ja gesagt hatte. (Genau wie in diesem Buch seiner Mom, das eine Weile lang im Klo rumgelegen hatte, *Jetzt für immer und ewig* mit Samantha Brooks-Was-auch-immer und Jericho Wie-hieß-er-noch, die mit dreizehn Jahren beschlossen hatten, eines Tages zu heiraten.) Nur anders als bei diesem Paar, hatte er das Mädchen nie wiedergesehen, nie wieder hatte die geisterhafte Musik seines Vaters ihn zu dieser Wiese geführt. Trotzdem ging er dorthin zurück, wenn er sich besonders verloren und einsam fühlte, wenn er nichts als den Wind im Wind hörte.

An dem Abend, an dem sein Vater gegangen war und sich in Rauch aufgelöst hatte, war er in Wyntons Zimmer gekommen und hatte seine Trompete neben ihn aufs Bett gelegt. (Wynton brauchte sie immer noch neben sich, um schlafen zu können, was peinlich war, aber egal.) Er war sieben Jahre alt und noch wach, aber tat so, als würde er schlafen, weil er wusste, dass sein Vater an diesem Abend gestorben war, insofern musste dieses Ebenbild ein Geist sein, und damals hatte Wynton Angst vor Geistern. Das Ebenbild sagte: »Für dich, Wynton, Musik ist ein Körperteil, so wie Hände oder Knie. Hör nie auf zu spielen.« Es war das Richtigste, was je jemand zu ihm gesagt hatte. Eine Weisung. Ein Eid. Allein das zu denken – auch so viele Jahre später –, fühlte sich an wie ein Bekenntnis. Es ließ ihn die Luft anhalten.

Und deswegen wiederholte er es jetzt, wie ein Mantra, ein Gebet, während er in dieser irren Hitze – die ganze verdammte Welt lag im Fieber – vor der *Paradise Lounge* hockte und eine rauchte, vor seinem ersten Solo-Auftritt, dem Abend, auf den er sein ganzes unnützes Leben lang gewartet hatte. Denn heute Abend würde er seinem Schicksal begegnen. Heute Abend würde er sich von dieser piefigen Stadt mit all diesen piefigen Leuten verabschieden. Auch von den Teufelswinden, von dieser erdrückenden Hitze, in der er sich noch mehr in seiner Haut gefangen fühlte als sowieso schon. Schweiß rann ihm das Gesicht, den Hals, die Arme hinunter. Wahrscheinlich schmolz er gerade.

Er trank einen Schluck Wodka aus seinem Flachmann. Er erlebte gerade das perfekte High, die Art von galaktischem High, das dafür sorgte, dass all sein Seelen-Igitt, sein Herz-Igitt, sein Gedanken-Igitt, all das igittige Igitt sich auflöste. Er musste es nur aufrechterhalten, bis die Show losging. *Hell Hyena and the Furniture*, eine seiner Lieblingsbands und eine der wenigen, die einen Electro-Rock-Geiger mit dabeihatten, wollte aus Los Angeles kommen, um ihn zu scouten. Ihn! All das, weil das Universum so nett gewesen war, diesen Musikkritiker vor ein paar Monaten auf eine Weinreise nach Paradise Springs zu schicken. Der Typ war in der örtlichen Klitsche *Better Luck Next Time* abgestiegen und hatte Wyntons Band *The Hatchets* bei ihrem üblichen Gig mitbekommen. Danach schrieb er in seinem Blog: *»Wynton Fall spielt Geige, als wäre dies sein letzter Abend auf Erden, und wenn das bei mir der Fall wäre, würde ich genau so gehen wollen: während ich ihm zuhöre. Dieser Junge ist erstaunlich.«*

Dieser Junge ist erstaunlich!

Er, der *erstaunliche* Junge!

Wynton hatte die Kritik ausgedruckt, zusammengefaltet und trug sie seitdem immer bei sich. Er steckte sie sogar in die Trompete seines Vaters, bevor er einschlief, genau neben seinem Kopf. Niemals würde er zugeben, wie oft er sie am Tag las – wahrscheinlich so um die achtzig Mal, von früh bis spät also im Durchschnitt fünfmal die Stunde, und wenn er sie nicht las, berührte er sie, um sich daran zu erinnern, dass er kein Totalausfall war.

Vier Monate nachdem der Kritiker das in seinem Blog gepostet hatte, entdeckten *Hell Hyena and the Furniture* diesen Beitrag, dann Wyntons YouTube-Video, das sage und schreibe ganze einunddreißig Mal angeschaut worden war (er hatte den Verdacht, dass es hauptsächlich Dizzy gewesen war), und machten Wynton ausfindig.

Das Erste, was Wynton tat, als er die Sprachnachricht von Sylvester Dennis, dem Leadsänger von *Hell Hyena*, bekommen hatte, war, ins *The Blue Spoonful* zu gehen, um seiner Mutter die Nachricht vorzuspielen (»Siehst du, Mom?! Siehst du?! Hab ich doch gesagt!«), doch sie war zu wütend gewesen wegen ihres demolierten Trucks und des Geldes, das sie für die Statue von Alonso Fall bezahlen musste (Zwanzigtausend!) und natürlich wegen des anschließenden Gefängnis-Missverständnisses und des Alkohols, den er aus dem Restaurant geklaut hatte, und, um dem Ganzen die Krone aufzusetzen: der Juwelenraub, der Diebstahl des Saphir-Verlobungsrings mit Diamanten, den er verpfändet hatte, damit er den Bogen kaufen konnte, den er für diesen Gig brauchte, der sein Leben verändern würde, um dann sein Motorrad zu verkaufen, damit er den Ring zurückkaufen konnte, nur um erleben zu müssen, wie der Vollkommene verfickte Miles ihn zerbrach.

Oder wer auch immer da heute Morgen in seinen Bruder gefahren war. Mein Gott.

Jedenfalls, an dem Tag hatte Wynton versucht, die Nachricht von Sylvester Dennis seiner Mutter vorzuspielen, trotz ihrer Tirade, ihres puterroten Gesichts und all der Tränen, aber sie hatte einfach sein Handy genommen und es in einen Topf voller siedender Zwiebelsuppe geschmissen.

Also hatte er heute Morgen noch einmal versucht, ihr zu erklären, wie wichtig dieser Gig war, doch vergeblich. Er durfte noch immer nicht zurück nach Hause, was blöd war, weil Chelsea, die mehr oder weniger seine Freundin war, ihn auch rausgeschmissen hatte, weil er aus Versehen mit ihrer heißen Mitbewohnerin Bettina rumgemacht hatte, und dann hatte sein bester Freund Max ihn rausgeschmissen, weil er das mit der heißen Mitbewohnerin Bettina mitgekriegt hatte, die zufällig auch Max' heiße Verlobte Bettina war. Ja. Er war ein dummes Arschloch. Chelsea hatte ihn eine menschliche Abrissbirne genannt, was ihn stolzer gemacht hatte, als eigentlich angebracht gewesen wäre. Er fand auch, dass das ein guter Name für eine Band wäre.

Er versuchte, im Leben kein Arschloch zu sein, versuchte es wirklich, aber er war damit nie weit gekommen. Wenn er nicht Geige spielte, wurde ihm langweilig. So wie Sich-Benzin-in-den-Mund-kippen-und-dann-ein-Streichholz-anzünden-langweilig. Und er bekam auch immer so ein hungriges Gefühl, ein lebenshungriges, ein lebens*gieriges*. Dann machte er lauter Sachen, die er nicht tun sollte. Wirklich, er konnte nicht verstehen, wie alle anderen so ruhig bleiben konnten, da auch sie nur für eine begrenzte Zeit lebendig sein würden. Warum gerieten alle anderen nicht aus den Fugen? Schüttelten die Schneekugel? Versuchten, jeden Topf auszulecken? Sie waren doch alle nur Pappfiguren in einer brennenden Welt, oder? Dizzy hatte ihm mal von irgendwelchen Riesenschnecken in Afrika erzählt, die ganze Häuser auffraßen. Er wollte auch Häuser fressen! Er wollte *alles* fressen!

Das einzige Problem heute Abend war, dass Wynton jetzt schon dreimal verwünscht worden war. Erst durch Miles, weil der seinen Geigenbogen zerbrochen hatte. (What the fucking fuck, ja, aber auch: Hut ab vor dem Vollkommenen Miles. Das erste Mal in siebzehn Jahren, dass er ihn geschockt hatte.) Nichtsdestotrotz war das dennoch eine sehr ernst zu nehmende Verwünschung. Und sie hatte Wynton dazu gezwungen, sich einen Bogen von seinem früheren Geigenlehrer Mr Bliss zu »borgen«, der gerade in Europa war. Er hatte bei Mr Bliss einbrechen müssen, sodass noch zusätzlich der Fluch der bösen Tat auf ihm lag. Er hätte irgendeinen alten Bogen »borgen« sollen, den Mr Bliss entbehren konnte, aber dann hatte er den *CodaBow Marquise* gesehen. Und tja, Mann. Das war's dann. Er wollte ihn nach dem Gig sowieso zurückbringen, und dann würde es ja niemand erfahren. Und er schätzte mal, dass Mr Bliss wollen würde, dass er heute Abend mit dem *Marquise* spielte, selbst wenn er seit dem Vorfall bei der Aufführung vor fünf Jahren nicht mehr mit Wynton gesprochen hatte. Dennoch würde der Ersatzbogen, so großartig er auch war, vielleicht an und für sich Unglück bringen. Aber die dritte Verwünschung von Onkel Clive war die schlimmste. Was zur Hölle sollte das für ein Traum sein? Dass Wynton keine Musik mehr in sich drin hatte? Am Abend vor dem größten Gig seines Lebens! Er hasste den Gedanken, dass Onkel Clive von ihm träumte. Er hasste es, an Onkel Clive zu denken, Punkt.

Er berührte das blaue Glückspferd, das auf sein Handgelenk tätowiert war – es glänzte vor Schweiß. Er flüsterte: »Ich brauche deine Hilfe, blauer Freund.« So wie immer. Dann schüttelte er eine Pille aus der Dose, die er hatte mitgehen lassen, brach sie in zwei Hälften, steckte sie in den Mund und schluckte sie mit Spucke runter. Dieses Zeug knallte richtig, ein Geschenk des Universums, na ja, von Miles irgendwie, der wohl einen Weisheitszahn gezogen bekommen hatte oder so und die Schmerzmittel nie genommen hatte. Zwanzig verdammte Pillen! Er hatte sie in Miles' Sockenschublade gefunden. Höchstwahrscheinlich hatte ihre Mutter Miles gesagt, dass er sie vor ihm verstecken sollte. Welcher Idiot versteckte irgendetwas zwischen seinen Socken? Da guckten Leute wie Wynton als Allerersten nach. Seine Mom hatte den Verlobungsring in einer Schachtel mit Knöpfen bei ihrem Nähzeug vergraben. Das war ein ziemlich gutes Versteck. Er hatte einen ganzen Tag lang suchen müssen. Er war sehr gut darin, Dinge zu finden, zu stehlen. Wie er Sachen aus dem Laden mitgehen ließ, Geld aus Brieftaschen, wie er das Trinkgeld im Restaurant einsteckte (bevor seine Mutter ihn rausgeschmissen hatte, weil er eine Flasche Cabernet im Wert von vierhundert Dollar geklaut hatte) – das gab ihm manchmal das Gefühl, unsichtbar geworden zu sein.

Wynton schnipste die Zigarette weg, trat sie aus und zündete sich die nächste an. Nach dieser völlig verrückten Nacht vor ein paar Wochen hätte er zumindest ein Danke schön von Miles erwartet. Oder sogar heiliggesprochen zu werden. Stattdessen hatte er seinen verdammten Geigenbogen zerbrochen.

Tja, wahrscheinlich hatte er es trotzdem verdient, für all die anderen Sachen, die er Miles über die Jahre angetan hatte. Wenn er Miles wäre, hätte er den Bogen links liegen gelassen und ihm schon längst heimlich Scherben ins Essen getan.

Wynton seufzte, Schuldgefühle standen vor der Haustür seiner Gedanken und hämmerten mit ihren Fäusten dagegen. Aber er würde sie nicht reinlassen. Nein, er würde sich heute keinen Kopf über den Vollkommenen Miles machen.

Ach, zu spät.

Er zog kräftig an seiner Zigarette. Es war nicht immer so verkorkst zwischen ihnen gewesen. Als sie klein gewesen waren, bevor ihr Vater gegangen war und sich alles verändert hatte, war Wynton *so* auf Miles abgefahren. Hatte gedacht, dass der Kleine etwas Magisches an sich hatte. Und das war immer noch so. So unglaublich es auch klang, so was wie: Wenn Miles sich im Garten ihrer Mutter länger an einer Stelle aufhielt, fingen die Blumen an, sich ihm zuzuwenden, als wäre er die verdammte Sonne. Ja. Wynton hatte es mehrfach versucht, war stundenlang im Garten geblieben. Außer Fliegen hatte sich nichts in seine Richtung bewegt. Sehr enttäuschend, weil er so auf Blumen stand, besonders auf diese klitzekleinen mit den lila-gelben Blüten, die am meisten wie das Mädchen von der Wiese dufteten.

Hallo? Hätte Wynton das Aussehen, den Verstand, die Sportlichkeit von Miles sowie diese voll seltsame Fähigkeit, Blumen in seinen Bann zu schlagen, würde er über das Universum herrschen!

Und die Leute waren auch physisch nicht dazu in der Lage, den Blick von dem nichts ahnenden Jungen abzuwenden. Fremde schmolzen dahin und verfielen in einen katatonischen Zustand, wenn Miles über die Straße ging. Verdammtes Glückskind. Von außen betrachtet war Dizzy, genau wie Wynton, gewöhnlich, aber anders als er war sie eine Geode, barg in sich ein strahlendes Königreich aus Pracht und Herrlichkeit. In ihm waren nichts als Schädlinge.

Aber das war nicht der Grund, warum Wynton seinen Bruder nicht ausstehen konnte …

Das Knurren zweier Hunde holte ihn in die Wirklichkeit zurück. Sie zerrten an ihren Leinen, als wollten sie sich auf ihn stürzen und ihn zerreißen. Eine gestresste Frau mit kurzen Haaren in einem Tennis-Outfit rief: »So sind sie sonst nie! Das sind Golden Retriever! Therapiehunde! Ich weiß nicht, was mit ihnen los ist«, während sie die Hunde wegzerrte und die Straße überquerte.

Wynton seufzte. An den Hass der Hunde hatte er sich inzwischen gewöhnt, konnte sich nicht an eine Zeit erinnern, an dem ein Hund an ihm vorbeigegangen war, ohne ihn wissen zu lassen, dass er bis in seine hässliche Seele blicken konnte.

Unglücklicherweise zählte das als weitere Verwünschung, also waren es insgesamt vier.

Das sah nicht gut aus.

Er merkte mit einem Mal, dass er seinen Geigenkasten umklammerte, als wollte ihn jemand stehlen, und ebenso, dass ein Typ mit langen grauen Haaren, die zu einem Pferdeschwanz zusammengebunden waren, neben ihm stand und auch eine rauchte – er lehnte an der Wand auf der anderen Seite der Tür und beobachtete Wynton. Er trug OP-Kleidung und hatte Schweißflecken unter den Achseln. »Alles okay?«, fragte er, als sich ihre Blicke trafen.

»Alles bestens, Herr Doktor«, sagte Wynton, wickelte sich auseinander und stand schnell auf, wischte sich den Schweiß von der Stirn und versuchte, wieder einzurasten. Wie lange beobachtete dieser Typ ihn schon? Er trat seine Kippe aus.

Der Arzt lächelte, streckte ihm die Hand entgegen. »Alle nennen mich Doc Larry.« Er hat eine Baritonstimme, ein bisschen wie eine Tuba, die Wynton sofort gefiel. Der Typ gefiel ihm auch, die Ironie des Ganzen – ein Hippie-Arzt, der quasi an einem Sargnagel lutschte –, bis er fragte: »Was hast du denn da genommen?«

»Was? Ach, nichts, eine Aspirin. Kopfweh.«

Das Gesicht von Doc Larry schien ihm nicht zu glauben. »Ach so, ja, also, falls du Hilfe brauchst ... Also, im Krankenhaus haben wir auch eine Klinik für ...«

Da traf Doc Larry der Blick. Der Wynton-Fall-Blick war legendär. Früher hatte er damit die gesamte Schulmensa der *Paradise Springs High* zum Schweigen gebracht. In der Jugendstrafanstalt hatte der weniger gut funktioniert, von Angesicht zu Angesicht war er aber immer noch ziemlich wirkungsvoll, mit Leuten wie dem Doc hier, der vermutlich kein Gewaltverbrecher oder Soziopath war.

Der Arzt hielt die Hand hoch. »In Ordnung, okay. Viel Glück mit den Kopfschmerzen. Trink viel.«

»Du solltest nicht rauchen, Doc Larry, schlecht für die Gesundheit«, sagte Wynton und ging in den Club. Die kalte Klimaanlage war die reinste Wonne.

Carlos, der Barkeeper, der den Körper eines Sumoringers und einen goldenen Vorderzahn hatte, rief: »Der Mann der Stunde. Wir bauen heute Abend auf dich!«

Wynton schob seine Sonnenbrille hoch und setzte sie dann wieder auf, weil die Bar im Tageslicht ganz falsch aussah, viel zu entblößt und verwundbar, als würde man jemanden nackt sehen, den man nie nackt sehen sollte, wie die eigene Großmutter. Eine Ansammlung von versteinerten Tagtrinkern war an der Bar aufgereiht, Gefährten auf der Suche nach dem Vergessen, Mitglieder des Stamms der Unersättlichen, so wie er, die auf einem Barhocker durch den Tag trudelten, auf die Nacht warteten, wenn der Zug, der das wirkliche Leben war, endlich einfuhr.

Wynton sah sich jeden Einzelnen von ihnen genau an.

Man würde ja meinen, wenn dein Dad vor zwölf Jahren in seinem Truck davongefahren und verschwunden ist, würdest du irgendwann aufhören, nach ihm zu suchen. Aber da läge man falsch. Niemand auf diesem kleinen blauen Planeten kam an Wynton vorbei, ohne einen gründlichen Blick von ihm abzubekommen. Er blieb immer dran.

Er wurde ja auch gesichtet und das nicht nur von Dizzy.

Könnte schwören, dass ich Theo Fall heute unten am Fluss gesehen habe. Derselbe Gang, langsam und träge, als hätte er alle Zeit der Welt, denselben schwarzen Cowboyhut tief ins Gesicht gezogen. Ach Gottchen, was war das für ein schöner Mann, robust wie ein Baum, und weißt du noch, sein Pinot Noir, hab ihn mal probiert und hab mit meinem Schatten getanzt.

Wynton hörte besonders denen zu, die hier zu Mittag aßen, diejenigen, die glaubten, weil sein Dad »von den Toten auferstanden« war, sei er eine Art Messias, der zurückkommen und sie alle retten würde. Wynton glaubte das auch. Immer schon. Er wartete noch immer am Fenster, manchmal den ganzen Tag lang und starrte die lange baumgesäumte Einfahrt runter. Es war mehr als eine Angewohnheit, mehr wie eine spirituelle Übung. In die Ferne gucken. Warten. Musik hören, die niemand spielt.

Für Dizzy und Miles war es anders als für ihn. Wie auch nicht? Er war der Einzige von ihnen, der alt genug gewesen war, als ihr Vater sie verließ, um sich tatsächlich an seinen erdigen, feuchten

Duft zu erinnern, sodass eine Umarmung von ihm sich anfühlte, als würde man den Kopf in einen Laubhaufen stecken. Der Einzige, der sich daran erinnerte, wie er eines Abends seine Arme um ihre Mutter schlang, als sie gerade einen weißen Teller abwusch, und in diesem tiefen singenden Tonfall sagte: »Sieh dich an, Baby. Du hältst den Mond in deinen Händen.« Der Einzige, der sich daran erinnerte, wie er bei jedem Bissen von dem Soufflé, das sie gemacht hatte, theatralisch aufstöhnte, und wie sein Stöhnen sie zum Lachen brachte und er dann lachte, weil sie lachte, bis sie beide von ihren Stühlen fielen.

Doch Wynton erinnerte sich daran.

Er erinnerte sich an *alles*, deswegen war er wohl auch so verkorkst, ehrlich gesagt.

Einer der Versteinerten an der Bar drehte sich auf seinem Hocker rum und rutschte schwerfällig runter. »Na, wen haben wir denn da, wenn das nicht mal Ärger bedeutet.«

»In der Tat«, sagte Wynton, ging zu Dave Caputo rüber, einem armen alten Typen, der irgendwie seine Familie verloren hatte und auch danach aussah.

»Bist du bereit?«, fragte er Wynton. Er und Wynton spielten fast jeden Tag auf dem großen Platz Schach, wo Dave Wynton mit Geschichten erfreute, die nie wirklich einen Sinn ergaben, aber das war Wynton egal. Er war an Lügner gewöhnt.

»Nicht heute Abend. Ich habe einen Auftritt. Solo.«

Dave legte eine Hand auf Wyntons Schulter. »Wie toll.« Er zeigte mit dem Kinn auf den Typen neben ihm. »Tommy hier hat gerade erzählt, dass er deinen Alten im *Better Luck* gesehen hat. Ich hab ihm gesagt, dass das ein Geist gewesen sein muss.«

»Bestimmt«, sagte Wynton, und Hoffnung stieg in ihm auf, weil vielleicht heute, nur vielleicht, sein Vater zurückgekommen war, um am Abend seinen Auftritt zu sehen, in dieser Nacht der Nächte.

Ausschnitt aus der Paradise Springs Gazette:

Kriminalitätsbericht

Paradise Springs – Die Statue des Gründers von Paradise Springs, Alonso Fall, einer der hervorragendsten Winzer, die dieser Ort je gesehen hat, wurde heute Abend von seinem Urenkel Wynton Fall geköpft, der in die Statue reingefahren ist – alkoholisiert. Er ist inzwischen aus dem Gefängnis entlassen und mit einem Bußgeld von zwanzigtausend Dollar belegt worden. Dies ist keineswegs das erste Mal, dass der Fall-Junge mit dem Gesetz in Konflikt geraten ist. Vor einem Jahr …

Aus Bernadettes Sammelsurium nicht abgeschickter Briefe

Lieber Wynton,
mein Lieblingssohn, mein menschliches Minenfeld, nun mein Angestellter, ich weiß nicht, was ich mit dir anfangen soll. Allein durch deine Anwesenheit heizt du alle in meinem Restaurant auf. Und dieses Grinsen lässt meine ahnungslosen Kellner und Köche über ihre eigenen Füße stolpern. Neulich habe ich mitbekommen, wie die Barfrau Bridgette gesagt hat: »Der Typ kann allein mit einem Strich seines Bogens das Wetter verändern, ich hab das erlebt.« Sie hat den Kopf verloren, zusammen mit der Hälfte der Belegschaft. Bitte reiß dich zusammen.
Mom

Lieber Wyn,
Jetzt reicht es mir. Mein Verlobungsring! Mein demolierter Truck! Gefängnis! Die geköpfte Statue von Alonso Fall! Aus der Kasse stehlen! Das Trinkgeld anderer Kellner stehlen! Die Flasche *Silver Oak* stehlen!
Und dennoch zerreißt es mir das Herz. Alle sehen nur dein Talent oder dein immer größer werdendes Strafregister, ich sehe deine Zerbrechlichkeit. Ich sehe wie du, bis heute, jede Nacht neben Theos alter Trompete schläfst, sehe, wie du aus dem Fenster starrst. Wie du Theos Gesicht in Fotos anblickst. Suchend. Das macht mich so traurig.

Heute habe ich im Radio gehört, dass Elstern manchmal Zigarettenstummel benutzen, um ihr Nest zu bauen und sich hin und wieder eine noch brennende Kippe als Baumaterial schnappen, weil sie von der funkelnden Glut angezogen werden. Dann setzen sie damit ihr ganzes Nest in Brand. Was dafür sorgt, dass der Baum verbrennt, in dem sich das Nest befunden hat. Was dann den gesamten Wald abbrennen lässt. Wynton, du bist diese Elster.
Und ich auch.
Mom

Lieber Clive,
du musst aufhören zu trinken. Dir gestern Abend zu sagen, dass du dich von den Kindern fernhalten sollst, hat mich geschmerzt, aber ich habe zu große Angst vor der Dunkelheit, die dich ergreift, wenn du Alkohol trinkst. Die gleiche Dunkelheit, die auch deinen Vater ergriffen hat, bevor sie ihn umgebracht hat. Ich würde mir so sehr wünschen, dass du es noch mal mit der Entzugsklinik versuchst. Irgendwas versuchst. Mach Musik. Mach was mit deinem Leben.
Bernie

Herzlichen Glückwunsch zum Geburtstag,
mon frère Christophe!
Jetzt wärst du ganz offiziell ein Mann mittleren Alters. Ha!

Das würde dir nicht gefallen, großer Bruder. Das Grau. Der Bauch. Das Bedauern. Die noch ungelebten Leben. Ich weiß noch, wie wir zusammen in den Spiegel geguckt haben. Alle unsere vier Teenageraugen waren immer auf dich gerichtet. Dizzy betet Wynton genauso an, wie ich dich einmal angebetet habe. Ich kann nicht fassen, dass ich nur ein Jahr älter als sie war, als ich dich verloren habe.
Ich schreibe dir nun seit über drei Jahrzehnten. Seltsam, dass dieses anfängliche Bedürfnis, unbedingt mit dir kommunizieren zu wollen, nachdem du nicht mehr da warst, die Art und Weise geworden ist, in der ich jetzt mit allen und allem kommuniziere. Wenn ich mal tot und beerdigt bin, lass ich die Kinder vielleicht dieses Sammelsurium aus Briefen lesen. Aber vorher nicht. Ach, nein. Ins Feuer damit, zusammen mit all meinen Geheimnissen.
Ich habe eine Karamelltorte mit zwölf Schichten und Karamellguss für dich gemacht, weil ich daran denken musste, wie wir in der Synagoge hinter unseren Gebetbüchern Karamellbonbons gegessen haben, als wir eigentlich fasten sollten – weißt du noch?
Ich habe neulich irgendwo gelesen, dass einen Geschwisterteil zu verlieren so ist, als würde man einen Teil seiner Seele verlieren. Ich bin mir sicher, dass das stimmt. Und dann habe ich den Rest meiner Seele verloren, als ich Theo verloren habe.
Sogar meine Knochen sind einsam.
Bon anniversaire, Christophe, von deiner kleinen Schwester, immer und ewig deine kleine Schwester, egal, wie verdammt alt ich auch werde.

WYNTON

Zwei Stunden später, unter dem heißen Scheinwerferlicht auf der Bühne, mitten im zweiten Block, zog Wynton den Stecker. Er machte es auf die Super-Metal-Art, hielt das Instrument genau an den Verstärker, sodass das Feedback alle Ohren platzen ließ, der Raum elektrisiert war, bevor er dann das Kabel rauszog, seine akustische Geige und den Fluch beladenen, aber trotzdem großartigen Bogen in die Hände nahm. Er wollte Eugène Ysaÿes Sonate Nr. 3 spielen. Ja, nicht gerade die richtige Kost für einen Club, aber das war ihm egal. Er würde sie spielen, als wäre das sein letzter Abend auf Erden, wie das dieser Kritiker geschrieben hatte, und wenn das so wäre, wäre das genau das Stück, was er spielen würde.

Er würde auch noch den letzten Topf auslecken.

Die erste Note war ein Fanal. Es wurde still. Die Barkeeper, ob sie nun schüttelten oder einschenkten, hielten inne und schauten auf. Alle anderen ließen ihre Drinks stehen und ihre Masken fallen. Kaum ein Atemhauch, ein Murmeln, ein Herzschlag war zu vernehmen und dann vergaß Wynton alles um sich herum, das Raum-Zeit-Kontinuum, während ihm die Tränen unter der Sonnenbrille übers Gesicht liefen (er trug sie, weil das immer passierte, wenn er spielte; er erzählte den Leuten, dass etwas mit seinen Augen nicht stimmte, aber in Wirklichkeit hatte er keine Ahnung, was da los war) bis er mit seinem begnadeten Spiel fertig war und schweißnass den Bogen und die Geige in die Luft hielt … aber niemand klatschte, nicht eine einzige Person, und er verstand nicht, was passiert war, dachte, das habe er wohl total versaut.

Er wischte sich mit dem Arm über das nasse Gesicht, mit seinem blauen Glückspferd und schob dann die Sonnenbrille hoch, um zu gucken, welchen Schaden er angerichtet hatte. Was er sah, waren erstaunte Gesichter, was er hörte, war nichts, die Stille dauerte an, ein, zwei, drei, vier nervöse Sekunden, bis der Raum explodierte, zusammen mit seinem Kopf. Die sitzenden Leute im Publikum kamen auf die Beine, und die stehenden Leute fingen an auf und abzuspringen und zu rufen, und der Applaus war wie eine Rakete, und er saß drin und wurde in die Stratosphäre geschossen.

Danach sagten die Leute so was wie *Großartig* und *Was zum Teufel, Mann, bester Auftritt aller Zeiten* und alle gaben ihm ein Bier aus, und das zusammen mit den Pillen, die er vorhin genommen hatte, also fühlte er sich wow und kein Dad, aber Doc Larry war da und sagte in seinem Tuba-Bariton, dass er in seinem gesamten Leben noch nie jemand so habe spielen hören, und vielleicht hat Paganini seine Seele doch nicht an den Teufel verkauft, sondern an dich, Wynton Fall, was irgendwie krank war, und da war Max, der ihn hasste wegen seiner Ex-Verlobten Bettina, ihn jetzt aber abklatschte und anguckte, als wäre er eine Gottheit und sagte »Starker Auftritt, Wyn.«

Aber wo waren die Typen von *Hell Hyena and the Furniture*? Als sie vorher nicht backstage gekommen waren, hatte er gedacht, dass man das vielleicht so macht und er sie nach dem Auftritt treffen würde. Der Leadgitarrist hieß doch Sylvester Duncan, oder? Oder war das der Esel in dieser Geschichte, die er Dizzy früher immer vorgelesen hatte, die, in der Sylvester, der Esel, in einem Felsen gefangen war, heilige Scheiße, die schlimmste Geschichte, die je geschrieben wurde und die traurigste, und er konnte nicht fassen, dass die für Kinder sein sollte und gut, dass er jedes Mal, ohne Ausnahme, seine Sonnenbrille getragen hatte, wenn er sie Dizzy vorgelesen hatte, denn, Mann, hatte er jedes Mal die Krise gekriegt, wenn Sylvester sich zurück in einen Esel verwandelte und wieder mit seinen Eseleltern vereint war.

Sylvester Dennis vielleicht? Während er vom seinem Barhocker aus wieder und wieder den Raum absuchte und ihn immer noch nicht entdecken konnte, drehte sich ihm der Magen um, aber dann landete sein Blick auf Dawn Irgendwas, die er von irgendwoher kannte, deren Haare lang und blond waren, wie Stroh, deren Augen grün waren, deren Finger ständig unter den Saum ihres kurzen gelben Rocks fuhren. Und dann war sie mit einem Mal da, stand neben ihm, ihr Haar duftete süß, wie Bonbons, und bevor er sich versah, war er mit ihr in einem Hinterzimmer und ihre langen, nackten Beine waren so lang und waren so nackt, und sie lachten, und Dawn Irgendwas von Irgendwoher sagte, du bist genauso verrückt, wie alle immer sagen und er brüllte: »Ich bin ein verrückter Mann!«, und sie lachte, und er fuhr ihr ganz langsam unter den Rock, und seine Finger hakten ihren BH auf, und ihre Hände waren auf seinen Armen, seinem Hals, und Musik sprengte seinen Kopf – Orchestermusik, Gott, war er high, holla, vielleicht zu high, er wusste auch nicht mehr, wie viel von Miles' Pillen er genommen hatte, vier? Viertausend? Und Beine wickelten sich um ihn herum, und er war so verliebt verliebt verliebt, selbst wenn er zwischendurch vergaß, mit wem er gerade zusammen war, konnte er es trotzdem fühlen, konnte fühlen, wie die Liebe in seiner Brust pochte, gegen seine Rippen, hinauswollte, so heftig pochte, so laut, nein, nicht die Liebe, das Leben, das Leben mit einem Mikro in der Hand dröhnte in ihm drin, in voller Lautstärke und sie schwitzten beide so sehr, weil: Hitzewelle, Flutwelle, schlüpfrig wie Seehunde waren sie, und Dawn flüsterte ihm ins Ohr, wie unglaublich du spielst und wie unglaublich, dass du weinst, während du spielst und wie unglaublich wie unglaublich wie unglaublich, und ich habe so viel gefühlt, und ich will so viel fühlen, und er auch, das war alles, was er wollte, so viel zu fühlen, und sie fühlten, sie fühlten so viel, sie waren so viel, und dann war es vorbei.

Und er war allein.

WYNTON

Wynton war allein, auf dem Weg nach Hause in der dunklen Nacht, nur hatte er kein Zuhause mehr und auch keinen Traum mehr, weil der Esel Sylvester nicht gekommen war, und er hatte auch keine Freunde mehr, weil er so ein Arschloch war, und deswegen ging er zu einem durchgerosteten Auto am Fluss, wo er schlafen wollte. Wie eine Ratte.

Er streckte die Hand vor seinem Gesicht aus und konnte sie nicht sehen. Weil er sich allmählich in die Dunkelheit verwandelte. Er berührte sein Gesicht, okay, er war noch da, aber aua, und warum waren seine Finger nass? Er steckte sie in den Mund, schmeckte Metall, Blut, weil, ach ja, dieser Typ hatte ihm eine reingehauen, ihn auch in die Rippen getreten, ach stimmt, deswegen war er gegangen. Er war in der Gasse hinter der Bar gewesen. Er konnte sich jetzt auf der Erde liegen sehen, als wäre es ein Film, zusammengerollt auf dem Gehweg wie ein Stück Rinde, während er wieder und wieder getreten wurde. Woher hätte er wissen sollen, dass er Dawn Irgendwas von Irgendwoher kannte, weil sie die Freundin von diesem halslosen Scheißköter Brian aus der Jugendstrafanstalt war.

Er nahm einen Schluck aus der Flasche, die er hatte mitgehen lassen – was war das? Gin vielleicht? Egal. Er war jetzt an einem Punkt in dieser Nacht angekommen, wo der Alkohol anfing, ihn zu trinken.

Es ist noch immer so heiß, ein Backofen-Leben, dachte er und torkelte nach links und nach rechts, unfähig, in einer geraden Linie zu laufen, selbst wenn er es versuchte, unfähig, auch vollkommen aufrecht zu stehen. Wer will schon aufrecht sein?

Er würde eine Fledermaus sein. Fledermäuse waren cool. Keine Augen, oder? Sie orientierten sich mithilfe von Schallwellen, so wie er eigentlich.

Aber die Sache war die: Manchmal, wenn er so durch den Wind war wie jetzt, konnte er seinen Dad sehen. Theo Fall tauchte dann aus dem Nichts aus und legte seinen Arm um Wynton und redete mit ihm über Musik – meistens über Jazz, sein Dad stand so auf Jazz –, während er Wynton nach Hause brachte.

Aber heute Nacht konnte Wynton seinen Vater aus irgendeinem Grund nicht aus der Zeit zu sich holen, und er hatte kein Zuhause, zu dem er hinkonnte.

Also.

Ihm war etwas eingefallen, nämlich wie er auf dem Boden gelegen hatte, in der Gasse und zu dem halslosen Scheißköter Brian hochgeguckt hatte und in seiner Vorstellung wurde er Scheißköter Miles, und deswegen war es Miles – der sich nie mit jemandem stritt, der sterbende Hunde ausführte und die Spinnen im Haus einfing und nach draußen setzte, obwohl er Spinnen verabscheute –, der ihn windelweich prügelte, wieder und wieder gegen Rippen, Eingeweide, Rippen, Eingeweide trat, Miles, der es ihm endlich heimzahlte, *wegen allem*, und da wollte er jeden Schlag, jeden Schmerz spüren, den ganzen Hass seines Bruders. Er versuchte noch nicht einmal wegzulaufen. Er ließ sich von diesem halslosen, haltlosen Monster für Miles zusammenschlagen. Für Miles.

Wie idiotisch war das bitte?

Er blieb mitten auf der Straße stehen, weil er spielen musste, all dem Unfug und Dummfug entfliehen. Es gelang ihm, die Geige aus dem Kasten zu bekommen, aber er konnte den Bogen nicht kontrollieren, strich ständig durch die Luft. Er benutzte ihn, um sich den Rücken zu kratzen und wischte ihn dann an seinem Arm ab. Er stand unter einer Straßenlaterne, das warme Licht wie eine winzige Sonne. Okay, nun spielte er unter der Sonne, ein Klingen erklang, mehr ein Geräusch, oh, das Geräusch war sein Weinen.

Er hatte aus dem Schulorchester austreten müssen wegen dem Weinen. Damals hatte er angefangen, eine Sonnenbrille zu tragen, wenn er spielte – es war die einzige Lösung. Normalerweise liefen ihm die Tränen einfach über das Gesicht, ohne ihn zu stören, aber manchmal, wenn er allein spielte, weinte er so sehr, dass er Angst bekam, seine Geige könnte sich verziehen.

Er gab auf, setzte sich hin, wischte sich mit dem Arm übers Gesicht und steckte den Kopf zwischen die Knie. Da gab es ihn, und da gab es diesen sehr schlechten Menschen in ihm. Dieses Gift in Person, das die Hunde anknurrten. Er wusste nicht, was mit ihm los war. Hatte er noch nie.

Er hatte einfach das falsche Tempo, die falsche Tonart.

Oh Mann, er kam langsam runter. Heftig. Heftig, wie lebendig begraben zu werden. Aber dann fiel es ihm ein. Mehr Pillen! Da waren ZWANZIG! Er griff in die hintere Tasche seiner Jeans, aber dann entfiel es ihm wieder.

Dann fing die Dunkelheit selbst an, Krach zu machen.

»Dad? Dad, bist du das? Hey, wo bist du?«, sagte er, aber er klang so, als würde er eine andere Sprache sprechen. Er setzte sich auf, versuchte mit aller Macht, die Wörter rauszubekommen: »Ich höre dich und jetzt sehe ich dich auch.« Doch die Worte waren gurgelnde Klangkleckse, Wort-Tohuwabohu. Auf der Straße war ein Schatten zu sehen, der nicht zu einem Menschen zu gehören schien.

»Bist du das, Dad?« Nein, nicht Dad, zu klein und kein Hut. Und außerdem real, anders als Dad. »Was ist das auf deinem Kopf?« Es sah aus wie eine Krake. »Oder sieht dein Kopf einfach so aus?«

»Du musst von der Straße runter«, sagte der Schatten. Unter der winzigen Sonne konnte er jetzt erkennen, dass es ein Mädchen-Schatten war, aber einer mit einer sehr tiefen heiseren Stimme.

»Ist das deine echte Stimme?«, fragte er. Noch nie hatte er ein Mädchen mit so einer tiefen Stimme gehört. Oder vielleicht doch. Er wusste es nicht. »Sag noch was.«

Der Schatten kam immer näher. »Du musst nach Hause.«

»Nach Hause«, wiederholte er. »Deine Stimme ist gewaltig.«

»Ich kann nicht verstehen, was du sagst.« Der Schatten kam jetzt direkt auf ihn zu. Er hatte eine Handy-Taschenlampe auf ihn gerichtet. »Komm, ich helfe dir von der Straße runter.«

»Ich will dich richtig sehen«, sagte er.

»Verstanden.« Sie hielt das Licht über sich. Der Schatten war ein Mädchen mit Locken in Hülle und Fülle, alle in einer anderen Farbe.

Er fing an zu lachen. »Dizzys Engel mit den Regenbogenhaaren! Sie hat mir gesagt, dass sie dich zu mir schickt, und das hat sie.«

»Komm, ich helfe dir in meinen Truck«, sagte sie. Er hatte keinen Truck gehört, oder? Vielleicht war das der Krach gewesen? Er sah sich um und ein paar Meter entfernt stand tatsächlich ein Truck, orange, wie ein leuchtender Kürbis unter einer Straßenlaterne.

»Ich bringe dich nach Hause.«

»In dein Luftschloss?«, fragte Wynton. Das Regenbogenmädchen versuchte, ihn auf die Beine zu hieven.

»Hat nicht jeder Engel sein eigenes Luftschloss? Lass uns dahin gehen. Nach oben.«

Sie lachte leise, und das ließ ihn eine Sekunde lang nüchtern werden. Auch ihr Lachen war fantastisch. Polternd und wild. Und vertraut. »Das habe ich verstanden«, sagte sie. »Klingt gut, wir gehen nach oben. Ich bringe dich in mein Luftschloss.«

»Du singst, stimmt's? Deine Stimme ist wow.« Er stolperte

umher, damit er sie von Angesicht zu Angesicht sehen konnte. »Heilige Scheiße, bist du hübsch. Kein Wunder, dass sie dachte, du bist ein Engel.«

Sie berührte sein Gesicht. Er zuckte zurück, nicht weil es wehtat, sondern weil er es nicht gewohnt war, so zärtlich berührt zu werden.

»Dein Auge«, sagte sie. »Darum müssen wir uns kümmern.«

»Ich bin total verliebt in dich.« Er sagte es langsam, wünschte, seine Worte würden nicht alle gleichzeitig aus seinem Mund kommen. In einer anderen Sprache.

Sie lachte wieder. Sie hatte ihn verstanden. Gott sei Dank. »Na komm, Casanova. Morgen wirst du dich weder an mich noch an irgendetwas anderes erinnern.« Sie hatte es geschafft, ihren Arm um ihn zu legen, doch er drehte sich zu ihr, damit er wieder ihr Gesicht sehen konnte. Sie weckte ihn auf.

»Ich werde mich an dich erinnern. Das meine ich ernst. Ich werde mich an dich erinnern.« Liebe purzelte aus ihm heraus, nicht falsche Sex-Liebe, wie vorhin mit Dawn Irgendwas, sondern echte Liebe, wie Musik. »Heirate mich«, sagte er. »Wirst du mich heiraten?«

Sie antwortete nicht, fragte stattdessen: »Warum weinst du, wenn du spielst?«

»Du warst da? Du hast mich heute Abend gehört?« Freude sprudelte wie ein Geysir in ihm hoch. Dieses Mädchen hatte den besten Auftritt seines Lebens gesehen. Das fühlte sich mit einem Mal wichtiger an, als wenn Sylvester, der Esel, ihn gesehen hätte. Oder sogar sein Vater.

»So etwas Außergewöhnliches habe ich noch nie gehört«, sagte sie. »Du warst großartig.«

»Es war großartig«, sagte er und ergänzte dann langsam, damit sie es auch verstehen konnte: »Ich stand Auge in Auge mit Gott.«

Sie lächelte ihn an, und sein Herz wurde weit. Er konnte Blumen riechen. »Wie heißt du?«

»Cassidy«, sagte sie.

Diese Stimme. Diese Klangfarbe. Er hatte sie schon einmal gehört, da war er sich sicher. Aber wann? Wo? Sie starrten sich im Licht der Straßenlaterne an. Der Menschenmacher musste eine Menge zusätzliche Schönheit rumliegen gehabt haben, als sie dran gewesen war. Der Mond tauchte hinter einer Wolke auf und machte alles noch heller. Er fühlte sich plötzlich so wach, als hätte ihn jemand an seinen Verstärker gestöpselt.

»Cassidy«, sagte er leise, probierte es aus. Er hatte noch nie jemanden getroffen, der Cassidy hieß, wohl nicht, doch als das Wort in der Luft hing und ihr Duft die Nacht mit unsichtbaren Blüten erfüllte, wurde es ihm schlagartig klar. »Du bist es.« Adrenalin raste durch seinen Körper, ernüchterte ihn noch mehr. Er dachte an diesen Tag vor langer Zeit, als sie beide im hohen Gras gesessen hatten und er versucht hatte, ihre Traurigkeit mit seinem Geigenspiel zu vertreiben. Er hatte nie ihren Namen gewusst. »Du bist zurückgekommen.«

»Deinetwegen«, sagte sie.

Seinetwegen? So viele Male, nachdem sie sich kennengelernt hatten, war er auf diese Wiese zurückgekehrt und hatte genau davon geträumt. Doch seine Träume wurden nie wahr.

»Niemand kommt wegen mir zurück«, flüsterte er.

»Ich schon.«

Halluzinierte er? Das musste es sein. Spielte das eine Rolle? Nein, solange es weiterging.

Da war die Hitze in der Luft, auf ihrer Haut. Das Mondlicht, das sich nun durch die Bäume ergoss, auf die Straße spritzte. Da war die Art, wie sie ihn ansah, als hätte er die Antwort oder sogar als *wäre* er die Antwort. Ein Teil von Wynton, der immer zusammengefaltet gewesen war, fing an sich zu entfalten. Bitterkeit und

Betrunkenheit und Hoffnungslosigkeit flossen aus ihm heraus, während die Nachtklänge um sie herum sangen: die knarzenden Bäume, die Vogelstimmen, das Rauschen des Flusses. Der Wald machte Musik für sie.

Eine Ballade, dachte er, nein, ein Walzer. Er öffnete die Arme, und sie glitt hinein, ihre Körper fügten sich ineinander, als wäre das Puzzle endlich zusammengesetzt.

Die Welt fing an zu kippen, während sie sich mitten in der Nacht im Tanz wiegten, unter ihrer ganz eigenen Sonne, auf einem Fleckchen Dreck auf diesem winzigen sich drehenden blauen Planeten.

Dieser Tanz, beschloss er, würde der Tanz in der Geschichte der Menschheit sein, der nie zu Ende gehen würde. Egal, ob Asteroiden vom Himmel stürzten, Kriege ausbrachen, Erdbeben ganze Städte zu Fall brachten, sie beide würden in eintausend Jahren noch immer hier am Fluss stehen, unter den Sternen und den Mammutbäumen und sich hin und her wiegen, mehr eins als zwei, weil er plötzlich tief in seinem Herzen wusste, dass dieses Mädchen das Königreich war und er ausnahmsweise einmal in seinem beschissenen, verkorksten Leben derjenige war, der die Schlüssel dazu hatte.

»Ich habe mich noch nie so glücklich gefühlt«, flüsterte sie in sein Ohr. »Ich denke schon mein ganzes Leben lang an dich.«

Er musste nach unten gucken, um sicherzugehen, dass sie nicht in der Luft schwebten.

Doch der ewig währende Tanz war kürzer als erwartet. Bevor er seine Hände in ihr Haar legen, bevor er sie küssen, bevor ihr beider Blut Feuer fangen konnte, machte Cassidy sich los. Ihr Gesicht strahlte vor Freude. Sie machte einen Schritt, streckte die Hand nach ihm aus und sagte: »Komm, lass uns von der Straße gehen.«

Bevor Wynton ihre Hand nehmen konnte und sie nie wieder

loslassen, raste ein Auto mit quietschenden Reifen um die Kurve und das Mädchen, das er auf der Wiese vor all diesen Jahren kennengelernt hatte, das einzige Mädchen, das er je geliebt hatte, schrie so laut, dass die Sterne vom Himmel verschwanden und alle Lichter für Wynton Fall ausgingen.

Cassidy: Es gab einen Unfall, es ist schlimm. Wyn ... ein Junge, ein Mann, er ist neunzehn, wurde von einem Auto angefahren, Fahrerflucht, bitte schicken Sie jemanden, oh nein, ich weiß nicht, wo wir sind ... Ich glaube, er ... ich bin mir nicht sicher, er ...

Notrufleitstelle: Kannst du ein Straßenschild sehen? Ich heiße Jean, und ich werde dir helfen.

Cassidy: Nein, es ist ... da ist ... ich kann den Fluss hören, und hier sind ganze viele Mammutbäume. Oh, jetzt fällt es mir ein, die Old River Road. Bitte. Ich habe Angst, weil er sich nicht bewegt ... er war betrunken und hat vielleicht auch Drogen genommen.

Notrufleitstelle: Ich orte gerade dein Handy. Bitte sag mir, wie du heißt. Warte kurz ... ich hab's. Ich habe einen Krankenwagen zu deinem Standort geschickt. Bist du noch da?

Cassidy: Ja, ich glaube, er atmet nicht mehr, ich versuche, ihn wiederzubeleben ... ich weiß wie. Cassidy. Ich bin Cassidy.

Notrufleitstelle: Cassidy, kannst du einen Puls fühlen?

Cassidy: Ich bin mir nicht sicher. Oh mein Gott. Ich weiß es wirklich nicht. Wenn, dann nur schwach. Sein Arm ist ... seine Hand, oh Gott, es ist furchtbar. Er ist Geiger! Jetzt mach ich die Herzdruckmassage! Dann Beatmung, zweimal.

Notrufleitstelle: Okay, sehr gut. Bitte mach weiter, Hilfe ist auf dem Weg.

Cassidy:

Notrufleitstelle: Ich bin bei dir, Cassidy. Ich gehe davon aus, dass du gerade reanimierst.

Cassidy: Ich versuche es. Ich kann nicht erkennen, ob es funktioniert ...

Notrufleitstelle: Dreißig Herzdruckmassagen gefolgt von zwei Beatmungsversuchen.

Cassidy: Er kann nicht sterben. Er kann nicht. Ich bin doch gerade angekommen.

Notrufleitstelle: Das wird er nicht. Du hältst ihn am Leben, bis der Krankenwagen kommt. Wie ist eure Beziehung?

Cassidy: Er ... er ... ist mir so wichtig, bitte, beeilt euch.

TEIL ZWEI

WYNTON

Du weißt, dass du im Krankenhaus bist. Du lauschst den summenden Lichtern, dem Stakkato des Herzmonitors, den traurig schlurfenden Schritten, hin und her. Du lauschst den Seufzern, so viele Seufzer, disharmonische Atemzüge.

Du nennst es: Am Arsch in D-Moll.

Der Arzt hat es leise gesagt, damit du es nicht hörst, doch er hat eine Baritonstimme (eine vertraute, aber du kannst sie nicht einordnen), und du hast es gehört.

Du wirst nie wieder Geige spielen.

Wenn du sprechen könntest, während du in diesem Koma liegst, würdest du jemand bitten, dich freundlicherweise mit einem Kissen zu ersticken.

Wenn du dich bewegen könntest, würdest du es selber machen.

Du erinnerst dich vage daran, jemand in deinen Armen gehalten zu haben. An den Duft von Blumen. An ein wunderschönes Mädchen, das gesagt hat, dass es deinetwegen zurückgekommen ist. An das Gefühl, zu Hause zu sein. War es ein Traum? Muss wohl.

Du verlässt das Krankenhauszimmer mit all den Leuten darin und schwimmst durch die Zeit, um deinen Vater zu finden. Dann tust du es. Es ist das Jahr, bevor er gegangen ist, und du lebst auf seiner Schulter, während er die Weinberge von Nord nach Süd durchquert, von Ost nach West, die Sonne knallt vom Himmel auf euch runter, sodass ihr die Augen zusammenkneifen müsst. Das Spiel geht so, dass du den Mund weit aufhalten musst, und er mit seiner freien Hand, ohne zu gucken, eine Traube nach hinten wirft, versucht, sie in deine Luke zu kriegen. Das gelingt nur ein einziges Mal, und ihr seid beide so glücklich, vielleicht warst du in deinem ganzen Leben noch nie so glücklich. Dieser Siegestaumel danach, als er dich mit beiden Armen über seinen Kopf hält und dich herumwirbelt, der säuerliche warme Traubennektar in der Kehle, während ihr beide lacht und jubelt und ruft: »Treffer!«

Du schwimmst durch die Zeit, willst dich bei jemandem entschuldigen (du weißt nicht bei wem) für etwas (du weißt nicht für was).

Und da ist wieder dein Dad. Es ist dein sechster Geburtstag, und als du aufwachst, sitzt er im Schaukelstuhl in deinem Zimmer und wartet darauf, dass du die Augen öffnest. Auf seinem Kopf ist ein schwarzer Cowboyhut – der für besondere Anlässe –, tief ins Gesicht gezogen, wie immer, und in seinem Schoß liegt ein Geschenk. Er sagt: »Ich weiß, ich soll bis zur Party nachher warten, aber ich kann einfach nicht. Deine Mom hat dir etwas anderes besorgt. Das ist von mir.«

Du bist eine Wärmesuchrakete, als du die Decke zur Seite schleuderst und dich quer durchs Zimmer in Dads Schoß wirfst, wo du das Geschenk aufreißt. Du weißt nicht, ob dein Herz je so schnell geschlagen hat, als du das glänzende Instrument auspackst. Dir ist sofort klar, dass der Bogen ein Zauberstab ist. Er sagt: »Die Geige ist das Instrument aller Instrumente. Ich wünschte, ich könnte sie spielen, kann ich aber nicht, denn um sie wirklich spielen zu können, muss man in deinem Alter anfangen. Unterricht habe ich auch organisiert. John von *The Fiddleheads* wird alle zwei Tage vorbeikommen, bis du so gut wie er bist. Hat er mir geschworen.«

Du bleibst den ganzen Morgen in Dads Schoß, streichst mit dem Bogen über das Ding und produzierst kreischendes Katzengejaul, während er mitsummt, als wärst du Yo-Yo Ma.

Wenn du noch mal drüber nachdenkst, war *das* der glücklichste Augenblick deines Lebens.

Dir fällt es wieder ein. Es ist Miles, bei dem du dich entschuldigen musst. Du weißt auch wieder, warum.

Ein Tag. Der Tag. Du und Miles auf der Schaukel. Dein Vater schubst einen Sohn mit einer Hand an, den anderen Sohn mit der anderen Hand. Du und Miles, ihr blickt einander an, während ihr höher und höher in den Himmel aufsteigt. Beide könnt ihr nicht aufhören zu lachen. Nie hast du jemanden mehr geliebt als deinen kleinen Bruder.

Aber das war davor.

Davor, davor, davor.

Dieser Tag auf der Schaukel war der Tag, an dem sich alles verändert hat.

Während du durch die Zeit schwimmst, siehst du, dass es in deinem ganzen Leben um die Abwesenheit deines Vaters ging, darum, dass die Wunde zugewachsen, aber nie verheilt ist.

Was niemand weiß und jetzt wohl nie wissen wird, ist, dass es deine Schuld war. Ja, das ist richtig. Nun, da du halb aus dieser Welt bist, gib es endlich zu. Es war deine Schuld, dass dein Vater gegangen ist.

Gib es zu.

Gib endlich alles zu.

Du bist vierzehn, mager und schlaksig und machst nur Ärger. Jetzt weißt du, dass die Welt nicht für dich gemacht ist, sondern für Leute wie deinen vollkommenen kleinen Bruder Miles, den du verabscheust.

Alles, woran du denken kannst, ist die Viper, ein Kind der Liebe, geboren aus Jimi Hendrix' Flying V E-Gitarre und einer Geige. Ihr Klang ist ein Geisterhaus, eine headbangende, vorschlaghämmernde Metal Show, ein Festmahl, die traurigste Liebesgeschichte, die nie erzählt wurde, ein Bluegrass-Festival, alles von allem, alles in einem. Du brauchst ihre Lautverstärkung, ihre sechste Saite, das hohe E, das alle übersteigt. Oh, die Viper kann alles. Du kannst an nichts anderes denken.

Du wirst aus der Schule geschmissen und in die Jugendstrafanstalt geschickt, weil du gedealt hast, gedealt, damit du die Viper kaufen kannst …

Warte mal. Du kannst Blumen riechen.

Sie. Vielleicht hast du dir dieses Mädchen doch nicht zusammenfantasiert, diesen Moment unter Sonne und Mond. Ist sie hier? Im Krankenhauszimmer bei dir? Wenn du nur die Augen öffnen könntest …

Dann hörst du, wie sie mit ihrer unverwechselbaren Stimme deinen Namen sagt. Sie *ist* hier! Jetzt erinnerst du dich wieder. Sie ist das Mädchen von der Wiese! Dizzys Engel. Cassidy, hat sie gesagt. Sie heißt Cassidy. Und sie ist deinetwegen zurückgekommen, genau wie Samantha Brook… wie zum Teufel war noch mal ihr Name in diesem Kitschroman?

Du bist so froh, dass dich niemand mit einem Kissen erstickt hat.

Sie sagt dir, dass du nicht sterben darfst, weil sie dir etwas erzählen muss. »Nein«, sagt sie. »Ich muss dir *alles* erzählen, Wynton.«

Wenn du nicht schon im Koma liegen würdest, würdest jetzt

vor Freude in Ohnmacht fallen. Du willst *alles* wissen. Du weißt nicht einmal, warum sie damals, an diesem Tag vor langer Zeit, auf der Wiese geweint hat.

Sie muss gewartet haben, bis die anderen gegangen sind, bevor sie zu dir ins Zimmer gekommen ist, weil es jetzt so still ist. Es ist wohl mitten in der Nacht. Oder die Zeit ist stehen geblieben. Wenn du sie nur sehen könntest. In den Armen halten. Noch mal mit ihr tanzend in der Luft schweben könntest. Du vermutest, weil die Tür nicht gequietscht hat, so wie wenn alle anderen kommen und gehen, dass sie entweder einfach erschienen ist (vielleicht ist sie doch ein Engel?) oder durchs Fenster geklettert ist.

Ach, egal, wie sie hierhergekommen ist, sie ist da, sie ist zurückgekommen, sie hat dich wiedergefunden.

Und jetzt sagt sie, dass jemand namens Felix, der zusammen mit ihr nach Paradise Springs gefahren ist, sie Scheherazade genannt hat, die persische Königin aus *Tausendundeiner Nacht*, die ihr eigenes Leben gerettet hat, indem sie Geschichten erzählt hat. Sie sagt, dass sie vorhat, dich auf die gleiche Art am Leben zu erhalten – indem sie dir ihre Geschichte erzählt. Du hoffst, das bedeutet, ihre Geschichte ist lang und dass sie für immer an deiner Seite bleibt.

Du hoffst auch, dass dieser Felix-Typ nicht ihr Freund ist.

»Am Ende sind wir alle Geschichten.« Das ist ihr Lieblingszitat einer Autorin, erzählt sie dir, dass sie es sich auf die Hüfte hat tätowieren lassen.

Und dann besteht die Welt nur noch aus ihrer Stimme: *Wenn du kein Haus hast, kein Fahrrad, keinen Bruder, keine Schwester, keinen Briefkasten, kein Handy, keine Freunde, keinen Vater, keine Adresse, keine Nachbarn, keine Großeltern, keinen Hauseingang, keine Veranda, kein Zimmer, in keiner Straße wohnst, …*

CASSIDY

Wenn du kein Haus hast, kein Fahrrad, keinen Bruder, keine Schwester, keinen Briefkasten, kein Handy, keine Freunde, keinen Vater, keine Adresse, keine Nachbarn, keine Großeltern, keinen Hauseingang, keine Veranda, kein Zimmer, in keiner Straße wohnst. Wenn du nicht zur Schule gehst oder zum Ballett oder Fußball oder in die Mall. Wenn du noch nie bei jemanden übernachtet hast, noch nie mit jemandem zum Spielen verabredet warst, noch nie in einem Klassenraum warst, noch nie einen Schulspind benutzt hast. Wenn du dich noch nie irgendwo eingeloggt hast, noch nie etwas gestreamt hast. Oder noch nie jemand angerufen. Noch nie etwas im Fernsehen gesehen hast. Wenn du nie einen Nachnamen gehabt hast.

Dann hältst du dich an dem fest, was du hast, und Wynton, ich hatte eine Mutter namens Marigold.

Hatte.

Ich fange mal hier an:

Mom ist sechsundzwanzig und ich bin acht, und wir leben in einem kanarienvogelgelben Wohnmobil, das Sadie Mae heißt und jetzt am Steilufer über dem Ozean parkt, in der äußersten Ecke von Nordkalifornien. Außer miteinander haben wir seit Wochen mit niemand anderem geredet.

Sadie Mae ist übersät mit riesigen Blumen-Aufklebern. Sie sieht aus, als wäre der Sommer der Liebe in ein Wohnmobil explodiert und Janis Joplin und Jimi Hendrix wären noch am Leben und würden da drin wohnen, nicht wir. Nicht irgendeine turbulente junge Mutter auf der Suche nach einem Ort, den sie im Traum gesehen hat (jup) und ihre seltsame, Insekten sammelnde Tochter.

Besonders ich nicht, die seltsame Insektensammlerin. Aber Sadie gehört zu uns, und wir lieben sie und kaufen ihr schrille Perlenketten, die wir über den Rückspiegel hängen und um unsere eigenen Hälse.

Mom nennt es das Große Abenteuer und sagt, dass Kalifornien unsere Religion ist. Sie bezeichnet uns meistens als moderne Pioniere, aber manchmal auch als wandernde Gelehrte oder Naturmystikerinnen oder Traumjägerinnen, und unsere Mission ist ihr zufolge die Erleuchtung. Sie sagt, die himmlischen Mächte werden uns verschlingen wie zwei Tacos. Ich sage ihr, dass ich ganz bestimmt nicht wie ein Taco verschlungen werden will, was sie zum Lachen bringt und dazu, mich durch Sadie Mae zu jagen, um mich wie einen Taco zu verschlingen.

Obendrein werden wir, während wir dabei sind, Erleuchtung zu suchen, auch den Ort aus ihrem Traum finden und uns dort niederlassen. Anscheinend waren wir in dem Traum sehr glücklich.

Zu diesem Zeitpunkt hatten wir schon 141 Orte in Kalifornien von unserer Liste gestrichen, die nicht unser Ort waren.

Erzähl mir von unserem Ort, bitte ich sie, wenn ich ins Bett gehe, wenn ich aufstehe, auf endlosen Spaziergängen am Strand, auf heißen Fahrten durch die Wüste. Und das tut sie, bis es sich anfühlt, als hätte ich zuerst von unserem Ort geträumt und nicht sie.

Weißt du, um welchen Ort es geht, Wynton? Ich wette, das weißt du.

Hier ist ein Foto von uns aus dieser Zeit. Keine Ahnung, wer es gemacht hat. Du kannst Sadie Mae im Hintergrund sehen. Und die Granitspitzen der mit Pinien bewachsenen Berge, also sind wir wahrscheinlich ganz hoch im Norden. Wir sind meistens im nördlichen Teil des Bundesstaates unterwegs, weil Mom glaubt, dass unser Ort sich da befindet.

Achte bitte mal auf unsere Kleidung. Wir hatten gerade unser Secondhandladen-Spiel gespielt – bei dem es darum ging, das beste Outfit mit sich beißenden Farben zusammenzustellen. Die Gewinnerin durfte dann die komplette Montur kaufen. An dem Tag hatten wir ein Unentschieden, also tragen wir beide unsere siegreichen Outfits, obwohl ich finde, dass meine Mom in ihrem lila Paisley-Jumpsuit mit Schlag und ihrer rot-grün getupften Jacke schwer zu toppen ist. Findest du nicht auch? Beachte bitte auch unsere nackten Füße, Fußreifen und Zehenringe. Den Dreck auf unserer Haut.

Die Frau und ihr Sohn zu unserer Linken sehen uns an, als würden wir nicht mehr richtig ticken, als wir eine Modenschau inszenieren, ich Mom nachahme, die mit übertriebenen Posen über den Parkplatz stolziert, die Hände auf den Hüften, eine psychedelische Mutter und Tochter auf dem Laufsteg, auf dem Irrweg.

Mom sagt, wegen unserer Ersparnisse, wenn wir bescheiden sind, können wir ewig so leben.

Und zu guter Letzt achte auch mal auf unsere Gesichtsausdrücke. Irgendwie glückselig, stimmt's? Wenn man mit meiner Mutter zusammen war, war das oft so. Sie hat die Leute mit ihrer Glückseligkeit geradezu angesteckt, wie mit einer Krankheit.

Nach Sadie Mae kam ein weiteres kleines Wohnmobil, dass wir Purple Rain genannt haben. Über die Purple-Rain-Jahre zu sprechen ist schwerer, aber da komme ich noch hin. Wie schon gesagt, Wynton, ich muss dir alles erzählen.

Ein paar wichtige Sachen, die du über meine Mutter wissen solltest, als ich acht war:

Für mich ist sie zersplittert. Es gibt: Glückliche Mom, Lehrerin Mom, Geschichten Mom, Gemeine Mom, Traurige Mom, Abwesende Mom.

Sie wird riesengroß. Wenn wir unsere naturwissenschaftlichen

Wanderungen machen, stößt ihr Kopf immer am Himmel an, sodass sie sich runterbeugen muss. *So* riesig. Anders als ich. Wenn ich mich im Spiegel sehe, bin ich überrascht, dass ich da bin, dass ich wirklich ich bin und nicht ein Teil von ihr. Welcher Teil? Eine Sommersprosse vielleicht.

Immer wieder vergisst sie mich, fährt von Rastplätzen, Tankstellen, Imbissen los, in dem Glauben, dass ich mit ihr zusammen in Sadie Mae bin, um dann umzukehren, wenn ihr klar wird, dass ich das nicht bin. Das liegt daran, dass ich zu leise bin. Ständig sagt sie mir, dass ich lauter sprechen soll. »Ich kann dich nicht hören, Cassidy!« Fester auftreten soll. »Hör auf, dich an mich ranzuschleichen!« Immer sucht sie nach mir, wenn ich direkt vor ihr bin. »Ach, da bist du ja!« Erinnert mich ständig daran, nach oben zu schauen, anstatt nach unten, wo all die coolen Insekten sind. »Sieh dir diese Aussicht an, Cassidy!«

Die letzte Sache über sie, als ich acht war: Sie sieht genauso aus wie eine Rosa Ahornmotte. Versprich mir, dass du diesen Schmetterling googelst, wenn du aufwachst, Wynton. Sie hält das nicht für ein Kompliment, weil mit ihr etwas nicht stimmt und sie Insekten hasst, sogar flaumige fliegende rosa-gelbe.

Okay, dreimal wurde ich verraten, und ich werde dir meine Geschichte nun von Verrat zu Verrat erzählen.

Ich wurde auch ein viertes Mal verraten. Dieser Verrat betrifft dich, Wynton. Ja, dich. Wir kommen noch dazu.

Am Tag des ersten Verrats wache ich zu Sonnenschein und dem Kreischen der Möwen auf. Ich stecke den Kopf aus meiner Koje und sehe, dass Mom schon wie ein Dreieck auf ihrer Meditationsmatte sitzt. Ich beobachte sie. Ich beobachte sie unentwegt, sogar wenn sie gar nichts macht. Ich bin nicht die Einzige. Alle machen das, besonders die Männer auf den Campingplätzen und in den Supermärkten und den Tankstellen und überall sehen alle sie an, als würden sie gerne ihr Netz nach ihr auswerfen. Ja, sie ist hübsch. Wie schon gesagt, sie sieht aus wie eine Rosa Ahornmotte, das schönste Insekt auf Erden. Sie hat lange blonde zerzauste Strandhaare, Ozean-Augen und rosa Beine, die so lang sind wie ich.

Schließlich reiße ich meinen Blick von ihr los, drehe mich um und begrüße still meine Insektenfamilie.

Unter meiner Obhut stehen: ein kobaltblauer Erlenblattkäfer, der Käfer Karl heißt, eine Heuschrecke namens Knister, ein roségeflügelter Grashüpfer, den ich Harold Hüpfer genannt habe, eine Gottesanbeterin, die Barney heißt, und eine Bärenspinner-Raupe namens Großartiges Geschöpf, die genau wie ich ein Mädchen ist. Alle leben in ihrem eigenen Marmeladenglas-Haus mit Luftlöchern im Deckel, reichlich Nahrung und einem gemütlichen Grasplatz zum Schlafen. Ungeachtet dessen, was Gemeine Mom über Gefangenschaft sagt, sind sie glückliche Insekten. Sie dürfen um mich herum hüpfen und krabbeln und alle zusammen in einem Schuhkarton-Terrarium spielen, das voller Steine, Moos und Erde ist und einen Schüssel-See mit Algen hat. Wenn ich schlafe, stehen die Häuser alle aufgereiht im Regal in meiner Koje, außer Großartiges Geschöpf, die ich neben mir auf meinem Kissen behalte, weil sie vor so vielen Sachen Angst hat, einschließlich der Dunkelheit und meiner Mutter, weil die so groß ist. Sie hat auch Angst, sich in einen Bärenspinner zu verwandeln, was ihr Schicksal ist.

An dem Morgen, wie an allen anderen Morgen, seit ich Großartiges Geschöpf gefunden habe, flüstere ich ihr durch die Luftlöcher beruhigend zu, um sie auf den Tag vorzubereiten. Ich sage der wunderschönen rot-schwarz gestreiften Raupe, wie sehr ich sie liebe und was für ein Glück sie hat, dass sie so pelzig ist und dass ich mich viel lieber in einen Bärenspinner verwandeln würde als in eine erwachsene Frau wie Mom und wie cool es ist, dass sie eines Tages fliegen kann, und wie dankbar ich bin, dass wir beiden Schwestern sind.

Vorsichtig ziehe ich das Schuhkarton-Terrarium aus dem Regal, um den See nicht zu verschütten und stelle es auf mein Bett, dann nehme ich Käfer Karl, Knister, Harold, Barney und Großartiges Geschöpf aus ihren Häusern und setze sie für ihr morgendliches geselliges Beisammensein hinein. Harold Hüpfer tue ich als Letztes rein, damit er nicht rausspringt, bevor ich den Plastik-Lamellen-Deckel draufgetan habe. Ich gucke ihnen beim Herumhüpfen zu, bis ich höre, wie Mom mit ihrem Sprechgesang anfängt, was bedeutet, dass sie ihre Morgenmeditation gleich beenden wird.

»Morgen, Pfirsich«, höre ich, als sie fertig ist.

»Morgen, Pflaume«, sage ich und fange an, meine Insektenfamilie zurück in ihre Gläser zu tun.

»Morgen, Blaubeere.«

»Morgen, Wassermelone.«

Und dann ist Moms Kopf genau neben mir, weil sie aufgestanden ist. »Die Gefangenen kommen zurück in ihre Zellen, wie ich sehe.«

Schnell lege ich meine Hand über das Glas von Großartiges Geschöpf, damit sie das nicht hört, wende Mom dann den Rücken zu und flüstere in die Luftlöcher: »Hör nicht auf sie. Sie versteht nicht, wie sehr wir einander lieben.«

Ich tue so, als würde ich Mom nicht hören, als sie sagt: »Der ganze Sinn und Zweck von uns, von dem Großen Abenteuer ist Freiheit, und da oben haben wir ein Hochsicherheitsgefängnis. Das ist einfach falsch, Cassidy.« Ich verstehe nicht, was der Unterschied zwischen einem Insekt sein soll, das in einem Marmeladenglas wohnt und uns, die wir in Sadie Mae leben, aber das sage ich nicht. Ich will, dass sie das Thema wechselt.

»Das regt mich echt auf«, sagt sie und wechselt nicht das Thema. Ich lausche, wie sie unter mir herumlärmt und kann anhand von jedem Geräusch genau erkennen, was sie gerade macht.

Wasser in den Kessel. Müsli in zwei Schüsseln. Joghurt auf den Tisch. Beeren in das Sieb unter dem Wasserhahn.

»Sagst du irgendwas da oben? Denn wenn, dann kann ich dich nicht hören.« Über das fließende Wasser hinweg sagt sie wieder: »Du musst lauter reden, Schatz, ich kann dich nicht hören.«

Ich öffne den Mund und balle meine Hände zu Fäusten und bewege meinen Kopf hin und her, während ich aus voller Lunge lautlos schreie. Das mache ich dauernd. Dann stecke ich den Kopf über den Rand der Koje und sage laut und klar: »Morgen, Minneola.« Dazu mache ich die Nur-mit-den-Armen-Version unseres Affentanzes.

Sie guckt von der Spüle hoch, ihr Hack-auf-Cassidy-rum-Gesicht verwandelt sich in einen Ausdruck des Vergnügens. In ihren Händen hat sie ein Sieb voller Erdbeeren. Sie streckt die Hand aus und berührt meine Nase mit ihrem nassen Zeigefinger – *stups*. So klein ist es in Sadie Mae – wir sind nie weiter als eine Armlänge entfernt voneinander.

»Morgen, meine affentanzende Erdbeere«, sagt sie und grinst albern. Ich kann freudig berichten, dass Gemeine Mom oder zumindest Gereizte Mom eiskalt abserviert wurde. (Diesen Ausdruck habe ich gelernt, als wir das letzte Mal bei einem Camper-Treffen waren. Da lerne ich lauter gute Wörter wie *Hackfresse* und *Arschgesicht*.)

Nach dem Frühstück schwimmen wir in unseren Neoprenanzügen im Meer und tun so, als wären wir Delfine.

»Sei der Delfin, Cassidy! Du musst es richtig sein!«

»Wie denn?«, frage ich, während ich wie eine Boje auf der Wasseroberfläche schaukele, was dazu führt, dass sie frustriert davonschwimmt. Ihr So-tun-als-ob kann ich nicht gut. Ich weiß, dass ich kein Delfin bin. Trotzdem bleiben wir noch im Wasser, ich als ich, sie als Delfin, bis unsere Finger schrumpelig sind und unsere Füße eisig und wir beide zittern und blaue Lippen haben. (Viel später erst kommt mir natürlich in den Sinn: Eine andere Mutter wäre vielleicht auf die Idee gekommen, dass es für ihr achtjähriges Kind Zeit ist, aus dem eiskalten Wasser zu gehen.)

Jedenfalls, nachdem wir uns mit dem Fön aufgetaut haben und wieder in unseren Kleidern stecken, plustern wir gegenseitig unsere Aura auf. Ich liebe es, Moms Aura aufzuplustern, weil ich ihr dann ganz nah kommen kann, ohne dass sie mich einen Blutegel nennt. Wir suchen uns ein sonniges Fleckchen und zeichnen einen Kreis in den Dreck. Ich ziehe einen unserer Stühle dorthin und stelle mich drauf, und mit meinen Händen fange ich an ihrer Taille an und plustere plustere plustere um sie herum bis nach ganz nach oben, während sie mit geschlossenen Augen dasteht. Manchmal tue ich auch nur so, als würde ich plustern und gucke sie einfach an.

Dann bin ich dran.

Danach ur-schreien wir fünf Minuten am Stück, was sehr lange ist, wenn man aus keinem besonderen Grund schreit. Ich mache stattdessen lieber ur-hören.

Dann Schule.

Mit acht bin ich schon drei Jahre dem Lehrplan voraus, also beschäftigen wir uns auch mit einer Menge anderer Themen. Unser aktuelles Thema ist die Geschichte von Kalifornien, weil Lehrerin Mom davon besessen ist. Wir wechseln uns aber ab, ich darf also beim nächsten Mal auswählen, nämlich Bienen und ihr Schwänzeltanz.

Mom hat schon mit dem Unterricht angefangen und läuft in Sadie hin und her, die Arme in der Luft, die Stimme hoch und aufgeregt. Lehrerin Mom ist meine zweitliebste Mutter.

»Pass auf, Schatz«, sagt sie zu mir, weil ich mit Großartiges Geschöpf beschäftigt bin, die gerade unter ein Blatt krabbelt. Mom weiß sofort, wann ich abgelenkt bin, weil sie die Macht hat, in meine Gedanken einzudringen. Ich würde so gerne auch in ihre eindringen, aber das kann ich nicht, obwohl ich es die ganze Zeit versuche. Dabei gibt es so viele Dinge, die ich unbedingt wissen muss.

»Ich passe auf«, sage ich.

»Okay, gut.« Sie schiebt sich ein paar Haare hinters Ohr, die sich sofort wieder befreien. »Ein bestimmter Menschentyp entscheidet sich im neunzehnten und frühen zwanzigsten Jahrhundert, nach Kalifornien zu gehen«, sagt sie. »Und mein Schatz, es ist ein bestimmter Typ Mensch, der heute beschließt, hier zu leben, am Rand eines Kontinents« – sie zeigt aus dem Fenster auf den endlosen blauen Ozean – »wo die Erde ständig unter den Füßen bebt, wo ein einziger Funken alles in Brand setzen kann, wo man nicht einen Schritt weiter gen Westen gehen kann, ohne ins Meer zu fallen. In den Westen aufzubrechen, ein Pionier zu sein, das passiert heutzutage nur im Kopf.« Sie tippt mir an die Stirn. »Es ist alles da drin – die wagemutige Reise ins Ungewisse. Kalifornien ist eine Religion ebenso wie ein Ort, und wir bekennen uns dazu, verstehst du, Cassidy?«

Ich nicke, obwohl ich absolut keine Ahnung habe, wovon sie spricht, obwohl sie ständig davon redet. Ich mag es lieber, wenn wir uns mit der Verschiebung der tektonischen Platten in Kalifornien beschäftigen, statt mit blöden Leuten wie uns, die beschließen, obendrauf zu leben. Aber Mom kann nicht genug davon kriegen. Sie sitzt auf der Küchentheke neben der Spüle, sammelt ihr Haar zusammen und bindet es auf dem Kopf zu einem Knoten. Ich lege meinen Stift weg und mache das Gleiche, sodass es aussieht wie bei ihr, als wären wir beide ein Softeis.

Sie fährt fort: »Klar, vielleicht war es die Gier, die die große Mehrheit der Siedler im Jahr 1848 während des Goldrausches hierhergelockt hat, aber abgesehen von der Habsucht muss man schon echt wagemutig gewesen sein, um diese Reise auf sich zu nehmen, stimmt's?«

Habsucht? Ich schreibe es auf, um es später nachzuschlagen. Ich liebe Wörter. Ich habe eine ganze Liste davon, die meine Mutter beschreiben. Es ist eine sehr lange Liste. Und eine sehr kurze Liste, die mich beschreibt. Mom wird immer lebhafter. »Von allen Kontinenten der Erde sind die Wilden hierhergekommen. Hasardeure, Desperados, Abenteurer, Außenseiter, Ausgestoßene, Gauner, Freigeister. Innerhalb von ein paar Jahren ist die Bevölkerung von achthundert auf *dreihunderttausend* Leute angewachsen, stell dir das mal vor, Cassidy. Die größte Völkerwanderung in der Geschichte der westlichen Hemisphäre, eine, die verheerend für die indigenen Gemeinden war, worüber wir ja bereits gesprochen haben und womit wir uns noch weiter beschäftigen werden, aber heute konzentrieren wir uns auf diese Pioniere.«

Sie hüpft runter, geht einen Schritt und steht am Tisch vor mir, sieht auf die aufgeschlagenen Bücher runter und die ausgebreiteten Karten. Sie zeigt auf eine Karte, die ein paar Hütten an einem Strand zeigt und dann denselben Strand ein paar Jahre später, der sich in die Stadt San Francisco verwandelt hat, dahinter ist der Horizont voller Schiffe. »Dreihunderttausend Menschen sind praktisch über Nacht gekommen!« Ziemlich cool, muss ich zugeben. Ich folge ihr mit meinem Blick, als sie zum Fenster geht und auf die Wellen schaut, die an die felsige Küste schlagen. Wieder bin ich verblüfft, wie sehr sie einer Rosa Ahornmotte gleicht.

Mom ist wohl gerade auf eine Idee für ihre Schauergeschichten gekommen, denn sie greift nach dem Bleistift hinter ihrem Ohr, reißt ein Stück Papier aus meinem Heft und schreibt etwas auf, faltet es dann und steckt es in die Tasche ihres Kleides. Ich muss daran denken, mir nachher dieses Stück Papier zu holen. Heimlich sammele ich alle Wörter, die sie auf Servietten, Kassenzettel, Eintrittskarten, Papierschnipsel schreibt, und tue sie in die Wörtertüte unter meiner Matratze.

Außerdem schreibt sie Tagebuch. Wenn ich sie danach frage,

sagt sie, dass sie versucht, mit Worten in die Ewigkeit zu krachen. Ich weiß nicht, was sie damit meint. Ich muss zugeben, dass ich das Tagebuch auch lese – weil mir keine andere Wahl bleibt. Ich versuche, etwas über meine Großeltern herauszufinden, über meinen toten Vater, über uns, über alles, was passiert ist, bevor das Große Abenteuer begonnen hat. Ich kann mich vor Sadie Mae an nichts erinnern, und sie will nicht darüber reden.

Doch ihr Tagebuch ist voll von denselben gruseligen Geschichten, die sie mir abends am Feuer erzählt: *In der Zeit für alle Zeiten* – so fangen sie alle an. Geschichten von Menschen, deren Traurigkeit dafür sorgt, dass sie unsichtbar werden, von Mädchen, die mit Flügeln geboren werden, die dann abfallen, von ganzen Ortschaften, die blind erwachen, von Blitzen, die sich in Jungen verwandeln, von Müttern und Töchtern, die, wenn sie sich an den Händen halten, wie Gletscher überfrieren. Ganz zu schweigen von dem Schattenmann, der in der Nacht Geschenke hinterlässt, dem traurigen, betrunkenen Riesen, der auf der Suche nach seiner verlorenen Liebe die Welt auseinandernimmt, und schließlich die singende tote Frau, die andere Frauen in die Stille Welt nebenan lockt. Die letzte Geschichte mag ich am wenigsten, weil meine Mutter eine dieser Frauen ist, die von diesem Gesang angelockt wird und dann in der Stillen Welt verschwindet und die Fähigkeit verliert, zu sprechen und hören; wo sie sich erst in Stille Mom und dann in Abwesende Mom verwandelt, die Mom, die ich am allerwenigsten mag, und noch eine Milliarde mal weniger.

Wenn sie Abwesende Mom in der Stillen Welt ist, kann ich ihr wieder und wieder Hackfresse und Arschgesicht ins Gesicht brüllen, ohne eine Reaktion zu bekommen. Ich kann weinen oder den Affentanz tanzen oder meine Insektenfamilie auf ihr rumkrabbeln lassen oder riesige Käfer mit Filzstift an die Wände malen oder mein Haar Strähne für Strähne ausreißen und trotzdem: nichts. Ich muss einfach warten, bis sie »zurückkommt«, und mir selber etwas zu essen machen und Tausende von Jahren mit niemanden sprechen, während sie im Bett bleibt oder sich neben einem Baum zusammenrollt.

»Hörst du mir zu, Cassidy?« Ich nicke und klinke mich wieder in den Unterricht ein.

»Erinnern wir uns daran, dass fünfundneunzig Prozent derjenigen, die zu der Zeit in Kalifornien ankamen, Männer waren. Eine Stadt mit fünfundneunzig Prozent Männern – was für ein Albtraum, stell dir das mal vor. Zum Glück waren darunter auch ein paar schwule Männer, die der Unterdrückung auf der ganzen Welt entfliehen wollten.« Sie wirft sich eine Cashewnuss aus der Schüssel auf dem Tisch in den Mund. Ich tue es ihr nach.

»Es gab dreißig Bordelle – du weißt, was das ist, stimmt's? Okay, gut, also auf jede Kirche in San Francisco kamen dreißig Bordelle. In einer Woche in San Francisco wurde mehr Sekt getrunken als in einem Jahr in Boston. Cross-Dressing war üblich, Männer als Frauen, Frauen als Männer. Sexuelle Freizügigkeit und Experimentieren beim Sex waren die Norm. Es herrschte Gesetzlosigkeit und Dekadenz.« Ich schreibe *Dekadenz* auf.

»Das waren also diejenigen, die diese neue Gesellschaft aufgebaut haben, die neue Stadt: die Wilden, die fortgegangen waren – verstehst du?« Sie ist so aufgeregt, dass ihr Gesicht Marienkäfer-rot ist und ihre Stimme zittert. »Freigeister wie wir, Cassidy. Wir sind auch gegangen!« Sie hebt die Arme hoch. »Wir sind Kalifornien, begreifst du das? Ja?«

Ich nicke, weil sie so glücklich darüber ist, über das *Wir sind Kalifornien*!

»Bahnbrechende, wegweisende Ideen werden hier wieder und wieder geboren, Jahrzehnt für Jahrzehnt. Und du kannst es fühlen, nicht wahr? Wie es da draußen vibriert.« Sie steht wieder am Fenster. »Sieh nur, wie hell das Licht ist! Wie groß diese Mammutbäume sind – sie berühren den Himmel! Sieh dir den Ozean an!

Da muss etwas in der Luft liegen, stimmt's?« Sie steckt ihren Kopf zum Fenster raus und ihre Haare werden in alle Richtungen gepeitscht.

»Atme es ein, Cassidy. Atme es ein. Kannst du es fühlen? Kannst du?« Sie guckt zu mir zurück. Der Ausdruck in ihren Augen ist wild, macht mir Angst, aber gleichzeitig finde ich es auch aufregend, und ich stehe auf und stecke meinen Kopf auch zum Fenster raus, will es zusammen mit ihr einatmen, und als sie mich wieder fragt, ob ich es fühlen kann, höre ich mich sagen: »Ja, Mom! Ich fühle es auch!«

Sie legt ihren Arm um mich und drückt mich, und ich habe das Gefühl abzuheben. »Dann lass uns nackt baden«, sagt sie. »Den Letzten beißen ...«

Aber *die Hunde* höre ich gar nicht mehr, weil sie aus ihren Kleidern tanzt, während sie zur Tür rausfliegt, und ich rase ihr hinterher, ziehe mir mein Kleid über den Kopf und folge ihr nackt über das Steilufer.

Später, wieder in unseren Kleidern, gehen wir einen Küstenpfad mit Blick auf den Ozean entlang. Sie nennt das Luft-Baden, aber eigentlich laufen wir nur. Die Nachmittagssonne steht tief, erschafft einen endlosen glitzernden Lichtpfad auf dem Wasser, der bis zum Horizont reicht. Wir quatschen und quatschen. Sie sagt, wir sind wie zwei Drosseln auf einem Ast, die für niemand anders singen können.

Ich hüpfe voraus und hocke mich hin, um mir einen Hammerhaiwurm anzugucken, der sich über den Pfad windet. Ich hebe ihn auf und renne zu Mom zurück, um ihn ihr zu zeigen.

»Cassidy, bitte! Ekelhaft. Leg ihn zurück. Komm schon. Nimm ihn weg.«

»Dann erzähl mir von deinen Eltern«, sage ich und lasse den Wurm vor ihrer Nase wackeln.

»Tu ihn weg!«

»Erzähl es mir!«

»Lass uns zurückgehen«, sagt sie und wird schneller. »Bitte lass den Wurm da, wo er hingehört. Denk nicht mal daran, ihn zusammen mit deinen anderen Geiseln mit in Sadie Mae zu nehmen.«

Ich lege den Wurm zurück auf die Erde, verabschiede mich schnell, sage ihm, dass ich mir wünschen würde, er könnte Teil meiner Familie sein und dass ich ihn für den Rest meines Lebens lieben werde. Dann sehe ich zu, dass ich Mom hinterherkomme, weil ich sie nicht zu weit vorausgehen lassen kann. Dann steigt sie vielleicht in Sadie Mae und fährt ohne mich weg. Absichtlich, nicht aus Versehen. Ich habe Albträume davon, aber das erzähle ich ihr nicht, damit sie nicht selbst auf diese Idee kommt, falls sie noch nicht daran gedacht hat.

»Warum willst du mir nie von deinen Eltern erzählen?«, frage ich, als ich sie eingeholt habe. Sie tut so, als könnte sie mich nicht hören. Sie sagt immer, dass ich lauter sprechen soll, aber eigentlich soll ich nur lauter über die Dinge sprechen, die sie auch hören will.

Als wir zurück in Sadie sind, geht Mom sofort in ihre Koje. Ich klettere ihr auf der Leiter hinterher. »Bitte geh nicht in die Stille Welt«, sage ich, aber sie ist schon dort. Das kann ich daran erkennen, dass sie sich zusammengerollt hat und gegen die Wand guckt, wie eine Kugelassel. Ich muss mir die Ohren zuhalten, weil die Luft kalt ist und mein Herzschlag so laut.

Ich springe runter und klettere dann schnell in meine Koje und hole Großartiges Geschöpf und die anderen raus, alle, außer Harold Hüpfer. Wir bilden einen Kreis, und sie sagen mir alle, wie lieb sie mich haben und dass sie nie sterben werden wie mein toter Vater oder wegfahren und mich ganz allein lassen. Wir erzählen uns gegenseitig unsere geheimsten Geheimnisse.

Schließlich tue ich sie zurück in ihre Häuser, weil ich Hunger habe. Ich gehe nach unten, öffne das Glas mit Erdnussbutter, stecke meinen Finger rein und esse so lange, bis mein Bauch sich schlecht anfühlt. Draußen geht die Sonne unter, der Himmel ist rot und orange und lila, wie ein Bluterguss.

Ich will meine Mutter.

Ich warte.

Und warte.

Und warte und warte und warte und warte und warte und warte und warte und warte und warte.

Ich versuche, alle Haare auf meinem Kopf zu zählen.

Ich klettere ihre Leiter hoch. »Mom«, sage ich. Dann lauter: »Mom!« Dann so laut ich nur kann: »MOM!«

Ich setze mich neben sie und gucke ihr beim Atmen zu. Das bedeutet, dass sie Sauerstoff in Kohlendioxid umwandelt. Bäume machen das Gegenteil. Ich mag die Naturwissenschaften, aber nicht so sehr, wie ich Wörter mag.

Ich fange wieder an, die Haare auf meinem Kopf zu zählen.

Das Letzte, an das ich mich erinnern kann, ist, wie ich den Dämmermond vor dem Fenster um Hilfe bitte und der Mond mir sagt, dass er mir nicht helfen kann, weil er 384 400 Kilometer von der Erde entfernt ist. Du musst allein klarkommen, Cassidy. Ich lege meine Arme um mich und tue so, als wären das nicht meine, und das ist das Letzte, an das ich mich erinnere.

Als ich aufwache, nur ein paar Minuten später, weil es immer noch dämmert, sieht Mom mich mit ihren Ich-bin-da-blauen Augen an, nicht mit ihren Ich-bin-weg-blauen Augen. Sie ist zurück. So schnell dieses Mal. Ich bin so erleichtert, dass ich nicht mal sprechen kann. Ich kuschele mich an sie ran, und sie legt einen Arm um mich, und ich kann ihr Jasminöl riechen, und mir ist ganz warm, und ich bin so glücklich.

(Ich unterbreche jetzt mal für einen Moment, Wynton. Es ist schwer zu wissen, wie lange meine Mutter sich wirklich in der Stillen Welt aufgehalten hat. Ich kann mich erinnern, dass es Tage gedauert hat, manchmal Wochen, aber vielleicht hat es sich auch nur so angefühlt. Ich wünschte, ich könnte sie fragen. Ich wünschte, ich könnte sie eine Menge Dinge fragen, weil ich meiner Erinnerung von damals nicht so recht traue. Doch die Stille Welt war damals für mich genauso ein realer Ort wie der große Platz das für dich ist. Sachen, die man als Kind geglaubt hat, sind sehr schwer zu entglauben, findest du nicht? Es ist schwer, die Geschichten loszuwerden, mit denen man groß geworden ist. Selbst jetzt, mit neunzehn, hängen mir die Geschichten meiner Mutter, diese seltsamen Fabeln, noch nach. Noch immer sehe ich mir Mädchen an und frage mich, wann ihre Flügel abgefallen sind. Ich fahre durch Ortschaften und stelle mir vor, dass all die Leute, die ich sehe, bald blind aufwachen werden. Ich bete immer darum, dass meine eigene Traurigkeit mich nicht verschwinden lassen wird, horche immer, ob ich den Gesang der toten Frau höre, denke immer an den traurigen betrunkenen Riesen, der auf der Suche nach seiner verlorenen Liebe die Welt auseinandernimmt. Und jeden Tag suche ich nach dem Typen, der einmal ein Blitz war – bist du das, Wynton? So oft habe ich gedacht, dass es so ist. Außerdem schreibe ich jetzt auch in ein Notizheft und erfinde meine eigenen *In der Zeit für alle Zeiten*-Geschichten, und ich glaube, dass ich endlich weiß, was es bedeutet, mit Worten in die Ewigkeit zu krachen.)

Jedenfalls, zurück zu dem Tag des ersten Verrats.

»Okay, ich erzähle dir von meinen Eltern«, sagt Mom zu meiner großen Überraschung, als wir im Zwielicht – ein Wort, dass ich gerade gelernt habe und das Dämmerung bedeutet – in ihrem Bett kuscheln. »Weißt du noch, wie Moses' Eltern ihn in einem Korb den Fluss hinabgeschickt haben?«

Oh-oh. »Das haben deine Eltern gemacht?«

»Eine Menge Eltern machen das.«

Mein ganzer Körper spannt sich an. Das wusste ich nicht. »Wer hat dich dann in dem Korb gefunden?«

»Die Bären, mein Schatz, den Teil der Geschichte kennst du doch schon.«

Ich seufze. Ich will nicht die Bärengeschichte hören. Ich will, dass ihre Eltern so wie die Großeltern in den Büchern sind, die wir lesen, in den Filmen, die wir gucken, nicht wie die Eltern von Moses und bestimmt nicht wie die Bären. Ich will wissen, ob meine Großeltern einen Hund hatten und wo sie gewohnt haben und welche Farbe ihr Haus hatte und ob sie mich geliebt haben. Ich will mehr über meinen Vater wissen als seinen Namen, Jimmy, und dass er genauso tot ist, wie das Reh, in das Mom reingefahren ist und getötet hat, weil sie gerade etwas praktiziert hat, was sie Inbrünstige Dankbarkeit nennt, während sie eines Nachts gefahren ist und die Kontrolle über Sadie verloren hat. Die ganze Zeit muss ich darüber nachdenken, wie mein toter Vater verwest – genauso wie das Reh, nur viel langsamer, weil er in einem Sarg liegt und da die Aaskäfer nicht reinkommen. Er hatte einen Unfall beim Surfen, was heißt, dass er ertrunken ist, deswegen hat Mom mir auch Erste-Hilfe-Maßnahmen beigebracht, und das Heimlich-Manöver, damit ich sie retten kann, falls sie auch ertrinkt oder falls ihr Herz stehen bleibt oder falls sie an einer Traube erstickt.

Ich greife um sie herum und drehe den Stoff ihres gelben Kleides in meinen Fingern. Ich mache das oft, mich an ihr festhalten, ohne dass ich das merke. Wenn sie es merkt, nennt sie mich ihren kleinen Blutegel. Das ist ein schrecklicher Spitzname. Ich weiß eine Menge über Blutegel aus meinen Insektenbüchern. Sie schütten eine Chemikalie aus, damit der Wirt nicht mitbekommt, dass sie sein Blut saugen, und dann sondern sie einen gerinnungshemmenden Stoff ab. Das bedeutet, dass sie das Blut saugen können, in manchen Fällen bis der Wirt tot ist, wie das Reh oder wie

Jimmy, mein seliger Erzeuger, der in den Fluten umgekommen ist.

»Also, abgesehen von den Bären warst du ganz allein?«, frage ich und spiele mit. »Als du in meinem Alter warst?«

Sie guckt in meine Richtung, ihre Augen funkeln. »Ja, außer in der Zeit, die ich bei einer sehr netten Familie von Ochsenfröschen verbracht habe, sie haben mir das hier beigebracht …« Sie gibt ein Quak-Geräusch von sich, so laut und lustig, dass meine Angst und mein Frust einfach verschwinden, sich in Luft auflösen, und dann ist es Glückliche Mom, die beste Mom, und sie kitzelt meinen Bauch und pustet das Frosch-Geräusch in meinen Bauchnabel, bis ich mich winde und kreische und lache und versuche, sie abzuwehren, während sie auf mich runterguckt, lächelt wie die Morgendämmerung, ihre Haare um mein Gesicht fallen, als wären es meine Haare, und das könnte sein, denn wir haben die gleiche Art von Haar, Seetang-Haar, Meerjungfrauen-Haar und dann sagt sie die Sachen, die mich in eine Sonne verwandeln: »Keine Sorge, Baby. Ich werde dich nie verlassen. Es gibt nur dich und mich. Ewig und für immer. Meine Liebe für dich ist so groß, Cassidy, dass sie kaum hier reinpasst.« Sie berührt ihre Brust.

Ich erwidere die Geste und berühre meine Brust und dann lehnt sie sich runter, um ihre Stirn an meine, ihre Nase an meine zu drücken. Ich liebe Stirn-Nase. Wir schließen unsere Augen und atmen zusammen in unserem Haar-Vorhang.

Kilometerweit gibt es niemand anderen außer uns.

»Wir brauchen nichts und niemanden«, flüstert sie, während unsere Gesichter noch aneinanderliegen. »Wir sind frei.« So ein langes Stirn-Nase hatten wir noch nie.

(Mom hat eine Digitalkamera und wir haben ständig Fotos damit gemacht, besonders in den Sadie-Mae-Jahren als es noch ganz gut mit uns lief. Sie hat die Kamera auf ein Stativ gestellt, und dann sind wir vor die Linse gerannt und so hoch gesprungen, wie wir nur konnten. Die Fotos sehe ich mir jetzt am häufigsten an: die Arme nach oben gestreckt, die Gesichter voller Begeisterung, tragen wir unsere dreckigen Kleider und schweben in der Luft. So denke ich heute meistens über diese frühen Jahre, Wynton. Als wären wir damals nicht auf dieser Erde gewesen.)

An dem Abend klettere ich in meine Koje und fühle mich genauso fröhlich wie der fette volle Mond, der nun vom Nachthimmel strahlt und durch das Fenster auf mein Bett. Mom schreibt am Tisch in ihr Tagebuch, und in Sadie Mae fühlt es sich gemütlich an. Bevor ich einschlafe, flüstere ich durch die Luftlöcher von jedem Hausdeckel. Als Großartiges Geschöpf dran ist, halte ich das Glas an meine Brust und sage ihr, dass sie keine Angst vor der Dunkelheit haben muss und dass wir morgen früh in Sonnenlicht gebadet aufwachen werden und dass wir in unseren Träumen nicht völlig allein an einem endlosen Strand sein werden, der sich in alle Ewigkeit weiter in alle Richtungen erstreckt und wo der Sand so tief ist, dass wir kaum vorwärts kommen.

Aber anstatt im Sonnenlicht aufzuwachen, werde ich ein paar Stunden später davon wach, dass Mom die Leiter meiner Koje runterklettert, all meine Marmeladengläser im Arm.

»Was machst du da?«, frage ich voller Panik und bin sofort hellwach. »Was machst du da, Mom?«, wiederhole ich. Meine Stimme zittert genauso wie meine Hände, wie meine Beine, wie mein Herz. Ich schiebe die Decke weg und falle die Leiter runter, greife dann nach ihrem taubenblauen Morgenrock und ziehe, versuche, sie umzudrehen oder aufzuhalten. Stattdessen werde ich über den Boden geschleift, und dann sind wir an der Tür, die in der milden Nacht offen steht. »Was machst du?«, sage ich wieder, meine Worte voller Tränen, weil ich genau weiß, was sie tut, während sie die Gläser nacheinander auf das Regal über der Tür stellt, damit ich sie nicht erreichen kann.

»Es ist nicht richtig«, sagt sie. »Sie brauchen ihre Freiheit.« Ich springe hoch, versuche, die Gläser zu erreichen, aber sie sind zu weit oben. Ich ziehe an ihrem Morgenrock, an ihren Händen, aber sie schüttelt mich ab. Ich kann sehen, wie Käfer Karl gegen das Glas springt, mich ansieht, voller Angst, mich bittet, Mom aufzuhalten. Ich stürze zum Schaukelstuhl, zerre ihn über den Boden und stelle mich drauf, aber ich komme immer noch nicht ran.

»Es tut mir leid, Cassidy«, sagt sie und nimmt Käfer Karls Glas in die Hand. Ich greife nach ihr, während sie das Glas von mir weghält. Käfer Karl rutscht die Glaswand runter und landet auf dem Rücken. Mein Herz fällt mir aus dem Leib.

»Er kann auf dem Rücken sterben! Du ermordest Käfer Karl!«

»Nein, tue ich nicht.« Sie schüttelt das Glas, und Käfer Karl dreht sich um. »Ich rette ihn. Ich kann das nicht mehr mitansehen. Jedes Lebewesen verdient es, frei zu sein.«

»Er will nicht frei sein! Er will bei mir sein! Guck ihn dir an. Er fleht mich an, ihm zu helfen.«

»Du musst lernen, die loszulassen, die du liebst.«

»Warum?« Jetzt weine ich. »Warum kann ich sie nicht einfach lieben?«

»Du kannst ein Lebewesen nicht in einem Käfig halten, Cassidy. Das ist falsch. Sie werden in diesen Marmeladengläsern sterben, und wie fühlst du dich dann? Sie brauchen Luft, Blätter, Regen …«

»Sie brauchen mich!«, rufe ich, zerre an ihrem Morgenmantel, obwohl ich weiß, dass es andersherum ist, dass ich *sie* brauche. Mein Hals ist heiß, eng, voller Schmerz.

Während ich an ihr hänge, sie anflehe, schraubt Mom den Deckel ab und schüttelt das Glas in die Nacht aus. Sie lässt Käfer Karl noch nicht mal auf die Erde runter. Ich quetsche mich an ihren Beinen vorbei, falle in die Dunkelheit, um zu sehen, ob er den Sturz überlebt hat. Ich krieche im Dreck herum und suche ihn, verwechsle wieder und wieder einen Kieselstein oder ein Stück Holz mit Käfer Karl. Dann geht sie an mir vorbei, drei weitere Häuser im Arm.

»Bitte, Mom«, bettele ich. Sie dreht sich nicht um, bleibt ein paar Meter entfernt stehen und schüttelt sie nacheinander aus. Ich sitze auf dem Boden, fühle die Kälte unter meinen nackten Beinen. Ich weine so sehr, dass ich kaum sprechen kann. »Das ist meine Familie. Das sind meine einzigen Freunde.«

Sie dreht sich um. »Ich bin deine Familie. Wir sind beste Freundinnen.«

Ich will sagen, dass ich noch mehr Familie brauche, andere Freunde, welche, die nicht in der Stillen Welt verschwinden.

»Das ist Gefangenschaft«, sagt sie.

»Nicht, wenn sie bei mir sein wollen.«

»Und woher willst du das wissen?«

»Weil ich Käferisch sprechen kann!«

Da fällt mir auf, dass sie nur drei leere Gläser in den Armen hält. Nur drei. Und da ist noch das Glas von Käfer Karl, das sie zuerst aufgemacht hat. Hoffnung verdrängt meine Verzweiflung. Mein Herz fängt an zu rasen. Großartiges Geschöpf muss noch neben meinem Kissen sein, gesund und munter!

»Ich geh schlafen«, sage ich und wische mir übers Gesicht. Ist Großartiges Geschöpf noch da oben? Meine Schwester? Kann das sein?

»Es tut mir leid, Schatz, aber es war das Richtige.«

Das Richtige! Irgendetwas knallt in mir durch, Jahre voller »Sprich lauter!« und »Hör auf, dich anzuschleichen!«, Jahre voller unheimlicher Geschichten und der Stillen Welt und das blöde, blöde *Wir sind Kalifornien*. Ich öffne den Mund, balle die Hände zu Fäusten und schreie so laut ich nur kann, erkenne, dass ich beim Ur-Schreien kaum einen Ton rausbekommen habe, erkenne, dass in mir ein Schrei steckt so groß wie die gesamte Welt.

»Hör auf!«, ruft meine Mutter und hält sich die Hände über die Ohren.

Ich höre nicht auf. Ich muss mich selbst hören, der 384 400 Kilometer entfernte Mond muss mich hören.

Als ich in meine Koje zurückkehre, ist Großartiges Geschöpf tatsächlich noch da, und das ist wie ein Fallschirm, der sich mitten in der Luft öffnet und mich rettet. Ich flüstere in die Luftlöcher und sage ihr, dass ich mich immer um sie kümmern werde und sie sich keine Sorgen machen muss und ihr nie was Schlimmes passieren wird wie den anderen. Mit ihr im Arm schlafe ich ein.

Ab da verstaue ich Großartiges Geschöpf Tag und Nacht unter der Bettdecke, damit Mom sie nicht findet und ermordet. Ein paar Wochen später stirbt sie. Ich begrabe sie heimlich an einem Bachbett. Es ist furchtbar. Ich erzähle es nicht meiner Mutter.

Das habe ich noch nie jemandem erzählt bis jetzt, nur dir, Wynton, dem Jungen von der Wiese, meinem ersten Freund, der kein Insekt war.

Das Insektenmassaker war der erste Verrat.

Warte nur, bis du den zweiten und dritten hörst.

Und erst den vierten. Deinen.

Aus Marigolds Wörtertüte unter Cassidys Matratze

In der Zeit für alle Zeiten konnte eine Frau nicht schlafen, also ging sie nach draußen, hob das Haus hoch, in dem sie mit ihrer Tochter lebte, stellte es sich auf den Kopf und lief los. »Guckt mal, eine Frau mit einem Haus auf dem Kopf«, sagten Vorübergehende, als der Morgen anbrach.

Die Frau ging einfach weiter.

In dem Haus wurde das Mädchen wach, putzte sich die Zähne, zog sich an, setzte sich an den Küchentisch und trank Orangensaft. Ihr fiel nicht auf, dass sich die Landschaft vor dem Küchenfenster ständig veränderte.

Wo ist meine Mutter?, fragte sie sich.

Nach einiger Zeit, nach vielen Monaten, rief die Tochter zum Fenster hinaus: »Wo ist meine Mutter?« Dann sah sie den Schatten einer Frau und erkannte, dass das Haus all die Jahre auf dem Kopf ihrer Mutter gewesen war.

»Stell das Haus ab und komm rein«, rief das Mädchen, aber ihre Mutter ging einfach weiter.

Jahre vergingen.

Die Tochter fing allmählich an, aus dem Fenster auf die vorbeiziehende Landschaft zu gucken, die flüchtigen Eindrücke zu genießen, das Vergängliche. Eines Tages hüpfte das Mädchen aus dem Fenster und ging eine Weile mit ihrer Mutter unter dem Haus, teilte ihre Last.

Nicht lange danach ließen sie das Haus an irgendeiner Straße stehen, und Mutter und Tochter gingen einfach weiter.

DIZZY

Dizzy und ihre Mutter platzten um zwei Uhr fünfundvierzig durch die Türen des Krankenhauses von Paradise Springs. Mehr Landkrankenhaus als städtische Klinik, ging es hier tagsüber genauso geschäftig zu wie im *Paradise Diner*, aber nachts war es unheimlich und verlassen.

Eine blasse, spinnenhafte Frau, die Dizzy nicht kannte, stand hinter ihrem Schreibtisch auf, als hätte sie sie erwartet.

Sie sieht aus, als würde sie in einem Sarg schlafen, dachte Dizzy, und hörte nur Bruchstücke von dem, was dann kam. *Von einem Auto angefahren, Glück noch am Leben zu sein, gebrochene Knochen, möglicherweise innere Verletzungen.* Dizzy fiel in sich zusammen. Diese Frau dachte wohl, dass Wynton aus Knochen und Organen bestand, und nicht derjenige war, der die Welt einstöpselte.

Dizzy versuchte zu atmen, hörte sich sagen: »Was ist mit seinen Armen, seinen Händen?«

Wörter: *Mehrfache komplizierte Brüche, zermalmte Hand.*

»Die rechte oder die linke?«, fragte sie und ergänzte dann: »Er ist Geiger. Also, das ist alles, was er ist. Die meisten Leute sind ja viele Sachen. Aber er ist nur das. Er kann nicht leben, ohne zu spielen. Er hat mir mal gesagt, dass Musik ein weiterer Körperteil ist, wie …«

Mehr Wörter: *Rechter Arm. Linke Hand. Aber darüber solltet ihr euch jetzt keine Gedanken machen. Er war nicht bei Bewusstsein, als er in den OP gebracht wurde. Hirnschwellung. Vielleicht ein Koma …*

»Aber er kommt durch, nicht wahr?« Moms Stimme war so

hoch, dass sie ein Glas zum Zerspringen hätte bringen können. Dizzy war dieses Glas.

Frag so was nicht!, schrie sie ihre Mutter an, aber nur in Gedanken. Die spinnenhafte Frau redete und redete. Dizzy versuchte, sich zu konzentrieren. *Einer der besten Chirurgen in Paradise County, Dr. Larry Dwyer, was für ein Glück, dass er gerade Dienst hatte, war tatsächlich beim Auftritt Ihres Sohnes.*

Dizzy legte ihre Hände zusammen, um zu beten, nur wurde ihr dann klar, dass sie gar nicht wusste, wie. Nicht offiziell. Niemand hatte ihr das je beigebracht. Sie sagte zu ihrer Mutter: »Ich weiß nicht, wie man betet.«

Ihre Mutter brachte sie zum Schweigen und redete weiter mit der Frau.

Rechter Arm, linke Hand. Das war nicht gut. Überhaupt nicht gut. Das Schlimmste beim Geigen, dachte Dizzy.

»Onkel Clive hat das in seinem Traum vorausgesehen«, sagte sie zu ihrer Mom.

»Dizzy! Bitte, lass mich mit …«

»Cynthia«, sagte die Frau.

»Cynthia, wie lange dauert die Operation?«

Dizzy hörte die Antwort nicht. Ihr Gehör funktionierte nicht. Geschweige denn irgendetwas anderes. Der Fußboden schwankte. Sie bekam nur keuchend Luft, und ihr Puls hob ab, raste, brach Rekorde, während sie versuchte, parapsychisch ihren Engel zu erreichen, um sie zu bitten, ob sie in dieser Minute bitte herabkommen könnte. Der Engel hatte sich seit ihrer Begegnung nicht mehr gezeigt. Vielleicht musste sie über andere Leute wachen und wusste noch gar nicht, was Wynton passiert war. Dizzy hatte keine Ahnung, wie solche Sachen funktionierten. Cynthia mit ihrer grauen Totenhaut begleitete Dizzy und ihre Mutter, die jetzt aneinanderklebten – ein verängstigter Klumpen aus Mutter und Tochter –, zu einem Wartebereich. Als sie da waren, wandte sich

Cynthia an Dizzy und sagte: »Ich bin Atheistin, aber ich meditiere, und das ist dem Beten ziemlich ähnlich. Willst du wissen, wie das geht?«

Dizzy nickte.

Sie sagte: »Ich schließe die Augen.« Cynthia schloss die Augen. Dizzy schloss die Augen. Sie hörte Cynthia sagen: »Und dann versuche ich, meine zwei mickrigen Arme um die ganze Welt zu legen.«

Dizzy setzte sich hin und versuchte, ihre zwei mickrigen Arme um die ganze Welt zu legen, obwohl sie keine Ahnung hatte, was das heißen sollte. Ihre Mutter machte das wohl gerade auch, weil sie sich eine Ewigkeit weder bewegten noch etwas sagten. Zehn Minuten. Dizzy wusste, dass es zehn Minuten waren, weil sie die Augen aufgemacht hatte und die Uhr anschaute, während sie versuchte, die ganze Welt zu umarmen. Sie wünschte, die Welt würde stattdessen sie umarmen.

Mom rief zu Hause an, um den Vollkommenen Miles zu erreichen, selbst wenn auf dem Zettel, den er auf den Tisch neben dem Telefon gelegt hatte, stand: *Bin Zelten gegangen.* Was etwas war, was er manchmal machte, weil er Bäume lieber mochte als Menschen. Mom hatte auf den Zettel geschrieben, er solle ins Krankenhaus kommen. Dizzy war überrascht, wie sehr sie selbst den Vollkommenen da haben wollte, wie dringend sie mit ihm und Mom zusammenklumpen wollte. Sie war sich ziemlich sicher, dass je größer der Klumpen Mensch im Wartezimmer, desto besser. Außerdem beruhigte Miles Mom und Mom beruhigte Dizzy.

Mom war nicht ruhig. Dizzy war nicht ruhig.

Sie gab das Meditieren auf. Sie gab es auf, nach ihrem Engel zu rufen. Sie verhandelte nun mit dem Allmächtigen höchstselbst. Ernsthafte Verhandlungen. Sie hatte schon versprochen, Lizard zu verzeihen und immer ihre Hausaufgaben zu machen, auch wenn die so öde waren, dass ihr Gehirn dabei einging. Dann ergänzte sie, dass sie aufhören würde, im Internet auf der Suche nach sachdienlichen Hinweisen in Bezug auf das Dasein zu surfen, und aufhören würde, so oberflächlich zu sein, und aufhören würde, schöne Menschen zu hassen, und aufhören würde, Kitschromane zu lesen, und aufhören würde, zu versuchen, sich selbst zu befriedigen, und aufhören würde zu fluchen und aufhören würde, sich zu wünschen, sie wäre jemand anders, und dann wurde sie so verzweifelt und bevor sie sich versah, versprach sie, dass sie Nonne werden würde. In dem Moment kam der Arzt rein, um ihnen das zu sagen, was Cynthia ihnen bereits gesagt hatte, dass Wynton Glück gehabt hatte (Glück!), weil der beste Chirurg gerade Dienst hatte und lustigerweise (lustig!) am Abend bei Wyntons Auftritt gewesen war. Er erzählte ihrer Mutter auch, wie sehr er ihre Neuinterpretation des *Coq au Vin* liebte, wie er seiner Frau einen Heiratsantrag im *The Blue Spoonful* gemacht hatte. Ihm schien nicht klar zu sein, dass er mit zwei Außerirdischen vom Planeten Schrecken sprach.

Dann sagte er ihnen, dass die Operation noch ein paar Stunden dauern würde.

STUNDEN!

Als der Mann gegangen war und sie wieder allein waren, legte sich Dizzy auf den Fußboden, auf den Bauch, die Arme weit ausgetreckt.

»Dizzy, steh auf. Der Boden ist dreckig. Was machst du da eigentlich?«

Sie hatte mal einen Film gesehen, in dem Nonnen das machten. »Ich werde Nonne. Ich werde mein Leben Gott widmen. Ich werfe mich vor Ihm nieder.«

»Wir sind jüdisch!«

»Nur die Hälfte von mir.«

»Die Hälfte, die zählt. Das wird durch die Mutter bestimmt. Jetzt steh auf.«

»Nein. Und du solltest dich wirklich neben mich legen. Wirf dich vor Gott nieder, Mom. Bis zum Mittelalter haben Juden das auch gemacht. Hab ich recherchiert. Komm schon. Es ist okay. Alle machen es: Buddhisten, Christen, Muslime, Hindus – es fühlt sich gut an. Richtig.«

Dizzy wusste, dass sie dabei eigentlich beten sollte, aber sie wusste nicht, wie, also sagte sie das Einzige auf, was ihr gerade einfiel.

Ein seltsames prustendes Geräusch unterbrach ihr »Gebet«, und sie hob den Kopf. Das Gesicht ihrer Mutter lief rot an, sie hatte sich die Hand auf den Mund gelegt. Sie zitterte. Dizzy dachte, sie würde schluchzen, bis sie ein olympisches Schnauben hörte und ihre Mutter in wildes Gelächter ausbrach. »Oh mein Gott, Dizzy! Sagst du da etwa *Ein Hut, ein Stock* auf? Das ist dein Gebet?«

Ja, genau das machte Dizzy. *Ein Hut, ein Stock, ein Damenunterrock, und vorwärts, rückwärts, seitwärts, ran, in die Hocke, hoch das Bein* … Das war alles, was sie hatte. Ihre Mutter gackerte jetzt vor sich hin, und das steckte Dizzy an. So war das zwischen ihnen. Wo die eine hinging, dahin folgte ihr die andere. Dizzy konnte spüren, wie die Ausgelassenheit ihren ausgestreckten Körper ergriff, bis sie beide nach Luft schnappten.

»Ich mach mir in die Hose«, kreischte ihre Mutter. »Oh Gott, ist das schlimm! Ich muss auch Nonne werden.«

Und schon ging es wieder los.

Cynthia, die den Radau wohl mitbekommen hatte, stand in der Tür und sah sie an, als wären sie reif für den Zirkus. Sie versuchten, ihre Hysterie zu unterdrücken, zurück in die Taschen des Anstands zu stecken, doch Cynthias schauriges Gesicht provozierte einen weiteren Lachanfall. Sie schüttelte den Kopf, und als sie ging, sagte sie: »Die beste Medizin.«

Eine weitere Stunde verging.

Dizzys Mutter ging zum Fenster und öffnete es, obwohl die

Klimaanlage lief. »Mein Vater hat immer gesagt, man muss bei geöffnetem Fenster beten, damit Gott sich eingeladen fühlt.«

»Hat er? Das hast du mir noch nie erzählt.« Warum hatte ihre Mutter diesen sachdienlichen Hinweis in Bezug auf das Dasein noch nie erwähnt? Nur weil ihre Mutter nicht länger an Gott glaubte, bedeutete das nicht, dass Dizzy Seine Gegenwart nicht zuweilen in ihrem Schrank spürte. Ihre Mutter sagte immer, dass sie nach dem Tod ihres Bruders Christophe aufgehört hatte, an Gott zu glauben, und nachdem ihre Eltern zurück nach Frankreich gezogen waren, hatte sie nie wieder einen Fuß in eine Synagoge gesetzt. »Was für ein Gott würde ihn sterben lassen?«, sagte sie oft zu Dizzy, doch ihre Mutter zündete trotzdem die Jahrzeitkerze an und sprach den Kaddisch für ihren Bruder und ihre Eltern an ihren Geburtstagen und an Jom Kippur. Dizzy wollte ihre beiden Füße in die Synagoge setzen, aber im Umkreis von hundert Kilometern gab es keine. Sie waren praktisch die einzigen Juden oder Halb-Juden in Paradise Springs.

»Und meine Mutter hat gesagt, dass sie Gottes Stimme im fließenden Wasser gehört hat. Sie hat immer ihren Kopf an den Wasserhahn gehalten und zu meinem Vater gesagt: »Benoît Fournier, Gott sagt mir, dass ich *en vacances* nach Mexiko gehen soll.«

Dizzy war so froh, das jetzt zu wissen. »Haben sie dir beigebracht, wie man betet?«

Sie schüttelte den Kopf. »Sie wollten, dass wir in die Chabad-Schule gehen und Bar beziehungsweise Bat Mitzwa werden, aber weder Christophe noch ich wollten das. Ich kenne aber ein paar der hebräischen Gebete. Willst du sie mit mir aufsagen?«

Dizzy nickte und faltete die Hände, noch immer auf dem Fußboden sitzend.

»Lass uns unsere Hände aneinanderlegen«, sagte ihre Mutter.

»Haben dein Dad und deine Mom das so gemacht?«

»Nein, aber lass es uns trotzdem so machen.«

Dizzy stand auf und legte ihre Handflächen auf die ihrer Mutter, und ihre Mutter fing an, auf Hebräisch zu sprechen. Sofort fühlte Dizzy sich besser. Dass sie die Wörter nicht verstand, war egal. Sie füllten sie aus, und als sie anfing, sie nachzusprechen, fühlte sie sich noch besser. Als würde jemand diese uralten Wörter hören und ihnen zu Hilfe kommen.

»Wir sind betende Juden.«

Ihre Mutter lächelte. »Das sind wir.«

»Ich glaube, das wird funktionieren, Mom.«

»Ich auch.«

Und dann zog sie Dizzy in ihre Arme.

Es war nicht möglich, einen Menschen mehr zu lieben, als Dizzy Wynton liebte. »Der Blitz ist in ihn eingefahren«, flüsterte sie in den Hals ihrer Mutter. »Wie bei den weißen Trüffeln.«

»Ich weiß«, flüsterte ihre Mom zurück.

»Das bedeutet etwas«, sagte Dizzy.

»Das bedeutet, er wird wieder«, sagte ihre Mutter. Ihre Stimme war winzig. Dizzy guckte sie an, sah die Verzweiflung in ihrem Gesicht. Sie wusste, dass ihre Mom Krankenhäuser hasste, weil Christophe in einem gestorben war, als sie etwa in Dizzys Alter gewesen war. In einem OP-Saal. Und dann war da noch das, was hier mit Dizzys Vater passiert war.

»Denkst du gerade an Christophe?«, fragte Dizzy. Ihre Mutter nickte.

»Du hast ihn so sehr geliebt?«

»So wie du Wynton liebst.«

Dizzy hatte sich schon oft das Foto neben Chef Moms Bett angeguckt. Mom sah darauf aus wie eine Miniaturversion ihres großen Bruders – die gleiche Lederjacke, die gleichen klobigen schwarzen Stiefel, die gleichen wilden dunklen Locken. Sie bogen sich gerade vor Lachen, als wären auch sie Lachpartner gewesen.

Irgendwann in der dritten Stunde entklumpte sich Dizzy von

ihrer Mutter und ging auf die andere Seite des Raums. Eine Wut hatte sie erfasst. Eine rot glühende, die sich gegen ihre Mutter richtete, die mit Dizzy in Gedankenverschmelzung stehen musste, denn sie sagte: »Ich hätte ihn nie rausschmeißen sollen. Du hattest recht.«

Sie wollte sagen: *Es ist nicht deine Schuld.* Stattdessen sagte sie: »Hab ich dir doch gesagt.«

Ihre Mutter machte dicht.

Sheriff Ortiz kam im Morgengrauen. Dizzy und ihre Mutter klumpten wieder zusammen, die Angst hatte Dizzys Wut übertrumpft. Es war so ziemlich die gleiche Situation wie beim letzten Mal, als sie Sheriff Ortiz gesehen hatten. Da war sie zur Tür gekommen, Alonso Falls Steinkopf auf dem Beifahrersitz ihres Streifenwagens, um ihnen zu sagen, dass Wynton im Gefängnis war, weil er betrunken in die Statue reingefahren war. Da war Sheriff Ortiz fuchsteufelswild gewesen. Dieses Mal nahm sie Moms Hand und sagte: »Wir werden herausfinden, wer das getan hat.« Dann fragte sie die beiden, ob sie die junge Frau Cassidy kennen würden, die Zeugin der Fahrerflucht gewesen war. Sheriff Ortiz erzählte ihnen, dass diese Cassidy den Krankenwagen gerufen hatte, Erste Hilfe geleistet hatte und mit Wynton ins Krankenhaus gefahren war.

Dizzy und ihre Mutter schüttelten beide den Kopf. Sie kannten niemanden namens Cassidy.

»Die Nachtschwester hat gesagt, dass sie bunte Haare hatte, ganz lockige, bis hier.« Sie berührte ihren eigenen Rücken an der Taille. »Etwa achtzehn oder neunzehn Jahre alt, vielleicht zwanzig. Sie sagte, sie wäre eine Freundin deines Sohnes, war aber verschwunden, als die Krankenschwester zurück auf ihre Station ging.«

»War sie groß und hatte lauter Wörter auf ihren Armen eintätowiert und total hübsch?«, fragte Dizzy.

»Die Schwester hat Tattoos erwähnt, und ja, sie hat gesagt, sie war ein wunderschönes Mädchen.«

Dizzy sprang auf, Erleichterung durchzuckte sie. »Das ist der Engel! Der, der mein Leben gerettet hat! Oh! Alles wird gut, jetzt weiß ich das!« Der Engel hatte Wynton gefunden, so wie Dizzy sie gebeten hatte. Der Engel hatte sie erhört. Und Erste Hilfe geleistet! Wahrscheinlich von der magischen himmlischen Sorte, nahm Dizzy mal an. Sheriff Ortiz sah Dizzy mit gerunzelter Stirn an. Dizzy erzählte es ihr: »Sie hat mich neulich aus dem Weg geschubst, als ein Sattelschlepper mich fast überfahren hätte. Ich habe sie zu Wynton geschickt.«

Auch ihre Mutter wandte sich mit gerunzelter Stirn an Dizzy, weil sie von dieser Nahtod-Erfahrung bei der Begegnung mit Dizzys Engel noch nichts gehört hatte.

Sheriff Ortiz nickte. »Okay«, sagte sie. »Manchmal sind Engel mitten unter uns. Ich will mir gar nicht vorstellen, was passiert wäre, wenn dieses Mädchen nicht da gewesen wäre, um den Krankenwagen zu rufen und Erste Hilfe zu leisten. Also, ja, ich sehe es wie Dizzy. Für mich ist sie auch ein Engel. Wir werden sie finden. Hoffentlich kann sie uns helfen herauszufinden, wer dafür verantwortlich ist. Sie hat der Schwester gesagt, dass Wynton betrunken war und meinte, dass er vielleicht auch Pillen genommen hatte. Er hatte Hydrocodon bei sich, doch die wurden deinem anderen Sohn, Miles, verschrieben.«

Das kam nur allmählich bei ihnen an. Hatte Wynton gestern Morgen das Hydrocodon gestohlen? Weil Dizzy ihn ins Haus gelassen hatte? Ihr drehte sich der Magen um. Wenn sie ihn nicht reingelassen hätte, dann wäre sein Bogen nicht zerbrochen worden, dann hätte er die Pillen nicht gefunden, wäre nicht so berauscht gewesen, wäre nicht von einem Auto angefahren worden.

Es war nicht die Schuld ihrer Mutter, es war ihre Schuld.

Ihre Mutter brach in Tränen aus. Und Dizzy auch. Sheriff Ortiz sah aus, als würde sie gleich mitweinen. »Es tut mir so leid.« Dann wurde sie die dritte Person, die ihnen erzählte, was für ein Glück Wynton hatte, dass Dr. Larry Dwyer Dienst hatte, als das passiert war.

Als sie ging, nahm ihre Mutter Dizzys Hand und drückte sie. »Wer ist diese Cassidy, die innerhalb von zwei Tagen das Leben von zwei meiner Kinder gerettet hat? Wer ist dieser Engel unter uns?«

Aus Bernadettes Sammelsurium nicht abgeschickter Briefe

Liebe Maman,
ich brauche dich. Wynton wird gerade operiert. Ich wünschte, *ich* würde auf diesem OP-Tisch liegen, mein Gehirn, meine Hände, mein Leben in der Schwebe. Dizzy schläft in meinem Schoß. Ich habe das Gefühl, hören zu können, wie ihr Herz bricht. Miles ist noch in einer Welt, in der er nicht weiß, was passiert ist.
Hier im Warteraum mit Dizzy zu sitzen, ist ein einziges Déjà-vu. Die gleiche schreckliche Angst wie als du, ich und Dad darauf gewartet haben, dass Christophe nach dem Aneurysma aus dem OP kommt. Ich wünschte, ich hätte für dich und Dad lustiger sein können. Mein Mädchen hat es irgendwie geschafft, mich zum Lachen zu bringen, trotz allem. Es wäre so schön gewesen, du hättest sie kennengelernt. All meine Kinder.
Ich muss ständig daran denken, wie du aufgehört hast zu sprechen, als Christophe gestorben ist. Es gab keine Worte mehr, oder? Wie auch, ohne Christophe? Die Geschichte hat einfach mittendrin aufgehört.
Ich kann den Gedanken nicht ertragen, dass Dizzy auf Wyntons Bett sitzt, so wie ich auf Christophes Bett gesessen habe und seine Poster von Tupac und Ani DiFranco angestarrt habe und von der Musik besessen war, die er nun nie mehr hören würde, den Menschen, die er nie mehr lieben würde, den Mahlzeiten, die er nie mehr essen würde, den Flüssen, in denen er nie mehr

schwimmen würde. Ich will nicht, dass Dizzy sich je so fühlt, als wäre die Welt aus Asche. Als wäre sie ein Schatten, der von seinem Menschen getrennt ist.
Sie soll nie wissen, dass das Leben eine abgebrochene, unvollendete Geschichte ist.
Ich weine jetzt zu sehr, um weiterzuschreiben. Wie hast du dich je davon erholt, Maman? Wie hast du je wieder eine Mahlzeit kochen können? Einen Kuchen backen? Wie kann es Kuchen in einer Welt geben, die den Müttern ihre Kinder nimmt?
Ich habe Finn eine Nachricht hinterlassen, dass er das Restaurant schließen soll, bis auf Weiteres. Ich wünschte, ich könnte mein Herz bis auf Weiteres schließen.
Ich glaube nicht mehr an Gott, aber ich werde trotzdem das Gefühl nicht los, dass er mich für das bestraft, was ich getan habe.
Bernadette

MILES

Miles wachte vor dem Morgengrauen im Weinberg auf, mit dem Gesicht im Dreck, halb in, halb außerhalb seines Schlafsacks. Es kroch schon genug Licht den Berg hinauf, um sehen zu können, dass der orangefarbene Truck nicht da war. Er seufzte und rollte sich auf den Rücken. Der Plan war gewesen, an der Stelle zu schlafen, wo das Regenbogenmädchen am Abend vorher geparkt hatte, in der Hoffnung, dass sie zum Übernachten wieder herkommen würde. Das Verlangen, sie zu sehen, ihre tiefe Stimme zu hören, sich so zu fühlen, wie er sich in ihrer Gegenwart fühlte – wie er selbst –, hatte ihn gestern Abend so überwältigt, dass er, anstatt ins Bett zu gehen, seinen Schlafsack genommen hatte und losgezogen war, um Wache zu stehen oder Wache zu schlafen.

Er hatte auch nicht riskieren wollen, Wynton nach dem Fiasko mit dem Bogen zu sehen. Natürlich nicht.

Wirklich, er wollte Wynton nie wiedersehen. Er merkte, dass er die Hände zu Fäusten ballte und schüttelte sie aus, um die Wut loszuwerden. Das gehörte jetzt dazu – dieser Wutanfall in seinem Innern. Er war ein elementarer Bestandteil von ihm geworden, zusammen mit der Demütigung, was ihm das Gefühl gab, sein Inneres würde gerinnen. Wie hatte Wynton ihn quasi tot in diesem Müllcontainer zurücklassen können? Er würde nie darüber hinwegkommen. Was hatte Miles ihm je angetan, außer ihn zu brauchen? Und wie sehr es Miles aus dem Konzept brachte, dass er sich an so wenig aus dieser Müllcontainernacht erinnern konnte, weder an das, was er womöglich getan hatte, noch an das, was ihm womöglich angetan worden war …

Er setzte sich auf, noch immer im Schlafsack und rieb sich den

Dreck aus dem Gesicht. Er atmete den Fluss ein, beobachtete, wie ein Stern nach dem anderen verblasste, versuchte, sich zu entspannen, versuchte, seinen Bruder nicht zu hassen, versuchte, sich nicht von dem Regenbogenmädchen im Stich gelassen zu fühlen, versuchte, nicht ins Land der Finsternis gezogen zu werden.

Um ihn herum sangen die Vögel trauervoll, trotz der frühen Stunde herrschte schon sengende Hitze. Er konnte Schweißperlen im Nacken fühlen.

Einmal, als Miles und Onkel Clive im Weinberg gewesen waren, um die Reben abzudecken, bevor Onkel Clive den Weinbau aufgegeben und die Weinberge verpachtet hatte, hatte sein Onkel erst sich eine Traube in den Mund gesteckt und dann Miles eine auf die Zunge gelegt, noch warm von der Sonne, und gesagt: »Du kannst es schmecken, nicht wahr? Und riechen.« Onkel Clive hatte dann nach einer Handvoll Erde gegriffen. »In der Erde ist es auch«, sagte er, vergrub die Nase in seiner Hand und atmete ein. »Wenn die Leute unseren Wein trinken, ist das, was sie schmecken, was ihnen mit jedem Schluck ein wenig mehr das Herz bricht, *Bedauern.*« Onkel Clive hielt Miles die Handvoll Erde unter die Nase. »Kannst du es riechen?«

Konnte Miles damals nicht, doch heute vielleicht schon – Bedauern. Kummer. Überall auf ihrem Grundstück. Clive war oft betrunken, sprach laut vor sich hin, malte Kühe, dachte, seine Träume wären Prophezeiungen, spielte Klavier und manchmal auch Trompete bis zum Morgengrauen und gab den ganzen Tag lang seltsame Sachen von sich, aber ja. Ja. Irgendetwas an den Weinbergen der Familie Fall war anders, und das lag nicht nur an dem Geschmack der Trauben oder an der Art, wie die Erde oder die Luft rochen. Hier war es traurig. Die Vögel sangen zu laut, und der Fluss floss langsamer, und Miles war nie dahintergekommen, warum das so war. Schon vor der Trockenheit hatte er sich durch das Flussbett gequält. Und egal, wo Miles auch auf ihrem Grundstück hinging, hatte er immer das Gefühl, jemand wäre hinter ihm – doch wenn er sich umdrehte, war nie jemand da.

Seine Gedanken wurden schwerer, träumerischer, also legte er sich wieder hin, drehte sich auf die Seite … und das Nächste, was er mitbekam, war, wie eine vertraute nasse Zunge über sein Gesicht leckte, und er öffnete die Augen, um Sandro im Morgenlicht zu sehen.

Warum hast du mich nicht dazugeholt, wenn du schon hier draußen auf sie wartest?

Miles setzte sich auf, damit er Sandro anständig kraulen konnte. *Habe ich spontan entschieden.*

Sandro blickte sich um. *Ich frage mich, wo sie ist.*

Ich mich auch.

Wie konnte sie uns so im Stich lassen?

Keine Ahnung.

Beide seufzten.

Früher, sagte er zu Sandro und tippte mit dem Finger an die kalte Hundenase, *hätten sie uns Melancholiker genannt.*

Außer als wir gestern mit ihr zusammen waren. Da waren wir Froholiker.

Das stimmte. Die Stunden mit dem Regenbogenmädchen hatten Miles das Gefühl gegeben, egal, was er auch berührte, würde anfangen zu leuchten. Jetzt hatte er wieder das Gefühl, egal, was er berührte, würde in Dunkelheit versinken.

Er drückte seinen Kopf in Sandros sonnenwarmes Fell. *Wahrscheinlich bin ich an deiner Depression schuld, mein Fellnasen-Freund. Tut mir leid.*

Was du fühlst, fühle ich auch. Was ich fühle, fühlst du auch. So ist das bei besten Freunden.

Stimmt. Miles schälte sich aus seinem Schlafsack, der, genauso wie er, schweißnass war, stand auf und guckte heimwärts, wo Dizzy und Mom bestimmt gerade aufstanden. Wie ein Juwel glitzerte das weiße Haus im Sonnenlicht. Heute war kein Nebel aufgestiegen, wie das sonst zu dieser Stunde war, der dafür sorgte, dass das Haus aussah, als würde es aus einer Wolke aufsteigen. Ob Wynton wohl wieder auf dem Dachboden geschlafen hatte? Auf keinen Fall würde Miles nach Hause gehen; nicht einmal die Klimaanlage konnte ihn locken, also ließ er seine Tasche stehen und ging in die entgegengesetzte Richtung, in die Stadt, in der Hoffnung, irgendwo den orangenen Truck zu entdecken.

Sandro folgte ihm still durch die fiebrige Luft. Er hechelte jetzt schon. Keiner von ihnen war besonders gesprächig. Als Miles sich in Sandros Gedanken einklinkte, hörte er: *Oh! Lecker Dreck, oh, ein Feuerhydrant! Kuhfladen, oh noch besser, Pferdemist, mjam! Heiß so heiß zu heiß hier draußen! Wenn Dornröschen nur hier wäre! Ich vermisse Dornröschen so sehr. Oh, wo ist Dornröschen hin?* Miles klinkte sich wieder aus und versuchte, die Panik zu unterdrücken, die in ihm aufstieg, als ihm einfiel, dass er seit über zwei Wochen nicht in der Schule gewesen war. Der Ärger, den er deswegen bekommen würde, würde episch sein.

Solange er zurückdenken konnte, war er der »Vollkommene Miles«. Das war seine einzige Möglichkeit gewesen, nachdem er den Schrecken im Gesicht seiner Erzieherin, Ms Michaels gesehen hatte, als seine Mutter und er zum allerersten Tag im Kindergarten erschienen waren. Miles hatte ganz genau mitbekommen, wie ihre Stimme, die fröhlich alle Kinder willkommen geheißen hatte, ganz ausdruckslos wurde, als sie sagte: »Dein Bruder war in meiner Gruppe.« Seine Mutter hatte ruhig geantwortet: »Sie werden sehen, dass die beiden ganz verschieden sind.«

Miles sorgte dafür. Er hob die Hand, wenn er eine Frage hatte. Er sprach leise. Er rannte nie im Flur. Er malte alles sorgfältig aus. Er war zu allen nett, sogar zu Stevie Stanford, der nach Fisch roch. Jeden Tag, jede Minute, war er der Anti-Wynton, stellte das wieder in der ersten Klasse unter Beweis, als Mr Painter bei seiner

Ankunft bleich wurde, dann in der zweiten Klasse und so weiter und so fort und zu Hause auch, und er wurde für seine Mutter das, was Wynton nie sein konnte: derjenige, um den sie sich keine Sorgen machen musste, an den sie nicht einmal denken musste, weil er immer das Richtige tun würde, das Kluge, das Erwartbare, und auf diese Art begann Miles Fall, wer immer das auch war, wer immer das auch hätte sein können, Jahr um Jahr zu verschwinden, heimlich zu verblühen. Schließlich war er irgendwann so vorbildlich gewesen, dass ihm angeraten wurde, sich für die renommierte *Western Catholic Preparatory High School* zu bewerben, und er bekam sogar ein Stipendium.

Dort, wo Wyntons Name nicht an die Wände der Toiletten gekritzelt war *(Gras gefällig? Ruf Wynton an: 555–0516)*, wo das Dach nicht vom Klang von Wyntons Geige weggeblasen wurde, wo keine Brandflecken zu sehen waren, weil Wynton versucht hatte, das Chemielabor niederzubrennen (absichtlich), wo sich keine Legenden um das schlechte Betragen seines Bruders rankten oder sein musikalisches Talent, hoffte Miles, endlich er selbst sein zu können, sein Revier abzustecken, sich sogar zu outen, aber es war zu spät. Zu diesem Zeitpunkt wusste er schon nicht mehr, wie er etwas anderes sein konnte als der Anti-Wynton. Er wusste nicht, wie er er selbst sein sollte oder wer das überhaupt war, und auch wenn er es rausbekommen würde, hatte er Angst, abgelehnt zu werden, so wie von seinen Geschwistern. Er war ein Schauspieler, der seine eigene Figur geworden war. Er war gleichzeitig Dr. Frankenstein und das Monster. Ja, genau so war es. Aus ihm war ein nettes, gutes, kluges, sportliches, heterosexuelles, verlässliches Monster geworden.

Der Vollkommene Miles, das vollkommene Monster.

Das Scheppern eines alten Autos hinter Miles und Sandros begleitendes Bellen holten ihn aus seinen Gedanken. Könnte es sein …? Er drehte sich um und wünschte sich mit jeder Faser, den orangenen Truck des Regenbogenmädchens zu sehen, aber es war nur Onkel Clive in seinem verbeulten Jeep. Miles hob den Arm, um zu winken, in der Hoffnung, dass sein Onkel weiterfahren würde, damit er sich nicht unterhalten musste. Das Gesicht seines Onkels, normalerweise rot vom Alkohol, war leichenblass, obwohl sogar die Fenster bei der Hitze offen waren. Er wurde langsamer, blieb dann stehen, nahm seine Sonnenbrille ab. Seine Augen waren weit, seine Lippen zusammengepresst, sein Hals schweißbedeckt. Seine Hand umklammerte das Lenkrad. Miles wusste sofort, dass etwas passiert war.

»Steig ein«, sagte sein Onkel. »Es ist dein Bruder, und es ist schlimm.«

CASSIDY

Okay, los geht's, kommen wir zu Verrat Nummer zwei. Wynton, das ist der Knaller.

Vier Jahre sind seit dem Insektenmassaker vergangen, und ich bin zwölf Jahre alt. Wir haben gerade die *Sister Falls* erreicht; die Wasserfälle gehören zu den Orten im nördlichen Kalifornien, wo wir am liebsten posemuckeln, nichts ahnend, dass sich in Kürze alles verändern wird. (Posemuckeln, was wir damals hauptsächlich gemacht haben, besteht darin, einen möglichst abgelegenen Ort zu finden, um dann irgendwie zu improvisieren, indem man den Wasser- und Batterieverbrauch möglichst begrenzt und das Abwasser sammelt.)

Als wir ankommen, regnet es in Strömen und dort, wo wir uns normalerweise niederlassen, steht schon ein anderes, olles Wohnmobil. Seit das Große Abenteuer begonnen hat, kommen wir jedes Jahr im Frühling hierher und sind noch nie jemandem begegnet. Das ist eine unserer geheimen Stellen, und ich bin sofort unglaublich genervt. Um gerecht zu sein, muss gesagt werden, dass ich in dieser Lebensphase von allem genervt bin, von Sonnenlicht und Regenbögen, von Feen und Lachen und vor allem von meiner Mutter. Sie behauptet, das wären die Hormone, wovon ich natürlich total genervt bin.

»Mist«, sagt Mom. »Mist, Mist, Mist. Hoffentlich bleiben sie für sich.«

»Bestimmt so eine dödelige Dumpfbacke«, brummele ich. »Ein Sackgesicht, eine Pimmelnase, ein Arschmonarch.«

Mom hebt die Augenbrauen. »Sie kann wieder sprechen und hat anscheinend jetzt das Tourette-Syndrom.«

Ich rede kaum mir ihr. Es war eine lange, stille, missmutige Fahrt. Mom richtet ihren amüsierten Blick auf mich, nimmt meine düstere Stimmung nicht ernst. »Diese Engländer haben ja wirklich einen charmanten Einfluss auf dich gehabt, Cassidy. Wie schön, dass ich mich jeden Abend damit rumschlage, dir Karteikarten mit Wörtern vor die Nase zu halten, um deinen Wortschatz zu erweitern, nur um mich zwei englischen Säufern geschlagen geben zu müssen.« Die Säufer hatten beim Camper-Treffen neben uns geparkt, Malcolm und Matthew Michelson, zwei Brüder mit Haaren wie ein Ölteppich, die Poker spielten und Hotdogs grillten, die übrigens geil schmecken – bisher hatte ich nur Tofuwürstchen gegessen, die ausgesprochen ungeil sind. Malcom und Matthew tranken den ganzen Tag Bier, nannten sich gegenseitig Pimmelnase und benutzten andere fabelhafte Schimpfwörter. Die besten Schimpfwörter, die ich je gehört habe. Poker haben sie mir auch beigebracht. Und wie man eine Zigarre raucht, allerdings weiß Mom nichts davon.

»Englische *blokes*«, sage ich.

»Ich nehme alles zurück, *mate*«, erwidert sie fröhlich. »Komm schon, Cassidy, willst du wirklich den ganzen Tag lang unmöglich sein?«

»Ja.« Zu diesem Zeitpunkt bin ich meine eigene Wetterzone. Wie die Mutter, so die Tochter.

Ich nehme mein Buch in die Hand. Lesen ist inzwischen für mich zu einer wahren Besessenheit geworden. Das ist ganz plötzlich passiert, als mir klar geworden ist, dass ich auf diese Art Freunde haben kann, die keine Insekten sind (obwohl ich sie immer noch liebe). Freunde, die nicht zwei Stunden am Tag meditieren müssen.

Die nicht vor dem Frühstück reinigenden Rote-Bete-Saft trinken (der dein Pipi rot macht) oder entgiftende grüne Getränke vor dem Abendessen.

Die nicht ihre Arme so lange um einen Baum legen, bis er sie zurückumarmt (was *SEHR* lange dauern kann).

Die sich nicht in Aura-Fotografie üben.

Die nicht so tun, als wären sie Freigeister, wenn sie doch nachweislich unfrei sind, egal, wie viele Stunden am Tag sie auch meditieren oder Bäume umarmen oder Rote-Bete-Saft trinken.

»Na ja, die Astrokartografie irrt sich nie«, sagt Mom gerade, »wenn nicht Jack the Ripper in diesem Wohnmobil lebt, bleiben wir ein paar Wochen hier.«

(Okay, also, obwohl es nicht Jack the Ripper ist, haben wir keine Ahnung, als wie gefährlich sich dieses Wohnmobil für uns erweisen wird. Ist das nicht seltsam? Wenn das Leben im Begriff ist, sich unwiderruflich zu verändern, wird man nie vorgewarnt. Wie in dieser Nacht, Wynton. Wenn ich dich nur gleich an den Straßenrand gebracht hätte, in Sicherheit. Das werde ich mir nie verzeihen. Nie. Aber dann denke ich, wie viel schlimmer es gewesen wäre, wenn du da ganz alleine gewesen wärst, mitten auf der Straße gesessen hättest, wo ich dich vorgefunden habe.)

»Jupiter steht direkt über unseren Köpfen in Konjunktion zur Sonne«, ergänzt Mom. »Was könnte da noch schiefgehen? *Nada.*«

Auf diese Weise entscheiden wir meistens, wo wir hinfahren, auf der immerwährenden Suche nach unserem Ort. Astrokartografie. Eine von Moms Leidenschaften zusammen mit Entsaften, Bäumen in den Armen liegen, Chakren ausbalancieren, Aura-Fotografie, Astralreisen, Klopfen, Krafttier-Kommunikation, Dankbarkeitsritualen und vielem mehr.

»Oh Mann, müssen wir unsere Seelen aufladen«, sagt sie. »Ich jedenfalls.« Sie schüttelt die Arme aus. »Eine Woche auf dem Campingplatz, und ich bin von Kopf bis Fuß mit Zivilisation bedeckt. So was von eklig. Wie ein Film auf meiner Haut.«

Da liegt der Haken. Anders als Mom *liebe* ich die Zivilisation.

Ich liebe Restaurants, wo es Pfannkuchen mit Schokostückchen gibt, Käsesandwiches, Kartoffelpuffer. Ich liebe es, den ganzen Tag lang ins Kino zu gehen (wenn es nur ein Kino gibt, gucken wir uns denselben Film wieder und wieder an), in Secondhandläden zu verbringen, wo ich mich inzwischen weigere, das Spiel mit den beißenden Farben zu spielen (ich will keine Farben, vor allem keine beißenden, ich will gar nicht erst bemerkt werden), und in Antiquariaten zu stöbern, wo wir unsere Bücher eintauschen und meistens einen ganzen Tag lang bleiben, bis wir die perfekte Sammlung haben. Ich liebe es, normalen Leuten dabei zuzusehen, wie sie normale Sachen machen, wie ihren Hund ausführen (Mom ist allergisch) und Zeitschriften lesen (lassen dein Gehirn verrotten) und wie sie sich küssen (oh, ich liebe es, normalen Menschen beim Küssen zuzusehen, besonders wenn sie an einer Wand stehen; ich übe mit Bäumen, während ich darauf warte, dass sie mich zurückumarmen).

Unseren Ort haben wir immer noch nicht gefunden, aber nicht, weil wir es nicht versucht hätten. Zu diesem Zeitpunkt haben wir 201 Ortschaften in Kalifornien von der Liste gestrichen. Mom sagt, wir werden es bis auf die Knochen spüren, sobald wir in unserem Ort angekommen sind. Meine Knochen spüren das oft. Ihre gefühllosen Knochen sind das Problem.

Typisches Beispiel: »Das ist unser Ort!«, habe ich vor einer Woche an unserem ersten Abend in Doe Creek gequietscht, den Mund voller Pfannkuchen – wie ich das schon so oft, an so vielen Orten, über so vielen Tellern voller Pfannkuchen, in so vielen Restaurants getan habe, weil ich so unbedingt endlich unseren Ort finden will, damit ich in einem Haus leben und zur Schule gehen und ein Fahrrad haben kann, pünktlich zu Hause sein muss, eine beste Freundin habe, der ich all meine Geheimnisse anvertraue. Wie in den Büchern. Wie in den Filmen.

»Hier? Das ist nicht dein Ernst. Doe Creek? Das ist so was von nicht unser Ort. Unser Ort ist … ist *unser Ort*, Cassidy!«

Die gute Nachricht ist, dass Moms Reisen in die Stille Welt in den letzten Jahren etwas weniger geworden sind (und bald werde ich begreifen, dass das mit Medikamenten zu tun hat), und sie ist nicht länger für mich eine zersplitterte Mutter. Oder eine Riesenmutter. Ich stelle ihr nicht länger Fragen über ihre Eltern oder über meinen Vater, auch bekannt als Jimmy, mein seliger Erzeuger, der in den Fluten umgekommen ist, und auch nicht über die Zeit, bevor das Große Abenteuer begonnen hat, nicht weil ich nicht weiterhin vor Neugierde nur so brenne, sondern weil ich begriffen habe, je älter ich wurde, dass es diese Fragen sind, die sie neun von zehn Mal in die Stille Welt geschickt haben.

Mom öffnet die Fahrertür von Sadie, und die milde, stürmische Sommerluft erfüllt meine Lungen.

»Ich gehe unter die Wasserfälle«, sagt sie und tritt sich die Flipflops von den Füßen. Ihre Zehennägel sind lila und gelb gestreift, genau wie meine. »Bleib du hier und schmoll noch ein bisschen, und denk darüber nach, was für eine schreckliche Mutter ich bin, okay?«

»Mach ich.«

Sie lächelt mich an, bevor sie die Tür schließt. Ich gucke ihr hinterher, wie sie durch den Regen rennt, und sie fehlt mir jetzt schon. Wie lang ist sie schon weg? Drei Sekunden? Ich seufze. Das ist mein schmutziges kleines Geheimnis. Ungeachtet der Art, wie ich mich aufführe – dieser Tage scheine ich mich aufführen zu müssen, als würde ein gemeiner kleiner Kobold in mir leben – hasse ich es sogar, für mickrige drei Sekunden von meiner Mutter getrennt zu sein.

Dank der Woche, die wir bei dem Camper-Treffen in Doe Creek waren (ein Campingplatz mit einem Laden, Strom und Wasser, der einen Zivilisationsfilm auf der Haut meiner Mutter hinterlassen hat), sind wir mit Vorräten bestens ausgestattet – nicht nur mit Grundnahrungsmitteln wie Reis, Bohnen, Tofu,

Kartoffeln und Käse, sondern auch mit dem guten Zeug, das ich an einem einzigen Tag weghauen kann. Wenn wir Vorräte aufstocken, darf ich mir immer fünf Sachen gönnen. Dieses Mal habe ich mir Frosted Flakes ausgesucht, Salt&Vinegar-Chips (die liebe ich mehr, als ich meine Mutter liebe, und das sage ich ihr auch oft), Peanut Butter Cups, Minzeis mit Schokostückchen und Marshmallows. Wir haben außerdem zwei neue Kisten mit Büchern, die wir einen halben Tag lang bei einem Antiquariat zusammengesammelt haben, nachdem wir den Großteil unserer Bibliothek an sie zurückverkauft haben und neue Klamotten, einschließlich einer lila Latzhose mit Blumen drauf, die ich im kommenden Jahr selten ausziehen werde, was durch unzählige Fotos bestätigt wird. Dann sind da noch Moms Pillen, von denen ich bisher dachte, dass sie für Magenprobleme sind, die kurz nach dem Insektenmassaker vor Urzeiten anfingen.

Mom klopft gegen mein Fenster, und ich zucke zusammen. Ihr Kleid klebt jetzt an ihr, ihr Haar liegt dunkelnass und glatt um ihr Gesicht. Sie sieht aus wie eine Meerjungfrau. Sie legt ihre Hände an das Fenster, fängt an, den Affentanz zu tanzen, der es meistens noch immer schafft, uns aus unserer schlechten Stimmung zu holen, aber meine hat heute ziemlich Fuß gefasst. Als ich die Augen verdrehe, gibt sie auf, bedeutet mir, das Fenster runterzukurbeln. »Ach, komm schon, Cassidy, wolltest du wirklich so unbedingt mit diesem Mädchen spielen?«

Das wollte ich. Unbedingt. Zum ersten Mal hätte ich fast eine Freundin gefunden. Mom hatte Zeit für sich gebraucht, also habe ich mich unter Sadie Mae versteckt, um umherstreifenden Kindern aus dem Weg zu gehen – damals hatte ich schreckliche Angst vor anderen Kindern, außer sie tauchten in Büchern oder Filmen auf –, obwohl ich mich so nach ihrer Gesellschaft sehnte. Und dann kam ein Mädchen zu mir. Zuerst hat sie nichts gesagt, sich einfach hingehockt und mich angeguckt, wie ich mich da wie ein

Freak unter dem Wohnmobil versteckte, und dann hat sie sich zu meiner Überraschung unter Sadie Mae geschoben und sich neben mich auf den Bauch gelegt. »Du siehst aus wie eine Fee«, hat sie gesagt und meine Haare berührt. Dann habe ich ihre Haare berührt. Sie waren schwarz, weich, so glänzend. Vor Aufregung wurde ich ganz kribbelig. Ich dachte an Frosch und Kröte, an Pu der Bär und Christopher Robin. Sie lächelte mich an und sagte: »Du bist cool«, um dann wieder davonzukrabbeln.

Sie hatte gesagt, dass ich cool bin! Ich? Das war eine der aufregendsten Sachen, die mir je passiert waren.

So etwa eine Stunde nach dieser Begegnung, als Mom und ich, die frisch gesalbte coole Person, gerade Schularbeiten machten, klopfte es an der Tür. Wenn wir auf dem Campingplatz waren, klopften ständig Männer an unsere Tür. Ich teilte sie in Kategorien auf: die Grizzlybären waren die mit dicken Bäuchen und Bärten, die Glubschaugen waren die Junkies, die Poritzen waren natürlich die, bei denen man die Poritze sehen konnte; und dann gab es die, die Mom am meisten mochte, und die ich abgrundtief hasste: Die Jesus-Darsteller und die Cowboys.

Alle Kategorien dieser männlichen Eindringlinge lehnten sich auf die gleiche Art in Sadie Mae rein, ein Arm über dem Kopf, den Ellbogen an den Türrahmen gestützt. Dann fingen sie an, Mom Fragen über unser Wohlbefinden zu stellen, als wären wir Jungfern in Nöten, und dann lachte sie immer so künstlich, auf eine Art, die ich verabscheute, und antwortete ihnen mit künstlicher Stimme, die ich ebenfalls verabscheute. »Uns geht es wunderbar, aber falls sich das ändert, lassen wir es dich gerne wissen.« Oder so was in der Art. Das Problem war, dass sie manchmal mit einem der Jesus-Darsteller oder Cowboys loszog. (Sie hat mir mal gesagt, ich soll nur mit Männern ausgehen, die ich mir auf einem Pferd vorstellen kann.) Wenn sie mit einem von ihnen verschwand, blieb ich die ganze Zeit in Sadie Mae, voller Panik, dass sie nicht zurückkommen würde. Mein immerwährender Popanz, Substantiv, (Maskulinum), *schreckenerregende, furchteinflößende Gestalt, Schreckgespenst.* (Ich hatte damals eine schlimme Wörterbuch-Sucht. Wem mache ich etwas vor? Ich habe sie immer noch, Wynton.)

Ich hasste es, wenn mitten in der Nacht am Türknauf gerüttelt wurde. Wir schliefen beide mit Pfefferspray neben unserem Glas Wasser, weil manchmal Gerüchte über Serienmörder und Vergewaltiger auf den Campingplätzen die Runde machten. Mom hatte außerdem eine Machete unter ihrer Matratze. Doch manchmal stand sie beim Türknauf-Rütteln auf, zog los und blieb stundenlang weg, während ich immer wieder ganz lange den Atem anhielt oder an meinen Fingern kaute oder mit der Schere auf meine Lieblingsbücher oder meine Haare losging. Einmal bin ich ihr nachgegangen und habe beobachtet, wie sie und der Jesus-Darsteller in ein anderes Wohnmobil stiegen. Ich habe mich unter das Fenster geschlichen, bis ich laut und deutlich Sex-Geräusche gehört habe (die ich aus Filmen kannte), und bin dann erschrocken zu Sadie zurückgerannt. Sie muss gewusst haben, dass ich ihr nachgegangen bin, weil wir am nächsten Morgen ein peinliches Gespräch darüber geführt haben, dass Sex Teil ihrer Spiritualität ist.

»Abgesehen davon«, hat sie gesagt, »ist es wichtig, die Vagina von Spinnweben freizuhalten«, was ich tatsächlich geglaubt habe, bis sie mich dabei erwischt hat, wie ich in mich in meiner Koje verrenkt habe.

»Selbstuntersuchung?«, hat sie gefragt.

»Ich gucke nach Spinnweben«, habe ich ernst geantwortet.

Sie hat vor Lachen gekreischt. »Oh, Cassidy, du nimmst auch alles immer wörtlich!«

Als ich also das Klopfen auf dem Campingplatz von Doe Creek gehört habe, bin ich davon ausgegangen, dass es ein Jesus oder

Cowboy oder Grizzlybär sein würde, nicht ein Mädchen mit glänzenden schwarzen Haaren und einem Mondgesicht. Sie stand neben einer Frau mit einer Frisch-vom-Friseur-Frisur, Tonnen von Make-up und glücklichen Augen. Die Frau hat zu mir gesagt: »Dann verrate mir mal, wie du heißt und wie alt du bist.«

»Cassidy«, habe ich gesagt und das Mädchen angestarrt, das einen Stapel Karten in der Hand hielt. Ich liebte Kartenspiele. »Ich bin zwölf.«

Die Frau hat gesagt: »Das ist Maya, sie ist elf, und ich bin Haley. Spielst du Karten, Cassidy?«

Ich war so aufgeregt, weil ich vielleicht mit jemandem in meinem Alter, der nicht in einem Buch war und mir keine Angst machte, Zeit verbringen könnte, dass ich keinen Ton herausbrachte. Ich nickte, und das Mädchen Maya lächelte. Ich war kurz davor, auf und ab zu springen. Meine Mutter stellte sich hinter mich und legte mir die Hände auf die Schultern.

»Seid ihr Vollzeit-Camper?«, fragte die Frau Mom. Sie trug einen samtweichen grauweißen Jogginganzug. Ich wollte ihn anfassen. Solche gemütlichen, weichen Sachen trugen wir nie.

»Das sind wir in der Tat«, antwortete meine Mom.

(Da muss ich dich wohl erst mal ins Bild setzen, Wynton. Leute, die wie wir gelebt haben, werden Vollzeit-Camper genannt. Manche sind Rentner, die das Land sehen wollen. Manche sind junge Paare, die auf ein Abenteuer aus sind. Manche sind Familien, die billiger leben wollen oder ausgeloggt und abgekoppelt. Manche sind Kriminelle auf der Flucht. Manche, wie Mom, sind auf einem spirituellen Weg. Und eine Handvoll davon sind völlig gaga. Mom sagt natürlich, dass Vollzeit-Camper nicht viel anders sind als die Pioniere, die im neunzehnten und frühen zwanzigsten Jahrhundert nach Kalifornien gekommen sind. Sie gehören zu ihrer Gemeinde.)

»Wir nicht. Wir sind nur übers Wochenende hier«, sagte Haley. »In anderen Worten: Wir sind entführt worden. Mein Mann zwingt uns dazu.« Sanft schob sie Maya eine Haarsträhne hinters Ohr. »Wir sind lieber zu Hause, nicht, Maya? Ich backe gern am Wochenende, ich Backverrückte. In unserem Wohnmobil kann man nicht mal ein Ei braten.« Das weckte meine Aufmerksamkeit. Ich war besessen von der Idee zu backen, seit wir vor einem Jahr sechsmal hintereinander den Film *Jennas Kuchen – Für Liebe gibt es kein Rezept* im Kino gesehen hatten, an einem Ort, der nicht unser Ort war. Haley trat in Sadie ein. »Oh! Ist das hier bezaubernd! Wie in *Schöner Wohnen*. All dieses hübsch angemalte Holz. Wow. Wenn es in unserer Klapperkiste so aussehen würde, würde es mir vielleicht nicht so viel ausmachen. Gut gemacht.« Die meisten Leute reagierten so, wenn sie in Sadie eintraten, wegen der Holzdielen, die weiß gestrichen waren, den durchsichtigen lila Vorhängen, dem riesigen schrillen Kronleuchter aus buntem Strandglas, dem Schaukelstuhl für zwei, den coolen Lampen überall und natürlich der großen Bücherwand. Wir gingen ständig auf Kunsthandwerksmärkte und Bauernmärkte auf der Suche nach »Zierwerk für Sadie«, wie Mom das nannte. Haley lächelte und sagte: »Seid es nur ihr beide?«

»In der Tat«, sagte Mom.

»Wie mutig von dir. Da hätte ich Angst, wenn es nur ich und Maya wären. All diese sonderbaren Leute, die auf den Campingplätzen herumschleichen, ist dir das schon aufgefallen?«

»Ich mag sonderbare Menschen«, sagte Mom und lächelte, ohne zu lächeln.

»Stimmt. Ich weiß, immer bin ich so voreingenommen. Seht ihr? Deswegen sollte ich besser zu Hause bleiben und backen.« Ihr Blick fiel auf unsere Meditationsmatten. »Ach, macht ihr Yoga? Ich habe mit Pilates angefangen. Das hat mein Leben verändert! Na, meinen Hintern auf jeden Fall!« Sie lachte und schlug sich auf den Po.

Ich kicherte. Maya auch.

»Wir meditieren«, sagte Mom.

»Ihr beide?«

»Jup. Zwei Stunden täglich.«

»Zwei Stunden täglich! Mein Gott. Cassidy, wie gefällt dir das?«

»Es ist sehr langweilig«, sagte ich, weil das so war.

Haley explodierte geradezu vor Lachen. »Ja, nicht? Ein Mädchen ganz nach meinem Herzen. Okay, hier ist die gottverdammte Wahrheit: Yoga ist für mich eine Qual, die reine Qual! All dieser Eso-Kram und dieses Shavasana, die Totenhaltung oder diese Kindhaltung oder die Löwenatmung …« – Sie atmete in kurzen Stößen durch die Nase aus – »nur, damit man seinen eigenen Bauchnabel besser kennenlernt, na, vielen Dank auch, ich kenne meinen Bauchnabel gut genug.« Sie war jetzt richtig in Fahrt, redete und lachte, schwelgte in Worten, die meiner Mom bestimmt sauer aufstießen, und ich fand es wunderbar.

»Was soll all dieser Wellness-Kram?«, fuhr sie fort. »Also, ich bin Krankenschwester, ich kenne kranke Menschen, aber diese Yoga-Leute sind nicht krank, stimmt's?« Das war an mich gerichtet.

»Stimmt«, sagte ich.

»Genau«, sagte sie. »Warum nach Wellness suchen, wenn du dich schlecht und ergreifend sowieso wohlfühlst?«

»Schlicht und ergreifend«, sagte meine Mom.

»Was?«

»*Schlicht und ergreifend* und nicht *schlecht und ergreifend.*«

»Echt? Kein Scherz? Schlecht und ergreifend heißt eigentlich schlicht und ergreifend? Wer hätte das gedacht? Wie konnte ich achtunddreißig Jahre lang leben, ohne das zu wissen? Bist du dir sicher?«

»Ich bin mir sicher«, sagte Mom und ich dachte: überheblich, Adjektiv, *sich selbst zu hoch einschätzend, auf andere herabsehend, anmaßend.*

Haley schien das nicht mitzukriegen. Sie klopfte sich auf die Schenkel, als wäre ihr plötzlich eingefallen, warum sie eigentlich hier war und sagte: »Ich habe mir gedacht, während die Mädchen Karten spielen« – sie nahm eine Flasche Wein aus ihrer Tasche – »könnten die Muttis ein wenig picheln?« Sie zwinkerte meiner überheblichen Mutter zu, doch dann fiel Haleys Blick auf die Pillendosen für die Magenprobleme meiner Mutter, die links von ihr auf der Fensterbank aufgereiht waren. Ihr Blick huschte zu meiner Mom und dann zurück auf die Etiketten. Meine Mutter räusperte sich. Haley schüttelte den Kopf. »Tut mir leid. Wie unhöflich. Das ist die Krankenschwester in mir. Ich kann nicht anders. Ich bin immer die Person auf Partys, die in die Hausapotheke guckt. Ich bin ja so neugierig. Wie auch immer. Sollen wir den Wein aufmachen und die Mädchen mal Mau Mau spielen lassen?«

Ich war verwirrt, weil sie plötzlich so einen verlegenen Eindruck machte, und wurde noch verwirrter, als ich Mom anschaute und ihr Gesicht wie versteinert war. Mit ihrer förmlichsten und höflichsten Stimme sagte sie: »Das Angebot mit dem Wein ist sehr freundlich, aber ich trinke nicht. Außerdem wollten wir gerade in die Ferne schweifen.«

Wir. Wollten. Nicht. Gerade. In. Die. Ferne. Schweifen.

»Ich hoffe, nicht, weil … Oh, oh, wie schade, Maya hat sich so darauf gefreut, mit Cassidy zu spielen«, sagte Haley. Ich guckte nach unten. Maya trug rosa Flipflops. Meine waren lila. Ich tippte sie am Bein an, zog schnell den rechten aus und schob ihn zu ihr hin. Sie machte das Gleiche, sodass wir beide einen rosa und einen lila Flipflop hatten. Unsere Mütter merkten nichts.

Als sie ein paar Schritte entfernt von Sadie waren, hörte ich, wie Haley zu Maya sagte: »Man weiß hier wirklich nie, auf wen man trifft, wenn man an die Tür klopft, nicht? Diese hübsche Frau hat vielleicht dasselbe Leiden wie dein Onkel Billy, jedenfalls sind es die gleichen Medikamente. Die ist nicht zu beneiden. Und das

Mädchen auch nicht. Ich habe selbst erlebt …« Und dann war ihre Stimme nicht länger zu hören. Als mich umdrehte, waren die Pillendosen verschwunden.

Ich kann mich gut an diesen Moment erinnern, denn da erwachte in mir zum ersten Mal die Erkenntnis, dass mit meiner Mutter etwas nicht stimmte. Wie hätte ich es auch vorher wissen können? Wir waren die einzigen Menschen, die ich kannte. Ich weiß immer noch nicht, was das für Medikamente waren. Danach ließ sie sie nicht mehr rumstehen, und obwohl ich oft danach gesucht habe, konnte ich sie nie finden.

»Okay, tut mir leid, ich war ein Sackgesicht«, sagt meine Mom jetzt und greift durch das Fenster von Sadie, um mich am Arm zu berühren, aber ich bin noch immer nicht bereit, ihr zu verzeihen, also lache ich nicht, obwohl ich das gerne will, weil sie sonst nie flucht. Ich weiß, dass sie sich gerade echt Mühe gibt.

»Ich hatte einfach das Gefühl, dass Haley uns verurteilt hat. Ich werde nicht gerne verurteilt. Ich mache es nie wieder. Ich weiß, wie sehr du dir eine Freundin in deinem Alter wünschst. Und jetzt gehe ich wirklich unter diese Wasserfälle und will, dass du mitkommst.«

Ich komme nicht mit. Ich gehe zurück in unseren Wohnbereich, öffne eine Tüte Doritos und schiebe mir einen nach dem anderen in den Mund (die einzige Sache, die Mom sich gönnt, ich mag sie nicht mal) und lasse die orangenen Krümel auf den weißen Boden fallen, was meinem Verlangen nach Sauberkeit und Ordnung völlig widerspricht. Dann fange ich an zu weinen. Das passiert in letzter Zeit oft. Traurigkeitsfontänen, zusammen mit Wutfontänen, Verstimmungsfontänen, Frustrationsfontänen, so ziemlich Jedes-Gefühl-Fontänen. Mom sagt, das liegt daran, dass ich jetzt meine Tage kriege und unsere zunehmenden Reibereien auf die Verdopplung der häuslichen Hormone zurückzuführen ist.

»Ich verstecke die Messer, Cassidy, mein schreckliches Pubertier!«, witzelt sie viel zu oft.

Normalerweise ist sie sofort da, wenn ich weine, egal, wo sie ist, als hätte sie ein übermenschliches Mutter-Gehör, das auf mein Weinen abgestimmt ist, aber sie kommt nicht, und bald ist mir langweilig, und ich gehe in den Regen raus, um nach ihr zu suchen. Zu meiner Überraschung ist sie noch in der Nähe, ihr Kleid klatschnass.

Obwohl es regnet, kann ich sehen, dass sie auch weint.

Es ist viel schlimmer für mich, wenn Mom weint, als wenn ich das tue, weil ich dann Angst habe, dass sie in die Stille Welt verschwindet. Ich habe Angst, dass sie mir sagt, dass sie ihrer Worte müde ist, ihrer eigenen Gedanken, ihres eigenen Atems, des Geschmacks in ihrem Mund, der Luft in ihren Lungen, des Bluts in ihren Adern. Ich renne auf sie zu und will mich bei ihr entschuldigen, überzeugt davon, für ihre Traurigkeit verantwortlich zu sein, als ich den toten Spatz zu ihren Füßen sehe. Ich rutsche unter ihren Arm.

»Hast du ihn umgebracht?«, frage ich. Ich weiß. Schrecklich, wenn ein Mädchen seiner Mutter so etwas unterstellt, aber ich weiß noch, wie ich das gedacht und gefragt habe. »Vielleicht habe ich das«, sagt sie.

»Aber wie?«, frage ich.

»Schlechte Gedanken«, antwortet sie.

Ich weiß, dass das nicht stimmen kann, natürlich, und dennoch verstört es mich, und ich bin es nie losgeworden, so wie all ihre *In der Zeit für alle Zeiten*-Geschichten. Bis zum heutigen Tag, gegen jeden Vernunft, erwische ich mich dabei, wie ich versuche, in der Gegenwart von Vögeln nur positive Gedanken zu haben, in der Erwartung, dass sie sonst tot vom Himmel fallen, direkt vor mich, sobald ich irgendetwas Böses denke.

Mom fängt an zu lachen, erst leise, dann völlig hemmungslos.

»Guck dir dein Gesicht an! Mein wortgetreues Mädchen. Gott, bin ich eine schreckliche Mutter. Nein! Schlechte Gedanken töten keine Vögel! Dafür, dass du so praktisch veranlagt bist, bist du ganz schön leichtgläubig!« Sie nimmt meine Hand. »Nächstes Mal findest du eine Freundin. Versprochen. Selbst wenn ihre Mutter gnadenlos gewöhnlich ist.«

Mein Gesicht wird heiß. »Bin ich gnadenlos gewöhnlich?«

Sie hält inne, legt eine Hand unter mein Kinn und hebt mein Gesicht, sodass wir Auge in Auge stehen. »Ganz und gar nicht, aber es sollte dir nicht so wichtig sein, was andere Leute denken. Du bist so verklemmt geworden.«

»Welche anderen Leute? Ich kenne keine anderen Leute«, sage ich, aber ich verstehe, was sie meint. Ihr ist es egal, wenn die Leute uns angucken, als wären wir Freaks, wenn wir uns an den Händen halten und jauchzend ins Wasser rennen. Sie scheint die Blicke nicht einmal zu bemerken. Früher habe ich das vielleicht auch nicht, aber jetzt tue ich das auf jeden Fall. Früher habe ich unsere Guten-Taten-Tage geliebt, an denen wir Donuts an Straßenecken verteilt oder ein Haufen Regenschirmen und Regenponchos gekauft und sie unvorbereiteten Passanten gegeben haben. Die Tage, an denen wir im gesamten Ort die Parkuhren mit Münzen gefüllt haben oder das dreckige Auto von Leuten gewaschen haben, während sie einkaufen waren und uns dann im Gebüsch versteckt haben, ihre Überraschung und Freude beobachtet haben, wenn sie zurückkamen.

Jetzt bekomme ich die Seitenblicke mit, die Angst, das Misstrauen der anderen. Besonders andere Mütter bekomme ich mit, wie sie auf meine nackten Füße gucken, meine ungebürsteten Haare, meine dreckigen Kleider. Mom merkt nie, dass die Leute im Supermarkt es seltsam finden, dass sie sich einen Pfirsich unter die Nase hält und seinen Duft gute drei Minuten lang einatmet, während sie dabei laut stöhnt, bevor sie ihn in unseren Korb legt, dass sie wütet, wenn sie angebundene Hunde sieht, und wir dann mit ihnen warten müssen, trotz ihrer Allergie, bis ihre Menschen zurückkommen.

»Das verwirrt mich an dir, Cassidy«, sagt sie. »Denn im Prinzip bist du von Wölfen aufgezogen worden, oder zumindest von einem Wolf. Also hätte ich erwartet, dass du ein wildes Kind bist. Deswegen weiß ich nicht, wo das herkommt.«

»Wo was herkommt?«

»Dieses Zögern, dieses existenzielle Zögern. Dass du dich nicht überwinden kannst wie …«

»Du zu sein?«

Sie lacht, hebt ihr Gesicht dem Regen entgegen. »Ja! Ich gebe es zu. Wie schrecklich von mir! Ich will, dass du wie ich bist. Oder wenigstens, dass du so sein willst wie ich.« Eine von Moms besten Eigenschaften ist ihre Ehrlichkeit (nicht in Bezug auf die Vergangenheit, aber auf die Gegenwart), diese schonungslose Selbsterkenntnis.

Sie versteht aber nicht, dass ich wohl wie sie sein will, doch das sage ich ihr nicht. Ich habe keine Ahnung, wer ich ohne sie bin. Den ganzen Tag lang erwische ich mich dabei, wie ich versuche, synchron mit ihr zu atmen oder mich heimlich an ihren Kleidern festzuhalten, immer wenn ich glaube, dass ich damit durchkomme.

(Ich wünschte, sie würde wissen, wie viel mehr ich ihr heute mit neunzehn ähnlich bin.)

Mom kniet sich hin und fängt an, ein Loch für den toten Vogel zu buddeln. Ich hocke mich neben sie und helfe ihr, der Regen fällt jetzt zum Glück nur noch leicht. Sie legt den Vogel in das Loch, das wir mit unseren Händen gegraben haben, und fragt mich, ob ich etwas sagen will. Will ich nicht. Sie nickt und zu meiner Überraschung flüstert sie über dem kleinen Grab: »Kleiner Vogel, bitte sag meiner Mutter und meinem Vater, dass ich sie vermisse.«

»Sie sind tot?«, sage ich, so schockiert, dass ich die Worte kaum herausbekomme. »Deine Eltern? Woher willst du das wissen, wenn sie dich ausgesetzt haben? Ich dachte, sie« – mit den Händen mache ich Anführungszeichen in die Luft – »hätten dich in einem Korb den Fluss runtergeschickt.« So habe ich das immer interpretiert, dass sie ausgesetzt wurde und das, was danach passiert ist, schlimm war und sie deswegen nicht darüber reden will.

»Sie haben mich in einem Korb den Fluss hinuntergeschickt.«

»Wann?«

»In dem Jahr bevor du geboren bist, als sie beide gestorben sind. Ich war siebzehn.«

Ich kann erkennen, dass sie die Wahrheit sagt. Und einfach so, ist das Rätsel um ihre Eltern, meine Großeltern gelöst. Warum in diesem Augenblick? Ich habe keine Ahnung.

»Wie sind sie gestorben?«, frage ich und will diesen wunderbaren Durchbruch nutzen.

Sie ist so lange still, dass ich glaube, sie wird es mir nicht erzählen oder sie wechselt in den Märchenmodus, doch nach einer Ewigkeit sagt sie mit einer Stimme, die dermaßen ernst ist und die ich noch nie von ihr gehört habe: »Schlechte Gedanken.«

»Wie meinst du das, Mom?«

»Meine Mutter hat sich umgebracht. Das wollte ich dir nicht erzählen. Besonders weil dein Dad ertrunken ist. Zu viel Tod, weißt du?«

Mir dreht sich der Magen um. »Und mein Großvater?«, flüstere ich.

Ihr Blick begegnet meinem. »Auch schlechte Gedanken.«

»Er hat sich auch umgebracht?«

Sie sieht zum Himmel auf, lässt sich von den Regentropfen das Gesicht abwaschen. »Nein.« Sie seufzt. »Na ja, in gewisser Hinsicht schon. Er hat sich zu Tode getrunken. Es ist keine schöne Geschichte.«

Ich greife nach Moms Hand und halte sie fest und schwöre, dass ich nie loslassen werde, niemals. Ein kleines Lächeln erscheint auf ihrem Gesicht. »Ich wollte dir Sachen erzählen, ich weiß nicht, so kleine blöde Sachen über meinen Dad, wie, dass er so groß war, so ein großer Mann. Er hat mir immer erzählt, wer in der Nachbarschaft oben auf dem Kühlschrank putzt und wer nicht.«

Da wird mir allmählich etwas klar – nein, nicht allmählich, es ist, als würde in meinem Kopf plötzlich etwas aufbrechen und eine Erkenntnis würde reinfallen, eine unbestreitbare Tatsache. »Ist er der traurige Riese auf der Suche nach seiner verlorenen Liebe?«

»Ja, das ist er.«

Wir sehen einander an. Ihr Gesicht ist nackt, offen, verletzlich. »Ich will so wie du sein, Mom, mehr als alles in der Welt«, platze ich heraus. »Ich bin es einfach nicht.«

Sie legt ihre Hand auf meine Haare und lässt sie dort. »Zum Glück bist du nicht wie ich. Ich sehe mir dabei zu, wie ich mehr und mehr wie meine Mutter werde. Das ist nicht gut.«

Wieder klärt sich etwas.

»Ist deine Mutter in die Stille Welt gegangen?«

»Ja.«

Meine Gedanken surren nur so vor Verständnis. »Ist sie die singende tote Frau?«

»Ja.«

»Die Mutter und die Tochter, die wie Gletscher überfrieren, wenn sie sich an den Händen halten, das sind du und sie?«

»Ja.«

»Nicht wir.«

»Nicht wir. Niemals wir, mein Schatz.«

Mir wird klar, dass sie mir die ganze Zeit alles erzählt hat, was ich über die Vergangenheit wissen wollte, nur verschlüsselt, und ich habe nicht begriffen, dass ich den Schlüssel längst habe.

In einem fernen Land in der Zeit für alle Zeiten …

Die *Zeit für alle Zeiten* war immer jetzt, war immer wir. Diese gruseligen, wundersamen Märchen sind unser Erbe, unsere Vergangenheit, unser Leben, unser Vermächtnis.

»Mein Vater?«, frage ich. Sie mag es nicht, wenn ich ihn Jimmy, meinen seligen Erzeuger, der in den Fluten umgekommen ist, nenne.

Sie lächelt. »Das ist so ziemlich die einzige glückliche Geschichte in diesem Kanon. Der Schattenmann, der in der Nacht Geschenke hinterlässt.«

»Und ich?«

Ihr Blick wird weich, voller Gefühle. »Du bist das Geschenk, Schatz.«

»Bin ich in einer der anderen Geschichten?«

»Nein.«

»Weil ich gnadenlos gewöhnlich bin?« Ich weiß, wie gnadenlos gewöhnlich es ist, das in diesem Augenblick zu sagen.

»Weil du außergewöhnlich bist, Cassidy. Dafür gibt es keine Worte, keine Geschichte. Ich habe es versucht. Vielleicht, wenn du deine eigenen Geschichten schreibst, dann wirst du …«

»Ich schreibe keine Geschichten.«

»Das wirst du.« Sie lächelt. »Alle Frauen schreiben Geschichten. Nur nicht alle verschriften sie.«

»Und Männer?«

»Ist doch egal!«, sagt sie und lacht auf die Art, die mir immer das Gefühl gibt, ich könnte fliegen. Sie kauert sich hin und fängt an, mit der Hand Erde über das Vogelgrab zu streuen, hört dann aber auf und beugt sich über den kleinen Körper.

»Was ist?«, frage ich.

Vorsichtig hebt sie den Vogel hoch und umschließt ihn mit den Händen. »Oh«, sagt sie. »Oh, Cassidy!«

»Was denn?«

»Oh! Oh! Oh!« Sie hebt eine Hand, und der tote Vogel schwingt sich aus ihren Händen auf, in einem fliegenden, flatternden Taumel unbändiger Lebenslust und steigt dann zum Himmel auf.

»Das ist gerade wirklich passiert«, ruft sie und springt auf und ab.

Ich springe auch. »Ja! Ja!«

»Es ist ein Wunder!«

»Ja!«

»Das sind meine Eltern!«, sagt sie. »Das weiß ich. Sie schicken uns eine Botschaft. Dass wir uns weiter aufschwingen sollen! Oh oh oh! Gott sei Dank. Ein gutes Omen. Komm schon!«

Und dann rennt sie los, durch den Regen zu den Wasserfällen. Ich ziehe mein T-Shirt aus und spüre die Tropfen und den Wind auf meiner Brust, meinem Rücken, in meinen Haaren. Mom rennt zu mir zurück und nimmt meine Hände und dann drehen wir uns im Kreis, lehnen uns beide zurück und gucken nach oben, lassen den Regen auf unsere Gesichter fallen. Jauchzen, Verb, *jubeln, laut frohlocken, in laute Freude ausbrechen.*

»Wir sind nackte Nymphen«, schreit sie.

»Nackte *Feen*!«, rufe ich, und da ist sie, die unbändige Freude, die alles andere auslöscht, bei meiner Mutter zu sein, zwei sich drehende Sonnen im Regen.

»Cassidy, die Fee!«, singt sie. Dann zieht sie mich an sich ran und sagt: »Ich ziehe dich so groß, weil du wissen sollst, wie man frei ist.« Sie berührt meine Stirn. »Hier drin. Wenn du da drin frei bist, bist du überall frei, verstanden?«

Ich nicke, und sie nickt zurück, und wir drehen und drehen und drehen uns, bis es keine Worte mehr gibt, keine Geschichten, bist es kein Selbst mehr gibt.

CASSIDY

Als wir zu Sadie zurückkehren, hat der Regen aufgehört, und Sonnenstrahlen dringen durch die Wolken. Wir ziehen uns um und hängen unsere nassen Sachen auf Bügel in die Dusche, stoßen nicht ein einziges Mal aneinander, als hätte jemand unsere Bewegungen choreografiert, weil wir so daran gewöhnt sind, auf engstem Raum zu manövrieren. Dann fangen wir an, unser Lager aufzuschlagen, wie ein Ameisenvolk mit nur zwei Arbeiterinnen. Dazu gehört, die Lesestühle rauszustellen, die Hängematte aufzuhängen, den Tisch draußen auszuklappen, die Markise mit der Handkurbel auszufahren, den Herd vom Gas zu trennen (wir benutzen lieber den Campingkocher). Ich putze die Dorito-Krümel weg, verlasse Sadie Mae, die Arme voller Zutaten für Tacos und bringe sie zu Mom an den Tisch. Sie nimmt eine Zwiebel und fängt an, sie auf einem Brett zu schneiden.

Inzwischen habe ich den Popanz nebenan völlig vergessen – Mom und ich haben beschlossen, dass das Wohnmobil höchstwahrscheinlich leer ist, und seine Bewohner irgendwo im Wald zelten –, als ich höre: »Ich will ja nicht unhöflich sein, aber du malträtierst dieses Gemüse.« Ich zucke zusammen und drehe mich um, sehe einen Mann, der in der Tür des anderen Wohnmobils lehnt. Er trägt ein rot kariertes Hemd, dass offen steht und hat die Arme vor seiner sonnengebräunten, muskulösen Brust verschränkt. Er passt in keine der Männerkategorien. Sein Blick ist auf meine Mutter gerichtet. »Wusstest du, dass die alten Ägypter die Zwiebel verehrt haben?«, sagt er zu ihr. »Sie glaubten, dass wenn man in eine reinbeißt« – er lächelt ein blendend weißes Lächeln – »dann ist das, wie in die Ewigkeit zu beißen.« Der Typ redet langsam, scheint jedes Wort mit ganz viel Bedeutung aufzuladen. Er hat verstrubbelte hellbraune Haare, als wäre er gerade aufgewacht, einen Dreitagebart und seine Jeans hängen so tief auf seinen Hüften, dass ich schon die Haare sehen kann, die da unten hinführen.

Eine total dödelige Dumpfbacke, denke ich. Einer, der immer noch Mom anstarrt, was normal ist – aber nicht normal ist, dass sie zurückstarrt, ihre Augen neugierig aufleuchten.

»Ach, wie in die Ewigkeit zu beißen, ja?«, sagt Mom und schüttelt fast unmerklich mit dem Kopf, damit ihr Haar sich aus dem losen Knoten löst. Oh-oh. Dass sie ihr Haar runterlässt, nimmt die Dumpfbacke mit einem feinen Lächeln zur Kenntnis. Ich bin erleichtert, will nicht, dass er uns wieder mit seinem leuchtenden Lächeln blendet. Mom wird rot und schaut nach unten, als wäre sie schüchtern. Hallo?

»Man glaubte, dass Zwiebeln uns gestatten, die Zeit selbst zu schmecken«, sagt er. »Deswegen muss man sie ordentlich schneiden oder …«

»Oder was?«, sagt Mom und spricht jetzt auch langsam und seltsam. »Oder die Zeit bleibt stehen?«

Wieder dieses blendende Lächeln. »Möglich. Oder sie springt nach vorne, und wir sind neunzig Jahre alt. Das Leben ist vorbei, man denkt an all die Dinge, die man bereut, an all die Dinge, die man tun wollte und nicht getan hat.«

Worüber reden die? Es fühlt sich an, als würden sie in einer anderen Sprache sprechen. Dann stelle ich mit Erschrecken fest, dass sie genau das tun und dass das, was da passiert, *FLIRTEN* ist. So wie in all den romantischen Komödien. So wie bei Jane Austen. Ich mustere ihn. Was hat dieses Sackgesicht an sich, dass er ihre Aufmerksamkeit derart fesselt? Klar, er sieht gut aus, aber eine Menge gut aussehender Männer haben schon an unsere Tür geklopft. Keiner von ihnen hat meine Mutter so in Trance versetzt. Ich würde am liebsten Eiswasser über sie gießen. Oder ihr einen Elektroschock verpassen.

»Einen Moment«, sagt er und geht zurück in sein Wohnmobil. Mom stürzt in Sadie rein und als sie wiederkommt, hat sie Lippenstift und Eyeliner aufgelegt, und das verwandelt sie in einen Filmstar. Sie trägt nie Make-up. Sie schneidet weiter die Zwiebel, den Blick auf das Wohnmobil dieses Arschmonarchs gerichtet. Als er einen Augenblick später wieder auftaucht, ist sein Hemd zugeknöpft und seine Haare sind ein wenig ordentlicher. Außerdem hängt eine nicht angezündete Zigarette in seinem Mundwinkel. Danke Jesus, Mohammed, Buddha, Shiva und alle himmlischen Mächte. Das war's. Mom hasst Rauchen. Er geht auf sie zu, sagt: »Wenn du gestattest« und hält ihr die Hand hin, damit sie ihm das Messer gibt. Sie tut es! Sie gibt ihm das Messer. Unser größtes, schlimmstes Messer abgesehen von der Machete. Ich wiederhole das noch mal für dich, Wynton: Sie gibt dieser Pimmelnase eine Mordwaffe!

»Mom!«, sage ich, aber beide beachten mich nicht. Wer gibt einem fremden Mann ein riesiges Messer, wenn man mit seiner Tochter am Ende der Welt ist?

Das ist das erste Anzeichen von drohendem Unheil.

»Als würdest du damit jemandem die Hand schütteln«, erklärt er ihr, seine Hand um das Messer gelegt. Das nennt man Mansplaining, was Mom zuwider ist, aber wenn es von der dödeligen Dumpfbacke kommt, scheint es sie nicht zu stören. »Mit Messern muss man vorsichtig umgehen, … liebevoll.« Sie tauschen einen Blick.

Wie eklig, oh Mann.

Er nimmt die Zwiebel, wirft sie in die Luft und schneidet sie durch – bam! –, als sie wieder auf dem Tisch landet und legt dann die Finger seiner anderen Hand um die halbe Zwiebel, während er sie mit dem Messer hackt, und drei Sekunden später ist die

Zwiebel in perfekte Würfel geschnitten, und sowohl er als auch Mom weinen.

»Weine nicht«, sagt er sanft zu ihr und stupst sie mit der Schulter an, als wären sie Freunde für immer.

»Du auch nicht«, sagt sie und lächelt ihn an. Ich kann erkennen, dass sie versucht zu entlächeln, aber es ihr nicht gelingt.

Himmel, denke ich. Himmel, Arsch und Wolkenbruch.

Ich muss ihm zugestehen, dass der Trick mit der Zwiebel cool war.

Mom sagt: »Mein Lieblingssatz aus der Literatur erinnert mich an das, was du über die Zwiebel gesagt hast. Aus *Die Fahrt zum Leuchtturm* von Virginia Woolf. Mrs Ramsay serviert einem Gast ein Stück Rindfleisch zum Abendessen, aber wenn man das Komma aus dem Satz entfernt, serviert sie ihm eigentlich ein zartes Stück Ewigkeit. Es ist großartig.«

Über das Lächeln, das daraufhin auf seinem Gesicht erscheint, würde ich am liebsten meine Hand legen, damit sie aufhört so zu reden.

»Ich bin Dave«, sagt er.

Dauergrinser Dave, die messerschwingende dödelige Dumpfbacke.

»Marigold«, sagt meine Mutter.

»Marigold«, wiederholt er und nimmt sich eine weitere Zwiebel. »Wo kommt ihr beiden her?« Das ist eine Frage, die meine Mom immer mit »hier und da« oder »überall und nirgendwo« beantwortet, was jedes weitere Gespräch im Keim erstickt.

Stattdessen sagt sie: »Wir waren gerade eine Woche lang in Doe Creek auf dem Campingplatz. Davor in Mexiko. In Baja, an einem wunderschönen, einsamen Ort, wo wir schon seit Jahren jeden Winter hinfahren. Wir haben einen Monat lang kaum eine Menschenseele gesehen. Jeden Abend am Strand Austern gegrillt.«

Hallo? Hallo? Hallo?

Ich gehe zu Mom und flüstere: »Warum erzählst du ihm das alles? Der Typ ist ein Arschmonarch.« Sie weist mich ab.

»Äh, hast du mich gerade Arschmonarch genannt?«, sagt er zu mir. Sein Lachen ist ausgelassen und laut, ein weiterer Beweis dafür, dass er wahnsinnig ist und uns Gefahr droht. »Und noch dazu mit so einer tiefen, eindrucksvollen Stimme.« Ich mag es nicht, wenn Leute mich auf meine Stimme ansprechen, die tief und immer heiser klingt.

»Das«, sagt er und zeigt mit der Mordwaffe auf Mom, »hört sich himmlisch an. Gegrillte Austern am Strand. Hm, hm, hm.« Er stöhnt jetzt. Ich werfe Mom einen Blick zu, der besagt *Siehst du? Er ist verrückt*!

Aber sie lacht. Warte mal, ist er etwa charmant? Ich bin zu aufgeregt, um das beurteilen zu können.

»Und wer ist diese Arschmonarchin?« Er zwinkert mir zu.

Nie zuvor in der Geschichte der Menschheit hat jemand so einen bösen Blick abbekommen, wie der, den ich jetzt Dauergrinser Dave, der zwinkernden dödeligen Dumpfbacke zuwerfe.

»Das ist meine Tochter Cassidy. Sie sammelt Schimpfwörter. Das hat sie von solchen englischen« – sie zwinkert mir zu, warum zwinkern mir alle zu? – »*blokes*, die neben uns geparkt haben. Ich ermuntere sie nicht dazu. Sie haben ihr außerdem Poker beigebracht und wie man eine Zigarre raucht. Auch darin habe ich sie nicht bestärkt.« Argh. Dann wusste sie doch über das Rauchen Bescheid.

»Sie ist meine kleine Heldin der Straße. Wir sind Vollzeit-Camper. Pioniere des einundzwanzigsten Jahrhunderts. Auf der Suche nach Erleuchtung und allem Ätherischen. Schon seit vielen Jahren.«

Jahre, in denen meine Mutter nie so mitteilsam, so echt, so *sie selbst* war, außer mit mir.

Er stößt einen Pfiff aus und schüttelt den Kopf. »Ganz schön mutig. Mit einem Kind. Wahre Abenteurerinnen. Ich bin beeindruckt.« Er lächelt mich an, als würde er glauben, dass mich das auch in einen schwafelnden Schwachkopf verwandeln kann. Tja, tut mir leid, das wird nicht passieren. Ich werfe ihm wieder einen bösen Blick zu.

»Also, Marigold und Cassidy, Austern am Strand werde ich nicht toppen können, aber vielleicht habe ich etwas, das da rankommt. Ich würde euch gerne ganz offiziell morgen Abend zum Essen einladen, in mein Restaurant, drei Meter entfernt von hier« – er zeigt auf seine alte Klapperkiste – »zu einem opulenten Morchel-Mahl.«

»Morcheln?«, fragt Mom.

»Sag mir jetzt bitte nicht, dass du noch nie Morcheln gegessen hast. Ich bin davon ausgegangen, dass ihr, genau wie ich, Sammler seid und ich die Beute mit euch teilen muss. Denn dort draußen hat es gebrannt und nach einem Brand ist der Wald eine wahre Goldgrube für Feuermorcheln. Ich habe darauf gewartet, dass es aufhört zu regnen.« Er sieht nach oben, als würde er versuchen, das Wetter einzuschätzen. »Legere Kleidung ist angesagt. Wie klingt sieben Uhr morgen früh?«

Ich ziehe an Moms Kleid, flüstere: »Kann ich mit dir in Sadie Mae reden?«

»Jetzt nicht, Cass.«

Cass? Sie nennt mich nicht Cass. Nie. Nicht ein einziges Mal in meinem gesamten Leben. Sie hat meinen Namen vergessen.

»Liebend gerne«, sagt sie. »Danke. Das wird Spaß machen.«

Mir reicht's. Ich gehe in Sadie Mae und beobachte sie dabei, wie sie interagieren, wie wenn wir auf unseren Naturwanderungen die Eichhörnchen und Vögel beim Interagieren beobachten. Ich bin völlig fasziniert davon, wie Mom an seinen Lippen hängt. Ich starre ihn an. Wie macht er das? Der Typ hat noch nicht einmal versucht, ihr Interesse zu wecken. Es ist einfach passiert. Vielleicht hat er sie verzaubert? Vielleicht hat er deshalb am Anfang so langsam gesprochen, als er gesagt hat, dass die Zwiebel die Ewigkeit in sich trägt.

Ich habe gedacht, dass wir heute Abend am Feuer über ihre Eltern reden, ich sie endlich kennenlerne. Ich habe gedacht, ich kann ihr sagen, wie traurig ich für sie bin und wie viel Angst es mir macht, dass ihre Eltern so gestorben sind.

Stattdessen sitze ich in Sadie, im Exil.

Mom spricht jetzt aufgeregt mit den Händen, wahrscheinlich über die Geschichte von Kalifornien oder über ihre Philosophie der Lebenseuphorie. Oder vielleicht erzählt sie ihm eine *In der Zeit für alle Zeiten*-Geschichte. Was immer es auch ist, er ist völlig fasziniert. Sie macht das, was sie immer auch mit mir macht, sie bringt ihn zum Leuchten. So sehr, dass ich eine Sonnenbrille gebrauchen könnte. Doch das Seltsame ist, er scheint das Gleiche mit ihr zu machen. Ich habe das Gefühl, als würde ich zwei Sterne dabei beobachten, wie sie in einer Supernova explodieren.

(Glaubst du an Liebe auf den ersten Blick, Wynton? Ich schon, und zwar wegen diesem Abend. Und, weil mir das auch einmal passiert ist. Du weiß vielleicht, wann.)

Mein Hals wird eng, als ich der dödeligen Dumpfbacke dabei zugucke, wie er meine Aufgaben erledigt: die Avocados zermatscht, die Tomaten und Chilischoten klein hackt, die Limette in Scheiben schneidet, die Tortillas aufwärmt. Als das Essen fertig ist, ruft niemand nach mir. Schließlich knurrt mir so laut der Magen, dass ich die Tür aufmache und nach draußen gehe.

»Schatz, nimm dir einen Teller. Wir haben Tacos gemacht.«

Als wüsste ich das nicht. Als würden wir nicht Tacos essen, weil ich heute Abend dran bin mit Aussuchen und mir Tacos ausgesucht habe! Als wäre ich nicht kurz davor gewesen, in Sadie Mae zu verhungern.

Während ich meinen Teller volllade, werfe ich meiner Mutter einen vernichtenden Blick zu, aber das bekommt sie nicht mit. Ich höre, wie sie sagt: »Ich war immer schon auf der Suche, hatte eine spirituelle Sehnsucht. Ich wollte dort eigentlich aufs College gehen, wegen des theologischen Angebots, aber dann hat sich mein Leben mit einem Mal vollkommen verändert, wie ich dir schon erzählt habe, sind meine Eltern gestorben, und so bin ich auf diese Idee gekommen.« Ich muss mich davon abhalten, wie ein Stuhl zusammenzuklappen, so schockiert bin ich von ihren Worten. Sie hat ihm von ihren Eltern erzählt? Nach einer Stunde? Sie hat zwölf Jahre gebraucht, um es mir zu erzählen. Ich habe den Geschmack von Metall im Mund. Ich glaube, ich habe mir in die Wange gebissen. Und welches theologisches Angebot? Was ist ein theologisches Angebot?

Mit meinem Teller gehe ich wieder zurück in Sadie Mae, warte darauf, dass sie sagt: »Wo gehst du denn hin? Komm zu uns an den Tisch, Engelchen.« Denn wir essen immer zusammen, außer sie ist in der Stillen Welt, aber sie sagt kein Wort.

Drinnen setze ich mich an den Tisch, nehme einen Bissen von dem kalten, pappigen Taco und lasse den Rest stehen. Dann klettere ich in mein Bett und rolle mich zusammen, so wie Mom das macht, wenn sie in der Stillen Welt ist, bloß ist die Welt nicht still. Überhaupt nicht. Vor dem Fenster lachen sie wie Idioten. Ich stehe wieder auf und beobachte sie weiter, versteckt hinter den lila Vorhängen.

Das ist ein Film, und Mom wird von einer Schauspielerin gespielt, die ihr verblüffend ähnlich sieht.

Die Rolle, die sie spielt, ist so … ich weiß es nicht … so sehr *sie*, ist alles, was mir einfällt. Eine Über-Sie. Jetzt stehen sie auf, gehen zu den Wasserfällen, legen sich auf den Rücken. Und dann zieht sie ihre Kleider aus, und während er es ihr nachtut, springt sie in ihrer Unterwäsche in die Wasserfälle. Er folgt ihr, und dann schreien sie gemeinsam aus vollem Halse, was wir eigentlich immer machen.

Ich bin ein zerplatzter Luftballon.

Nach den Wasserfällen macht Dave ein Feuer, dann wickelt er Mom in eine mexikanische Decke, die er aus seinem Wohnmobil holt. Er sitzt auf dem Tisch und spielt Gitarre, und Mom sieht ihm von ihrem Stuhl aus zu. Ihr Gesicht sieht aus, wie wenn sie am späten Nachmittag aufs Meer guckt.

Zum ersten Mal in meinem Leben ist meine Mutter nicht da, als ich aufwache.

Ich springe aus dem Bett, ohne die Leiter zu benutzen – gegen die Regeln –, lande auf meinem Knöchel, spüre, wie er sich verrenkt, aber das ist mir egal, und platze dann aus Sadie Mae heraus und bin erleichtert, dass Moms Leiche nicht neben der noch rauchenden Glut der Feuergrube liegt (wir gucken genug blutige Horrorfilme), und gehe zu Daves Wohnmobil. Gerade will ich klopfen, als ich Sex-Geräusche höre.

Ich halte mir die Ohren zu und gehe zu unserem Tisch, zähle die Zigaretten, die Dave gestern Abend geraucht hat: zwölf. Die Flasche, auf der *Wild Turkey Whiskey* steht, ist halb leer. Mom hasst Trinken auch, aber anscheinend nicht, wenn Pimmelnase dödelige Dumpfbacke Dave das macht. Selbst mit zugehaltenen Ohren kann ich die Sex-Geräusche noch hören, also lasse ich die Hände fallen und wiederhole eklig, eklig, eklig, eklig, eklig, während ich zwischen den Wohnmobilen rumstampfe wie Rumpelstilzchen. Ich überlege, ob ich abhauen soll, zum See wandern, der einen guten Kilometer entfernt ist, um zu schwimmen, aber ich darf nicht alleine in den Wald gehen.

Als die widerlichen Geräusche endlich aufhören, schlage ich so fest wie ich nur kann gegen die Tür. Ich will sie aufbrechen. (Zorn, Substantiv, (Maskulinum) *heftiger, leidenschaftlicher Unwille, heftig aufwallender Ärger*). In Daves rot kariertem Hemd von gestern Abend öffnet Mom die Tür. Es ist falsch geknöpft. Sie hat es falsch geknöpft. Sie sieht aus, als wäre sie durch einen Trockner gewirbelt worden. (schlampig, Adjektiv, *sehr liederlich, nachlässig und ungepflegt wirkend.*) »Morgen, Cass«, sagt sie.

»Wer ist Cass?«, zische ich sie an und verschränke die Arme. »Was ist mit Schule?«

Sie hockt sich hin, guckt mir in die Augen. »Mach die Aufgaben heute alleine, und später machen wir eine Naturwanderung und gehen schwimmen.« Der Verrat ihrer Worte und der heftige *Zorn* in mir, lassen mich stumm bleiben. Mein Gesicht brennt.

»Ich brauche ein bisschen Zeit mit Dave, Cass, nur wir Erwachsene. Genau, wie du mit diesem Maya-Mädchen spielen wolltest, weißt du noch?«

»Aber du hast mich nicht mit Maya spielen lassen!«

»Cass ... «

»Wer ist Cass?«, brülle ich, stürme davon und weiß in diesem Moment selber nicht, wer ich eigentlich bin, als ich wieder wütend hin und her stampfe, bevor ich in Sadie Mae reingehe und ein Marshmallow nach dem anderen esse, bis mir schlecht ist. Ich überlege zu schwänzen, aber mache es dann doch nicht, weil ich Geometrie mag und Humanbiologie und auch europäische Geschichte und Spanisch und gerne Zora Neale Hurston lese. Das war bis jetzt mein Lieblingslehrplan. Ich bin schon weit voraus – Mom sagt, wahrscheinlich schon halb durch die Highschool. Nachdem ich meine Schularbeiten gemacht habe, lese ich im Wörterbuch – mein Trost – und warte so lange wie möglich, bis ich ein weiteres Mal an die Tür von Daves Wohnmobil klopfe. Keiner reagiert. Ich klopfe fester. Noch immer nichts. Vor Panik dreht sich mir der Magen um. Mit beiden Fäusten hämmere ich gegen die Tür und als ich aufhöre, kann ich das gedämpfte Gelächter hören. Oh mein Gott. Mir wird klar, dass sie mich einfach ignorieren. Dass sie mich auslachen.

»Ihr seid beide dödelige Dumpfbacken!«, schreie ich.

Jetzt schütten sie sich da drin aus vor Lachen.

Erschrocken trete ich einen Schritt zurück, beschämt, und ehe ich mich versehe, tobe ich den Pfad Richtung See runter, angetrieben von einem Verrat, den ich schmecken kann, in meinen Knochen spüren. Mein Blick ist verschwommen, meine Haut brennt, meine Gedanken kochen hoch und über, während ich dahinrase, ohne den immer schmaler werdenden Pfad vor mir zu sehen, die Bäume, die um mich herum aufragen.

Irgendwann später, keine Ahnung wie viel später, wird mir bewusst, dass mir hier nichts vertraut ist; ich kann mich jedenfalls nicht daran erinnern, dass der Pfad zum See so steil war, so überwuchert mit Brombeergestrüpp, so versperrt mit umgestürzten Bäumen. Ich sehe mich um, und mein Blick fällt auf den Giftefeu, mit seinen glänzenden grünen und roten Blättern, der den Waldboden bedeckt, sich die Baumstämme hochrankt, sich über den Pfad ausbreitet. Ich höre ein Quäken, das ich nicht erkenne, und ein Klappern, das ich erkenne: Schlangen. Riesige Mammutbäume ragen um mich herum auf wie eine Armee. Ich gucke nach oben, kann aber ihre Kronen nicht sehen, mich nicht erinnern, dass sie letztes Jahr so groß waren, als wir zum See gegangen sind. Mir wird klar, dass ich mich an nichts erinnern kann. Normalerweise laufe ich Mom auf Pfaden und Wegen und Straßen immer hinterher, den Blick immer auf sie gerichtet, und so weiß ich, wo es langgeht. So weiß ich, wo ich bin.

Ich war noch nie allein im Wald.

Ich gehe weiter, mir fällt ein, dass Berglöwen in Bäumen schlafen, weiß nicht mehr, ob man bergauf oder bergab rennen soll, wenn man einem Bären begegnet. Oder was man macht, wenn man von einer Klapperschlange gebissen wird. Die Sonne muss hinter einer Wolke verschwunden sein, denn in alle Richtungen wird der Wald grau wie Asche. Ich höre meinen eigenen Herzschlag in meinem Kopf und fange an zu rennen, nur um über Wurzeln zu stolpern und mit dem Gesicht nach unten im Dreck zu landen. Erde dringt mir in den Mund. Ich stehe auf, mit zerkratzten, brennenden Knien, wimmere jetzt, zwinge mich, weiter dem Pfad zu folgen, bin mir sicher, dass ich den See längst erreicht haben sollte. Warum sind hier keine Blumen? Letztes Jahr waren hier winzige lila und gelbe, und Mom und ich haben uns hingehockt und gestaunt. Wo sind sie? Wo ist der See?

Und soll mich das Kreischen der Vögel warnen, dass gleich etwas Schreckliches passieren wird?

Dann höre ich ein neues Geräusch. Ein Stock, der bricht? Ein Specht? Oder ist noch jemand anderes im Wald? Verfolgt mich? Ich drehe mich blitzschnell um und renne so schnell ich nur kann den Weg zurück, zurück zum Lagerplatz, aber wieder ist mir nichts vertraut. Wo ist der Giftefeu? Ein Wind erhebt sich, pfeift durch den Wald, sodass die uralten Bäume knarzen und klingen wie Türen, die am Himmel auf und zugehen. Mein Magen krampft zusammen, als ich weitertrotte, Übelkeit steigt in mir auf.

Hinter jeder Kurve ist wieder noch mehr Wald und nie die Lichtung mit den beiden Wohnmobilen und der Feuergrube. Ich komme an eine Weggabelung, wo der Pfad sich in drei Richtungen teilt. Ich kann mich nicht erinnern, mich schon mal für eine Richtung entschieden zu haben, aber das muss ich wohl. Da habe ich anscheinend die falsche Abzweigung genommen. Mein Herz wummert so laut in meinen Ohren, dass ich mein Weinen nicht hören kann, aber ich merke, wie mein Gesicht immer nasser wird.

»Mom«, sage ich und spüre, wie mir Pipi das Bein runterläuft, auf den Boden tropft, während ich mich für eine Richtung entscheide und den Pfad runterkraxele. Bloß gehe ich jetzt bergauf, und ich kann mich nicht erinnern, bergab gegangen zu sein, also kehre ich zu der Weggabelung zurück und versuche es mit einer anderen Abzweigung, überzeugt davon, dass meine Mutter mich nicht liebt, niemand mich liebt, dass Mom und Dave wahrscheinlich schon zusammen weggefahren sind, froh, mich los zu sein.

Weil ich immer schon wusste, dass ich eine Bürde bin. So etwas spürt man, auch wenn es nicht ausgesprochen wird. Aber es wurde ausgesprochen! Ich bin ein Blutegel, sagt sie, wenn sie merkt, dass ich mich an ihr festhalte, und sie wollte das theologische Angebot nutzen, was immer das ist, aber konnte das nicht wegen mir. Alles, was sie will, ist, ein Marmeladenglas aufzuschrauben und mich loszuwerden, so wie sie das mit Käfer Karl vor all den Jahren gemacht hat.

Der neue Pfad ist flach, und überall sind diese winzigen Blumen und nicht ganz so hohe Mammutbäume, also bin ich einen Moment lang voller Hoffnung, dass ich auf dem richtigen Weg bin – bin ich aber nicht. Ich drehe um, gehe wieder zurück zu der Weggabelung, in dem Glauben, dass die dritte Abzweigung die richtige sein muss, aber dieses Mal finde ich sie nicht wieder und die Sonne versteckt sich nicht länger hinter den Wolken und scheint auf mich nieder. Meine Schulter und mein Gesicht und sogar mein Scheitel fangen an zu brennen. Ich bleibe stehen, um eine Grille aufzuheben und behalte sie in der hohlen Hand, damit ich nicht allein bin. Ich gehe und gehe, und mein Magen tut weh. Ich habe heute noch nichts außer Marshmallows gegessen und habe schrecklichen Hunger, aber der Durst ist schlimmer. Meine Zunge fühlt sich an wie Schmirgelpapier, meine Lippen sind aufgesprungen und bluten. Vom Giftefeu habe ich schon überall Blasen an den Beinen und kann nicht aufhören, sie mit meiner freien Hand zu kratzen, sodass ich von der Hüfte bis zu den Knöcheln blutige Schlieren habe, und unter meinen Fingern klebt ganz viel Blut und Haut.

Ich werde derart müde, dass ich mich frage, ob ich noch Knochen im Körper habe.

Die Bäume sehen aus wie Gerippe.

Aus Versehen zerquetsche ich die Grille zu Tode.

Ich kann nicht aufhören zu weinen.

Bis ich es irgendwann tue.

Ich denke an meine Großmutter. Ich bin noch nicht mal dazu gekommen, meine Mutter zu fragen, wie sie war. Sah sie aus wie ich? Hätte sie mich geliebt? Warum hat sie sich umgebracht? Ist meine Mutter deswegen … ja, was eigentlich? Was hat Haley gesagt? *Diese hübsche Frau hat vielleicht dasselbe Leiden wie dein Onkel Billy.* Ich will auch einen Onkel Billy. Ich will, dass Haley meine Mutter ist, damit ich gemütliche Sachen tragen kann. Ich will eine Mutter haben, die backt und Yoga hasst. Meine Beine fühlen sich so schwer an, als würde ich sie hinter mir herziehen. Ich horche auf das Lied meiner Großmutter, will den Gesang der toten Frau hören, wie meine Mutter, und dann höre ich ihn wirklich.

Ja! Ich höre ihn! Und all die Blätter im Wald rascheln im Takt mit ihrem Gesang, und der Wind ist wie eine Flöte, die sie begleitet, und am Himmel tanzen die Vögel dazu, und die Gerippe-Bäume verwandeln sich in Waldmädchen wie mich. Ich folge der Stimme der toten Frau, weiche vom Pfad ab, wo der Boden weicher ist, wie ein Bett.

Ich kann mich nicht erinnern, wie ich stehen geblieben bin oder mich hingelegt habe.

Ich kann mich nicht erinnern, wie ich eingeschlafen bin oder das Bewusstsein verloren habe oder was immer passiert ist …

Von grellem Licht, das mir ins Gesicht leuchtet, wache ich in der kalten Dunkelheit auf, höre wie ein Mann sagt: »Gott sei Dank. Gottverdammt.« Ich erkenne die Stimme, kann mich vage erinnern, wer er ist und dass ich ihn nicht mag. Er pfeift, und von weither höre ich noch einen Pfiff. Dann hockt er sich hin, gießt sich Wasser in die Hand und lässt es mich ablecken. Ich würge. Er macht es wieder und wieder, bis ich aufhöre zu würgen. Dann schüttet er mir aus einer Flasche kleine Schlucke Wasser in den

Mund. Im Mondschein und im Licht der Lampe an seiner Stirn kann ich ihn sehen. »Du bist okay. Du bist okay«, sagt er, als müsste er sich selbst überzeugen. »Es tut uns so leid. So leid, Cass.«

Das *uns* gefällt mir nicht.

»Ich heiße nicht Cass«, sage ich, meine Stimme ganz fremd, noch heiserer als sowieso schon, mein Hals eng, staubtrocken.

Als er mich sprechen hört, lacht er vor Erleichterung auf, klingt geradezu trunken, als er sagt: »Wie heißt du denn, Schätzchen?«

»Cassidy.«

»Okay, dann Cassidy. Wie du dich vielleicht erinnerst, bin ich der Arschmonarch, auch bekannt als Dave Caputo.« In seiner Stimme schwingt eine Menge Güte mit, und ich hasse ihn in diesem Moment nicht so sehr. Ich kichere, aber es klingt wie Husten. Sanft hebt er mich hoch. »Kannst du mir die Pfeife, die um meinen Hals hängt, in den Mund stecken?«

Das mache ich, und er fängt an zu pfeifen, und die andere Pfeife antwortet, und dann rennt er zwischen den Bäumen hindurch und hält mich in den Armen, als wäre ich ganz leicht, bewegt sich so schnell den Pfad hinunter durch die dunkle Nacht, bläst dabei ab und zu in die Pfeife und bekommt eine Antwort, und bald sind wir zurück am Lagerplatz, und Mom stürzt auf uns zu, drückt sich an uns und macht ein Cassidy-Sandwich und sagt: »Dir geht es gut. Dir geht es gut. Es tut mir so leid. Verzeih mir. Nie wieder.«

Dave setzt mich auf dem Tisch ab, und Mom legt die Arme um mich, umfängt mich mit ihrer Wärme, ihrem Jasminduft und wir machen jahrzehntelang Stirn-Nase, und diesmal ist Dave derjenige, der zuguckt.

Eine Grenze wurde gesetzt. Ich habe sie gesetzt.

Ich. Stehe. An. Erster. Stelle.

Wynton, wenn du jetzt glaubst, das war der zweite Verrat, dann irrst du dich.

Wart nur ab.

WYNTON

Du würdest zu gerne fragen, was Dave Caputo, mit dem du jede Woche Schach spielst, in Cassidys Geschichte zu suchen hat (mit Cassidys Mutter Sex hat!), aber natürlich kannst du das nicht.

Du willst ihr sagen, ja, ich habe in meinem Leben viele Menschen verraten, aber du weißt, sie würdest du nie verraten. Niemals. Wie kannst du also Teil eines vierten Verrats sein?

Außerdem soll sie unbedingt wissen, wenn sie in dieser Nacht nicht da gewesen wäre, dann wärst du mitten auf der Straße eingeschlafen und wärst jetzt tot. Ihretwegen bist du noch am Leben.

Ihretwegen willst du noch am Leben sein.

Doch am wichtigsten ist: Sie soll dir bitte noch einmal sagen, dass sie deinetwegen zurückgekehrt ist, dass sie nie glücklicher war als in deinen Armen, dass sie ihr ganzes Leben an dich gedacht hat. Warum hat sie euren Tanz im Mondschein nicht erwähnt? Wenn du reden könntest, würdest du für den Rest deines Lebens über nichts anderes sprechen.

Gespräch zwischen den Nachtschwestern im Krankenhaus von Paradise Springs

Nachtschwester Nr. 1: *Wer ist das Mädchen mit den Regenbogenhaaren bei unserem Koma-Patienten? Ich habe sie gar nicht reinkommen sehen.*

Nachtschwester Nr. 2: *Sie klettert durchs Fenster, wenn die Mutter geht. Ich habe ihr gesagt, dass das nicht nötig ist, seitdem bringt sie mir immer Kekse mit. Ich glaube, als Schweigegeld. Ich habe zu ihr gesagt, dass ihr Geheimnis – was immer es auch ist – bei mir gut aufgehoben ist. Für ihn ist es besser, wenn er nicht allein ist. Bei Tagesanbruch verlässt sie ihn dann, bevor die Familie kommt. Zwei Turteltauben. Ich nenne sie Romeo und Julia. Vielleicht eine heimliche Affäre?*

Nachtschwester Nr. 1: *Wie romantisch. Ich liebe schöne Liebesgeschichten!*

Nachtschwester Nr. 2: *Sie legt ihre Hand auf seine gesunde und erzählt ihm die ganze Nacht lang Geschichten. Manchmal beobachte ich sie von der Tür aus. Ich weiß, das klingt komisch, aber sein Gesicht ist anders, wenn sie bei ihm ist. Als würde er an ihren Lippen hängen.*

Nachtschwester Nr. 1: *Mit den vielen Tattoos, die die beiden haben, sehen sie ein bisschen aus wie eine einzige illustrierte Person, findest du nicht auch?*

Nachtschwester Nr. 2: *Wie in diesen Graphic Novels.*

CASSIDY

Alles wird anders, nachdem ich im Wald verloren gegangen bin und wiedergefunden wurde. Bei den Schularbeiten kommt Dave jetzt immer dazu, hebt die Hand und stellt belanglose Fragen, die uns zum Lachen bringen. Aus unseren Naturwanderungen am Nachmittag wird rasch eine Suche nach Pilzen, oder wir schwimmen im See mit Luftringen und Flößen. Ich lerne die Kunst des Reiterkampfs.

»Du bist klein, aber oho!«, sagt er mir, während er sich wie ein Affe auf die Brust trommelt, wenn wir Godzilla bezwingen.

Während ich auf seinen Schultern sitze, erzähle ich ihm vom Herkuleskäfer, dem stärksten Geschöpf auf Erden, und wie er das achthundertfünfzigfache seines eigenen Gewichts tragen kann, was so wäre, wie wenn ein Mensch sieben Elefanten durch die Gegend schleppen würde.

»Das ist faszinierend, Cassidy«, sagt er zu mir, also erzähle ich gleich all die anderen coolen Sachen über Insekten, die ich sonst für mich behalte, weil Mom es nicht mehr hören will.

Ich lerne außerdem, dass das Essen in Daves Restaurant viel besser ist als das Essen in unserem Restaurant, weil er eine Kochmütze trägt und ganz laut Musik anstellt, während er Mahlzeiten vorbereitet, die ganz viele Gänge haben. Man braucht den ganzen Abend, um sie zu essen. Zuerst beschließe ich, dass Dave gar nicht so verkehrt ist, dann, dass man mit niemand auf der ganzen Welt so viel Spaß haben kann wie mit ihm oder zumindest kenne ich niemanden, mit dem man mehr Spaß haben kann, was bedeutet, mit ihm hat man mehr Spaß als mit Mom. Er bringt mir Verstecken bei, Zwanzig Fragen, Schere-Stein-Papier, Blinde Kuh,

Himmel und Hölle, Schweinchen auf der Leiter, Mikado, ein Hut, ein Stock, ein Damenunterrock, Seilspringen und wie man das Alphabet rülpst. Er fällt aus allen Wolken, dass ich, außer Karten, keine anderen Spiele kenne. Ich falle aus allen Wolken, wie sehr ich Spiele liebe.

Eines Nachmittags sehe ich ihn unter dem Wasserfall stehen. Er guckt nach oben und schreit: »Jetzt stell mal den Wasserhahn ab, du blöder Mistkerl!« Ich renne zu ihm, und er nimmt meine Hand, und ich wiederhole: »Jetzt stell mal den Wasserhahn ab, du blöder Mistkerl!« Und wir hören nicht auf, das zu rufen, bis ich mir vor Lachen fast in die Hose mache und weil ich Gott so oft hintereinander einen blöden Mistkerl genannt habe.

Ich entdecke neue Wörter: Euphorie, Substantiv (Femininum), *Hochstimmung, Gefühl gesteigerten Wohlbefindens.* Frohlocken, Verb, *große Freude oder Glück über etw. empfinden (und durch Jubel zum Ausdruck bringen).*

Ich lerne so viele Dinge über meine Mutter, die ich nie wusste. Zum Beispiel: Dave ist lustig, also lerne ich, dass meine Mutter nicht lustig ist. Dave kann kochen, und so lerne ich, dass meine Mutter es nicht kann. Dave ist geduldig, und so lerne ich, dass meine Mutter unbeherrscht ist. Dave ist gutmütig, also lerne ich, dass meine Mutter eine Tyrannin ist. Dave ist emotional stabil, also lerne ich, dass meine Mutter eine Achterbahn ist (das wusste ich aber eigentlich schon). Die Liste wird länger und länger. Jeder Tag ist voller neuer, kleiner Erkenntnisse. Doch die größte von allen ist diese: Dave ist da. Es ist schwer zu erklären, was für eine Erleichterung das mit sich bringt, jemand um sich zu haben, der so verlässlich präsent ist, der nicht in der Stillen Welt ist. Jemand, der mich nicht den ganzen Tag lang zum Schweigen bringt oder mir ein Programm aufdrückt, damit er schreiben oder denken oder vor sich hinstarren kann. Ich darf bei ihm sein. Ich darf ich selbst sein. Als würde er es tatsächlich genießen, mit mir rumzuhängen und zu gucken, wer von uns beiden auf das schlimmste Schimpfwort kommt.

Ich muss auch nichts entschlüsseln, um seine Vergangenheit zu verstehen. Er erzählt uns, dass er in San Francisco aufgewachsen ist, einen kleinen Bruder namens Alex hat, in Berkeley aufs College gegangen ist und einen Abschluss in Architektur gemacht hat, weil er wie sein Vater und der Vater seines Vaters Architekt werden sollte. Er sagt, seine Familie gehört zu den ersten Familien in San Francisco, die nach dem Goldrausch gekommen sind, was Mom natürlich interessiert, aber seine Vorfahren waren Bankiers und nicht diese gesetzlosen Barbary-Coast-Typen, über die Mom so gerne redet. Er erzählt uns, dass er nach dem College noch einen Masterstudiengang in Architektur machen wollte, aber das bei der Einführungsveranstaltung sein Leben vor seinem inneren Auge wie ein Film vorübergezogen ist.

»Das, was alles passieren soll, bevor man stirbt«, erzählt Dave uns eines Abends zwischen zwei Gängen in seinem Restaurant. »Ich habe es mir angeguckt und mir wurde schlecht, wirklich schlecht, übel und schwindlig, ich dachte, ich kippe um. Das war das Leben meines Vaters mit mir in der Hauptrolle, und das wollte ich nicht. Präsentationen mit Arschlöchern. Drinks mit Arschlöchern. In einem Büro mit Arschlöchern, eingesperrt sein in einem Hochhaus mit noch mehr Arschlöchern. Nichts. Für. Mich. Ich wollte mich von meinem Dad befreien. Er ist – sagen wir einfach mal, er ist schwierig. Nein, sagen wir unmöglich. Nein, sagen wir mal, er ist ein Arschloch. Nein, er ist der König der Arschlöcher. König Arschloch. Also habe ich mich davongemacht.« Ich kann nicht fassen, wie oft er *Arschloch* gesagt hat! Als wäre es das köstlichste Wort überhaupt, sodass ich auch *Arschloch* sagen will.

Dann bekommt seine Stimme einen träumerischen Klang. »Ich habe noch an dem Abend mein Auto gepackt und bin in Richtung Norden gefahren. Habe nicht aufgehört zu fahren, bis ich das Paradies gefunden habe. Ich liebe es dort oben. Dann habe ich als Tischler gearbeitet, bis ich meinen eigenen Möbelladen aufgemacht habe. Ein Stück Land gekauft und über die Jahre meine Traumhütte gebaut. Mein Dad kann mir noch immer nicht ins Gesicht sehen. Zum Glück hat mein kleiner Bruder dieses Jahr in der Firma angefangen, dann kann er wenigstens einen von uns malträtieren. Er macht aus ihm ein Arschloch …«

An manchen Abenden trinkt er zu viel (er scheint einen unerschöpflichen Vorrat an *Wild Turkey Whiskey* in seinem Wohnmobil zu haben) und hört nicht auf, sich über *diesen Mann* auszulassen und wie er einem die Seele raubt. Zuerst halte ich das für eine *In der Zeit für alle Zeiten*-Geschichte und dass *der Mann* so eine Art Monster ist, aber dann begreife ich, dass *der Mann* für die Gesellschaft steht.

Meistens ist Dave aber die reinste Wonne. Es gibt wirklich keinen anderen Ausdruck für Dauergrinser Dave, die dödelige Dumpfbacke.

Ich fange an wie er zu gehen, wie er zu reden. Ich reklamiere seinen Cowboyhut und seine Kochmütze für mich und eins seiner karierten Hemden, und er bastelt mir meinen eigenen Morchelkorb aus einer alten Blechdose, die er in seinem Wohnmobil entdeckt. Ich muss mich auch nie heimlich an ihm festhalten. Dauernd hebt er mich hoch und macht den Helikopter, was bedeutet, dass er mich wie einen Propeller um seinen Kopf wirbelt. Bei Wanderungen nimmt er meine Hand und hebt mich über umgestürzte Baumstämme – »Hopsala« singt er dann! Manchmal trägt er mich sorglos wie ein Surfboard unterm Arm.

Hier ist ein Foto von uns, Wynton. Wie ein Ei dem anderen. Zwei verdammte Eier. Die Freude in meinem Gesicht auf diesem Foto ist unfassbar. Und auf Daves Gesicht.

Mama Bär, Papa Bär, Baby Bär geht mir ständig durch den Kopf, aber ich spreche es nie laut aus.

Und dann ist da noch der Kochunterricht – ich bin die Sous Chefin, was bedeutet, dass ich Daves Küchendienerin bin. Ich lerne, dass man eine Leidenschaft für das Zubereiten von Essen haben kann. Ich lerne, dass es wesentlich für ein gutes Rührei ist, Milch dazuzutun und einen Schneebesen statt einer Gabel zu benutzen. Ich lerne, dass ein Omelett nie braun werden darf oder zweimal gewendet. Ich lerne, dass es wesentlich ist, keine Sahne zu einer Alfredo-Soße dazuzugeben.

»Butter, Butter, Butter«, sagt Dave. Er erklärt mir, dass ich nie das Nudelwasser weggießen soll, weil es das Elixier (Substantiv (Neutrum), *Zaubertrank*) für Soßen ist. Ich lerne, dass wenn ich Daves *Cacio e Pepe* mache, ich mit dem gesamten Käse eine dicke Paste herstellen und sie in eine Schüssel drücken muss, um dann die dampfend heiße Pasta, noch tropfnass vom Nudelwasser, draufzuschütten und so lange zu rühren, bis ich das Gefühl habe, mein Arm bricht ab. (»Du kannst nicht aufhören, bevor du nicht das Gefühl hast, dass dir gleich der Arm abfällt, Cassidy!«) und am Ende frisch gemahlenen Pfeffer und fein gehobelte schwarze Trüffel draufzutun. Um eine gute Bolognese zu machen, lerne ich, dass man morgens anfangen muss, damit sie den ganzen Tag köcheln kann, und dass der Duft deine Seele hervorkriechen lässt, egal, wo sie sich auch versteckt. Ich finde heraus, dass Dave stets einen weißen Trüffel in seinem Kühlschrank aufbewahrt, damit er, falls die Welt untergeht, ihn sich auf die Zunge hobeln und glücklich sterben kann.

»Was ist das Beste, was du je gegessen hast?«, frage ich ihn eines Tages, als wir gerade Omeletts fürs Frühstück machen. Er hört auf, die Eier zu schlagen, und guckt in die Ferne, sein Mund verzieht sich, während er überlegt und überlegt und überlegt. Er streicht sich übers Kinn und denkt noch ein bisschen nach, bevor er meinen Blick bemerkt.

»Was denn?«, sagt er. »Du hast mir eine Frage gestellt. Da gilt es abzuwägen. Okay, jetzt weiß ich es. Da, wo ich wohne, gibt es so ein kleines Lokal, in dem eine Frau namens Bernadette Soufflés macht. Der Legende nach sorgen sie dafür, dass du dich verliebst. Du weißt, was ein Soufflé ist, oder?«

Ich schüttele den Kopf, und er fängt an, mir einen endlosen Monolog darüber zu halten, wie es ist, ein herzhaftes Soufflé mit Trauben und Blauschimmelkäse von dieser Frau Bernadette zu essen. Dann schlägt er weiter die Eier, um mir einen Augenblick später zu sagen, dass ich nicht auf den Mund gefallen bin und dass das eine sehr wichtige Eigenschaft für eine Sous Chefin ist.

Dave bringt mir bei, dass man ein Kochbuch wie einen Roman lesen kann, während man seine Füße in einer Hängematte hochlegt, wenn jemand anders dir in der Hängematte gegenübersitzt und sein eigenes Kochbuch liest und einen alle paar Minuten anstupst, um zu sagen: »Oh, oh, oh! Stell dir mal vor, ein Schokoladenkuchen mit Essig. Essig im Kuchen klingt furchtbar, aber man kann sich denken, dass das großartig schmeckt, ein bisschen Schärfe! Das ist mal eine gottverdammte geheime Zutat!«

Und dann ist da auch noch Daves Einfluss auf Mom. Er bringt sie ständig zum Lachen und liebt es, wenn sie über Literatur und Spiritualität und kalifornische Geschichte redet – er nennt sie Professorin , und er zittert und bebt am Feuer, wenn sie ihre Geschichten über den liebestollen Riesen erzählt und die tote Frau, die singt, und alle anderen. Ich habe das Gefühl, wenn Mom jetzt in der Stillen Welt verschwinden würde, müsste er ihr nur auf die Schulter tippen und »Hey, meine Schöne« sagen, wie er das tausendmal am Tag macht, um sie zurückzuholen. Ständig schlabbern sie sich gegenseitig ab, was echt igitt ist, und ich werde eifersüchtig, wenn sie allein spazieren gehen oder in Daves Wohnmobil rumhängen, aber allzu schlimm ist es nicht, weil ich mir dann die ganze Zeit überlege, was ich Dave Lustiges erzählen kann, wenn er wiederkommt.

Eines Abends nach dem Abendessen fragt er Mom: »Also, sagen wir mal, du hättest tatsächlich Theologie studiert – was hättest du denn danach gemacht?«

»Ich weiß es nicht. Gelehrt, geschrieben, an der Straßenecke gepredigt, mich zu Tode getrunken, wäre nach Indien gereist, um in einem Aschram zu leben. Das hier. Ein Nomadenleben.« Sie wirft mir einen Blick zu. »Als ich in Cassidys Alter war, wollte ich Mönch werden.«

»Mönch! Ich hätte ja gedacht Lehrerin, so weit wie Cassidy für ihr Alter ist.«

Mom sieht ihn an. »Gibt es in deinem Leben Kinder?«

»Du weißt schon, Nichten, Neffen«, sagt er. »Aber ein keuscher Mönch? Also, *das* kann ich mir nicht vorstellen.« Er zwinkert ihr zu, und sie wird rot, weil das ein dreckiger Witz ist.

»Wie schafft ihr das eigentlich, wenn ich fragen darf, ohne dass du arbeiten musst?«

»Ich habe geerbt. Nicht viel, aber genug, um so zu leben. Wir geben fast nichts aus. Und meine Eltern haben für Cassidy Geld fürs College zurückgelegt, also müssen wir uns darüber keine Sorgen machen.« Das höre ich zum ersten Mal. College. So wie die Leute in Büchern oder Filmen. Normale Leute. Ich bin davon ausgegangen, dass ich für immer mit Mom durch die Welt ziehe.

»Fehlt es dir, kein Zuhause zu haben?«

»Wir haben ein Zuhause.«

»Natürlich. Ich meinte damit, also, fehlt dir …«

»Mir fehlt gar nichts.«

Eine weitere Woche vergeht. Und noch eine. Bis Dave einen Monat mit uns zusammen ist. Eines Tages, als Dave allein im Wald nach Morcheln sucht, und Mom und ich in Sadie Mae sind, sagt sie: »Ich bin in ihn verliebt.«

Ich bürste gerade meine Haare vor dem Spiegel. »Wie Lizzy Bennet und Mr Darcy?«

»Jup.«

»Jane Eyre und Mr Rochester?«

»Jup.«

»Frosch und Kröte?«

»Jup.«

»Cathy und Heathcliff?«

»Oh Gott. Hoffentlich nicht!« Sie mustert mein Gesicht im Spiegel. »Dir geht es auch so mit Dave, oder?«

»Ich wünschte, er würde mich den Rest meines Lebens wie ein Surfboard tragen.«

Sie legt von hinten ihre Arme um mich. »Oh Mann. Da haben wir den Salat.« Sie legt ihren Kopf auf meine Schulter, und das ist genauso schön wie Stirn-Nase. Sie guckt uns weiter im Spiegel an. Ich auch.

»Cassidy und Marigold«, flüstert sie, und das ist einer dieser Augenblicke, wo einem das Herz wehtut, und man weinen möchte, aber nicht weiß, warum.

An dem Abend spioniere ich hinter ihnen her. Lange, nachdem sie denken, ich bin schlafen gegangen, verstecke ich mich hinter den lila Vorhängen, öffne das Fenster und lausche ihnen beim Verliebtsein. Ich höre Dave sagen: »Ich habe das Gefühl, mein Leben hat in dem Moment angefangen, als ich dich kennengelernt habe. Bevor ich dich kannte, habe ich nicht gelebt. Vor dir war ich nichts, Marigold.«

Und Mom: »Als wir in Mexiko waren, bin ich zu einer Handleserin gegangen. Sie hat mir gesagt, dass ich bald meinen Seelengefährten treffen werde, meine einzige wahre Liebe. Ich habe ihr gesagt, dass das unmöglich ist, dass ich meine Tochter auf bestimmte Art und Weise großziehe, und es da keinen Platz für jemand anderes gibt. Sie hat mir gesagt, ich würde Platz schaffen. Dann hat sie gelächelt und gesagt, das würde ein wunderschöner Platz werden. Als ich dich gesehen habe, wusste ich, wer du bist.

Ich habe dich erwartet.« Da fängt Mom an zu weinen. Ich linse durch die Vorhänge und sehe im Feuerschein, wie Dave ihre nassen Wangen küsst und ihr sagt, dass er nicht gewusst hat, dass so eine Liebe außerhalb von Romanen existiert.

WYNTON

Du musst verdammt noch mal aufwachen. Du musst mit Cassidy sprechen. Du versuchst, ihre Hand zu drücken. Du willst ihr sagen, dass Bernadette, die Soufflé-Bäckerin von der Dave ihr gerade erzählt hat, deine Mutter ist.

Aber vor allem willst du das kleine Mädchen, das Cassidy einmal war, vor Dave Caputo warnen.

Außerdem fügst du gerade alles zusammen – wie alt sie jetzt ist und wir alt ihr beide wart, als ihr euch auf der Wiese kennengelernt habt. Bald wird sie nach Paradise Springs kommen. Bald wirst du in ihrer Geschichte auftauchen, und du kannst es kaum erwarten.

Wie sehr du es liebst, wenn sie deinen Namen ausspricht. Es verwandelt dich.

Du musst nicht wie Marigold zu einer Handleserin gehen. Du weißt, dass es Cassidy ist.

Als du noch ein Leben hattest, hast du dir online Leute angehört, die auf der Frequenz von 963 Hertz singen, die die Frequenz der göttlichen Harmonie genannt wird, also »Gottes Stimme«, und dann ist dein Herz immer weit geworden und all das Igitt rausgeflogen. Genauso hast du dich mit Cassidy auf der Wiese gefühlt, als sie im Mondlicht in deinen Armen lag, der letzte Augenblick deines Ex-Lebens.

Genauso fühlst du dich auch jetzt, während sie dir ihre Geschichte erzählt.

Dein Pech, dass du dich ausgerechnet endlich dann verliebst wie Samantha Brooks-Was-auch-immer und Jericho Wie-hieß-er-noch, während du im Koma liegst.

Du willst ihr sagen, dass du sie liebst! Und meinst es zum ersten Mal in deinem Leben auch wirklich so. Unter Aufbietung aller Kräfte in deinem Körper versuchst du, deine Lippen zu bewegen, aber du kannst es nicht.

CASSIDY

Am Abend, nachdem Mom und Dave sich gegenseitig ihre Liebe erklärt haben, bereiten Dave und ich das Essen vor, während Mom schwimmen gegangen ist. Wir machen Crêpes, was ich noch nie gemacht habe. Dave ist an dem Morgen den ganzen Weg bis nach Jackson gefahren, wo er wohnt, eine Stunde pro Weg, um auf den Markt zu gehen, und ist mit Bergen von Obst und Gemüse und einem Crêpeeisen zurückgekommen. Außerdem hat er unsere Wassersäcke aufgefüllt und Benzin für unsere Generatoren mitgebracht. Wir benutzen die Herde in beiden Wohnmobile sowie den Campingkocher, um die verschiedenen Füllungen vorzubereiten, also müssen wir ständig hin und her rennen, mit dem Kochlöffel in der Hand. Noch nie habe ich so viel Spaß gehabt.

Als wir schließlich all unsere Füllungen *mise en place* haben, wie er das nennt, fangen wir mit dem Teig an. Während ich die Eier aufschlage, frage ich: »Können wir auch mal ein Soufflé machen? So wie diese Bernadette bei dir zu Hause?« Er hat gesagt, sie wären aphrodisisch (was ich natürlich nachgeschlagen habe), also will ich, dass er es isst, damit er sich genauso in Mom und mich verliebt, wie wir in ihn verliebt sind.

»Aber unbedingt«, sagt er. Er schlägt weiter den Schneebesen, um einen Augenblick später hochzugucken und zu sagen: »Wenn wir von jetzt an ein duftes Dreigespann wären, wäre das gar nicht so schlecht, oder?«

Bis zu diesem Moment wusste ich nicht, wie sehr einem das Herz aufgehen kann.

»Das ist genau das Leben, was ich immer wollte«, sagt Dave.

»Das Leben, dass ihr beiden lebt.« Dann lächelt er und küsst mich herzhaft auf die Stirn, und macht dabei ein so lautes Schmatzgeräusch, dass ich lachen muss.

»Du bist für mich der zweitliebste Mensch auf dieser Welt«, sage ich ihm, was eine Lüge ist, weil er ganz eindeutig mein Lieblingsmensch ist, aber es kommt mir falsch vor, das zu sagen, weil ich meine Mutter so viel länger kenne.

»Wie viele Menschen kennst du denn?«

»Zwei.«

»Dann ist das ein schreckliches Kompliment. Versuch es noch mal.«

»Ich liebe dich«, platze ich heraus. Seit Tagen schon fühle ich es. Mein ganzer Körper tut davon weh, als wäre er von innen verwundet.

Auf seinen Dumpfbacken erscheint das strahlendste Lächeln aller Zeiten. »Ich liebe dich auch, mein Liebling. Irgendwie verrückt wie sehr, eigentlich.«

»Das bedeutet, dass mich jetzt zwei Personen auf der Welt lieben. Nicht nur eine.« Ich schlage weiter die Eier auf. »Und du verschwindest nicht mal in der Stillen Welt.«

»Was ist das denn?«

»Da gehen traurige Frauen hin, wenn sie aller Worte und Gedanken und dem Geschmack in ihrem Mund müde geworden sind, und wenn die Person, die sie im Spiegel sehen, nicht ihrem Blick begegnen will.«

»Oh.« Er sieht bekümmert aus, aber überrascht mich dann, indem er sagt: »Ich gehe da auch hin. Dann lassen sie wohl auch ein paar Männer in die Stille Welt.«

»Das kann ich mir gar nicht vorstellen. Dazu bist du zu witzig.«

»Ich glaube, was sie damit sagen will, ist, dass ich nicht witzig bin. Stimmt's?« Ohne dass wir es mitbekommen haben, ist Mom vom See zurückgekommen und steht direkt hinter uns.

»Mit dir kann man Spaß haben, aber witzig bist du nicht«, sage ich. »Für Dave gilt beides.«

»Ich finde dich witzig«, sagt Dave und küsst ihre Stirn, aber nicht auf die laute, alberne Art wie bei mir. »Und klug und tiefsinnig und inspirierend und wunderschön …«

»Hey, was ist mit mir?«

»Also, du bist *wirklich* witzig. Einer der lustigsten Menschen, denen ich je begegnet bin. Geradezu eine Clownnummer.«

Ich bin so glücklich in diesem Moment, dass ich kaum an mich halten kann. Ich wusste nicht, dass ich witzig bin!

»Können wir nächstes Jahr zum Camper-Treffen in der Nähe von Daves Zuhause gehen, damit wir Soufflés essen können?«

»Wie nobel«, sagt Mom. »Aber klar.«

»Bloß, dass das Lokal vor einem Jahr dichtgemacht hat. Dann müssen wir lernen, sie selbst zu machen.« So wie er über Bernadettes Soufflé-Laden geredet hat, klang das nicht, als wäre er geschlossen, aber ich denke nicht weiter darüber nach.

Das mache ich erst später.

Mom bedeutet mir, ihr zu Sadie Mae zu folgen. Als wir drinnen sind, fängt sie an, in unserem Schrank herumzuwühlen. »Ich will zu unserem Crêpe-Essen etwas Besonderes anziehen.«

»Ich auch.«

Sie lächelt mich an. »Secondhand-Spiel?« Wir haben uns noch nie zum Abendessen umgezogen oder das Spiel außerhalb eines Secondhandladens gespielt.

»Du bist jetzt so anders«, sage ich zu ihr.

»Du auch.« Sanft streicht sie mir übers Haar. »Manchmal ist es zu dritt leichter als zu zweit.«

Ich stimme ihr zu, und bin gleichzeitig davon verletzt, was sie schnell mitbekommt. »Das bedeutet nicht, dass ich dich nicht liebe, wenn es nur wir beide sind.«

Wir duschen zusammen – auf die gesprächige Art, was heißt,

dass wir das Wasser abstellen, wenn wir uns einseifen. Danach steckt Mom meine Haare hoch, sodass ich aussehe, als hätte ich Schlangen auf dem Kopf. Wir tragen baumelnde Ohrringe und all unsere Perlenketten, auch die, die wir Sadie Mae über den Rückspiegel hängen. Als wir aus dem Wohnmobil kommen, ruft Dave aus: »Psychedelische Prinzessinnen!« Ich gucke auf den Tisch nach der Zwiebel, weil er Tränen im Gesicht hat, die er sich schnell wegwischt. Keine Zwiebel. Ich weiß nicht, ob er schon geweint hat, bevor wir rausgekommen sind, oder ob wir dafür verantwortlich sind.

Wir essen die Crêpes im Feuerschein und dann, anstatt ihm beim Gitarrenspielen zuzuhören, stellen wir die Stereoanlage an und machen eine Tanzparty. Bisher bestanden alle Tanzpartys nur aus Mom und mir, aber Dave hat es echt drauf, und wir hüpfen ewig lange einfach herum. Als ein langsames Lied kommt, schließen sie mich nicht aus. Wir drei tanzen in einem schaukeligen Klumpen. Und als die Musik verstummt, wiegen wir uns weiter im Mondlicht, bis Dave sich von uns löst, Moms Hand und meine nimmt und während er meine Mutter anguckt, sagt: »Willst du mich heiraten?«

»Ja!«, rufe ich.

Sie lachen. »Ich glaube, er meint mich«, sagt Mom.

»Sag Ja, Mom!«

Dann sagt sie Ja, und wir springen alle auf und ab, und sie küssen und küssen sich, dann sitze ich auf Daves Schultern, und wir lassen uns unter den Wasserfällen als Familie taufen, unter den Sternen, überschwänglich vor Glück. Wir beschließen, draußen in unseren Schlafsäcken zu schlafen, denn das ist, was ein duftes Familien-Dreigespann macht.

Mit Mom in der Mitte schlafen wir wie drei Löffelchen ein.

Als ich aufwache, liege ich immer noch in Moms Armen, spüre ihren ruhigen Atem in meinem Nacken. Ich lasse die Augen geschlossen und denke an all das, was jetzt passieren wird. Ein duftes Dreigespann mit Dauergrinser Dave. Eine Familie. Werden wir alle in Sadie Mae leben? Werden wir in seiner Traumhütte in den Wäldern von Jackson leben? Werden wir nur von Liebes-Soufflés leben? Die Aufregung ist wie eine Schmetterlingsparty in meinem Bauch. Ich öffne die Augen, manövriere mich aus Moms Armen, aber als ich mich aufsetze, sehe im Morgenlicht, dass Dave verschwunden ist. Nicht nur Dave, sondern auch sein Wohnmobil.

Es ist, als würde man sehen, dass der Himmel abgerissen wurde.

Ich schüttele Mom an der Schulter, sie macht die Augen auf, und ein strahlendes Lächeln erscheint auf ihrem Gesicht. Sie greift mit der Hand nach hinten, nach dem Geist von Daves gekuscheltem Körper. Manchmal denke ich an diesen Moment, wie sie nach hinten greift, sich seiner Liebe so sicher ist. Ich zeige auf die leere Stelle, wo Daves Wohnmobil stand. Sie dreht sich um, keucht und dreht sich dann von mir weg. »Oh Gott. Nicht schon wieder.«

»Wie meinst du das, *nicht schon wieder*?«

Sie antwortet nicht, schiebt sich tief in ihren Schlafsack rein, bis ich nicht mal mehr ein Haar auf ihrem Kopf sehen kann.

Als sie schließlich aus dem Kokon ihres Schlafsacks wieder auftaucht, hat sie beschlossen, dass Dave nach Jackson gefahren ist, um uns mit Beignets oder Soufflés oder Rosen oder so was zu überraschen. »Es ist der Morgen nach unserer Verlobung. Bestimmt wollte er, dass es etwas Besonderes ist. Vielleicht ist er gefahren, um einen Ring zu kaufen.«

Mittags: »Du weißt doch, wie das ist. Bestimmt ist er aufgehalten worden, hat Leute getroffen, die er kennt.«

Ich weiß nicht, wie das ist.

Abends: »Er kommt schon zurück, Cass. Mach dir keine Sorgen. So wie ich ihn kenne, ist er den ganzen Weg nach Idaho auf den Markt gefahren, um irgendwelche besonderen Pilze zu besorgen oder so.«

Das *Cass* lasse ich durchgehen.

Tagelang macht sie so weiter, Daves Verbleib und seine Pläne werden immer ausgeklügelter. »Na ja, er musste bestimmt von Restaurant zu Restaurant ziehen, um seine Morcheln zu verkaufen. Und auf den Märkten. Vielleicht ist er an seinem Möbelladen vorbeigefahren und hat all die Bestellungen gesehen und ihm ist klar geworden, dass er erst mal arbeiten muss, bevor er zurückkommen kann.«

Ich glaube ihr. Das muss ich. Tag und Nacht Tag und Nacht Tag und Nacht wiederhole ich ihre Erklärungen, lange nachdem sie damit aufgehört hat.

Denn sie ist in die Stille Welt verschwunden.

Dave hat das Crêpeeisen zurückgelassen, also stelle ich es manchmal an, lege meine Hand darauf und warte auf das Brennen, lasse sie so lange liegen, bis ich es nicht mehr aushalte, bis ich verbranntes Fleisch rieche. Nie erlaube ich mir aufzuschreien.

Die Brandwunden auf meinen Handflächen und Finger bemerkt Mom natürlich nicht. Wie auch, wenn sie in einer anderen Welt ist?

Ich weiß nicht, wie viel Zeit vergeht. Unser Propangas geht zu Ende, die Generatoren funktionieren nicht mehr, der Abwassertank ist voll. Ich gehe draußen aufs Klo. Ich bin mir ziemlich sicher, dass mein Geburtstag kommt und geht. Ich versuche alles, um Mom aus der Stillen Welt zu holen, zerre sie sogar aus dem Bett, was schwierig ist, wenn man auf einer Leiter steht. Ich versuche es sogar mit einem Eimer Wasser. Nichts funktioniert.

Ich esse trockenes Müsli und Erdnussbuttersandwiches, bis das Brot schimmelt.

Ich gehe das Wörterbuch durch, um Hilfe zu finden und entdecke schließlich ein Wort: Acedia, Substantiv (Femininum), *Trägheit, Mutlosigkeit, Mattigkeit, Widerwillen, Schwermut.*

(Wynton, dieses Mal dauert der Rückzug meiner Mutter wochenlang, vielleicht sogar einen Monat. Ich frage mich jetzt, ob sie Schlaftabletten genommen hat. Ich weiß es nicht. Vielleicht hat sie tatsächlich ein geheimes psychisches Leiden gehabt – schließlich gab es ja diese Pillen. Oder vielleicht, und dazu neige ich, sollte ich sie beim Wort nehmen, dass sie den Gesang ihrer toten Mutter gehört hat und keine andere Wahl hatte, als ihrer Stimme in die Stille Welt nebenan zu folgen.)

Jedenfalls, während die Wochen vergehen, unsere Vorräte dahinschwinden und ich klapperdürr werde, behalte ich die Straße im Auge, stehe dort manchmal stundenlang, wie ein Wachposten, ohne nach unten auf die guten Insekten zu blicken, in dem Glauben, dass Dave für mich zurückkommen wird.

Mom riecht wie ein alter Schwamm, als ich mich schließlich neben sie lege und flüstere: »Lass mich zu dir in die Stille Welt kommen.« Nachdem ich wochenlang nicht zu ihr durchgedrungen bin, ist das das Abrakadabra, das sie zurückbringt. Sie dreht sich um und öffnet die Augen, ihr Blick matt und in sich gekehrt. »Nein, Cassidy. Niemals. Das ist nichts für dich.« Ihre Stimme klingt wie unter Wasser.

»Aber du bist da.«

Sie legt ihre Hand auf meinen juckenden Kopf, kämmt mit zitternden Fingern durch mein fettiges Haar. »Es tut mir so leid«, sagt sie. »Gott, es tut mir leid, Cassidy. Ich halte dich vom Leben ab.«

»Ist das nicht das Leben?«, sage ich und dann, weil sie so verzweifelt aussieht, ergänze ich: »Es ist in Ordnung, wenn es wieder nur wir beide sind.«

»Natürlich ist es das.«

Nur wissen wir beide, dass es nicht so ist. Das war es nie. Wir sind wie Magnetpole mit einem Kraftfeld zwischen uns, das die andere abstößt. Dave war ein Gegenpol, und deswegen sind wir beide auf ihn zugeflogen wie ekstatische Eisenspäne.

»Ich mache mir Sorgen um uns«, flüstert sie.

»Falls wir so traurig werden, dass wir einfach verschwinden?«

»Oh mein Schatz, hör mal, was du da sagst. Ich bin nicht gut für dich. Meine Geschichten sind nicht gut für dich.« Ihre Stimme klingt panisch. »Ich habe gesehen, wie du mit ihm warst. Wie lebendig du warst. Du warst so sehr du, so wunderschön du, die ganze Zeit. Als hättest du endlich jemanden gefunden, der deine Sprache spricht.« Sie stützt sich auf einer Schulter ab. Ich kann sehen, wie schwierig das ist, als wäre ihr Kopf eine Bowlingkugel. »Er hat mich verlassen, nicht dich. Das weißt du, oder?«

»Das ist dasselbe. *Wir* sind dasselbe«, sage ich und fühle in diesem Moment etwas tief in mir drin und weiß es nicht anders in Worte zu fassen.

Heute würde ich sagen: Es gibt eine unsichtbare Ader, die die Herzen von Müttern und Töchtern verbindet, durch die der Schmerz von Generation zu Generation weitergeleitet wird. Vielleicht ist es für Väter und Söhne genauso, das kann ich nicht beurteilen. Aber damals hatte ich keine Worte dafür, also sage ich die, die ich habe, noch einmal: »Wir sind dasselbe, Mom.«

Sie legt die Arme um mich, und gemeinsam weinen wir, und es ist niemand da, um uns aus dieser abgrundtiefen Trauer zu ziehen, so wie nie jemand da war, um uns aus dem eiskalten Meer zu scheuchen, also verweilen wir dort lange Zeit.

Tage oder Wochen später, auch diesmal habe ich keine Ahnung wie lang, werde ich mitten der Nacht halb wach, um zu sehen, dass Mom aufgestanden ist, am Tisch steht und auf eine Karte guckt, und als ich wieder wach werde, sind die Lichter aus und wir sind unterwegs, was bedeutet, dass sie das Lager ohne mich abgebrochen hat. Zum ersten Mal. Außerdem fährt Mom nie, ohne dass ich angeschnallt bin. Ich muss auf einem der drei Sitze mit Gurt sein oder auf dem Beifahrersitz. Das bin ich eindeutig nicht. Und wir haben weder die Astrokartografiebücher befragt noch irgendetwas anderes.

»Wo fahren wir hin?«, frage ich und manövriere mich durch Sadie durch und auf den Beifahrersitz, trotz der Geschwindigkeit, die Sadie wackeln lässt. »Zum Campingplatz, Vorräte holen?« Wir haben fast kein Trinkwasser mehr.

»Um ihn zu finden«, sagt sie mit wachen Augen und irrem Blick. »Mir ist in den Sinn gekommen, dass ihm vielleicht etwas passiert ist. Man muss ja nicht immer vom Schlimmsten ausgehen, stimmt's? Vielleicht war er ja auf dem Weg zu uns zurück mit Soufflés und einem Ring und wurde dann in einen Unfall verwickelt und liegt jetzt allein im Straßengraben oder sterbend im Krankenhaus.« Ich weise sie nicht darauf hin, dass es schlimmer ist, sich ihn allein im Straßengraben oder sterbend im Krankenhaus vorzustellen, als dass er nicht mit Essen zu uns zurückkommt.

»Oder vielleicht hatte er ja eine Panne. Hast du gesehen, wie alt sein Wohnmobil war? Oder vielleicht hat er …« Eine Flut von Worten stürzt aus ihr hervor und reißt den ganzen Weg bergab nicht ab. Ich schnalle mich an und klammere mich so sehr an den Türgriff, dass meine Fingerknöchel weiß hervortreten.

Trotz Moms beschleunigtem Zustand und dem beschleunigtem Tempo, in dem sie fährt, bin ich erleichtert, unterwegs zu sein, irgendwohin zu fahren, wo es Essen und Toiletten und hoffentlich Dave geben wird. Ich vermisse ihn auf eine Art, die kataklystisch, Adjektiv, *verheerend, vernichtend* ist.

Um die Mittagszeit erreichen wir Jackson, den Ort, wo Dave wohnt. Die Hauptstraße sieht aus wie in den alten Goldgräberstädten, die wir erkundet haben, als wir den Goldrausch durchgenommen haben. Man kann sich total gut vorstellen, wie man sein Pferd anbindet und mit Goldklumpen in der Tasche in den Saloon schlendert, weil dort die Pfosten und Saloons noch da sind. Mom fährt auf einen Parkplatz neben einem kleinen Markt, findet eine Stelle, die groß genug für Sadie Mae ist und macht den Motor aus. Ich schnalle mich ab und will gerade die Tür öffnen, als sie ihre Hand auf meinen Oberkörper legt. »Warte.« Ich lehne mich zurück, und wir sitzen da zehn Jahre lang, während Mom jede einzelne Person, die vorbeigeht, genau ansieht, als würde sie die Knöpfe an ihren Kleidern zählen.

»Glaubst du, er wird einfach an uns vorbeilaufen?«, frage ich schließlich.

»Ja, es ist ein kleiner Ort. Irgendwann schon. Und auf den Markt geht er bestimmt.«

»Dann glaubst du also nicht, dass er im Krankenhaus ist?«

»Nein.«

»Oder sterbend im Straßengraben liegt?«

»Nein.«

»Was wirst du zu ihm sagen?«

»Nichts. Ich will ihn nur wiedersehen.«

»Nur wiedersehen? Also, durchs Fenster?«

»Ja, erst einmal und dann … Ich weiß es noch nicht.«

»Aber Sadie ist nicht zu übersehen, Mom. Sie wird ihm auffallen, und falls er uns aus dem Weg …«

Sie sieht mich an, und ich höre mitten im Satz auf. »Du hast recht. Wir müssen listig sein.« Sie macht den Motor an. »Wir müssen seinen Möbelladen finden. Wir benutzen die Computer in der Bibliothek – wir sind daran vorbeigefahren.«

Wir benutzen die Computer in Bibliotheken häufig, um Ärzte oder Zahnärzte zu finden oder Informationen für meinen Lehrplan, und so macht Mom ihre Bankgeschäfte. Ich benutze sie auch, wenn Mom nicht neben mir sitzt, um heimlich Informationen über Jimmy, meinen seligen Erzeuger, der in den Fluten umgekommen ist, zu suchen. Ich tippe »Unfall beim Surfen« oder »Jimmy« oder »gestorben« ein. Oder manchmal »tote Väter«. Sie sagt, sie war nur das eine Mal mit ihm zusammen, als sie mich gemacht haben, und dass sie sturzbetrunken war und total zugedröhnt, und deswegen hat sie mit dem Feiern aufgehört, weil sie nie seinen Nachnamen erfahren hat und sich kaum an sein Gesicht erinnern kann und nur von dem Unfall erfahren hat, weil sie Telefonnummern ausgetauscht haben und als sie ihn angerufen hat, um ihm von mir zu erzählen, war ein Mädchen dran, das ihr von dem Unfall erzählt hat.

»Hast du das Mädchen noch was anderes über ihn gefragt?«, wollte ich mal von ihr wissen. »Warum hast du die Telefonnummer nicht mehr? Vielleicht war das seine Schwester. Vielleicht habe ich eine Tante. Vielleicht habe ich Cousinen und Cousins.«

»Du hast mich, Baby«, war ihre Antwort.

Als wir die Bibliothek erreicht haben, gehen wir immer schneller durch das verschlafene Gebäude, bis wir auf die Computer zurennen, weil Dave unser anziehender Pol ist und wir ihn finden müssen und nicht anders können. Nachdem wir wie kleine Kinder ermahnt werden, weil wir gerannt sind, lassen wir uns auf die Stühle fallen, völlig überdreht und voller Hoffnung. Blitzschnell hat Mom »Dave Caputo« und »individuell angefertigte Möbel« und »Jackson, Kalifornien« in die Suchmaschine eingetippt. Keine Ergebnisse.

»Das Schwein«, sagt Mom. »Was meinst du, war sein Name gelogen oder seine Arbeit oder sein Zuhause?«

Ich bin schockiert. Dave war ein Lügner? Es ist mir nie in den Sinn gekommen, ihm nicht zu glauben, übrigens auch nie jemand anderem, aber es stimmt, Jackson ist anders als der Ort, den er beschrieben hat.

Mom erweitert ihre Suche: »David Caputo«, »individuell angefertigte Möbel«, »River County«.

Es fängt an, mir ein bisschen Spaß zu machen. Wir sind Detektivinnen. Aber wieder hat Mom nicht einen einzigen Treffer.

»Ich weiß was«, sage ich, erinnere mich daran, wie er über einen großen Platz gesprochen hat mit einem Wasserfall, über einen Club mit der besten Jazzmusik im Umkreis von hundert Kilometern und über einen Laden mit Soufflés, die dafür sorgen, dass du dich verliebst. »Gib Soufflé-Laden und Bernadette ein.«

»Und welchen Ort?«

»Hier. Oder wohl überall.«

Sie lacht. Sie tippt »Soufflé« und »Bernadette« und »Nordkalifornien« ein.

Volltreffer! Ein Eintrag nach dem anderen über eine französische Köchin namens Bernadette Fall und ihren Soufflé-Laden *Christophes* an einem Ort namens Paradise Springs.

»Das ist es, Mom!«, rufe ich, und die Bibliothekarin wirft mir einen strengen Blick zu. »Da lebt er. Das muss es sein. Er hat über Bernadette geredet und wie sie diese Soufflés macht, und wenn du sie isst, dann verliebst du dich!«

Mom tippt »Dave Caputo« und »individuell angefertigte Möbel« und »Paradise Springs« ein, aber immer noch taucht kein Möbelladen auf. Allerdings gibt es einen Robert D. Caputo und eine Adresse. »Glaubst du das D steht für David?«, fragt sie mich.

»Für dödelige Dumpfbacke«, sage ich, was sie zum Lachen bringt.

»Also, wo ist denn Paradise Springs?«, fragt sie. »Den Ort habe ich noch nie auf der Karte gesehen.«

Aus Marigolds Wörtertüte unter Cassidys Matratze

In der Zeit für alle Zeiten waren einmal ein Mann und eine Frau, die sich liebten, aber nicht zusammen sein durften. Wochenlang mussten sie unermüdlich planen, um ein einziges Treffen zu arrangieren. Sie verabredeten sich mitten im Wald in der dunkelsten Stunde der Nacht.

Sie trafen am verabredeten Ort ein und fielen sich in die Arme. Sobald sich ihre Lippen berührten, verwandelten sich ihre Münder in Schnauzen, ihr Stöhnen in Grunzen, ihre Arme in Beine und ein borstiges, schwarzes Fell bedeckte ihre Haut.

Die Liebenden behielten ihr Bewusstsein und versuchten, das Beste aus der Situation zu machen, aber nun, da sie Schweine waren, war es einfach nicht dasselbe. Er wollte seinen Finger an ihren entzückenden Mund legen und zusehen, wie er sich öffnete. Sie wollte sich an seinen Körper schmiegen, als hätte sie keine Knochen. Beide wollten sich gegenseitig ins Ohr flüstern, nicht grunzen und sabbern.

Ehe sie sich versahen, dämmerte der Morgen, und sie mussten nach Hause. Die unglücklichen Schweine rannten in verschiedene Richtungen davon und mit jedem Schritt, den sie sich voneinander entfernten, verwandelten sie sich wieder in ihr junges, schönes, zweibeiniges menschliches Selbst.

Kurz bevor sie sich aus dem Blick verloren, drehten sie sich um, damit sie ihre wahre Liebe noch einmal so sehen konnten, wie sie sie in Erinnerung hatten. Das war ihr Schicksal und das letzte Mal, dass sie einander begegneten.

DIZZY

Dizzy war überzeugt davon, dass Wyntons Seele noch in seinem Körper war – das konnte sie fühlen –, und es hielt sie davon ab, lauthals zu schreien, so wie sie das gerne getan hätte, als sie ihn das erste Mal nach der Operation sah und in jeder Minute danach. Ihr Bruder, der die Lichtschalter und Lautstärkeregler dieser Welt kontrollierte, der dafür sorgte, dass sie *sie* war und das Leben *lebendig*, war nun an Beutel mit Flüssigkeiten angeschlossen, sein Gesicht geschwollen, zerbeult und kaum wiederzuerkennen, sein Kopf geklammert, sein rechter Arm und sein linker Fuß hingen eingegipst in der Luft, auch sein linkes Handgelenk und seine linke Hand – aus denen Nadeln herausstachen –, als wäre er eine Marionette, und die einzige Musik um ihn herum die aus den Maschinen, die bestätigten, dass er noch am Leben war.

Vier Tage voller Panik waren seit dem Unfall vergangen und zwei seit der letzten Operation, nach der Wynton nicht mehr künstlich beatmet werden musste (das war gut), und gemäß den Anweisungen von Doc Larry hatten Dizzy und ihre Mutter diese zwei Tage an Wyntons Seite verbracht, ihm Geschichten erzählt, ihm immer wieder gesagt, wie sehr sie ihn liebten und dass er zurückkommen müsse. Vielleicht konnte er sie hören, wie der Arzt das nahegelegt hatte, doch er blieb verschwunden. Nicht einmal seine Lippen zuckten. Manchmal jedoch öffnete er die Augen, was anscheinend auch gut war, aber doch gruselig und nicht bedeutete, dass er wach war. Dann berührte Doc Larry Wyns Hornhaut mit Watte, um zu gucken, ob er blinzelte.

Es war alles fürchterlich, eingewickelt in noch mehr Fürchterlichkeit.

Hätte Dizzy bloß vor Jahren schon daran gedacht, Wynton zu Hause einzuschließen, damit so etwas nicht passieren konnte. Wenn er aufwachte, würde sie genau das machen. Und ihre Mutter auch, wenn sie schon dabei war. Sogar den Vollkommenen Miles. Dann könnten sie alle im Haus ein schönes Leben leben. Dann würde sie jeden Tag ihre Lieblingsrezepte backen, wie die Blüten-Crêpes mit Lavendelcreme oder den Schokolavakuchen mit Kokosnuss-Chantilly-Creme, und dann würden sie Filme im Glücksgewühl gucken, das Internet nach Sachen durchsuchen, die ihre Köpfe zum Explodieren bringen würden und sich gegenseitig mit Kissen hauen. Sie verstand nicht, warum alle immer fanden, dass man sein Zuhause verlassen musste, wo es sicher war und alle, die man liebte, in Hörweite waren.

Doch jetzt erst einmal blieben sie und ihre Mom dran, erinnerten Wynton an die Zeit, als Dizzy sich als er und er sich als Dizzy für Halloween verkleidet hatten, oder als er Mom zum Muttertag heimlich einen Zettel in die Manteltasche gesteckt hatte, auf dem alles aufgelistet war, was sie großartig machte, oder an diese Zeit oder an jene Zeit, bis so viele Zeiten später alle Erinnerungen, alle tollen Geschichten, alle Tränen aufgebraucht waren und ihre Köpfe mit dem Gesicht nach unten auf seinem Bett lagen. Dabei hatte Dizzy erfahren, dass sie und ihre Mutter nicht nur Lach partnerinnen, sondern auch Weinpartnerinnen waren. Sie wusste jetzt, dass ihre Mutter Wynton genauso liebte wie sie selbst, also konnte sie verzeihen, wie sie Wynton in letzter Zeit behandelt, dass sie ihn aus dem Haus geschmissen hatte und alles, und hoffte, ihre Mutter hatte wiederum ihr verziehen, dass sie ihm die Schlüssel hatte zukommen lassen, sodass er die Pillen stehlen konnte, die zu diesem Albtraum geführt hatten.

Sich selbst hatte Dizzy jedoch nicht verziehen. Das würde sie nie.

Deswegen musste sie das in Ordnung bringen.

Plan A war, den Engel zu finden, von dem sie nun wussten, dass sie Cassidy hieß, weil sie dem Notruf ihren Namen genannt hatte. Dizzys Theorie, die sie anderen nicht mehr mitteilte – weil die Leute sie dann anguckten, als müsse sie mal ein Nickerchen machen oder noch schlimmer, als müsse man sie hier gleich einweisen –, war, das Cassidy irgendwie dachte, sie hätte Wynton bereits mit ihren magischen Erste-Hilfe-Maßnahmen das Leben gerettet, bevor sie ihn ins Krankenhaus gebracht hatte und deswegen weitergezogen war, um der nächsten Person auf ihrer Liste ihre Engeldienste anzubieten, obwohl sie in Wirklichkeit mit Wynton noch nicht fertig war. Es störte Dizzy kein bisschen, dass niemand ihr Glauben schenkte. Sie wusste, was sie wusste. Sie hatte genug über mystische Erfahrungen gelesen, um zu wissen, dass die Begegnung mit Cassidy auch dazugehörte. (Einmal, in einem frustrierenden Moment mit Dizzy, hatte ihre Mutter gesagt: »Komm schon, Dizzy. Werd erwachsen. Es gibt keine Engel.« Da Dizzy recherchiert hatte, erwiderte sie: »Acht von zehn erwachsenen Amerikanern glauben an Engel, Mutter.« Woraufhin Chef Mom geantwortet hatte: »Acht von zehn erwachsenen Amerikanern sind Idioten.«) Seltsamerweise gehörte Miles auch zu den Idioten, der Einzige, der ansatzweise von ihrer Theorie überzeugt war, wahrscheinlich weil auch er Cassidy kennengelernt hatte. Ihm schien es genauso wichtig zu sein, sie zu finden, wie Dizzy, und gestern hatten sie und Miles sogar ein paar Stunden in der Putzkammer verbracht – Miles nannte sie sein Büro –, wie Detektive, um auf ihren Handys nach ihr zu suchen, aber mit so spärlichen Informationen hatten sie nichts finden können.

Plan B war etwas komplizierter, ernsthafter und war mit einem wahren Opfer verbunden. Dieses Terrain sondierte Dizzy noch, weswegen sie jetzt im Krankenzimmer auf und ab ging, die Arme um den Bauch gelegt, während sie und ihre Mutter eine Pause vom Geschichtenerzählen machten.

»Was ist denn mit ihr los?«, fragte der Vollkommene seine Mutter.

»Frag sie doch selbst«, sagte Mom und guckte nicht von ihrem Notizbuch hoch, in das sie gerade schrieb.

»Dizzy, warum läufst du so komisch hin und her?«, fragte Miles.

»Das ist nicht komisch, das ist ein Gebetsspaziergang. Das weiß ich von einer Nonne. Manchmal macht sie das sogar auf den Knien.« Weder sich vor Gott niederzuwerfen noch die jüdischen Gebete ihrer Mutter in der ersten Nacht hatten funktioniert. Und auch nicht die ganze Welt zu umarmen, wie die Atheistin Cynthia, die Pflegedienstleiterin, vorgeschlagen hatte. Heute hatte Dizzy eine Webseite entdeckt, die *Ein Tag im Leben einer Nonne* hieß, und deswegen glitt sie jetzt durch den Raum, den Blick nach innen gekehrt auf ihre kenternde Seele, in aufrechter Haltung, als würde sie ein Buch auf dem Kopf balancieren. »Ich glaube, wenn ich mein Leben dem Gebet widme, Gott widme, dann wird Er dafür Wynton aufwecken.« Das waren keine leeren Worte. Dizzy spürte, wie Erleichterung in ihr hochsprudelte, wenn sie daran dachte, sich auf diese Weise Gott anzuvertrauen. Sie wollte in Seine weitausgebreiteten Arme springen oder auf Seine gewaltigen Schultern. Dann würde sie in Sein planetengroßes Ohr flüstern: »Hilf uns.« Und das würde Er. Immer. Sie würde sich nie wieder über irgendwas Sorgen machen müssen.

»Als ich das letzte Mal nachgesehen habe, waren wir jüdisch«, sagte Miles.

»Halb. Und bei uns gibt es keine Nonnen, also wäre das Opfer nicht dasselbe«, sagte Dizzy. »Ich werde konvertieren.« Da es schließlich nur einen Gott gab, hatte sich Dizzy gedacht, war es doch bestimmt egal, bei welcher Religion man einstieg, um zu Ihm zu gelangen. Sie ergänzte: »Das mit dem Armutsgelübde finde ich eigentlich ganz okay, aber ich mache mir ehrlich gesagt Sorgen um das Keuschheitsgelübde.«

»Dizzy!«, sagte ihre Mutter und hob weder den Stift noch den Blick von der Seite. Dizzy ignorierte sie. Es stimmte. Die Vorstellung, ihr glühender Glutofen würde für immer kalt und dunkel bleiben, nie von Kopf bis Fuß entflammt werden, von jemandem, der vor Begierde nach ihr brannte, nie jemanden mit der Kraft der Sonne zu lieben (außer Ihn), noch nicht einmal zwei mickrige Wochen lang (im Durchschnitt) wie alle anderen küssen zu können, das war, gelinde gesagt, beunruhigend.

Doch dass Wynton aufwachte, war eine Notwendigkeit. Sie würde alles dafür tun.

Nachdem sie ihren Gebetsspaziergang noch ein paar Minuten lang fortgesetzt hatte, war Dizzy gelangweilt, genervt und so müde, dass es sich anfühlte, als wären ihre Knochen aus Osmium – das schwerste Element auf der Welt, wusste sie von ihren Recherchen –, also setzte sie sich auf ihren Stuhl und fing an, Lizard auf Social Media zu stalken (nicht nur war er noch nicht im Krankenhaus erschienen, er und Melinda waren gestern ins Kino gegangen, als wären sie Samantha Brooksweather und Jericho Blane, als würden sich *die beiden* mit der Macht der Sonne lieben.) Danach tat sie so, als ob sie ein Sandwich essen würde, um ihre Mutter zu beruhigen (sie hatte keinen Appetit), recherchierte noch ein wenig über Leute im Koma, Engel, Nonnen und einhändige Geiger, während ihre Mutter weiter in ihr Notizbuch kritzelte, Miles weiter auf sein Handy schaute oder so tat, als würde er lesen (er blätterte nicht ein einziges Mal um), und Wynton weiter nicht starb, was sie wusste, weil sie alle paar Sekunden nachguckte, ob seine Brust sich hob und senkte und die roten Zahlen und Linien auf der Maschine überprüfte, die mit seinem Herzen verbunden war. So wie sie.

Gerade wollte Dizzy ihre Mutter fragen, ob sie versuchen wollten, Wynton wieder ins Leben zurückzureden, als sie die Tränen bemerkte, die ihrer Mutter übers Gesicht liefen, während sie schrieb. Sie kniff sich, um nicht aus Mitgefühl mitzuweinen, und sah dann, wie die Tinte auf der Seite im Notizbuch verschwamm und die Wörter in Kleckse verwandelte. Gestern hatte sie ihre Mutter gefragt, was sie da schrieb, und Chef Mom hatte geantwortet: »Einen Brief an deinen Vater.« Das hatte Dizzy überrascht. Ja, sie kannte das Sammelsurium nicht abgeschickter Briefe ihrer Mutter, aber sie hatte ganz bestimmt nicht erwartet, dass ihre Mutter zugeben würde, Briefe an ihren verschwundenen Vater zu schreiben. Sie hatte angenommen, dass solche Briefe an ihn geheim bleiben würden, so wie die Sprachnachrichten, die sie seit der Scheidung jeden Tag für Lizard hinterließ.

»Schreibst du unserem Vater über Wynton?«, fragte Dizzy ihre Mutter.

Aber bevor Mom antworten konnte, meldete Miles sich zu Wort und sagte: »Ich schreibe ihm auch.«

Sie und ihre Mom drehten sich zu dem Vollkommenen um.

»Na ja, E-Mails. Ich habe einen Ordner.«

Dass ihr Bruder so etwas Persönliches offenbarte, schockierte Dizzy. In den letzten beiden Tage hatte er in der Ecke gesessen und war mit der Wand verschmolzen oder hatte wer weiß was in seinem Büro, also in der Putzkammer gemacht. Er guckte Wynton nie an oder setzte sich neben ihn oder nahm seine Hand oder redete mit ihm.

Einmal, als Miles und Mom beide den Raum verlassen hatten, hatte sie sich sein Buch angesehen. Es hieß *Giovannis Zimmer*. Auf der letzten Seite standen drei Sätze in Miles' Handschrift: *Der Wind hat mein Gesicht weggeblasen* und *Was ist in den fehlenden Stunden passiert?* Und *Ich habe einen Backstein im Mund*.

»Was schreibst du denn deinem Vater so?«, fragte Mom Miles. Dizzy dachte an diese seltsamen Sätze.

»Nur so Zeugs«, sagte er und ließ erkennen, dass sein tägliches Kontingent an Wörtern aufgebraucht war. Dizzy hatte mitgezählt. Gestern hatte der Vollkommene dreiundzwanzig Wörter von sich gegeben, heute bisher zweiunddreißig.

»Er sollte hier sein«, sagte Dizzy und hatte nicht gewusst, dass sie sich so fühlte, bis sie die Wörter ausgesprochen hatte. »Wynton würde aufwachen, wenn unser Vater hier wäre. Er könnte auf seiner Trompete spielen.« Miles warf Chef Mom einen Blick zu. So redeten sie eigentlich nicht über ihren Dad. Im Präsens. Und in der Vergangenheit übrigens auch nicht. Jedes Mal, wenn sie Mom fragten, warum er gegangen war oder was auch immer, fiel ein Vorhang vor ihr Gesicht, und sie sagte etwas wie: »Ich weiß es nicht« oder »Wer weiß schon, warum irgendjemand etwas tut?« und verließ dann das Zimmer.

Ihre Mutter schloss das Notizbuch und steckte es, hörbar seufzend, in ihre Tasche zurück.

»Komm her, Baby.« Sie breitete die Arme aus, und Dizzy stand von ihrem Stuhl auf, ging um das Bett herum und ließ sich in den Duft (kiwigrün) und den Schutz der Arme ihrer Mutter fallen.

»Du auch«, sagte Mom zu Miles, und winkte ihn mit dem Arm herbei, der nicht schützend um Dizzy lag.

»Knautsch dich dazu. Es hilft«, sagte Dizzy zu Miles, weil etwas im Gesicht des Vollkommenen zu sehen war, das andeutete, dass er tatsächlich gerne Teil des Gewühls wäre. Und es half Dizzy wirklich, viel mehr als der Gebetsspaziergang. Nur wenn sie und Mom sich zusammenknautschten, hatte sie nicht das Gefühl, dass all ihre Organe die Plätze getauscht hatten. Zu Dizzys Überraschung stand Miles von seinem Stuhl auf, doch anstatt zu ihnen zu kommen, verließ er das Zimmer.

Chef Mom flüsterte Dizzy ins Haar: »Bleib für immer so. Versprich es mir.«

»Versprochen.«

Sie drückte Dizzy mit solcher Kraft, dass Dizzy dachte, sie würde durchbrechen, wünschte sich aber trotzdem, ihre Mutter würde sie noch fester halten.

Einen Augenblick später tauchte Onkel Clive im Türrahmen auf und sah mit seinem ausgezehrten Gesicht und seinem langen struppigen Bart, der von Minute zu Minute grauer zu werden schien, wie die Zeit selbst aus. »Alles okay?«, fragte er. »Miles ist gerade an mir vorbeigestürzt, als sei der Teufel hinter ihm her. Ich glaube, er ist in eine Putzkammer verschwunden?« Dizzy hatte sich daran gewöhnt, dass ihr Onkel immer an der Türschwelle des Krankenzimmers stand, wie ein Vampir (der erst eintreten konnte, wenn er hereingebeten wurde), wenn Doc Larry oder die Krankenschwestern ihnen das Neueste über Wyntons Zustand mitteilten oder ihn untersuchten (in Wyntons Augen leuchteten, seine Reflexe überprüften, neben seinem Kopf mit den Fingern schnipsten), aber er tauchte selten auf, wenn sie unter sich waren. Wenn er da war, dann saß er meistens auf dem Boden vor der geschlossenen Tür, wie ein betrunkener Wachposten. Manchmal spielte er auf seiner Mundharmonika. Dizzy war froh, dass ihre Mutter ihm nicht die kalte Schulter gezeigt hatte, weil er getrunken hatte. Schließlich war er derjenige gewesen, der das im Traum alles vorausgesehen hatte.

»Ich habe eine Idee«, sagte Onkel Clive zu ihnen. »Wyntons Sprache ist die Musik. Ich habe mit ein paar Leuten gesprochen, die in der Nacht bei seinem Auftritt waren. Sie haben gesagt, er hat Eugène Ysaÿes Sonate Nr. 3 gespielt. Ich glaube, wir sollten sie ihm vorspielen.«

»Ja! Dann hört er die Musik und folgt ihr zu uns!«, sagte Dizzy.

»Einen Versuch wert, Clive«, sagte Mom.

Er drückte auf sein Handy, und Geigenmusik erfüllte den Raum samt all ihrer Hoffnungen.

Aber das änderte gar nichts.

Aus Bernadettes Sammelsurium nicht abgeschickter Briefe

Lieber Wynton,
ich habe dir das nie erzählt, aber manchmal habe ich mir ein Lieblingssandwich eingepackt (Brathähnchen mit Sardellen-Oliven-Tapenade und Ziegenkäse auf Ciabatta, vielleicht) und bin dir gefolgt, wenn du mit dem Geigenkasten unterm Arm zum Fluss gegangen bist. Ich habe dich von Weitem beobachtet – mein mageres, tätowiertes Kind in zerrissener, schwarzer Kleidung, das auf dem Weg Wildblumen pflückt.
Wenn du dann am Flussufer angefangen hast zu spielen, habe ich mich ein Stück entfernt auf einen Felsen gesetzt, mein Sandwich gegessen und dann Schuhe und Strümpfe ausgezogen und meine Füße in das kühle Flusswasser getaucht, während deine Musik den Wald, den Himmel erfüllte.
Ich hoffe, wo immer du jetzt auch bist, dass dort Musik ist.
Ich hoffe, ich bin auch dort und halte deine Hand.
Ich wünschte, ich hätte dir öfter gesagt, was deine Musik mir bedeutet.
Chef Finn ist auf die Idee gekommen, dass er und der neue Saucier Felix im Krankenhaus kreolischen Eintopf kochen, damit der Duft von *Gumbo* dich zurückholt. Ich glaube, er hat den Verstand verloren.

Liebe~~r~~ ~~Theo~~ Dizzy,

hast du gewusst, dass meine Mutter aufgehört hat zu sprechen, als mein Bruder Christophe gestorben ist? Ich glaube, das habe ich dir nie erzählt. Ich muss ständig daran denken, während ich hier mit dir im Krankenzimmer sitze. Wie ich in der neunten Klasse jeden Tag nach der Schule die Schürze angezogen habe und mich in unserem kleinen Café in San Francisco zu meiner Mutter vor den Ofen gesellt habe und wir uns schweigend verständigt haben, indem wir Mehl gemischt haben, Nüsse geröstet, Feigen glasiert haben – die Sprache der Küche unsere Sprache wurde. Wenn ich zu deinen gebackenen Kreationen nach Hause komme, denke ich immer, dass es mit uns beiden genauso ist, mein *chouchou*. Was würde ich für einen Nachmittag geben, an dem du, ich und meine Mutter Schulter an Schulter in einer Küche arbeiten. Wie schön wäre es, wenn sie und mein Vater noch am Leben wären … Das Leben wird wahrlich zu einer Ansammlung von Verlusten, etwas, was du hoffentlich nie erfahren musst.

Okay, was interessant ist, Dizzy: Paradise Springs – unsere Heimat – hat dafür gesorgt, dass meine Mutter ihre Stimme wiedergefunden hat. Das ist die Art von Erinnerung, in die du eine Hängematte hängen willst, damit du in Zeiten wie diesen dorthin zurückkehren kannst und dich darin ausstrecken.

Nachdem sie ein Jahr lang stumm war, ist mein Vater mit uns in den Norden gefahren, damit ihre Gedanken durch die Weinberge schweifen konnten, die Felder voller Senf und Lavendel, die ihn an Südfrankreich erinnerten, wo er aufgewachsen war. In Paradise Springs haben wir haltgemacht, um etwas zu essen und saßen an einem Tisch auf dem großen Platz neben dem Wasserfall. Sonnenlicht flutete vom Himmel hinab, wie das nur hier passiert und nirgendwo anders. Wir aßen Gebäck (unterdurchschnittlich, wie wir feststellten), als meine Mutter ihre ersten Wörter hervorbrachte. »Lass uns hier bleiben, Benoît«, hat sie gesagt. »Es fühlt es sich an, als würde hier nie jemand sterben.« Mein Vater hat seine Arme um sie geworfen, Tränen in den Augen und gesagt: »Wie mir deine Stimme gefehlt hat, *mon ange.*«

»Mir auch!«, habe ich ausgerufen, und dann haben wir drei uns über den Tisch hinweg in den Armen gelegen.

Die Aussicht auf eine sprechende Ehefrau wühlte meinen Vater so auf, dass er wie ein Kind auf seinem Stuhl auf und ab hüpfte und sagte: »Ja. Wir finden einen Weg hierzubleiben.« Und dann, als wir zurück zum Auto gegangen sind, ist uns im Schaufenster eines leer stehenden Ladengeschäfts ein Zu-Verkaufen-Schild ins Auge gefallen, mit dem Schriftzug *Sebastian's Spanish Bakery* auf dem Fenster.

»Das ist Kismet«, hat mein Vater gesagt und die Telefonnummer auf dem Schild abgeschrieben. »*Beschert.*«

Meine Mutter hat gesagt: »Wir nennen es *Christophes* und Soufflés werden unsere Spezialität sein. Soufflés stehen für die Hoffnung.«

Einen Monat später hatten wir unser Café in der Stadt verkauft, unsere Sachen gepackt, waren in eine Wohnung über *Sebastian's Spanish Bakery* gezogen und verwandelten sie in *Christophe's Soufflé Shop*. Und zwei Wochen später sind dein Vater und Onkel Clive reingekommen.

Immer hatte man den Eindruck, dass sich Sonnenlicht um deinen Vater legte. Ich kann es nicht ertragen, dass er nicht in deinem Leben ist. Er ist alles, was ich nicht bin, Dizzy. Ich gucke ständig zur Tür, in diesen Raum voller Verzweiflung, in der Hoffnung, dass er reinkommt. Noch nie habe ich jemanden so sehr gebraucht, wie ich ihn jetzt brauche.
Du auch, aber du weißt das nicht.
Chef Mom

Miles' E-Mails an seinen verschollenen Vater in dem Hilf-mir?-Ordner auf seinem Computer

Lieber Dad,

es ist einfacher, Mom in dem Glauben zu lassen, dass mit mir alles in Ordnung ist – *weitergehen, Leute, hier gibt es nichts zu sehen.* Du bist der Einzige, der weiß, dass ich mich wie ein angezapfter, entsafteter Baum fühle und alles Licht aus mir herausströmt.

Miles

Lieber Dad,

ich kann mich nur an einen einzigen Tag mit dir richtig erinnern. Du hast Wynton und mich auf der Schaukel angeschubst. Eine Hand, ein Sohn. Andere Hand, anderer Sohn. Wieder und wieder hast du uns in den Himmel geschubst, der an dem Tag unendlicher war als all meine Trauer, als all meine V-Wörter: vereinsamt, verlogen, verlassen.

Miles

Lieber Dad,

früher habe ich den anderen Kindern immer erzählt, dass du gestorben bist, weil du in ein brennendes Haus gestürzt bist, um mich zu retten.

Miles

WYNTON

Immer weiter treibst du von den Stimmen deiner Mutter und deiner Schwester davon, die inzwischen nichts als Mundgeräusche sind. Denn wer ist diese Person, über die sie Stunde um Stunde Geschichten erzählen?

Warum können sie sich nicht daran erinnern, wie nutzlos du warst?

Miles schon. Deswegen redet er nie mit dir, obwohl du weißt, dass er im Raum ist und in E-Moll atmet.

Weiß er überhaupt noch, was er zu dir gesagt hat, in dieser Nacht auf der Tanzfläche bei der Party: *Dass er sich beim Auspusten jeder Geburtstagskerze, bei jeder Sternschnuppe, bei jeder Münze, die er in einen Brunnen geworfen hat, nur eines gewünscht hat – einen richtigen Bruder zu haben anstelle von dir.*

Ein Messer im Herzen.

Deswegen hast du in dieser verrückten Nacht mit ihm das getan, was du getan hast.

Wenigstens weißt du jetzt, dass du dich einen Augenblick lang wie ein richtiger Bruder verhalten hast. Selbst wenn er bestimmt zu zugedröhnt war, um sich daran zu erinnern.

Es wird immer schwieriger, in der Welt zu bleiben. Was für ein winziger Moment doch ein ganzes Leben ist. Wenn du noch eins hättest, wärest du nüchtern wie ein Stock. Du würdest *alles* auskosten.

Ohne einen Körper, was bist du dann überhaupt? Sehnsucht, wie es scheint.

Und Bedauern.

DIZZY

Am nächsten Tag änderte sich alles. Der Duft von *Gumbo* – für Dizzy ein wunderschönes Violett – überschwemmte das Krankenhaus, weil Sous Chef Finn vom *The Blue Spoonful* die Kantine in Beschlag genommen hatte – mithilfe seiner Schwester, die zufällig dem Vorstand des Krankenhauses angehörte. Er sagte ihnen, dass er diesem Koma die Cajun-Küche auftischen würde, dass der Duft der Gewürze seiner Jugend – *Jalapeños, Baby!* – die Toten zum Leben erwecken konnte, also würden sie Wynton bestimmt aus einem kümmerlichen Koma holen.

Dizzy wanderte durch die Flure des Krankenhauses, wo der Geruch von Chef Finns *Gumbo* praktisch allen die Sinne schwinden ließ, dem Personal genauso wie den Patientinnen und Patienten. Ihre Hose wurde von Minute zu Minute schlabbriger. Alle, angefangen mit ihrer Mutter bis hin zum Pflegepersonal, versuchten ständig, sie zum Essen zu bewegen, aber sie konnte nicht.

Sie ging in die Kapelle, die im zweiten Stock lag. Sie wollte Lizard eine Sprachnachricht hinterlassen, und da ging nie jemand hin. Außerdem würde sich Gott vielleicht dort zeigen, obwohl der Raum düster und traurig war: fünf Reihen klapprige Kirchenbänke aus Holz, grauer Linoleumfußboden und eine schauerliche rosa Blumentapete, die überall abblätterte. Sie stand in der Tür und blickte auf das riesige grausliche Gemälde über dem Altar von Jesus, dem das Blut unter der Dornenkrone herunterlief. Dizzy wusste nicht so recht, was sie von Jesus halten sollte, mit dem sie ja vielleicht eines Tages verheiratet sein würde.

»Hallo, Ehemann«, sagte sie, als sie den Gang hinunterging.

Sie setzte sich, und während das Telefon klingelte, hatte sie die schwache Hoffnung, dass Lizard dieses Mal drangehen würde, aber dann hörte sie das vertraute Klicken und seine Stimme, die sagte: »Hier ist Tristan, hinterlass eine Nachricht.« Als sie das hörte, kochte das Blut in ihr hoch. Wie konnte er einfach so seinen Namen ändern und ein anderer Mensch werden, und zwar ausgerechnet jetzt? Ausgerechnet jetzt mit Melinda ins Kino gehen? AUSGERECHNET JETZT nicht anrufen oder ins Krankenhaus kommen?

Nach dem Ton sagte sie: »Hallo, Lizard. Vielleicht hat sich ja ein Krater unter deinen Füßen aufgetan, und du bist tief unter der Erde eingeschlossen und verhungerst gerade. Wenn das der Fall sein sollte, verzeihe ich dir, dass du nicht kommst. Wenn nicht, spreche ich nie wieder mit dir. Nicht mal, wenn du dir auf jeden Zentimeter deines Körpers Sommersprossen malst …« Dann fiel sie in sich zusammen, weil sie daran denken musste, wie gern er sie einmal gehabt haben musste, um so etwas zu tun.

Sie beendete den Anruf und drückte dann sofort wieder auf seine Nummer. »Außerdem, zu deiner Information, Miles hat die ganze Zeit nur so getan, als wäre er vollkommen. Er geht nicht mal mehr zur Schule, wie wir gerade rausgefunden haben. Hättest du das gedacht? Also, ich nicht.« Heute Morgen war der Dekan von Miles' Schule ins Krankenhaus gekommen, um mit Mom zu sprechen, und hatte sinngemäß gesagt, dass Miles, genau wie Dizzy und Wynton, eigentlich total verkorkst war, nur hatte er es verheimlicht.

Dann rief sie Lizard zum dritten Mal an und sagte: »Du bist scheiße. Ich hasse dich.« Sie legte das Telefon beiseite und rollte sich auf der Bank zusammen. Lizard war genauso verschwunden wie Wynton. Noch verschwundener. Auch im Koma liebte Wynton sie. Das konnte sie fühlen. Aber Lizard nicht. Nicht mehr. Das Problem war, selbst wenn sie Lizard nun mit der Glut der Sonne hasste, liebte sie ihn auch immer noch. Sie wusste nicht, was Leute mit der übrig gebliebenen Liebe machen sollen, die niemand mehr haben will.

Wohlbekannte Tatsache: Das Leben ist eine nasse Socke, die man nicht ausziehen kann.

In dem Moment fingen die Lichter in der Kapelle an zu blinken. Was zum – Dizzy richtete sich auf, drehte sich um, und dort in der Tür stand ein Hochhaus von einem Typen in einer Kochjacke, aber darunter waren bunte, zirkusmäßige Kleider zu sehen. Er war vielleicht in Wyntons Alter und seine Hand – die praktisch so groß wie eine Bratpfanne war – lag auf dem Lichtschalter. »Hallo, Kameradin!«, sagte er voller Enthusiasmus. Er trug eine verspiegelte Sonnenbrille wie ein Filmstar (drinnen?), hatte ein Eichhörnchen von einem Schnurrbart und ein Wirrwarr aus dunkelbraunen Locken, die sich größtenteils aus ihrem Zopfgummi befreit hatten. Wer ist *das*?, dachte Dizzy. In einer Hand hielt er einen Teller mit Essen. »Gehe davon aus, dass du Dizzy Fall bist, die Tochter von Chefköchin Bernadette Fall. Hab dich gesucht. Man hat mir gesagt, du hast Haare wie ich« – mit der freien Hand zeigte er auf sein Haarnest – »und eine schwarze Nerd-Brille. War zuerst auf der Entbindungsstation. Da gehen die Leute meistens hin. In Filmen jedenfalls.« Dann schlug er sich mit der Hand gegen die Stirn. »Und dann wurde mir plötzlich klar: die Kapelle! Auf der großen Leinwand auch sehr beliebt. In wie vielen Szenen erleben wir unsere Hauptdarstellerin, die Figur der Ingénue, in der Krankenhauskapelle?«

Dizzy spürte, wie etwas in ihr leichter wurde, als diese gigantische Person durch den Gang auf sie zukam. Sie hatte nicht gewusst, dass sie noch ein Lächeln in sich drin hatte, doch jetzt schlich sich eins über ihr Gesicht. Hatte der Engel einen Riesen geschickt, weil sie anderweitig beschäftigt war?

»Ich bin die Hauptdarstellerin in einem Film?«, fragte Dizzy und ergänzte dann, ohne nachzudenken: »Und du bist der Riese?«

Er lachte. »Ja, ich bin der Riese, allgemein bekannt als Felix Rivera aus Denver, Colorado. Und ich wurde geschickt, um dich zu nähren, kleiner Erdling. Anscheinend isst du nicht.« Er verbeugte sich vor Dizzy und präsentierte ihr einen Pappteller voller *Gumbo* mit der heiligen Dreifaltigkeit, roten Bohnen und Gemüsekohl.

»Voilà«, sagte er – und im selben Moment krachte draußen dröhnend ein Donnerschlag, als hätte jemand eine Axt genommen und die Welt zum Bersten gebracht. Dizzy atmete tief ein, und einige Sekunden später kippte ein Ozean vom Himmel.

»Du hast voilà gesagt und dann hat der Regen ...« Der Riese hatte Kräfte.

Er grinste. »Willst du als Nächstes einen Schneesturm? Die sind meine Spezialität.« Eine willkommene, wunderbare kühle Brise, die nach Regen roch – ein liebliches Korallenrot –, wehte durch das Fenster der Kapelle, das Dizzy für Gott aufgemacht hatte (und vergessen, wieder zu schließen), als sie das letzte Mal hier gewesen war.

Felix Rivera, der Riese aus Colorado, schob seine Sonnenbrille nach oben. Seine Augen waren von einem sehr hellen Grau, genau wie Jericho Blanes, dachte Dizzy, die mit der *Farbe von Nebel* beschrieben waren. Sie waren wundervoll, und sie wünschte, das wären ihre anstatt ihre langweiligen Augen.

»Hör zu«, sagte er und hob einen Finger, »Erstens: Ich bin neu in dem Job, und meine erste offizielle Aufgabe ist es, dich zum Essen zu bewegen, also sei so nett, ja?« – zwei Finger – »Zweitens: Die Leute hier flippen gerade total aus, weil es so lecker ist« – drei Finger – »Und drittens ...« Er blickte zur Decke, als wäre das Drittens dort oben zu finden. »Na ja, es gibt kein Drittens.«

»Ich kann nicht essen.« Dizzy verschränkte die Arme. Nicht einmal für diesen nebeläugigen Riesen, der vielleicht gerade eigenhändig die Teufelswinde vertrieben hatte. »Es tut mir leid. Ich bin zu ...« Sie suchte sein Gesicht ab, musste dafür den Kopf in den Nacken legen. Sein Gesichtsausdruck war gütig, als er zu ihr nach unten spähte. So gütig, dass … sie den Kopf in die Hände sinken lassen musste, weil Tränen aufstiegen, die Verzweiflung sie wieder voll überwältigte. Sie wollte nicht, dass der Riese sah, wie sich ihr Gesicht verzog. Sie versuchte, leise zu weinen, ruhig, aber es gelang ihr nicht, während ein Schluchzer nach dem anderen aus ihr herausbrach.

Er setzte sich zu Dizzy und stellte den dampfenden Teller neben sich auf die Kirchenbank.

»Komm, wir machen Kartoffeln«, sagte er leise.

»Kartoffeln?«, keuchte sie.

»Ja, Kartoffeln. Hast du ein Problem mit Kartoffeln? Wir machen Kartoffeln.«

Sie lachte ein wenig, während sie weinte, und bekam dann Schluckauf. »Ich weiß aber gar nicht, was du meinst.«

»Ich fange an. Wenn ich gewinne, isst du. Bereit? Drei pro Runde. *Brei. Rösti. Gratin.* Los!«

Dizzy schnüffelte. »Ach so. Jetzt kapiere ich.« Sie wischte sich die Augen. »Okay, okay«, sagte sie. »*Tartiflette. Dauphine. Kugel.* Los!«

»Aha! Tochter einer Chefköchin. Dann wird dieser Wettstreit wohl härter, als ich dachte. Fünf pro Runde.«

Er gewann mit *Patatas bravas, Pyttipanna, Dum Aloo, Picadillo* und *Pommes Anna*, und so hielt sie sich an die Regeln und zwang sich ein paar Bissen rein. Es schmeckte tatsächlich köstlich, also aß sie noch ein wenig mehr und merkte bald, dass sie sich tatkräftiger fühlte, was wiederum dazu führte, dass sie reden wollte, und bald konnte sie gar nicht mehr aufhören. »Ich habe auf meinem Handy über so einen Mann gelesen«, erzählte sie dem Riesen, »ein Steuerberater, der wie Wynton im Koma lag, und als er aufgewacht ist, dachte er, es wäre 1952 und er ein Rennfahrer. Und da war so ein anderer Typ, den ich recherchiert habe, der aus dem

Koma aufgewacht ist und dachte, er wäre sein Bruder und mit der Frau von seinem Bruder verheiratet und alles. Wenn Wynton also aufwacht, ist er vielleicht gar nicht mehr Wynton. Vielleicht denkt er dann, er ist Miles, der eigentlich gar nicht vollkommen ist, haben wir gerade vom Dekan seiner Schule erfahren.«

»Alter«, sagte er. »Das sind ja formidable Auskünfte.«

»Aber ja«, sagte Dizzy geschmeichelt. »Darauf bin ich spezialisiert.«

»Weißt du, was ich glaube?«, sagte Felix. »Ich glaube, – und ich habe Verbindungen nach ganz oben – trotz dieser formidablen Auskünfte, dass wenn dein Bruder aufwacht, er noch immer er selbst sein wird und das Erste, was er dir sagen wird, ist, wie sehr er dich vermisst hat und wie froh er ist, dass du an seiner Seite warst, während er verschwunden war.«

Verbindungen nach ganz oben? Das Wetter verändern? »Hat der Engel dich geschickt?«

»Hmmm, ja, klar.« Ein Lächeln breitete sich über sein ganzes Gesicht aus. »Und dich zu mir.«

Oh! Es ging allmählich aufwärts. Sie wollte unbedingt alles über ihn wissen. Während sie aß, fragte sie ihn, wie alt er war (neunzehn), wie groß (zwei Meter und ein bisschen) und ob er wusste, dass der größte Mensch der Welt an einem Insektenstich am Zeh gestorben war (wusste er nicht) und ob sie seinen Schnurrbart zwirbeln durfte (nur zu!) und ob er immer so komische Sachen unter seiner Kochkleidung trug (sein Markenzeichen). Sie fragte ihn, wann er angekommen war (vor einer Woche) und wie er hergekommen war (eine Mitfahrgelegenheit in einem orangefarbenen Truck mit einem coolen, gesprächigen Mädchen), ob er für Gott arbeitete (schwierige Frage, würde er drüber nachdenken und auf sie zurückkommen) und ob er geheime Kräfte hätte (hat das nicht jeder?). Dann erzählte sie ihm, dass Wynton kein gewöhnlicher Pilz war, sondern ein weißer Trüffel, in den der Blitz eingefahren war, dass sie schuld an seinem Koma war und dass sie vielleicht Nonne werden müsste, obwohl sie hauptsächlich jüdisch war. Und zum Schluss erzählte sie ihm noch alles über Lizard und ihre Scheidung.

Im Gegenzug gab er Dizzy irgendwie das Gefühl, dass schon alles in Ordnung sein würde, und so kehrte sie bestärkt ins Krankenzimmer zurück, um dem Unvollkommenen Miles zu erzählen, dass ihnen nun ein Riese geschickt worden war, und erst als sie vor Wyntons Tür stand, kam bei ihr an, was Felix gesagt hatte, nämlich dass er vor einer Woche eine Mitfahrgelegenheit nach Paradise Springs in einem orangefarbenen Truck mit einem Mädchen bekommen hatte, und Miles hatte Dizzy erzählt, dass der Engel ihn in einem orangefarbenen Truck durch die Gegend gefahren hatte – das musste derselbe Truck, dasselbe Engelmädchen sein! Und jetzt fiel ihr auch noch ein, dass Felix gesagt hatte, dass das Mädchen in dem orangefarbenen Truck gesprächig gewesen war. Was hatte der gesprächige Engel Felix erzählt? Das musste Dizzy herausfinden.

Sie rannte in die Kantine runter, aber Chef Finn sagte, dass Felix schon gegangen war. Sie kehrte in Wyntons Zimmer zurück, um dem Unvollkommenen zu erzählen, dass ein Riese zusammen mit dem Engel Cassidy in dem orangefarbenen Truck nach Paradise Springs gekommen war und demzufolge wahrscheinlich wusste, wo sie war, aber ihre Mutter teilte ihr mit, dass Miles gerade mit dem schwarzen Hund von nebenan spazieren gegangen war.

Dizzy nahm ihren Platz neben Wynton ein und konnte nicht aufhören darüber nachzudenken, welche geheimen Informationen Cassidy möglicherweise an Felix weitergegeben hatte.

Ein Gespräch zwischen Cassidy und Felix auf dem Weg nach Paradise Springs, eine Woche vorher:

Felix: *Warte mal, warum schreibst du noch mal über diesen Typen?*

Cassidy: *Er hat tatsächlich unseren Ort gegründet. Das ist für einen Kurs. Über die Geschichte Kaliforniens.*

Felix: *Du nennst ihn* unseren Ort, *als wäre das der einzige Ort auf Erden.*

Cassidy: *Ist es irgendwie auch. Jedenfalls für mich. Als ich klein war, waren meine Mom und ich ständig auf der Suche danach, ohne dass wir wussten, wie er heißt.* (Verdreht die Augen.) *Lange verrückte Geschichte. Aber dieser Typ, Alonso Fall – der war echt supercool.*

Felix: *Wie cool?* (Felix hebt eine Augenbraue.)

Cassidy: *Sehr cool. Seiner Zeit weit voraus. Und der Fluch, der auf der Familie liegt, hat mit ihm und seinem Bruder angefangen. Habe ich gelesen.*

Felix: *Warte mal, was für eine Familie?*

Cassidy: *Die Familie Fall. Die Nachkommen von diesem Alonso Fall. Sie leben immer noch an unserem Ort.*

Felix: (Er grinst.) *Und wir glauben wirklich, dass es so was wie einen Fluch gibt?*

Cassidy: *Wirst du vielleicht, wenn ich dir die Geschichte erzähle. Ich erzähle sie dir so, wie meine Mom mir immer Geschichten erzählt hat, als ich klein war.*

Felix: *Na, dann los, Scheherazade. Entführe mich in alte Zeiten. Ich kann die Ablenkung gut gebrauchen.*

Cassidy: *Scheherazade! Herrlich. Okay.* (Sie räuspert sich, lächelt ihren neuen Reisegefährten an und beginnt.) *In einem fernen Land jenseits des Meeres, in der Zeit für alle Zeiten, wurde ein wundervoller Junge geboren …*

TEIL DREI

Die Geschichte der verwunderlichen Geburt von Alonso Fall und der Ursprung des Familienfluchs

(die Cassidy Felix auf der Fahrt nach Paradise Springs eine Woche vorher erzählt hat)

In einem fernen Land jenseits des Meeres, in der Zeit für alle Zeiten, wurde ein wundervoller Junge geboren. Dieser Junge leuchtete – im wahrsten Sinne – so sehr, als er auf diese düstere und trostlose Welt kam, dass der eigentlich wortkarge Dorfarzt ausrief: »Es ward Licht!«

Die Helligkeit, die diese klitzekleine Sonne namens Alonso de Falla ausstrahlte – erst später wurde er Alonso Fall –, erfüllte nicht nur das Geburtszimmer, sondern schien auch aus den Fenstern des Herrenhauses auf dem Hügel und über die Weinberge, flutete die Straßen des tristen Dorfes darunter, wo die grau gestimmten Menschen, die sich durch den endlosen Winter zitterten, anfingen, aus ihren Leben zu schlurfen, um sich in den warmen Strahlen zu versammeln.

Im Handumdrehen schwangen sich Singvögel in atemberaubenden Flugmanövern durch die Luft, während Frauen in flatternden Kleidern Picknickdecken ausbreiteten und Narzissen ihre Köpfe durch die müde Erde schoben, um in den Strahlen dieses plötzlichen Sommers zu erblühen.

So kam es, dass alle, wegen Alonso, an diesem trostlosen fernen Ort alles mit neuen Augen sahen, in Liebe entbrannten, von allem Wundersamen ergriffen wurden.

Alle waren vernarrt in den goldenen Jungen.

Schneider nähten ihm prächtige kleine Kleider, Bäcker backten ihm prächtige kleine Kuchen. Für Alonso legten die Hühner ihre größten Eier, gaben die Kühe ihre sahnigste Milch. Sie sprachen auch mit dem Jungen – die Tiere selbst – und er mit ihnen, nichts ahnend dass er der Einzige war, der das konnte.

Bald kamen die Maler, weil sie von dem »leuchtenden Jungen« gehört hatten und bis zum heutigen Tag hängen dort in der gesamten Gegend, in Hotels und Restaurants, in Wohnzimmern und Schlafzimmern Gemälde von Alonso, Gemälde, die auch noch über hundert Jahre später selbst in der tiefsten, dunkelsten Nacht Licht ausstrahlen.

Doch gab es einen, der nicht mit neuen Augen um sich blickte, der nicht von allem Wundersamen ergriffen wurde, dessen Herz in Anwesenheit des Jungen nicht weit wurde, sondern klein und eng. Einer, der von diesem seltsamen Lichtschein nicht gewärmt und erleuchtet wurde. Diese Person legte großen Wert darauf, während der endlosen Sommer von Alonsos ersten Jahren immer einen langen, dunklen Mantel zu tragen, seine Augen vor der lästigen Leuchtkraft des Jungen zu schützen und sich etwas in die Ohren zu stopfen, damit er nicht das offenherzige Lachen des Jungen hören musste.

Es geschah in einem Augenblick: die Geringschätzung, die Alonsos Vater gegenüber seinem Erstgeborenen empfand.

Diego de Falla hatte helles Haar und ein finsteres Wesen, ein gedrungener, unangenehmer Mann, der sich ruckartig wie eine Spinne bewegte, in seltsam gebeugter Haltung. Er hatte ein schwarzes Herz, und niemand mochte ihn. Niemand. Nicht Alonsos Mutter Sofia. Nicht die Prostituierte Luciana Magdalena, die er immer extra dafür bezahlte, dass sie ihm vor dem Akt die Füße wusch. Ganz bestimmt nicht die Fliegen, die davonflogen, wenn er einen Raum betrat.

»Nun, solange ich respektiert werde, muss mich niemand mögen«, sagte Diego immer, bevor er seine Frau Sofia anschrie, weil die Suppe zu heiß war, das Haus zu laut und obendrein grauenvoll stank und warum, oh, warum konnte sie nicht wenigstens für eine Minute am Tag richtig riechen.

Das war die Wurzel von Diegos Kummer: der Geruch seiner Ehefrau.

Denn an Sofia haftete der Geruch eines anderen Mannes, sogar nachdem dieser Mann nach Amerika gesegelt war, sogar nachdem berichtet wurde, dass dieser Mann auf See gestorben war. »Wie kann das sein?«, pflegte Diego sein abstoßendes Spiegelbild zu fragen, im Spiegel selbst, im Teich, in der Klinge seines Messers am Esstisch. Wie kann der Duft eines toten Mannes einer lebendigen Frau anhaften? *Seiner* lebendigen Frau? Und nicht der Duft irgendeines Mannes, sondern der des lächerlichen armen Poeten Esteban mit seinem lächerlichen kantigen Gesicht, seinen lächerlichen üppigen braunen Locken, seiner lächerlichen baumartigen Größe. Und warum bloß musste der läppische Duft dieses läppischen Mannes so wunderbar sein? Diego konnte ihm nicht entkommen. Wenn er nur eine Schublade öffnete, um sich ein Paar Strümpfe zu holen, war er da – von so qualvoller Köstlichkeit –, waberte ihm entgegen und warf ihn fast um. Abends ging er von Zimmer zu Zimmer, um ihm zu entkommen, landete meistens vor irgendeinem Fenster und atmete die Luft von draußen tief ein, wie ein ertrinkender Mann, der die Oberfläche erreicht.

Doch die Geburt von Alonso war mehr, als Diego ertragen konnte. Sobald sein Blick auf dem Jungen mit den markanten Gesichtszügen gelandet war, wusste er es. Der Sohn eines anderen Mannes lebte in seinem Haus. Saß an seinem Tisch. Und nicht irgendein Sohn. Dieses Affenspektakel von einem Jungen. Dieses ewige Irrlicht!

Was Sofia anging, war ihr Ehemann Diego für sie unsichtbar. Selbst wenn er direkt vor ihr stand, hätte sie nicht sagen können, welche Farbe seine Augen hatten. Ab und zu bekam sie seine Worte mit, seine Kaugeräusche, seine Schritte, aber meistens nicht. Sie konzentrierte sich allein auf Alonso, legte ihm ein Glöckchen um den Hals, damit er ihr nicht abhandenkommen konnte.

»Du birgst in dir eine große Liebe«, murmelte sie ihrem Sohn zu, wenn er in den Schlaf glitt. Dann klingelte die ganze Nacht lang das Glöckchen, während er zwischen den Bäumen schlafrannte.

Doch jeder Morgen war für den jungen Alonso eine Qual.

Er folgte seinem Vater in die Weinberge, wo Diego ihn wie einen stinkenden Fisch in die Arme nahm und wieder nach Hause trug.

»Warum hasst du mich so?«, fragte Alonso seinen Vater einmal, als der ihn auf der Veranda deponiert hatte.

Diego nahm Alonso bei den Schultern und hob ihn in die Luft, sodass Alonso der Atem seines Vaters entgegenschlug, der säuerliche Geruch von Zwiebeln, von Bitterkeit und von weit Schlimmerem. »Egal, wie sehr du dich auch anstrengst, Alonso«, sagte er, »du wirst nie mein Sohn sein.« Dann ließ er den Jungen aufs Gesicht fallen. Wochenlang konnte Alonso nicht aufstehen und hatte danach eine Narbe von der Wange bis zum Kinn.

Von dem Tag an bemühte sich Alonso nicht mehr um die Liebe seines Vaters. Zum ersten Mal seit seiner Geburt strahlte er kein Licht mehr aus, und im Haus mussten Lampen angezündet und Feuer gemacht werden.

Der Junge verstummte.

Er war kein Sohn, den ein Vater lieben konnte.

Er musste nicht länger das Glöckchen tragen. Still wie ein Stein lag er jede Nacht in seinem Bett.

In seinen Träumen verwandelte er sich zu Asche.

In dieser schrecklichen Zeit bekam Alonso einen Bruder und alles wurde noch schlimmer. Diego brachte Hector nach Hause, als Alonso neun Jahre alt war. Hector war ein kleiner Wicht, etwa im Alter von Alonso, eine menschliche Monsterkrabbe und eine Miniaturversion von Diego. An seinem Leibchen war ein Zettel befestigt, auf dem stand: *Ich bin Hector, Sohn von Diego de Falla. Meine Mutter kann nicht mehr für mich sorgen.* Unterschrieben mit *Luciana Magdalena*.

Da er weder die gedrückte Stimmung verstand noch sich Gedanken über Familienplanung machte, war Alonso begeistert von dieser unerwarteten Entwicklung. »Ein Bruder!«, rief er voller Freude und warf seine Arme um Hector. Hector hingehen zerrte Alonso so sehr an den Haaren, dass sein Kopf zurückruckte. Alonso schrie auf und sprang einen Schritt zurück, völlig verdutzt. Diego lächelte und tätschelte seinem neuen Sohn Hector den Kopf. »Mein Junge«, murmelte er.

Von nun an begleitete Diego Hector jeden Tag in die Weinberge, führte ihn durch die Reben, weihte Hector in alle Winzergeheimnisse der Familie de Falla ein. Beide wussten jedoch nicht, dass Alonso ihnen wie ein Schatten auf Schritt und Tritt folgte, jedes heilige Wort in sich aufnahm und sich einprägte.

Hector interessierte sich kein bisschen für den Weinbau. Ihn interessierte nur, dass er nicht mehr hungern musste, dass keine Nagetiere mehr an seinen Füßen knabberten, während er schlief, dass er nicht mehr mit langen Fingern durchs Dorf gehen musste. Dass er seine Mutter und ihre sabbernden Kunden nicht mehr durch den Spalt in der Wand beobachtete.

Zunächst war er von seinem neuen Leben als Sohn von Diego de Falla überfordert. Wenn die Kupferwanne mit Wasser für sein Bad gefüllt wurde, hatte er Angst, darin gekocht zu werden, hatte keine Ahnung, dass die Bürste neben der Waschschüssel für seine Zähne gedacht war und bürstete sich stattdessen damit die Haare, und war gewohnt, seine Kleidung so lange zu tragen, bis er nicht mehr reinpasste, und zog deswegen die für ihn maßgeschneiderten Hosen und Hemden nicht an, die unberührt in seinem Schrank hingen. Sein Körpergeruch verpestete das gesamte Haus, zum Entzücken seines Vaters, denn endlich gab es einen Gestank, der den Duft von Esteban, dem toten armen Poeten, bezwang, ganz zu schweigen von der Fäulnis von Diegos eigener Seele, die dieser Tage, jedes Mal, wenn er den Mund öffnete, entwich.

Doch mit der Zeit gewöhnte sich Hector an die glatten weichen Hemden, die dampfenden Bäder, die reichhaltigen Mahlzeiten aus Hasenbraten und in Entenfett gebratenen Kartoffeln und begann, hinterhältige Pläne zu schmieden, damit er nie wieder auf diese Annehmlichkeiten verzichten müsste. Allmählich dämmerte ihm, dass er Macht hatte. Privilegien. Dass es Leute gab, die er demütigen konnte, so wie er sein ganzes Leben lang als Sohn einer Prostituierten gedemütigt wurde. So schickte er dreimal hintereinander seine Abendmahlzeit zurück, bevor er sie aß, spuckte manchmal sogar sein Essen aus, um dem Ganzen mehr Wirkung zu verleihen. Oder entleerte seine Blase absichtlich neben dem Nachtgeschirr, nur um mit Vergnügen dabei zuzusehen, wie die Magd es auf Händen und Füßen wegwischen musste.

»Mein Sohn«, sagte Diego voller Stolz zu dem zehn Jahre alten Tyrannen, jedes Mal, wenn er ihn sah. »Mein Sohn.«

Doch alle anderen zogen Alonso vor, und das brachte Hector aus dem Konzept. Sein Neid wurde so groß, wie es sein Hunger einmal gewesen war.

Er beneidete Alonso um sein Aussehen, also schnitt er ihm das Haar ab, während er schlief und zerschlug jeden Spiegel im Haus.

Er beneidete Alonso um seinen Verstand, also bedeckte er den Stuhl von Alonsos Hauslehrer mit Feuerameisen.

Er beneidete Alonso um seine athletischen Fähigkeiten, also schob er Nägel in Alonsos Schuhe.

Er beneidete Alonso um seine Fantasie, also riss er Seiten aus Alonsos Lieblingsbüchern und aß sie auf.

Sie waren elf Jahre alt, als Hector eine Schnur quer durchs Treppenhaus zog und Alonso die Stufen hinunterfiel und sich den Arm brach. Als er auf dem Treppenabsatz lag und versuchte, nicht zu stöhnen, sagte Hector: »Eines Tages werde ich dich umbringen, und dann gehört alles mir.«

»Aber ich will gar nichts, du dummer Fleischklops«, erwiderte Alonso.

»Ich bringe dich trotzdem um. *Du* bist ein dummer Fleischklops.«

Und mit diesen mordlüsternen Worten war die Familie Fall fortan mit einem Fluch belegt, einem Kain-und-Abel-Fluch, in einer Familie, die nur männliche Nachkommen hervorbrachte, Brüder, Kains und Abels, über hundert Jahre lang.

Ein Fluch, der Generation für Generation immer zu einem schlimmen Ende für die Familie Fall führte.

Einem sehr, *sehr* schlimmen Ende.

MILES

Miles segelte durch die Eingangshalle des Krankenhauses, auf dem Weg zu etwas, was wahrscheinlich wieder einmal keine gute Entscheidung gewesen war. Sein erstes Internet-Sex-Date. Er hielt den Kopf gesenkt, damit er mit niemandem reden musste und so tun, als würde er all die angemessenen Dinge fühlen, die er wegen Wyntons Zustand nicht fühlte, und damit er all die schrecklichen, unangemessenen Dinge verbergen konnte, die er tatsächlich fühlte. Ganz zu schweigen von den schrecklichen Dingen, die er nach dem Besuch von Dekan Richards heute Morgen in Bezug auf sich selbst fühlte. Fast hatte er den Ausgang erreicht, als sein Schuh an etwas – einem Fuß? – hängen blieb.

»Oh, verdammt, Tschuldigung«, hörte Miles, als er nach vorne katapultiert wurde, irgendwie mitten im Fallen sein Gleichgewicht wiederfand und nach hinten kippte, als hätte er unsichtbare Armlehnen, bis er schließlich wieder aufrecht stand und sich gerade noch davor bewahrt hatte, mitten in der Eingangshalle eindrucksvoll auf die Fresse zu fliegen. »Whoa, Alter. Grandios, wie du dich da wieder gefangen hast. Goldmedaille. Wow. Tut mir echt leid.« Der Fuß des Anstoßes (und die Stimme) gehörten zu einem riesigen Typen mit einem Zwirbelbart und einer verspiegelten Sonnenbrille auf der Nase. Er stand neben Miles in einem irren Outfit (von Tapeten inspiriert?) unter seiner Kochjacke.

»Kein Problem«, murmelte Miles und ging wieder schnurstracks auf den Ausgang zu. Er war nur ein paar Schritte gegangen, da hörte er: »Hey!«

Miles drehte sich um. Wieder Hipster Herkules.

»Ja?«, sagte Miles, aber der Typ blieb stumm. Er stand einfach da, sein Kopf streifte die Decke, und guckte mit seiner Filmstar-Sonnenbrille in Miles' Richtung. Miles blickte über die Schulter, fragte sich, ob das Lächeln und das *Hey* an jemand anderes gerichtet waren, aber niemand war hinter ihm.

»Ja?«, sagte Miles wieder zu dem Typen, der ihn immer noch anstarrte. »Alles in Ordnung, Mann?«

Der Typ nickte. »Aber ja. Alles gut. Richtig gut. Und du? Wie geht es dir?«

Miles spürte, wie sich seine Augenbrauen angesichts dieser höchstmerkwürdigen Interaktion nach oben zogen. »Gut, ja. Muss los.« Miles zeigte auf den Ausgang.

»Klar, natürlich. Jup.« Der Typ zeigte auch auf den Ausgang. »Dann mal los.«

Total komischer Kauz, dachte Miles und wandte sich wieder ab. Er sollte seiner Mutter sagen, dass Finn einen Irren eingestellt hatte.

Dann, kurz bevor Miles die Türen erreichte, hörte er ein weiteres Mal »Hey!«

Genervt drehte Miles sich um. Wieder.

»Ich bin Felix Rivera aus Denver, Colorado«, sagte der Irre.

»Äh, okay, Miles, hm, Fall, von hier.«

»Miles Fall? Oh! Hey! Hi! Ein weiterer Nachfahre von Alonso Fall! Über den weiß ich jetzt *genau* Bescheid. Ich arbeite im Restaurant deiner Mutter. Ich habe gerade Dizzy gefüttert. Oh, das klang seltsam, als wäre sie ein Hund. Und das klang noch seltsamer. Chef Finn hat sich Sorgen gemacht, weil sie nicht gegessen hat.« Der Typ atmete kräftig aus. »Ich wechsel jetzt mal die Spur. Tut mir so leid mit deinem Bruder. Deine Schwester macht sich Sorgen, er könnte sich, wenn er aufwacht, für einen Rennfahrer halten oder sogar für dich. Hab ihr gesagt, sie soll sich keinen Kopf machen.« Er zwirbelte seinen irrwitzigen Schnurrbart. »Ähm. Tut mir leid. Das waren wohl auch keine guten Worte. Muss das mit den Worten besser hinkriegen.« Dann zog sich ein Lächeln über sein gesamtes Gesicht, von einem Ende zum anderen. Er sah völlig bekloppt aus. Miles wollte lachen – ungewöhnlich für ihn. Er nahm das lila Paisley-Hemd in Augenschein, die graue Nadelstreifenhose, die Wingtip-Schuhe, die Hosenträger. Hosenträger! Der Typ lebte IN GROSSBUCHSTABEN. Außerdem verdammt seltsam, wie dieser Typ Miles als Nachfahre von Alonso Fall bezeichnete. Vielleicht hatte Dizzy, als er sie »gefüttert« hatte, ihren Urgroßvater erwähnt, zusammen mit diesen Koma-Theorien, die Miles bereits mitbekommen hatte?

Miles nickte ihm zum Abschied zu, wandte sich ab, doch bevor er die Türen aufschob, trieb ihn die Neugier dazu, sich einmal mehr umzudrehen. Der Typ hatte sein Haar von dem Zopfband befreit, und das ließ ihn aussehen, als müsste er eine Bassgitarre in den Händen halten – wie ein totaler Rockstar. Seine Sonnenbrille hatte er in die Stirn geschoben, und seine hellen Augen, bisher verborgen, waren nun zu sehen. Sie sahen cool aus.

»Du leuchtest irgendwie auch«, sagte er zu Miles.

Ähm. What the fuck? Hatte er gerade gesagt, dass Miles leuchtete? Im Ernst, was war mit diesem Typ los? Und was sollte dieses *Auch*? Auf wen bezog sich das? Oder vielleicht hatte Miles sich verhört. Er musste sich verhört haben.

»Wie bitte?«, sagte Miles.

»Ich habe gesagt, du leuchtest irgendwie auch.«

Na dann. Völlig verwirrt ging Miles durch die Türen nach draußen in einen endlich kühleren Tag.

MILES

Miles streichelte Sandro, der neben einer Trauerweide auf ihn wartete. Der Regen hatte aufgehört, und wie in einer Kinderzeichnung brach die Sonne in dicken Strahlen durch die Wolken. Eine kühle Brise strich über Miles' Haut. Die Teufelswinde hatten sich endlich verzogen. Miles wollte sich am liebsten auch verziehen.

Hab gerade einen irren Riesen getroffen, der gesagt hat, dass ich leuchte, erzählte er dem Hund.

Tust du auch irgendwie.

Wirklich?

Sandro ging nicht weiter darauf ein, sondern fragte stattdessen: *Hast du sie gefunden?*

Noch nicht. Aber ich weiß jetzt, wie sie heißt.

Seit sie das rausgefunden hatten, hatte er Sandro nicht mehr gesehen.

Moxie?

Nein.

Lucy?

Nein.

Ich weiß! Zuckerschnute. Oh! Dornröschen?

Nein. Du wirst nicht drauf kommen. Cassidy.

Sandro legte seine Pfoten auf Miles' Oberschenkel.

Wie sollen wir sie finden?

Ich weiß nicht so recht.

Wie konnte sie nicht zu uns zurückkommen?

Keine Ahnung. Miles legte seine Stirn auf Sandros. Genau wie der Hund sehnte er sich nach Cassidy, verspürte das schmerzliche Verlangen, sie wiederzusehen, und wusste nicht warum.

Dizzy glaubt, dass Cassidy Wynton aus seinem Koma holen kann, erzählte er Sandro.

Sie hat uns aus unserem geholt.

Das rüttelte Miles auf. Weil es irgendwie stimmte, nicht? Was wäre, wenn Dizzy recht hätte? Hatte Cassidy ihn und Sandro nicht im Laufe eines Vormittags verwandelt und wieder mit Leben erfüllt? Hatte sie ihm nicht irgendwie das Gefühl gegeben, als würde er wieder Sinn ergeben? Ebenso wie das *Leben*? Und sie hatte sowohl Wynton als auch Dizzy das Leben gerettet. Verdammt. Vielleicht war sie tatsächlich ein Engel oder ein Lichtwesen oder was immer Dizzy sie auch genannt hatte – was wusste er denn schon? Aber wie sollte er sie finden? Er hatte Dizzys Forderungen nachgegeben und hatte das Internet mit ihrem Namen und allem, was ihnen eingefallen war, durchsucht: Cassidy/Literatur, Cassidy/orangefarbener Truck, Cassidy/Tattoos, Cassidy/wunderschön etc. und ja, für Dizzy: Cassidy/Engel, Cassidy/Lichtwesen, Cassidy/Gesandte Gottes. Natürlich hatten sie nichts gefunden.

Mir geht es wieder schlecht, Miles. So wie als Dornröschen abgehauen ist.

Mir auch.

Vielleicht brauchen wir Antidepressiva, sagte Sandro.

Vielleicht, mein Fellnasen-Freund.

Oder wir müssen eine Therapie machen.

Ja.

Aber das bedeutet, du musst jemandem von unseren Stimmungen erzählen.

Ich glaube, das wissen die jetzt. Der Dekan von meiner Schule ist heute im Krankenhaus aufgetaucht.

Seine Mutter hatte sich von Dekan Richards ganz schön was anhören müssen, der gesagt hatte, er würde sich schrecklich fühlen, ihr unter solchen Umständen so eine Nachricht zu überbringen, doch hatte er sie weder per E-Mail noch über das Festnetz erreichen können – außerdem habe er anscheinend eine alte Handynummer – und würde sich Sorgen um Miles machen. Er teilte ihr mit, dass Miles unter Beobachtung stehe und sein Stipendium gefährdet sei. Der Dekan hatte außerdem mit ihr über ein »besorgniserregendes Muster aus sozialem Rückzug und innerlichem Absorbiertsein« gesprochen. (Das war jemandem aufgefallen?) Er hatte seiner Mutter einen Psychiater empfohlen.

Na dann.

Das war's dann wohl mit dem Vollkommenen Miles.

Seit dem Besuch des Dekans heute Morgen erwischte Miles seine Mutter und Dizzy ständig dabei, wie sie ihn anguckten, seine Mutter mit Sorge und Dizzy voller Neugierde, als wäre er neu in der Familie. Er hörte, wie Dizzy Wynton sagte, dass Miles vielleicht die ganze Zeit nur so getan hätte, als wäre er vollkommen – wohl wahr.

Natürlich versuchte seine Mutter, mit ihm über alles zu reden, aber er hatte nicht gewusst, was er sagen sollte. Er fühlte sich wie ein totaler Versager, auch wenn sie das Gegenteil behauptet hatte, auch wenn ein winziger Teil von ihm froh war, dass sie endlich Bescheid wusste.

Miles vergrub sein Gesicht in Sandros Fell und spürte, wie ihn eine so innige Liebe für den Hund ergriff, dass er am liebsten geweint hätte – wäre er ein normaler Mensch. Es gab ihm wirklich das Gefühl, unmenschlich zu sein, dass er nie weinte, besonders in den letzten Tagen, als seine Mutter und Schwester wahrscheinlich einen Weltrekord im Tränenvergießen aufgestellt hatten.

Tja, nichtmenschliche Tiere weinen ja auch nicht, dachte er. Er hatte immer schon den Verdacht gehabt, einer von ihnen zu sein – eine traurige alte Ziege vielleicht? Eine Kuh? Ein einsames Reh? – und dass jemand ihn mit einem Zauber belegt hatte, ein umgekehrter Froschkönig, und nur die richtige Person des Weges kommen musste, um ihn zu küssen und schon würde er sich in sein wahres Ziegen-Selbst verwandeln.

Das würde eine Menge erklären. Eine ganze Menge.

Ich wünschte, ich wäre ein Hund, sagte er dem Hund.

Oh, ja! Du wärst ein fantastischer Hund, Miles. So schnell!

Du wärst dann ich?

Nie im Leben. Ich will ihn nicht zum Bruder haben.

Schhh. Sag das nicht, während er im Koma liegt.

Er hat dir das trotzdem angetan. Arschloch.

Ich weiß.

Bislang hatte Miles es meistens vermieden, Wynton direkt anzusehen. Nur einmal hatte er die Schläuche, die Gipsverbände, die blutdurchtränkten Mullbinden, die Hämatome, die Klammern, die Nadeln, das stille Gesicht, den schlaffen Mund in Augenschein genommen. Da war er allein im Krankenzimmer gewesen und hatte in den Mülleimer gekotzt. Manchmal versuchte er zu lesen, aber die Sätze verschwammen vor seinen Augen, also ging er stattdessen die Weinkritiken im Internet durch, auf der vergeblichen Suche nach seinem Vater, während er das Gefühl hatte, sein Brustkorb würde aufplatzen.

Im Krankenzimmer herrschte immer so eine Panikstimmung. (Außer wenn Dizzy völlig abdrehte und wie eine Zombie-Nonne durchs Zimmer glitt.) Wenn er es nicht mehr aushielt, flüchtete er in die Putzkammer, wo er die 1394 Kacheln auf dem Fußboden zählte oder Pornos auf seinem Handy guckte, besonders ein Video, in dem zwei stramme Kerle wie wild knutschten, während sie es trieben, wie zwei Jericho Blanes in *Jetzt für immer und ewig*. Ja. Aber das war besser, als darüber nachzudenken, seinen Bruder mit einem Kissen zu ersticken (ja, das war ihm einen flüchtigen Augenblick lang in den Sinn gekommen) oder ihn wachzurütteln, nur um ihm zu sagen: *Ich hasse dich immer noch.*

Das alles weckte in ihm das Verlangen, sich gegen eine Wand zu schmeißen.

Er war so weit weg von seiner Mutter und Dizzy, als könnten Steppenroller durch die endlose Wüste zwischen ihnen in diesem Krankenzimmer wehen. Als seine Mutter ihm gestern die Hand entgegengestreckt hatte, wäre er am liebsten hingerannt, zu ihr und Dizzy, um sich in ihre Arme zu werfen, aber er hatte es einfach nicht gekonnt. Er wusste nicht, wie er diese Entfernung überwinden sollte.

Die kühle Luft kribbelte auf seiner Haut. Er suchte den Parkplatz nach einem orangefarbenen Truck ab. Nichts. Wenn er bloß mit Cassidy losziehen könnte, dann würden sie zusammen Nemophilisten sein, glücklich bis ans Ende ihrer Tage leben, in irgendeinem Wald Romane lesen.

»Miles!« Die Stimme eines Mädchens unterbrach seine Gedanken. Er drehte sich um und sah Madison aus der Tot-im-Müllcontainer-zurückgelassen-Nacht auf sich zustürzen. Sein Magen schlingerte. Oh nein. Im Ernst, verdammt noch mal, nein. Er hatte gehofft, sie nie wiederzusehen. Hatte sie Wynton dabei geholfen, ihn in den Müllcontainer zu werfen? Wahrscheinlich. Er wollte am liebsten quer über den Parkplatz davonrennen, aber es war zu spät – sie hatte sich schon so weit genähert, dass er ihre Kokosnusslotion riechen konnte. Bäh, die gleiche Lotion wie an dem Abend. Ihr Haar war nicht mehr pink und stachelig, sondern braun und bieder frisiert. Kein Nasenring in Form eines Delfins, nur eine kleine Delle, wo er gewesen war. Oh Mann, warum konnte er sich nicht daran erinnern, was sie zusammen gemacht hatten? Hatten sie wirklich Sex gehabt? Hatten sie ein Kondom benutzt? Vielleicht war sie ja schwanger? Der Gedanken kam ihm jetzt zum ersten Mal! Würde er mit siebzehn Vater werden? Was wäre, wenn er nun an Ort und Stelle in Ohnmacht fallen würde?

»Es tut mir so leid, Miles«, sagte sie, und ihre runden Augen blickten ihn besorgt an. »Seit ich das von Wynton gehört habe, muss ich ständig an dich denken.« Sie biss sich auf die Unterlippe. »Du bist bestimmt am Boden zerstört. Ich würde alles dafür geben, einen älteren Bruder wie ihn zu haben. Ich kann noch immer nicht fassen, dass er für dich ins Gefängnis gegangen ist und alles. Gott, diese Nacht …«

Rauschen brandete in Miles' Kopf auf, sprengte seine Gedanken auf. »Was?« Hatte er gerade gehört, was er gehört hatte? »Was?«

Ihr Gesichtsausdruck veränderte sich, sie runzelte die Stirn. »Warte mal, was? Echt? Du erinnerst dich nicht?«

»An was soll ich mich erinnern?« *Für ihn ins Gefängnis gegangen?*

»Dann warst du ja wirklich total neben der Spur.« Sie atmete langsam aus. »Das war wohl meine Schuld. Das war nicht okay, was ich da gemacht habe, dir diese Pille zu geben, das weiß ich jetzt. Also ich bin jetzt clean – na ja, seit ich das von Wyn gehört habe.«

Miles' Herz trommelte wie wild in seiner Brust. Er bekam die Worte kaum über die Lippen. »Was habe ich getan?«

»Du kannst dich wirklich nicht daran erinnern, wie du in die Statue reingefahren bist?«

Miles versuchte, sich einen Reim darauf zu machen. »*Ich* bin in die Statue von Alonso Fall gefahren?« Er war davon ausgegangen, dass das passiert war, nachdem er in den Müllcontainer geschmissen worden war, um bei lebendigem Leibe von den Ratten gefressen zu werden.

Ihr Gesicht leuchtete auf, und ihre Hände tanzten durch die Luft. »Oh mein Gott, Miles, als wir von der Party weg sind, hast du Wynton einfach die Schlüssel weggenommen. Hast dich hinters Steuer gesetzt, den Motor angeschmissen und bist wie ein Irrer mit quietschenden Reifen losgerast. Wir mussten dir hinterherrennen, um einzusteigen! Du hast ständig geschrien *Ich bin nicht vollkommen, ich bin nicht vollkommen*! Wynton hat die ganze Zeit versucht, dich dazu zu kriegen, stehen zu bleiben. Du bist absichtlich in die Statue reingedonnert!« Sie zeigte auf ihre Stirn. Unter ihrem Make-up konnte man gerade noch eine gezackte Linie erkennen. Miles rang nach Luft. »Da kann man immer noch sehen, wo ich mich geschnitten habe, als ich gegen das Fenster geknallt bin. Als wir die Sirenen gehört haben, hat Wyn uns gesagt, wir sollen abhauen. Er ist aber dageblieben. Er hat sich hinters Steuer gesetzt und gewartet. Bettina und ich haben von Weitem zugesehen, wie die Bullen ihm Handschellen angelegt haben. Wir wussten nicht, wo du hin bist.«

Er hatte den Truck seiner Mutter zu Schrott gefahren? *Er* hatte die Statue von Alonso Fall zerstört? Wynton hatte ihn nicht mithilfe dieses Mädchens in den Müllcontainer geschmissen? Er war von selbst da reingeklettert? Wohl um seinen Arsch zu retten? Und er konnte sich an nichts davon erinnern?

»Außerdem tut es mir voll leid, dass ich versucht habe … okay. Wie sage ich das jetzt. Ich dachte, du stehst auf mich, bis Wynton gesagt hat …« Sie guckte nach unten und ihr Gesicht lief rot an. »Bis er gesagt hat, du wärst zu zugedröhnt, um, also, zu wissen, was du da machst oder so. Es tut mir leid, wenn ich … ich.« Sie schüttelte den Kopf. »Das erste Mal, dass mich jemand von einem Typen runtergezogen hat. *Runter von meinem kleinen Bruder!*«, sagte sie, und machte den betrunkenen Wynton nach. Wynton hatte sie von Miles weggezogen? *Seinem kleinen Bruder?*

»Also, es tut mir leid … und falls du dich nicht mehr erinnerst oder so, zwischen uns ist nichts passiert.« Sie hob die Hand und zeigte mit einer hilflosen Geste auf das Krankenhaus. »Ich hoffe, er wird wieder gesund. Klar, er ist leichtsinnig, aber er hat so ein gutes Herz. Aber das weißt du ja besser als alle anderen.«

Was. Zur. Verfickten. Hölle.

Was zur verfickten Hölle, wiederholte Sandro und fing dann an zu bellen. Miles wollte bellen.

Dieses Gespräch war eine einzige Massenkarambolage und demolierte alles, was er je über seinen Bruder, über sich selbst gedacht hatte.

Was ist wahr?, dachte er.

Kommt darauf an, wer die Geschichte erzählt, erwiderte Sandro, obwohl Miles gar nicht mit dem Hund geredet hatte. *Deine Spezialität ist die Weh-mir-Geschichte.*

Oh, Mann, Sandro, aua, das ist aber nicht nett.

Miles guckte Madison hinterher, während sie davonging und das Krankenhaus betrat, sah, wie der große komische Typ aus Denver ihr mit einer theatralischen Verbeugung die Tür aufhielt, als wäre das sein Job. Was für eine Pappnase. Miles lehnte sich gegen einen Telefonmast, benommen und verwirrt. Der lange Lulatsch bat Madison jetzt mit einer affektierten Geste ins Krankenhaus hinein. Madison schenkte ihm ein kokettes Lächeln und machte einen Knicks. Egal.

Miles wirbelte der Kopf. Hatte er sie alle in dieser Nacht in Gefahr gebracht? Warum konnte er sich nicht daran erinnern? Was war das für eine Droge gewesen, die Madison ihm gegeben hatte? Warum hatte er so viel getrunken? Und Wynton hatte ihn beschützt? Hatte für ihn die Nacht im Gefängnis verbracht und kein Wort darüber verloren, nicht mal ihrer Mutter gegenüber, als sie ihn aus dem Haus geschmissen hatte? Und was hatte Miles getan? Seinen Geigenbogen zerbrochen, für den er extra sein Motorrad verkauft hatte. Für den Auftritt, der sein Leben verändern würde.

Nur hatte er jetzt vielleicht gar kein Leben mehr.

Miles hatte das Gefühl, gleich Schnappatmung zu bekommen. Er zwang sich, tief einzuatmen. Ein, aus, ein, aus …

Sein Handy piepte.

Bin dar, war die Nachricht. Allmächtiger. Der Typ konnte wohl keine Rechtschreibung. Heute Morgen hatte Miles in der Putzkammer die App *Lookn* geöffnet und ein Foto hochgeladen, und als er gewischt hatte, war er gleich bei diesem Typen gelandet, Rod, der auf seinen Bildern aussah wie sein heißer Englischlehrer Mr Gelman. Rod war neunzehn (behauptete er zumindest), auf dem Weg nach Oregon und wollte in Paradise Springs haltmachen, um ein Häppchen zu essen. *Vielleicht ein Häppchen von dir,* hatte er in seiner Nachricht an Miles gescherzt. Ha, ha, witzig.

Wollte er das jetzt überhaupt noch machen? Wollte er. Er wollte noch andere Sachen tun. Einen Baum entwurzeln, zum Beispiel, Häuser wegschleudern, mit der Faust ein Fenster zerschmettern. Oh, verdammte Scheiße, wer war er? Er hatte geschrien, *Ich bin nicht vollkommen!* und war mit einem Truck voller Leute in die fünf Meter große Statue seines Urgroßvaters Alonso Fall reingefahren.

Miles lief los, und Sandro bellte freudig, während die beiden um die Wette Richtung Feuerschneise rannten.

Wo gehen wir hin, Miles?

Nirgendwohin.

Ich liebe Nirgendwohin!

Miles konnte jetzt das Ende des Trucks sehen, ein Langholzlaster ohne Langholz.

Es war nicht das erste Mal gewesen, dass Miles *Lookn* geöffnet hatte. Nachdem er dazu bekehrt worden war, einen Jungen Hals über Kopf im Kühlraum eines Restaurants zu küssen, hatte Miles *Lookn* runtergeladen, eine App, die nicht mit anderen Social Media Apps verknüpft war, sodass er problemlos behaupten konnte, achtzehn Jahre alt zu sein. Er hatte ein Foto von jemand anderem hochgeladen, das Profil nicht vollständig ausgefüllt und erst Stunden und dann Wochen damit verbracht, alle Nachrichten zu ignorieren und so lange durch Männer zu wischen, bis er nicht mehr richtig gucken konnte, bis sein Zimmer voller Phantome war: der kleine heiße Typ, der Rugby mochte, auf seinem Schreibtischstuhl; der dünne Rothaarige, der Musicals liebte, ausgestreckt auf seinem Bett; der kräftige Kerl, der gerne mexikanisches Essen aß, auf der Seite liegend auf dem Fußboden; der Surfer am Fenster. Es war ein bisschen wie einen Roman zu lesen, der Türen hatte, sodass die Figuren heraustreten und zu dir kommen konnten.

Zuerst hatte er nach dem Kühlraum-Kuss-Jungen Nico gesucht, dann wusste er nicht mehr, nach wem oder wonach er suchte, nur, dass er nicht aufhören konnte, zu wischen und einen Typen nach dem anderen aus seinem Handy in sein Zimmer zog, damit er ihm Gesellschaft leistete. Die Männer waren hauptsächlich das: Männer – in vielen von ihren Bildern nackt oder halb nackt. Ihre Körper faszinierten verängstigten reizten erregten suchten Miles heim mit ihren aufgepumpten glatten Brustkörben, haarigen eingefallenen, ihrem schlaksigen Körperbau oder gedrungenem, ihren Sommersprossen und Muttermalen und Mündern und Augen. Mit ihren Schwänzen und Schwänzen und Schwänzen und Schwänzen und noch mehr Schwänzen. (Und den Maßen besagter Schwänze.)

Seine Schule war nicht so wie die im Fernsehen und in Filmen mit LGBTQ+-Clubs und Schwulen-Hetero-Allianzen oder was auch immer. Es gab nicht eine einzige homosexuelle Person an seiner kleinen katholischen Schule. Er hatte so einen Verdacht, was diesen Connor in der Leichtathletikmannschaft anging, und hatte einmal einen unbeholfenen Versuch gestartet, dem nachzugehen, aber das hatte zu nichts geführt. Rein statistisch betrachtet musste es andere wie ihn geben, die mit den falschen Leuten rummachten – in seinem Fall: Mädchen – unter der Zuschauertribüne oder bei Partys in den Fluren. Und klar, er könnte der Erste sein, der sich outete. Bloß schlug der Vollkommene Miles nie hohe Wellen. Er ging nicht mal ins Wasser.

Doch zu dieser Zeit sündigte er Nacht für Nacht, guckte und

guckte. Manche von den Männern waren auch ganz in der Nähe, und ein paar davon kannte er persönlich. Der Co-Trainer der Leichtathletikmannschaft an der Paradise Springs Highschool. Tony Sanchez, ein älterer Typ, der eine Eisenwarenhandlung besaß. Als würde man bei seinen Nachbarn vorbeigehen und plötzlich würden die Wände durchsichtig werden. Am Tag, nachdem Miles Tony auf der Website entdeckt hatte, ging er in die Eisenwarenhandlung und lauerte im Gang mit den Elektrogeräten, spionierte dem Mann mit dem breiten Grinsen hinterher, bis er schließlich eine Schachtel mit Nägeln kaufte. An der Kasse sagte Tony zu ihm: »Du wirst deinem Vater von Tag zu Tag ähnlicher.«

Miles hörte das schon sein ganzes Leben lang, aber immer öfter, je älter er wurde.

»Warst du mit meinem Dad befreundet?«, fragte Miles Tony an diesem Tag, als er ihm das Geld für die Nägel gab, die er nicht brauchte.

In dem Moment sah Miles sie. Die Monstermaske, die auch auf Tonys Gesicht zu sehen war und das unverkennbare Verlangen dahinter. »Nee, er war älter. Wusste gar nicht, dass ich existiere, wie man so schön sagt.« Er lächelte Miles an. »Alle kannten deinen Dad. Deine Mom und deinen Onkel auch. Das waren die Coolen. Aber dein Dad, der war etwas Besonderes, sorgte dafür, dass alle sich wohlfühlten, war immer hilfsbereit und freundlich, weißt du?« Ganz langsam gab er das Wechselgeld heraus, als wäre es ein Hexenwerk, und Miles war sich sicher, dass Tony in der Highschool in seinen Vater verknallt gewesen war.

»Er wird zurückkommen«, sagte Tony, nachdem er die Nägel in eine Tüte gesteckt hatte. »Die Geschichte ist nicht vorbei, bevor sie vorbei ist, stimmt's?«

»Stimmt«, sagte Miles. Dieses Gespräch führte er oft mit den älteren Herrschaften von Paradise Springs. Alle waren der Meinung, dass sein Vater eines Tages zurückkehren würde. Miles wollte ihn zurück, stellte es sich die ganze Zeit vor, aber hatte schon lange aufgehört zu glauben, dass das tatsächlich passieren würde. Jedenfalls verließ Miles an dem Tag die Eisenwarenhandlung, ohne dass es ihm gelungen war »Bist du schwul, Tony?« in das Gespräch miteinzuflechten.

Damals hatte er zu viel Schiss gehabt, jemand auf *Lookn* tatsächlich eine Nachricht zu schicken oder ein echtes Foto von sich zu posten. Aber heute Morgen in der Putzkammer hatte er sich getraut. Er konnte einfach keine Kacheln mehr zählen oder Jericho-Blane-Pornos gucken oder so viele falsche Sachen über seinen vielleicht sterbenden Bruder denken. Der ihm die Haut gerettet hatte!

Er hatte Rod eine Nachricht geschickt.

Miles verlangsamte seinen Lauf und ging jetzt mit schnellen Schritten, als er sah, wie der Typ an der Fahrerkabine lehnte – sich in Pose geworfen hatte. Er war männlicher als auf seinen Fotos – war er wirklich neunzehn? Er trug ein Bandana um den Kopf und sah aus, als würde er eine Harley fahren.

Bestimmt ist er Mitglied in einer Rockerbande, dachte Miles. Er hatte mal im Fernsehen eine Serie über eine Rockerbande gesehen, wegen des extrem heißen Hauptdarstellers, also wusste er über ihre automatischen Waffen Bescheid. Dass sie Leute lebendig begruben. Leute in Brand steckten. Miles wurde noch langsamer. Er konnte jetzt Rods Gesichtsausdruck sehen, der aussah wie am Weihnachtsabend, als er Miles entdeckte. Miles blieb stehen. Warum machte er das? Er wusste es nicht. Einfach so. Er ging weiter. Mein Gott. Jetzt war er obendrein noch ein (geheimer) Krimineller, der einen Psychiater brauchte und wahrscheinlich von der Schule geschmissen werden würde. Ein Krimineller, dessen (komatöser!) Arschloch-Bruder für ihn ins Gefängnis gegangen war und ein Mädchen von ihm runtergezogen hatte, weil er selbst nicht bei klarem Verstand gewesen war (ahnte Wynton, dass

Miles schwul war?), verhielt sich nach siebzehn Jahren so, als würde er sich tatsächlich etwas aus Miles machen. Wie sollte er damit umgehen?

Warte mal eine Sekunde, sagte Sandro und blieb stehen. *Ist das ein Date? Mit irgend so einem Typ? Ist es! Oh du großer Hund, so eine Lebensentscheidung kann ich nicht stillschweigend hinnehmen, Miles. Miles! Böser Mensch! Böser Miles!*

Es liegt auch eine gewisse Erhabenheit darin, ein Wagnis einzugehen.

Sagt wer?

Ich.

Oh. Gut gesagt. Aber es liegt auch eine gewisse Blödheit darin.

»Hey«, sagte Rod, als Miles näher kam. »In echt noch viel besser. Passiert sonst nie.« Miles versank in Rasierwasser. Rods Hand landete auf seiner Schulter und drückte zu, als würde er eine Melone testen. Miles wusste nicht, wie er ihn begrüßen, was er mit seinen Händen machen sollte. Ob er ihm die Hand geben sollte? Ihn abklatschen? Oh, dafür war es jetzt zu spät. Miles steckte die Hände in die Taschen, erwischte Rod dabei, wie er ihn von unten bis oben musterte. Miles wusste nicht, wo er hingucken sollte. Wo guckten Leute normalerweise hin? Er entschied sich für den Namen des Trucks: *Kenworth*.

In seiner Vorstellung war das besser abgelaufen.

Rod, der tatsächlich Rod (wie Rohr, Rute, Schwanz!) hieß, war durchaus gut aussehend, auf eine kräftige Heißer-Mr-Gelman-Art. Wahrscheinlich konnte er auf dem Rücken eines Pferdes einen Fluss überqueren, wenn er nicht gerade Leute in Brand steckte für seine Rockerbande.

»Kannste auch sprechen, Mann?«

Miles nickte stumm, und Rod lachte. Miles war sich nicht sicher, ob er tatsächlich sprechen konnte, selbst wenn ihm jemand eine Pistole an den Kopf halten würde. Gott, hoffentlich hielt ihm keiner eine Pistole an den Kopf! Weil das hier blöd war, oder? Unglaublich blöd. Er sollte weglaufen. Was wäre, wenn Rod ihn irgendwohin mitnahm und eine Gruppe von Kerlen mit Brechstangen auf ihn wartete? Er kannte das alles zu Genüge aus Filmen und Serien und Zeitungsartikeln und Posts und Büchern. Außerdem, war der Typ überhaupt schwul? Er machte nicht den Eindruck, oder? Aber Miles auch nicht, glaubte er jedenfalls. Nicht, dass Miles wusste, was es bedeutete, schwul zu wirken, nicht wirklich. Er war mal mit dem Bus nach San Francisco gefahren. Im Castro-Viertel hatte er in die Fenster der Bars und Cafés gestarrt und hatte sich wie der hinterste Hinterwäldler aller Hinterwäldler gefühlt. Wie eine Kartoffel mit Ohren und Füßen. Er hatte den nächsten Bus zurück nach Paradise Springs genommen. Und es war noch schlimmer, wenn Miles Filme oder Serien guckte. Er konnte sich dort nirgendwo wiedererkennen. Er war ganz sicher weder amüsant noch ein Paradiesvogel. Musicals oder Mode interessierten ihn nicht. Er war ein schrecklicher Tänzer. Er hasste das Theater. Er hatte keine Ahnung von Musik. Er hasste Eiskaffee! Konnte man am Schwulsein scheitern? Denn vielleicht war das bei ihm so. Mit ein paar schwulen Männern in Büchern konnte er sich identifizieren, aber die waren aus Worten. Wo waren die schwulen Männer, die still und traurig waren, die gerne die ganze Nacht lasen, mit Hunden sprachen und gerne laufen gingen? So wurden schwule Männer nie dargestellt. Eigentlich wurden überhaupt keine Männer je so dargestellt. Würde er lernen müssen, schwul zu sein, so wie er gelernt hatte, der Vollkommene Miles zu sein? Würde er je einfach er selbst sein können? (Mit irgendjemandem, abgesehen von Cassidy und Sandro?) Andere Menschen waren doch bestimmt einfach die, die sie waren, oder?

Über sein schwules Selbst wusste er bisher nur, dass es stumm war.

Rod machte die Beifahrertür auf: »Rein mit dir, Jack.«

Jack?

Halt die Klappe.

Jack!

Bitte sei still, Sandro.

Miles hüpfte auf das Trittbrett. Er hielt kurz inne und überprüfte die Fahrerkabine, suchte nach … er wusste es nicht so recht, nach einer Pistole vielleicht? Einer Machete? Puppenköpfen? Einem Arm? Es stank nach Zigaretten und abgestandenem Essen. Überall lagen Kaffeebecher rum und zerknüllte Fast-Food-Tüten. Wollte er da wirklich einsteigen?

»Na los. Ich beiße nicht«, sagte Rod. »Na ja, schon, wie ich in meiner Nachricht geschrieben habe, aber nur, wenn du das willst.« Er kicherte albern. Okay. Harmlos. Miles kletterte in die Fahrerkabine und setzte sich auf den Beifahrersitz.

Sandro, steig ein.

Vergiss es.

Na komm, ich meine es ernst.

Widerwillig sprang der Hund auf das Trittbrett und dann in den Truck. *Unter Protest, Miles. Und nur, um diesen Vollidioten zu beißen, falls es nötig sein sollte.*

Miles schlug die Tür zu, hielt sich eilig die Hand vor den Mund, um seinen Atem zu überprüfen. Sein Herz raste. Wie lief das überhaupt ab? Sollte er ihm vorher sagen, was er machen und was er nicht machen wollte? Er war noch nicht bereit, bestimmte Sachen auszuprobieren. Nicht mit jemandem, den er gar nicht kannte. Oh Mann. Was zur Hölle machte er hier? Und das, während sein Bruder im Koma lag!

Rod und seine Rasierwasserwolke stiegen ein. Seine Arme waren mit Schmiere oder Dreck überzogen. Miles wollte fragen, wohin sie fuhren, aber noch nicht einmal das kriegte er hin.

»Du bist echt heiß«, sagte Rod.

Hör auf ihn anzuknurren!, sagte Miles zu Sandro.

Er riecht komisch, und ich glaube nicht, dass ihm dein Wohl am Herzen liegt.

Wem liegt das schon am Herzen?

Mir.

Miles streichelte Sandro, und das beruhigte sowohl den Jungen als auch den Hund. Rod streckte die Hand aus, versuchte, Sandro zu streicheln. Der Hund knurrte.

»Mag mich wohl nicht.«

»Er braucht einen Moment.«

Ah, er hatte gesprochen. Jetzt, da seine Stimmbänder wieder funktionierten, fingen er und Rod an zu diskutieren, ob sie den *Hidden Highway* nehmen sollten, doch als er einen Blick aus dem Fenster warf, bot sich ihm ein Anblick: der zehn Meter große Wahnsinnige aus Denver mit dem Zwirbelbart auf einem glitzernden rosa Kinderrad, der über den Parkplatz raste und Miles mit einer Hand zuwinkte.

»Was zum …«

»Was ist denn?«, fragte Rod.

»Nichts, lass uns losfahren.«

Sandro fing an zu bellen. Rod drehte den Zündschlüssel um. Und dann hämmerte es laut gegen Miles' Tür. Miles guckte aus dem Fenster. Der lange Lulatsch hatte das rosa Fahrrad beiseitegeworfen, stand unter ihm, winkte mit beiden Armen wie mit zwei Scheibenwischern und rief: »Miles! Miles Fall! Miles Fall!« Sandro stellte sich auf die Hinterbeine und legte die Pfoten auf den Fensterrahmen.

Wir werden gerettet! Er fing laut an zu bellen.

»Tut mir leid, eine Sekunde«, sagte Miles zu Rod und machte die Tür auf. Sandro schoss hinaus.

»Was zur Hölle? Ist was mit meinem Bruder pass…« sagte Miles zu dem Riesen, mit brennendem Gesicht.

»Oh, was? Nein. Alles in Ordnung, glaube ich, soweit ich das weiß«, sagte er, Felix, so hieß er. Felix zog die Tür ganz weit auf und stellte sich auf das Trittbrett. Er schob sich die Sonnenbrille in die Stirn. Oha. Wieder diese Augen, nun aus nächster Nähe. Der Kontrast zwischen den hellgrauen Iriden und den tiefschwarzen Wimpern war erstaunlich.

Felix warf Rod einen tödlichen Blick zu.

»Hör mal. Will mich nicht dazwischendrängen«, sagte Rod. »Will keinen Ärger. Das ist dein Freund, schätze ich mal?«

»Mein Freund? Nein! Ich kenne ihn noch …« Miles begriff, dass Felix ihn gerade aus dem Auto zerrte, ganz so, als wäre Felix sein eifersüchtiger und ziemlich wild gewordener Freund. Sandro stand mit den Vorderpfoten auf dem Trittbrett. *Raus mit dir, solange du noch kannst, Miles!*

Miles sagte zu Felix: »Warum machst du das?«, was eigentlich die falsche Frage war. Die richtige Frage war, warum Miles das zuließ, nein, Felix sogar dabei half, ihn aus der Fahrerkabine zu ziehen.

»Tut mir echt leid, Rod«, sagte Miles, als Felix ihn eher vom Trittbrett runterlenkte als hievte. Miles machte sich los, zog dabei aber mehr eine Show ab als irgendwas anderes. »Wer bist du?«, sagte Miles zu Felix. »Warum geht dich das irgendwas an? Was ist mit dir los?«

Felix knallte die Autotür zu. Die Sonnenbrille saß wieder auf seiner Nase. »Was mit mir los ist? Was ist mit dir los, einfach bei einem Wildfremden ins Auto zu steigen? Du kennst ihn doch gar nicht, oder?«

Rod ließ den Motor aufheulen und fuhr davon, während Miles herumstotterte, viel zu aufgebracht, um die Ironie des Ganzen in Worte zu fassen, da Felix schließlich auch ein Wildfremder war! Ein riesiger und noch unberechenbarer Fremder in der skurrilsten Aufmachung, die Miles je gesehen hatte. Ganz zu schweigen von dem Schnurrbart!

»Ich weiß, dass du ihn nicht kennst«, schimpfte Felix. »Ich habe eure peinliche Begrüßung gesehen. Nie davon gehört, dass man sich erst einmal an einem öffentlichen Ort trifft? Vielleicht hätte er dich umgebracht? Machst du so was? Das geheime Leben des Highschool-Football-Stars? Hat es alles schon gegeben. Er war vielleicht ein Mörder. Er sah aus wie ein Mörder. Ein Axtmörder. Oder ein Vergewaltiger. Oder ein Kidnapper. Oder ein Würger. Oder vielleicht ein … ach, verdammt.« Er schaute auf. Sein einer Mundwinkel verzog sich. Er zwirbelte seinen irrwitzigen Schnurrbart. »Verdammt, verdammt noch mal, jetzt fällt mir nichts mehr ein.«

»Ein Kannibale«, sagte Miles.

»Oh, wow. Der ist gut. Danke. Ein Kannibale. Vielleicht war er ein Kannibale. Oder … ein Messerstecher.« Er sah Miles an, die Augenbrauen erwartungsvoll über seiner verspiegelten Sonnenbrille hochgezogen.

»Er war vielleicht ein Serienmörder«, schlug Miles vor.

»Oder ein Kettensägen-Massakrist.«

»Vampir.«

»Nie im Leben. Andere Liste«, sagte Felix.

»Okay, ein entkommener Sträfling«, sagte Miles.

»Schön. Um die Ecke gedacht.«

Miles spürte einen Anflug von Stolz.

»Hmm.« Felix Mund verzog sich wieder, während er nachdachte. »Ein Revolverheld.«

»Ein Revolverheld?« Miles schüttelte den Kopf. »Das lasse ich gelten, aber nur gerade noch … Ich bin raus.«

»Ich auch.« Dann prustete Felix, während er sagte: »Ähm, hast du ihn tatsächlich Rod genannt? Im Ernst, der Typ hieß wirklich Rod?« Felix fing an zu lachen. Für so eine riesige Person klang das ganz schön kicherig, und Miles musste sich in die Wange beißen, um nicht zu lächeln, während sie zusahen, wie der Truck langsam die Feuerschneise entlangtuckerte. Was war da gerade passiert? Als wäre der Roman, den er gerade gelesen hatte, mitten im Satz ausgetauscht worden.

Felix beugte sich runter. »Und wer ist das?«

Sandro zog glückliche Kreise um Felix' Füße.

»Das ist Sandro.«

Und dies ist der größte Mensch, der mir je begegnet ist. Bist du sicher, dass er zu deiner Gattung gehört? Er ist riesig, gigantisch, gigantastisch, gigantesk, ein Prachtarsch von einem Mammutmann!

Sandro wedelte mit dem Schwanz, während Felix ihn hinter den Ohren kraulte, und Miles nahm das rosa Fahrrad mit dem geblümten Bananensattel und dem weißen Korb, in den Blumen eingeflochten waren, in Augenschein. »Schicker Schlitten!«

»Ja«, erwiderte Felix, richtete sich auf und streifte mit seinem Kopf fast eine Wolke. »Ich wusste sofort, dass das Rod, dem Kannibalen, das Fürchten lehren würde, als ich es mir ausgesucht habe.« Er zwirbelte seinen Schnurrbart und schürzte dabei die Lippen. Miles bemerkte seine ausgeprägten Wangenknochen, das Grübchen, das mit seinem Grinsen einherging. Dann versuchte er, es zu entbemerken. Er liebte es, wenn ein Typ ein schönes Grübchen hatte.

Während sie zurück zum Fahrradständer gingen, von dem sich Felix das Fahrrad »geliehen« hatte, sagte Felix: »Und, machst du das oft? Ich glaube, du musst mal lernen, dass man nicht mit Fremden mitgeht.«

»Du bist ein Fremder!«, platzte es endlich aus Miles heraus.

»Ja«, sagte Felix mit einer wegwerfenden Handbewegung. »Aber ich bin ich.«

»In den fünfzehn Minuten, seit ich dich kennengelernt habe, hast du mich gestalkt, ein Fahrrad gestohlen und dich fast mit Rod, dem Kannibalen, angelegt. Und außerdem bist du etwa dreimal so groß wie ich.«

»Ja, Alter, aber ich bin ich«, sagte Felix wieder, grinste und zeigte sein Grübchen. Gegen seinen Willen ließ Miles sich davon anstecken und grinste sogar noch breiter. Es war ein wenig beunruhigend, wie charmant dieser Typ war.

Was ist los, Sandro?

Ich glaube, du hast einen Freund gefunden.

Ich habe keine Freunde, abgesehen von dir.

Denk an Cassidy.

Ja.

Außerdem ist er vielleicht queer wie wir, Miles. Ein richtiger schwuler Mensch, nicht nur ehrenhalber wie ich.

So hetero wie sonst was.

Vielleicht bi?

Er ist halt ein Stadtmensch. Ein Hipster oder so was.

Miles wollte nicht zurück ins Krankenhaus, besonders nicht, nachdem der Dekan dagewesen war, und Felix machte nicht den Eindruck, als müsste er irgendwohin, also führte Miles sie den Weg zum Fluss hinunter, bei Luxustemperaturen, die einen nicht länger grillten oder einem die Luft zum Atmen nahmen. Mit Felix den Pfad hinunterzugehen, stellte er rasch fest, war, wie mit einem überschwänglich begeisterten (durchgeknallten!) Naturführer unterwegs zu sein. Ständig blieb er stehen, um das, was er sah, mit einem Freudenschrei oder Jauchzen zu kommentieren. Miles musste sich immer wieder das Lachen verkneifen, wenn er »Wooooooooow« beim Anblick eines Mammutbaumes ausrief, »Heeeiiiiiilige Scheiße!« bei einer Gruppe bemooster Eichen, die wie gebeugte alte Männer im Kreis standen, »Abgefaaaaaahren!« bei den Bougainvilleen, die vor roten und violetten Blüten geradezu explodierten, »Verdammt, hast du das gesehen?« beim Sonnenlicht, das von den feuchten Felsen zurückgeworfen wurde.

»Wie alt bist du eigentlich?«, fragte Miles, als es ihm gelang, Felix zwischen seinen begeisterten Ausrufen zu erwischen.

»Neunzehn, hab letztes Jahr ein Jahr lang ausgesetzt, und um gleich deine nächsten Fragen zu beantworten, ich bin knapp über zwei Meter groß, und nein, ich spiele kein Basketball.«

Das hatte Miles tatsächlich als Nächstes fragen wollen.

»Du bist den ganzen Weg von Colorado hierhergekommen, um bei meiner Mutter im Restaurant zu arbeiten?«

»Sozusagen«, antwortete Felix, aber Miles konnte ihn nicht bitten, das weiter auszuführen, weil Felix von einem Habicht abgelenkt war, der über ihnen seine Kreise zog. »Siehst du den, Mann?«

Die drei schlenderten zwischen den Bäumen hindurch, während Felix immer wieder vor Freude aufschrie und Sandro im Gebüsch irgendwelches Getier jagte. Miles versuchte, nicht laut über Felix' Ausbrüche zu lachen, während er anfing, in Gedanken seine Familiengeschichte umzuschreiben, mit Wynton als dem Helden anstatt dem Bösewicht. Einen leichtsinnigen Augenblick lang stellte er sich vor, er hätte als kleiner Junge nicht seinen Geschwistern von der Treppe aus hinterherspioniert, sondern stattdessen mit ihnen auf dem roten Sofa rumgegammelt, zusammen mit ihnen Filme geguckt und gepuzzelt, sich gegenseitig mit Kissen gehauen. Und dann fand er sich mitten in einem Kitschfilm wieder: Zurück im Krankenhaus würde er seine Hand auf Wyntons Brust legen, und Wynton würde die Augen öffnen, seine ersten Worte: »Kleiner Bruder.«

Nein. Miles wand sich, schüttelte es ab. Wynton war eine Giftschlange, die jederzeit zubeißen konnte. Was spielte es für eine Rolle, dass er sich ein einziges Mal in siebzehn Jahren brüderlich verhalten hatte? Er hatte Miles terrorisiert. Ihn aus seiner eigenen Familie rausgeschmissen, aus seinem eigenen Leben.

»Alles okay?«, fragte Felix. Miles merkte, dass er stehen geblieben war und auf seine Füße starrte. Er blickte auf. Felix hatte sich die Sonnenbrille in die Stirn geschoben, und wieder einmal raubten diese unglaublichen Augen Miles den Atem – die Farbe von nassem Schiefer, dachte er, nein nein, oh nein, seine Augen hatten *die Farbe von Nebel* wie die von dem verfluchten Jericho Blane! Nur noch umwerfender wegen der Intensität von Felix' Röntgenblick, der ihn gerade durchbohrte, dafür sorgte, dass in Miles' Innerem Dinge verschoben wurden, sein Nacken heiß wurde. Hatte Sandro vielleicht doch recht? Also, würde ein Hetero einen Schwulen derart beäugen? Nicht in seiner Schule, da nicht. Er wollte auf keinen Fall weggucken, also machte er genau das.

Außerdem, wieso war ihm nicht sofort aufgefallen, wie gut Felix aussah – sein Outfit musste ihn durcheinandergebracht haben, der Schnurrbart, diese seltsame erste Begegnung. Doch nun, tja. Heißer Herkules hatte auf jeden Fall Anziehungskraft. Der Typ sah aus, als würde er drei andere Typen zum Frühstück verspeisen. Es gab so viel von ihm, das man sich nackt vorstellen konnte – was Miles gerade tat. Stimmte das eigentlich, was man über die Größe von Füßen behauptete? Weil: Wow.

»Alles gut«, sagte Miles.

Felix lächelte, setzte seine Sonnenbrille wieder auf und ging weiter den Pfad entlang. Miles lief hinterher, dachte daran, wie Felix ein Kinderfahrrad geklaut hatte und sich dann praktisch in den Truck gedrängelt hatte, um Miles rauszuzerren. Sollte er deswegen sauer sein? War er nicht. Beschämt? Nicht das kleinste bisschen. Sollte er jetzt ausflippen, weil Felix, abgesehen von Nico, dem Saucier, und Rod, dem Kannibalen, der erste Mensch war, der wusste, dass er schwul war? Würde er nicht. So überhaupt nicht. Tatsächlich fühlte er sich ein wenig leichter, erleichtert. Wahrscheinlich wäre es mit Rod schon gut gegangen, aber vielleicht wäre es Miles danach nicht gut gegangen? Vielleicht war es eine schlechte Idee gewesen. Miles schloss zu Felix auf. »Also, ähm, danke, dass du …« Er wollte sagen, »dass du dich um mich gekümmert hast«, doch das klang derart schmalzig, dass er es sich verkniff.

Felix nickte, als hätte er es trotzdem gehört und legte dann eine – freundschaftliche? – Hand auf Miles' Schulter. Miles hatte bisher nicht gewusst, dass er so viele Nervenbahnen in seinem Körper hatte. Oh Mann. Ein Bienenschwarm ließ sich in seinem Magen nieder. Er konnte es spüren.

Ruhe in Frieden, Miles Fall, dachte er, während Felix seine Hand wegnahm und sie tief in den Wald hineingingen.

Die herzzerreißende Liebesgeschichte von Alonso Fall und Sebastian Ortega nimmt ihren Anfang

(die Cassidy Felix auf der Fahrt nach Paradise Springs eine Woche vorher erzählt hat)

Damals in der Zeit für alle Zeiten, war Alonso zwölf Jahre alt und lustwandelte einen ruhigen, waldigen Weg entlang, als er einen Blick über eine Steinmauer warf und einen Jungen erblickte, der unter einem Baum in einem Rosengarten las. Der Junge hatte lange blonde Locken, einen ganzen Wasserfall davon, und seine Augen waren so versonnen, wie die von Leuten auf Gemälden, die gen Horizont blicken. Seine Wangen waren sommersprossig von der Sonne. Er war so sehr in sein Buch vertieft, dass er sich nicht einmal rührte, als ein Schmetterling auf seinen Wimpern landete. Alonso kletterte auf einen Baum, damit er den Jungen unbemerkt beobachten konnte, und erst da ging ihm auf, dass der Körper des Jungen nicht den Boden berührte.

Ein schwebender Junge.

Der schwebende Junge las und las, und Alonso starrte und starrte ihn an, bis die Stimme eines Mannes aus dem Steinhaus zu hören war. »Sebastian, leg dein Buch weg! Deine Schwestern haben sich schon vor einer Stunde auf den Weg zur Schule gemacht.« Der Junge – *Sebastian* – kam auf die Füße, was nicht hieß, dass seine Füße nun den Boden berührten. Alonso sah, wie ein alter Mann in den Garten kam. Er gab Sebastian zwei große Steine und mit offenem Mund beobachtete Alonso, wie Sebastian, nun mit einem großen Stein in jeder Hand, allmählich zu Boden sank.

Der alte Mann war mager und bleich, gebückt und spindeldürr. Er sagte zu dem Jungen: »Behalte die in der Schule die ganze Zeit in deinen Taschen. Nicht dass du mir, wie deine Mama, zum Himmel aufsteigst.«

»Mach dir keine Sorgen, Papa«, sagte der Junge mit gelassener und liebevoller Stimme. Er lächelte seinen Vater an. So ein Lächeln hatte Alonso noch nie zuvor gesehen, so offen und unbefangen, so *holdselig*. Irgendetwas in seiner Brust lockerte sich. Auf Sebastians Vater schien es dieselbe Wirkung zu haben, er tätschelte dem Jungen den Kopf und sagte: »Mein süßer Junge.«

Alonsos Leib und Seele zogen sich zusammen. So einen gütigen Vater zu haben.

Sebastian ging zum Tor, öffnete es und lief dann den Weg hinunter, hielt sich mit einer Hand das Buch vors Gesicht, völlig versiert darin, gleichzeitig zu lesen und zu gehen.

Seine Schritte waren sehr ungewöhnlich, mehr ein Hüpfen als ein Gehen.

Alonso folgte Sebastian verstohlen, der nun, im Schutz der Bäume, die Steine aus seiner Tasche nahm und zu Boden warf, und dann lesend weiterging, nur tat er das jetzt ein paar Zentimeter über dem Boden.

Es wurde Alonso zum Ritual. Jeden Morgen, bevor der Hauslehrer kam, schlich er sich den Hügel hinab, huschte durch das Dorf, bog in den Weg ein und kletterte auf einen Baum, um den schwebenden Jungen lesend im Garten zu beobachten und ihm schließlich durch den Wald heimlich zur Schule zu folgen.

Dann, eines Morgens, ein Stück des Weges entlang, in einem dichten und schattigen Teil des Waldes, drehte sich der schwebende Junge um und sagte in die Luft: »Warum gehst du mir jeden Tag nach? Ich kann dich nicht sehen. Ich kann dich nicht hören. Doch alles ist heller, wenn du in der Nähe bist. Ich kann mein Buch besser lesen. Ich weiß, wer du bist. Du bist der Junge aus der Zeit des Lichts.« (So nannten die Dorfbewohner die Geburtsstunde Alonsos und die darauffolgenden Jahre.)

Versteckt hinter einem Baum, beschloss Alonso, dass die beste Vorgehensweise wäre, sich hinzuhocken, die Augen zu schließen, den Kopf zwischen die Knie zu stecken und in Panik auszubrechen. Als er ein paar Augenblicke später hochschaute, war er überrascht, das sommersprossige Gesicht des Jungen mit demselben sanften Lächeln auf sich runtergucken zu sehen. Alonso hatte ihn nicht kommen hören, weil der Junge keine Schritte machte.

Sebastian streckte Alonso die Hand entgegen, und als Alonso danach griff, schwebte er zu seiner Verwunderung auch ein paar Zentimeter nach oben.

Die Jungen lächelten einander an.

Von nun an nannten die Leute im Dorf die beiden »die Unzertrennlichen«.

Einen besten Freund zu haben, war für Alonso wie eine geheime Truhe voller Himmel und Flüsse und unendlicher Sommernachmittage zu besitzen.

Bald schlossen sie auf einer Wiese Blutsbrüderschaft. Unter der leuchtenden Sonne schnitten sie sich in die Finger und drückten sie aufeinander.

»Wie lange müssen wir sie gegeneinanderdrücken, um Brüder zu werden?«, fragte Sebastian.

»Ich glaube sehr lange. So eine Stunde lang«, sagte Alonso, und Wärme flackerte in ihm auf und strömte durch ihn hindurch.

»Fühlst du das?«, fragte Alonso Sebastian.

»Was denn?«

»Ich weiß es nicht«, sagte Alonso, doch er wusste es ganz genau. Das war der Augenblick, in dem er es wusste.

Tag für Tag hörte Alonsos schrecklicher Bruder Hector durch die Wand, wie Alonso und Sebastian redeten, lachten und ohne, dass er es wusste, durchs Zimmer schwebten. Hector schäumte vor Wut, dass Alonso, der nach Hectors Fleischklops-Auffassung sowieso schon alles besaß, nun auch noch einen besten Freund hatte. Das war mehr, als Hector ertragen konnte. Sein Neid, der ihn wie einen Hunger geplagt hatte, verwandelte sich nun in tatsächlichen Hunger. Er nahm einen Bissen aus der Wand. Dann noch einen. Das sorgte dafür, dass er sich besser fühlte.

Das war der Tag, an dem Hector anfing, das Haus aufzuessen.

Obwohl die Unzertrennlichen sich, abgesehen von ihrer Haarfarbe, ein wenig ähnlich sahen, waren sie das nicht. Wo Alonso ruhelos und wagemutig war, war Sebastian sanft und vorsichtig. Wo Alonso im gegenwärtigen Moment schon ungeduldig auf den nächsten wartete, war Sebastian derart gelassen, dass er einem das Gefühl gab, jeder Augenblick würde ewig währen.

Wo Alonso große Träume hatte, war Sebastian verträumt.

Eines Tages machte sich Alonso vom Dorf durch den Wald auf den Weg nach Hause, einen Ochsenfrosch in jeder Hand, mit denen er gerade zusammen mit Sebastian ein Wettrennen hinter der Bäckerei veranstaltet hatte. Am Bach setzte er die Frösche auf einem Felsen ab und scheuchte sie gerade zurück in ihr Froschleben, als ein Schatten über ihn fiel, und er bemerkte, dass jemand hinter ihm stand.

Jemand von beträchtlicher Größe, als hätte er ein Haus gegessen.

Es passierte alles so rasch.

Alonso drehte sich um und sah seinen Bruder Hector, nun weit über zwei Meter groß und fast zwei Meter breit, der über ihm aufragte, eine Steinplatte in den Händen.

In mörderischer Absicht ließ er sie auf die zwei Frösche fallen.

Ohne nachzudenken, stürzte Alonso sich auf Hectors Beine, erwischte ihn kalt und trotz Hectors Größe warf Alonso ihn um. Alonso fing an, auf ihn einzuschlagen, wutentbrannt angesichts seiner Brutalität den Fröschen gegenüber, ganz zu schweigen Alonso gegenüber, seit dem ersten Tag.

»Wie konntest du das tun?«, rief Alonso.

Und: »Du bist ein Monster, genau wie dein Vater!«

Und schließlich: »Deine Mutter ist eine Prostituierte, die dich im Stich gelassen hat!« Weil er dem Tratsch der Köchin gelauscht hatte.

Auf Hectors Reaktion war er allerdings nicht vorbereitet. Mit zusammengebissenen Zähnen rief Hector: »Wenigstens ist mein Vater nicht tot!« Denn auch er hatte dem Tratsch der Köchin gelauscht.

»Was?«, fragte Alonso, völlig verständnislos und hörte auf, ihn zu schlagen.

Hector setzte sich auf, schubste Alonso mit Leichtigkeit von sich weg. »Dein Vater ist auf einem Schiff nach Amerika gestorben. Auf dem Weg zu einem schrecklichen Ort namens Kalifornien.« Dann ergänzte er, als wäre das die schlimmste aller Beleidigungen: »Er war ein *Poet*.«

Genau wie bei seiner Geburt, fing Alonso an zu leuchten, strahlte in alle Richtungen Helligkeit aus, als wäre er die Sonne.

Geblendet von dem Licht wuselte Hector davon, ein über zwei Meter großes Insekt.

Stimmte das? War Diego de Falla gar nicht sein Vater? War Hector de Falla gar nicht sein Bruder? Je länger Alonso darüber nachdachte, desto heller leuchtete er.

Er suchte seine Mutter im Garten auf.

»Erzähl mir von meinem echten Vater«, bat Alonso.

»Auf diesen Augenblick habe ich gewartet«, erwiderte Sofia und schirmte ihre Augen vor dem grellen Licht ihres Sohnes ab. Sie erzählte Alonso alles. Wie ein Poet namens Esteban zwei Monate vor ihrer Hochzeit mit Diego ins Dorf geritten kam (eine Hochzeit, die ihr Vater befohlen hatte und gegen die sie sich mit Leib und Seele gewehrt hatte). Sie hatte einen Blick auf Esteban geworfen, und er auf sie, und sie war zu ihm aufs Pferd gestiegen und die beiden galoppierten davon, folgten dem Mond auf seinem Weg über das Himmelszelt, redeten die ganze Nacht lang, ihre Seelen so ineinander verschlungen, sodass sie nichts mehr trennen konnte, nicht einmal der Tod.

»Manchmal lebt man in einer einzigen Woche mehr als in einem gesamten Leben«, sagte sie zu Alonso und zeigte ihm den Saphirring mit Diamanten an ihrem Finger. »Den hat mir Esteban gegeben, als er mich gefragt hat, ob ich ihn heirate. Das einzig Wertvolle, was er besessen hat.«

Ihr geheimer Plan war es gewesen, erzählte sie Alonso, als blinde Passagiere ein Schiff nach Kalifornien zu nehmen, doch Diego, ihr Verlobter, kam dahinter und tauchte am Hafen mit einer Bande auf. Die Männer hatten sie aus Estebans Armen gerissen, ihrem Schicksal entrissen. Sie rollte die Ärmel ihres Kleides hoch und entblößte Fingerabdrücke auf ihren Armen. »So sehr hat sich Esteban an mir festgehalten. Die Abdrücke sind nie verschwunden. Er hält mich immer noch fest, Alonso.« Dann erzählte sie ihrem Sohn, wie sie Esteban aufs Schiff gezwungen hatten, wie er ihren Namen gerufen hatte, bis sie ihn knebelten, wie sie ihn im Frachtraum gefesselt hatten, wo er langsam verhungerte. Ein grausamer Tod. Sie sagte, dass sie auch fast gestorben wäre, vor Trauer, hätte sie nicht festgestellt, dass sie schwanger war, Estebans Baby erwartete, Alonso.

Mich, dachte Alonso. Das ist, wer ich bin.

Alonso und seine Mutter bemerkten nicht, wie die Zeit verging, doch während sie von Esteban erzählte, wie stolz er auf Alonso wäre, auf *seinen Sohn*, wurde sein Brustkorb breiter. Er wuchs um einige Zentimeter, der Schatten eines Schnurrbarts war auf seiner Oberlippe zu sehen, seine Stimme wurde tiefer, und als sie schließlich aufhörten zu reden, waren drei Jahre vergangen, und Alonso war sechzehn Jahre alt.

Hand in Hand verließen sie den Garten.

»Kannst du ihn dort drüben sehen?«, fragte seine Mutter, und zum ersten Mal sah Alonso den Geist seines Vaters.

»Manchmal finde ich Zettel mit Gedichten von ihm«, erzählte ihm seine Mutter.

»Und was steht da drauf?«, fragte Alonso, der sich noch nicht ganz an seine tiefe Stimme gewöhnt hatte.

»Sie sind leer«, erwiderte sie. »Doch das bedeutet nicht, dass sie nicht zu mir sprechen.«

Alonso verließ seine Mutter und ging den Hügel hinab, um sich mit Sebastian wiederzuvereinigen. Die zwei Jugendlichen mit ihren seltsamen neuen Körpern, ihr Verstand und ihre Herzen nun älter und komplexer, nahmen sich gegenseitig in Augenschein. Alonso bemerkte die breitere Brust seines besten Freundes, wie groß er geworden war, seine tiefe Stimme, das gleiche Lächeln, als würde der Mond hindurchscheinen. Als sie sich umarmten, griff Alonso Sebastian in die Tasche und holte einen großen Stein heraus, machte dasselbe mit der anderen Tasche und so schwebten die Jungen nach oben, nicht nur ein paar Zentimeter, sondern hoch in den Himmel, damit sie für sich sein konnten.

Wochenlang blieben sie dort oben. Und als sie schließlich wieder auf den Boden kamen, würde sich alles für sie verändern.

»Ich werde Esperanza bitten, mich zu der Tanzveranstaltung zu begleiten«, sagte Sebastian, als sie eines Abends vom Café nach Hause gingen. Diese Worte trafen Alonso mitten ins Herz, aber er ließ sich nichts anmerken. Er war es inzwischen gewohnt, dass sein Körper unverhältnismäßig auf Sebastians Worte reagierte. Manchmal, wie in diesem Moment, sagte Sebastians etwas Unverfängliches, wie dass er Esperanza zum Tanz einladen wollte, und Alonso war überzeugt, seinen letzten Atemzug zu tun.

»Ich habe noch nie ein Mädchen geküsst, Alonso«, sagte Sebastian. »Du aber schon.«

»Nie?«, fragte Alonso, unsicher, wo dieses Gespräch hinführen würde.

»Ich dachte, du könntest es mir beibringen.«

Alonsos Herz hörte auf zu schlagen. »Wie man küsst?«, fragte er. Wahrlich, Alonso wusste nicht, ob er in diesem Moment noch am Leben war oder nicht.

»Oh«, murmelte Sebastian, der meinte, Missfallen in Alonsos Gesichtsausdruck zu sehen, wo es doch eigentlich Glückseligkeit war. »Ich weiß nicht, warum ich das gesagt habe, Alonso, wie konnte ich so was sagen? Ich …« Dann verzichtete Sebastian auf weitere Worte, rannte stattdessen nach Hause und ließ Alonso allein auf der mondbeschienenen Straße zurück.

Alonsos Beine zitterten so sehr, dass er keinen Schritt gehen konnte. Er setzte sich mitten auf die Straße und versuchte, seinen fliegendem Atem zu beruhigen, sein klopfendes Herz. Er wusste zwar, was es hieß, glücklich zu sein, doch nicht so. Er würde Sebastian küssen! Er überlegte und überlegte, wie er es anstellen wollte und was wohl danach passieren würde und danach. Trunken vor Glück kam er auf die Füße und rannte mit wackeligen Beinen so schnell er konnte zu dem Steinhaus. Sein Blut wallte, während er das Spalier hochkletterte und durch das offene Fenster in Sebastians Zimmer. Er setzte sich an Sebastians Bett. Sein Freund schlief bereits, große Steine auf der Brust, damit er nicht davonschwebte. Die Vorfreude verzehrte Alonso, bis er es nicht mehr aushielt, nicht mehr aushielt, nicht mehr aushielt.

Ganz sanft berührte er Sebastians Mund mit seinem Zeigefinger, und Sebastian schlug die Augen auf.

»Ich will dir beibringen, wie man küsst«, sagte Alonso. Das Licht des Mondes schien ins Zimmer, ergoss sich über sie beide. Sie starrten einander an. Alonso konnte ihre beiden Herzen hören.

Sebastians Gesicht war ernst. »In Ordnung.«

Als ihre Lippen aufeinandertrafen, fing die Welt an, hin und her zu schaukeln.

Die lichterfüllte wunderschöne Welt.

Sebastian bat Esperanza nie zum Tanz.

Von nun an konnten die beiden Jungen die Hände nicht voneinander lassen. Sie schlichen sich in das Hinterzimmer der Bäckerei, rannten in den Wald, zogen sich gegenseitig hinter irgendwelche Türen. Obwohl ihnen in den Sinn gekommen war, ihre neue Liebschaft zu verbergen, kam ihnen beiden nie in den Sinn, dass es falsch sein könnte, denn noch nie in ihrem gesamten Leben hatte sich etwas so richtig angefühlt. Es sorgte dafür, dass Alonso sich heilig fühlte, heiliger sogar als in der Kirche. Oder irgendwo anders.

Ihre Leidenschaft wuchs und wuchs.

Eines Tages war Alonso nicht mehr in der Lage, es für sich zu behalten, und erklärte Sebastian seine Liebe, indem er die entsprechenden Farben verwendete, da sich bei Alonso die Sinne vermengten, sodass für ihn Wörter in Farbe erschienen. Sein Hauslehrer hatte das entdeckt. Für ihn hieß *Ich liebe dich*: *lila grün blau*. Das wurde ihr Geheimcode.

Wenn Menschen die Traumata ihrer Vorfahren in sich tragen, ergibt sich daraus nicht, dass das auch für ihre Glückseligkeiten gilt? Wenn der Schmerz von Generation zu Generation weitergetragen wird, gilt das dann nicht auch für Freude und Wonne? Wenn ein Fluch eine Familie für alle Zeiten verfolgt, gilt das dann nicht auch für die Segnungen, die ihnen zuteilwerden?

MILES

Miles hatte immer noch kein Interesse daran, ins Krankenhaus zurückzukehren – Felix war ein Ausweg aus all dem Kummer und Elend, und er würde ihn nehmen. Er gab Miles das Gefühl, dass mehr Luft in der Luft lag. Die beiden wanderten durch den Wald, Sonnenlicht strömte durch die Bäume und über den Waldboden, während Sandro neben ihnen her tappte.

Er ist … immer so begeistert von allem, nicht, Sandro?

Er ist ein himmelhoch jauchzendes Menschenkind.

Ja! Himmelhoch jauchzend.

Wahrscheinlich ist er ein Freudetaumelnder, so wie viele von uns Hunden. Das ist unsere vorherrschende Religion.

Hunde haben eine Religion?

Aber klar.

Ja, Miles war sich zunächst sicher gewesen, dass Felix hetero war, doch nun fragte er sich wieder, ob Sandro nicht doch recht hatte. Denn warum hatte er Miles so intensive Blicke zugeworfen – so hungrige? – im Eingang des Krankenhauses und noch ein paarmal danach? Warum hatte er behauptet, dass Miles leuchten würde? (So seltsam, egal, was Sandro dazu gesagt hatte.) Warum war er Miles nachgegangen? Und Miles aus dem Truck zu ziehen, war das nicht die Fick-Bremse des Jahrhunderts gewesen? Und dieser Hand-auf-der-Schulter-Augenblick? Was bedeutete das? Und obendrein noch sein ausdrucksstarker (irrer) persönlicher Stil. Miles hatte das darauf zurückgeführt, dass er ein Stadtmensch war oder eine durchgeknallte Persönlichkeit, aber was wusste Miles schon. Vielleicht zogen sich schwule Männer in Denver so an? Sein Schwulenradar war eindeutig unzuverlässig (nicht vorhanden), weil er sein ganzes Leben in der Provinz verbracht hatte.

Und da war noch etwas, das ihm allmählich an Felix auffiel. Manchmal verdüsterte sich sein Gesicht, als wäre er ins Land der Finsternis abgetaucht oder als hätten sich seine Gedanken im tiefsten Dickicht verfangen. Miles witterte Geheimnisse, Geschichten.

»Du bist also den ganzen Weg von Denver hierhergekommen, um bei meiner Mutter im Restaurant zu arbeiten?«, fragte er ein weiteres Mal und hoffte, diesmal eine klarere Antwort zu bekommen als *Sozusagen*.

Gedankenverloren ließ Felix seine Handfläche über die Zweige streifen, während er daran vorbeiging.

»Vom Restaurant deiner Mom habe ich erst auf der Fahrt hierher gehört«, sagte er. »Das Mädchen, das mich mitgenommen hat, hat aphrodisierende Soufflés und einen Michelin-Stern erwähnt. Das war's. Da hatte sie mich.« Felix wandte ihm sein Gesicht zu, und Miles konnte sich verzerrt im Spiegel seiner Sonnenbrille sehen. »Chef Finn und deine Mom sind wohl schon seit einer Weile auf der Suche nach einem Saucier, also hatte ich Glück.«

Miles' Herz machte einen Satz. Felix hatte Nicos Stelle übernommen? Kühlraum-Kuss-Nico. Das musste etwas bedeuten!

Als der Pfad immer schmaler wurde und Felix voranging, dichtete Miles den Kühlraum-Kuss um, mit Felix in der Hauptrolle. Nun war es Felix, der aus den Schatten an ihn herantrat, sich in seiner ganzen Länge von über zwei Metern von hinten an Miles drückte, seine Hand auf seine Schulter legte. »Darf ich dir Gesellschaft leisten?«, würde er Miles ins Ohr flüstern und die Welt in Brand stecken. Dann das dumpfe Geräusch der zufallenden Tür. Felix, der Miles an die Wand schob, eine Hand auf Miles' Brust, die andere an seinem Gürtel, ihn öffnete, Miles' Jeans mit Leichtigkeit aufknöpfte. Miles schloss die Augen.

Das will ich nicht wissen, Miles! Ich bin auch noch da.

Tut mir leid.

Sandro verschwand zwischen den Bäumen. Miles' Herz hämmerte in seiner Brust. Mann, musste er mal runterkommen.

»Kein College?«, fragte er und versuchte, sich aus dem Fiebertraum zu befreien, in dem er nun gefangen war.

»Hab ein Jahr freigemacht, um Erfahrungen zu sammeln«, sagte Felix, nicht wissend, wie ungestüm ihre Lippen gerade in Miles' Vorstellung aufeinander getroffen waren, wie die Leidenschaft ihr Blut in Wallung gebracht hatte. »In so einem verboten hippen Restaurant in Denver gearbeitet. Hab ewig gebraucht, um meine Eltern – beides Professoren – davon zu überzeugen, dass ich das College sein lasse und stattdessen auf die Kochschule gehe.«

»Wie hast du es hingekriegt?«

»Ein französisch-mexikanisches Zwölf-Gänge-Menü – mein echter Großvater war Mexikaner, und mein Traum-Großvater ist Auguste Escoffier, also ist das mein Ding. Ich und mein Kumpel haben Monate gebraucht, um das Menü zusammenzustellen.«

Ein Kumpel? Was für ein Kumpel?, fragte Miles sich. Stattdessen fragte er ihn: »Also gehst du auf die Kochschule?«

»In zwei Wochen sollte es losgehen«, sagte Felix. »Ich hab's mir anders überlegt. Frag nicht.«

Miles wollte das gerade tun, als ein Kaninchen vor ihnen über den Pfad hüpfte. Felix blieb stehen, und Miles dann auch. Felix warf einen Blick auf das Kaninchen und dann zurück zu Miles. »Siehst du das auch?«

Miles lachte.

»Alter!« Felix' Flüstern war lauter als seine normale Stimme. »Guck dir die Ohren an! Wusste gar nicht, dass Kaninchen so lange dödelige Ohren haben, du?« Auch mit der Sonnenbrille auf der Nase war deutlich, dass Felix wieder einmal himmelhoch jauchzte. Sandro hatte es haargenau getroffen.

»Wusste nicht, dass Karnickel so, ich weiß nicht, so … karnickelig sind.« Er fuchtelte mit den Armen wie ein kleines Kind. »Ich will es mal halten.« Mit einem Mal stürzte sich Felix auf das Kaninchen, vollführte einen gewaltigen Sprung, der mit einem kolossalen Bauchklatscher auf dem Pfad endete, ein gestrandeter Wal, der mit seinen riesigen Händen in die Luft griff, als das Kaninchen ins Gebüsch flüchtete. Bei diesem absurden Anblick musste Miles all seine Selbstbeherrschung aufbringen, um keinen hysterischen Lachanfall zu bekommen. Er hielt sich die Hand vor den Mund, biss sich in die Wange und versuchte, ruhig zu bleiben, weil sein Körper anfing zu zittern. Er wusste, dass er jetzt eigentlich fragen sollte: »Alles in Ordnung?«, doch er wagte es nicht, den Mund aufzumachen. Als Felix sich dann auf den Rücken rollte, sagte: »Ich dachte, ich hätte den kleinen Scheißer« und selbst anfing zu lachen, nahm Miles die Hand vom Mund, prustete und schüttete sich aus vor Lachen. Felix' Sprung, seine spektakuläre Bruchlandung zusammen mit der Tatsache, dass der Typ so freimütig, so vorbehaltlos über sich selbst lachte, war so mitreißend, dass es Miles irgendwohin brachte, wo er zuvor noch nie gewesen war, dorthin, wo es weder Verlegenheit noch Unbehagen gab, und radierte für ihn eine Welt voller Krankenhäuser und Komas und Müllcontainer und Monstermasken und Besuche von Dekanen aus, bis er vornübergebeugt dastand, nach Luft rang und Felix sagte: »Kann nicht glauben, dass ich so ein kleines Häschen nicht fangen konnte!«, während er mit der Hand auf den Boden schlug. Beiden gelang es nicht, von diesem Karussell der Heiterkeit abzuspringen, und so ging es immer weiter rund und rund.

Als sie sich schließlich beruhigten, war Miles überzeugt davon, dass all das Blut in seinem Körper durch eine neue Ladung ersetzt worden war, überzeugt davon, dass wenn er in den Spiegel schauen würde, er sich selbst nicht sehen würde. Noch nie hatte er so sehr gelacht. Machten andere Leute so was dauernd? Es fühlte sich so viel inniger an als das, was er noch ein paar Augenblicke zuvor zwischen sich und Felix im Kühlraum heraufbeschworen hatte.

Eine Tür in Miles' Innerem – eine, von der er gar nicht gewusst hatte, dass sie da war – schwang auf.

Er wusste, dass er allmählich zurück ins Krankenhaus sollte, aber das wollte er nicht. Nie wieder.

Sandro kam zu ihnen gelaufen, und nachdem er sich ein Bild der Lage gemacht hatte, rollte er sich in dem Spalt zwischen Felix' Arm und Brust zusammen. Wie ein wirrer Heiligenschein lag Felix' Haar ausgebreitet auf dem Boden, gespickt mit Piniennadeln. Er schenkte Miles ein warmes Lächeln. »Kommst du dazu?«

Ähm. Ja!, dachte Miles, aber wusste nicht, wie Felix das meinte. War das etwas, was Heteros machten? Sich im Wald zusammen auf den Boden legen? Wie sollte er das wissen? Würde da mehr draus werden? Er wollte mehr. Er wollte, dass ihre Körper wie heißes Wachs zusammenschmolzen. Doch wie nah sollte er sich neben ihm niederlassen? Miles setzte sich steif einen knappen halben Meter entfernt hin und ließ sich auf den Rücken fallen. Lag dann da wie ein Brett. Ein ganz steifes Brett. Er traute sich nicht, Felix anzusehen, zu gucken, wie nah ihre Hände beieinanderlagen, ihre klopfenden Herzen. Völlig bewegungslos lag er da, bis ihm ein paar Minuten später auffiel, dass es sich anfühlte, als würde die Erde ihn halten. Er atmete den Duft der Pinien und des Flusses ein, grub seine Hände in die lehmige Erde und bald entspannte sich sein Körper zum ersten Mal seit … tja, zum ersten Mal überhaupt, und die beiden blieben so liegen, Seite an Seite unter den Bäumen, in geselligem Schweigen, blickten durch die Äste in den blauen Himmel und die Baiser-Wolken. Auch das hatte er noch nie zuvor mit irgendjemand gemacht. Es hatte etwas Heimliches, Inniges an sich, so wie ihr Gelächter. Er hatte gar nicht gewusst, dass man einfach so mit jemandem so innig verbunden sein konnte.

Miles begriff, dass er irgendwie sein altes Leben verlassen und ein neues betreten hatte, ein viel besseres. Er schloss die Augen, hatte das Gefühl, er und Felix würden zusammen in der Luft schweben. Er hätte gerne in sein Sudelheft geschrieben: *Diese Welt birgt in sich eine geheime. Ein Wind hat uns hierher geweht.* Einen Augenblick später sagte Felix: »Früher ging es mir um Bierpong und wie man das Rezept eines Rührkuchens so anpasst, dass er nicht in sich zusammenfällt, und nun geht es mir nur um das Schöne.«

Oha. Aus heiterem Himmel. Und ein hervorragender letzter Satz für seine Worte. Ein Gedicht. Viel besser als Miles' Zeilen. Das wollte er auch in sein Sudelheft schreiben. Oder aufessen. Wenn er doch bestimmte Worte, bestimmte Sätze zu sich nehmen könnte. Es fühlte sich auch an wie eine Art von Eingeständnis, aber was Felix sich da eingestand, wusste er nicht. Er wusste nicht, wie er reagieren sollte. Schließlich sagte er: »Ist etwas passiert?«

Felix gab keine Antwort. Miles richtete sich auf die Ellbogen auf, um ihm heimlich einen Blick zuzuwerfen. Felix hatte die Sonnenbrille abgesetzt, seine Augen waren geschlossen, seine Stirn zerfurcht, sein Gesichtsausdruck bekümmert. Felix teilte sich seine Zeit eindeutig zwischen himmelhoch jauchzend und zu Tode betrübt auf, und Miles wollte wissen, warum.

Er legte sich wieder auf den Rücken, stimmte sich auf das Rauschen des Flusses in der Ferne ein und versuchte, sich einen Moment lang nicht zwanghaft mit Felix zu beschäftigen. Er ließ seine Gedanken schweifen, und sie schweiften zu Wynton, zu Madisons Offenbarung. »Mein Bruder war immer ein Arsch«, sagte Miles zum Himmel und hatte dabei das Gefühl, seine Gedanken mit dem ganzen Wald, samt Felix, zu teilen. »Aber ich habe vor

Kurzem richtig Scheiße gebaut und habe gerade herausgefunden, dass er den Kopf für mich hingehalten hat. Er ist für mich ins Gefängnis gegangen.«

»Ins Gefängnis?«, sagte Felix. »Was hast du getan? Alter. Echt jetzt, ins Gefängnis? Oha. Hinter Gittern.« Er hielt inne. »Kittchen.«

Miles lächelte. Das wieder. »Bau«, schlug er vor.

»Knast.«

»Zuchthaus.«

»Loch.«

»Besserungsanstalt.«

»Justizvollzugsanstalt.«

Miles dachte einen Moment lang nach. »Schwedische Gardinen«, sagte er stolz und hob den Kopf, damit er Felix' Reaktion sehen konnte.

Felix hatte die Arme jetzt hinter dem Kopf verschränkt, als würde er im Bett liegen. Seine Augen waren geöffnet. Ein Mundwinkel war ironisch verzogen, stellte das Grübchen zur Schau. Es war unerträglich, wie sehr sich Miles auf Felix' Gesicht eingelassen hatte, auf seine ganz eigene Sprache. »Schwedische Gardinen. Nicht schlecht, Mr Fall«, sagte Felix. »Verbeug dich mal und dann erzähl mir, was du getan hast, was dich gefängnisreif gemacht hat. Muss ich wissen, bevor ich tiefer mit dir in den Wald gehe.« Er hatte Miles Mr Fall genannt! So hatte ihn noch nie jemand genannt. Den einzigen Spitznamen, den er je hatte – der Vollkommene –, verabscheute er.

Miles richtete sich wieder auf die Ellbogen auf. »Ich kann mich nicht daran erinnern, aber ich bin wohl in eine Statue reingebrettert und habe den Truck meiner Mom zu Schrott gefahren. Eigentlich trinke ich nicht, nehme keine Drogen und Auto fahren kann ich übrigens auch nicht – ich nehme gerade Fahrstunden –, aber in dieser Nacht schon. Ich muss wohl einen Filmriss gehabt haben, keine Ahnung. Ich kann nicht fassen, dass ich dir das alles erzähle. Normalerweise rede ich mit niemandem.« Miles schüttelte den Kopf. »Alter, du bist so ziemlich der Einzige, der weiß, dass ich schwul bin.« Bei diesem Geständnis schlug ihm das Herz bis zum Hals.

»Wirklich?« Felix sah verdutzt aus. War er überrascht, dass Miles sich nicht geoutet hatte? Oder weil Felix der Einzige war, der wusste, dass er schwul war? Oder dass er niemanden zum Reden hatte? Wahrscheinlich alles davon. Felix hatte anscheinend noch nicht begriffen, dass Miles mehr Ziege als Mensch war.

»Was komisch ist, da war neulich nämlich noch jemand«, erzählte Miles ihm. »Ein Mädchen. Sie heißt Cassidy. Mit der konnte ich auch wirklich reden. Sie ist letztens einfach aufgetaucht, in so einem coolen Oldtimer-Truck. Meine Schwester glaubt, dass sie ein Engel ist und Wyntons Leben retten kann. So sieht sie auch aus.«

»Muss dir was erzählen. Ein paar Sachen eigentlich«, sagte Felix und setzte sich auf. Er runzelte die Stirn, als würde er überlegen, was er als Erstes sagen sollte. »Okay. Der Grund, warum ich hier bin, ist, dass ich abgehauen bin.« Puh. Er war abgehauen? Wovor abgehauen? Warum? Miles setzte sich auch auf. Er war in Habachtstellung. Felix fuhr fort: »Hab meinen Eltern und meinem kleinen Bruder Elvis einen Zettel hinterlassen. Mein Handy dagelassen, damit sie mich nicht erreichen können. Der Kochschule eine E-Mail geschickt, dass ich zum Sommersemester nicht kommen werde.« Er seufzte. »Hab mit einer Nachricht mit meiner Freundin Schluss gemacht, wie ein totales Arschloch.« Miles versuchte sich die Enttäuschung angesichts der Freundin nicht anmerken zu lassen. Felix musste es trotzdem mitbekommen haben, weil er schnell sagte: »Nein. Also, ich bin bi, ich gehe auch mit Jungs aus.« Heilige Scheiße! Miles versuchte nun, nicht auf die Beine zu springen und einen Freudentanz aufzuführen.

Stattdessen hustete er, sah Sandro an, der anfing zu bellen und im Kreis um sie herumrannte.

Hab doch gesagt, er ist queer wie wir!

Du hattest recht!

Sag das noch mal!

Du hattest recht!

Felix starrte auf seine Hände, biss sich auf die Unterlippe. »Ich bin aber nicht zu haben. Also ich bin wirklich, *wirklich* überhaupt nicht zu haben …«

Scheiße, Scheiße, Scheiße. »Oh, okay, keine Sorge, ich bin nicht …«, sagte Miles und versuchte ein weiteres Mal, seine Enttäuschung zu verbergen. Er konnte spüren, wie ihm die Schamesröte ins Gesicht stieg.

»Oh, ja, weiß ich doch«, antwortete Felix. »Natürlich nicht. Ich meinte damit nicht …«

»Nein, ich weiß, habe ich auch nicht gedacht.«

»Okay, alles gut.« Felix war genauso rot im Gesicht, wie Miles es auch sein musste.

»Alles gut.«

»Wie wäre es, wenn ich uns ein Loch grabe, und wir im Boden versinken?«, fragte Felix, und beide gaben ein nervöses, peinliches Lachen von sich, ganz anders als die Ausgelassenheit von vorhin. Felix sprach weiter. »Aber was ich dir *eigentlich* erzählen muss, ist: Als ich gegangen bin, habe ich eine Mitfahrgelegenheit von Denver zu so einem winzigen kalifornischen Ort bekommen, etwa fünf Stunden von hier entfernt, habe dort eine Woche bei den heißen Hippie-Quellen verbracht und bin dann mit einem Mädchen namens Cassidy in einem supercoolen Oldtimer-Truck nach Paradise Springs gefahren.«

Miles' Herz schlug wie wild. Er sprang auf die Beine. »Cassidy? Wirklich?« Seine Erleichterung überrumpelte ihn. »Du kennst sie? Wow, Alter. Das heißt, du weißt, wo sie wohnt?«

»Ich weiß, wo sie herkommt«, sagte er Miles. »Und ich weiß auch, wo sie arbeitet.«

»Ach du heilige Scheiße!«, sagte Miles. »Los, komm. Das ist ja großartig! Wir holen sie ab. Sie wird meinen Bruder aus seinem Koma aufwecken!« Miles war sich bewusst, dass er genau wie Dizzy klang. »Ja, ich weiß, Alter. Ich klinge völlig gaga«, sagte Miles. »Aber wir müssen sie finden! Hast du einen Führerschein?«

Zwei Stunden später fuhren Felix, Miles und Sandro auf dem *Hidden Highway* nach Norden auf ihrer Mission, Cassidy zu finden. Miles war so sehr von Hoffnung beflügelt, geradezu betört, dass er das Gefühl hatte, wenn er mit den Bäumen sprechen würde, die die gewundene Straße säumten, dann würden sie antworten.

CASSIDY

Ich mache da weiter, wo ich aufgehört habe, Wynton. Ich musste mir einen Kaffee holen, um weitermachen zu können. Ich fühle mich wirklich wie Scheherazade. Felix, der Typ, mit dem ich hierhergefahren bin, hatte recht damit. Der ist eine Nummer. Ich kann es kaum erwarten, dass du ihn kennenlernst.

Okay. Mom und ich schleichen Richtung Süden auf dem *Hidden Highway*, steuern direkt auf den zweiten Verrat zu. Und auf unsere Begegnung – deine und meine, Wynton – auf der Wiese, als wir dreizehn waren. Ich kann es kaum erwarten, dass du in die Geschichte eintrittst! Der *Hidden Highway* ist die Art von Straße, die wir mit Sadie normalerweise vermeiden, aber er ist der einzige Weg, der von Norden nach Paradise Springs führt (dein Zuhause!). Der einzige Weg, um Dave Caputo zu finden, der uns, wenn du dich noch erinnerst, vor Wochen mitten in der Nacht verlassen hat, nachdem er meine Mutter gebeten hatte, ihn zu heiraten, und mich, seine Tochter zu werden. Kennst du ihn? So seltsam, dass Dave mich zu dir geführt hat.

Jedenfalls liegt Paradise Springs in einem Tal, das uns auf der Karte bisher nie aufgefallen ist – was wir seltsam finden. Ich sitze in Sadie auf dem Beifahrersitz und kratze mit einem Löffel ein Glas mit Erdnussbutter aus. Noch nie hatten wir so wenige Vorräte. Und waren auch noch nie so mager. Die Wochen, die ich mit Mom in der Stillen Welt verbracht habe und mein Warten auf die Rückkehr von Daves Wohnmobil haben ihren Tribut gefordert. Alles, was ich will, ist, ihn wiederzusehen, ein duftes Dreigespann zu werden, wie er das versprochen hat, seine Sous Chefin zu sein, von ihm wie ein Surfboard durch die Gegend getragen zu werden.

Noch nie habe ich ein Bedürfnis gekannt, das so schwer in den Griff zu kriegen, so verzehrend ist. Noch so eine Angst, wie die, die an jedem meiner Gedanken nagt, dafür sorgt, dass mein Herz zu schnell schlägt: Es darf nicht mehr allein »Ich und Mom« sein.

»Bei der Geschwindigkeit sind wir in einem Monat da«, sage ich. Wir fahren jetzt etwa zehn Kilometer in der Stunde, anstatt die tausend km/h von vorhin.

»Dann ist es so.«

Ich schnalle mich ab und gehe nach hinten, setze mich an den Tisch.

»Willst du mir nicht sagen, dass ich mich anschnallen soll?«, rufe ich ihr zu.

Sie antwortet nicht, lässt mein Aufbegehren ins Leere laufen. Ich schnalle mich wieder an, balle die Hände zu Fäusten, grabe meine ungepflegten, dreckigen Fingernägel in meine Handfläche, bis ich Blut sehe.

Ich habe einen schrecklichen Gedanken: Vielleicht nimmt mich Dave zu sich und wird mein Vater, selbst wenn er Mom nicht mehr heiraten will.

Ich halte den Atem so lang an, wie ich kann, in mehreren Runden. Beim fünfzehnten Mal höre ich Mom mit seltsamer Stimme sagen: »Cassidy, kommst du mal nach vorne?«

Mom hat Sadie auf einen Aussichtspunkt am Straßenrand gelenkt, also gehe ich ohne Probleme nach vorne, um über ihren Kopf hinweg durch die Panoramascheibe zu gucken. Wir stehen auf dem Rücken eines Hügels über einem Tal voller Weinreben. Auf verschiedenen Höhen schweben bunte Heißluftballons am Himmel. Es ist wunderschön, aber ich weiß, dass es nicht das ist, was meiner Mutter den Kummer und die Enttäuschung aus dem Gesicht gewischt hat, die *Acedia*, ihre Schwermut. Sie zeigt mit dem Finger auf etwas und sagt: »Siehst du das?«

In der Ferne, umgeben von Weinbergen und Obstgärten und

Wäldern voller Mammutbäume liegt ein Städtchen am Hang, das von hier aussieht, als würde es in der Luft schweben. Ein Fluss windet und schlängelt sich durch den gesamten Ort bis ins Tal darunter.

»Unser Ort«, flüstere ich und traue kaum meinen Augen.

»Vielleicht« sagt sie und nimmt meine Hand. »Ich glaube schon. Endlich.«

Durch lauter Haarnadelkurven fahren wir eine Bergstraße hinab. Ich schnalle mich auf dem Beifahrersitz an. Hier beginnt der Fluss in die Straße einzuschneiden, also müssen wir über wackelige Holzbrücken fahren, erhaschen immer wieder einen flüchtigen Blick auf Wasserfälle, die Felswände hinabstürzen. Wir haben die Fenster runtergekurbelt, und der Klang von rauschendem Wasser, der Duft von Eukalyptus und Piniennadeln erfüllt Sadie – dazu ein süßes starkes Aroma, das wir nicht einordnen können, bis wir das Tal erreichen, und Lastwagen voller Trauben sich uns anschließen und die Straße immer violetter wird, je weiter wir fahren, da immer wieder Trauben auf die Straße fallen und von den Reifen, auch unseren, zerquetscht werden.

»Ich glaube, die Luft macht mich betrunken«, sagt Mom. »Muss wohl Erntezeit sein.«

»Wie im *Zauberer von Oz*«, sage ich. »Nur dass der Ziegelsteinweg nicht gelb, sondern lila ist.«

Während wir zusammen mit den Traubenlastern weiterfahren, sehe ich Haine voller Avocados, Oliven, Feigen. Ich sehe ein braunes Pferd Seite an Seite mit einem schwarzen, ihr Fell glänzt in der Sonne. Weiden voller Kühe, die Gras mampfen. An einem Weinberg, an dem wir vorbeifahren, spielt eine Gruppe Geige, während Frauen in geblümten Kleidern, wie wir sie auch tragen, in einem riesigen Bottich mit den Füßen die Trauben stampfen.

Ihr Gelächter klingt wie Glockengeläut.

Ich zwicke mich in den Arm, um sicherzugehen, dass ich nicht träume.

»Kein Wunder, dass sie es das Paradies nennen«, sagt Mom.

Mir kommt in den Sinn, dass wir in einer ihrer Geschichten *In der Zeit für alle Zeiten* gelandet sind. Ich stelle mir vor, wie wir nun, glücklich bis ans Ende unserer Tage, zusammen mit Dave in seiner Traumhütte leben werden, an unserem Ort, an dem Ort, den wir fast mein ganzes Leben lang gesucht haben.

»Wenn ich das doch malen könnte«, sagt Mom ehrfurchtsvoll, den Blick aus dem Fenster gerichtet. »Ich habe dir doch gesagt, dass wir es bis auf die Knochen spüren werden, nicht wahr?« Ich nicke. Sie hatte recht. Ich spüre es in jedem Knochen.

»Ich verstehe nur nicht, wie wir das gesamte Tal übersehen konnten«, sagt sie. »Warum ist mir das auf der Karte noch nie vorher aufgefallen?«

»Vielleicht war es vorher nicht auf der Karte.«

Sie sieht mich an und lächelt. Ich weiß, was sie denkt: Diese Worte hätten auch von ihr kommen können, und wieder spüre ich, dass wir dasselbe sind, doch es fühlt sich nicht trügerisch an, wie in letzter Zeit.

»Du bist meine beste Freundin«, sage ich zu meiner Mutter.

Ich sehe, wie sich ihre Augen mit Tränen füllen. »Und du bist meine.« All die schlimmen Dinge, die ich in den letzten Minuten und Wochen (und Jahren!) über Mom gedacht und für sie empfunden habe, werden von dem Gefühl ausradiert, das ich jetzt habe, während wir zusammen in Sadie Mae auf unseren Ort zufahren.

Als wir die Abzweigung nach Paradise Springs nehmen, halten wir uns an den Händen, voller Hoffnung.

CASSIDY

Und dann steht Sadie Mae vor dem Haus von Robert D. Caputo, dessen Adresse wir in der Bibliothek in Jackson gefunden haben. Würde Daves schrottiges Wohnmobil nicht in der Einfahrt stehen, es wäre unvorstellbar, dass er hier wohnt. Das Haus ist feudal, ein Schloss aus Glas mitten im Wald. Auf der einen Seite des Hauses ist alles voller Wildblumen, auf der anderen ein spektakulärer Sukkulentengarten. Rhododendronsträucher säumen den Weg zur Haustür und überall sind Spaliere mit Kaskaden von pfirsichfarbenen Polka-Rosen. Mitten im Garten erhebt sich ein Mammutbaum.

Elysisch, Adjektiv, *paradiesisch, himmlisch.*

»Oh Mann«, sagt Mom. »So was habe ich nicht erwartet. Sondern mehr so eine Hippie-Hütte.«

»Er hat es selbst gebaut«, sage ich. »Mit seinen eigenen Händen.«

»Aber er hat gesagt, es wäre eine Hütte. Da bin ich mir sicher. Hat er doch, oder?« Ich nicke. Sie fährt fort: »Weißt du, was ich gerne machen würde? Mit Sadie Mae direkt in die Fensterfront fahren.« Schockiert sehe ich Mom an. »Was denn? Ich würde es machen.« Mit einem Mal erfasst uns ein Sturm der Heiterkeit, und wir fangen beide an zu lachen. »Auf dem Weg dahin brettern wir mit Sadie durch diesen wunderschönen Blumengarten.« Da müssen wir noch mehr lachen, kichern und glucksen auf dem Vordersitz, fühlen uns wie Kriminelle.

»Na komm«, sagt sie. »Wir machen das jetzt. Lass uns meinen Verlobten finden.«

»Meinen zukünftigen Stiefvater.«

Wir steigen aus, großspurig, mit rechtschaffener Entschlossenheit, dem Gefühl, dass er zu uns gehört, dass das unser Traum, unser Ort ist, endlich. Mit dem Gefühl, dass Mama Bär, Papa Bär und Baby Bär glücklich bis ans Ende ihrer Tag, an unserem Ort leben werden. Als hätten wir vergessen, dass er uns ohne ein Wort verlassen hat, dass er uns belogen, betrogen hat. Ich zumindest habe es vergessen. Mom nimmt meine Hand, und wir gehen den makellosen Weg auf das Haus zu.

(Wynton, an dieser Stelle muss ich dich daran erinnern, dass wir wochenlang weder gebadet noch unsere Haare oder Zähne gebürstet haben noch etwas gegessen. Wir stinken, sehen aus wie wandelnde Gerippe und auf unserer Haut ist ein Mosaik aus Dreck und übrig gebliebener Verzweiflung. Unsere Sommerkleider sehen aus wie benutzte Servietten. Ganze Vogelschwärme könnten in unserem Haar nisten oder eher Fledermäuse. Moms nackte Füße sind so schwarz, dass sie auf den hellgrauen Steinplatten Abdrücke hinterlassen, als wir uns dem Glaspalast nähern. Wir müssen aussehen wie gruselige Schmuddelkinder, Traumwesen, aus Zeit und Raum gefallen, aber das haben wir noch nicht begriffen.)

Wir klopfen an die Tür, so hochgestimmt und hoffnungsvoll wie noch nie.

Und da ist er: Dave.

Weil das Haus hauptsächlich aus Glas ist, sehen wir ihn durch den langen weißen Flur auf uns zukommen.

Halten wir hier mal die Zeit an: Denn für mich ist dies ein Augenblick taumelnder Glückseligkeit. Ich bin die Gestrandete, die sieht, wie das Flugzeug über ihrer einsamen Insel kreist, die mit beiden Händen winkt, die die rettende Strickleiter hochklettert, die mich aus dieser unzumutbaren Lage herausholt. Die dödelige Dumpfbacke, der dufte Dave, denke ich in diesem Moment immer wieder. Mir ist es egal, wie anders er aussieht, dass sein

Haar geschnitten ist, sein Gesicht frisch rasiert, er so *sauber* ist, alle Elemente abgeschrubbt hat, uns und unsere gemeinsame Zeit. Mir ist egal, dass er etwas Neues an sich hat, etwas, was ich nicht identifizieren kann, weil es mir so gar nicht vertraut ist, aber jetzt werde ich dir sagen, was es ist: Reichtum. Dave sieht reich aus. Er strahlt die entspannte, sorglose Haltung eines Menschen aus, der privilegiert ist, in Sicherheit. Er trägt lockere Jeans und ein eng anliegendes langärmeliges dunkelrotes Shirt mit Rundhalsausschnitt. Elegant gleitet er durch das Glashaus, wie Wasser.

Ein Geysir der Hoffnung sprudelt in mir hoch.

»Dave!«, rufe ich mit gedämpfter Stimme, hüpfe auf und ab, während mir durch den Kopf geht: Papa Bär! Ich bin außerstande, etwas anderes zu denken.

Weil wir die Zeit angehalten haben, kann ich dir sagen, dass ich, im Bruchteil dieser Sekunde, bevor die Uhr weitertickt, bevor mein Herz bricht, bevor ich zum zweiten Mal verraten werde, bevor die Welt meiner Mutter und meine in eine Spirale gerät, die uns in unerschlossene Gebiete der Verzweiflung hineinzieht, sehen kann, dass ein Ausdruck der Erleichterung, der Freude, des Gott-sei-Danks über Daves Gesicht huscht, als er uns durch die Glaswände seines Glashauses erblickt. Dass wir auch für ihn, im Bruchteil dieser Sekunde, die Rettung sind.

Mom greift nach meiner Hand, und ich drücke sie.

Doch die Zeit bleibt nie dann stehen, wenn wir es wollen – Wynton, das weißt du besser als jeder andere –, wenn wir es brauchen –, sie schreitet voran, wie ein fahrender Zug ohne Zugführer, also ist da so eine Frau, die auch graziös hinter Dave durch den Flur gleitet, eine Frau mit langen braunen Haaren, die zu einem lockeren Pferdeschwanz zusammengebunden sind, eine elegante, hübsche Frau, in einer weiten fließenden Hose und einem Tanktop, eine Frau, die bestimmt einen Schrank voller Schuhe und eine Küche mit Marmorarbeitsplatten hat, die zu Pilates-Kursen geht und vielleicht von einem großen Büro aus eine Firma leitet. Eine Frau, die ich bisher nur von der Leinwand kenne. Ihr folgen zwei Kinder, ein dunkelhaariges Mädchen mit glänzenden Augen, etwa vier, fünf Jahre jünger als ich, ein lila Stoffnilpferd in den Händen, und ein noch kleinerer Junge mit verstrubbeltem Haar und einem Milchbart, der dem Dave meiner Erinnerung ähnlicher ist als dem Dave vor uns. Er hält die Hand seiner Schwester. Wie eingefroren steht Dave nun da; jegliche Erleichterung und Freude in seinem Gesicht ist nun von schrecklicher Angst ersetzt worden. Abgesehen von Daves Gesichtsausdruck sieht die Familie, *Daves Familie, zweifelsohne*, aus wie das Foto einer Bildagentur, gefangen unter einem Rahmen aus Glas.

Und wir werden gleich dafür sorgen, dass dieses Glas zersplittert.

Mit einem Mal tritt Dave in Aktion. Wie bei einem Film gucken wir zu, wie er versucht, seine Frau und seine Kinder von der Haustür wegzutreiben, sie den langen weißen Flur hinunterzuscheuchen, doch es ist zu spät, denn die Frau hat die Tür schon aufgemacht, Wut im Blick, und die Kinder drängen sich an ihre Beine.

Neben mir gibt Mom einen erstickten Laut von sich. Ich werfe ihr einen heimlichen Blick zu, sehe, dass sie schwankt, als würden ihre Knie gleich nachgeben. Sie hält sich an meinen Schultern fest und wirft mich dabei fast um. Noch nie hat mein Herz derart geschlagen. Ich frage mich, ob meine Brust gleich explodiert.

Dave sagt gerade: »Lass mich mal, Joanne.« Joanne. Joannes Gesicht ist so blass geworden, dass es sich wahrscheinlich kalt anfühlt. Ich kann ihr Parfüm riechen. Sie benutzt kein Jasminöl so wie wir, sondern die Sorte Parfüm, die in der Luft liegt, wenn wir in Kaufhäuser gehen, um Moms Spitzenunterwäsche zu kaufen.

Joanne wendet sich an Dave und sagt: »Sind sie das?« Sagt das so, als wären wir etwas, das er auf der Straße aufgelesen hat und an ihre Türschwelle gebracht hat. Also hat er ihr von uns erzählt? Mom zieht mich in ihre Arme, als wolle sie mich vor ihrer Verachtung in Schutz nehmen.

Mit einer wegwerfenden Geste tut sie uns ab, ihr Nagellack wie kleine Feuer am Ende ihrer langen Finger. »Sind sie das?«, wiederholt sie, starrt uns an, und nun schwingt in ihrer Stimme etwas, dass noch verächtlicher als Verachtung ist: Belustigung.

Dann zuckt ihre Nase, und da wird mir bewusst, dass wir stinken.

Mom, Dave und ich, wir alle scheinen die Fähigkeit zu sprechen verloren zu haben. Mein Magen knurrt, und alle sehen mich an. Das legt bei Dave den Schalter um. »Ja«, sagt er zu Joanne. »Das sind Marigold und Cassidy.« Dann sagt er zu Mom: »Marigold, es tut mir so leid. Das ist meine Familie.«

»Sind das Obdachlose?«, fragt das kleine Mädchen.

»Sie stinken«, sagt der Junge und fängt an zu kichern.

Ich ringe nach Luft. Ich bin ein dreckiges stinkendes Mädchen mit einer dreckigen stinkenden Mutter.

»Sie müssen in die Badewanne«, sagt der Junge.

»Wer bist du?«, fragt mich das Mädchen.

»Das ist niemand«, sagt Joanna und zieht ihre Kinder in ihre langen Arme. »Kunden von Daddy.«

Das Madchen sagt: »Aber warum weint sie?« Ich brauche einen Moment, um zu begreifen, dass sie mich meint. Ich wünschte, meine Mom würde etwas sagen.

Die Frau hockt sich hin und sagt zu den Kindern: »Wer hat Lust auf Waffeln? Wer zuerst in der Küche ist, hat gewonnen.« Und dann sagt sie zu Dave: »Sieh zu, dass du sie loswirst.«

Sieh zu, dass du sie loswirst.

Ich bekomme keine Luft.

Das ist niemand.

Warum atmen alle anderen noch? Bevor die Frau ihren Kindern in die Küche folgt, um Waffeln zu backen (der Magen hängt mir in den Kniekehlen), guckt sie meiner Mutter direkt in die Augen und sagt: »Lass meine Familie in Ruhe. Verlass die Stadt und komm nie wieder zurück.«

Meine Mutter, die immer noch kein einziges Wort gesagt hat, nickt. »Ich wusste es nicht«, flüstert sie.

Irgendein stummer Austausch findet zwischen ihnen statt, etwas, was ich nicht verstehe, doch was immer es auch ist, es sorgt dafür, dass der gemeine Ausdruck auf dem Gesicht der Frau einen Augenblick lang verschwindet und darunter eine Traurigkeit zum Vorschein kommt, die unserer entspricht. Sie schenkt meiner Mutter ein Nicken, dreht sich um und rauscht den Flur hinunter, ohne zurückzublicken.

Dave atmet aus, zieht die Haustür hinter sich zu, sodass sie drinnen sind und wir drei draußen stehen. Dave und ich sehen beide Mom an. Sie scheint zu verschwinden, wie der Blaue Morphofalter, wenn er davonfliegt, plötzlich nicht mehr da zu sein scheint und im nächsten Moment wieder auftaucht. Ich habe Angst, dass sie bereits in der Stillen Welt ist, aber in einer neuen Version, im Stehen.

Nur dass sie dann, wie der Blaue Morpho, plötzlich auflodert: »Wie konntest du mir das antun?« Ihr Gesicht ist starr, ihr Blick eisig, und der Ton in ihrer Stimme ist von solcher Heftigkeit, wie ich das noch nie zuvor gehört habe. »Wie konntest du Cassidy das antun?« Ihre Augen schießen Laserstrahlen auf ihn ab. Jetzt ist sie kein Blauer Morpho, sondern eine Mordwanze, die ihr Gift direkt in den Körper ihrer Beute einspritzt. »Du bist ein Monster. Ein verlogenes, scheinheiliges Monster in Gucci-Jeans, das buchstäblich in einem verdammten Glashaus sitzt.« Sie spuckt ihm die Worte entgegen. »Du widerst mich an.«

Er greift nach ihrem Arm, aber sie weicht vor ihm zurück. »Fass mich nicht an.«

»Du hast recht. Ich bin ein Monster«, sagt er, seine Stimme bebt. »Es tut mir so leid, Marigold. Es gibt keine Entschuldigung für das, was ich getan habe. Ich habe mich hinreißen lassen. Ich wollte dieser Mensch sein, nicht dieser.« Mit einer Geste zeigt er auf den Glaspalast. Da fällt mir auf, dass Dave schrumpft, als würde ein Wirbel nach dem anderen aus seinem Rückgrat gezogen. »Den Masterstudiengang habe ich zu Ende gebracht, habe alles getan, was von mir erwartet wurde. Ich wollte das alles hinter mir lassen, aber dazu fehlte mir der Mut. Ich bin ein Feigling. Ich erfülle immer alle Erwartungen. Bis du aufgetaucht bist. Mein Vater, der … Ich bin Architekt in der Firma meines Vaters in San Francisco. Das hier ist sein Haus. Wir verbringen die Sommer hier.« Er zeigt auf das Wohnmobil. »Pilze sammeln ist ein Hobby von mir.«

»So wie wir«, sagt Mom. »Wir waren diesen Sommer dein Hobby.«

Fällt Mom auch auf, dass Dave schrumpft?

Er schließt die Augen. »Nein. Ich habe mich in dich verliebt, Marigold. Ich wusste nicht, was ich tun soll.« Sein Ton ist jetzt genauso heftig wie ihrer. »Ich habe mich in euch beide verliebt. Fühlte mich in deinem Leben mehr zu Hause, als ich das je in meinem getan habe. Ich konnte nicht widerstehen. Du hast meinen Traum gelebt, und ich habe den Verstand verloren. Ich war so glücklich mit euch beiden da oben.« Er ist wie die Teufelsblumen, denke ich, ein Insekt, das so tut, als wäre es die Blume, auf der es sitzt. Er hat so getan, als wäre er wie wir, aber das ist er nicht. »So oft wollte ich es dir sagen, aber …« Er begegnet Moms Blick. Seine Stimme bricht, als er sagt: »Ich wollte es nicht verderben. Es hat sich angefühlt … als hätte ich einen Monat inmitten der Sonne verbracht. Oder als wäre sie in mir drin. So habe ich mich noch nie gefühlt, nicht annähernd.« Er fährt sich mit den Händen durchs Haar, verstrubbelt es, sodass er wieder mehr wie in meiner Erinnerung aussieht. »Jedes Wort, das ich zu dir gesagt habe, habe ich auch so gemeint. Ich bin an dem Morgen losgefahren, um hierherzukommen und Joanne zu sagen, dass ich sie verlassen werde. Und das habe ich. Ich habe ihr alles erzählt. Sie hat mich gebeten, ein paar Tage zu bleiben. Ihnen wenigstens das zuzugestehen. Gesagt, dass ich ihr das schulde. Aus ein paar Tagen wurde noch ein paar mehr. Und noch mehr. Und es fing an, sich wie ein Traum anzufühlen. Als hätte ich in einer Fantasie gelebt …«

Mom weint jetzt, und es ist zu viel. Daves Worte sind zu viel. Daves Schrumpfen ist zu viel. Es ist alles zu viel. »Ich bin kein Traum!«, rufe ich. »Ich hasse Träume. Ich habe sie schon *immer* gehasst. Ich hasse euch beide!« Dann renne ich los, lasse das Glashaus hinter mir, meine Traum-Mutter in ihrer Traumwelt, Dave, der der Vater von jemand anderem ist, nicht meiner. Ich lasse meinen wochenlangen Aufenthalt in dem beengten, übelriechenden Elend der psychischen Leerstelle meiner Mutter hinter mir. Ich renne vor dem Gefühl existenzieller Unwürdigkeit davon, das ich noch nie empfunden habe, bis ich hören musste: *Sind sie das?* Und *Sie stinken*. Und *Das ist niemand. Sieh zu, dass du sie loswirst.* Ich renne vor der Sauberkeit und Ordnung und Sorglosigkeit dieser reichen Menschen davon, die mir das Gefühl geben – nein –, die mich erkennen lassen, was ich bin: ein dreckiges, stinkendes Mädchen, das zu einer dreckigen, stinkenden Mutter gehört, die nicht richtig im Kopf ist und es nie sein wird.

CASSIDY

Ich renne und renne, schneller als ein Tigerkäfer, das schnellste Insekt der Erde, das von seiner eigenen Geschwindigkeit blind wird. Ich renne direkt in den Wald hinein, gucke mich nicht um, um zu sehen, ob sie mir folgen, will nicht gefunden werden, nicht wie das letzte Mal, als ich mich im Wald verirrt habe. Ich breche aus den Bäumen auf eine Feuerschneise und renne bergab, bergab, bergab, bis ich zu einer Wiese komme. Ich stürze mich ins hohe Gras, außer Atem, mein Herz überschlägt sich in meiner Brust. Ich bin ganz allein in dem raschelnden kniehohen Gras, also stampfe ich mit den Füßen auf und reiße Büschel von den langen, kratzigen Halmen aus und werfe sie weg und reiße noch mehr aus. Dann schreie ich, lasse es einfach raus, einen markerschütternden, schrillen Urschrei, bis ich auf den Rücken falle, aufgebracht, enttäuscht, untröstlich.

Das, Wynton, falls es nicht offensichtlich ist, ist der zweite Verrat.

Da höre ich etwas und setze mich auf. Am anderen Ende der Wiese sitzt ein magerer Junge, der Geige spielt. Obwohl er sie nicht wirklich spielt, sondern mit seinem Bogen über die Saiten herfällt und kreischende Töne produziert.

Das bist du, Wynton. Endlich du.

Du hast blondes strähniges Haar, und dein schmales Gesicht ist so blass wie der Mond. Du siehst mich mit einem Blick an, der gleichermaßen erschrocken wie neugierig ist. Ich ducke mich. Warst du die ganze Zeit schon im Gras versteckt? Hast du meinen Anfall mitbekommen, meinen Schrei gehört? Musst du wohl. Du bist wie die Kinder auf dem Campingplatz angezogen, die mir am meisten Angst machen. Coole zerlumpte Jungs mit Metall im Gesicht, klobigen schwarzen Stiefeln, zerrissenen T-Shirts mit Bandnamen, Jungs, die vapen und die versuchen, Leute dazu zu kriegen, Bier für sie zu kaufen. Jungs, die meine Mutter Punks nennt, die aussehen, als würden sie am Ende der Welt leben, die so sehr meine Neugier wecken, obwohl ich mich nicht traue, in ihre Nähe zu kommen, weil ich Angst vor den Gemeinheiten habe, die sie mir vielleicht sagen würden.

Ich spähe durch die Halme, beobachte dich, lausche dem Chaos, das du mit deinem Instrument anstellst.

Eine Katze, die zu Tode gequält wird, denke ich. Oder schlimmer. Halb habe ich die Erwartungen, dass die Bäume das Weite suchen werden, der Himmel aufreißt. Als ich es nicht mehr aushalte, lege ich mir die Hände auf die Ohren, und dann stehst du über mir, verdeckst die Sonne.

»Geh weg«, sage ich. (Weißt du noch? Tut mir leid.)

»Wenn du das willst, mache ich das.« Deine Stimme ist überraschend sanft. »Ich habe versucht, das zu spielen, was ich gesehen, was ich gehört habe.«

Ich hebe den Kopf. »Was du gesehen hast?« Und dann verstehe ich. »Du meinst mich? Eben?«

Du nickst.

»Oh.« Mein Nacken prickelt. Du hast versucht, *mich* zu spielen? Dein Blick ist zu intensiv, zu sehr voller Fragen.

»Guck mich nicht an.« (Auch das tut mir leid, Wynton.)

»Okay.« Du wendest dich von mir ab, wartest einen Moment, legst dann die Geige auf deine Schulter und fängst wieder an zu spielen, aber dieses Mal ist es anders. Dieses Mal sorgt dein Spiel dafür, dass mein Nacken anfängt zu kribbeln, dann meine Arme, bis mein ganzer Körper kribbelt. Wie versprochen, guckst du mich nicht an, aber ich kann dich sehen, deine gerunzelte Stirn, deinen Mund – vor Konzentration verzogen –, wie sich deine

Augen öffnen und wieder schließen. Dein Oberkörper wiegt sich wie ein Baum im Wind. Ich bin überrascht, dass keine Farben aus deiner Geige strömen, leuchtend durch die Luft wirbeln, so schön ist der Klang jetzt – als würdest du durch das Haus gehen, das ich bin, die Rollos hochziehen, das Licht hereinlassen.

(Danke dir, Wynton. Ich kann dir nicht sagen, wie oft ich diesen Augenblick in meiner Erinnerung wieder habe aufleben lassen.)

Ich stelle fest, dass ich nicht sitzenbleiben kann, während ich dir zuhöre, also lasse ich mich auf den Rücken fallen und gucke in den blauen Himmel. Er kommt mir so viel blauer vor, jetzt, da du spielst. Mit einem Lächeln nimmst du zur Kenntnis, dass ich meine Haltung verändere, aber dann ist es verschwunden. Dein Gesicht ist so ernst, während du spielst. Ein Marienkäfer landet auf meiner Hand, dann ein Schmetterling, dann eine Wespe. Als ich den Kopf drehe, sehe ich, dass Gänseblümchen und Dahlien auf der gesamten Wiese wachsen, versteckt im hohen Gras. Warum habe ich die Blumen vorhin nicht bemerkt? Noch mehr Wespen tauchen auf. Dann ein Kolibri. Und noch einer.

Ich schließe die Augen, und als ich sie wieder aufmache, sehe ich Tränen auf deinen Wangen.

»Kann ich dich jetzt angucken?«, fragst du leise.

»Ja«, sage ich, und unsere Blicke begegnen sich. Du hast ein schiefes Lächeln, das dein Gesicht verwandelt und etwas in meinem Inneren aus dem Gleichgewicht bringt. Ich zeige auf deine Wangen, noch nass vor Tränen.

Dein Gesicht wird rot. »Ich kann nichts dafür«, sagst du. »Das passiert, wenn ich spiele. Normalerweise trage ich eine Sonnenbrille, aber ich dachte nicht, dass jemand hier sein würde.«

Du zeigst auf meine Wangen, die auch noch nass sind.

Ich schüttele den Kopf. Nie im Leben kann ich dir erzählen, warum ich weine.

»Da du traurig bist, kann ich im Sitzen spielen, wenn du Rücken an Rücken sitzen willst.«

(Ist das nicht das seltsamste Angebot, das du je gemacht hast, Wynton? Bis zum heutigen Tag ist das vielleicht das Liebevollste, was mir ein Fremder je vorgeschlagen hat. Oder überhaupt jemand. In den darauffolgenden Jahren habe ich ständig daran gedacht, doch an dem Tag bin ich in sozialer Hinsicht noch so naiv zu glauben, dass alle Kinder das so machen.)

Ich zucke mit den Schultern, was du als Zustimmung verstehst, was richtig ist, und dann liegt deine Knochigkeit an meiner, dein größerer Rücken an meinem kleineren, die perfekte Lehne. Ich bin froh, dass du das Lächeln nicht sehen kannst, das mein Gesicht überzieht. Falls dir auffällt, dass ich stinke, sagst du nichts und irgendwie stinkst du auch, schwitzig und streng, also denke ich, das hebt sich gegenseitig auf. Bald spielst du wieder, und ich kann es spüren. Wie dein Rücken wogt, dein Ellbogen meine Seite berührt und wieder flieht, dein Kopf sich dreht und die Musik die Dunkelheit in mir verdrängt, Note für farbenfrohe Note, als wäre ich Teil der Komposition. Tränen steigen wieder auf, aber nicht, weil ich traurig bin, sondern weil in diesem Augenblick nur du und ich auf der Welt sind, Rücken an Rücken, versteckt wie zwei Gänseblümchen im langen Gras.

Den Moment, als du aufhörst zu spielen, bekomme ich auch nicht mit, klinke mich erst ein wenig später wieder ein, um festzustellen, dass das Gras raschelt, die Dahlien sich wiegen und die Wespen summen. Ich höre die Vögel zwitschern, einen Fluss rauschen, Kinder rufen, vielleicht auf einem Spielplatz in der Nähe. Normalerweise bekomme ich solche Geräusche gar nicht mit. Als wäre ich eine Grille, die mit den Vorderbeinen hört.

»Ich glaube, ich höre alles durch deine Ohren«, sage ich.

»Ja? Hörst du in der Ferne eine Trompete?«

Ich lausche, ob ich irgendwo eine Trompete höre. »Nein.«

Ich spüre, wie er nickt. »Niemand hört sie.«

»Wer spielt denn?«

Er braucht so lange, um zu antworten, dass ich glaube, er wird es mir nicht erzählen, doch dann sagt er: »Mein Dad.«

»Wo ist er?«

»Ich weiß es nicht. Irgendwo. Er ist gegangen.«

»Hörst du es immer?«

»Nicht immer.« Du seufzt. »Manchmal glaube ich, ich höre es nur in meinem Kopf, aber manchmal bin ich mir ganz sicher. Heute konnte ich es ganz bestimmt hören. Deswegen bin ich hier. Ich bin dem Klang nachgegangen, wollte so nah wie möglich rankommen. Ich habe im Gras gelegen und gelauscht, als ich dich schreien gehört habe.«

»Hörst du es immer noch? Jetzt gerade?«

Es ist lange still, weil du wohl gerade lauschst.

»Nein. Nicht mehr.«

Deine Haare kitzeln mich im Nacken. Ich frage mich, ob meine dich kitzeln. Ich lehne mich zurück, in dich rein, will deinen Nacken mit meinen Haaren kitzeln. Dann lehnst du dich auch zurück. Ich muss wieder lächeln und sage: »Mein Vater ist tot, er ist ertrunken, und meine Mutter ist woanders, selbst wenn sie genau hier ist.« Ich spüre dein Nicken, als würdest du mich verstehen, und ich genieße es so, mit jemandem in meinem Alter zu sprechen. Als würde man Zauberbohnen mit jemandem teilen, nur wusste ich gar nicht, dass ich überhaupt etwas zum Teilen habe. Ich bin überrascht, in deiner Anwesenheit gar nicht schüchtern zu sein. Ich ergänze: »Ich dachte, ich bekomme einen Stiefvater, aber er ist von uns abgehauen.«

Das wirft mich ein weiteres Mal nieder. Du musst wissen, dass ich weine, denn mein ganzer Körper bebt vor Kummer, dem Kummer der letzten paar Wochen, der Zukunft ohne Dave. Sanft drückst du deinen Rücken gegen meinen, und als ich mich beruhige, sagst du: »Deine Stimme klingt, als würde sie gar nicht zu dir gehören. Wenn ich sie einfach so hören würde, würde ich denken, sie kommt von einem Baum, aus irgendeiner alten Eiche, so wie die vielleicht.« Er zeigt auf einen gebeugten Eichenbaum, bedeckt mit strähnigem, spinnwebigem Louisanamoos. »Wenn ich so eine Stimme hätte, dann würde ich den ganzen Tag lang ununterbrochen reden.«

»Wirklich?« Das ist das Coolste, was je irgendjemand über meine Stimme gesagt hat, von der ich weiß, dass sie wie die eines Jungen klingt.

»Total.«

Mein Magen knurrt laut, und wir müssen beide lachen.

»Magen in H-Moll. Meiner knurrt normalerweise in Cis-Dur.« Mein Magen ist in H-Moll!

»Hast du Hunger?«, fragst du mich.

»Ich habe so einen Hunger.«

»Willst du ein Soufflé? Samstags ist Schokolade dran. Meine Mutter macht sie in ihrem Café.«

Ich drehe mich um. »Ist deine Mutter Bernadette?« Du nickst, wendest dich auch mir zu, und dann sitzen wir uns im Schneidersitz gegenüber, Knie an Knie. *Knie an Knie*. Es ist anders, jetzt, da wir uns sehen können, unsere Körper sich berühren und ich fühle mich mit einem Mal ganz schüchtern. Ich kann dein Gesicht nun ganz aus der Nähe sehen, die blasse Haut, die vollen Froschlippen, die Sommersprossen wie eine Karte aus einsamen Sternen, Augen so stahlblau wie die Flügel einer Libelle. Du könntest den Außerirdischen in einem Science-Fiction-Film spielen. (Könntest du immer noch, Wynton, und das ist als Riesenkompliment gemeint.) Ich kann mir nicht vorstellen, wie du auf einem Pferd sitzt. Aber ich kann dich auf einer Bühne sehen. Oder auf einem fliegenden Teppich. Du schiebst dir die Haare aus den Augen, und sie fallen dir sofort wieder ins Gesicht. Ich traue mich zu fragen: »Verlieben sich Leute wirklich, wenn sie die Soufflés essen?«

Dein Lächeln stellt dein gesamtes Gesicht auf den Kopf. Das liegt bestimmt an der Lücke zwischen deinen Vorderzähnen. (Jahrelang werde ich an dein Lächeln denken: wie es dafür sorgt, dass man Ja sagen will, bevor man überhaupt die Frage gehört hat.)

»Man verliebt sich nur, wenn man schon alt ist«, sagst du.

»Ich glaube dir nicht«, sage ich, gucke auf meine Hände, um deinem Lächeln auszuweichen, deinem Blick, deinen Knien.

»Falls ich mich irre, und ich der erste Mensch bin, den du siehst, nachdem du es gegessen hast, dann wirst du mich lieben.« Ich hebe den Kopf, schockiert von deinen Worten. »Für den Rest deines Lebens.«

»Halt die Klappe«, sage ich, aber kann nicht aufhören zu lächeln, so fest ich mir auch auf die Unterlippe beiße. Da wird mir plötzlich klar, dass du mit mir flirtest! Noch nie hat jemand mit mir geflirtet. Natürlich nicht. Ich habe ja mich ja noch nie mit einem Jungen unterhalten. Es sorgt dafür, dass ich mich sehr viel besser fühle. Ich wusste nicht, dass Flirten so einen Spaß macht. Ich will mich dafür bei dir bedanken, aber sogar ich weiß, dass das seltsam wäre. Ich bin mir ziemlich sicher, dass meine Mutter mich finden wird, aber wenn nicht, werde ich dich einfach fragen, ob ich mit dir nach Hause gehen und vielleicht heimlich in deinem Schrank wohnen kann, von Soufflés und Geigenmusik leben, bis ich alt genug bin, um aufs College zu gehen. »Wohnst du in einem Haus?«, frage ich.

Er nickt. »In einem großen, weißen. Es ist superalt. Meine kleine Schwester Dizzy sieht die ganze Zeit Geister, die zum Fenster reingucken.« Als du Dizzy erwähnst, wird dein Blick weich. »Und du?«

»Ob ich Geister sehe?«, frage ich. »Nein.«

»Ich meinte, ob du in einem Haus wohnst.«

Bevor ich antworten kann, stehst du auf und greifst nach meiner Hand, um mich hochzuziehen, als wären wir Freunde. Dann gehen wir zusammen über die Wiese, als wären wir Freunde, und stapfen am Flussufer entlang, als wären wir Freunde, und dann gehen wir im Gänsemarsch auf einem Pfad durch den Wald, als wären wir Freunde, und dann erreichen wir einen großen Platz und sind Freunde.

»Ich lebe in einem Wohnmobil, das Sadie Mae heißt«, sage ich, weil mir deine Frage wieder einfällt. Auf dem Weg hierhin hast du von deinem Vater gesprochen und erzählt, dass er auch Musiker ist und nach Laub riecht.

»In einem Wohnmobil? Die ganze Zeit?«, fragst du verwirrt. »Also lebst du eigentlich nirgends?« Du bleibst stehen. »Oder überall, stimmt's? Total cool. Wie eine Band.«

Ich will noch mehr über deinen Vater wissen, der nach Laub riecht und über die kleine Schwester, die Geister sieht, aber du kannst nun nicht aufhören, mir Fragen zu stellen, darüber, wie es ist, Vollzeit-Camper zu sein und zu posemuckeln und reagierst auf all meine Antworten mit »Das ist ja so cool!«

Ich hatte ja keine Ahnung, dass mein Leben so cool ist.

Auf dem großen Platz an unserem Ort stehen mittendrin Mammutbäume, und auf einer Seite donnert ein Wasserfall einen Abhang hinab, der in einen Bach mündet, der den Platz in zwei Hälften teilt. Überall sind Teenager auf Skateboards, Eltern mit Kinderwagen, Leute, die Bälle werfen, und Hunde, die sie auffangen. Neben einer großen Statue eines Mannes mit einem Cowboyhut auf dem Kopf spielt eine Frau Gitarre.

Unser Ort.

Ich kann es bis auf die Knochen spüren.

Und die Luft ist erfüllt vom Duft von Schokolade. »Sind das …?«

Du nickst. »Ja. Ich habe heute schon drei gegessen. Dizzy bringt uns heimlich welche zum Hintereingang.« Du spielst einen Triller auf deiner Geige. »Das ist unser Erkennungszeichen.«

Dann fallen mir die anderen auf, Soufflé-Zombies nennst du sie, die mit uns die gleiche Richtung einschlagen, vom Duft in den Bann geschlagen auf dasselbe Café zusteuern, wo die Schlange die gesamte Straße entlangführt, dasselbe Café, von dem Dave mir erzählt hat, in dem jemand namens Bernadette – deine Mutter! – Soufflés macht. Du beißt dir auf die Unterlippe, siehst nervös aus, als du sagst: »Vielleicht wollte mein Dad, dass ich dir begegne, und deswegen hat mich seine Musik zu der Wiese geführt. Da war ich vorher noch nie.«

Davon bin ich sofort begeistert. »Als wäre es Schicksal?«, frage ich und liebe die Vorstellung, es wäre vorherbestimmt gewesen, dass wir Rücken an Rücken auf dieser Wiese sitzen.

Oder vielleicht war es doch nicht das Schicksal, denke ich, denn da am anderen Ende des Platzes sehe ich Sadie Mae. Sie ist voller Dreckspritzer und verblasst, ein fahles, von der Sonne verblichenes Gelb, nicht das frühere leuchtende Kanariengelb. Und die Blumen-Aufkleber, früher einmal quietschvergnügt und heiter, sind nun formlose Kleckse, die an unterschiedlichen Stellen abblättern. Unser verlottertes, verludertes Zuhause auf Rädern. Ich entdecke meine Mutter, die gerade mit zwei Polizisten spricht. Dave ist nirgendwo zu sehen. Sie zeigt ihnen ihre Digitalkamera. Mir fallen ihre knochigen Schultern auf, ihr klappriger Körper, an dem das gelbe Kleid wie ein Fetzen hängt. Sie ist immer noch barfuß. Welches Bild zeigt sie ihnen von mir? Von uns? Ist es eines von den Fotos, wo wir in der Luft sind? Ich spüre einen so scharfen Schmerz in meiner Brust, dass mir die Luft wegbleibt. Ein Teil von mir möchte den Kopf einziehen, wie ein Soufflé-Zombie zusammen mit dem aufregenden Jungen, der du bist, weitergehen, aber während ich das noch denke, laufe ich schon los, ohne ein

Wort zu sagen, und so schnell auf meine Mutter zu, wie ich vorhin von ihr weggelaufen bin, denn sie ist die Einzige, die mir etwas bedeutet, die Einzige, bei der ich sein will. Immer. Denn sie und sie allein ist mein Schicksal. Niemand anders.

»Cassidy!«, ruft sie, als ich auf sie zustürze, und dann liegen wir einander in den Armen. »Alles wird gut«, sagt sie zu mir. »Das verspreche ich. Das verspreche ich wirklich. Wir brauchen ihn nicht oder irgendjemand anderes. Wir haben einander.«

»Es tut mir leid, dass ich weg–«

»Nichts muss dir leidtun. Du bist vollkommen. Das ist alles meine Schuld. Ich hätte mich nie auf so ein Weichei einlassen sollen. Los, komm. Lass uns aus diesem gottverlassenen Ort abhauen, nach dem wir die letzten sieben Jahre lang gesucht haben.« Das sagt sie mit einem Lächeln. »Okay?«

Ich lächele zurück. »Okay.«

»Weißt du noch, wie wir Ironie durchgenommen haben?«

»Ja«, sage ich. »Wenn das Gegenteil von dem passiert, was man erwartet hat.«

»Ganz genau. Das hier ist Ironie. Ich will nie wieder hierherkommen. Lass uns unseren Ort von der Landkarte streichen.«

Ich drehe mich um, will mich von dir verabschieden, überzeugt, dass ich dich nie wiedersehen werde, Wynton. Ich suche den großen Platz ab, aber du bist nirgends zu sehen. Ich öffne die Beifahrertür und steige in Sadie Mae ein und frage Mom, ob wir uns noch ein Soufflé holen können, bevor wir fahren, dann kann ich bei deiner Mutter wenigstens einen Abschiedsgruß zurücklassen, aber Mom will mit unserem Ort nichts mehr zu tun haben. Sie fragt gerade, ob wir bei dem Diner haltmachen sollen, an dem wir auf dem Weg hierhin vorbeigefahren sind, als mir ein kleines Mädchen mit einer Menge krisseliger Haare ins Auge fällt, die auf uns zugaloppiert kommt, mit einer Pappschale, auf der etwas dampft, das aussieht wie ein Törtchen. Ein bellender schwarzer

Hund folgt ihr dicht auf den Fersen. Ich schnalle mich wieder ab, weiß sofort, wer sie ist, weil ihr Grinsen eine zahnlosere, verrücktere Version deines Lächelns ist.

»Hier«, schnauft sie, außer Atem, weil sie so gerannt ist. »Mein Bruder sagt, das soll ich dir geben.« Das Mädchen steckt ihren Kopf in Sadie Mae, als ich auf die Straße trete. »Oh! Wohnt ihr da drin? Oh mein Gott!«, ruft sie. »Hast du ein Glück. Dein Haus geht auf Reisen.«

Mom sieht von der Karte auf und lächelt das Mädchen, von dem ich noch weiß, dass es Dizzy heißt, an.

»Kannst du wirklich Geister sehen?«, frage ich sie.

Sie guckt auf ihre lila funkelnden Turnschuhe runter. Der Schokoladenduft hüllt mich ein, macht es schwierig, auf ihre Antwort zu warten, ihr nicht das Soufflé aus den Händen zu reißen. Sie hebt den Blick, mustert mich, als wolle sie gucken, ob man mir vertrauen kann. »Da sind die zwei männlichen Geister, die sich küssen, und ihre Freundin, der Blumen aus dem Kopf wachsen. Sie sind stumm. Also, sie bewegen manchmal die Lippen, aber da kommt kein Ton raus.«

Das klingt so, als wäre das aus den Geschichten meiner Mutter. Ich beschließe, es sofort aufzuschreiben, wenn ich wieder in Sadie sitze. »Wirklich?«, sage ich, weil mir die Worte fehlen, doch mir gefällt dieses merkwürdige Mädchen.

Sie nickt, ihr Gesicht todernst, und mir kommt der Gedanke, dass wir Plätze tauschen sollten, dass dieses kleine Mädchen, das Geister sehen kann, meiner Mutter eine bessere Tochter wäre und was ich dafür geben würde, in einem weißen Haus an unserem Ort zu leben, mit einem Bruder, der Geige spielt, einer Mutter, die den ganzen Tag Soufflés macht, einem Zuhause, das nicht auf Reisen geht.

Der Hund schnüffelt an meinen Beinen. Ich hocke mich hin, um ihn zu streicheln.

»Ich mag keine Hunde«, sagt Dizzy.

»Ich liebe sie«, sage ich und kraule den Hund an der Brust. »Wenn es nach mir gehen würde, dann würden alle Hunde ewig leben. Besonders du.«

Ich liebe dich auch!, höre ich zu meiner vollkommenen Überraschung. Genau in meinem Kopf. *Ich liebe dich so sehr! Ich will ewig leben! Du riechst so gut! Wie Blumen!*

»Können die Hunde hier sprechen? So direkt in deinen Kopf?«, frage ich, ohne nachzudenken.

Ihr Gesicht verzieht sich, als wäre das, was ich gesagt habe, völlig absurd, was es natürlich ist, aber es ist ja nicht so, als hätte sie sich nicht gerade über stumme Geister ausgelassen.

»Hunde können nicht sprechen«, sagt sie, als wäre ich begriffsstutzig.

»Das weiß ich«, antworte ich. »Aber …« Okay, reiß dich zusammen, denke ich, sage mir, dass es am Schokoladenduft liegt, zusammen mit der Tatsache, einen Monat lang gehungert zu haben, und ich kann es sowieso nicht überprüfen, weil der Hund schon losgerannt ist und einem dunkelhaarigen Jungen auf einem Skateboard hinterhertollt, der ihn herbeigepfiffen hat, mit den Fingern im Mund, so wie Dave mir das beigebracht hat. Der Junge ist wunderschön, wie ein Prinz aus dem Märchen. Den, denke ich, kann ich mir auf einem Pferd vorstellen. Vielleicht auf einem lila Pferd.

Ich stehe auf. »Danke schön«, sage ich zu Dizzy, nehme das Soufflé und drehe mich um, um wieder einzusteigen.

»Warte, probier erst mal«, sagt sie.

»Jetzt?«

»Ja, während ich zugucke. Hat Wynton gesagt.«

»Heißt dein Bruder so?«

Sie nickt. »Wir sind alle nach den Lieblingsjazztrompetern unseres verschollenen Vaters benannt, nur sind das alles Männer und Schwarze, und wir sind weiß, und ich bin ein Mädchen, und Wynton ist der Einzige, der ein Instrument spielt. Dizzy Gillespie bin ich. Der ist schon tot. Wynton Marsalis ist Wynton. Und der Junge auf dem Skateboard eben, den du angestarrt hast, ist Miles, benannt nach Miles Davis.«

»Ich habe ihn nicht angestarrt.«

»Alle starren ihn an.«

»Wo ist dein Bruder hingegangen? Wynton?«

Sie zuckt mit den Schultern und gibt mir einen Plastiklöffel. Als sich unsere Hände berühren, sehen wir beide auf und unsere Blicke begegnen sich einen Augenblick lang, und bevor ich mich versehe, berühre ich ihre Nase – stups – und sie lacht, überrascht, und macht dann das Gleiche bei mir.

Ich lasse den Löffel in das Soufflé sinken. Dampf steigt auf und damit auch ein Duft nach Schokolade, reichhaltig und köstlich, sodass ich am liebsten die Luft verschlingen will. Die Konsistenz überrascht mich, leicht und luftig, eine essbare Wolke. Es schmilzt, sobald es auf meiner Zunge landet, erfüllt meinen Mund, meine gesamte Existenz mit Entzücken. Ich esse noch einen Löffel und kann mir ein Stöhnen nicht verkneifen. Ich spüre, wie mir die Sinne schwinden.

Geigenmusik durchbricht die gustatorische (Adjektiv, *den Geschmackssinn betreffend*), ambrosische (Adjektiv, *die Speise der Götter betreffend*) Ohnmacht, in der ich mich befinde, und ich blicke auf, um zu sehen, wo die Musik herkommt.

Auf dem Dach eines nahegelegenen Hauses stehst du. Sogar aus der Ferne kann ich das schiefe Lächeln sehen, und mir fällt eine der Geschichten meiner Mutter ein: *In einem fernen Land in der Zeit für alle Zeiten war einmal ein Blitzstrahl, der sich in einen Jungen verwandelte.* Dein Bogen zeigt direkt auf mein Herz, und ich weiß ganz genau, was du denkst, als sich unsere Blicke treffen, denn ich denke es auch. Da du der erste Mensch bist, den ich sehe, nachdem ich von dem Soufflé gegessen habe: *Ich werde dich für den Rest meines Lebens lieben.*

»Jetzt heiratest du mich«, rufst du. »Stimmt's?«

»Das werde ich«, rufe ich, während ich in Sadie Mae einsteige, das Soufflé in der Hand, und einen Moment lang lässt das Glück mein gebrochenes Herz wieder heil werden. Du lächelst und fängst wieder an zu spielen. Ich höre deine Musik, als wir davonfahren.

Ich höre sie jahrelang. Ich höre sie immer noch. Ich höre sie genau in dieser Minute, während ich hier im Krankenhaus an deiner Seite sitze, Wynton.

Doch damals essen Mom und ich abwechselnd von dem Soufflé – sie guckt nach dem ersten Bissen in den Rückspiegel, aber ich sage ihr nicht, was das bedeuten könnte –, während wir den Schildern zum *Hidden Highway* folgen, um unseren Ort so weit wie möglich hinter uns zu lassen.

Wenn ich ehrlich bin, Wynton, konnte ich dich nach diesem Tag ewig nicht aus dem Kopf bekommen. Ich habe dich nie vergessen können. Albern, ich weiß, über diesen Heiratsantrag nachzudenken, schließlich waren wir noch Kinder. Doch dann hast du mich neulich nachts wieder gefragt! Habe ich diesen Augenblick mit dir im Mondlicht nur geträumt? Unseren Tanz? So etwas habe ich in meinem ganzen Leben noch nie erlebt. Du?

Das hier ist ein Geheimnis: Jedes Mal, wenn ich einem Typen nahekomme, höre ich deine Geige so laut und klar, dass ich mich umdrehe und halb erwarte, dich hinter mir stehen zu sehen.

Jedes einzige Mal.

WYNTON

Du hast ein Instrument gespielt, das alles konnte; eine Rose zum Erblühen bringen, die jemand in der Hand hält, eine Bombe in ihren Herzen zünden, eine Treppe den ganzen Weg bis zu den Sternen reichen lassen.

Aber das Wichtigste: Geigenmusik war die Landkarte, die dich zu deinem Vater führen würde.

Wenn du gut genug wärest. Wenn deine Finger schneller über die Saiten fliegen würden, mit noch mehr Fingerfertigkeit, mit noch mehr Präzision.

Wenn er über dich in der Zeitung oder im Internet lesen würde, dich auf YouTube sehen, dich im Radio hören.

Jedes Mal, wenn du gespielt hast, egal, wie groß auch die Menschenmenge, gab es unter den Zuschauern nur den einen Mann mit dem Cowboyhut auf dem Kopf.

Jede Tonfolge, die du allein in deinem Zimmer entdeckt hast, war wie eine Unterhaltung mit ihm, ein Wiedersehen.

Doch Musik war auch die Landkarte, die zu dir selbst geführt hat.

Du hast in Musik gedacht, in Musik geatmet, in Musik geträumt, in Musik geliebt, in Musik gestritten, in Musik gelebt.

Nein, so stimmt das nicht.

Miles Davis hat einmal auf eine Frau gezeigt, die auf der Straße gestolpert ist, und zu seiner Band gesagt hat: »Spielt das.«

Das hast du gespielt. All das und all dies. Und wie.

Musik war für dich nie ein Substantiv, sondern immer ein Verb. Das einzige Verb. Du hast dich durch die Tage und Nächte deines Lebens musiziert.

Doch das wirst du nie wieder tun, und das ist unerträglich.

Du dachtest, du brauchst einen Körper, um Schmerz zu empfinden. Tust du nicht.

Du kannst dich nur davon befreien, wenn Cassidy an deiner Seite ist und wie ein Garten duftet, ihre Geschichte in dieser großartigen Höhle von Stimme erzählt.

Als würde sie dir jedes kleine bisschen von sich selbst vorstellen.

Sind Geschichten Gebete? Einladungen? Spiegel? Stürme?

Oder vielleicht sind sie ein Zuhause.

Wenn du ihr zuhörst, Rücken an Rücken auf der Wiese, während du sie im Mondlicht in deinen Armen wiegst, ist das die einzige Zeit, in der du dich auch ohne Geige und Bogen in den Händen wie du selbst fühlst.

MILES

Auf dem *Hidden Highway* fuhren sie Richtung Norden. Sie waren auf dem Weg zu den heißen Quellen, wo Cassidy arbeitete, als Sandro loslegte. Zufrieden lag der Hund zusammengerollt auf dem Boden zwischen Felix, der fuhr, und Miles, der versuchte, sich nicht in den Fahrer zu verlieben. Sandros Schnauze ruhte auf seinen Pfoten, seine Augen waren auf Miles gerichtet.

Ich, für meinen Teil, bin großen Hunden sehr zugetan, wenn du weißt, was ich meine, Miles.

Hör auf. Er sagt, er ist nicht zu haben. Aber, Scheiße ja, ich weiß genau, was du meinst.

Mächtiges Gemächt, mein liebes Menschenkind, gemächtig.

Mach dich nicht lümmellächerlich, mein Fellnasen-Freund.

Oh nein, die Pimmelapokalypse.

Pimmelosaurus Rex.

Der Schniedelwutz, der die Glieder-Skala gesprengt hat.

Miles versuchte, nicht zu lachen, drückte sanft seinen Fuß auf Sandros Pfote, um sein Mitgefühl auszudrücken, dankbar, dass es auf dieser Welt ein Geschöpf gab, mit dem er so einen Quatsch machen konnte. Miles war ziemlich überrascht gewesen, als Felix gesagt hatte, dass er bi war, dann völlig begeistert – seine Gedanken hatten geradezu angefangen zu schimmern – bis zu seiner Bemerkung, dass er *nicht zu haben* sei. Doch es hatte Eindruck auf Miles gemacht, wie Felix es gesagt hatte, so unbefangen und ruhig, selbst wenn Felix Miles nicht auf diese Art mochte, was in Ordnung war, völlig in Ordnung.

Nee, nicht in Ordnung.

Aber Felix schien sich mit Miles anfreunden zu wollen, und

Miles wollte sich *wirklich* mit Felix anfreunden. Er musste nur jeglichen Blickkontakt vermeiden, jeglichen Blick-Mund-Kontakt. Blick-Bauchmuskel-Kontakt, Blick-Hintern-Kontakt. Bloß kam Miles dann der Gedanke, dass Felix sich vielleicht in Cassidy verknallt hatte, und er deswegen bereit zu diesem Roadtrip gewesen war; nur gesagt hatte, dass er in ein paar Tagen zurück für seine Schicht im Restaurant sein müsste, falls es dann wieder aufmachte. War er deswegen nicht zu haben?

Wer wusste das schon.

Dennoch war Miles begeistert, dass er nun fünf Stunden lang nicht mal einen Meter entfernt von Felix in dieser Fahrerkabine sein würde. Er musste sich nur daran gewöhnen, dass Felix das Steuer losließ, um himmelhoch jauchzend auf Wolken und Mammutbäume und baufällige Brücken, die sich hoch über den Fluss erhoben, zu zeigen, während sie drei sich Serpentine für Serpentine hinaufwanden, den ersten von vielen Bergen auf der Fahrt nach Whispering River überquerten, wo Cassidy wohnte.

Wenn man also bi ist, steht man da genauso auf Mädchen wie auf Jungs? Oder ist das dann bei manchen 80/20? Ich kapier das nicht.

Keine Ahnung. Wir Hunde sind keine Schubladen-Stecker, mein liebes Menschenkind. Warum fragst du ihn nicht einfach?

Frag du ihn.

Es hatte eine Weile gedauert, bis sie losfahren konnten. Zunächst musste Miles nebenan zur Bell-Ranch gehen, um zu fragen, ob Rory Bell – die Miles seit eh und je als Co-Elternteil von Sandro bezeichnete – ihm erlauben würde, Sandro für ein, zwei Tage zu entführen. Er wusste, dass Sandro ihm nie verziehen hätte, wenn er ihn nicht auf diese Pilgerfahrt mitgenommen hätte, um Cassidy zu finden. Das hatte er auch Rory Bell gesagt, und das hatte die Rancherin, ein, zwei Jahrzehnte älter als seine Mutter, einzelgängerisch und windzerzaust, zum Lachen gebracht, bevor sie zugestimmt hatte, ihren Hund ziehen zu lassen.

Danach waren Felix und er durch den Pinot-Noir-Weinberg zu Miles' Haus gelaufen, um den Camper-Truck zu holen. Während sie durch das goldene Licht gewandert waren, hatten sie sich Trauben in den Mund gesteckt, sich den warmen, säuerlichen Saft durch die Kehle rinnen lassen, eine Erfahrung, die Miles regelmäßig machte, bei Felix jedoch einen Freudentaumel auslöste, sodass er sich schließlich von Miles sein Sudelheft lieh, um ein Rezept für Galettes mit Stilton-Käse und Trauben niederzuschreiben. Ein Gericht, das – da war sich Miles ziemlich sicher – seine Mom schon erfunden hatte, aber das behielt er für sich, während Felix zum zehntausendsten Mal sagte: »Das wird episch, Mann!«

Als sie bei Miles waren, war Felix durch das Haus gegangen, als wäre es ein Museum, hatte sich über Fotos gebeugt, sofort die schwachen blauen, grünen und lila Streifen unter der verblassten weißen Farbe von Miles' Schlafzimmerwänden bemerkt. (Egal, wie oft sie darüberstrichen, immer kamen diese drei Farben wieder zum Vorschein – es war absurd.) Zu Hause zu sein sorgte dafür, dass Miles schlecht wurde. Als er einen Blick in Wyntons Zimmer warf, auf die Notenstapel, den Ständer, die Verstärker, bekam er weiche Knie und stolperte ins Badzimmer, um den Tsunami aus Übelkeit und Angst auszusitzen.

Glaubte er wirklich, dass Cassidy dazu in der Lage sein würde, Wynton aus seinem Koma zu wecken?

So irrational das auch schien, glaubte er es irgendwie schon.

Als Nächstes waren sie zur Jugendherberge gefahren, wo Felix übernachtete, bis er eine WG gefunden hatte, vielleicht mit Kollegen aus dem *The Blue Spoonful*. Felix hatte sein Zimmer bisher mit niemandem teilen müssen, was gut war, denn es gab kaum genug Platz für das Stockbett und den Schreibtisch. Durch das eine Fenster voller Spinnweben konnte man auf den Bach gucken. Miles fiel auf, dass Felix die gut tausend Kilometer von

Colorado mit dem *Großen Larousse*, dem Standardwerk der französischen Küche sowie mit Enrigue Olveras *Tu Casa Mi Casa* und außerdem mit den Memoiren von August Escoffier (Felix' Traum-Großvater) in der Tasche zurückgelegt hatte, alles Bücher, die auch bei seiner Mutter zu Hause in der Küche standen. Kein Wunder, dass sie ihn sofort eingestellt hatte.

Miles lehnte sich gegen den Schreibtisch, nahm das Stockbett in Augenschein und oh, hallo perfektes Szenario: *Tut mir leid, Sie werden sich ein Zimmer teilen müssen, alles ist besetzt.*

»Erzähl mir von deiner Fahrt hierher mit Cassidy«, sagte Miles, um sich von dem nicht jungendfreien Livestream abzulenken, der in seinem Kopf losging. Bestimmt hatte ihn der Porno-Marathon in der Putzkammer im Krankenhaus total versaut. Obwohl er jetzt auch alles andere mit Felix teilen wollte: Lachanfälle, gemeinsam schweigend in den Himmel gucken, all ihre Gespräche. Er sah zu, wie Felix Sachen in seinen Rucksack schmiss, die völlig unpassend für einen Roadtrip waren: ein lila-gelb gestreiftes Shirt, ein weiteres Paar Nadelstreifenhosen, eine karierte Weste, noch mehr Hosenträger (!), einen Fedora (!!), ein weiteres Paar Wingtip-Schuhe (!!!).

»Es hat Spaß gemacht. Supercooles Mädchen«, sagte Felix.

»Und?«

Felix setzte die Sonnenbrille ab. Diese verdammten Augen. »Und sie schreibt über euch alle.«

»Warte mal, was? Wer *alle*?«

»Über deine Familie.« Mit Daumen und Zeigefinger zwirbelte er seinen Schnurrbart, eine Angewohnheit, die Miles allmählich ans Herz wuchs. Viel zu viel an Felix wuchs Miles allmählich ans Herz.

»Fürs College, irgendein Aufsatz oder so. Über die Geschichte Kaliforniens, die Winzer von Paradise Springs oder so was in der Art, und sie konzentriert sich auf eure Familie, aber vor Urzeiten, angefangen mit den Einwandern aus Europa. Die de Fallas. Sie hat gesagt, dass sie vielleicht sogar eine Novelle schreibt.«

»Warte mal, die de Fallas? Das sind wir? Wirklich? Eine Novelle? Über Alonso und Maria? Warum hat sie mir das nicht erzählt? Warum hast du mir das nicht erzählt? Und hießen wir nicht schon immer Fall?« Hatte Felix deswegen im Krankenhaus gesagt, dass er jetzt über Alonso Fall *genau Bescheid* wusste? Weil er das von Cassidy erfahren hatte? Bestimmt.

»Ich erzähle es dir ja. Nicht nur über Alonso und Maria. Da gab es noch Alonsos bösen Bruder Hector und seinen noch böseren Vater, ähm, wie hieß er noch, oh ja, Diego, und seine Mutter, die so einen verarmten Dichter geliebt hat, dessen unglaublicher Duft ihr noch nach seinem Tod anhaftete. Und es gibt einen Familienfluch. Oh, und Sebastian natürlich. Und alle, die nach ihnen kamen. So wie du, Alter. Sie hat die Geschichten auf so komische Art erzählt, als wären es Märchen. Irgendwann bin ich ein bisschen weggenickt, also habe ich bestimmt eine Menge verpasst.«

Miles war völlig verdutzt. »Ich weiß nicht, wovon du sprichst. Im Ernst, ich weiß überhaupt nicht, wer all diese Leute sind. Wer sind die?« Miles setzte sich auf das untere Bett, auf dem eine kratzige grüne Armeedecke lag. »Hat sie deswegen an dem Tag auf dem Grundstück geparkt? Weil sie recherchiert hat?« Er konnte sich erinnern, in ihrem Auto mehrere Bände über die Geschichte Kaliforniens gesehen zu haben. In eins hatte er reingelesen, nachdem sie geschwommen waren. Als er den Kopf hob, um das zu sagen, sah er, dass Felix gerade sein Hemd aufknöpfte. Oh nein, nein, nein, weil: oh Ja. Heißer Herkules war absolut richtig. Felix hatte sich halb zum Fenster gedreht, sodass Miles ungeniert zugucken konnte, wie Felix den letzten Knopf aufmachte und das Hemd erst von der einen, dann von der anderen Schulter streifte. Er war breit, schlank und sonnengebräunt und, oh Mann, mit diesen langen, dunklen, zerzausten Locken, ganz zu schweigen von den nebelverhangenen Augen, war er wirklich und wahrhaftig Jericho Blane. Ein riesiger bisexueller Jericho Blane! Ein Jericho Blane, der auf Männer stand. Er hatte einen verdammten Sechser im Lotto gewonnen.

Nur, dass er nicht zu haben war.

Tief einatmen.

Bitte zieh wenigstens nicht auch noch die Sonnenbrille aus, flehte Miles in Gedanken, und wie zur Antwort drehte sich Felix um, lupfte die Sonnenbrille und lächelte Miles an. »Was soll ich bloß anziehen?«, sagte er und warf die Arme hoch. Oje – und war das bezaubernd. Wie sollte Miles bloß einen Roadtrip mit ihm überleben?

Natürlich hatte er sich zu Jungs in der Schule hingezogen gefühlt, die nicht zu haben waren, also hetero waren, zu jedem Einzigen von ihnen oder jedenfalls zu den meisten, sein Körper reagierte, ergötzte sich an der kleinsten, völlig unbeschwerten Geste: Conner Foley, der in seinen Spind griff, um vor dem Training seine Mütze rauszuholen, der heiße Englischlehrer Mr Gelman, der seinen Hals entblößte, als er seinen Kopf neigte, während er der Klasse etwas vorlas, Rhett Clemens, der seine Beine mit Schwung auf den Tisch legte, als wäre er der Meister der Lüfte. Er sammelte diese Momente und ließ sie dann wiederaufleben, gefahrlos, unentwegt, insgeheim, während er laufen ging, während er las, während er duschte, während er atmete.

Felix zog ein einfaches schwarzes T-Shirt aus seiner Tasche und Gott sei Dank fiel seine Sonnenbrille wieder über seine Augen wie ein Vorhang. »Übrigens ist das eine richtige Brille«, sagte er zu Miles und zeigte auf die Sonnenbrille. »Ich hab's mit den Augen. Will nicht, dass du mich für protzig hältst.«

Miles nickte. Er hielt Felix nicht für protzig. Er fand ihn großartig und anders als jeden, den er bisher kennengelernt hatte – lustig, klug, sonderbar, warm, geheimnisvoll und offen gleichermaßen, heiß. Miles seufzte, studierte seine Hände ausführlich und versuchte, den heißen Herkules aus dem Kopf zu bekommen. Er war nicht zu haben. Vielleicht hatte er sich von seiner Freundin getrennt, weil er jetzt einen Freund hatte? Oder eine neue Freundin? Vielleicht Cassidy? Oder vielleicht wollte er Single sein? Oder fand Miles nicht attraktiv? Vielleicht hatte er ihn vergrault, weil er zu Rod in den Truck gestiegen war? Vielleicht hielt er Miles für, na ja, eine Schlampe. Am liebsten wäre er damit rausgeplatzt, dass er so was noch nie gemacht hatte. Außerdem wollte er ihm Tausende von Fragen stellen, warum er abgehauen war und wie es war, bisexuell zu sein, und ob er mit allen und jedem so lachte und sich auf den Waldboden legte. Vielleicht gab er nicht nur Miles, sondern auch allen anderen so ein prickelndes Gefühl?

»Hey, alles okay?«, Felix' Hand landete auf der Stelle zwischen Miles' Schulter und seinem Hals. Seinem *Hals*. Miles hob den Kopf.

»Du machst dir bestimmt totale Sorgen um deinen Bruder«, sagte Felix zu ihm, weil er Miles' Gesichtsausdruck völlig falsch interpretiert hatte.

Felix hatte seine Brille wieder in die Stirn geschoben, und seine absolut umwerfenden Augen – seien wir doch ehrlich – blickten Miles mitfühlend an, was dazu führte, dass das Blut in Miles' Adern die Richtung wechselte. War es normal, dass ein Typ, der nicht zu haben war, einen Typen, der zu haben war, so anfasste? Das hier fühlte sich noch weniger platonisch an als die Hand auf seiner Schulter im Wald. Obendrein hatte Felix sich das T-Shirt noch nicht übergezogen, sein gebräunter Bauch war ihm so nah, dass Miles seine Hand darauflegen könnte, so nah, dass er mit den Fingern unter den Bund von Felix' Hose streifen könnte, so nah, dass er das Calvin-Klein-Logo auf seiner Unterhose sehen konnte. Miles atmete ein, roch Schweiß. Das Licht im Zimmer war dämmrig, das Lied des Flusses laut, schloss die Welt aus. Sie waren allein. So allein. Das hier war so viel besser, als in einem Kühlraum zu sein. Miles schloss die Augen.

Scheiß drauf. Er stellte sich alles vor. Wie er dastehen und seine Hände auf Felix' Bauch legen, seine Brust, seine Arme, die Wärme von Felix' Haut an den Händen spüren würde. Er stellte sich vor, wie Felix die Arme um ihn legte, wie sie sich zusammen auf das untere Bett fallen lassen würden, ihre Körper miteinander verschlungen. Mit wandernden Händen. Sein Herz fing an, wie wild zu schlagen.

Das war nicht gut.

Miles schnippte Felix' Finger von seiner Schulter, viel schroffer, als er das beabsichtigt hatte, sah den verwirrten Ausdruck auf Felix Gesicht, dann den peinlich berührten. »Ich muss mal an die frische Luft«, sagte Miles und drehte sich so weg, dass Felix seine Erektion nicht sehen konnte.

Das Gespräch mit Sandro, der draußen wartete (keine Haustiere in der Jugendherberge), half ihm einigermaßen, sich wieder zu sortieren, und als er ins Zimmer zurückkehrte, war Felix angezogen und saß mit gepackter Tasche auf dem Bett. Er sah betroffen aus.

»Tut mir leid, ich …« Miles wusste nicht, wie er den Satz beenden sollte. *Tut mir leid, ich war eben mitten in einem Porno, während du einfach nur nett zu mir warst.*

Felix schüttelte den Kopf. »Nix da. Entschuldige dich nicht. Ich kann mir gar nicht vorstellen, was du mit deinem Bruder gerade durchmachst. Selbst wenn …«

»Das ist es ja«, sagte Miles, erleichtert, dass das Missverständnis noch in vollem Gange war. »Es ist echt schwer, jemanden plötzlich nicht mehr zu hassen, weißt du? Ich meine, wie soll man das hinkriegen?«

»Indem man versucht, den anderen zu verstehen«, sagte Felix nüchtern.

»Warum bist du eigentlich so, ich weiß nicht, reif irgendwie?«

»Therapie.«

Das brachte Miles zum Schweigen.

Dann waren sie ins Krankenhaus gefahren. Seine Mutter schien glücklich zu sein, dass Miles und Felix, ihr neuer Saucier, sich irgendwie angefreundet hatten, aber warum sie so eine weite Reise auf sich nehmen wollten, um Cassidy zu suchen, hatte sie nicht nachvollziehen können. Letzten Endes hatte sie nachgegeben, Miles gesagt, dass es ihm sicher guttun würde, mal vom Krankenhaus wegzukommen. Sollte es etwas zu berichten geben, würde sie ihm eine Nachricht schicken. Dann nahm sie Miles' Gesicht in ihre Hände und sagte ihm ganz leise, sodass nur er es hören konnte: »Ich scheine immer wieder zu vergessen, dass ich mir auch um dich Sorgen machen muss. Das tut mir so leid, mein Schatz.«

Und hier waren sie nun, in der Abenddämmerung, Miles, Felix und Sandro, fuhren den *Hidden Highway* entlang, tief in den Wald hinein, an den *Jeremiah Falls* vorbei, wo er und Cassidy wie zwei Seerosen auf dem Rücken im Wasser getrieben hatten. Die Sonne versank hinter dem Berg, füllte die Straße mit gespenstischen Schatten, während der Fluss, wie die Zeit, an ihnen vorbeirauschte.

Aus Bernadettes Sammelsurium nicht abgeschickter Briefe

Miles,
die Sonne ist an deiner Seite, immer schon, wie bei deinem Vater.
Als du klein warst, egal, wo wir waren, haben sich die Leute hinter mir aufgereiht, um einen Blick auf dich in deinem Kinderwagen zu erhaschen.
»So schön, da bleibt einem das Herz stehen«, haben sie gesagt.
Schön außen wie auch innen.
Doch nun weiß ich, dass sich in meinem Sohn auch ein verlorener Junge versteckt, und er ist es, den ich finden muss.
Mom

MILES

Allein der Himmel wurde von der unsichtbaren Sonne beleuchtet, während Miles und Felix weiter Richtung Norden fuhren, Felix über Whispering River quatschte, den Ort, wo Cassidy lebte. Sie streckten beide die Hand aus dem Fenster, als wollten sie die Dämmerung einfangen.

»Es ist eine malerische Westernstadt inmitten der Redwoods«, sagte Felix. »Konnte es nicht fassen, als ich da angekommen bin – ich war vorher noch nie in Kalifornien. Sah aus, als könnte da jeden Augenblick eine Schießerei stattfinden, mit richtigen Cowboys. Ich rede von Saloontüren, die richtig aufschwingen, nur dass man im Saloon seine Aura lesen lassen kann. Kein Scheiß. Da hängt ein Schild davor. Und die heißen Quellen, wo Cassidy arbeitet! Total New-Age-mäßig, nennt sich ›die Community‹ und alle reden ständig von Astrologie« – er hob eine Augenbraue – »ohne jegliche Ironie, und sie sagen Sachen wie ›Wende dein Gesicht der Sonne zu und du wirst alle Schatten hinter dir lassen‹ und ›Wir alle bringen einander nur nach Hause, Mann‹.«

Miles lachte.

»Ja, total ballaballa«, fuhr Felix fort. »Aber es war auch irgendwie cool. Als würde man einen anderen Planeten besuchen, wo die Einwohner alle einfach richtig … offen sind. Oh, und ich muss dich warnen. In der Community trägt niemand Kleider, also überhaupt nicht, nur im Restaurant.«

»Alter!«

Miles streichelte Sandro, der es sich zwischen ihnen auf dem Vordersitz gemütlich gemacht hatte.

Wir werden ihn nackt sehen, Sandro! Ganz und gar! Pimmelparty!

»Ja, und ich habe in der Community ein paar bewusstseinserweiternde Erfahrungen gemacht, dabei belassen wir es mal. Was bei den heißen Quellen passiert, bleibt auch bei den heißen Quellen.«

»Nein, belassen wir es mal nicht dabei«, sagte Miles und lehnte sich rüber, um einen Blick auf die Tankanzeige zu werfen. Felix und Felix und Felix hatte ihn so abgelenkt, dass er vergessen hatte nachzugucken. »Oh nein.«

Felix folgte Miles' Blick. »Sag mir bitte nicht, dass wir kein Benzin mehr haben, Mr Fall.«

»Okay.«

»Nee, nein, bloß nicht«, sagte Felix. »Das kann nicht sein. Das kann nicht dein Ernst sein. Hast du noch nie einen Horrorfilm gesehen? Die fangen alle so an. Zwei Typen in einem Truck auf einer leeren Landstraße mitten im Nirgendwo, USA.«

Andere Filme auch, sagte Miles nicht. Was er sagte, war: »Alles gut«, und zeigte auf die Tankanzeige. »Noch haben wir einen Strich. Nimm einfach den Gang raus, wenn wir bergab fahren. Bis zum nächsten Ort schaffen wir es.« Miles versuchte, den Gestrandet-mit-Felix-Porno, der in seinem Kopf losging, zu ignorieren.

Sandro schaute zu ihm auf. *Das hast du eingefädelt, stimmt's, Miles? Kommt ja sehr gelegen. Und ist nicht genau das in diesem Kitschroman passiert, den du dauernd liest?* Jetzt für immer und ewig?

Halt die Klappe. Ich lese keine Kitschromane.

»Der nächste Ort?«, sagte Felix. »An dieser Art von Straße gibt es keine … Oh oh. Oh nein.«

»Was denn?«

»Mir ist gerade klar geworden, dass *du* der Axtmörder bist!

Natürlich bist du das!«

Miles lachte wieder. »Außer dass du mich im Handumdrehen nehmen könntest, mit oder ohne Axt.«

Dich nehmen? Er könnte dich nehmen?

Im Ernst, halt jetzt die Klappe, Sandro. Und das war eine Jacht auf dem Meer, die kein Benzin mehr hatte, und Jericho Blane und Samantha Brooksweather haben sich treiben lassen und Champagner getrunken und eine Woche lang Sex gehabt.

Ähm. Die Beweisführung ist abgeschlossen, euer Ehren.

Miles sagte: »Wir finden eine Farm oder eine Ranch, die uns ein bisschen Benzin gibt, und damit kommen wir dann zur nächsten Tankstelle.«

Felix zog seine Sonnenbrille aus und legte sie aufs Armaturenbrett. »Das ist ein gottverdammt geiler Plan. So lasst ihr Hinterwäldler also alles hinter euch!« Er zwirbelte seinen Schnurrbart. »Okay, hör zu, Miles. Falls uns eine Diebesbande auflauert oder so, und wir kommunizieren müssen, dann sprechen wir rückwärts, okay?«

»Yako.«

»Tug.«

Felix griff in seine Hosentasche und zog ein Etui mit einer weiteren Brille heraus, die er sich auf die Nase setzte. Eine schwarze, nerdige, ein bisschen so wie Dizzys.

»Nachts besser«, sagte er. Mit seiner neuen Brille sah er extrem intellektuell aus. Das machte ihn, äh, noch süßer.

Du brauchst eine kalte Dusche.

Vielen Dank auch, du Schlauhund.

Ich mag es, wenn du mich schlau nennst.

Sie fuhren weiter durch die Dämmerstunde, der Geruch des Flusses lag in der Luft. Miles wollte sich bei Felix nach den Geschichten erkundigen, die Cassidy ihm erzählt hatte, aber noch viel mehr wollte er Felix mit einem Mal alles haarklein erzählen, was ihm je passiert war, so von Geburt an. In aller Ausführlichkeit.

»Kann ich dir was erzählen?«, fragte Miles.

»Ich glaube, ich kann dich noch zwischen zwei Termine reinschieben.«

Miles holte tief Luft. Um wenigstens einigermaßen den Anschein zu wahren, cool zu sein, würde er sich an sein derzeitiges Dilemma halten und die Irrungen und Wirrungen, sagen wir mal, der Vorschule, außen vor lassen. »Also, ich habe vor Kurzem alles aufgegeben. Die Leichtathletikmannschaft. Den Mathe-Club. Den akademischen Zehnkampf. Ich bin nicht mehr zur Schule gegangen. Hab mit allem aufgehört.«

»Warum?«

»Weiß nicht. Also, da war diese Geschichte mit meinem Bruder – die Nacht mit dem Filmriss, von der ich dir erzählt habe –, aber es war nicht nur das. Als wäre alles in mir drin irgendwie runtergefahren oder so.« Miles konnte sich nicht davon abhalten, sein Herz auszuschütten, genau wie bei Cassidy.

»Mein Freund Eddie hat Depressionen«, sagte Felix.

»Ist eigentlich irgendjemand so wirklich glücklich?« Miles rutschte auf seinem Sitz herum, lehnte ein Knie an das Armaturenbrett.

»Doch, schon«, sagte Felix. »Ich. Jetzt, in diesem Moment, mit dir zusammen in diesem Auto, fast ohne Benzin auf dieser gruseligen Geisterstraße, bin ich verdammt glücklich.«

Miles guckte aus dem Beifahrerfenster. Er wollte nicht, dass Felix sah, wie er von einem Ohr zum anderen strahlte.

»Vielleicht war mit allem aufzuhören deine Version von mitten in der Nacht dein Zuhause zu verlassen«, sagte Felix nach einer Weile. »Vielleicht sollten wir uns kennenlernen, weil wir beide an der Schwelle …«

»An der Schwelle zu was?«

»Keine Ahnung, Alter«, sagte Felix, und sie lachten.

Miles war sich durchaus bewusst, dass sein Bruder im Koma lag und sie dringend ihre Mission erfüllen mussten, Cassidy zu finden, aber ein großer Teil von ihm wollte diesen Truck nie wieder verlassen. Er hatte das komische Gefühl, mit jeder Minute, die verging, mehr er selbst zu werden.

»Dein Freund Eddie. Wie beschreibt er das denn, depressiv zu sein?«

»Er sagt, es ist wie in Zement gefangen zu sein, der allmählich trocknet.«

»Puh.«

»Die Medikamente haben ihm geholfen. Seltsam. Wir stehen uns nah, also *echt* nah, und ich habe überhaupt nicht gewusst, dass er depressiv ist, bis es einmal so richtig schlimm wurde, und er nicht mehr aus dem Bett kam. Er hat es vor allen geheim gehalten.« Die Gefühle waren Felix ins Gesicht geschrieben. »Er ist der lustigste Typ auf diesem Planeten.«

Miles hätte seinen Kopf am liebsten direkt in den Sand gesteckt.

Du bist eifersüchtig, Miles.

Nein, bin ich nicht. Halt die Klappe.

Halt du die Klappe. Hör auf mir zu sagen, dass ich die Klappe halten soll.

»Hey, was ist das Großartigste, was du je gesehen hast?«, fragte Felix und wechselte das Thema. Miles war dankbar, dass er sich keine Lobeshymnen über Eddie mehr anhören musste, der bestimmt der Kumpel war, der Felix geholfen hatte, das Zwölf-Gänge-Menü für seine Eltern vorzubereiten. Miles gefiel es nicht, wie Felix' Gesicht weich wurde, wenn er den Namen des Typen in den Mund nahm.

»Meinst du so was wie ein Konzert?«, fragte Miles.

»Nein, so was wie alles.« Erwartungsvoll sah Felix Miles an, und Miles hätte am liebsten gesagt: *Deine Augen, Mann.*

Das Gesicht von Dornröschen ist das Großartigste, was diese Hundeaugen je gesehen haben.

Schmalziger Schmalz.

Damit kennst du dich ja gut aus.

Miles dachte eine Weile über Felix' Frage nach.

»Der Wasserfall bei uns, auf dem großen Platz?«, sagte er. »Manchmal, wenn die Sonne darauf trifft, sieht es aus, als würde Licht herabfließen, nicht Wasser. Das krieg ich nicht auf die Reihe. Es ist einfach so cool. Und was ist mit dir?«

»Gesichter«, sagte Felix, ohne zu zögern.

»Wie, alle?«

»So ziemlich«, erwiderte Felix. Was für eine Antwort! Dann drehte sich Felix zu ihm. »Du hast ein so cooles Gesicht. Ist mir im Krankenhaus aufgefallen. Bin dir wahrscheinlich deshalb nachgegangen.« Miles' Herz machte einen Sprung und flog dann hoch in den Himmel hinauf. Und nun verzog sich Felix' Mund zu einem umwerfenden Lächeln. Er ergänzte: »Ganz sicher bin ich dir deswegen nachgegangen.«

Äh, hat er das gerade wirklich gesagt, oder habe ich mir das eingebildet?

Tut mir leid, hab nicht zugehört.

Sandro!

Er hat es gesagt, Romeo.

Das war wahrscheinlich der glücklichste Augenblick in Miles' Leben. Er traute sich nicht zu, etwas zu sagen – sonst würde er jubeln oder jauchzen –, also grinste er wieder heimlich vor sich hin, wie ein Idiot, und guckte aus dem Fenster. Miles dachte an den Moment, als Felix in der Jugendherberge seinen Hals berührt hatte. War das vielleicht nicht einfach nur eine freundliche Geste gewesen? Konnte es sein, dass auch Felix sich gewünscht hatte, dass etwas zwischen ihnen passierte? War das eine Anmache gewesen? Schließlich war Felix halb nackt gewesen. Oh Mann.

Und was war, als er im Wald gesagt hatte: »Kommst du dazu?« Vielleicht war da nichts passiert, weil Miles ein Brett nachgeahmt hatte! Das nervöse Prickeln nistete sich wieder in Miles' Bauch ein. Genauso wie alles in seinem Innern noch mehr überschäumte.

Miles warf heimlich einen Blick auf Felix. Seine Augen waren auf die Straße gerichtet, sein Gesichtsausdruck neutral, als hätte sich nichts verändert. Okay. Miles musste mal runterkommen. Vielleicht ging der Typ ja oft Leuten nach, deren Gesichter er cool fand. Und platzte dann in ihre Verabredungen und zerrte sie von ihren Online-Dates weg.

Ein paar Monate später, nachdem Miles sich beruhigt hatte, fragte er: »Warum bist du also abgehauen?«

»Nächste Frage«, sagte Felix.

Das war eindeutig eine Betreten-verboten!-Zone, und wie Miles vermutete, der Grund, warum Felix manchmal zu Tode betrübt war.

Warum glaubst du, ist er abgehauen, Sandro?

Vielleicht hat ihm das Futter nicht geschmeckt.

»Was kochst du am liebsten?«, fragte Miles.

»Eine Mischung aus Julia Childs Rindergulasch in Rotweinsoße und *pozole rojo* – das Rezept meines Großvaters. Ich bin von der alten Schule.«

»Ich bin Vegetarier.«

Er grinste. »Ich hab eine epische vegetarische Version von *pozole rojo*. Episch. So gut, dass du das nicht verkraften wirst.«

Er wird für dich kochen!

Ich weiß!

»Standst du deinem Großvater nah?«

Felix schüttelte den Kopf. »Hab ihn nie kennengelernt, aber er hatte einen Kasten voller genialer mexikanischer Rezepte, der jetzt in meinem Besitz ist. Meine Eltern sind in der Küche völlig nutzlos. Eddie ist derjenige, der mich zum Kochen gebracht hat. Er kann unglaublich gut kochen. Seine Eltern haben so ein Soul-Food-Restaurant, und nach der Schule habe ich da immer in der Küche rumgehangen. Fühlte sich wie zu Hause an.« Das Lächeln, das jetzt auf Felix' Gesicht zu sehen war, weil er über Eddie sprach, war für Miles nicht zu ertragen.

»Eddie steht total auf Pizza. Er macht so eine weiße Pizza mit gegrilltem Tintenfisch, Fontina-Käse und Aioli. Un-glaublich. Er gehört zum US-Pizza-Team.«

Ähm, WTF, was ist das US-Pizza-Team?

Eddie, Eddie, Eddie, sagte Sandro.

Schlimm, oder? Ist er deswegen nicht zu haben? Bestimmt.

Miles wollte das Thema wechseln, nicht mehr über den Pizza-Champion reden, also war er froh, als Felix fragte: »Dein Dad ist Winzer, stimmt's?«

Miles nickte und nach einer kurzen Pause sagte er: »Mein Dad ist vor zwölf Jahren verschwunden. Ist eines Abends einfach davongefahren.«

»Und nie zurückgekommen?«, fragte Felix.

»Nö. Einfach abgehauen. Meine Mutter hat einen Detektiv engagiert und alles. Sie bereitet ihm jeden Abend im Restaurant eine Mahlzeit zu. Spät am Abend wirst du sie unter der Wärmelampe sehen. Stellt ihm auch ein Glas Wein hin. Der Barkeeper, der zumacht, isst sie dann immer. Alle wissen Bescheid. Echt seltsam und traurig. Sie ist nicht ein einziges Mal mit irgendjemand anderem ausgegangen. Sie sagt, mein Dad wäre ihr Beschert.«

Felix' Gesicht verwandelte sich in ein Fragezeichen.

»Jiddisch für Seelenverwandter«, erklärte Miles. »*Beschert* bedeutet sowohl Schicksal als auch der Mensch, der dein Schicksal ist.« Miles konnte anscheinend nicht die Klappe halten. »Manchmal frage ich mich, ob er gegangen ist, weil er depressiv war …« Gerade wollte er ergänzen, so wie ich, als ihm klar wurde, dass er in diesem Moment alles andere war. Vielleicht war er sein Leben lang nur einsam gewesen. Er hatte nicht gewusst, dass andere Menschen einem die DNA neu sortieren können, bis er Cassidy und Felix kennengelernt hatte. Er hatte die ganze Zeit nicht gewusst, dass er eine Tür war, die nur darauf gewartet hatte, geöffnet zu werden.

Felix warf Miles einen Blick zu, sein Mienenspiel ausdrucksvoll, als wollte er ihm etwas sagen. Oder vielleicht etwas *tun*? Wurde er auch von solchen Gefühlen bewegt? Wollte er sagen: *Was läuft hier eigentlich?* Wollte auch er die Hand ausstrecken, in Miles' T-Shirt greifen und ihn an sich ziehen, damit sie sich küssen könnten, zwei stürmische Wochen am Stück, die durchschnittliche Zeit, die ein Mensch in seinem Leben mit Küssen verbringt, wie Miles von Dizzy erfahren hatte?

Ich will, dass er mir sagt, warum er nicht zu haben ist.

Frag ihn, mein liebes Menschenkind.

Kann ich nicht.

Warum?

Ich weiß es nicht.

Schweigend fuhren sie weiter, bis Miles es nicht mehr aushielt und sagte: »Also, wie ist das so? Magst du Mädchen lieber als Jungs oder Jungs lieber als Mädchen? Ich verstehe es nicht.«

Felix hielt den Blick auf die Straße gerichtet. »Bis zur Elften bin ich mit Mädchen ausgegangen. Aber in dem Sommer hat da so ein Typ in dem Restaurant gearbeitet, wo ich ein Praktikum gemacht habe – älter, schwul, geoutet, fast so groß wie ich –, und wenn er mich angeguckt hat, über die Köpfe der anderen hinweg, und angelächelt, bin ich total durchgedreht. Ich habe mir fast die Finger abgehackt, als ich ihm dabei zugesehen habe, wie er die Ribeye-Steaks aus dem Holzofen geholt hat.«

Mag er nur andere Riesen?, fragte sich Miles. »Sag nicht, ihr habt es im Kühlraum getrieben?«

Felix lachte. »Also. Wie bei den heißen Quellen gilt hier: Was im Kühlraum passiert, bliebt auch im Kühlraum. Aber irgendwie wusste ich es auch schon vorher, habe mich ständig gefragt, ob ich schwul oder hetero bin, ein ständiges Hin und Her, war total verwirrt, nichts fühlte sich richtig an, bist mir klar wurde, dass es das B gibt. In LGBTQ, weißt du? Und dann habe ich darüber gelesen, und das war so was von *Das bin ja ich*. Zum Abschlussball bin ich mit einem Typen gegangen.«

»Verwegen. Der Kühlraum-Typ?«

»Nein. Avi Patel. Nicht wirklich verwegen. An meiner Highschool wollten alle queer sein. Bisschen nervig irgendwie.« Sein Gesichtsausdruck veränderte sich. »Was ich nicht erwartet habe, ist, dass manche schwulen Männer mich nicht ernst nehmen, aber egal. Man würde doch meinen, je mehr queere Leute es gibt, desto besser, oder?«

Nahmen homosexuelle Menschen bisexuelle Menschen nicht ernst? »Ich nehme dich total ernst, Felix«, sagte Miles. Felix' Lächeln war so breit wie die freie Natur und aufrichtig. Miles fuhr fort: »So eine Schule wie deine kann ich mir gar nicht vorstellen. An meiner hat sich niemand geoutet. Nicht eine einzige Person. Sie ist winzig. Und katholisch.« Am liebsten hätte er geschrien: *Warum bist du abgehauen? Warum bist du nicht zu haben?* Und wenn er schon dabei war: *Ich stehe so sehr auf dich*!

»Was ist mit dir?«, fragte Felix. »Wie ist dir das klar geworden?«

»Als ich mich zum ersten Mal verknallt habe. Zweite Klasse, Mr Quittner.«

»Du willst dich nicht outen?«, fragte Felix voller Neugier, ohne Urteil. »Hier in der Pampa ist es wohl anders.«

»Vielleicht«, sagte Miles. »Aber ich schäme mich nicht oder so. Das ist es nicht. Jedenfalls glaube ich das nicht.« Er guckte aus dem Fenster. »Ich will irgendwie nicht, dass die Welt mir das kaputt macht.«

»Das verstehe ich.«

»Und ich bin auch kein Fan davon, einem Club anzugehören. Fühle mich irgendwie so, dass alle von meiner Insel abhauen sollen.« Stimmte das überhaupt? Felix wollte er ganz sicher auf seiner Insel haben. Und mit ihm in einem Club sein. Oh, er wusste gar nichts über gar nichts. Er war eine Rohfassung, hatte keine Ahnung, welche Teile von ihm es schaffen würden, welche beschissenen Teile gestrichen werden würden. Ihm war auch bewusst, tief in seinem Innern, dass er Angst hatte, die Leute würden *ihn* von der Insel schmeißen, wenn sie ihn wirklich kennen würden, so wie seine Geschwister das getan hatten. Da war es all die Jahre so viel sicherer in dem Monsterkostüm gewesen, der Vollkommene Miles zu sein. Nur dass er hier er selbst war und weit entfernt davon, rausgeschmissen zu werden. Und mit Cassidy war es das Gleiche gewesen.

»Ich bin das Gegenteil«, sagte Felix. »Ich will Teil von allem sein. Wenn ich ein Buch lese oder einen Film gucke, ziehe ich da ein.« Da musste Miles aber alles aufbringen, um sich nicht auf der Stelle zu verlieben. Felix' Blick fiel auf die Tankanzeige. »Wir fahren nicht zufällig gerade an einer Farm vorbei, oder?«

»Nö.« Dass ihnen der Sprit ausging, war nicht gut, natürlich nicht, aber mit Felix unter den Sternen abzuhängen, bis jemand vorbeifuhr – Sechser im Lotto.

»Also, magst du mir vielleicht mehr von den – wie war das – den de Fallas erzählen?«

Felix lächelte Miles an. »Absolut. Du musst unbedingt mehr über deinen Urgroßvater erfahren.« Seine Augen blitzten hinter seiner Brille auf. »Denn, Alter, nach dem, was Cassidy erzählt hat, ist Sebastian – der Typ, den ich vorhin erwähnt habe – der *Freund* von Alonso Fall gewesen.«

»Sein Freund?« Warte mal, was? Miles' Gedanken fingen an zu kippen. Alonso Fall, die Statue auf dem Platz, in die er reingefahren und die er geköpft hatte, war schwul?

»Aber was ist mit Maria? Die waren doch verheiratet.« Das wusste er immerhin.

»Das haben die so vereinbart. Und einmal müssen sie es gemacht haben, weil du ja existierst. Soll ich dir erzählen …«

»Verdammt ja. Fang am Anfang an.«

Als er gerade am Anfang von Alonso Falls Geschichte war, in der *Zeit für alle Zeiten,* wie Cassidy das anscheinend genannt hatte, in der Alonso wie ein Sonnenstrahl auf die Welt kam, fing der Truck an zu stottern. Felix fuhr an den Straßenrand und stellte den Motor aus.

Einen Augenblick lang saßen sie schweigend da. Durch das offene Fenster konnte Miles Nachtigallen hören, das Rauschen eines Bachs. Der Himmel über ihnen war bereits trunken vor Sternen. »Ist es eine lange Geschichte, Felix? Denn wir haben Zeit«, sagte Miles, als ein klopfendes Geräusch zu hören war. Felix und Miles drehten sich blitzschnell in der Fahrerkabine um, während Sandro auf alle viere kam und die Heckscheibe anbellte.

»Sind wir da?«, sagte eine dumpfe Stimme. Hinter dem Fenster auf der Ladefläche war Dizzys verschlafenes Gesicht zu sehen. »Kann nicht fassen, dass ich einfach so eingepennt bin.«

Die Geschichte von Alonso Falls furchtbarer Entscheidung zwischen seinem Herzen und seinem Schicksal

(die Cassidy Felix auf der Fahrt nach Paradise Springs eine Woche vorher erzählt hat)

In der Zeit für alle Zeiten war Alonsos und Sebastians Glück nicht von Dauer.

Es war das Jahr, als sie beide achtzehn wurden. Alonso hatte schon lange keinen Hauslehrer mehr. Inzwischen war das Haus zu zwei Dritteln von seinem »Bruder« Hector aufgefressen worden. Obendrein waberte die Fäulnis von Diegos Seele in nicht ablassender Schärfe aus dem Mund seines »Vaters«, sodass die Weintrauben verkümmerten und Jahrgang für Jahrgang verdarb.

Die de Fallas waren in einer fatalen finanziellen Lage, und die drohende Armut sorgte dafür, dass Diego und Hector noch grausamer zu Alonso waren als je zuvor. Hector – der jetzt so groß war, dass sein Kopf durch die Decke stieß – pflegte sich zur Belustigung auf Alonso draufzusetzen, drohte, ihm die Gliedmaßen auszurupfen, während Diego lachte und Alonso seinen widerlichen Atem ins Gesicht blies, bis er das Bewusstsein verlor. Einmal überfiel Hector ihn im Dorf aus dem Hinterhalt, stopfte ihn in einen Koffer und warf ihn (Alonso!) auf das Dach einer Kutsche, die auf dem Weg in die Berge war. Alonso hatte eine Woche gebraucht, um wieder nach Hause zu finden.

Alonsos Seele war ständig in Gefahr, von seiner Person mal ganz abgesehen.

Er träumte von nichts anderem, als zusammen mit Sebastian davonzulaufen.

Eines Abends riefen Sofia und Diego ihn zu sich an den halb aufgegessenen Esstisch.

»Ich habe etwas zu verkünden«, sagte Diego, sein Atem ließ die Luft gerinnen. Alonso und seine Mutter hielten sich die Nase zu, um die nächsten Sätze zu überleben.

»Maria Guerreros Vater kann dafür sorgen, dass wir wieder vermögend sind, aber er hilft uns nur, wenn du Maria beim nächsten Erntedankfest heiratest.«

Nun nahmen Alonso auch Diegos Worte die Luft zum Atmen. »Das werde ich nicht tun«, sagte er. »Ich kann kein Mädchen heiraten, das ich nicht liebe.«

»Warum nicht?«, fragte Diego.

Maria Guerrero war die liebste Freundin von Sebastian und Alonso. Sie hatte feuerrotes Haar, lief gerne durch die Weinberge der de Fallas und war die Tochter des berühmtberüchtigtsten Hasardeurs, Ränkeschmiedes und Bonvivants des Dorfes. Sie trug Hosen unter ihren Kleidern, saß wie ein Junge rittlings auf ihrem Pferd und galoppierte ganz allein über die Hügel oder zum Meer. Sie lachte laut und schallend, verlor ständig ihre Schuhe und lief – ein skandalöses Benehmen – barfuß durch die Straßen.

»Aber ich dachte, du liebst sie, Alonso«, sagte Sofia. »Ich war mir sicher, weil du dauernd irgendwo dagegenrennst und weder deine Hemden richtig zuknöpfst noch richtig isst. Alles Zeichen dafür, dass du verliebt bist. Ich habe doch gesehen, wie du mit Sebastian und Maria durch die Weinberge rennst. Wie du mit Sebastian und Maria bis spät in die Nacht im Café sitzt. Wie du mit Sebastian …« Etwas schien seiner Mutter allmählich zu dämmern. Sie errötete. Schluckte.

»Nein«, sagte Alonso zu seiner Mutter. »Ich liebe Maria nicht.« Sie tauschten einen Blick aus, und er meinte, dass sie ihn vielleicht verstand.

»Nun, du wirst sie heiraten«, sagte Diego entschieden, nichts ahnend welche stillen Worte gerade zwischen Mutter und Sohn ausgetauscht worden waren. »Und das war's.«

Aber das war's nicht. Alonso ging zu Maria und sagte ihr, dass er sie nicht heiraten könnte, weil er jemand anderes liebte. Ihre roten Haare waren unfrisiert und ungekämmt. Sie trug Hosen ohne ein Kleid darüber. »Ich will überhaupt nicht heiraten«, erzählte sie Alonso. »Ich wollte nie heiraten. Ich will – nun, ich weiß nicht, was ich tun will, aber heiraten will ich nicht.« Ihr Gesicht war ernst. »Mein Vater will die Ländereien deines Vaters, und dein Vater braucht die Weinstöcke meines Vaters.«

»Was für Weinstöcke?«

»Mein Vater hat unser gesamtes Vermögen für zwölf Setzlinge ausgegeben. Er behauptet, der Wein von diesen Trauben lässt die Engel singen. Aber sein Plan ist auf die Ländereien deines Vaters angewiesen.«

Als Alonso nach Hause kam, hatte sich alles verändert. Seine Mutter, die erkannt hatte, dass sie einen Fehler gemacht hatte, überzeugte Diego davon, stattdessen eine Ehe zwischen Maria und Hector zu arrangieren. Mittlerweile war Hector über sechs Meter groß und fast zwei Meter breit von seiner Hauskost und in letzter Zeit auch von den Weinbergen, als er also von seiner Verlobung mit Maria hörte, sorgte sein Freudentanz dafür, dass ein Großteil des Dorfes in sich zusammenfiel.

Als Maria davon erfuhr, platzte sie durch die Tür der Bäckerei, wo Alonso zusammen mit Sebastian hinter der Theke arbeitete. Sie warf sich ihm zu Füßen, flehte ihn an, sie zu heiraten, damit sie nicht mit Hector den Bund der Ehe eingehen müsste, der bereits ihre Haustür gefressen hatte, damit er jederzeit eintreten konnte. Sie gab preis, dass sie über Alonso und Sebastian Bescheid wusste und ihr das egal war. Sie würden das schon irgendwie bewerkstelligen.

Alonso war verzweifelt. Er konnte Maria nicht zu einem Leben mit seinem Bruder verdammen. Ihm wurde bewusst, wie naiv er gewesen war. Ihm war nie in den Sinn gekommen, dass er eines Tages heiraten müsste. Die Zukunft hatte nicht existiert. Die Uhr hatte keine Zeiger gehabt, doch nun hatte sie welche. Egal, wo er auch hinging, hörte er die Zeit. Den Kuckuck in seinem Zimmer. Die Kirchenglocken. Sebastians Taschenuhr.

Die Welt hatte sich in ein einziges Ticken verwandelt.

Sie überlegten, zusammen in den Krieg zu ziehen (Maria würde sich als Mann verkleiden, sinnierten sie), aber im Moment gab es keinen Krieg. Sie hatten keine Wahl. Sie konnten nicht zulassen, dass Maria Hector heiratete, der sie ganz bestimmt eines Tages auffressen würde. Alonso sagte seiner Mutter und Diego, dass er es sich anders überlegt hatte und Maria sehr wohl heiraten würde.

Doch Diego wollte davon nichts hören. Er würde Hector dieses neu gefundene Glück nicht nehmen.

Das Leben hatte Alonso, Sebastian und Maria in die Falle gelockt.

Ihre Zukunft schrumpfte genauso wie ihre Herzen.

Maria weigerte sich zu sprechen.

Ihr rotes Haar wurde schlohweiß.

Doch eines Tages nahm das Schicksal eine Wendung, so wie es das zu tun pflegt. Ein Pensionsgast, der ein Zimmer im ungegessenen Teil des Hauses der de Fallas gemietet hatte, erzählte Alonso von einer Stadt voller Gesetzloser in Kalifornien an der Westküste von Amerika. Sie hieß San Francisco oder manchmal Sodom am Meer, sagte der Pensionsgast und lachte in sich hinein. Ein Ort, wo es keine Gesetze gab, keine Regeln, wo Männer mit Männern tanzten und Frauen mit Frauen, wo Männer Frauenkleidung und Frauen Männerkleidung trugen, wo die Menschen machten, was sie wollten, lebten, wie es ihnen passte.

Der gesamte Himmel dehnte sich in Alonsos Brust aus.

Der Pensionsgast erzählte Alonso auch, dass es im Norden der Stadt Bäume gab, die bis in den Himmel wuchsen und Flüsse voller Gold. Er sagte, man müsse nur seine Hand eintauchen, um genug Goldklumpen zum Leben herausfischen (um ein Haus, eine Bäckerei, einen Weinberg zu kaufen!). Sagte, die sonnendurchtränkten Hügel nördlich der Stadt seien genau richtig, um Wein anzubauen.

Alonso fasste einen Plan.

Er, Sebastian und Maria würden die besonderen Weinstöcke mitnehmen und die Reise zu Ende bringen, die Alonsos Mutter und sein richtiger Vater, Esteban, der arme Poet, einst begonnen hatten. Sie würden nach Kalifornien gehen. In den Hügeln nördlich von San Francisco würden sie Wein anbauen.

Doch Sebastian widersetzte sich.

Er erinnerte Alonso daran, dass er seinem Vater auf dem Totenbett versprochen hatte, sich um seine Schwestern zu kümmern. Dieses Versprechen war für ihn unumgänglich. Er versicherte Alonso, dass selbst wenn er und auch Alonso heiraten und eine Familie gründen würden, sie sich trotzdem noch sehen würden.

Doch was Sebastian da beschrieb, fühlte sich wie ein unvollständiges Leben an. Alonso wollte Gold aus einem Fluss holen und ein Haus kaufen, in dem er und Sebastian leben könnten, von Zimmer zu Zimmer schweben. Er wollte an einem gesetzlosen Ort sein, wo Männer mit Männern tanzten. Er wollte weit, weit weg von Diego und Hector und ihren Grausamkeiten sein.

Er wollte seinem Vater Esteban auf dem Weg in die Freiheit folgen.

Das Schicksal versetzte ihn in Aufruhr.

Doch Alonso konnte Sebastian nicht überzeugen, und da Alonso ohne Sebastian nirgendwo hingehen würde, erzählte er Maria nichts von dem Fluchtplan.

Es war in dieser herzzerreißenden Phase, dass Alonso anfing anstatt Licht Dunkelheit auszustrahlen – so sehr, dass die Leute im Dorf tagsüber die Laternen anzünden mussten. Die Blumen zogen sich in die Erde zurück. Bäume legten sich auf die Straße. Im ganzen Dorf schliefen die Menschen im Stehen ein. Sebastian konnte Alonso nirgendwo finden. Niemand konnte das. Die Nacht um ihn herum war undurchdringlich. Seine Seele hatte sich ausgeschaltet. Manchmal hörte Alonso, wie Sebastian nach ihm rief, doch die Dunkelheit um ihn herum war zu dicht, als dass Sebastian ihn je hätte finden können.

Nach Wochen verzweifelter Finsternis machte Sebastian ein loderndes Feuer vor dem halb aufgegessenen Herrenhaus. Alonso fand den Weg zurück zu seiner Haustür und konnte im Licht der Flammen beinahe Sebastians Umrisse ausmachen.

»Als wir mit zwölf Blutsbrüderschaft auf der Wiese geschlossen haben«, erklärte Alonso in der Dunkelheit. »Da wusste ich es.«

Sebastians Stimme war voller Gefühle. »Ich wusste es schon vorher. Ich wusste es, als du mir zur Schule nachgegangen bist, mir den Weg durch den Wald erleuchtet hast. Ich habe es immer gewusst, Alonso.«

»Lila grün blau«, sagte Alonso, ihr Geheimcode für *Ich liebe dich.*

»Ich gehe mit dir nach San Francisco«, erwiderte Sebastian und, einfach so, schwand die Dunkelheit.

Am selben Tag, in der erwachenden Welt, klopften sie sanft an Marias Schlafzimmerfenster. Sie erzählten ihr von dem Plan. Wie sie alle drei als blinde Passagiere im Frachtraum des nächsten Schiffes, das nach San Francisco segelte, reisen würden. Sie würde Hector nicht heiraten müssen. Sie erzählten ihr von den Bäumen, die in den Himmel ragten, von Frauen in Männerkleidung. Von dem Haus, das sie bauen würden, der Bäckerei für Sebastian. Von dem Wein, den sie auf den sonnigen Hügeln im Norden der Stadt anbauen würden. Von dem Pferd, das sie ihr kaufen würden, auf dem sie vor dem Mittagessen den ganzen Weg bis zum Meer und zurück reiten könnte.

Sie starrte die beiden an, als hätten sie den Verstand verloren.

Dann erzählten sie ihr, warum sie auch gekommen waren.

»Wenn wir diese Weinstöcke haben, Maria, dann hätten wir auf dem neuen Kontinent einen Wein wie kein anderer.«

Sie lehnte sofort ab. Nie würde sie ihren Vater so hintergehen. Sie fügte sich der Tatsache, Hector heiraten zu müssen.

In den Tagen danach versuchte Sebastian, vor Alonso zu verbergen, dass er allmählich nicht mehr überzeugt war. Aber das konnte er nicht. Seit er sich bereit erklärt hatte mitzukommen, waren seine Füße auf der Erde geblieben. Es gab noch andere Geschichten über diese Stadt, San Francisco, sagte er, andere als die, die Alonso erzählt hatte. Geschichten von Menschen, die sich ohne Grund gegenseitig erschossen, über Flüsse, in denen für Jahrzehnte kein Gold mehr zu finden sein würde, von ausgelassenen Festlichkeiten, die längst vorbei waren. Über gierige Männer, die Sex mit Prostituierten hatten, Opium rauchten und sich gegenseitig auf den Straßen bewusstlos schlugen. Was wäre, wenn sie als Vagabunden enden würden, pflegte er zu sagen. Sie sprachen nicht einmal die Sprache. Sie kannten die Gepflogenheiten nicht. Sie hatten nicht die geringste Ahnung von der anderen Seite der Welt.

Aber dann ruderte Sebastian zurück, und Alonso sagte, ohne ihn sei er nur ein halber Mensch und wolle kein halbes Leben als halber Mensch leben.

Am Tag ihrer Abreise sollte Sebastian Alonso nachmittags um drei Uhr am Hafen treffen.

Um zwei Uhr tauchte Alonso auf, das Abenteuer, das vor ihnen lag, versetzte seine Gedanken, seine Seele in Aufruhr. Als er seiner Mutter den Fluchtplan mitgeteilt hatte, hatte sie ihm den Saphirring mit Diamanten von Esteban sowie einen goldenen Armreif gegeben, Dinge, die sie behalten hatte, nachdem sie alles andere verkauft hatte. »Ich will nicht, dass du als blinder Passagier reist«, hatte sie zu ihm gesagt. »Ich will nicht, dass du dich versteckst, Alonso, niemals. Verkauf den Armreif und kaufe davon die Fahrkarten für dich und

Sebastian. Ich will, dass du voller Stolz in dein neues Leben segelst. Und korrespondier mit mir nur über die Bäckerei, damit Hector und Diego nie herausfinden, wo du bist.«

Alonso hatte den Armreif verkauft. Die zwei Fahrkarten waren in seiner Tasche.

Er hielt den Blick auf die Straße gerichtet, doch jedes Mal, wenn er meinte, Sebastian in der Ferne zu sehen, täuschte er sich. Als es kurz vor drei Uhr war, sah er Sebastian auf sich zukommen und sein Herz schlug höher.

Bis Alonso seinen Gesichtsausdruck sah. Und dass er keinen Koffer dabeihatte.

»Ich kann nicht«, war alles, was Sebastian sagte, den Blick auf seine Füße gerichtet, die fest auf dem Erdboden standen. Alonso konnte die Bäckerei an ihm riechen.

»Du kannst«, sagte Alonso. Sebastian hob den Kopf, und ihre Blicke trafen sich. So viel Liebe erfüllte Alonso, dass er nicht wusste, ob er sich auf den Beinen halten konnte.

»Es tut mir so leid, Alonso. Ich bin nicht so mutig wie du.« Die Art, wie Sebastian das sagte, machte Alonso deutlich, dass er ihn nicht umstimmen würde. Ihm wollte das Herz zerspringen. Sebastian flüsterte ihm in Ohr: »Ich werde dich immer lieben, Alonso.« Dann ergänzte er: »Deinen Traum zu verlieren, hat dir das Licht genommen. Du musst gehen.« Sebastian steckte einen Umschlag in Alonsos Manteltasche, riss sich von ihm los und rannte davon. Er blickte nicht zurück.

Alonso guckte an sich runter. Obwohl er unsäglich traurig war, leuchtete er immer noch.

Er wollte Sebastian zurück in ihr Leben folgen, was ganz bestimmt nicht vollkommen war, aber ein Leben, das sie gemeinsam lebten. Er war sich sicher: Wenn er blieb, würde er ab und zu die Dunkelheit durchbrechen können, um Sebastian glücklich umherschweben zu sehen. Würde das genug sein? Er sah zu, wie Sebastian immer kleiner wurde, dann blickte er aufs Meer, dann weiter, in Richtung des Landes, das er heraufbeschworen hatte, dieser paradiesische Ort voller Farbe, Leben, Freiheit. Er wusste, dass sein Schicksal auf diesem Schiff lag. Kalifornien war seine Religion geworden. Doch sein Herz war hier bei Sebastian und würde es immer bleiben.

Folgt man seinem Schicksal oder seinem Herzen, wenn sie nicht ein und dasselbe sagen?

Was hat mehr Anziehungskraft?

Alonso wusste es nicht. Auch als er die Laufplanke hochging, wusste er es nicht. Was wäre, wenn er eine immerwährende Dunkelheit nach Amerika einschleppte? Oder ihr Schiff auf See blieb? Er überlegte immer noch, zu Sebastian zurückzukehren, als er hörte, wie jemand seinen Namen rief. Er drehte sich um, und da stand Maria mit einer großen Stofftasche in den Händen.

Er lief die Planke runter, auf seine Freundin zu.

»Ich habe sechs der Weinstöcke mitgenommen«, sagte sie ihm. »Ich habe meinen Vater mit deinem sprechen gehört. Aus einem guten Weinstock kannst du viele machen. Nimm sie.« Sie lächelte. »Du wirst den erlesensten Wein in Kalifornien anbauen.«

Alonso warf die Arme um sie, und sie zuckte zurück. »Was ist denn?«

Sie öffnete ihren Mantel; auf ihrem Hals und ihrer Brust waren riesengroße Handabdrücke. »Ich habe dich verteidigt«, sagte sie. »Hector hat schreckliche Dinge gesagt.«

»Heirate ihn nicht«, sagte Alonso. »Bleib, wenn du musst, aber heirate jeden anderen. Heirate Sebastian. Er kommt nicht mit.« Alonso bekam die Worte kaum über die Lippen.

»Oh nein«, sagte Maria. »Ich habe gedacht, er ist schon auf dem Schiff.«

Alonso drückte fest die Augen zu. Als er wieder sprechen konnte, sagte er: »Hector ist ein Unhold …«

»Hector zu heiraten, ist der einzige Weg, wie mein Vater …«

»Dein Vater kann einen anderen Weg finden.« Und dann blühte eine Idee in ihm auf – nein, sie blühte nicht auf; sie tauchte auf, als wäre sie schon immer da gewesen. »Nimm Sebastians Fahrkarte. Ich glaube, es ist Schicksal. Unser Schicksal. Deins und meins, Maria. Und sechs magische Weinstöcke.«

Und so war es.

So kam es, dass Maria und Alonso einen Monat später, die Leute hielten sie für ein Ehepaar, in der Bucht von San Francisco ankamen, die Arme voller Weinstöcke, die dafür sorgen würden, dass die Engel singen.

MILES

Warst du die ganze Zeit dahinten?«, fragte Miles Dizzy und richtete die Taschenlampe seines Handys auf die Ladefläche. Der Truck parkte auf dem Seitenstreifen. Um sie herum war nichts, abgesehen von den Bäumen und den Sternen, nicht ein Hauch von Zivilisation. Doch nun krachte die Realität – zusammen mit Dizzy – in den Traumzustand, in dem sich Miles den ganzen Nachmittag und Abend mit Felix befunden hatte. Er hatte das Gefühl, in seinem Kopf würde eine Sirene losgehen. Sein Handy hatte kein Netz, seine Schwester war hier, und das bedeutete, seine Mutter war ganz allein. Was wäre, wenn Mom sie brauchte? Wenn etwas mit Wynton war? Miles konnte sich nicht einmal daran erinnern, wann er das letzte Mal ein anderes Auto gesehen hatte. Angst durchflutete ihn – sie würden die ganze Nacht keinen Handyempfang haben, wenn niemand an ihnen vorbeifuhr.

»Ich musste warten, bis wir so weit gefahren sind, dass du nicht mehr umkehren würdest«, sagte Dizzy und unterbrach seine Abwärtsspirale. »Und dann bin ich eingeschlafen. Wo sind wir überhaupt? Warum sind wir nirgendwo?«

»Gute Frage«, sagte Felix, der sich jetzt in die Ladefläche lehnte, die Handytaschenlampe in der Hand. Sandro wuselte als Nächster dazu, stürzte sich auf Dizzy und beschnüffelte sie, die angesichts der Zuneigung des Hundes ganz steif wurde.

»Ich musste mitkommen«, sagte sie. »Ich weiß, du glaubst nicht, dass Cassidy ein Engel ist, aber …«

»Weiß Mom überhaupt, wo du gerade bist?«, unterbrach Miles sie und hörte, wie genervt er klang. Tja, er war genervt. Nie im

Leben hatte Mom dem zugestimmt, und er war ganz bestimmt nicht davon begeistert, dass seine kleine Schwester sich in seine Zeit mit Felix einschaltete.

»Ja, sie weiß Bescheid. Wir haben uns Nachrichten geschrieben«, sagte Dizzy und sah dann Felix an. »Also, was hat dir Cassidy im orangenen Truck erzählt? In der Kapelle hast du gesagt, dass sie auf eurer Fahrt sehr gesprächig war, weißt du noch?«

»Oh … sie hat Geschichten erzählt«, sagte Felix und lächelte sie an. »Die ich dir auch bald erzählen werde.«

Dizzy strahlte ihn an. Miles warf ihm auch einen Blick zu – war sein Urgroßvater wirklich schwul gewesen? Ihm war nie in den Sinn gekommen, Recherchen über seine Vorfahren anzustellen. Er wandte seine Aufmerksamkeit wieder Dizzy zu, streckte die Hand aus. »Zeig mir mal dein Handy, Dizzy.« Er brauchte die Bestätigung, dass seine Mutter nicht in diesem Moment bei der Polizei war, um eine Vermisstenanzeige aufzugeben.

»Ich habe ihr geschrieben, bevor wir kein Netz mehr hatten. Sie hat absolut kein Problem damit.«

Miles wackelte ungeduldig mit den Fingern. Dizzy verzog ärgerlich das Gesicht und legte ihm dann ihr Telefon in die Handfläche. Es gab tatsächlich einen Nachrichtenaustausch zwischen Dizzy und ihrer Mom, die absolut ein Problem damit hatte, aber wenigstens wusste, wo Dizzy war.

»Ihr beiden habt euch im Krankenhaus kennengelernt, stimmt's?«, sagte Miles.

Felix nickte. »Das beste Gesicht weit und breit. Und ich bin Gesichtsexperte.«

»Nie im Leben«, sagte Dizzy. »Miles' Gesicht ist vollkommen, falls dir das noch nicht aufgefallen ist.«

»Ist mir aufgefallen«, sagte Felix, und Miles verlor kurzzeitig das Bewusstsein.

Jetzt fängt der schon wieder mit deinem Gesicht an, sagte Sandro.

»Hast du was zu essen?«, fragte Felix Dizzy. »Miles hier hat nur daran gedacht, etwas für Sandro mitzunehmen.«

»Und wie! Ich habe Chef Finns Krankenhaus-Kühlschrank geleert. Schlafen wir hier? Also draußen?«

»Ich fürchte schon, wenn keiner vorbeifährt. Uns ist das Benzin ausgegangen«, sagte Miles. »Morgen früh müssen wir zur nächsten Farm latschen oder so.«

»Als wären wir in einem Horrorfilm!«, sagte Dizzy vergnügt.

»Du und ich, wir sind ein Herz und eine Seele«, sagte Felix, und Dizzys Gesicht war ein einziges Glück, doch dann kam die Realität, das mögliche Unheil, allmählich bei ihr an.

»Aber was ist, wenn wir Cassidy jetzt nicht rechtzeitig finden?«, fragte sie.

Felix sagte: »Nachts ist Cassidy sowieso nicht bei den heißen Quellen – da, wo sie arbeitet.« Das schien Dizzy zu beruhigen und Miles auch. Daran hatte er nicht gedacht. Miles nahm sich vor, wenn heute Nacht niemand an ihnen vorbeifuhr, würde er bei Tagesanbruch aufwachen, auf einen Baum klettern und hoffentlich irgendwo irgendetwas entdecken, wo sie Benzin herkriegen könnten. Für eine Nacht würde mit seiner Mutter schon alles gut sein. Und mit Wynton auch. Alles würde in Ordnung sein.

Miles nahm die Abdeckung von der Ladefläche des Trucks ab. Die Angst floss aus ihm heraus. Es fühlte sich für ihn überhaupt nicht wie in einem Horrorfilm an, da Felix sich über die Schönheit der Sterne ausließ und Dizzy ihnen von Lichtwesen erzählte, zu denen auch Engel gehörten und möglicherweise auch Riesen wie Felix, die in der Geschichte der Menschheit unzählige Leute geheilt hatten.

»Das ist eine wohlbekannte Tatsache«, sagte sie. »Ich habe mich darüber informiert. Lichtwesen sind …« Und schon legte sie wieder los. Miles würde die Geschichte über seinen Urgroßvater später hören müssen. Die Stimme seiner Schwester und bald auch die von Felix vermischte sich mit dem Rauschen der Blätter und dem Murmeln des Bachs zur geräuschvollen Stille des Nirgendwo. Es lullte Miles ein, gab ihm das Gefühl zu schweben, als würde er in einen weiteren Traum gleiten.

Im Licht der Laternen saßen sie auf der Ladefläche, während Dizzy einen Rucksack auspackte, eine große Dose mit *Gumbo* rauszog, einen Klumpen Alufolie, den sie auswickelte, um einen Laib Maisbrot, ein Schälchen mit Lavendelbutter und drei Gabeln zu enthüllen.

»Ich liebe dich«, sagte Felix.

»Ich liebe dich auch!«, erwiderte Dizzy enthusiastisch, aufrichtig, während ihre Wangen rot wurden. Miles verkniff sich ein Lachen. Seine kleine Schwester war echt der Knaller. Wie es wohl war, derart unbefangen zu sein?

Miles brach ein Stück Maisbrot ab und gab es Felix, der neben ihm saß. Ihre Knie berührten sich – keine große Sache, dachte Miles. Keine. Große. Sache. Dizzy öffnete die Dose mit *Gumbo*, und die Luft war mit Chili-Aroma getränkt. Zusammen mit einer Gabel gab sie die Dose an Felix weiter. »An den heißen Quellen«, sagte er und nahm die Dose entgegen, »habe ich mit den Einwohnern der Community« – er machte mit den Händen Anführungszeichen – »gegessen. Das klingt jetzt wirklich seltsam, aber alle haben aus einer Schüssel gegessen, so wie wir gerade, nur dass wir uns alle gegenseitig gefüttert haben. Es war Teil ihrer spirituellen Praktiken.«

»Oh«, sagte Dizzy. »Lass uns das auch machen. Ich bin sehr spirituell.«

Felix und Miles tauschten einen Blick, Miles musste an sich halten, um nicht zu lachen.

»Zuerst fand ich es albern und peinlich«, fuhr Felix fort. »Aber dann habe ich mich darauf eingelassen.« Er spießte ein Stück Wurst mit der Gabel auf und schob dann mit den Fingern Reis und Chilischoten dazu. »Diese Andouille-Wurst habe ich heute Morgen gemacht. Ich will ja nicht angeben, aber ich habe ein Händchen für Würste.«

Ein Händchen für Würste! OMG, LOL, *ich schmeiß mich weg, wie ihr jungen Menschenkinder zu sagen pflegt.*

Diesmal lachte Miles laut auf.

»Was denn?«, fragte Dizzy.

»Beachte ihn nicht«, sagte Felix und führte die Gabel in ihren Mund. »Miles ist total versaut.«

Sandro, weißt du noch, wie ich dir erzählt habe, dass er meinen Hals berührt hat?

Ja.

Er hat meinen Hals berührt!

Weiß ich doch.

Nachdem sie eine kunstvolle Stöhn-Arie von sich gegeben hatte, sagte Dizzy: »Jetzt schmeckt es noch leckerer als vorhin.«

»Genau darum geht es«, sagte Felix. »Man sagt, dass Essen um ein Vielfaches besser schmeckt, wenn jemand einen damit füttert.« Er spießte ein weiteres Stück Wurst auf. »Jetzt bist du dran«, sagte er zu Miles. Hatte Miles sich das eingebildet, oder hatte er *Jetzt bist du dran* aufreizend gesagt? Auf eine sexuelle Art? Felix zog eine der Campinglaternen näher ran und brauchte dann einige Zeit, um den perfekten Bissen zusammenzustellen. »*Bon appétit*, Miles«, sagte er schließlich, und Miles öffnete die Lippen und fühlte sich gleichzeitig lächerlich, verletzlich und geil. Sie sahen sich in die Augen, und keiner von beiden wandte den Blick ab. Felix senkte die Gabel, ließ sie eine Sekunde auf Miles' Unterlippe ruhen und kippte den Bissen dann auf Miles' Zunge. Miles schloss die Augen, während Felix die Gabel in seinen Mund schob, der Geschmack in seinem Mund explodierte, seinen ganzen Kopf ausfüllte.

»Großer Gott«, sagte Miles.

»Da schmeckt man wirklich jedes einzelne Gewürz raus,

oder?«, sagte Felix. Sein Blick war immer noch auf Miles' Mund gerichtet, und das nahm Miles den Atem. Er leckte sich die Lippen. Felix schluckte. Hatte er sich das eingebildet? Am liebsten hätte er gerufen: »BIST DU JETZT DOCH ZU HABEN?«

»Wartet mal!«, rief Dizzy aus. »Miles, du bist Vegetarier!«

Das hatte Miles vergessen. Er war wie von Sinnen.

Sandro, ich dreh durch.

»Ach ja! Tut mir leid, hab ich vergessen«, sagte Felix zu Miles. Miles tat es ab – er war da nicht streng, pfuschte manchmal, und außerdem war er viel zu sehr abgelenkt, um sich darüber Gedanken zu machen. Denn jetzt berührten sich nicht nur ihre Knie, sondern auch die Hälfte ihrer Oberschenkel. Wann war das passiert? War er näher an Felix rangerückt, ohne es zu merken? Oder war Felix näher an ihn rangerückt? Als er Miles *gefüttert* hatte, vielleicht? Miles' Hände wurden feucht, und dann war da noch sein Herzschlag. Das war doch Flirten – *oder?* –, nur war er sich nicht sicher. Aber was immer da auch zwischen ihnen abging, es war so viel leichter, weil sie nicht allein waren. Jetzt war er so froh, dass Dizzy als blinde Passagierin mitgereist war.

Warum ist alles so einfach mit ihm?, fragte er Sandro.

Vielleicht hast du ihn in einem früheren Leben gekannt.

Du glaubst nicht an Reinkarnation.

Oh doch, das tue ich. Als ich Dornröschen kennengelernt habe, war ich mir sicher, dass wir im Frankreich der Jahrhundertwende bereits zusammen waren.

Ich dachte, du hältst nichts von diesem New-Age-Kram?

Das hat nichts mit New Age zu tun. Die Vorstellung der Reinkarnation gibt es schon seit über dreitausend Jahren in verschiedenen menschlichen Religionen.

Wirklich?

In einem unserer gemeinsamen Leben war ich deine Ehefrau. Wir haben drei gelebt.

Ich hatte eine Frau? Und das warst DU?

Sandro fing vor Freude an zu bellen. Miles versuchte, nicht laut zu lachen.

»Warte mal, wir müssen noch Felix füttern«, sagte Dizzy zu Miles. »Das mach ich mal.«

Nichts hätte Miles in diesem Moment lieber getan, als Felix zu füttern. Traurig sah er zu, wie Felix die Plastikdose an Dizzy weitergab und dabei Miles' Blick auffing. Wollte er auch, dass Miles ihn fütterte? In seiner Vorstellung spulte Miles bereits den Moment ab – in langsamster Zeitlupe –, als Felix ihm den Bissen auf die Zunge gelegt hatte – die Art, wie Felix ihm dabei in die Augen geguckt, dann seinen Mund angestarrt, dann so geschluckt hatte.

»Warum bist du so normal?«, fragte Dizzy ihn und unterbrach seine Träumerei, während sie Felix' Bissen mit großer Sorgfalt vorbereitete.

»Sonst ist er nie so«, sagte sie zu Felix. »Am Morgen vor Wyntons Unfall habe ich ihm was Großartiges erzählt, und er hat nicht mal von seinem Buch hochgeguckt.«

»Was hast du ihm denn erzählt?«, fragt Felix.

Miles sah zu, wie die Gabel auf Felix' Mund zusteuerte, seinen Mund, seinen Mund, seinen Mund. »Über so eine Frau, die einen Orgasmus bekommt, wenn sie sich die Zähne putzt.«

Toll, dachte Miles, ja, lass uns über Orgasmen reden. Perfekt.

Felix spuckte fast den Bissen aus, den Dizzy ihm gerade gefüttert hatte. »Ist nicht wahr.«

»Ist es. Wohlbekannte Tatsache.«

»Nie im Leben«, mischte Miles sich ein. »Dizzy muss wohl mal ihr Oberstübchen sortieren.«

Habe ich dir erlaubt, mein Material zu benutzen?

Felix und Dizzy guckten ihn beide an, mit hochgezogenen Augenbrauen.

»Was denn?«, sagte Miles. »Das ist Umgangssprache.«

»Ach ja?«, sagte Felix. »Aus dem letzten Jahrhundert?«

Lachend wiederholten Felix und Dizzy abwechselnd: »Sortier mal dein Oberstübchen«, und die Frotzelei gab Miles ein warmes Gefühl, das Gefühl dazuzugehören.

So ist das also, dachte er, wenn man sich nicht wie ein Loch in der Luft fühlt. So war das mit Dizzy, wenn Wynton nicht da war. Dann erhob sich ein abscheuliches Krokodil aus dem tiefen dunklen Sumpf seiner Gedanken: *Er hoffte, er würde nie mehr da sein.* Auch wenn er sich einmal in siebzehn Jahren wie ein Bruder verhalten hatte, auch wenn es keine Kleinigkeit war, für Miles ins verdammte Gefängnis zu gehen. Was war mit all den Malen, in denen er sich wie ein Monster verhalten hatte? Miles gedemütigt hatte, ihm das Gefühl gegeben, er sei ein Wurm …

Nein. Gott. Miles versuchte, den Gedanken rückgängig zu machen. Er wollte nicht, dass Wynton starb, natürlich nicht, er wollte ihn doch retten, oder? Deswegen auch dieser Roadtrip. Miles wünschte, er könnte aufhören, eine menschliche Achterbahn zu sein, von einem Extrem ins nächste zu schlingern, jedes Mal, wenn er an seinen Bruder dachte.

Als sie mit dem Essen fertig waren, legten sie sich alle drei auf der Ladefläche auf den Rücken und blickten zum Himmel auf, so wie Felix und Miles das früher am Tag im Wald gemacht hatten, nur dass Dizzy nun ein Schild zwischen ihnen war.

Die Nacht pulsierte vor Sternen.

»Warum magst du Wynton nicht?«, fragte Dizzy und wandte ihren Kopf zu Miles.

»Ich glaube, weil er mich nie mochte.«

»Warum magst du mich dann nicht?«

Miles hörte sich keuchen; ihm wurde schwer ums Herz. Er rollte sich auf die Seite, damit er Dizzy richtig ansehen konnte. »Das tue ich doch. Du bist die Coolste. Ich wünschte, ich wäre wie du. Das habe ich heute Abend gedacht. Wirklich.«

»Echt?« Ihre Stimme klang schwach. Er dachte daran, wie allein sie bei der Party vor ein paar Wochen gewesen war, ein verängstigter Vogel, daran, wie sie heute Morgen an Wyntons Seite vor Weinen geschüttelt wurde. Er berührte ihre Schulter, und sie lehnte sich in ihn rein.

»Lizard mag mich nicht mehr«, sagte sie. »Und Wyn –« Ihre Stimme brach. »Der war mein einziger anderer Freund.«

»Ich bin auch dein Freund. Okay?« Miles drückte ihre Schulter. »Von jetzt an.«

»Und ich auch«, sagte Felix, was Dizzy die Hände zusammenschlagen ließ. Sie drehte sich zu ihm. »Ich habe beschlossen, dass du zu normal bist, um vom Himmel gesandt worden zu sein.«

»Menno«, erwiderte Felix.

»Das ist okay. Ich auch. Durch und durch menschlich. Miles auch, jetzt, wo er nicht mehr vollkommen ist.«

Miles dämmerte allmählich etwas. War es vielleicht seine Schuld, dass Dizzy und er sich nicht nahstanden? Konnte das sein? Hatte er sie von seiner Insel geschmissen? Nein, Wynton hatte ihn schon immer gehasst, ihn wie Scheiße behandelt und dafür gesorgt, dass auch Dizzy ihn hasste. Als wären sie sein ganzes Leben lang gegen ihn allergisch gewesen. Aber jetzt schien Dizzy ihn nicht zu hassen. Und warum war Wynton für ihn ins Gefängnis gegangen? Er dachte an den Augenblick gestern im Krankenhaus, als er nicht dazu in der Lage gewesen war, sich von seiner Mutter und seiner Schwester trösten zu lassen – obwohl er es so gern gewollt hätte.

Er zog Dizzy in seine Arme.

»Ich war noch nie so nah an dir dran«, rief sie aus. »Ich wusste gar nicht, dass du wie die Farbe von kalifornischen Mohnblumen riechst!« Es war, als würde er ein Bündel Stöcke umarmen. Stimmte das, was sie da gerade gesagt hatte? Hatte er noch nie seine Schwester umarmt? Puh. Was stimmte nicht mit ihm?

»Ich war dir kein guter großer Bruder, oder?«, flüsterte er. Dizzy erwiderte nichts, und das war seine Antwort. »Wynton wird okay sein, und wir werden Cassidy finden«, sagte er, sein Kinn ruhte auf ihrem Kopf. Das passte perfekt. Er war so froh, dass Dizzy sich ins Auto geschmuggelt hatte. Das jetzt zu fühlen! Diese Zärtlichkeit, die er für sie empfand. Dieser Sonnenaufgang in seinem Innern. »Jetzt erzähl mir, was mit Lizard passiert ist.«

Nach langer Zeit sagte sie: »Ich dachte, Liebe beruht immer auf Gegenseitigkeit.«

»Oh, ich auch, Diz«, sagte Miles.

»Und ich, Diz«, sagte Felix.

Ich auch, Diz. Jetzt sind wir alle miteinander verbunden! Ich bin so glücklich! Alles riecht so gut!

Als Dizzy regelmäßig und tief atmete, hob Miles sie hoch, trug sie in die Fahrerkabine und deckte sie mit seinem Schlafsack zu. Statt dann auf die Ladefläche zurückzukehren, ging er die Straße entlang, in die Dunkelheit hinein.

Er lehnte sich gegen einen Baum und dachte darüber nach, wie nah er sich Dizzy heute Abend gefühlt hatte. Er hatte nur eine einzige Erinnerung daran, sich Wynton ähnlich nah gefühlt zu haben, ein Moment, der ihn manchmal überkam und dann bei ihm eine Gänsehaut verursachte, als wäre die Erinnerung Teil seines Körpers. Miles war noch ganz klein gewesen. Sein Vater schubste ihn und Wynton auf der Schaukel an. Das war auch die einzige klare Erinnerung an ihn. Er und Wyn strampelten wie wild mit den Beinen, um höher zu kommen. Alles, was er sehen konnte, war Wynton, und alles, was er hören konnte, war sein eigenes glückliches Jauchzen. Dann sprang Wynton, also sprang auch Miles, und als sie auf dem Boden krabbelten, griff Wynton nach Miles' Hand und sie lachten hellauf. Zwei Brüder, Hand in Hand, und ein Vater, der hinter ihnen herlief. Der Beweis dafür, dass Wynton und er einmal eng verbunden gewesen waren. Doch irgendwann danach hatte Wynton aufgehört, mit ihm zu reden, sogar aufgehört, ihn anzugucken, egal, was Miles auch tat. Er dachte an das, was Felix heute gesagt hatte. Dass man aufhört, jemanden zu hassen, indem man versucht, ihn zu verstehen. Hatte er je versucht, seinen Bruder zu verstehen?

Als Miles zurückkehrte, hatten Felix und Sandro sich schlafen gelegt. Da er Dizzy seinen Schlafsack überlassen hatte, rutschte er vorsichtig auf die Ladefläche und rollte sich so weit weg von Felix wie möglich in eine Plane ein, damit er in der Nacht nicht aus Versehen über ihn herfiel und ihn dann am Strand von Hawaii heiratete. Er machte die Laternen aus.

»Hey, willst du …?«, hörte er Felix sagen. Miles erstarrte. »Willst du, äh …«

Miles versuchte, mit ruhiger Stimme zu sprechen, obwohl der Blitz gerade in ihn einschlug. »Total, ja. Total.« Seine Stimme klang nicht ruhig.

Felix holte tief Luft, atmete langsam aus und sagte leise: »Nicht, was du denkst.«

Panik überkam Miles. Oh, oh. Er versuchte es zu verschleiern. »Nein. Ich habe nicht gedacht …« Aber er hatte gedacht, und *wie* und das wussten sie beide. Er vergrub sein glühendes Gesicht in den Händen, dankbar für die Dunkelheit. Er hatte so danebengelegen. Felix war in der Jugendherberge nur fürsorglich gewesen. Und im Wald freundlich. Nicht mehr. Leute behaupteten nicht von sich, sie seien nicht zu haben, außer sie waren nicht zu haben.

»Das klingt jetzt bestimmt seltsam«, sagte Felix. »Aber ich würde gerne die Augen schließen und mir von dir erzählen lassen, was ich sehen würde, wenn sie offen wären.«

»Was?« Das war sonderbar. »Du meinst die Sterne beschreiben und so?«

»Beschreib mir alles.«

War das so eine Art Einschlafritual, dass Felix' Mutter mit ihm als Kind gemacht hatte oder so was in der Art? Wahrscheinlich. Das war so eine persönliche und seltsame Bitte, dass Miles weniger verlegen wurde, was seine Gedanken und Worte von eben anging. Und seine Hoffnung.

»Du musst aber nicht«, sagte Felix. War es ihm peinlich?

»Sind deine Augen zu?«, fragte Miles.

»Ja.« Miles konnte das Lächeln in Felix' Stimme hören.

Miles atmete tief ein und schaute sich um. »Also, der Himmel ist wie so eine dunkelgraue Kuppel um uns herum. Nein …«, er setzte sich auf, »das trifft es nicht ganz. Er glänzt. Wie Samt. Nein, so ist es besser: Der Himmel ist wie eine schimmernde Kuppel aus schwarzem Wasser. Weißt du, was ich meine?«

»Ja. Großartig.«

Miles spürte jetzt sein eigenes Lächeln auf seinem Gesicht. Er legte sich wieder hin. »Okay, und am äußeren Rand, Richtung Horizont, sind so ein paar müde Sternenspritzer, aber eine ganze Flut davon stürzt in den Mittelpunkt der Kuppel. Wie ein Fluss, der über die Ufer tritt, so viele verdammte Sterne, Alter, eine Flutwelle davon, und das ist die Milchstraße. Sie ist wie ein Band, und die Sache ist: Heute Nacht kannst du fast sehen, wie das alles schwingt.«

Miles rollte sich auf die Seite, konnte die Umrisse von Felix' Körper ausmachen, konnte sehen, dass er sich die Hand über die Augen gelegt hatte. Er wollte Felix' Hand hochheben und mit seiner eigenen ersetzen. Was immer das war, was sie da machten, es fühlte sich ganz und gar vertraut an und brachte Miles genau an den Abgrund, der sein Herz war. Ja, er dachte ständig an Sex mit Männern, doch obwohl er zwanghaft immer wieder *Jetzt für immer und ewig* las, hatte er nicht kapiert, wie wenig er darüber nachdachte, sie zu lieben. Bis jetzt.

Miles sagte: »Wusstest du, dass die Atome im menschlichen

Körper Milliarden von Jahren alt sind, manche so alt wie der Urknall, sodass wir tatsächlich aus Sternenstaub bestehen, also auch du, ich und alle, die je gelebt haben, sind aus dieser … ich weiß nicht, dieser elementaren Leuchtkraft. Als wären wir Sterne. Wir sind aus ihrem Licht gemacht. Wir *sind* Licht.«

Miles konnte nicht fassen, was da aus seinem Mund kam, und wurde verlegen, aber Felix sagte: »So cool«, und Freude strömte durch Miles durch. Wieder hatte er das Gefühl, eine neue Person ins Leben zu sprechen, und diese neue Person war er selbst, der wirkliche Miles, tief in seinem Innern. Er fuhr fort: »In der Ferne sind geschwärzte Berge zu sehen, Umrisse von Bäumen obendrauf, von Mammutbäumen, die bis in den Himmel um uns herum emporschießen.«

»Du kannst das gut, Miles.«

Miles redete und redete, und nach einer Weile fing Felix an, ruhiger zu atmen, doch selbst als Miles sich sicher war, dass Felix längst schlief, sprach er weiter, beschrieb ihm alles, was er in der Dunkelheit sehen konnte.

Später wachte Miles zu Felix' Schluchzern auf. Sandro war auch wach.

Mach was, sagte er zu dem Hund.

Was denn?

Ich weiß nicht. Leck ihn ab.

Leck du ihn ab.

Ich kann ihn nicht ablecken! Komm schon, sei ein Hund. Sorg dafür, dass es ihm besser geht. Dafür bist du auf der Welt.

Das ist so was von Menschen-zentristisch, Miles. Als wären wir nur auf dieser Welt, um euch …

Jetzt komm mir nicht mit Moral – tut mir leid, das war unsensibel von mir. Hilf ihm einfach!

Sandro leckte Felix das Gesicht ab.

»Guter Hund, danke schön«, murmelte Felix.

»Alles in Ordnung, Felix?«, fragte Miles leise.

»Oh, ja, total«, sagte er. »Alles gut, wirklich. Schlaf weiter.«

»Bist du sicher?«

»Es ist nur … Es ist nur … so wunderschön hier.«

Miles ließ sich auf den Rücken fallen. »Oh mein Gott. Hast du mir Angst gemacht.« Er sah, dass Sandro Felix immer noch mit Zuneigung bombardierte.

Du kannst jetzt aufhören, ihn abzulecken, er ist okay.

Er schmeckt gut.

Ja?

»Felix?«

»Hmmm.«

»Was war das für eine bewusstseinserweiternde Erfahrung, die du an den heißen Quellen gemacht hast?«

»Eines Abends hatte ich in der Mineralquelle einen Dreier. Hat etwa dreißig Sekunden gedauert.«

Als er das hörte, verwandelte Miles sich in eine menschliche Zündkerze. Er wollte sofort wissen, wie das Geschlechterverhältnis gewesen war, traute sich aber nicht zu fragen. Er war bi, also war jede Kombination möglich. Wahrscheinlich mit zwei Mädchen. Zwei Freundinnen, die ihn heiß fanden. Nackte Freundinnen. Hatte er nicht gesagt, dass da niemand Kleider trug? Oh, er musste herausfinden, ob es zwei Mädchen oder ein Typ und ein Mädchen oder zwei Typen (!) gewesen waren, oh, bitte, zwei Typen, doch er wartete zu lange, weil Felix sagte: »Nacht, Alter.«

Felix' Dreier sorgte dafür, dass er eine Ewigkeit brauchte, um wieder einzuschlafen.

Perversling.

Weiß ich doch. Jemand sollte mir eins überbraten.

Als Miles das nächste Mal die Augen öffnete, war es noch dunkel, doch der Mond schien auf sie runter. Er konnte die Umrisse von Felix erkennen, seinen regelmäßigen Atem hören. Miles blickte den Mond an, die verblassenden Sterne, überlegte, wie er das Felix beschreiben könnte. Sonderbar. Und dann hatte der Typ geweint, weil die Nacht so schön war. Noch sonderbarer. Ein Gedanke sprang Miles in den Kopf. Denn hatte Felix ihn nicht auch gebeten, ihm das Beste zu nennen, was er je gesehen hatte? Und beim Anblick von Vögeln, Karnickeln, klapprigen alten Brücken, was auch immer, vollführte der Typ Freudensprünge. Und er hatte erwähnt, dass er Probleme mit den Augen hatte. Was ging da vor sich? Mit seiner Sehkraft? Versuchte er, Miles das auf seine Art zu sagen?

Oh Gott, oder vielleicht – würde er bald sterben? Daher das himmelhoch jauchzend zu Tode betrübt!

Nein. Das war lächerlich.

Solche Gedanken kamen ihm nur wegen seinem Bruder und was Wynton möglicherweise alles verlieren würde, wenn er nicht aus dem Koma aufwachte.

Und wenn doch?

In der Morgendämmerung wurde Miles zum dritten Mal wach, diesmal in Panik, weil er nicht wusste, wo er war, und als es ihm einfiel, wurde er noch panischer. Die Sirene ging wieder los. Was um alles in der Welt machten sie hier mitten im Nirgendwo, ohne dass ihre Mutter die Möglichkeit hatte, sie zu erreichen? Was, wenn in der Nacht irgendwas passiert war? Sie brauchten Benzin, mussten Cassidy finden und so schnell wie möglich zurück ins Krankenhaus.

Er warf die Plane von sich und setzte sich auf. Die Morgenluft war kühl, die Welt noch schummrig und gedämpft. Der Bach aber brüllte ihn an, als wüsste auch er nicht, was sie hier zu suchen hatten. Während die anderen noch schliefen, kletterte er eine riesige Erle hoch, fühlte sich auf dem Weg nach oben ganz hibbelig. Schweiß rann ihm den Hals und Rücken runter, als er sich ganz oben auf einen Ast manövrierte. Die Sonne tauchte hinter dem

Berg auf und in der Ferne konnte er eine Art Obstwiese sehen, bestimmt Orangen oder Zitronen, und dahinter erstreckten sich Hügel voller Weinreben.

Die Schönheit des Ganzen ließ ihn geradezu taumeln, als wäre er Felix, und dann fiel ihm ein, was ihm nachts durch den Kopf gegangen war. Hatte er recht? Stimmte mit Felix irgendetwas nicht? Er griff nach dem Ast über ihm, grub seine Finger in die Rinde. Und Wynton – würde er je wieder Geige spielen? Würde er es überhaupt schaffen? Oh, Mann. Sein Kopf drehte sich. Warum saß er auf einem Baum? Und warum, um alles in der Welt war es für ihn so entscheidend gewesen, Cassidy zu finden? Was konnte sie schon tun, um Wynton zu retten, was nicht bereits ein ganzer Stab von Ärzten machte? Dizzy hatte ihn einer Gehirnwäsche unterzogen. Das war alles magisches Denken, alles ein Vorwand, weil Miles so unbedingt Cassidy wiedersehen wollte …

Oh! Er konnte eine Scheune sehen! Einen fahrenden Traktor! Da würde jemand sein, von dem sie genug Benzin bekommen würden, um die nächste Tankstelle zu erreichen. Eine ziemliche Strecke allerdings.

Weniger als eine halbe Stunde später waren sie auf dem Weg zu der Farm unter dem sonnengesprenkelten Blätterdach der einspurigen Landstraße. Miles hatte den leeren Benzinkanister in der Hand, legte ein schnelles Tempo vor, erfüllt von einer besonderen Kombination aus Schuld und Angst. Seine Gedanken waren zu laut. Er konnte die Vorstellung nicht abschütteln, dass etwas Schreckliches in Paradise Springs geschehen war, während er hier wahrscheinlich die beste Zeit seines Lebens verbrachte.

»Hast du Lust, uns Cassidys Geschichten zu erzählen, Felix?«, fragte Miles, weil seine Gedanken aufhören mussten zu kreisen, weil er hoffte, sich in der Zuflucht zu verlieren, die Felix' Stimme war, weil er von seinem schwulen Urgroßvater hören wollte, egal, ob das stimmte oder nicht.

»Ja!«, rief Dizzy. »Ich will alles wissen, was Cassidy dir erzählt hat!«

Felix nickte. »Aber klar. Wird Zeit, dass ihr Kinder über eure Vorfahren Bescheid wisst.« Er schob sich die Sonnenbrille die Nase runter und zwinkerte Miles zu, auf eine irrwitzige Ich-bin-zu-haben-Art. »Besonders du, Mr Fall«, sagte er, und einfach so vergaß Miles all seine Sorgen, als seiner inneren Samantha Brooksweather auf einer Chaiselongue die Sinne schwanden.

Doch während sie gingen und Felix anfing, ihnen von Alonso Falls jungen Jahren zu erzählen, wühlte das Miles sehr auf. Er war nicht in der Stimmung, sich irgendeine Fabel über Brüder anzuhören, die einander hassten – davon hatte er in seinem eigenen Leben genug –, aber als Felix zu der Stelle über einen leuchtenden Jungen und einen schwebenden Jungen kam, die sich ineinander verliebten und ihm klar wurde, warum Felix im Krankenhaus zu ihm gesagt hatte *Du leuchtest irgendwie auch*, fing er an, sich in der Geschichte zu verlieren.

Die Geschichte vom Ende eines Traums und dem Beginn eines anderen

(die Cassidy Felix auf der Fahrt nach Paradise Springs eine Woche vorher erzählt hat)

In der Zeit für alle Zeiten stand Alonso am Heck des Schiffes nach San Francisco, allein, den Wind im Gesicht, unter ihm das strudelnde Kielwasser. Er war achtzehn Jahre alt, und sein Herz lag in Trümmern. So hatte er sich die Überfahrt nicht vorgestellt. Er würde nicht das Leben leben, das er sich vorgestellt hatte. Er sah zu, wie der Abstand zwischen ihm und Sebastian immer größer wurde, der vertraute Hafen sich entfernte, die grünen Hügel, die Steinhäuser nur noch als Umrisse zu erkennen waren und sich dann im Horizont auflösten.

Er hatte einen schrecklichen Fehler begangen. Welcher faule Zauber hatte ihn an Bord dieses Schiffs gehen lassen? Er fing an, die Reling hochzuklettern, wollte ins Meer springen, zurück zum Hafen schwimmen und losrennen, meernass, ins Dorf, zu Sebastian, wo er über die Steinmauer hüpfen würde, das Spalier des Steinhauses hochklettern, wie er das so oft getan hatte, wie er das das erste Mal gemacht hatte, wonnetrunken, als er Sebastian beigebracht hatte, wie man küsst. Er würde die Steine von Sebastians schlafender Brust nehmen und sich neben ihn legen, seine Hand halten, zusammen mit ihm ein paar Meter über dem Bett schweben, bis sie alte Männer geworden waren.

Stattdessen kletterte er zurück aufs Deck und kehrte in die Kabine zurück. Er rollte sich neben den sechs Weinstöcken zusammen, die Maria auf feuchte Laken auf die Koje gelegt hatte, während sie sich vor seinen Augen in einen neuen Menschen verwandelte. Während er in ihrer Kabine weinte, ging sie durch das Schiff und stellte sich vor, brachte immer mehr über San Francisco in Erfahrung, übte Englisch mit denen, die diese fremde Sprache sprachen, erzählte von Alonso, davon, dass sie planten, ein Weingut zu gründen. Sie stellte fest, dass die Englischsprachigen Probleme mit dem Namen de Falla hatten, verkürzte ihn auf Falla und schließlich auf Fall.

Jedes Mal, wenn sie mit Essen für Alonso, das er nicht essen konnte, in die Kabine zurückkehrte, hatten noch mehr ihrer weißen Haare ihr ursprüngliches Rot angenommen. Als wäre dieses Mädchen – schon immer wild und wagemutig – nichts als eine Raupe gewesen, die sich an Bord dieses Schiffs in ein erstaunlich schönes Wesen verwandelte, dem jeden Augenblick Flügel wachsen könnten.

Und dann wuchsen ihr tatsächlich Flügel, zwei kleine Knubbel auf ihren Schulterblättern.

Das machte sie ganz taumelig, alles. Sie war trunken vor Erleichterung, vor Freiheit, vor der Ungewissheit der Zukunft.

»Ich kann nicht fassen, dass mein Leben alles sein kann«, pflegte sie zu Alonso zu sagen, und betrachtete die Flügelansätze in dem kleinen Spiegel. »Mir ist nie in den Sinn gekommen, dass ich tatsächlich das tun kann, was ich will, wann ich will, wie ich will. Danke, Alonso!«

Zum Ende der Überfahrt tauchte Alonso lang genug aus seiner Verzweiflung auf, um sich daran zu erinnern, dass Sebastian ihm etwas in die Manteltasche gesteckt hatte. Er griff hinein und entdeckte einen Briefumschlag. Darin war etwas Geld, ein Zettel und das Lederarmband, das Sebastian getragen hatte, seit er klein war. Alonso legte sich das Armband um sein Handgelenk und schwor sich, dass er es nie ablegen, nie jemand anderen lieben würde. Dann faltete er den Zettel auseinander.

Darauf stand: *Vielleicht finde ich eines Tages den Mut, mich auf den Weg zu dir zu machen.*

Hoffnung stieg in Alonso auf. Wieder sah er es vor sich: er und Sebastian auf der Veranda eines großen weißen Hauses, Sebastian, der lesend ein paar Zentimeter über seinem Schaukelstuhl schwebte, Alonso, der über ihr Weingut blickte. Sie beide unter einem Dach, wo sie umherschweben konnten, ein Leben lang. Eine Bäckerei für Sebastian. So würde das sein. Alonso würde diesen Traum für sie beide erschaffen. Für seinen Vater Esteban, der gestorben war, vielleicht sogar auf ebendiesem Schiff, und für seine Mutter, die seinem Vater aus den Armen gerissen wurde, an demselben Hafen, wo Sebastian Alonso den Rücken zugekehrt hatte. Er würde den Weg gehen, den seine Eltern nicht hatten gehen können. Er würde nie die Hoffnung verlieren. Wie Sebastian gesagt hatte, war Alonso ein Träumer, und Träumer träumen.

Alonso und Maria ließen sich in einem üppigen Tal voller Blumen nieder, einige hundert Kilometer nördlich von San Francisco, das genau richtig war, um Wein anzubauen. Innig wie Geschwister neckten sie sich, lachten, stritten miteinander, und ihr Leitspruch war: leben und leben lassen. Maria verlor kein Wort darüber, wenn Alonso sich in die Stadt aufmachte, nach Hause zurückkehrte und nach Alkohol stank, nach Tabak und Männern, nach Enttäuschung und Sehnsucht nach Sebastian. Alonso verlor kein Wort darüber, wenn Maria kurz vor Tagesanbruch nach Hause geritten kam und ins Haus schlich, dieselben Kleider am Leib wie am Tag zuvor, und auch nicht, wenn sie mit einer gewissen Rancharbeiterin namens Rebecca oder einem gewissen Rancharbeiter namens Sal in der Scheune verschwand.

Es war wirklich der Wilde Westen. Die Flüsse brausten dahin. Der Regen fiel sinnflutartig. Es gab wenig Regeln, man war kaum jemandem Rechenschaft schuldig, und es gab praktisch keine Zeugen. Sie machten, was sie wollten. Das Land weckte etwas sowohl in Alonso als auch in Maria und befreite ihren Geist.

Eines Tages tauchten Krokusse in Marias Haar auf, dann Rittersporn, dann Mohn, jede Jahreszeit brachte neue Blumen mit sich. Die Leute gingen davon aus, dass sie sich täglich Blumen ins Haar flocht, aber das tat sie nicht. Sie verbrannte ihre Schuhe, ihre Korsette, alles, was sie auf irgendeine Weise einschränkte – sie würde den Rest ihres Lebens in Hosen verbringen, ungebunden, und – was ihr am wichtigsten war – selbstbestimmt, seelenallein, eine wundersame alleinstehende Frau. Bald wuchsen die kleinen Knubbel auf ihrem Rücken zu Flügeln heran, die sie diskret unter ihrem Hemd versteckte. Alonso fragte sie einmal, ob sie fliegen könnte, weil er nie gesehen hatte, wie sie sich in die Luft erhob. Da lächelte sie keck. Ach ja, wir alle haben unsere Geheimisse.

Da es sich fast wie im Paradies anfühlte, nannten Maria und Alonso den Ort Paradise Springs.

Mit der Zeit, nach viel Mühe und Arbeit – als sie ankamen, war schon seit Jahrzehnten kein Gold mehr in den Flüssen zu finden –, waren das weiße Haus gebaut, die Hügel abgeerntet, und der erste Jahrgang Wein, aus den besonderen Setzlingen gereift, hergestellt. Alonso und Maria standen neben dem Weinfass, Gläser in der Hand. Als Alonso den Korken herauszog, waren sie schockiert von der Farbe des Weins, der sich in ihre Gläser ergoss. Er hatte nicht die dunkle, kräftige Farbe, die sie erwartet hatten, sondern war rubinrotes Licht.

»Ich will am liebsten ins Glas springen!«, rief Alonso, und als sie den ersten Schluck verkosteten, fiel es ihnen schwer, auf den Beinen zu bleiben. Der Geschmack war wie eine beerige Verzückung, eine schwindelerregende Freude, eine neue Liebe. Ganz konkret waren die Duftnoten: Flieder, Schokolade, Kirsche und sonnenverwöhnter Stein. Doch es gab auch unbesungene Duftnoten, ganz persönliche: Alonso schmeckte das Salz des Ozeans heraus, den sie überquert hatten, die Hefe aus Sebastians Bäckerei, das Parfüm seiner Mutter, sein fortdauerndes Herzeleid und seine nie versiegende Hoffnung, dass Sebastian eines Tages ankommen würde. Maria schmeckte den Duft der Pinien heraus, zwischen denen sie ritt, das Leder ihres Sattels, den wunderbaren Wohlgeruch der Blumen, die ihr inzwischen aus dem Kopf wuchsen, und die Freiheit ihrer Seele.

Der Wein begeisterte das gesamte Tal. Es sprach sich herum, dass Winzer aus der Fremde einen magischen Wein herstellten, und bald schickten Alonso und Maria Briefumschläge voller Geld nach Hause. Maria an ihren Vater, der ihr sowohl verziehen hatte, dass sie die Setzlinge mitgenommen als auch, dass sie Reißaus genommen hatte; und Alonso an seine Mutter, Sofia, direkt an die Bäckerei. Er flehte sie an, den Ozean zu überqueren und zu ihnen in das weiße Haus zu ziehen, doch sie weigerte sich, Estebans Geist zu verlassen. Durch Sofias Briefe blieb Alonso auf dem Laufenden. Er erfuhr, dass Diego gestorben war. Er vergoss nicht eine einzige Träne. Er erfuhr, dass Hector eine Frau geheiratet hatte, die seine Mutter »die glücklose Fernanda« nannte und sie ein Kind hatten, einen brutalen Jungen namens Victor. In jedem Brief warnte seine Mutter ihn vor dem Hass in Hectors Herzen, weil er glaubte, dass Alonso ihm nicht nur die Frau, sondern auch seinen zukünftigen Wohlstand gestohlen hätte. *Sei immer auf der Hut, mein Sohn.*

Manchmal erwähnte sie Sebastian, und das war der Grund, dass er ihre Briefe immer aufriss, als befände sich sein eigenes schlagendes Herz in dem Umschlag. Er verstand nicht, warum Sebastian ihm nie zurückschrieb, doch aus den Briefen seiner Mutter brachte Alonso in Erfahrung, dass er immer noch nicht geheiratet hatte, seine Schwestern jedoch schon. Und das Schlimmste für Alonso war, dass er nicht länger zu schweben schien (seine Mutter hatte Sebastians Begabung in dieser Hinsicht mitbekommen, als er in ihrer Bibliothek gelesen hatte.) Jedes Mal, wenn Alonso daran dachte, dass Sebastian nun für immer erdgebunden war, musste er sich in sein Bett zurückziehen.

Während die Jahre vergingen, hörte Alonso auf, Sebastian Briefe zu schreiben. Stattdessen legte er jede Woche ein leeres Blatt Papier in den Umschlag, in der festen Überzeugung, dass Sebastian den Umschlag öffnen und alles verstehen würde, was Alonso auf dem gebrochenen Herzen lag, und auf die Art konnte Alonso die wortlosen Gedichte, die sein Geist-Vater seiner liebeskranken Mutter schrieb, endlich begreifen.

An einem kühlen Abend, nach einem langen Tag voller

harter Arbeit, als Alonso und Maria auf der Veranda bei Wein und Oliven saßen, sagte Maria: »Ich will ein Kind, und ich will, dass du der Vater bist.«

»Ich?«

»Wer sonst? Die anderen Männer hier … ich weiß nicht. Einer wie der nächste. Genauso wie die Frauen. Für eine dauerhafte Liebesbeziehung bin ich nicht geschaffen. Doch du bist meine dauerhafte Nicht-Liebesbeziehung, mein liebster Freund, meine Familie.«

»Ich weiß nicht, ob … ich habe nie …«

»Aber ich weiß. Sieh dir diese Eiche an. Ich stelle mir da immer einen Jungen auf einer Schaukel vor.«

»Einen Jungen?«

Sie nickte. »Wir nennen ihn Sebastian junior.«

Alonso lächelte. Der Gedanke an einen Sohn, der Sebastian junior hieß, gefiel ihm. In den nächsten Tagen durchtränkte diese Vorstellung seine Gedanken, veränderte ihre Farbe wie Tee in heißem Wasser. Ein Kind, dem er so weit wie möglich das Gegenteil von dem Vater sein könnte, der Diego gewesen war.

Alonso und Maria waren beide sechsundzwanzig Jahre alt, als sie das erste Mal, seit sie gemeinsam den Ozean überquert hatten, mehrere Nächte hintereinander das Bett teilten, und weniger als ein Jahr später wurde dann Sebastian jr. geboren, den Kopf voller leuchtend roter Locken, genau wie seine Mutter.

Sie riefen ihn Bazzy – und wie sehr er Alonso an seinen Namensvetter erinnerte, wie er ging und die Bücher anstarrte, obwohl er noch nicht lesen konnte, wie er vor sich hin lächelte, und wie sehr Alonso ihn liebte.

Jeden Morgen setzte Alonso Bazzy auf seine Schultern, und zusammen gingen sie über die Weinberge; dabei warf

Alonso Trauben nach oben, und Bazzy versuchte, sie mit dem Mund aufzufangen.

Er nannte seinen Sohn *el bicho de la suerte,* Glückskäfer, und die beiden waren unzertrennlich.

Dann, an einem Frühlingstag, geschah es.

Alonso und Maria waren mit dem siebenjährigen Bazzy auf der Veranda, der ihnen gerade sagte, dass die Luft an diesem Nachmittag purpurfarben war – er hatte von Alonso die Vermischung der Sinne geerbt, nur in einer anderen Variante –, als sie jemand die Auffahrt hochkommen sahen.

Jemand, der, wie Alonso feststellte, als er immer näher kam, einen hüpfenden Gang hatte.

Konnte es sein?

Alonso sprang so schnell auf, dass er seinen Stuhl umwarf. Er dachte nicht nach, sondern rannte einfach los, und mit jedem Schritt leuchtete er heller. Er hatte geglaubt, dass er all die Jahre ohne Sebastian gelebt hatte, nur um in diesem Moment zu begreifen, dass er seit über fünfzehn Jahren ein toter Mann gewesen war.

Sebastian sah diese Sonne in Kleidung auf sich zurennen, und da er mit beiden Beinen fest auf dem Boden geblieben war, seit Alonso gegangen war, hatte er schon vor Langem damit aufgehört, seine Stiefel zu beschweren oder sich Steine in die Tasche zu stecken. Er fing an, in die Luft aufzusteigen.

»Beeil dich«, rief Sebastian. Alonso kam rechtzeitig bei ihm an, um nach seinem Fuß zu greifen und mit ihm in den Himmel zu schweben.

»Du siehst aus wie ein wilder Mann«, sagte Sebastian zu Alonso auf ihrem Weg nach oben.

»Es ist ein wildes Land«, sagte Alonso. »Du siehst aus wie du, Sebastian. Vielleicht trauriger.«

»Nicht mehr.«

Sie küssten sich zwei Wochen lang in einer Ecke des Himmels, bis Sebastian ruhig genug war, um wieder auf die Erde zu kommen.

Bazzy beobachtete, wie sie nach unten sanken und begrüßte sie, als sie gelandet waren.

»Das ist der Mann, von dem ich dir so viel erzählt habe, mein kleiner Glückskäfer«, sagte Alonso zu seinem Sohn. »Der Mann, den ich so sehr liebe, dass ich dir seinen Namen gegeben habe.« Alonso war zu Tränen gerührt, als er diese Worte sagte, genauso wie schon im Himmel, als er Sebastian von Bazzy erzählt hatte. Die beiden zusammen auf diesem Grund und Boden zu sehen, der ihm und Maria gehörte, vor dem Haus, das sie gebaut hatten und den Weinbergen, die sie angelegt hatten, war überwältigend.

»Bringst du mir bei, wie man in die Luft schwebt?«, fragte Bazzy Sebastian.

Sebastian lächelte den rothaarigen Jungen an.

»Ja«, sagte er, nachdem Alonso für ihn übersetzt hatte. »Nur zu gerne.«

»Er bringt es dir bald bei, mein kleiner Glückskäfer. Doch nun muss er sich nach seiner Reise ausruhen. Komm Sebastian«, sagte Alonso. »Ich zeige dir unser Zimmer.«

Vor vielen Jahren hatte Alonso die Wände seines Schlafzimmers lila, grün und blau gestreift angemalt, eigens für diesen Tag, auf den er immer gehofft hatte.

Alonso und Sebastian verließen ihr Zimmer einen ganzen Monat lang nicht. Maria stellte ihnen Essen vor die Tür. Noch nicht einmal ein Erdbebenschwarm konnte sie hervorlocken. Als sie später davon hörten, lächelten sie einander wie zwei Narren an, denn sie waren davon ausgegangen, dass sie dafür verantwortlich gewesen waren, dass die Erde bebte.

Vielleicht stimmte das ja auch.

Und so war es dann. Die vier lebten zusammen, in vereintem Glück, bis die drei Elternteile verhutzelten, fülliger wurden, ihre Stimmen tiefer. Sie kauften ein Ladengeschäft auf dem großen Platz, das sie *Sebastian's Spanish Bakery* nannten und Sebastian zum beliebtesten Bäcker in Paradise Springs machte.

Alonsos Traum war wahr geworden.

Wenn wir doch nur in diesem Moment die Zeit anhalten könnten. Wäre das schön.

Wenn wir doch nur in Freuden leben könnten, ohne Kummer, nur Segen auf uns ruhen würde und kein Fluch.

MILES

Felix hatte Miles gesagt, dass wenn er ein Buch las oder einen Film guckte, dann *zog er da ein*. Tja, Miles war in Alonsos und Sebastians Geschichte eingezogen, so wie Felix sie ihm erzählt hatte, und nun stand er inmitten dieses fremden, fantastischen Ortes mit all seinen Umzugskartons und Möbeln und fragte sich, ob irgendetwas davon wahr war. Er wusste, dass er sich jetzt nicht mit Märchenmännern beschäftigen sollte – bestimmt war sein IQ gesunken –, wusste, dass sie Cassidy finden mussten und so schnell wie möglich zurück ins Krankenhaus, doch am liebsten hätte er nach Felix' Hand gegriffen und wäre mit ihm in den Himmel hinauf geschwebt, weil er mit allem fertig war, die wirkliche Welt hinter sich lassen wollte.

Durch das Fenster der Imbissbude konnte er sehen, wie seine Reisegefährten in der Schlange auf ihr Essen warteten. Was für ein Anblick – Gulliver mit einem Liliputaner im Schlepptau. Zum Glück war Felix ein sanfter Riese, anders als dieses Monster Hector, den Miles gerade *in der Zeit für alle Zeiten* kennengelernt hatte.

War die Liebe von Alonso und Sebastian wirklich Teil seiner Familiengeschichte? Ein Teil von ihm?

Es hatte Augenblicke gegeben, auf ihrem Weg, Benzin zu besorgen und dann auf der Fahrt hierher, da war Miles sich sicher gewesen, dass Felix die Geschichte ausschmückte. Wie, als er mit einem halben Grinsen, seinen verdammt wunderbaren nebeligen Jericho-Blane-Augen und mit einem Schnurrbartzwirbeln behauptet hatte: »Einen ganzen Monat lang blieben sie im Bett –, nein, ein ganzes Jahr lang, Miles. *Ein ganzes Jahr lang.* Und das

Erdbeben, das sie mit ihrem Wiedersehenssex auslösten, konnte man bis in meinen Heimatstaat Colorado spüren. Sogar noch weiter.«

Doch Miles, voll im Wahn, seit er Felix kennengelernt hatte, musste sich nun zusammenreißen. Er musste seine Mutter anrufen, die ganz allein an der Seite ihres komatösen Sohn saß, weil sie sie im Stich gelassen hatten. Er hatte immer noch kein Netz, aber der Kassierer vom Imbiss hatte ihnen erlaubt, das Wi-Fi zu benutzen, um das Krankenhaus anzurufen. Sandro war bei ihm draußen und trank Wasser aus einem Napf, den Miles gerade gefüllt hatte. Weil sie so früh aufgestanden waren, war es immer noch Morgen.

Sein Magen zog sich zusammen, als er die Nummer eintippte, im Baum über ihm krähten nichts ahnend die Vögel. Was da unten wohl los war?

Scham stieg in ihm auf angesichts dieses vergeblichen Unterfangens. Und sie waren noch ein paar Stunden entfernt von Whispering River, wo Cassidy lebte, und von den heißen Quellen, wo sie arbeitete. Aber würde sie mit ihnen ins Krankenhaus zurückkehren? *Warum* sollte sie? Was um alles in der Welt hatte er sich dabei gedacht? Was war das bloß für eine Schnapsidee?

Das Telefon klingelte und klingelte, und als seine Mutter endlich dranging, klang ihre Stimme schwach, war fast nicht wiederzuerkennen.

»Wie geht es ihm?«, fragte Miles statt einer Begrüßung.

Seine Mutter räusperte sich. »Also, als ich gestern Nachmittag mit ihm gesprochen habe … Ich könnte schwören, dass er seinen Kopf in meine Richtung gedreht hat. Nur ganz bisschen. Ich weiß nicht, ob ich es mir eingebildet habe, weil Doc Larry gesagt hat, dass wir auf so was achten sollen. Aber wenn es wirklich so war, sind das gute Nachrichten.«

Okay, okay. Miles entspannte sich ein wenig. Indem er den

Daumen nach oben streckte, gab er Dizzy und Felix, die ihn nervös durch das Fenster der Imbissbude anstarrten, zu verstehen, dass alles in Ordnung war. Die beiden klatschten sich ab und fuchtelten dann albern mit den Händen in einem Handtanz. Knallköpfe. »Tut mir leid, dass wir dich allein gelassen haben, Mom.«

»Miles, es tut mir leid, dass ich *dich* allein gelassen habe. Ich habe die ganze Nacht darüber nachgedacht.«

Miles setzte sich auf die Treppe, und Sandro, der genug getrunken hatte, rollte sich auf seinen Füßen zusammen, sodass er sich nicht bewegen konnte. Er mochte es so gerne, wenn der Hund das machte.

»Ich kann ehrlicherweise nicht behaupten, ich hätte nicht gewusst, dass irgendwas mit dir los ist, Miles. Ich wusste es. Ich habe nur …«

»Ich hätte etwas sagen sollen.« Doch er hatte keine Ahnung gehabt, was. *Morgen, Mom, ich fühle mich heute wie ein Tatort, wie Schimmel an der Wand, als wäre ich in Zement gefangen, und du?*

»Nein, es ist meine Aufgabe, auf dich aufzupassen. Von jetzt an machen wir das anders, okay?«

»Okay.« Dizzy saß jetzt auf Felix' Schultern. Sie gaben gerade ihre Bestellung auf, und die Frau hinter dem Tresen lachte über etwas, was sie gesagt hatten.

»Mom? Weißt du etwas über einen Fluch, der auf den Fall-Brüdern liegt?«

»Miles!« Sie lachte. »Eine Fahrt mit deiner Schwester und schon glaubst du an Flüche!«

»Dieser Fluch hat anscheinend vor Ewigkeiten mit Alonso und Hector angefangen.«

»Alonso, die jetzt kopflose Statue? Wo hast du das denn gehört?« Miles spürte, wie ihm das Blut ins Gesicht schoss – *seinetwegen* kopflos.

»Und wer ist Hector?«

»Hector ist der böse Bruder von Alonso.« Ach, scheiß drauf. »Er war ein Riese – er hatte in der alten Heimat das halbe Haus aufgefressen, also ist er richtig groß geworden.«

»Miles, ist alles in Ordnung? Du klingst so anders.«

Er lachte. »Alles gut. Richtig gut, eigentlich. Was ist mit Alonso und Sebastian? Weißt du über sie Bescheid?«

Ich schon.

Komm schon, Sandro. Schhhhh.

Ich bin nicht still. Außerdem wäre es schön gewesen, wenn wenigstens ein Hund in der Geschichte aufgetaucht wäre. So ist das wohl, wenn man nicht vertreten ist. Falls du Schriftsteller wirst, Miles, dann gibst du mir hoffentlich eine Stimme.

Versprochen, sagte Miles und beugte sich runter, um Sandro die Pfote zu schütteln.

»Wer ist Sebastian?«, fragte seine Mutter. »Und warum beschäftigt dich das gerade? Im Ernst, Miles, ist wirklich alles in Ordnung?« Sie hielt inne. »Ich weiß nur, dass Alonso und Maria aus Spanien hierhergekommen sind und das Weingut mit sechs magischen Rebstöcken aufgebaut haben. Ha! Ich klinge auch schon völlig verrückt. Aber ich kann mich erinnern, wie uns dein Großvater Victor, an dem Tag, als ich deinen Vater kennengelernt habe, von den sechs magischen Rebstöcken erzählt hat. Ich habe gerade darüber geschrieben. Jedenfalls hat Alonso Paradise Springs so Anfang des 20. Jahrhunderts gegründet, glaube ich. Aber wer ist Sebastian?«

»Er war Alonsos *Lebenspartner*«, sagte Miles.

»Miles, woher hast du diese Information? Alonso war mit Maria verheiratet.« Sie schwieg und rief dann: »Warte mal! *Sebastian's Spanish Bakery* war der Laden, den wir gemietet haben, als meine Eltern und ich nach Paradise Springs gekommen sind. Der dann unser Soufflé-Laden wurde. Er gehörte damals aber nicht der Familie, sondern jemandem von außerhalb. Ich weiß noch, dass er jahrzehntelang leer stand. Mein Vater hielt das für Beschert, als hätte er auf uns gewartet.« Miles war erschüttert. War also doch etwas Wahres an diesen Geschichten? War das derselbe Sebastian? Wie schön das wäre!

»Cassidy recherchiert anscheinend Alonso Fall für irgendeinen Kurs am College über die Geschichte Kaliforniens, weil er Paradise Springs gegründet hat. Deswegen hat sie Felix lauter Geschichten über ihn erzählt, als sie zusammen zu uns gefahren sind, komische Geschichten über Riesen und schwebende Leute und einen Fluch. Offensichtlich hat sie sich ein paar künstlerische Freiheiten erlaubt.«

»Das ist ja sonderbar.«

»Sie ist wohl hergekommen, um noch mehr rauszufinden oder so.«

»Na ja, wenn das stimmt, kann es nicht einfach gewesen sein, damals schwul zu sein.«

Miles dachte darüber nach. Wie sein Urgroßvater vor über einem Jahrhundert sein Leben viel eigenmächtiger gelebt zu haben schien, als Miles das tat. Er verspürte den Drang, seiner Mutter jetzt und hier zu sagen, dass er auch schwul war. Stattdessen sagte er aber: »Wir sind bald zurück. Versprochen.«

»Bitte. Ich brauche euch beide. Ich glaube, Wyn auch.«

»Mom?«

»Ja?«

Miles entdeckte einen Habicht über den Baumkronen, verfolgte ihn mit seinem Blick. »Ich habe so eine Erinnerung an mich und Wynton auf der Schaukel, und Dad war dabei, und wir waren verbunden, ganz, ganz eng verbunden. Ich weiß nicht, was passiert ist …« Er hatte nicht gewusst, dass er das mit ihr teilen würde.

Seine Mutter schwieg einen Augenblick lang und sagte dann:

»Ich glaube, dass es sehr schwer für deinen Bruder war, als dein Vater uns verlassen hat. Er hat sich danach sehr verändert und …«

»Aber er und Dizzy haben so eine gute Beziehung … also … warum dann nicht wir?« Solche Gespräche führte er eigentlich nicht mit seiner Mutter. Aber etwas hatte sich in ihm verändert. Ob es an Wyntons Unfall lag oder daran, dass er rausgefunden hatte, dass Wynton für ihn ins Gefängnis gegangen war oder dass Dekan Richards seiner Mutter die Wahrheit über ihn erzählt hatte, wusste er nicht. Oder vielleicht, weil er Zeit mit Dizzy und Felix verbracht hatte und davor mit Cassidy. Oder wer weiß? Vielleicht waren es Cassidys Geschichten, die ihm nun durch den Kopf gingen. Aber er fühlte sich eindeutig anders, als würden alle Zimmer in ihm renoviert.

»Oh Miles. Vielleicht ist das ein Weckruf. Wenn es Wynton besser geht, könnt ihr zwei vielleicht endlich eine richtige Beziehung haben.«

»Vielleicht«, sagte er. Doch das war schwer vorstellbar. Es war einfacher zu glauben, dass ein Fluch auf ihnen lag. Ihre Beziehung fühlte sich für Miles absolut verflucht an.

Er verabschiedete sich und steckte sein Handy in die hintere Tasche seiner Hose. Er schaute auf, halb in der Erwartung, Alonso und Sebastian über sich schweben zu sehen, die ihm zuwinkten, aber über den Baumkronen waren nur ein paar bauschige Wolken zu sehen. Seit sehr langer Zeit wusste Miles schon von Dizzys schwebenden Geistern und hatte es immer abgetan – sie war ausgeflippt, als Alonso und Sebastian zum ersten Mal in Felix' Geschichte in die Luft aufgestiegen waren. »Das sind die küssenden Geister, Miles! Ich wusste, dass einer davon Alonso Fall ist! Ich wusste es!« Klar, natürlich hätte er gerne schwebende gespensterhafte Vorfahren, die schwul waren. Mal im Ernst, wer nicht?

Zu schade, dass er nicht an Geister glaubte.

Ich würde auch gern schweben können, sagte er zu dem Hund.

Oh, ich auch! Sandro, der levitierende Labrador!

Miles lachte. *Und Miles, der schwebende Schwule*!

Miles und Sandro tauschten einen Nasenkuss aus, und dann stand Miles auf, weil Dizzy und Felix aus der Imbissbude kamen, die Arme voller Essen. Miles teilte ihnen mit, dass Wynton vielleicht Fortschritte machte, und dann fing Dizzy wieder mit den küssenden Geistern an.

»Ich bin so froh, dass die küssenden Geister Alonso und Sebastian sind!«, sagte sie zum hundertsten Mal an diesem Vormittag. Sie gab Miles ein eingewickeltes Sandwich. »Ich will so wie Maria Guerrero sein, du auch? Sie macht einfach das, was sie will.«

»Der geht wirklich alles so was von am Arsch vorbei«, sagte Felix.

»Ich will wie Alonso Fall sein«, sagte Miles, während er sein Sandwich auswickelte, neugierig, was der Koch ihm wohl gebracht hatte.

»Du *bist* Alonso Fall, Miles«, platzten Dizzy und Felix fast gleichzeitig heraus.

»Nur, dass Miles nicht schwul ist«, erklärte Dizzy Felix nüchtern.

»Also, eigentlich bin ich das«, sagte Miles, und die Worte kamen ihm flüssig wie Regen über die Lippen.

Dizzys Gesichtsausdruck war überrascht und begeistert. »Wirklich?«

»Wirklich.«

»Oh mein Gott! Du bist ja so was von Alonso Fall. Ich hatte die ganze Zeit keine Ahnung, dass du so cool bist!«

Miles stellte fest, dass er zitterte. Weil er das gerade getan hatte. Er hatte es tatsächlich getan!

»Ich glaube, ich erlebe gerade ein spirituelles Erwachen«, sagte er und hoffte, wenigstens ein bisschen ironisch zu klingen.

»Ich auch«, erwiderte Felix ohne jegliche Ironie.

»Ach, gut«, sagte Dizzy. »Vielleicht seid ihr ja beide Mystiker, so wie ich.«

»Mystiker am Arsch der Welt«, sagte Felix, und sie lachten. Dann landete Felix' Hand auf Miles' Schulter. »Gut gemacht, Mr Fall«, sagte er. Miles' Kehle wurde eng, und seine Augen brannten angesichts dieser Geste, dieser Worte, dieser Anerkennung dessen, was da gerade geschehen war. Es Dizzy zu erzählen, war dasselbe, wie es an die große Glocke zu hängen. Er hatte sich geoutet. Einen ganz flüchtigen, kühnen Moment lang legte Miles seine zitternde Hand auf die von Felix, die noch auf seiner Schulter war, und als sich ihre Blicke trafen, war er überzeugt davon, dass alle Türen der Welt in diesem Moment aufsprangen.

Er fühlte sich genauso beflügelt wie Maria, ausgelassen, als würde sich das Herz in seiner Brust in rasendem Tempo ausdehnen. Ein wenig Angst war da auch, ganz am Rand, wie wohl alle anderen reagieren würden, aber fürs Erste aßen sie ihre Sandwiches (Felix hatte ihm Eiersalat mit Avocado auf Pumpernickel mitgebracht). Während sie kauten, lächelten sie einander an, als wären sie vollkommen gehirnamputiert.

»Erzähl weiter«, sagte Miles, als sie zurück in den Truck stiegen. »Was passiert als Nächstes?«

Der Fluch der Familie Fall

(von dem Cassidy Felix auf der Fahrt nach Paradise Springs eine Woche vorher erzählt hat)

Am Tag von Alonsos Ermordung in der *Zeit für alle Zeiten* ist Folgendes passiert.

Alonso, Sebastian, Maria und Bazzy, inzwischen sechzehn Jahre alt, saßen auf der Veranda am Mittagstisch. Zunächst dachten sie sich nichts dabei, als sie Erschütterungen spürten, in der Annahme, es sei nur ein leichtes Erdbeben. Heute arbeitete niemand in den Weinbergen, weil Sonntag war. Sie hielten sich an ihren Stühlen fest, warteten darauf, dass das Beben nachließ, als Bazzy die Hand ausstreckte und voller Angst auf etwas zeigte. »Guckt mal!«, sagte er. Ein Goliath von einem Mann stampfte die lange Einfahrt hinauf, einen Jugendlichen von normaler Größe im Schlepptau.

Sie sahen alle zu, wie der Hüne stehen blieb, um in einen der Mammutbäume zu beißen, die die Einfahrt säumten, um dann den nächsten zu fällen, einfach, indem er ihn berührte. Alonso gefror das Blut in den Adern. Maria stand auf. »Das ist das Ende«, sagte sie. Sebastian ging ins Haus und kam mit einem Gewehr in den Händen wieder zurück.

»Nein«, sagte Alonso. »Keine Gewalt.« Sebastian ließ den Lauf sinken und sicherte die Waffe.

»Wer ist das denn? *Was* ist das?«, fragte Bazzy nervös.

»Der riesige Mann ist mein Bruder. Aber kein guter Bruder. Weder bluts- noch geistesverwandt«, sagte Alonso. Er holte tief Luft, begegnete Sebastians Blick und sagte: »Lila grün blau.«

»Lila grün blau, Alonso.«

Manche Familien bekommen ihren Kummer ein Leben lang ausgeteilt, eine kleine Tragödie hier, eine kleine Tragödie da, während andere jahrzehntelang glücklich leben, nur um dann alles Leid auf einmal ertragen zu müssen, eine Tragödie direkt nach der nächsten. Diese Familie gehörte zu letzteren. Jahrelang war in dem weißen Haus kaum eine Stimme erhoben, kaum eine Träne vergossen worden. Es gab Geburtstagsfeiern, Erntedankfeste, Wanderungen zu den Wasserfällen, endlose Abendessen im Weinberg mit Freunden aus der Umgebung. Da war die Freude, Bazzy großzuziehen, der die Nachmittage nach der Schule lesend im Weinberg verbrachte – der schwarze Hund von nebenan immer an seiner Seite – und seine Abende damit, die Mädchen aus der Nachbarschaft auf Felsen im mondschimmernden Fluss zu küssen. Doch für Alonso blieb Bazzy mit seinen feurigen Locken, die ihm nun fast bis zur Schulter reichten, sein Glückskäfer, egal, wie alt der Junge auch war.

Als der Schatten von Hector auf die Veranda fiel, auf das Leben, das Alonso und Maria sich aus dem Nichts aufgebaut hatten, wurde die Welt dunkel. Alonso ging seinem Koloss von Bruder entgegen und, davon ging er aus, dessen Sohn Victor, und versuchte zu verbergen, dass er vor Angst schlotterte. Er sagte sich, dass Hector bestimmt nur Geld wolle und Alonso großzügig sein könnte und sein würde. Vorbei ist vorbei.

Doch Hector hatte etwas anderes im Sinn. Er zog seine riesige Hand aus seiner riesigen Tasche, und darin lag eine Pistole.

Blitzschnell spannte Sebastian das Gewehr an, richtete den Lauf auf Hectors Herz und drückte ab, doch er war nicht schnell genug. Sebastians Kugel konnte Alonsos Leben nicht retten, während sie Hectors nahm.

Die beiden Fall-Männer starben im selben Augenblick. Da entfuhr Sebastian ein seelenerschütternder Schrei, und während er dort auf der Veranda stand, raffte die Trauer ihn dahin, was es für seine Seele einfacher machte, aus seinem Körper zu hüpflaufen, die Treppe hinunter, gerade rechtzeitig, um Alonsos Hand zu ergreifen, als dessen Seele sich von Alonsos Leib befreite. Alonso und Sebastian zogen sich, nun als Geister, in den Himmel zurück, um sich in ihrer neuen Inkarnation wieder miteinander vertraut zu machen. (Wer weiß, was mit Hectors Seele geschehen ist? Vielleicht hatte er keine.)

Drei Männer waren tot und wofür?

Bazzy und Maria legten die sterblichen Hüllen von Alonso und Sebastian Seite an Seite auf ihr Bett im lila-grün-blauen Zimmer. Das Wehklagen von Mutter und Sohn war bis in die Stadt zu hören, genauso wie die rachgierigen Worte von Hectors Sohn Victor, die er an Bazzy richtete: »Ich werde dein Leben für das meines Vaters nehmen.«

Als es Morgen wurde, hielten sich Alonsos und Sebastians leblose Körper an den Händen. Niemand hatte eine Erklärung dafür. Wahre Liebe bedeutet nicht, dass man sich einmal ineinander verliebt, sondern wieder und wieder, in allen möglichen Inkarnationen. Ihre Geschichte zeugt von wahrer Liebe.

Eine Statue von Alonso wurde auf dem großen Platz errichtet.

Bazzy, untröstlich über den Verlust seines Vaters und Sebastians, schnitt seine feuerroten Locken ab und meldete sich bei der Luftwaffe, als er achtzehn Jahre alt wurde. Fern von der Heimat verliebte er sich in eine britische Krankenschwester namens Ingrid, die bei der Entbindung starb. Mit einem drei Monate alten Baby in den Armen kehrte er nach Paradise Springs zurück: Theo Fall.

Maria nannte ihren Enkel Theo Glückskäfer.

Trotz ihrer Trauer lebte Maria für ihren Sohn Bazzy und ihren Enkel Theo weiter. Anstatt grau zu werden, wurde ihr Haar immer röter und war fortwährend voller Blumen. Sie füllten ihr gesamtes Schlafzimmer aus, während sie schlief, und wenn sie in die Stadt ging, war sie eine wandelnde Blumenwiese. Sie verbrachte ihre Zeit damit, in ihr Tagebuch zu schreiben, schrieb alles auf, was geschehen war.

Aber natürlich gab es da noch Hectors Sohn. Victor war genauso grausam wie sein Vater, aber viel schlauer. Er kehrte nie zu dem halb aufgegessenen Herrenhaus jenseits des Meeres zurück. Stattdessen zog er in das weiße Haus ein und lernte, seine üblen Absichten für sich zu behalten, gab sich Bazzy gegenüber brüderlich und heiratete schließlich eine Frau namens Eva, mit der er einen Sohn, Clive, hatte.

Dann kam Bazzy mit vierundzwanzig Jahren bei einem Traktorunfall ums Leben – Victor war der einzige Zeuge. Nun, der einzige menschliche Zeuge. Alonso und Sebastian beobachteten den Mord an ihrem Sohn durch seinen »Bruder« Victor, der das Weingut der Falls für sich allein haben wollte.

Da sieht man es: eine andere Generation, andere Fall-Jungs, andere Umstände, derselbe tragische Ausgang.

Victors Frau Eva, die herzensgut war, bestand darauf, Bazzys zweijährigen Sohn Theo Seite an Seite mit ihrem eigenen Sohn Clive großzuziehen, zu Victors großem Verdruss. Die Jungen wuchsen zusammen als Brüder auf.

Nach dem Tod von Alonso und Sebastian auch noch Bazzy zu verlieren, war mehr, als Maria ertragen konnte. Die Trauer machte sie krank und eines Tages, nachdem sie ihr Tagebuch an einem sicheren Ort verstaut hatte, kletterte sie auf das Dach des Hauses und zog ihr Hemd aus. Ihre Flügel entfalteten sich und breiteten sich zu prächtigen Schwingen aus. Sie schlug ein paarmal mit den Flügeln und erhob sich in die Lüfte, während ihr Haar über den Himmel strömte. Dann glitt sie über das Grundstück und nahm alles in Augenschein, was sie, Alonso, Sebastian und Bazzy zusammen erschaffen hatten. So verließ Maria – der freieste Geist von ihnen allen – die Welt der Lebenden und überquerte die Schwelle zur nächsten. Sie starb mitten im Flug.

Das war ein Anblick. Alonso und Sebastian beobachteten das alles von den Weinbergen aus.

Bis zum heutigen Tag wird der Fluss vor Trauer langsamer, während er durch das Fall-Grundstück fließt, und die Vögel singen lauter in den Bäumen, als würden sie versuchen, die Familie Fall vor all dem zu warnen, was war und was sein könnte.

Dieser Familienfluch ist nicht von der Art, dass er von außen über sie hereingebrochen wäre, sondern er ist aus dem Inneren über sie gekommen. Er schlängelt sich durch die Zeit, das Blut, das Wasser, vom Vater auf den Sohn. Die Löcher in den Herzen sollten, könnten mit Liebe gefüllt werden, doch stattdessen nistete sich dort Hass und Neid, Eifersucht und Gier ein. Alonso konnte weder sich selbst noch seinen Sohn Bazzy schützen. Doch vielleicht wird seine Geschichte in der *Zeit für alle Zeiten* diejenigen Brüder der Familie Fall schützen, die noch unter den Lebenden weilen.

Und die Segnungen der Familie? Mögen sie aus dieser Geschichte purzeln, aus der *Zeit für alle Zeiten*, wie Edelsteine, die von den Lebenden aufgefangen werden.

Die ewige Liebe von Alonso und Sebastian.

Marias freie Seele.

Die Art, wie die drei sich ein Leben erträumt haben, dafür gesorgt haben, dass die Welt sich ihnen anpasst und nicht umgekehrt.

Das war die geheime Geschichte einer Familie, die sich selbst noch nicht kennt.

Doch bald wird sie das.

DER STAMMBAUM DER FAMILIE FALL

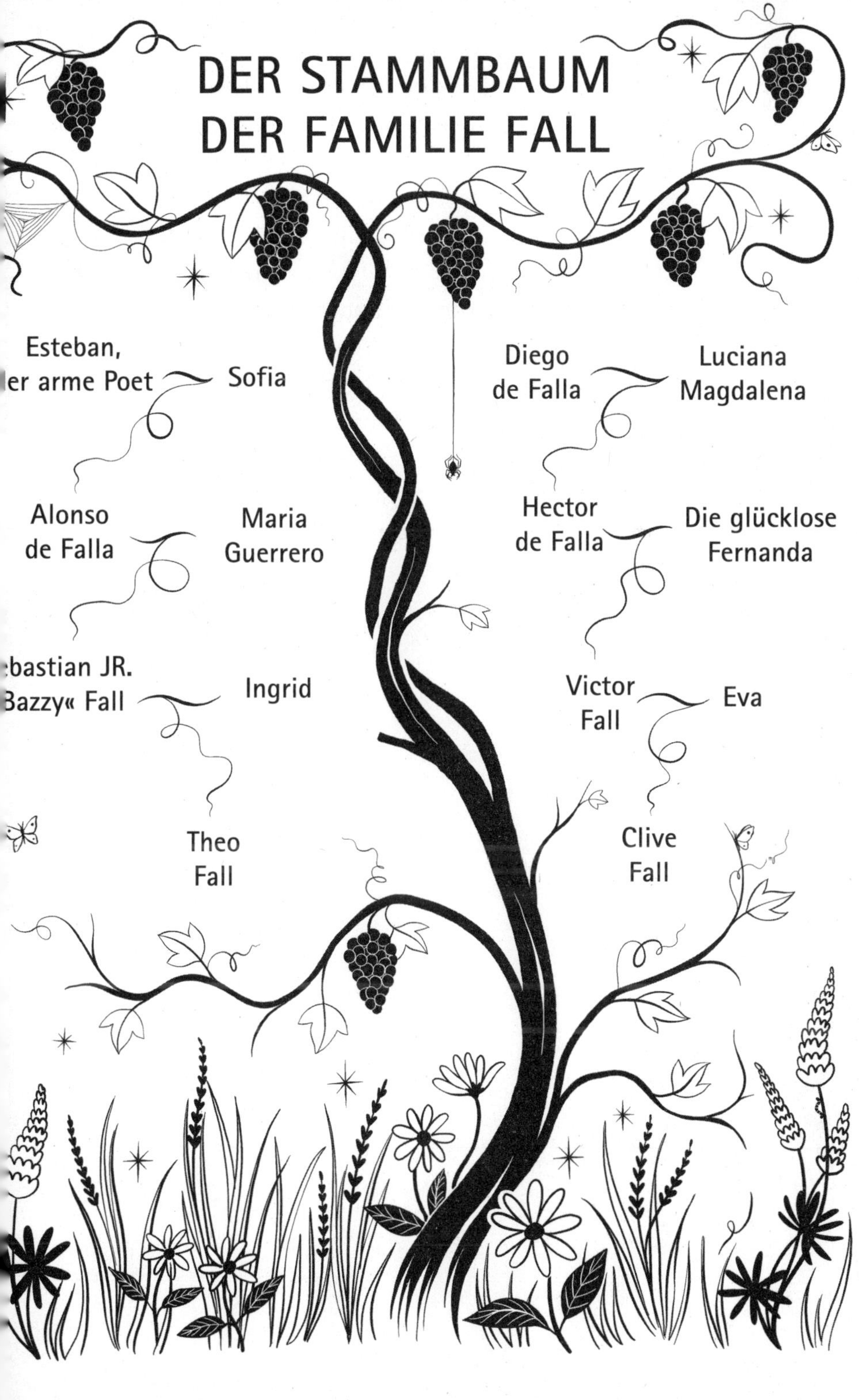

WYNTON

Cassidy sagt, sie braucht eine Pause, bevor sie dir vom dritten Verrat erzählen kann, dem niederschmetterndsten von allen.

Die Geschichten sind seltsam und regen dich auf. Du hast viel zu viel gemeinsam mit dem Bösewicht Hector.

Du möchtest, dass sie aufhört, über Neid und Eifersucht und fluchbeladene Brüder zu sprechen. Du möchtest, dass sie aufhört, ein Vergrößerungsglas an deine verrottete Seele zu halten. Du flehst sie an, die Klappe zu halten, doch die Geschichte geht weiter und führt genau dahin, wo du es erwartet hast.

Nachdem sie gegangen ist, gehen dir die Geschichten unablässig durch den Kopf. Da wird dir etwas klar.

Deswegen bleibt dein Herz stehen.

MILES

Sobald die Mobilfunkverbindung wieder funktionierte, explodierte Miles' Handy förmlich, gerade als Felix Marias beschwingten Aufstieg in ihren Tod beschrieb.

»Oh oh«, sagte Dizzy und krallte sich an Miles' Arm fest.

Miles rief ihre Mutter an, die ihm erzählte, dass Wynton einen Herzstillstand erlitten hatte und vom Pflegepersonal mithilfe von Herzdruckmassage und Medikamenten wiederbelebt worden war. Miles wollte andere Worte hören, nicht diese brennenden Streichhölzer, wollte nicht, dass seine Mutter so verzweifelt und gleichzeitig ausgehöhlt klang. Und jetzt gab Dizzy, die ganz bestimmt alles mitbekommen hatte, weil ihr Kopf an der anderen Seite des Telefons klebte, einen hohen, summenden Ton von sich. Miles versuchte, mit ruhiger Stimme zu sprechen, um Dizzy nicht noch mehr Angst einzujagen, und beendete dann das Telefonat.

Hinter ihren verschmierten Brillengläsern waren Dizzys Augen vor Tränen und Angst ganz verschwommen. Miles merkte, dass er auf seinem Sitz hin und her schaukelte, zwang sich, damit aufzuhören, legte einen Arm um seine Schwester, was das summende Geräusch zum Verstummen brachte.

»Er wird es schaffen«, sagte Miles voller Zuversicht, trotz der Angst, die ihn ergriffen hatte. Da sie nur ein paar Kilometer von Whispering River entfernt waren, beschlossen sie, zurück nach Hause zu fahren, sollten sie Cassidy nicht sofort finden.

Sie fuhren schweigend weiter, in Furcht und Schrecken, die dichten Baumwipfel ließen wenig Licht herein. Miles starrte die uralten Mammutbäume an, so voller Zeit – Tausenden von Jahren –, anders als sie, die so wenig hatten. Wieso hatte er das jetzt erst verstanden? Wieso drang jetzt erst zu ihm durch, wie ernst es um Wynton stand? Eine Welle des Mitgefühls ergriff ihn. Armer Wynton. Er war der Typ, der ständig unter Spannung stand, die Deckel von Gläsern sprengte, der, wenn er ein Zimmer betrat, allen Anwesenden einen Stromschlag verabreichte. Wie konnte ihm das passieren? Und warum hatte Miles im Krankenhaus nicht versucht, mit ihm zu sprechen? Er war so in seinem kümmerlichen Kummer gefangen gewesen, seiner Voreingenommenheit, seiner Opferrolle. Gott, warum hatte er *nie* versucht, mit seinem Bruder zu sprechen, als er noch nicht im Koma gelegen hatte. Nicht ein einziges Mal. Vielleicht war er genauso schuld an ihrer beschissenen Beziehung. Wirklich, warum nahm Miles die Zügel seines Lebens überhaupt nie in die eigenen Hände? Er war das Gegenteil von Alonso Fall. Er war das Objekt einer Präposition, nie das Subjekt des Satzes, der sein Leben war. Er hatte nicht nur seine Homosexualität verborgen, sondern alles andere auch.

Doch wie das alles ändern? Überhaupt etwas ändern? Wie ein Bruder sein? Ein Mensch? Er wollte … mehr, besser sein.

Miles drückte Dizzy an sich, holte dann tief Luft und sagte: »Hab dich lieb, Diz.« Das sagte er ihr zum ersten Mal, und daraufhin klebte sie an ihm, klammerte sich mit beiden Armen um seine Taille, so wie das Koalabären mit Baumstämmen machten. Ihm schmolz das Herz.

Die Märchenstunde war vorbei, und was waren das überhaupt für Geschichten? War da etwas Wahres dran? Hatte Hector Alonso wirklich ermordet? Und Victor Bazzy? Das konnte nicht sein, oder? Felix hatte gesagt, dass er an dieser Stelle alle Namen durcheinandergebracht habe, weggedriftet und eingeschlafen sei, doch wenn das passiert war, oder vielleicht auch nicht alles – was stimmte dann nicht mit seiner Familie? Welche Familie außerhalb der Bibel hatte so viel Mord und Todschlag aufzuweisen? Vielleicht lag tatsächlich ein Fluch auf ihnen. Auf ihm und Wynton genauso wie auf den anderen.

»Da ist das Schild für die heißen Quellen«, sagte Felix und zeigte auf einen großen gelben Pfeil auf einem Holzbrett. »Für die, die Bescheid wissen. Cassidy arbeitet am Empfangskiosk.« Dizzy löste sich von Miles und setzte sich aufrecht hin. Miles wischte sich die feuchten Hände an seiner Jeans ab. Es war so weit. Würde Cassidy da sein? Würde sie denken, sie hätten einen an der Marmel? Natürlich würde sie das. Hatten sie nämlich. Er hatte doch nur ein paar Stunden mit diesem Mädchen verbracht! Dennoch verschlug ihm die Vorstellung, sie wiederzusehen, möglicherweise in nur ein paar Minuten, ein wenig den Atem.

Felix bog auf eine Piste ab, die sehr steil nach unten führte. »Hab vergessen zu erwähnen, dass die Straße hier bisschen krass ist«, sagte er. Auf beiden Seiten waren selbst gemachte Schilder an Bäume genagelt worden, entweder mit Pfeilen oder Warnhinweisen: »Langsam fahren!« und »Ja, du auch!« Sie rasten nach unten, bis sie die Talsohle erreichten, wo ein Schild stand: »Willkommen! Du bist angekommen!«

Drei Flaggen waren auf dem Dach einer Strohhütte gehisst: das Friedenszeichen, ein Regenbogen und das Yin-Yang-Symbol. Dahinter führte ein Pfad durch alte Eichen, wo Miles die heißen Quellen vermutete.

»Hier empfängt Cassidy die Gäste«, sagte Felix und hielt vor dem Kiosk.

Würde sie da sein? Gott, hoffentlich. Und vielleicht würde sie Wyn doch aufwecken? Wie konnte er etwas glauben und es gleichzeitig eindeutig nicht glauben?

Felix ließ das Fenster runter, und Reggae-Musik erfüllte die Fahrerkabine. Zwei Mädchen mit sonnenverbrannten Gesichtern, keine davon Cassidy, in geblümten Röcken und Tanktops, waren im Kiosk. Miles' Herz rutschte in die Hose. Und noch tiefer, als eins der Mädchen, das nicht Cassidy war, beim Anblick von Felix breit grinste. »Hast du es ohne mich nicht ausgehalten?«, fragte sie. Felix schob seine Sonnenbrille hoch und grinste zurück, gab noch ein Grübchen mit dazu. Miles hätte ihm am liebsten den Ellbogen in die Seite gerammt, plötzlich davon überzeugt, dass das der Dreier gewesen war: Felix und diese beiden Mädchen. BÄH.

»Wollt ihr eine Tageskarte oder einen Campingpass?«, fragte sie.

»Wir suchen Cassidy«, sagte Felix. »Es ist ziemlich wichtig. Weißt du, wo sie ist?«

»Ich habe sie nicht gesehen, seit sie ihren letzten Gehaltsscheck abgeholt hat, das war vor über einer Woche. Aber ihr könnt gucken, ob sie zu Hause ist, das ist nicht weit von hier. Dandelion Road, Nummer 68.« Sie nahm einen Plan, malte einen Punkt drauf und gab ihn Felix.

Die Dandelion Road war eine stille Allee, mit Ranches auf beiden Seiten, umgeben von goldenen Hügeln voller Wein. Die Nummer 68, wo Cassidy wohnte, war ein gelbes Haus, mit einem Gemüsegarten auf der einen Seite, Obstbäumen auf der anderen und Blumen überall. Es gab eine Scheune, Pferde auf einer Koppel, Schweine in einem Gehege. Miles konnte die gleichen Edelstahlweinfässer und andere Maschinen für die Herstellung von Wein sehen, die bei ihnen zu Hause auf dem Grundstück verrosteten. In der Einfahrt stand ein lilafarbenes Wohnmobil.

»Das sieht doch hier genauso aus, als wäre es das Zuhause von einem Engel, oder?« sagte Dizzy. Ihre Stimme hatte wieder Schwung bekommen.

»Das tut es wirklich«, sagte Felix.

»Manche Lichtwesen leben eine Zeitlang als Mensch, wie ich euch schon erzählt habe«, sagte Dizzy nervös.

»Okay«, sagte Miles, einfach um etwas zu sagen. All seine Aufregung, Cassidy zu sehen, hatte sich in Angst verwandelt. Was sollten sie ihr sagen? Wir wollen, dass du mit uns zurückfährst und unseren komatösen Bruder weckst, weil Dizzy glaubt, dass du ein Engel bist? Im Prinzip waren sie Stalker. Nein, schlimmer, sie waren Kidnapper! Er hatte das *wirklich* nicht gut durchdacht.

Alle vier schlurften sie den Pfad zu dem gelben Haus hoch. »Fühlt sich irgendwie an wie *Der Zauberer von Oz*, oder?«, sagte Miles. »Die Szene, wo …«

»Aber so was von, Alter«, sagte Felix.

»Aber so was von, Alter«, wiederholte Dizzy, in perfektem Felix.

»Aber so was von, Alte«, ergänzte Miles, übertrieben cool, um sie beide zu necken. Er gab Dizzy einen Klaps, und sie ihm, und dann gingen sie beide auf Felix los, als sie die Stufen zur Veranda hochhüpften. Als Felix klingelte und sich die Haustür öffnete, lachten sie und benahmen sich wie unbändige Welpen.

»Entschuldigen Sie, Sir. Wir sind auf der Suche nach Cassidy«, sagte Felix, der Erste von ihnen, der seine Fassung wiedererlangte.

Der Mann, der ihnen die Tür geöffnet hatte, war groß, hatte einen schwarzen Cowboyhut tief ins Gesicht gezogen, und als er den Kopf hob, um zu sagen: »Cassidy ist für ein paar Tage verreist« und Miles sein Gesicht sah, blieben ihm die Worte, die er gerade sagen wollte, im Hals stecken. Er griff nach Dizzys Hand.

»Dad?«, sagte Miles.

»Dad?«, wiederholte Dizzy.

Sandro bellte derart laut, dass das Dach der Welt weggeblasen wurde.

Aus Bernadettes Sammelsurium nicht abgeschickter Briefe:

Lieber wiederkehrender Traum,
hör auf, mir meine Zähne wegzunehmen.
Manchmal halte ich sie in der Hand und würfele damit.
Manchmal unterhalte ich mich mit jemandem und Zahn für Zahn fällt aus meinem Mund. Bisweilen hat jemand anderes meine Zähne und will sie mir nicht zurückgeben.
Meistens Theo. Er öffnet die Hand und
dort liegen meine Schneidezähne, meine Eckzähne, meine Backenzähne, und dann schiebt er sie sich alle auf einmal in den Mund.
Am schlimmsten aber sind die Nächte wie gestern, wenn mein gesamter Mund verschwindet und nichts als Haut zwischen Nase und Kinn ist.
So kann man weder essen noch sprechen.
So kann man keine Geheimnisse verraten.

DIZZY

Bei Dizzy schrillten alle Alarmglocken, als sie den großen Mann mit dem Cowboyhut, der ihr Vater war, ungläubig anstarrte. Der Mann, der der Fotografie entstiegen sein könnte, die in einem Rahmen auf ihrer Kommode stand.

Wie konnte das sein? Konnte das sein? Oder hatten sie irgendwie die wirkliche Welt verlassen?

Nein.

Das war Gott, Der aus vollem Halse brüllte.

Endlich.

Oh, aber sie musste sich beruhigen, musste aufhören zu zittern, musste mit dieser Unermesslichkeit klarkommen. Okay, okay, sie waren stundenlang gefahren und wurden zu einem gelben Haus geschickt, und eine Tür ging auf, und dahinter war ihr verschollener Vater, den sie nie kennengelernt hatte. Nach zwölf Jahren, ihrem gesamten Leben, hatten sie ihn gefunden, ohne überhaupt nach ihm gesucht zu haben, in dem Augenblick, in dem sie ihn am meisten brauchten.

Wohlbekannte Tatsache: Solche Sachen können nicht sein.

Es sei denn, ein großer mystischer Sturm hatte sie alle zusammengeweht, so unwahrscheinlich das auch war.

Danke schön, dachte sie. Ich danke dir, Welt.

»Das ist ein totales Wunder!«, sagte Dizzy, aber in ihren Ohren klingelte es immer noch so laut, dass sie ihre eigene Stimme nicht hören konnte. Oder vielleicht hatte sie es nicht laut ausgesprochen, denn niemand reagierte darauf. Miles drückte ihre Hand so fest, dass ihr fast die Finger brachen.

Als sie beide *Dad* gesagt hatten, war der Mann, der ihr Vater war, aus dem Gleichgewicht geraten und nach hinten gestolpert. Dizzy fragte sich, ob er gleich umfallen würde, aber er hielt sich am Türrahmen fest. Ihr ging es ganz genauso – sie brauchte einen Türrahmen. Sie befreite ihre Hand aus Miles' Griff und ging auf wackeligen Beinen auf den Mann zu. Mit dem Zeigefinger pikste sie in seinen Oberschenkel. »Du bist echt«, flüsterte sie. Diesmal konnte sie sich hören. »Ich hatte schon Angst, du wärst einer der stummen Geister.«

»Nicht stumm. Nur sprachlos.« Seine Stimme war tief, rau. Bisher hatte sie sie nur gehört, als sie noch im Mutterleib gewesen war. Klang sie deswegen vertraut? Klang sie deswegen genau so, wie sie sich das immer vorgestellt hatte? Wie starker Regen. Der Mann, der ihr Vater war, schien Schwierigkeiten zu haben, sein Gesicht wie ein Gesicht aussehen zu lassen. Dizzy atmete tief ein. Er roch wie eine kräftige Rostfarbe.

So riecht also ein Vater, dachte sie. *Ihr* Vater. Der Blick des Mannes wanderte von ihr zu Miles und zurück. Sandro, der zu Miles' Füßen saß, jaulte, als würde er möglicherweise gerade sterben und stürzte dann mit einem Mal auf den Mann zu und sprang ihm in die Arme.

»Hallo, Junge, hallo, Sandro«, sagte der Mann und streichelte den Hund, während Sandro ihm das Gesicht, den Hals, die Hände ableckte, weil, stellte Dizzy überrascht fest, sich der Mann und der Hund bereits kannten. Sandro kannte ihren Vater besser als sie. Sie drehte sich um, um zu gucken, wie ihre Gefährten auf dieses Wunder reagierten. Wohl nicht so gut, dachte sie. Felix stand vornübergebeugt da, sodass er fast von normaler Größe zu sein schien, die Hand auf den Mund gelegt. Miles hatte die Augen weit aufgerissen und hörte nicht auf zu schlucken und zu blinzeln. Auch er schien nicht in der Lage zu sein, sein Gesicht zurechtzurücken.

Hinter ihnen wieherte eins der Pferde und bäumte sich auf,

dann galoppierten beide Pferde über die Koppel, als wüssten sie, was los war. Dizzy drehte sich zurück und hatte plötzlich das Gefühl, in den Himmel springen zu können. Weil das das beste Ende einer Schatzsuche in der Geschichte aller Schatzsuchen war.

»Ich habe dich schon mal gesehen, stimmt's?«, fragte Dizzy ihn. »Oben auf dem Berg über unserem Haus, in dem gleichen Hut?«

Er nickte, stellte Sandro zurück auf den Boden. »Ich glaube schon.« Ihr Vater sah aus, als hätte er Schwierigkeiten zu atmen. Und zu stehen. Und zu sein.

»Alle haben gesagt, dass ich mir das eingebildet habe«, erzählte Dizzy ihm. »Das sagen mir immer alle.« So viele Fragen taten sich in ihr auf, doch eine stand an erster Stelle. Sie räusperte sich. »Warum hast du uns verlassen?«

Diese Frage schien ihren Vater bis ins Mark zu treffen.

»Dizzy«, sagte Miles mit gepresster Stimme. »Komm her, okay? Du auch, Sandro.«

Dizzy wandte sich an ihren Bruder und schüttelte den Kopf. Sandro hatte sich wieder in die Arme des Mannes begeben und schnüffelte an seiner Brust. Scharrte jetzt an seinem Hemd, als wollte er in ihn reinkriechen. Das kam Dizzy nicht wie normales Hundeverhalten vor. Und jetzt hatte Sandro sein Ziel erreicht – sein gesamter Kopf verschwand in der Versenkung. Ihr Vater zog den Hund heraus und setzte ihn ein weiteres Mal sanft auf dem Boden ab, doch anstatt auf Miles zu hören, setzte er sich dem Mann zu Füßen, dann auf seine Füße drauf und blickte zu ihm auf, als wäre er der Gott der Hunde.

Sie konnte ihn verstehen.

Sie griff nach der Hand ihres Vaters, und er hielt sie fest. Sie war groß und rau, wie die Jutesäcke, die sie auf dem Markt benutzten. Sie hielt sich daran fest, und es fühlte sich nicht falsch an. *Au contraire.*

Sie war ein Mädchen, das die Hand ihres Vaters auf der Veranda im Sonnenschein hielt. Sie war nie ein Mädchen gewesen, das das tun konnte. Oh, jetzt spürte sie ein Schwirren in ihrer Brust. Und in ihrer Seele auch. Das war mit Abstand das Schwirrendste, was sie in ihrem ganzen Leben gefühlt hatte. Statt Blut floss Elektrizität durch ihre Adern. Das musste Gottes Werk sein, oder? Und sie hatte irgendwie das Gefühl, ihren Vater bereits zu kennen. Sie hatte bereits das Gefühl, dass sie ihn lieben könnte. Sie drückte seine Hand, und er drückte zurück, und dann sah er Dizzy auf die gleiche Art an, wie ihre Mutter, nachdem sie Dizzy auf die Stirn geküsst hatte, die beste Art, von jemandem angesehen zu werden.

Ein friedliches Gefühl hatte sie ergriffen. Sie wusste jetzt, warum sie hier waren. Sie verstand jetzt, wie das sein konnte. Alles war sonnenklar. Sie hatte sich nur in einer Sache geirrt.

»Weißt du, was Beschert ist?«, fragte sie ihren Vater.

»Schicksal«, sagte er.

»Ganz genau«, sagte Dizzy. »Das hier ist Beschert.« Sie drehte sich um, stellte sich vor Miles und erklärte ihm, was sie jetzt verstanden hatte: »Cassidy hat uns mithilfe von Felix hierhingeschickt, weil unser Vater Wynton aufwecken wird. Nicht Cassidy.« Sie sah den Mann an. »Spielst du noch Trompete?« Wynton verbrachte sein ganzes Leben damit, der Geistermusik ihres Vaters durch Paradise Springs zu folgen – Wynton hatte ihr das so oft erzählt. Jetzt würde er der echten Trompetenmusik folgen, die von ihrem echten lebendigen Vater gespielt wurde, und zu ihnen zurückkommen. Erleichterung sprudelte in ihr hoch. Wynton würde gesund werden. Das wusste sie jetzt. Ihnen war ein Wunder beschert worden, ohne dass sie überhaupt einen Fuß in ein Kloster setzen musste. Sie musste nicht Nonne werden! Obendrein war das ganz sicher ein Zeichen, dass ihr verziehen worden war, weil sie am Tag vor dem Unfall Wynton die Schlüssel hatte zukommen lassen. Gnade war in sie alle reingerast.

»Wynton aufwecken?«, sagte ihr Vater, der nicht verstand, was damit gemeint war. »Und ihr kennt Cassidy?« Seine Stimme brach, als er den Namen sagte. Dizzy hatte gedacht, es wäre ihre Hand, die zitterte, doch es war die ihres Vaters.

»Ja, wir kennen sie. Erst ist sie mit Felix nach Paradise Springs gefahren und hat ihm Geschichten erzählt, dann hat sie mein Leben gerettet«, sagte Dizzy. »Am nächsten Tag ist sie durch die Gegend gefahren und mit Miles und Sandro schwimmen gegangen, dann hat sie Wyntons Leben gerettet, indem sie Erste Hilfe geleistet und ihn dann ins Krankenhaus gebracht hat, weil er von einem Auto angefahren wurde. Jetzt hat sie uns hierher geschickt, damit du Wynton mit deiner Trompete aus seinem Koma aufwecken kannst. Sie ist unser Lichtwesen.«

Ihr Vater nickte langsam, versuchte zu verarbeiten, was Dizzy ihm erzählte. Sein Blick wanderte zu Miles, er sah ihn auch auf eine Nach-Stirnkuss-Art an. »Miles.« Der Name schrammte auf seinem Weg nach draußen durch die Kehle ihres Vaters. »Erzähl mir noch mehr über das, was mit Wynton passiert ist.«

Dizzy hatte keine Ahnung gehabt, dass Miles ein schlafender Vulkan war, bis er ausbrach.

Seine Hände flogen in die Luft, während er rief: »Ich bin siebzehn verdammte Jahre alt!« Miles' Kiefer waren angespannt, sein Gesicht tomatenrot. »Willst du mich verarschen?« Er war noch wütender als an dem Tag, an dem er Wyntons Geigenbogen zerbrochen hatte. Sein Blick bohrte Löcher in den Mann. »Im Ernst, willst du mich verarschen?« Sandro fing an zu bellen. Felix ging einen Schritt auf Miles zu, als wolle er ihn umarmen oder schützen oder zurückhalten. »Du warst die ganze Zeit hier« – Miles schaute sich um, stammelte: »Und hast Schweine gefüttert und Pferde geritten und Wein gemacht?« Dizzy konnte am Gesicht ihres Bruders sehen, dass sein Herz gerade brach.

»Warum?«, brüllte er, ein Schlachtruf, der nur aus einem Wort bestand, der genau aus der Mitte von Miles' Wesen zu kommen schien.

Nur um von einem schlaksigen Typen unterbrochen zu werden, der im Türrahmen auftauchte, in einem Anorak, auf dem *Dexter Brown Wines* stand. »Tut mir leid, jetzt hab ich es«, sagte der Mann zu ihrem Vater und nahm sie dann alle in Augenschein. »Keine Weinproben, keine Führung«, sagte er. »Ihr seid sowieso ein bisschen zu jung dafür.«

»Sie sind nicht hier wegen einer Führung, Nigel.«

»Warum sind sie dann hier, Dexter?«, fragte Nigel.

»Wer ist Dexter?«, fragte Dizzy. »Das hier ist unser verschollener Vater, Theo Fall. Wir haben Cassidy gesucht und dann stattdessen ihn gefunden.«

TEIL VIER

CASSIDY

Wynton, jetzt kommt der schwierigste Teil der Geschichte. Ich war unwillig, ihn durch die Erzählung wieder aufleben zu lassen, aber du musst erfahren, was als Nächstes passiert ist. Und als Nächstes und als Nächstes und als Nächstes.

Ja, das *musst* du.

Nachdem wir Paradise Springs verlassen haben (Dich! Unseren Ort! Unsere Zeit auf der Wiese!), sind wir, trotz Moms Versprechen, nicht okay und ein Jahr später, zum Zeitpunkt des dritten Verrats, sind wir nicht wiederzuerkennen. Mit vierzehn sehe ich so sehr wie meine Mutter mit achtzehn Jahren aus, am Anfang des Großen Abenteuers, dass ich manchmal ganz verwirrt bin, wenn ich durch die Fotos gehe, ob ich das bin oder sie. Es ist auch nicht hilfreich, dass ich ihre alten Kleider trage, nachdem ich hochgeschossen bin und mir meine eigenen Sachen nicht mehr passen. Und mit zweiunddreißig, das Alter, in dem ich meine Mutter zum letzten Mal sehen werde, ist sie so verändert, dass es einem den Atem raubt. Wenn man all unsere Fotos chronologisch anguckt, ist es so, als wäre sie verhext und ihre Lebenskraft würde allmählich dahinschwinden.

Sadie Mae stirbt auf unserem Weg aus Paradise Springs. Kein Witz. Sie fährt ohne Grund einfach nicht weiter, als wolle sie an unserem Ort bleiben – oder dass wir bleiben –, das ist jedenfalls, was ich heute glaube, dass wir eigentlich hätten dableiben sollen, trotz des Lügners Dave Caputo, nicht seinetwegen, und Sadie wusste das. (Ein bisschen wie die Geistermusik deines Vaters, Wynton, die dich an dem Tag auf die Wiese zu mir geführt hat. Glaubst du nicht auch, dass im Universum so viel mit im Spiel ist, das wir kaum wahrnehmen?) Inzwischen glaube ich, dass es Daves Geschenk an uns war, uns an unseren Ort zu locken, zu einem Punkt auf der Landkarte, der nicht zu existieren schien, bevor er es tat. Ich glaube, Sadie Mae hat uns immer wieder zu unserem Ort gebracht und dieser Ort war unser Ort, weil du, dein Bruder und deine Schwester dort waren.

Ich glaube, dass es möglich ist, unser Leben zu *leben*, ohne an das Schicksal zu glauben, ohne zu spüren, dass es am Werk ist, in den Entscheidungen, die wir treffen oder die für uns getroffen werden. Doch fühlt es sich unmöglich an, die Geschichte unseres Lebens zu *erzählen*, ohne das Schicksal miteinzubeziehen. Geschichten geben unserem Leben Struktur, und diese Struktur ist das Schicksal.

Okay, kommen wir zum dritten Verrat, dem verheerendsten von allen.

Der Mechaniker konnte nicht herausfinden, was mit Sadie Mae los war, also haben wir sie ihm schließlich verkauft, damit er sie verschrottet. Sadie Mae als Ersatzteillager. Das war niederschmetternd, so nach dem Motto, hier Sir, nehmen Sie mein Herz, meine Niere, meine Seele. Und auf dem Foto von mir und Mom in Purple Rain kannst du sehen, wie falsch dieses neue Wohnmobil für uns ist. Wie unser Flickenteppich nicht mit dem Bodenbelag harmoniert. Wie absurd unsere bunten Kleider aussehen, wenn sie in den offenen Metallschränken hängen. Wie unsere durchsichtigen lavendelfarbenen Gardinen nicht zu den Fenstern passen, unsere rosafarbenen gepunkteten Decken nicht zu den Betten. Und zu uns. Sehen wir nicht völlig fehl am Platz aus? Gott, guck dir unsere Gesichter an. Besonders meins. Ich sehe aus, als wäre ich in Geiselhaft genommen worden, und so werde ich mich auch in den nächsten Monaten fühlen.

So viele Fotos, die ich aus dieser Zeit habe, hätten dazu führen können, dass Mom wegen Kindeswohlgefährdung verhaftet wird.

Hier ist eins von mir in Purple Rain, mit dreizehn, auf dem Schoß von so einem Jesus-Darsteller, der voll unter Drogen steht, während er mein Gesicht über eine Bong hält und Mom neben uns lacht, weil das einfach so lustig ist.

Und ein anderes, auf dem ich auf einer Hausparty mit lauter Herumtreibern bin, in einem knappen Negligé durch die Gegend wandere, ein Bier in der Hand, das jemand mir gegeben hat, meine Augen wie die von Kleopatra geschminkt, der Rest meines Gesichts voller Make-up, weil irgendwelche Frauen ihren Spaß daran hatten, mich aufzudonnern und mir Dessous anzuziehen.

Hier ist eins, auf dem ich zusammen mit einer Gruppe zugedröhnter Erwachsener auf einem Trampolin springe. Wie du sehen kannst, bin ich etwa fünf Meter in der Luft, und Mom ist nirgendwo zu sehen.

Wie gesagt, es hat mir wirklich davor gegraut, dir diesen Teil der Geschichte zu erzählen, Wynton. Und bitte sei dir dabei bewusst, dass ich nicht weiß – so wie alles, was meine Mutter betrifft –, ob meine Erinnerungen stimmen. Wenn ich heute an das Große Abenteuer denke, kommt mir alles eher wie ein Traum vor und wenn das so ist, dann beginnt jetzt der Albtraum.

In den Monaten nach unserem Besuch in Paradise Springs fängt meine Mutter an zu feiern (Selbstmedikation, denke ich heute). Vorbei sind die Tage des Posemuckelns auf Klippen und Berghöhen. Vorbei ist es auch mit den Wanderungen, der Meditation, dem Aura-Aufplustern, der Astrokartografie, dem Bäume-Umarmen, dem Rote-Bete-Saft, den fieberhaften Vorträgen über moderne Pioniere, der Erleuchtung und *Wir sind Kalifornien*. Auch mit den Geschichten aus der *Zeit für alle Zeiten* ist es vorbei. (Sie hat all ihre Notizbücher in einen Müllcontainer geschmissen, als wir von Sadie Mae in Purple Rain umgezogen sind. Alles, was ich von ihren Aufzeichnungen noch habe, sind die Zettel, die ich über die Jahre gestohlen und unter meiner Matratze versteckt habe, ihre Wörtertüte.)

Er geschieht nicht mit einem Mal, unser Untergang. Zunächst versuchen wir, unseren alten Rhythmus wieder aufzunehmen, verbringen ein paar Tage auf dem Campingplatz, füllen unsere Vorräte auf, erledigen Bankgeschäfte, gehen zum Arzt, ins Kino, ins Restaurant, in Buchläden – egal, um uns dann auf den Weg in die Hügel zu machen und so weit wie möglich von der Zivilisation entfernt zu posemuckeln, alles zwischen einem und drei Monaten. Aber allmählich bleiben wir immer länger auf dem Campingplatz und posemuckeln immer kürzer, während Mom zunehmend geselliger wird, sich zur Feuerstelle hinauswagt oder in die nächste Bar, um zu feiern und dann in Purple Rain zurückkehrt mit bunt gemischten Truppen von Partyvolk.

»Hört mal alle her! Die schlafende Schönheit da drüben ist meine Tochter Cassidy. Cassidy, das hier sind absolut alle unter vierzig auf diesem gottverlassenen Campingplatz! Wo ist der Flaschenöffner? Zigarettenpapier ist da in der Schublade, Leute.«

Unzählige Nächte schlafe ich in meinem Schlafsack unter Purple Rain.

Und bald fahren wir von einem Campingplatz zum nächsten, die Art, die Mom früher Zementhöllen genannt hat. Wir kaufen unser Essen an der Tankstelle. Das einzige Obst, das wir zu uns nehmen, sind mehlige Äpfel, ausgetrocknete Orangen und unreife Bananen. Ständig gehen wir zum Geldautomaten, aber ich bekomme nie mit, was Mom mit dem Geld kauft. Sie liest oder schreibt oder studiert nicht länger die Geschichte Kaliforniens oder Religion oder was auch immer. Sie isst Hotdogs statt Tofuwürstchen und schleppt mich auf Partys mit: Hauspartys und Strandpartys und Dachpartys – auf jede Art von Party, Festival oder Veranstaltung –, wo sie Drogen nimmt, Unmengen von Alkohol trinkt und nach Dave sucht. (Einmal auf einem Weinfest dachte ich wirklich von Weitem, dass es Dave ist, mit dem sie sich so angeregt unterhält, aber als ich näher kam, habe ich gesehen, dass es nur so ein alter Typ war, der Marmelade verkauft hat.)

Ihr neues Credo ist ein transzendentes Leben, das ist ihr in einer Vision gekommen. Weißt du noch, wie sie für mich, als ich jünger war, immer eine zersplitterte Mutter war? In dieser Phase ist das wieder so. Sie ist ein verdammtes Kaleidoskop, Wynton. Als würde ich mit hundert Leuten das Wohnmobil teilen. Mehr. Und ich weiß auch nie, an wen ich gelange. Da ist die Mutter, die schwankend oben auf Purple Rain steht und mit dem Planeten Jupiter kommuniziert, die Mutter, die mir hundertmal pro Stunde erklärt, dass sie mich liebt, die Mutter, die so laut im Badezimmer schluchzt, dass ich den Leuten in den umstehenden Wohnmobilen versichern muss, dass alles in Ordnung ist. Dann ist da die Mutter, die ständig mein Gesicht berührt, weil es glitzert, die Mutter, die das Geschirr zerschlägt, weil Dave uns im Stich gelassen hat und ihre Mutter uns im Stich gelassen hat und ihr Vater uns im Stich gelassen hat und die ganze Welt uns im Stich gelassen hat. Dann ist da die Mutter, die behauptet, sie könne den Lauf der Zeit umdrehen, Tote sehen, die Mutter, die völlig benommen die ganze Nacht aus dem Fenster starrt, die Mutter, die ständig Doppelgänger von Dave mit nach Hause bringt *(Die einzigen Männer, die mich inzwischen interessieren, sind diejenigen, die den Status quo in Brand setzen)*, die oft tagelang bleiben und mich Kleine nennen.

Und am verlässlichsten ist die Mutter, die sich wochenlang in die Stille Welt zurückzieht.

So viele verschiedene Mütter.

Ich habe das Gefühl, dass sie nicht länger ihre *In der Zeit für alle Zeiten*-Geschichten schreibt, weil sie jetzt in einer davon lebt. Vielleicht sogar in allen auf einmal, ich weiß es nicht.

»Indigene Kulturen haben immer schon Drogen benutzt, um

die Bahnen im Gehirn zu öffnen, Cassidy. Du kannst meditieren oder Ecstasy nehmen oder Peyote oder LSD oder Sex haben oder so viele verschiedene Sachen. Du kannst dir von der Gesellschaft nicht vorschreiben lassen, wohin du mit deinem Bewusstsein reist oder wie du da hinkommst. Es gibt so viele verschiedene Wege zur Transzendenz.«

»Ja, Marigold«, sage ich den ganzen Tag lang. Sie hat beschlossen, dass ich sie beim Vornamen nennen soll, da die Eltern-Kind-Dynamik repressiv ist und uns beide einschränkt.

»Warum unsere Beziehung im Zaum halten, will ich nur sagen. Lass uns alle Möglichkeiten ausloten. Lass uns Grenzen sprengen. Lass uns authentisch sein und unsere eigenen Regeln aufstellen. Lass uns …«

»Ja, Marigold.«

Die meiste Zeit habe ich also das Gefühl, gar nicht da zu sein.

Ich mache die Erfahrung, dass man neben jemanden sitzen kann und sich in einer völlig anderen Zeitzone befinden.

Ich mache die Erfahrung, dass jemand dir unbekannt werden kann.

Und dass man sich selbst auch unbekannt wird.

Ich mache alleine Schularbeiten. Ich lese Romane, nein, reiße sie auf und krieche in sie rein und verstecke mich zwischen den Wörtern. Ich lese immer noch das Wörterbuch, systematisch, andächtig, wie eine Bibel.

Ich fange an zu laufen, und ich bin schnell, denn ich muss von Marigold weg, dann noch schneller, denn ich muss zu ihr zurück.

»Oh, da bist du ja, Cass. Greg übernachtet bei uns, nur heute. Er ist Schamane und glaubt, dass ich die Reinkarnation einer Göttin bin. Vielleicht könntest du dieses Nudelgericht kochen, das mit all dem Käse. Lass dich nicht davon abschrecken, er macht nie die Augen auf, also wirklich nie, also müssen wir ihm beim Essen helfen und ihn rumführen und so.«

»Ja, Marigold.«

»Schatz, das ist Dylan.«

»Ja, Marigold.«

Schatz, das ist Michael. Schatz, das ist Doug. Schatz, das sind die Zwillinge Calvin und Lester.

»Ja, Marigold.«

Ich werde still, so still, und wieder fängt sie an mit: »Ich kann dich nicht hören!« und »Ach, da bist du ja!« und »Hör auf, dich an mich ranzuschleichen, Cassidy!« Doch ich habe ihr nichts zu sagen. Ich fühle mich wie ein Geist, wie eine Kerze, die ausgeblasen wurde, wie ein Kind, das man vom Karussell geschmissen hat.

Als hätte man mich in Einzelteile zerlegt.

Das ist der Zeitpunkt, an dem ich anfange, die richtig guten Wörter zu entdecken, wie Desiderium, Substantiv (Neutrum) *ein brennendes Verlangen oder eine Sehnsucht nach etwas, das verloren gegangen ist.*

Aus Marigolds Wörtertüte unter Cassidys Matratze

In der Zeit für alle Zeiten konnte eine Frau nicht aus einem brennenden Haus entkommen. Sie gewöhnte sich an das Bett, das in Brand stand. Mit den Flammen im Rücken lernte sie zu schlafen.

Fick doch die Zeit für alle Zeiten.

Ich habe vergessen, wo ich mein Leben abgelegt habe. (Geh alle Orte durch, an denen du gewesen bist, Marigold.) Ich wäre so gerne Keith Richards. Oder Joan Didion. Oder irgendjemand irgendwo. Ich komme hier nicht raus. Ich knirsche mit den Zähnen. Beobachte mich dabei, wie ich aus einem Fenster in einen anderen Himmel klettere. Wie ich aus einem Klettern in ein anderes Fenster himmele.

Die Verzweiflung geht auf zwei Beinen.

Die Verzweiflung hat ihren eigenen Schlüsselbund.

CASSIDY

Auf manchen Campingplätzen gibt es Computer, die man benutzen kann, und ich verbringe Stunden damit, nach Bildern von »Müttern« zu suchen und wähle die aus, die ich lieber haben würde und nach »dreizehnjährigen Mädchen« und wähle die aus, die ich lieber sein würde. Ich gebe auch ein »Was wird mit mir passieren?« und »Bitte helft mir!« und »Wie benehmen sich dreizehnjährige Mädchen?«. (Den anderen Kindern auf dem Campingplatz gehe ich immer noch aus dem Weg, jetzt hauptsächlich, weil: Wie soll ich Marigold erklären?) Die restliche Zeit am Computer verbringe ich damit, Videos von Tieren zu gucken, die gerettet werden: Ziegen unter einer Brücke, ein Hund von einer unbewohnten Insel, eine Kuh, die im Zaun feststeckt, ein Baby-Elefant, der in einem Brunnen gefangen ist. Stundenlang sehe ich mir das an, und wenn die Kuh/der Elefant/der Hund/die Ziege dann am Ende befreit wird und glücklich bis ans Ende ihrer Tage leben kann, weine ich.

Manchmal bin ich auch ganz pragmatisch und mache mich auf die Suche nach Hilfe für Marigold: Behandlung für Alkoholismus und Drogenmissbrauch, Behandlung für Depressionen, Trauer, Trauma – aber nie führt das irgendwo hin, weil sie keine Medikamente nehmen oder nicht zu den Anonymen Alkoholikern oder zur Drogenberatung oder zu einem Therapeuten gehen will.

»Mir geht's gut, Cassidy! Warum bist du so negativ? Warum siehst du alles so schwarz? Warum bist du so, na ja, ich sag es nur ungern, aber ich sage es: so langweilig, ja, du bist echt öde. Früher hat es viel mehr Spaß mit dir gemacht, bevor du so ein Trauerkloß geworden bist, so moralinsauer, angefangen hast, mich ständig zu verurteilen. Ich brauche nur ein bisschen Leben in meinem Dasein! Und du auch! Wir sind jetzt bei unserem Großen Abenteuer bei dem Teil mit der Zivilisation, das ist alles. Im Leben geht es um Veränderung. Im Leben geht es darum, zu experimentieren. Im Leben geht es darum, auf irgendeine Art und Weise Magie zu finden, Cassidy.«

Wenn sie solche Sachen sagt, verwirrt mich das, und dann glaube ich, dass sie recht hat, alles normal ist, ich diejenige bin, die sich verändert hat, ich ein langweiliger Trauerkloß geworden bin. Dann versuche ich, zuversichtlich zu sein, auf ihren Zug ins transzendente Leben aufzuspringen, aber der Zug entgleist jedes Mal, weil sie zu high ist, um zu reden, oder zu betrunken, um zu laufen, oder schlimmer. Mich verwirrt auch, dass sich manchmal alles ganz normal anfühlt, wir wieder wir sind und unsere alten Sachen machen, wie in Buchläden zu gehen oder Secondhandläden oder zum Arzt, und dann glaube ich, ich habe mir eingebildet, dass es da ein Problem gibt, denn ist doch egal, wenn sie mal ein bisschen feiert, und warum bin ich bloß so eine trübe Tasse?

Alles, was ich weiß, ist, dass es mir nie gut geht, außer wenn ich mir vorstelle, mit dir auf der Wiese zu sein, Wynton, und das mache ich die ganze Zeit.

Die ganze Zeit.

Mir dir hat sich alles so richtig angefühlt, so wie mit niemand anderem und ich weiß nicht, warum.

Ich höre auch deine Geige. Vielleicht so, wie du die Trompete deines Vaters hörst. Die nach mir ruft. Mich zu *dir* ruft.

Manchmal denke ich übers College nach, auch wenn das noch ganz weit weg ist, und dann fühle ich mich schuldig, denn was wird Mom ohne mich machen? Ich bin diejenige, die dafür sorgt, dass sie was isst. Ich bin diejenige, die da ist, wenn sie aus der Stillen Welt auftaucht. Ich bin diejenige, die ihretwegen aufbleibt, die morgens die Penner aus Purple Rain schmeißt, die sich ihr ständiges Missionieren anhört, die im Notfall fährt (ja, mit dreizehn!), wenn sie zu berauscht ist. Ich bin diejenige, die sich um sie sorgt, sie liebt, die Angst hat, ihr von der Seite zu weichen, denn wenn ich das tue, weiß ich, dass ihr was wirklich Schlimmes passieren wird.

Das Problem ist, niemand sorgt sich darum, dass mir etwas Schlimmes passieren könnte.

Und dann passiert etwas Schlimmes.

Normalerweise bin ich das einzige Kind auf den Partys, zu denen wir gehen, und ich habe eine gewisse Routine entwickelt. Die sieht so aus: über Mom wachen, damit sie nicht stirbt, bis sie unweigerlich mit einem Dave-Doppelgänger von dannen zieht, und dann suche ich den Raum, wo die Mäntel sich auf einem Bett stapeln, und warte unter dem Berg darauf, bis Marigold so weit ist zu gehen.

Ich mag das Gewicht all der Mäntel auf mir. Es fühlt sich sicher an.

Ist es nicht.

Einen Monat vor meinem vierzehnten Geburtstag gehen wir zu einer Party auf einer Farm in den Gebirgsausläufern der Sierra Nevada. Die Leute, die dort wohnen, sind Teil einer Gesinnungsgemeinschaft, die sich Brennende Seelen nennen (so eine Art moderne Kommune). Mom hat ein paar der Mitglieder auf einem Musikfestival kennengelernt, am Wochenende davor, als sie mit ihrem Hula-Hoop-Reifen auf die Bühne gesprungen ist. Zwei Wachleute haben sie daraufhin zu einer Sanitätsstation begleitet. Matt und Emily waren zusammen mit uns dort (sie hatten schlechtes Peyote genommen) und haben sich mit Mom verbunden, während ich *Schuld und Sühne* gelesen habe.

Da haben sie uns zu der Party eingeladen.

Wie immer entdecke ich den Raum mit den Mänteln und

lege mich hin und ziehe die Mäntel über mich und seufze vor Erleichterung, versteckt zu sein, verschwunden. (Ich habe keine Ahnung, warum ich das für eine bessere Idee hielt, als mich in einem Schrank zu verstecken.) Ich schlafe ein, weil ich so erschöpft bin von den vielen Nächten, die ich unter Purple Rain geschlafen (oder nicht geschlafen) habe, während Mom Gäste hatte.

Als ich aufwache, ist jemand auf dem Bett und drückt sich von hinten an mich ran.

Zwei Arme sind um mich gewickelt und Hände schieben mein T-Shirt hoch, sind in meinem T-Shirt, berühren meinen nackten Bauch, quetschen dann meine Brüste. Ich keuche, drehe und winde mich, um dem widerlichen Atem zu entkommen, dem hartnäckigem Griff, versuche, an den Mänteln Halt zu finden, der Bettwäsche, aber es gelingt mir nicht. *Ich kann nicht entkommen.* Als ich aufschreie, findet die Hand meinen Mund und hält ihn mir zu. Ich versuche reinzubeißen, zu schreien, aber die Tür ist zu und die Musik laut, und er bringt mich zum Schweigen und stößt rhythmisch in meinen Rücken, lallt, dass das in Ordnung ist, weil ich Kleider anhabe und weil er nicht in mich eindringen wird, und weil alle Menschen eine gemeinsame Seele haben. Da erschlaffe ich, ertrinke im Gestank seines Körpers, seines Fischatems, ertrinke in den Stößen seines Unterleibs in meinen Rücken, seiner Hand auf meinem Mund, unter seinem Gewicht, das mich auf das Bett niederdrückt, krampfe meine Hände um die Mäntel, während er wieder und wieder stöhnt und stößt und keucht.

Danach sehe ich zu, wie er davonstolpert, kaum laufen kann, eine Hand in seinem fettigen, strähnigen, grauen Haar, die andere vor sich, als würde er sich einen Weg bahnen, ein nasser Fleck auf seiner Khakihose. Auf seinem Weg bedankt er sich bei mir, was so was von widerlich ist. Ich übergebe mich, dann ein weiteres Mal, gerate in Panik, weil ich auf die Mäntel gekotzt habe und drehe hektisch den gesamten Haufen um, damit die besudelten unten versteckt liegen, und denke dabei die ganze Zeit daran, wie er gesagt hat, dass es in Ordnung ist, weil ich angezogen war und er nicht in mich eingedrungen ist, als wäre ich ein Haus. Ich habe immer noch Kritzeleien in meinen Schulheften, aus der Zeit, nachdem das passiert ist. Sie stellen mich dar, mit Türen auf verschiedenen Stellen meines Körpers. Alle verbarrikadiert.

Ich erzähle es nicht meiner Mutter. Die Scham macht es mir schwer, überhaupt zu sprechen. Sie merkt es nicht. Sie merkt nicht, wie oft ich am Tag bade oder wie rau und rot meine Haut vom Schrubben ist. Sie merkt nicht, dass ich jede Nacht weine.

Tja, wie immer, seit wir unseren Ort verlassen haben, ist das Einzige, das dafür sorgt, dass es mir besser geht, Wynton, daran zu denken, wie du mich an dem Tag auf der Wiese hast weinen lassen und nicht gefragt hast, warum, nur sanft deinen Rücken gegen meinen gedrückt hat, mich hast wissen lassen, dass du da bist.

Einen Monat nachdem das passiert ist, am Abend vor meinem vierzehnten Geburtstag, komme ich in der Dämmerung von einer Sitzung am Computer zurück, wo ich mir Entenküken angesehen habe, die aus einem Abflussrohr gerettet wurden, als ich meine Mutter hinter dem Supermarkt sehe, mit einem Grizzly-Mann in einer Jeansjacke. Er drückt sie gegen eine Wand und zunächst glaube ich, dass sie gegen ihren Willen festgehalten wird, so wie mir das passiert ist. Ich renne auf sie zu, aber als ich näher komme, wird mir klar, dass sie voller Enthusiasmus mit dabei ist. Ich sehe viel zu viel.

Als sie Stunden später in Purple Rain reinstolpert, beobachte ich im gespenstischen Leuchten des Nachtlichts, wie sie besoffen umhertorkelt, sich ein Glas Wasser holt und es nicht schafft, es sich an den Mund zu halten und dann praktisch die Leiter zu meiner Koje hochfällt. Ich ziehe mich in die entfernteste Ecke meines Betts zurück, unsicher, ob sie bei mir schlafen will oder einfach die falsche Leiter hochgeklettert ist. Sie riecht genauso wie der Mann in den Mänteln, der gleiche saure Gestank, der gleiche Fischatem. »Ich will dich nicht in meinem Bett«, sage ich.

»Okay«, flüstert sie schwach und klettert die Leiter runter. »Kann ich dir nicht vorwerfen.«

»Aber ich werfe es dir vor!«, schreie ich.

Sie antwortet nicht.

Als an meinem Geburtstag der Abend dämmert und sie immer noch nicht wach ist, mache ich etwas Untypisches. Ich ziehe los, um andere Leute zu finden.

Die Lichter auf dem Campingplatz sind gerade angegangen und ich folge dem Pfad, den ich die jungen Leute Tag und Nacht habe runterlatschen sehen, in den drei Wochen, seit wir hier sind, bis ich eine Gruppe von Teenagern in den Dünen entdecke, genau, wie ich mir das gedacht habe. Sie sitzen um ein Lagerfeuer herum, trinken Bier und kiffen, der Geruch weht in meine Richtung. Ich beobachte sie aus sicherer Entfernung, mein Herz rast.

Traue ich mich?

Alle Köpfe wenden sich mir zu, als ich auf sie zukomme. Meine feuchten Hände stecken zu Fäusten geballt in meinen Hoodietaschen. Ich merke, dass ich mir auf die Innenseite meiner Wange beiße.

»Hey«, sagt einer der Jungs. Er ist süß, mit weißblonden Surferhaaren. »Wie lang bleibt ihr hier?«

»Weiß ich nicht«, sage ich, meine Wörter klingen kratzig und rau. Ich habe in letzter Zeit so wenig gesprochen. »Eine Woche, vielleicht länger.«

»Wow, tiefe Stimme«, sagt Surferboy. Ich werde rot, und er scheint meine Verlegenheit mitzubekommen, weil er schnell sagt: »Wir auch. Vollzeit-Camper?«

Ich nicke, und eines der Mädchen sagt: »Unterrichtet deine

Mom dich?« Ich nicke wieder, erstaunt, wie leicht das ist. »Uns auch«, sagt sie. »Ich bin Lucy, und das ist mein Bruder Mark und meine Schwester Cali, wir sind Drillinge. Wir ziehen morgen weiter. Nach Colorado. Diese zwei Idioten sind Max und Sam, Brüder. Und der mit den Grübchen ist Surfer-Ollie. Er redet seit Tagen nonstop von dir« – sie verdreht die Augen – »aber war viel zu schüchtern, um bei euch anzuklopfen.«

Ich weiß nicht, wer jetzt stärker errötet, ich oder Surfer-Ollie. Er wirft eine Handvoll Sand auf Lucy. »Hör nicht auf sie. Die ist high.« Er zieht an einem Vape Pen und gibt ihn an mich weiter. Trotz all der Partys, auf denen ich war, dem Zugang zu Drogen, habe ich noch nie Gras geraucht oder Alkohol getrunken, abgesehen von ein, zwei Schlucken Bier. Ich führe den Vape Pen an meinen Mund und inhaliere, sauge den Dampf tief in meine Lungen, wie ich das bei anderen gesehen habe. Es brennt im Hals, und ich fange an zu husten und zu würgen – es ist furchtbar! –, und alle lachen, aber nicht auf gemeine Art. Ich gebe den Pen an Cali weiter, die mir mit der Hand bedeutet, mich zwischen sie und Surfer-Ollie zu setzen. Cali erzählt mir, dass sie sich in unser Wohnmobil verliebt hat. »Es ist lila! So cool!« Ich sage ihr, dass es Purple Rain heißt, und dann nennen alle den Namen ihres Wohnmobils: Waldo, Blue Moon, Sweet Potato.

Ollie greift in eine Kühlbox und bietet mir ein Bier an. Ich werfe einen Blick zurück auf Purple Rain, wo immer noch alles dunkel ist, wo Mom immer noch besinnungslos schläft und denke: Ich trete nur in deine Fußstapfen, Marigold, und nehme das Bier. Es ist so kalt, dass ich die Ärmel über meine Finger ziehe, um es zu halten, das erste Bier meines Lebens.

Ich bin so vielen Gruppen von jungen Leuten auf den Campingplätzen aus dem Weg gegangen, weil ich Angst hatte, erklären zu müssen, warum meine Mutter den Mond anheult oder Sex mit dem Dad von jemandem hat, aber in dieser Unterhaltung geht es allein darum, wo wir bisher waren und wo wir als Nächstes hinfahren. Es fällt mir leicht mitzureden, weil ich an so vielen Orten war. Ich mache ein zweites Bier auf, fange an, über die Witze zu lachen, mache selber ein paar, erinnere mich daran, wie es mit Dave war, der immer gesagt hat, ich sei nicht auf den Mund gefallen. Nicht wie mit Marigold, die mich immer belehrt oder etwas verkündet, mich nie etwas fragt, weil sie nicht an mir interessiert ist, dem moralinsauren Trauerkloß. Bin ich deswegen so still geworden?

Bald bin ich ganz benommen, mein Körper entspannt, und aus dem Nichts bin ich mit einem Mal voller Freude, eine Wiese-voller-Gänseblümchen-Freude, als würde schon alles gut werden, und ich denke, warum *mache* ich mir andauernd so viele Sorgen? Ich sehe mich im Kreis der freundlichen Gesichter um. Es ist mein Geburtstag und ich habe Freunde! Kein Wunder, dass meine Mutter trinkt und kifft, denke ich, in meinem Kopf dreht sich alles, das Mädchen neben mir erzählt mir, wie nervig ihre Mutter ist.

»Bestimmt nicht so nervig wie meine«, sage ich und verdrehe, genau wie sie, die Augen und fühle mich gleichzeitig böse und begeistert angesichts dieses Verrats, liebe die Freiheit, die Verbundenheit, diese Stunde frei von Sorge. Mir wird klar, dass ich Spaß habe!

Siehst du, Marigold, mit mir macht es wohl Spaß, denke ich. Ich bin nur ein Trauerkloß *wegen dir*.

Und weil …

Ich versuche, den Mann in den Mänteln nicht in meine Gedanken einbrechen zu lassen. Doch er hämmert an die verbarrikadierte Tür. Rüttelt am Türgriff. Trotzig lege ich meine Hand auf Ollies Bein, weil ich irgendwie glaube, dass das helfen wird, den Mann in den Mänteln draußen zu lassen, und beobachte, wie sich die Überraschung auf Ollies Gesicht in Freude verwandelt, die so rein ist, dass Angst und Erregung mich gleichermaßen packt. Ich kann nicht fassen, dass ich das mit seinem Gesicht gemacht habe, indem ich ihn berührt habe.

»Lass uns ans Wasser gehen«, sage ich zu Ollie und stehe auf. Die anderen sagen so was wie »Tja, da gehen sie hin.« Ollie kommt lässig auf die Beine, folgt meiner Aufforderung und galoppiert mir dann hinterher wie ein glücklicher Köter. Als wäre ich allmächtig, denke ich. Das Gegenteil von dem, was ich unter den Mänteln empfunden habe. Als wir zusammen den Pfad runterstolpern, nimmt er meine Hand. Seine ist warm und ein bisschen klebrig. Ich habe noch nie die Hand eines Jungen gehalten.

»Du bist so hübsch«, sagt Ollie.

Stöhn, denke ich und erinnere mich an all die coolen Sachen, die du zu sagen hattest, Wynton, über die Musik deines Vaters und dass meine Stimme aus einem Baum kommt und mein Magen in H-Moll knurrt, und wie du mich gefragt hast, ob ich dich heirate. Damals wusste ich nicht, dass es immer so sein wird, dass du immer in meinen Gedanken sein wirst, wenn ich mit einem anderen Jungen zusammen bin.

»Es ist mein Geburtstag«, erzähle ich ihm.

»Wow. Wie alt?«

»Sechzehn«, lüge ich.

»Ich bin siebzehn«, sagt er und glaubt mir. Wie einfach es doch ist zu lügen, denke ich, so zu tun, als wäre man jemand anders, jemand Neues. So wie Dave mit uns.

Wir sitzen am Ufer und sehen auf die Wellen hinaus. Der Sand ist kalt, aber die Luft noch schwül und der Himmel eine Pracht aus Post-Sonnenuntergangsviolett und bauschigem Orange.

»Herzlichen Glückwunsch zum Geburtstag«, sagt er und lehnt sich dann zu mir rüber, als würde er mich küssen wollen. »Darf ich?«

Plötzlich will ich nicht. »Nein«, sage ich und schiebe ihn weg.

Seine Augen werden weit. »Oh, okay. Ich dachte – okay. Tut mir leid.«

»Lass uns einfach …«

»Ja. In Ordnung.« Ich kann sehen, dass es für ihn tatsächlich in Ordnung ist. Voller Erleichterung nicke ich. Ich hole tief Luft, und wir beobachten die Wellen noch ein bisschen.

»Ich mag deinen Namen«, sagt er nach einer Weile.

»Ich deinen auch«, sage ich.

»Nach *Oliver Twist*«, sagt er. »Das Lieblingsbuch meiner Mutter. Sie war früher Englischlehrerin. Was ist dein Lieblingsbuch?« Vielleicht ist er doch nicht so verkehrt.

»Ich kann mir nur eins aussuchen?«

»Na, such dir drei aus oder …«

Ich sehe einen Schatten auf uns zukommen, der sich allmählich in meine Mutter verwandelt. Oh nein. Und dann einen Augenblick später, zieht sie mich an meiner Kapuze hoch und sagt zu Ollie: »Sie ist dreizehn. Hörst du mich? Dreizehn. Was ist bloß los mit dir?«

Er sieht mich fragend an, an seinem Gesicht kann ich sehen, wie schockiert und verletzt er ist. Er sagt ihr nicht, dass ich bei meinem Alter gelogen habe. Er sagt einfach: »Tut mir leid, Ma'am. Es ist nichts passiert. Versprochen.«

»Das will ich auch hoffen!«, sagt meine Mutter, und ihre Hand ist wie eine Kralle in meinem Nacken, während sie mich im abnehmenden Tageslicht über den Strand führt. Ich kann sehen, wie Ollie sich auf dem Pfad von uns entfernt.

»Ist das dein Ernst, Cassidy? Der war bestimmt schon achtzehn! Du kannst nicht einfach so mit fremden Jungs losziehen, mit fremden Männern! Und hast du getrunken? Ich habe dir nicht erlaubt zu trinken!«

Ich bin verblüfft. Völlig verblüfft.

Wer ist diese Person?, frage ich mich. Einen Moment lang bin ich angesichts dieser Heuchelei sprachlos, aber dann sprudeln die Worte aus mir heraus. »Aber du schon!«, rufe ich aus. »Du machst doch nichts anderes, als ständig mit irgendwelchen Männern loszuziehen!« Ich reiße mich von ihr los und drehe mich um. »Und als würde das dir was ausmachen. Warum tust du so, als würde dich das überhaupt kümmern?« Das sage ich voller Wut, knurre sie geradezu an, doch in mir drin geschieht etwas völlig anderes – als würde eine Fontäne in mir hochschießen und ein Feuerwerk in mir abbrennen und ein Konfettiregen auf mich niedergehen, alles gleichzeitig. Denn sie benimmt sich wie ein Elternteil, einer, der sich tatsächlich um sein Kind kümmert. Was für eine Offenbarung das doch ist, dass sie sich so leicht in eine Mutter verwandeln kann. Mehr muss ich also gar nicht tun? Einfach mit einem älteren Jungen losziehen?

»So tun? Cassidy, natürlich macht mir das was aus. Du bist für mich das Allerwichtigste! Ich weiß, dass ich in letzter Zeit ...«

Ich bin so wütend, dass ich kaum sprechen kann. »Das Allerwichtigste? Ach, wirklich? Erstens bin ich heute vierzehn geworden. Herzlichen Glückwunsch an mich. Danke, dass du dran gedacht hast.« Ich versuche, ruhiger zu atmen. »Und – Gott – als – ich mach nur ...« Ich stemme die Hände in die Seiten, zwinge mich, langsam zu sprechen. »Ich mache nur, was du machst, *Marigold.*« Ich lege so viel Hässlichkeit wie ich nur kann in ihren Namen. »Nur, dass ich kein LSD genommen habe oder Ecstasy oder Peyote oder Kokain oder was immer du dir sonst einwirfst, um dein bescheuertes, selbstsüchtiges Bewusstsein zu erweitern.« Wort für Wort schießt jetzt aus mir raus. »Wenigstens gehe ich nicht hinter den Supermarkt und bumse mit einem Gorilla. Ich hab dich gesehen! Du bist widerlich! Du bist zu nichts nutze! Und du – weißt du, dass ich ständig ›verrückte Mutter‹ googele? Weißt du das? Denn ich weiß einfach nicht mehr, was ich tun soll. Überhaupt nicht. Und im Ernst, Mom – ich meine, *Marigold* – wenn du dich wirklich um mich kümmern würdest, würdest du mich nicht mit auf Partys nehmen, wo Männer …«

Ihr Gesichtsausdruck verändert sich. »Wo Männer was? Cassidy?«

Ich weine jetzt.

»Cassidy?«

»Was! Nichts, nichts ist passiert!« Ich kreische jetzt. »Nichts ist passiert! Nichts ist passiert! Nichts ist passiert!« Ich kann nicht aufhören, ihr das entgegenzuschreien.

»Cassidy«, sagt sie und fasst mich an die Schulter. »Erzähl mir, was passiert ist.«

»So ein Mann, er – ich war angezogen, also keine Sorge. Er ist nicht …«

»Oh mein Gott. Er ist nicht was? Wie angezogen? Hat er dir was angetan? Oder dich gezwungen … Cassidy, erzähl es mir. Oh Schatz. Oh Gott. Warum hast du mir nichts erzählt?«

Ich starre sie an, entgeistert. »Warum ich dir nichts erzählt habe? Wann hätte ich es dir erzählen sollen? Als du in der Stillen Welt warst? Als du Sex hinter dem Supermarkt hattest? Als du die ganze Nacht mit Greg gefeiert hast, der nie die Augen aufmacht, oder wem auch immer? Du bist nicht da! Du bist nie da! Du bist nicht mal da, wenn du da bist! Du bist immer high oder betrunken. Wie dein Vater: ein trauriger, betrunkener Riese. Und wie deine verrückte Mutter auch. Glück gehabt, ich bekomm beides ab.« Ich weiß, ich sollte die Klappe halten, aber ich kann nicht anders. »Du bist die schlimmste Mutter, die es gibt! Schlimmer als jede Mutter in jedem Film, den ich je gesehen habe und vergiss nicht, ich habe *Meine liebe Rabenmutter* gesehen! Schlimmer als in jedem Buch, das ich je gelesen habe, und ich habe *Jenseits von Eden* gelesen! Du bist bestimmt die schlimmste Mutter auf der ganzen Welt! Ich hasse dich. Ich hasse dieses Leben.« Das sind die Worte, die ich in den kommenden Jahren in Gedanken wieder und wieder durchspielen werde. »Du hältst mich zusammen mit dir in Purple Rain gefangen. Ich habe keine Freunde. Ich habe niemanden. Und dich habe ich auch nicht mehr! Ich habe keine Mutter! Marigold, ich bin *deine Mutter*! Ich habe Angst, dich allein zu lassen, weil du dann vielleicht stirbst oder so. Ich habe keine Mutter. Ich habe niemanden.«

Sie nimmt mich in die Arme und hält mich so fest, dass ich kaum noch Luft bekomme. »Erzähl mir, was passiert ist.«

Ich erzähle ihr von dem Mann in den Mänteln.

Später, als wir zurück in Purple Rain sind, klettert sie die Leiter zu meiner Koje hoch und legt ihre Hand sanft auf mein Haar. »Ich bring das in Ordnung, das verspreche ich dir. Du bist das Beste, was mir je passiert ist. Das Allerbeste. Weißt du das? Aber ich habe alles falsch gemacht. Alles. Du verdienst was Besseres. Dir soll nichts passieren.« Ihr Gesicht ist ruhig. »Ich werde das in Ordnung bringen«, sagt sie noch einmal.

Ich glaube, das muss der Moment sein, in dem sie eine Entscheidung trifft. Muss es sein.

Wir fahren in die Berge, um meinen Geburtstag zu feiern, und eine Woche lang ist es wie in alten Zeiten in Sadie Mae. Wir machen zusammen Schularbeiten und wandern stundenlang durch die Pinienwälder und Eukalyptushaine. Wir halten uns an den Händen und legen uns auf den Rücken und gucken den Wolken hinterher. Wir wandern auf Berggipfel und tauchen in Wasserbecken. Wir lesen stundenlang auf unseren Stühlen. Ich bin überzeugt davon, dass sie wie durch ein Wunder geheilt ist, gesund, was auch immer. Es fühlt sich an wie der Anfang von etwas, ein neues Wir. Jeden Abend sitzen wir am Feuer und trinken heißen Apfelpunsch und gucken die Sterne an, reden über die Bücher, die ich gelesen habe, und wie gerne ich laufen gehe, und sprechen übers College. Es ist so seltsam, dass das Hauptaugenmerk auf mir liegt, dass ich das Gefühl habe, im Schnelldurchlauf zu erblühen, vom Samen zur Blume.

An einem dieser Abende sagt sie mir, dass sie glaubt, ich sollte in Berkeley aufs College gehen, wo sie hingegangen wäre, wenn nicht …

Und das ist das Letzte, an das ich mich erinnere, bevor ich in meiner Koje aufwache, mit schwerem Kopf, trockenem Mund, schmerzendem Kopf, verunsichert, krank. Ich muss krank sein, denke ich. Ich bin so auf Mom eingestimmt, auf ihre Energie, ihre Atmung, vielleicht sogar auf ihren Herzschlag, dass ich auch mit geschlossenen Augen, auch mit der Grippe, weiß, dass sie schon aufgestanden und nicht mehr in Purple Rain ist. Ich stelle mir vor, dass sie draußen gerade in ihrem Stuhl liest und im Bach schwimmen gegangen ist. Vorsichtig klettere ich die Leiter runter, um sie zu suchen, ihr zu sagen, dass ich krank bin oder vielleicht sogar sterbe, so schlecht fühle ich mich.

Aber als ich die Gardinen zur Seite ziehe, kann ich sehen, dass wir nicht länger im State Park sind, wo wir geposemuckelt haben, sondern in einer Einfahrt an einer Landstraße, mit Ranches zu beiden Seiten. Am anderen Ende der Einfahrt ist ein hübsches Haus. Es ist kanariengelb, genau wie Sadie Mae, als sie neu war. Zur einen Seite liegt ein Weinberg, zur anderen ein Gemüsegarten. Überall sind blühende Büsche – Jasmin, Blauregen, Rhododendron und andere, von denen ich den Namen nicht weiß. Es gibt Zitronenbäume, zwei Feigenbäume, einen Avocadobaum und hinter dem Gemüsegarten ist ein kleiner, runder Stall mit einem braunen Pferd und einem Kälbchen.

Ich blinzele, verwirrt. Was zum …

Dann sehe ich den Zettel auf der Küchenzeile.

Und ich weiß Bescheid.

Ich weiß Bescheid, ohne ihn gelesen zu haben.

Ich fange an zu lesen: *Bei mir bist du nicht sicher …*

Ich schiebe den Zettel weg, bekomme keine Luft mehr.

Auf der Küchenzeile sehe ich einen Hammer, nehme ihn und schlage ihn mit aller Kraft gegen den Spiegel, diesen Spiegel, in dem meine Mutter und ich zusammen so viel Zeit verbracht haben.

Willkommen zum dritten Verrat.

Bist du angeschnallt, Wynton? Und los geht's.

Ich starre mein zersprungenes Spiegelbild an, die geschwollenen Augen und rissigen Lippen. Ich muss wirklich krank sein, muss ich, denn warum dreht sich Purple Rain so, warum ist mir so übel. Ich setze mich an den Tisch, lege den Kopf in die Hände, und als alles aufhört sich zu drehen, ziehe ich den Zettel zu mir ran. Vielleicht ist sie spazieren gegangen, denke ich. Vielleicht holt sie gerade Medikamente für mich? Halb habe ich mich davon überzeugt und dann lese ich weiter.

Bei mir bist du nicht sicher, weder physisch noch psychisch noch spirituell. Ich dachte, ich könnte entkommen. Ich dachte wirklich, wir könnten wie die Pioniere sein, die den Staat im 19. Jahrhundert besiedelt haben. Marigold und Cassidy erleben das Große Abenteuer. Ich dachte, ich könnte die Vergangenheit hinter mir lassen und auf »Gold« stoßen, wie all die Desperados vor uns. Ich dachte, ich könnte eine schöne neue Zivilisation entwickeln aus dir und mir. Unser eigenes Utopia. Und eine Zeitlang war das so, nicht wahr? Aber ich bin nicht gesund, wie du weißt. Nach all meinen Anstrengungen bist du diejenige, die mich endlich aufgeweckt hat. Ich kann mich nicht um dich kümmern, wenn ich mich nicht um mich selbst kümmern kann. Du warst schon eine Weile lang nicht sicher, ganz zu schweigen von glücklich, und ich schäme mich so. Ich schäme mich so sehr für das, was dir in dieser Nacht passiert ist, dafür, dass es nie hätte passieren dürfen, dafür, dass es noch viel schlimmer hätte kommen können. Ich brauche Hilfe, und die werde ich mir holen, damit ich dir wieder eine Mutter sein kann, die Mutter, die du verdienst. Ich habe mal gesagt, dass ich mir wünsche, du wärst wie ich. Es ist umgekehrt, Cassidy. Ich wäre so gerne wie du. Du bist das Licht in meinem Körper. Ich werde gesund werden, und dann werde ich dich finden und du wirst mir erstaunliche Geschichten erzählen. Du bist hier die Schriftstellerin, aber du weißt das noch nicht. Jetzt weißt du es. Du bist Empathie und Mitgefühl, meine geliebte Wörterbuchleserin. Es tut mir leid, dass ich dich so verlassen muss, plötzlich und mitten in der Nacht, aber ich habe nicht die Kraft, es anders zu machen. Du bist die Starke, nicht ich. Hier wirst du in Sicherheit sein und glücklich, glaube ich. Du wirst feststellen, dass ich nicht ehrlich zu dir war. Jetzt wünsche ich mir, das wäre ich gewesen …

Ich zerreiße den Zettel.

Sie hat mich einfach so zurückgelassen, an irgendeiner Landstraße? Es ist so schwierig nachzudenken, während mein Kopf schmerzt und sich alles um mich herum dreht … Außer. Warte mal. Wieso kann ich mich nicht daran erinnern, wie wir hierhergefahren sind? Wieso kann ich mich nicht daran erinnern, wie ich ins Bett gegangen bin? Hat sie mir Drogen gegeben? Denn wieso fühle ich mich so? Das Letzte, an das ich mich erinnere, ist, wie wir uns draußen unter den Sternen übers College unterhalten und heißen Apfelpunsch getrunken haben. Hat sie da Drogen reingetan? Und dann bin ich mir sicher, dass sie genau das getan hat.

Jemand klopft an die Tür von Purple Rain.

Mom! Erleichterung macht sich in mir breit. Mir kommt nicht in den Sinn, dass sie nicht klopfen würde. Ich renne zur Tür und reiße sie auf, bereit, in ihre Arme zu fallen, ihr alles zu versprechen, solange es wieder wir zwei sein können: Cassidy und Marigold auf ihrem Großem Abenteuer.

Aber es ist nicht meine Mutter. Es ist ein Mann mit einem schwarzen Cowboyhut.

Ich schließe ihm die Tür vor der Nase zu.

In meinem Kopf nimmt ein Plan Gestalt an und er, wer immer er auch ist, ist nicht Teil davon. Ich muss meine Mutter finden. Ich kraxele nach vorne, stolpere über den Fußboden, der jetzt zu schwanken scheint und falle zweimal hin. Hat sie den Schlüssel dagelassen? Ich mache das Handschuhfach auf, und da ist er! Ich ignoriere die Erschöpfung in meinen Gliedern, den Presslufthammer in meinem Kopf und setze mich hinters Steuer. Ich versuche, den Schlüssel in die Zündung zu stecken, aber meine Hände zittern so heftig, dass es mir wieder und wieder nicht gelingt, und dann lasse ich den Schlüssel fallen. Als ich mich über den Sitz bücke und danach greife, wird mir so schwindlig, dass ich vergesse, was ich vorhabe und zu welcher Gattung ich gehöre. Dann fällt mir ein, dass ich hinter ihr her will und setze mich auf, den Schlüssel siegreich in der Hand, als wieder ein Klopfen zu hören ist. Ich schließe alle Türen ab.

»Können wir uns einen Moment lang unterhalten, Cassidy?«, sagt der Cowboy durch die Tür.

Woher weiß er meinen Namen? Wer ist er? Und Mann, stehe ich neben mir.

Sie hat mir eindeutig Drogen gegeben.

Und mich dann ganz allein auf der Straße, auf der Welt zurückgelassen.

Ich bin völlig durcheinander, als ich endlich den Schlüssel reinstecke und umdrehe. Außerdem, ist sie einfach weggelaufen? Ich hätte mal im Schrank nachsehen sollen. Hat sie ihre Zahnbürste mitgenommen? WO IST SIE? Der Motor erwacht zum Leben, und das Klopfen an der Tür wird immer nachdrücklicher.

»Ich glaube nicht, dass du alt genug bist, um zu fahren! Bitte mach auf!«

Ja, klar, Typ, denke ich, als ich Purple Rain mit quietschenden Reifen auf die Landstraße lenke, Gummi gebe, was extrem schwer ist mit einem Wohnmobil, und dann rase ich die Straße runter, ohne Plan, ohne Ziel, ohne Mutter, unglücklich und nicht ganz klar im Kopf und frage mich, wie sie mir das antun konnte und noch schlimmer, denke, dass es meine Schuld ist, weil ich ihr gesagt habe, was für eine schreckliche Mutter sie ist.

Und wer zum Teufel ist dieser Mann, der mir jetzt in einem orangenen Oldtimer-Truck hinterherfährt? Hilfe!

Ich gebe Gas, und Purple Rain schlingert nach vorne. Wie konnte sie mich einfach so wegwerfen? Wie einen alten Schuh? Besonders weil endlich wieder alles gut war, nur wird mir dann klar, dass sie sich in den Bergen verabschiedet hat. Darum ging es in der letzten Woche – das war keine Feier zu meinem vierzehnten Geburtstag, sondern ein langer Abschied.

Ich fahre jetzt mit etwa hundert Stundenkilometern eine schmale Straße runter. Ich komme an einem Casino vorbei, an ein paar Ranches, Weinbergen, aber der einzige Mensch, den ich sehen kann, ist der hinter mir, nun ohne Hut, mit der Hand fest auf der Hupe. Er sieht wütend aus, das kann ich von hier aus sehen. Er hat ein sonnengegerbtes, zerfurchtes Gesicht. Was mache ich hier? Bisher bin ich nur im Notfall gefahren, wenn Mom zu sternhagelvoll war, um sich hinters Steuer zu setzen. Ich gucke auf den Tacho und drücke meinen Fuß aufs Gas, bis ich mich bei etwa 150 km/h einpendele. Wow. Ich wusste gar nicht, dass Purple Rain so schnell sein kann. Ich tätschele das Armaturenbrett, spüre zum ersten Mal Zuneigung zu dem Fahrzeug.

»Hilf mir«, sage ich zu dem Wohnmobil. »Lass uns den Typen abhängen. Du wirst mir helfen, sie zu finden. Das weiß ich.«

Durch das Adrenalin der Flucht habe ich wieder einen einigermaßen klaren Kopf bekommen, was leider auch heißt, dass mir die Worte meiner Mutter wieder einfallen: *Hier wirst du in Sicherheit sein.* Wo ist hier? Welche Mutter lässt ihr Kind allein, nachdem sie ihm Drogen verabreicht hat? Oh mein Gott. Wieso passiert mir das? Warum habe ich ihr gesagt, dass ich sie hasse? All die Liebe, die ich für sie empfinde, füllt mich aus aus aus. Ich liebe sie mehr als jeden anderen, als alles andere. Sie ist alles. Sie ist alle. Sie ist ich, denke ich.

Mein einziger Mensch.

Der einzige Mensch.

Meine Kehle wird eng, und ich ringe nach Luft, überzeugt davon, zu ersticken. Jetzt bin ich ein Waisenkind, denke ich, und Waisenkinder kommen ins System, das weiß ich aus Filmen. Pflegeunterbringung. Das Wohnmobil schwankt, als würde es gleich umkippen, während die Welt vor dem Fenster immer mehr verschwimmt. Ich wische die Tränen nicht weg, klammere mich einfach ans Steuer und drücke aufs Gas. Denn ich liege im Korb und treibe den Fluss hinab wie Moses. Ich spüre, wie mir ein warmes Rinnsal das Bein hinunterläuft. Oh nein. Ich gucke auf den immer größer werdenden nassen Fleck auf meiner Schlafanzughose runter und erinnere mich an das letzte Mal, als das passiert ist, als ich mich im Wald verlaufen habe und wie meine Panik und Verzweiflung damals nichts war im Vergleich zu jetzt. Diesmal wird sie nicht pfeifen, damit ich weiß, wo sie ist. Sie wird sich nicht an einen Polizisten wenden, wie damals an unserem Ort.

Ich rase über eine Ampel und merke erst danach, dass sie rot war. Der Mann mit dem markanten Gesicht fährt auch einfach weiter, seine Hand immer noch auf der Hupe.

Ich muss ihn abhängen. Ich steuere Purple Rain eine Straße hinunter, dann noch eine und noch eine, erkenne dann das Casino wieder, die Ranches, das Weingut, bin wohl im Kreis gefahren. Ich versuche, mich zu beruhigen, es gelingt mir, ein paarmal tief einzuatmen, ich wische mir die Tränen mit dem T-Shirt weg, konzentriere mich auf die verschwommene Straße, auf nichts anderes als zu fahren, darauf, nicht stehen zu bleiben. Wie konnte ich mir in die Hose machen? Und dann weine ich wie verrückt, werde von Schluchzern geschüttelt, während ich weiterfahre.

Der Mann hört auf zu hupen.

Jetzt fahre ich mit Purple Rain einen Berg hoch, nehme die scharfen Kurven wie ein Profi, muss ich sagen. Ich bin ein bisschen ruhiger, auch wenn mir noch immer schwindlig ist. Ich setze mich in meinem klebrigen Sitz zurecht. Der Duft von Eukalyptus erfüllt Purple Rain, ersetzt den scharfen Gestank von Urin und Angst. Die Mammutbäume werden größer und das Licht weicher. Ich gucke in den Rückspiegel. Der Mann winkt mir zu. Sein Gesicht sieht genervt aus, aber auch amüsiert? Ich weiß nicht warum, aber ich winke zurück und biege dann in eine Straße ab, weil ich ein gelbes Schild mit einem riesigen Pfeil darauf sehe, nur einen Pfeil und keine Worte. Überall sind Schilder, die mich ermahnen, langsamer zu fahren. Tja, zu spät, denn ich sause ein bisschen zu schnell einen steilen Abhang hinunter – nein, viel zu schnell. Der Weg ist eindeutig nicht für Wohnmobile gemacht, und der Mann hinter mir hupt wieder, und ich rase an Schildern vorbei, auf denen steht »Langsam fahren!« und »Ja, du auch!« und schließlich an einem riesigen am Ende, auf dem steht: »Willkommen! Du bist angekommen!«, und ich denke, wo bin ich angekommen?, während ich an einer Strohhütte mit Flaggen auf dem Dach vorbeifliege. Ich steige in die Bremsen, doch Purple Rain hat andere Pläne. Sobald ich die Talsohle sehe, schließe ich die Augen und dann: Aufprall.

»Mach die Tür auf«, sagt der Mann einen Augenblick später, denn ich bin noch am Leben, obwohl ich nicht angeschnallt war und mich gedreht habe, sodass mein Kopf am Fenster liegt und meine Beine über der Gangschaltung. Ich schüttele den Kopf. Er geht weg.

Das war ja einfach, denke ich.

Ich richte mich auf, drehe den Schlüssel und der Motor springt an. »Ich liebe dich!«, sage ich zu Purple Rain. »Tut mir leid, dass ich nicht netter zu dir war.« Doch als ich den Rückwärtsgang einlege und aufs Gas drücke, drehen die Reifen durch.

»Ich nehme es zurück«, sage ich. Der Mann ist mit einem Metallbügel zurückgekehrt, knackt das Schloss und es dauert vielleicht zweieinhalb Sekunden, bis die Fahrertür auf ist, und er nicht nur ein Mann in einem Rückspiegel ist, sondern ein Mann, der mir so nah ist, dass ich Shampoo oder auch irgendeine Seife riechen kann.

»Alles okay?«

Ich nicke.

»Hast du dir den Kopf gestoßen?«

Ich schüttele meinen ungestoßenen Kopf, bin gehemmt, weil ich Angst habe, er könnte den nassen Fleck auf meiner Schlafanzughose sehen, aber er guckt nicht nach unten und falls er was riecht, lässt er sich nichts anmerken.

»Glaubst du, du schaffst es, allein auszusteigen?«

»Ich steige nicht aus.«

»Okay. In Ordnung. Bin nur froh, dass dir nichts passiert ist.« Seine Schultern entspannen sich. Er sieht aus, als wolle er noch etwas sagen, tut es aber nicht. Er mustert mich, und ich kann sehen, wie sich Zärtlichkeit auf seinen markanten Gesichtszügen ausbreitet. Sanft macht er die Tür zu, tippt einmal dagegen, bevor er davongeht. Ich gucke in den Rückspiegel und sehe, dass er mit zwei nackten Menschen spricht, einer Frau und einem Mann. Nackte Menschen, die nackt sind. Nackte Menschen mitten auf der Straße, absolut, eindeutig und ohne jeden Zweifel nackt.

Ich blinzele ein paarmal, denke, dass ich ganz bestimmt unter Drogen stehe und jetzt angefangen habe zu halluzinieren, aber als ich wieder hingucke, sind da noch mehr nackte Leute, ein ganzer

Stamm von Nackten, manche zeigen auf Purple Rains Reifen, alle gucken in meine Richtung. Nackt! Was ist hier los?

»Oh bitte«, flüstere ich. »Lass es ein Traum sein, Cassidy.«

Ich gehe zurück in den Wohnbereich, um mich umzuziehen und sauber zu machen. Ich sehe den zerbrochenen Spiegel, Fetzen von dem Zettel überall auf dem Fußboden. Warum habe ich das gemacht? Vielleicht hat sie geschrieben, wo sie hingeht? Ich habe nicht nachgedacht. Tue ich immer noch nicht, kann ich nicht. Mir ist schlecht, und ich bin so müde. Ich setze mich auf die Bank, beschließe, den Zettel nachher wieder zusammenzusetzen. Ich öffne die Gardinen einen Spalt, um zu sehen, dass das Nacktvolk aus Mitgliedern in verschiedenen Formen, Größen und Altersklassen besteht. Ich kann nicht nicht hingucken. So viele Penisse. Ich habe noch nie einen Penis gesehen, außer in einem Anatomie-Buch. Ich hatte keine Ahnung, dass die so aussehen. Oder so. Oder so. Oder *so*. So viele Variationen.

Mr Markant ist zurück am Fenster der Fahrerseite, klopft an. Ich gehe nach vorne, drücke den Knopf, um das Fenster runterzulassen.

»Wir versuchen jetzt, dein Wohnmobil hier rauszuziehen. Der einzige Schaden, den ich entdecken konnte, ist an der Stoßstange. Eigentlich ein Wunder. Es wäre leichter, wenn du aussteigen würdest und mich hinters Steuer lassen. Nicht, dass du nicht beeindruckend am Steuer wärst.« Ich glaube, das meint er sarkastisch, wenn man bedenkt, in welcher Lage Purple Rain steckt, aber dann sagt er: »Du kannst verdammt gut fahren.«

»Danke schön«, sage ich und bin mit einem Mal voller Stolz, der meine Wangen rot werden lässt.

»Und?«, sagt er.

»Und, was?«

»Kann ich kurz hinters Steuer, während Bob ein Brett unter deine Reifen legt? Das machen die hier nicht zum ersten Mal.«

»Ist Bob nackt?«

»Ich fürchte schon.«

»Warum?«

Ich würde nicht sagen, dass es ein Lachen ist, das da aus dem Mund von Mr Markant kommt, mehr so ein fröhliches Bellen. »Wenn ich das wüsste! Na komm, raus mit dir, bevor uns noch mehr Leute aus den heißen Quellen überfallen, wie Ameisen bei einem Picknick.«

Ich steige aus Purple Rain, stelle fest, dass ich jetzt zwar Shorts, aber immer noch mein Schlafanzugoberteil anhabe, womit ich mich wohl überall anders auf der Welt als underdressed erweisen würde. Mehrere von den Nackten lächeln und winken mir zu. Da bin ich eindeutig in einem freundlichen Teil der Milchstraße gelandet. Ich versuche, nicht auf die Brüste und Penisse und Hoden zu gucken, die bei einem alten Typen wie ein Windspiel baumeln. Oha, das war mir bisher auch nicht klar.

Von einer Gruppe Eichen zu meiner Rechten höre ich Gelächter und sehe einen kleinen und einen älteren Jungen auf einem Ast sitzen und sich das Spektakel angucken, wie zwei Vögel. Nicht nackt, stelle ich erleichtert fest. Der nicht nackte kleine Junge winkt. Er ist eine dünne Bohnenstange mit einem Gewirr von braunen Locken obendrauf. Ich winke zurück. Der ältere Junge hat wohl nicht mitbekommen, dass der Kleine mir zugewunken hat und denkt deswegen, ich winke ihm zu. Auf seinem Gesicht erscheint ein Lächeln, und jetzt winkt er mir auch zu. Er hat dunkle, glatte Haare und trägt ein Basecap. Okay, mögliche Verbündete, denke ich. Wir, die Angezogenen, werden zusammenhalten. (Wer hätte gedacht, dass ich Jahre später mit dieser Person meine Unschuld verlieren würde und zum Abschlussball gehen? Ein paar Wochen, nachdem die Schule vorbei war, war es auch zwischen uns aus.)

Der nackte Bob ist ein sehr dicker Mann, was großartig ist,

weil es bedeutet, dass ich seinen PENIS(!) unter seinem riesigen, haarigen Bauch nicht sehen kann, als er auf mich zukommt und sagt: »Hallo, du siehst jünger aus als ein Samenkorn. Kann nicht fassen, dass sie dir den Führerschein gegeben haben. Mach dir keine Sorgen, wir bekommen dein Fahrzeug in Nullkommanix da raus. Eine Freundin von Dexter ist auch meine Freundin.«

Dexter. Mr Markant heißt Dexter. Das sagt mir nichts. »Danke«, sage ich und sehe, dass ein Polizeiauto auf uns zufährt. Es hält hinter Dexters Truck. Ich sehe mich schon im Gefängnis.

»Was ist hier passiert?«, fragt ein schnurrbärtiger Mann, der aus dem Streifenwagen steigt. Er sieht sich um, nimmt die Nackedeis in Augenschein, Dexter, sogar die Jungen im Baum. »Wer hat dieses Wohnmobil da gefahren?«

»Das war ich«, sagt Dexter.

»Ach ja? Und wer hat dann deinen Truck gefahren, Dexter?«

»Ich«, sagt der nackte Bob.

Der Polizist sieht Bob an. »So wie du bist?«

»Hast du ein Problem mit meinen Gott gegebenen Eigenschaften, Bruce?«

»Und wer bist du?«, sagt er zu mir. »Denn ich habe gehört, dass ein kleines Mädchen in einem lila Wohnmobil in Lichtgeschwindigkeit den Highway 43 runtergefahren ist.«

Dexter kommt zu uns rüber. »Tja, das hast du falsch gehört. Das hier ist meine Nichte Cassidy. Sie war hinten, als das Fahrzeug außer Kontrolle geraten ist. Sie und meine Schwester sind gerade aus Oregon zu Besuch, und ich wollte ihr die Sehenswürdigkeiten zeigen und sie zum Schwimmen in den heißen Quellen mitnehmen. Hab auf der 43 nur ein bisschen die Beine ausgestreckt.«

»Hör auf uns zu schikanieren und hilf mal mit, Bruce, ja?«, sagt der nackte Bob ungeduldig.

Und einfach so bin ich aus dem Gefängnis befreit, ohne weitere Fragen, und alle zusammen, manche angezogen, manche nicht, schreien einander an, bisweilen ziemlich laut, wie man Purple Rain am besten aus dem Graben befreien kann.

Ich gucke ihnen zu, kann immer noch nicht klar denken, werde immer wieder von Schwindel und Übelkeit erfasst, kann mich kaum auf den Beinen halten, während sich meine Gedanken im Kreis drehen. Warum hat der markante Dexter behauptet, ich wäre seine Nichte? *Bin* ich seine Nichte? Hatte Mom einen Bruder? Woher weiß er meinen Namen? Und warum hat er mich gedeckt? Wo ist meine Mutter hingegangen? Was werde ich machen? Warum sind alle nackt? Rund und rund, bis nur noch dieser eine Gedanke übrig ist: Da sind nur noch er und ich. Das, vor dem ich mein ganzes Leben lang Angst hatte, ist eingetreten:

Meine Mutter hat mich verlassen.

Ich gebe mich dem Schwindel hin, der Erschöpfung, spüre, wie die Beine unter mir wegsacken und …

CASSIDY

Als ich wieder zu mir komme, liege ich in meiner Koje in Purple Rain. Ich richte mich kerzengerade auf und glaube für eine herrliche flüchtige Minute, dass ich das alles nur geträumt habe … Ich stecke meinen Kopf raus und gucke nach unten, sehe, dass die Spiegelscherben weggeräumt wurden und die Reste von Moms Zettel aufgehäuft auf dem Tisch liegen. Daneben steht ein Teller mit Gebäck, eine Schale mit Blaubeeren und ein Glas mit Marmelade.

Ich ziehe die Vorhänge auf und sehe Dexter draußen in einem Liegestuhl sitzen, eine Gitarre in den Armen. Mein Aufseher. Hat Mom einen Bruder, von dem sie mir nie erzählt hat? Bin ich deswegen hier? Er sieht schon ein bisschen aus wie wir. Hinter ihm ist das gelbe Haus zu sehen, vor dem Mom mich zurückgelassen hat.

Ich klettere die Leiter runter, hole tief Luft und öffne den Schrank. Moms Seite ist wie immer eine Explosion von Kleidern, anders als meine, die ordentlich und aufgeräumt ist.

»Bist du pingelig, Cassidy!«, hat sie einmal gesagt und meine ordentlich gefalteten T-Shirts genommen und in die Luft geworfen. Ich seufze. Ihre Seite ist noch ihre Seite, alles zusammengeknautscht und reingeschoben, zehn Kleider auf einem einzigen Bügel, die restlichen leer. Es sieht nicht so aus, als hätte sie irgendetwas mitgenommen. Ich nehme das gelbe Strandkleid, halte es an mein Gesicht und atme ein. »Wo bist du?«, sage ich leise. Dann: »Wie konntest du mir das antun?« Ich ziehe das hellblaue Kleid aus der Ecke, in die sie es reingestopft hat. Ihr Lieblingskleid. Das sie an dem Abend anhatte, als Dave ihr einen Heiratsantrag gemacht hat. Ich klaube ein paar blonde Haarsträhnen ab und wickele sie mir vorsichtig um den Finger. Ich ziehe das hellblaue Kleid an und gehe dann ins Bad. Ihr Kulturbeutel ist noch da, ihre Zahnbürste, Seife, Shampoo. Ihr Jasmin-Öl.

Ich tupfe mir etwas auf den Hals und die Handgelenke. (Obwohl ich es nicht verstehe, Wynton, kann ich dieses Parfüm immer noch riechen, lange nachdem die Flasche leer ist, und zwar bis zum heutigen Tag, diesen Duft, den ich mit meiner Mutter verbinde und unserer gemeinsamen Zeit.) Dann gehe ich zum Tisch und hebe die Schnipsel des Zettels auf, den sie mir hinterlassen hat und wünschte, ich hätte ihn nicht so zerfetzt. Ich kann mich nicht mehr so gut daran erinnern, jetzt, da, was immer sie mir da gegeben hat, nicht mehr wirkt. Ich habe keinerlei Zweifel, dass sie mir Drogen verabreicht hat. Ich hole Klebeband, setze mich auf die Bank und fange an, den Zettel zusammenzusetzen. Vielleicht steht in dem Teil, den ich nicht gelesen habe, wann sie wiederkommt. Vielleicht steht da, wer Dexter ist.

Ich weiß nicht, wie viel Zeit vergeht.

Ich mache mit dem Zettel weiter, stecke dabei regelmäßig meinen Finger in das Marmeladenglas, weil es unglaublich gut schmeckt. Wie Manna vom Himmel. Ich gucke mir das Etikett an: Dexter Browns Traubengelee. Er hat diese Marmelade gekocht? Ich gucke mir das Etikett genauer an, weil es mir irgendwie bekannt vorkommt. Dann stehe ich auf und öffne das Schränkchen hinter mir, denn genau wie ich geahnt habe, ist da ein weiteres Glas, das genauso aussieht neben einer Flasche von Dexter Browns Rotweinessig und einer Flasche Dexter Browns Pinot Noir.

Ein Tag kommt mir in den Sinn. Mom und ich waren auf einem Weinfest im Norden, und sie hat sich mit einem Mann unterhalten, der Gläser von diesem und jenem verkauft hat. Von hinten sah er aus wie Dave, das gleiche verwuschelte Haar und der gleiche schlaksige Körper, der gleiche entspannte Gang, als er aufstand und langsam auf sie zuging. Nichts Neues. Sie hat sich immer mit Männern unterhalten, die wie Dave aussahen. Aber dieses Mal schlug mir das Herz bis zum Hals, weil sie sich umarmt haben, als würden sie sich kennen. Als ich auf sie zugegangen bin, wurde ich immer überzeugter davon, dass das wirklich Dave war. Vielleicht hatte er Joanne verlassen und war durch den Staat gestreift, auf der Suche nach uns? Dave drehte sich um, und meine Hoffnung war dahin. Es war ein älterer Mann, wettergegerbt und einfach nicht Dave. Ich bin zurück in Purple Rain gegangen. Als Mom zurückkam, hatte sie die Marmelade, den Essig und den Wein dabei. Ich versuche, mich daran zu erinnern, was sie zu mir über den Mann gesagt hat, der Dexter gewesen sein muss, aber ich kann es nicht. Ich nehme das Marmeladenglas in die Hand. Auf der Rückseite steht eine Anschrift und eine E-Mail-Adresse.

Ich gehe zum Fenster und sehe den Mann an, der mit dem Cowboyhut auf dem Kopf auf seiner Gitarre klimpert. Um seinen Hals hängt eine Mundharmonika. Er sieht uns wirklich ähnlich. Könnte das ihr Bruder sein? Warum hat sie mir dann erzählt, dass sie ein Einzelkind ist? Meine Gedanken kreisen und kreisen, und dann geht mir durch den Kopf, dass man ihn sich gut auf einem Pferd vorstellen kann. Ist er ein alter Freund von ihr? Warum würde sie mich bei irgendeinem Ex-Freund zurücklassen?

Es sei denn …

Ich sehe mir das zersprungene Mädchen in den Resten des Spiegels an.

Es sei denn … er sieht nicht aus wie wir, er sieht aus wie *ich.*

Weil …

Aber was ist mit Jimmy, meinem seligen Erzeuger, der in den Fluten umgekommen ist?

Du wirst feststellen, dass ich nicht ehrlich zu dir war.

Nein, nicht möglich, stimmt's, Wynton?

Blitzschnell wende ich mich wieder dem Zettel zu, setze ihn

weiter zusammen. Bald arbeite ich mich durch ihre kaum lesbaren Worte:

Ich war nicht immer ehrlich zu dir. Deinen Vater habe ich auf einem Bluegrass-Festival in San Diego kennengelernt, einen wunderschönen Nachmittag mit ihm verbracht, und das war's. Ich wusste nie, wie er heißt oder wo er wohnt und bin davon ausgegangen, dass es einfacher für dich wäre, wenn du ihn für tot hältst, anstatt für irgendwo da draußen, ohne dass du ihn je finden könntest. Wie bei all meinen Entscheidungen, habe ich das nicht gründlich durchdacht. Vor Kurzem sind wir einander zufällig begegnet, und er war genauso wunderbar, wie ich das in Erinnerung hatte. Du wirst feststellen, dass ihr eine Menge gemeinsam habt. Nachdem ich mich über E-Mail mit ihm ausgetauscht habe, weiß ich, dass er auf eine Art für dich sorgen wird, wie ich das nicht kann …

Sie schreibt noch mehr, aber sagt mir nicht, wo sie hingegangen ist oder wann sie zu mir zurückkommt. Im letzten Teil geht es um Geld. Sie schreibt, dass es zwei Konten in meinem Namen gibt, eins fürs College, das andere ein Sparkonto, das ich für Lebenshaltungskosten verwenden kann, und dass in der Schublade eine Bankkarte liegt, auf der ein Zettel mit der PIN klebt.

Ich öffne die Schublade. Da liegt eine Bankkarte, auf der zwei Namen stehen: Cassidy Snow und Mary Snow. Ihr Name ist gar nicht Marigold; sondern fucking Mary. Mary Snow. Der Name einer Fremden.

Ich gehe zum Fenster und linse durch die Gardinen.

Er ist immer noch da draußen und wartet. Auf mich. Etwas in seinem Gesicht, eine beharrliche Geduld, sagt mir, dass er ewig warten würde. Ich durchquere Purple Rain, greife nach dem Türgriff und öffne sie. Ich sage zu dem Mann in dem Liegestuhl: »Du bist nicht mein Onkel.«

»Nein.«

»Ich weiß, wer du bist.«

»Da bist du die Einzige«, sagt er, und ich kann ein Lächeln in seinen Augen sehen, das sein Gesicht nicht erreicht. »Hunger?«

Ich nicke, verlasse Purple Rain. Seine Knochen knacken, als er sich aus dem Liegestuhl erhebt.

Als wir auf das gelbe Haus zugehen, scheint die Sonne warm und einladend auf meine Haut, und ihre Strahlen sprenkeln den Pfad, sodass es aussieht, als würden mein Vater und ich auf dem Wasser gehen.

»Du wirkst nicht überrascht«, sage ich leise.

»Willst du mich verarschen? So bin ich, wenn mich ein verdammter Donnerschlag trifft.«

Das bringt mich zum Lachen, und das fühlt sich so gut an. »Wirklich?«

»Du hast ja keine Ahnung.« Das Lächeln in seinen Augen ist so flüchtig, dass ich es kaum mitbekomme.

»Wenn du also im Lotto gewinnst oder dich der Blitz trifft, bist du so wie jetzt«, sage ich und denke, dass ich genauso wie mit Dave wunderbar Scheiße mit ihm labern kann.

»Oh, ich wurde mal vom Blitz getroffen – das war nichts im Vergleich zu dem hier.«

Es ist bestimmt voreilig, ihn zu mögen. Es ist bestimmt voreilig, dass Gefühl zu haben, in mir drin auf einem Trampolin zu springen, weil ich einen Vater habe. Einen Vater, der trockene Witze macht, der auf mich wartet, der nur mit den Augen lächelt. Er bleibt plötzlich stehen, und als er das Wort ergreift, ist seine Stimme voller Gefühle. »Ich muss dir sagen, dass ich bis vor ein paar Wochen nichts von dir wusste, bis ich die E-Mail von deiner Mutter bekommen habe.«

»Hat sie die E-Mail-Adresse von einem Marmeladenglas bekommen?«, frage ich und versuche immer noch, das alles sortiert zu kriegen.

Er nickt. »Weiß nicht, ob du an dem Tag auch auf dem Festival warst. Ich habe sofort gewusst, wer sie ist, als ich sie gesehen habe. Schwer, deine Mutter zu vergessen, sie ist wie ein Meteorit.« Augenlächeln. »Sie hat mich zuerst nicht erkannt. Musste sie daran erinnern, dass sie mich vor Äonen von meiner Lieblings-Bluegrass-Band weggelockt hat, mir gesagt hat, dass sie sofort alles über mich wissen will, dass unsere Begegnung Schicksal ist. Irgendwas darüber, dass sie sich mich auf einem Pferd vorstellen kann, und dann hat sie sich darüber ausgelassen, dass Jupiter in irgendeiner Konstellation steht. Habe so was vorher oder danach nie gemacht, habe keine Erklärung dafür, fühlte mich wie verzaubert. Aber es hat sich herausgestellt, dass sie recht hatte, es war Schicksal.« Diesmal lächelt er mit dem Mund. »Du bist dieses Schicksal.« Er schüttelt den Kopf. »Ich habe diese E-Mail von deiner Mom bestimmt fünfzig Mal gelesen.« Er lacht, und das gibt mir ein warmes Gefühl. »Hab Nigel gebeten – der ist mein Kellermeister –, sie auszudrucken, und um absolut ehrlich zu sein und das werde ich nur dir sagen, ich habe sie an dem Abend unter mein Kopfkissen gelegt, damit ich sie mir nach dem Aufwachen gleich wieder angucken konnte. Konnte nicht fassen, dass ich eine Tochter habe. Ich habe mich gefühlt …« Er schluckt, in seinem Gesicht arbeitet es, als würden die Gefühle ihn überwältigen. »Ich weiß nicht, wie ich es beschreiben soll. Es fühlte sich an wie eine Art von Wiedergutmachung. Eine Gnade.«

Diese Geschichte verwirrt mich, all die Gefühle, die in seinen Worten liegen, auf seinem Gesicht zu sehen sind. Meine Stimme ist dünn, flitterig. »Du meinst, du warst glücklich?«

Ich war immer eine Last, ein Blutegel.

»*Glücklich* kommt da gar nicht ran. Ich habe mich gefühlt, tja, ich weiß nicht, wie ich es beschreiben soll. Als hätte jemand die Lichter angemacht. Ich habe ihr zurückgeschrieben, dich und deine Mom eingeladen, mich zu besuchen. Hab sogar das Haus gestrichen …«

»Das Kanariengelb?«

»Dann habe ich nichts gehört, hab fast aufgegeben, wieder eine E-Mail geschrieben, aber die kam zurück. Dann bin ich gestern aufgewacht, um ein lila Wohnmobil in meiner Einfahrt zu sehen. Und bevor ich mich versah, war ich in die erste Verfolgungsjagd meines Lebens verwickelt.« Er blickt mich an und hebt den Zeigefinger. »Nie wieder, übrigens. Kein Fahren mehr, bis du einen Führerschein hast.« Ich lache, um zu verstecken, dass mir die Tränen kommen, weil mir klar wird, dass ich endlich ein waschechtes Elternteil habe.

Die Sommertage vergehen.

Dann die Jahre, und Wynton, zum ersten Mal in meinem Leben sind es sichere und glückliche.

Es gibt so ein Gedicht von Louise Glück, das ich inzwischen liebe. Ich habe mir mein Lieblingszitat aufs Schienbein tätowieren lassen: *Von zwei Schwestern ist die eine immer die Beobachterin, die andere die Tänzerin*. Das waren Mom und ich. Ich war immer die Beobachterin, doch unter den Augen meines Vaters werde ich in diesen Jahren zur Tänzerin.

WYNTON

Du weißt, dass Cassidy da ist, denn du kannst Blumen riechen, aber sie spricht nicht. Stundenlang, ein ganzes Menschenalter lang nicht, so scheint es. Liest sie? Sitzt sie einfach da und starrt dich an?

Du hoffst, dass sie deinen Arm berührt. Du erinnerst dich daran, wie sie mit den Fingern dein Gesicht gestreichelt hat, auf der mondbeschienenen Straße, als wärst du etwas Wertvolles.

Du erinnerst dich daran, dass du mit deinem Bogen versucht hast, den Schmerz zwischen den Noten zu finden, wenn du Geige gespielt hast.

Jetzt bist du dieser Schmerz.

Schließlich hörst du: »Ich weiß nicht genau, was du über deine Familie weißt und was nicht, Wynton, aber ich muss dir sagen, dass zwischen uns alles okay ist, zwischen dir und mir – es ist alles okay.«

Dann ist der Blumenduft verschwunden.

DIZZY

Als sie im gelblichen Sonnenlicht auf der Veranda stand und die Hand *ihres Vaters* hielt, fühlte Dizzy sich nicht länger wie ein wandelnder quasselnder Farbklecks von Person, sondern stattdessen wie eine ruhige, furchtlose, die nicht länger Angst hatte, dass ihr großer Bruder sterben würde. Wie ein Mädchen, das noch nicht einmal Angst hatte, wieder gesichtsgefurzt zu werden oder für immer hässlich zu bleiben oder sogar, ohne ihren besten Freund zu sein. Sie fühlte sich größer. Vielleicht *war* sie größer? Sie erinnerte sich an den Moment in der Alonso-Fall-Geschichte, als Alonso die Wahrheit über seinen wirklichen Vater erfahren hatte und dann anfing zu leuchten, und vielleicht erlebte sie gerade selbst so eine Verwandlung. Denn war Alonso in diesem Moment nicht *tatsächlich* größer geworden? Vielleicht steckte der gleiche Zauber aus Cassidys Geschichten auch in Dizzys Familie, im Hier und Jetzt, war jedoch viel subtiler, sodass man genauer hinschauen musste. Sie wollte die anderen fragen, ob sie vielleicht tatsächlich im Zeitraffer wuchs, erfasste jedoch die Stimmung im Raum und behielt es für sich.

Miles schäumte immer noch, mit grimmiger Miene, seinen Blick auf den Mann im Cowboyhut geheftet, auf ihren *Dad*.

»Was für ein Vater verlässt seine gesamte Familie und kommt nie wieder zurück?«, rief er und hatte eindeutig nicht verstanden, dass sie sich mitten in einem Wunder befanden. Dizzy hatte mal gelesen, dass es im letzten Jahrhundert mindestens zweihundert gemeldete Fälle von Selbstentzündung gegeben hatte, und als sie Miles in diesem Moment ansah, fragte sie sich, ob sie gleich Zeugin einer weiteren werden würde.

»Ich verstehe es einfach nicht«, wütete er weiter. »Weißt du überhaupt, wie sehr ich dich gebraucht habe?« Er zeigte auf Dizzy. »Wir alle! Du kennst Dizzy nicht einmal – ein Wahnsinnsmädchen – und sie ist zwölf Jahre alt!« Dizzy stand der Mund offen. Miles hielt sie für ein Wahnsinnsmädchen? Das gab ihr das Gefühl, ein Wahnsinnsmädchen zu sein! Sie biss sich auf die Innenseite ihrer Wangen, um nicht zu lächeln. Wer hätte gedacht, dass sie mitten in der schlimmsten Woche ihres Lebens solche epischen Momente erleben würde?

Ihr Vater ging mit Miles' Gefühlsausbrüchen um, als wären es Schläge, und sie spürte, wie er jedes Mal zurückzuckte, wenn es den nächsten Hieb setzte. Sie hielt sich noch fester an seiner Hand fest, um ihm durch ihre Berührung mitzuteilen, dass schon alles okay sein würde, jetzt, da sie sich gefunden hatten. Sie musterte die anderen. Der Typ im Türrahmen, wer immer das auch war, machte ein Gesicht, als würde er zwei Autos dabei beobachten, wie sie in Höchstgeschwindigkeit aufeinander zurasen, und es nichts gab, was er dagegen tun konnte. Sandro saß zu Füßen ihres Vaters und bellte Miles verzweifelt an. Felix sah aus, als würde er am liebsten auch bellen. Dizzy bemerkte, dass die Schweine ihre Schnauzen durch den Zaun steckten. Ein Reihe Sonnenblumen, die ihr Gesicht der Straße zugekehrt hatten – das hätte Dizzy schwören können –, guckte jetzt in ihre Richtung.

Die ganze Welt stand in Habachtstellung.

»Ich verstehe, wie wütend du bist, Miles«, sagte ihr Vater. »Du hast jedes Recht dazu.« Seine Stimme war angespannt, als würden seine Worte ihn erwürgen. »Es gibt keine Entschuldigung für das, was ich …«

»Nein, gibt es nicht!« Miles stampfte mit dem Fuß auf und zeigte dann auf das Haus. »Bitte erklär mir doch, wie es sein kann, dass du die ganze Zeit hier warst und für jemand anderen der Vater?«

Warte mal, dachte Dizzy. Wessen Vater? Sie besah sich den Mann im Türrahmen, den ihr Vater, wie ihr jetzt einfiel, Nigel genannt hatte. Er fing Dizzys Blick auf und im selben Moment sagte sie: »Bist du sein Kind?« Nigel sagte: »Ich nicht« und Miles sagte: »Nein, Dizzy. *Cassidy!* Das ist *ihr* Haus, weißt du noch?«

Eine brandneue Saite begann in Dizzy zu schwingen. In all dem Schock und der Aufregung und dem Halleluja, ganz zu schweigen von ihrer potenziellen physischen Verwandlung, hatte sie tatsächlich nicht daran gedacht. Sie hatte das Gefühl, dass sie gleich von ihren eigenen Beinen wegkippen würde. Das bedeutete … »Cassidy ist meine Schwester?« Sie flüsterte die Worte, ließ die Hand ihres Vaters los, legte beide Hände auf die Brust. Sie hatte eine Schwester? Eine große Schwester? Und es war *Cassidy*. Ihre *Schwester* hatte sie aus dem Weg eines Sattelschleppers gestoßen und ihr Leben gerettet. Und Wyntons auch. Oh, oh, oh. Dieses Wunder war viel größer, als sie gedacht hatte. Ein Mega-Wunder geschah hier. Ihr Körper fühlte sich an wie unter Strom. Ach, du heiliger Bimbam Bimbam Bimbam. Das war besser als jedes wundersames Ereignis, das sie je recherchiert hatte. Ein Vater und eine Schwester, die vom Himmel fielen, waren ihr viel lieber, als aus den Fingerspitzen Feuer zu schießen wie Buddha oder durch die Luft zu schweben wie der heilige Josef von Cupertino. Selbst wenn das bedeutete, dass Cassidy kein Engel oder Lichtwesen war. Denn wie konnte sie das sein, wenn dieser Mann Cassidys Vater war, genauso wie Dizzys? Aber Dizzy interessierte das nicht mehr.

Eine große Schwester war viel besser als ein Engel.

Doch der unbestreitbarste Teil dieses Mega-Wunders war: Ihre Schwester hatte sie zu ihrem Vater geführt, damit er Wynton mit seiner Trompete aufwecken konnte. Das war ein so guter, zuverlässiger, machbarer Plan, anders als Gebetsspaziergänge oder sich auf den dreckigen Fußboden niederzuwerfen oder Nonne zu werden. Und der besondere Bonus war natürlich, dass Dizzys glühender Glutofen nie in einem Kloster kalt und dunkel bleiben würde.

»Wir müssen jetzt sofort ins Krankenhaus«, sagte sie. Sie sah ihren Vater an. »Bitte hol deine Trompete, damit du Wynton aufwecken kannst.«

»Ich kann nicht, Dizzy«, sagte er dem Verandaboden.

»Du kannst die Trompete nicht holen oder du kannst nicht ins Krankenhaus?«, fragte Dizzy.

Ihr Vater fing an, sich unter seinem Hut die Stirn zu reiben, als hätte er Kopfschmerzen. »Ich kann nicht mitkommen. Es tut mir leid.«

Dizzy konnte nicht fassen, was sie da hörte.

»Nein«, sagte Miles. »Ausgeschlossen. Dizzy hat recht. Dein *Sohn* liegt im Koma, und vielleicht kannst du ihn retten. Bitte hol deine Trompete.«

Dizzy und Miles lächelten einander von innen an, ohne dass das von außen zu sehen war. Miles glaubte an den Plan. Sie wollte ihm auf die Schultern springen. Sie wollte ihm sagen, dass auch er ein weißer Trüffel war, der vom Blitz getroffen worden war. Jetzt hatte sie zwei Lieblingsbrüder.

Und eine Lieblingsschwester!

Ihr Vater verschwand im Haus, und Dizzy entspannte sich, da sie davon ausging, dass Miles ihn überzeugt hatte und er seine Trompete holte. Nigel ging auch rein. Dizzy wäre ihnen am liebsten nachgegangen. Sie wollte sich jede Ecke seines Hauses angucken, ganz besonders das Zimmer ihrer Schwester. Sie wollte alle Schubladen aufziehen, alle Geheimnisse lesen, alle Kleider ihrer Schwester anprobieren, aber dafür war keine Zeit.

Eine Minute später war ihr Vater zurück auf der Veranda, die Trompete in der Hand. Aber irgendwas stimmte nicht. Sein Cowboyhut fehlte und seine Lebenskraft anscheinend auch. Hatte jemand im Haus den Stecker aus ihm rausgezogen? Oder ihn kaputt gemacht?

»Ich kann nicht nach Paradise Springs.« Das sagte er voller Überzeugung, und das Schwirren in Dizzy verstummte. Sie hörte Musik im Haus; war sie die ganze Zeit zu hören gewesen? Jazz vielleicht?

»Es tut mir so leid«, fuhr er fort. »Euch beide zu sehen, hat mir so viel …« Sein Gesicht fiel in sich zusammen. »Ich kann es euch nicht sagen.« Er stützte sich am Türrahmen ab. »Ich kann es nicht.« Er hielt Dizzy die Trompete hin. »Clive kann sie spielen.«

»Wie meinst du das?«, sagte Dizzy. »Wynton hat dich sein ganzes Leben lang vermisst. Du bist derjenige, der ihn zu uns zurückbringen kann.«

»Es tut mir leid«, sagte er wieder.

»Aber du musst doch nur mit uns in den Truck steigen«, sagte sie. Sie konnte hören, wie schrill ihre Stimme klang, wie verzweifelt.

Ihr Vater sah sie an, dann Miles, als wolle er sich ihre Gesichter einprägen, legte die Trompete dann auf die Armlehne eines Schaukelstuhls, ging wieder rein und machte die Tür hinter sich zu.

Dizzy ging zur Tür und versuchte, sie aufzumachen, aber sie war verschlossen. Sie klopfte. »Bitte«, sagte sie, stellte sich auf die Zehenspitzen und versuchte, verkehrt herum durchs Guckloch zu spähen. »Du musst mit uns mitkommen.« Sie war kurz davor, hysterisch zu werden. Sie spürte es wie einen heraufziehenden Sturm. Sie wandte sich an Miles.

Er sah so aus, wie sie sich fühlte – zerstört. Er streckte die Hand aus, aber sie konnte sich nicht bewegen.

»Wir müssen zurück«, sagte Miles. »Wir brauchen ihn nicht, Dizzy. Haben wir noch nie.« Sie nickte, fühlte aber das Gegenteil. Sie nahm die Trompete und schleppte ihre toten Glieder zu Miles. Felix gesellte sich zu ihnen. Sie merkte, dass der Hund nicht mehr da war. War er drinnen? War er zurück zum Truck gegangen? Alles, was sie noch vor ein paar Augenblicken gefühlt hatte, hatte sich umgedreht. Sie war immer noch die kleinste Zwölfjährige auf der Welt. Sie war immer noch derselbe ängstliche, hässliche, freundlose Farbklecks mit Haaren, die man aus dem Weltraum sehen konnte, dessen Bruder vielleicht sterben würde. Hier fand nichts Wundersames statt. Auch nichts Normales. Denn selbst ihr Vater glaubte nicht an den Plan, der verständlicherweise für bestimmte Leute vielleicht nicht besonders logisch klang – aber warum er nicht wenigstens an der Seite seines Sohnes sein wollte, mit ihm sprechen und ihm Geschichten erzählen, sein Ohr auf sein Herz legen, wie sie und ihre Mutter das getan hatten, konnte Dizzy einfach nicht begreifen. Ihr wurde schwer ums Herz, wegen Wynton, wegen ihnen allen. Sie wusste, wie sehr Wynton diesen Mann liebte und sie auch, in nur ein paar Augenblicken.

Wieder einmal musste sie der Tatsache ins Auge sehen, dass Liebe nicht immer gegenseitig ist.

Ihr Vater liebte sie nicht zurück. Deswegen war er gegangen. Deswegen wollte er nicht mit ins Krankenhaus kommen.

Das Leben war ein schrecklicher Ort.

Sie war auf dem halbem Weg zum Auto, fühlte sich, als wäre wirklich alles vom Regal in ihrem Innern gewischt worden, als sie Miles sagen hörte: »Weiß Mom, dass du hier bist?«

Sie drehte sich um und sah, dass ihr Vater die Tür geöffnet hatte, sich nun als Silhouette in der schmalen Öffnung abzeichnete und sie beim Weggehen beobachtete. Ein Schatten, kein Mann. Er schüttelte den Kopf, sagte: »Als ich gegangen bin, habe ich ihr gesagt, dass sie nie versuchen soll, mich zu finden.«

Miles schluckte. Dizzy konnte sehen, wie das Licht aus dem Gesicht ihres Bruders sickerte.

»Ich habe immer gedacht, falls wir uns mal treffen, würde ich zu dir aufschauen«, sagte er zu ihrem Vater. »Ich dachte, ich würde genauso sein wollen wie du. Ich habe keine Ahnung, was passiert ist, dass das aus dir geworden ist.«

Aus Bernadettes Sammelsurium nicht abgeschickter Briefe

Lieber Wynton, lieber Miles, und liebe Dizzy,
das hier ist also, was passiert ist.
So viel, was ich euch nicht erzählt habe.
So viel, was ich euch nie erzählen wollte.
Doch alles fühlt sich so anders an, jetzt, da ich in diesem Krankenhauszimmer sitze, an Wyntons Seite, mit nichts als einem Stift und schrecklicher Angst als Gesellschaft.
Ich werde versuchen, so ehrlich wie möglich zu sein.
An dem Tag, an dem ich euren Vater kennengelernt habe, lebte meine Familie erst seit ein paar Wochen in Paradise Springs. Euer Großvater Victor Fall hatte meine Eltern angerufen und ihnen gesagt, er wolle eine private Weinverkostung mit ihnen veranstalten, in der Hoffnung, dass wir dann ausschließlich die Fall-Weine in *Christophe's Soufflé Shop* anbieten würden, sobald wir eröffnet hatten. Sie waren außer sich. Für meine Eltern war euer Großvater eine Berühmtheit. Jahrelang hatte meine Mutter ihn überall im Gesellschaftsteil des *San Francisco Chronicle* gesehen. »Er sieht aus wie ein blonder Clark Gable, nicht wahr?«, pflegte sie zu sagen und starrte den charmanten, imposanten (bösen!) Mann an, immer mit seiner eleganten Frau Eva am Arm. (Ich füge hier mal ein, wie froh ich bin, dass keiner von euch Victor kennengelernt hat und dass der Alkohol ihn ins Grab gebracht hat, bevor er noch mehr Leben zerstören konnte.)
Den ganzen Vormittag lang wiederholte meine Mutter

immer wieder: »Wer sind wir, dass Victor Fall uns besucht? Niemand! *C'est incroyable!*«, guckte dabei ständig heimlich in den Spiegel und wischte sich Puderzucker von der Nase, während wir schrubbten und wienerten und versuchten, *Sebastian's Spanish Bakery* vor seiner Ankunft in *Christophe's Soufflé Shop* zu verwandeln.
Meine Eltern waren dem Anlass entsprechend gekleidet, was bedeutete, dass sie ihre Schürzen abgelegt hatten, eine Seltenheit. Mein Vater setzte eine schwarze Baskenmütze auf anstatt der roten, und meine Mutter zwirbelte gekonnt ihr bestes Tuch zu einem Baiser um ihren Hals. Ich war gezwungen worden, mich auch »nett anzuziehen«, also zog ich meine nicht ganz so ramponierten schwarzen Stiefel an, nicht ganz so zerrissene Jeans. Dazu trug ich Christophes rot kariertes Flanellhemd und seine schwarze Lederjacke, die ich selten ablegte.
»Du siehst aus, als würdest du unter einer Brücke leben!«, sagte mir meine Mutter damals des Öfteren, was mich sehr stolz machte. Mit stacheligem Haar und Herzen hatte ich mich dem Sarkasmus verschrieben und der Empörung und behielt den Ozean der Gefühle, der in mir wogte, für mich.
Bis zu eurem Vater.
Jedenfalls, Victor stürmte an dem Tag in unser Leben, eine Hand in der Luft, um sich vorzustellen, die andere auf der knochigen Schulter von Clive, einer magereren und punkigeren Version seines Vaters. »Ich bin Victor Fall«, verkündete er dem Raum, als würde er eine vorbereitete Rede halten, was er auch tat. »Soweit ich weiß, sind Sie Franzosen, Monsieur und Madame Fournier, und als solche meinen Sie vielleicht, dass Sie Ihrem Burgunder aus

der Alten Welt unserem Pinot aus Kalifornien den Vorzug geben, aber das liegt nur daran, dass Sie meinen noch nicht gekostet haben. Meine Verwandtschaft aus der Alten Welt, Alonso und Maria Fall« – er zeigte auf etwas vor dem Fenster, und alle Blicke folgten seiner Geste zur großen Steinstatue eines Mannes – »ist aus Spanien geflüchtet, mit sechs seltenen, außergewöhnlichen – manche sagen sogar, magischen – Rebstöcken, um ein neues Leben in Amerika zu beginnen. Deswegen tragen meine Weine ebenfalls den Zauber der Alten Welt in sich.« Seine dröhnende Stimme hallte durch das Café und fand in meinen Eltern ein höchst aufmerksames Publikum. Sie starrten ihn gleichermaßen eingeschüchtert und ehrfurchtsvoll an, als er anfing, Weingläser aus einer Tasche zu ziehen. »Und was ist das für ein himmlischer Duft?«, fragte er mit erhobener Nase. Die erhobene Nase war typisch für alle, wenn sie ein Café meiner Eltern betraten. Niemand konnte backen wie sie, allerdings sehe ich voraus, Dizzy, dass du sie eines Tages in den Schatten stellen wirst.

»Das hat auch mit dem Zauber der Alten
Welt zu tun«, sagte mein Vater stolz. »Mein Schokoladen-Himbeer-Soufflé wird dafür sorgen, dass Sie sich verlieben.«

Ich guckte zu, wie Victor meinem Vater zu heftig die Hand schüttelte, dann die Finger meiner Mutter einen Augenblick zu lang hielt, was sie beide erröten ließ. Neben ihm kamen mir meine Eltern noch kleiner vor, noch gramgebeugter und altmodischer, als wären sie einer Schwarz-Weiß-Fotografie entstiegen, an das Ufer eines neuen Jahrhunderts gespült worden, wo dieser Mann König war.

»Das ist mein Sohn Clive«, sagte Victor dann und zog den Jungen zu sich ran. Mein Vater blickte Vater und Sohn mit solch einer Sehnsucht an, dass ich weggucken musste.

»Und das ist unsere wunderschöne Tochter Bernadette«, sagte mein Vater nach einer Pause, in der ich hörte, wie er stolz seinen Sohn vorstellte, was er nie wieder tun würde: *Voilà, mein Sohn Christophe*. Ich seufzte, weil ich wusste, dass ich nie genug sein würde.

»In der Tat, wunderschön«, sagte Victor, und zog die Wörter in die Länge, während er mich betrachtete.

Was hast du nur für große Zähne, dachte ich.

Clive sah mich mit aufgerissenen Augen und einem Hol-mich-hier-raus-Ausdruck an und führte in einer heimlichen Geste den Zeigefinger quer über seinen Hals. Ich lachte, und er erwiderte es mit einem kurzen schiefen Grinsen.

»Bedauerlicherweise hat Clive nicht die Gene seiner Mutter geerbt«, sagte Victor. »Sondern meine, der arme Junge. Meine Frau ist die Schönheit.« Wie gemein, dachte ich und sah, wie Clive sich duckte. Ja, Clive sah etwas räudig aus, aber wir hatten alle damals das gleiche Unter-der-Brücke-Stilgefühl. Ich war beeindruckt davon, dass Clive grüne Strähnen in seinem glatten Haar hatte, und ich mochte, dass es ihm wie ein Vorhang ins Gesicht fiel. Er trug genau wie ich eine abgenutzte Lederjacke, dazu eine rosa Sonnenbrille im Haar und schwarze klobige Stiefel, auch wie ich.

Doch trotz seines Moshpit-Aufzugs war Clives Gesicht viel freundlicher als das von Victor. Seine Augen waren mandelförmig und gütig. Sommersprossen überzogen

seine blassen Wangen. Er sah cool aus, und ich ahnte, dass er ein Unruhestifter sein musste (wie recht ich doch hatte), was mich neugierig machte.
»Wenn er doch nur meinen Verstand hätte«, sagte Victor und fuhr fort, seinen Sohn vor aller Augen zu demütigen. Seine Hand lag wie ein Schraubstock um Clives Nacken.
»Der hier meint, die Schule sei ein Witz«, sprach er weiter. Eine Wolke der Scham huschte über Clives Gesicht, während er den Blick senkte. Ich guckte zu meinen Eltern und merkte, dass auch sie sich fragten, wie ein Vater so grausam sein, ein Kind so als gegeben hinnehmen konnte. Clive wand sich aus dem Griff seines Vaters und fing an, Flaschen mit rotem und weißem Wein aus den anderen Taschen zu nehmen, die er und Victor reingetragen hatten, reihte sie auf dem Tisch auf und entkorkte mehrere davon.
»Der hier kommt in die zehnte Klasse und nie …«
»Die Soufflés sind fertig, Papa«, unterbrach ich ihn, damit Victor Clive nicht ein weiteres Mal beleidigen konnte. Clive warf mir einen Blick zu, mit dankbarem Gesichtsausdruck. Mein Vater runzelte die Stirn. Er hatte einen Küchenwecker im Kopf und wusste, dass die Soufflés auf keinen Fall fertig sein konnten.
»Ein paar Minuten noch, *mon ange.*«
Ich nickte und schrubbte die bereits saubere Tülle der Espressomaschine, musterte Clive verstohlen und fragte mich, wie bei jedem damals, Freund oder Feind?
Nachdem Christophe gestorben war, hatte ich mich von meinem Freundeskreis in San Francisco abgesondert. Ich hatte das Gefühl, dass sie mich nicht mehr länger verstehen konnten und ich sie auch nicht. So wie ich mich selbst nicht

mehr verstand. Der Mensch, der ich einmal gewesen war, war mit meinem Bruder gestorben. Ich fühlte mich leer und nichtssagend, wie ein Nicht-Mädchen. Aber eins, das die Welt mit bloßen Händen auseinandernehmen wollte.

Nachdem die Flaschen aufgereiht waren, begann die Verkostung. Aus lächerlich großer Höhe goss euer Großvater Victor den Wein in die Gläser, während er die verschiedenen Jahrgänge meinen Eltern vorstellte.

Clive schlurfte zur Theke rüber, wo ich die blitzsaubere Espressomaschine zum zehnten Mal seit ihrer Ankunft polierte.

»Magst du Kühe?«, fragte Clive mich und hüpfte auf einen Hocker.

Ich dachte, ich hätte mich verhört. Wollte er mit mir high werden? Nannten sie das hier in der Provinz so? Oder vielleicht waren die Kühe eine Band?

»Kühe?«, fragte ich. »So wie Muh?« Clive nickte, sein Gesichtsausdruck ernst, während er auf meine Antwort wartete.

»Ich glaube schon«, sagte ich, weil ich mir bisher keine großen Gedanken über Kühe gemacht hatte.

Er lächelte. »Ja, ich auch, sie sind das Beste, was es gibt. Einfach so gechillt. Sie verbringen zwölf Stunden am Tag damit, rumzuliegen. Schlafen nur vier. Sie haben auch Lieblingskuhfreunde, und wenn die nicht bei ihnen sind, sind sie supergestresst und traurig. Ein bisschen wie ich, wenn mein Bruder nicht da ist.«

Mein Herzschlag setzte für einen Moment aus. *Ein bisschen wie ich, wenn mein Bruder nicht da ist.* Das ging mir auch so. Ich war eine Kuh, die ihre Lieblingskuh verloren hatte.

Clive machte seinen Rucksack auf und nahm einen Stapel Polaroids raus. »Jetzt kannst du die Einheimischen kennenlernen.« Er breitete die Fotos vor mir aus, jedes davon eine Nahaufnahme von einem Kuhgesicht. »Ich arbeite an einem Projekt.« Liebevoll betrachtete er seine Rinder-Models. Von Anfang an, Kinder, hatte euer Onkel etwas Irritierendes an sich, als würden seine Einzelteile nicht richtig zusammenpassen: seine Großtuerei, die Bitte-schön-hier-bin-ich-Einstellung, dann die Art, wie er vor seinem Vater zusammenschrumpfte und nun diese höchst sonderbare Sache mit den Kühen. Ich wusste nicht so recht, was ich von ihm halten sollte.

»Ein Rinderporträt-Projekt?«, fragte ich.

»Klar«, antwortete er, als wäre das Rinderporträt-Projekt meine Idee gewesen, und er würde sich jetzt damit einverstanden erklären.

Was für ein komischer Junge, dachte ich. Er holte eine altmodische Polaroid-Kamera aus seinem Rucksack, hob sie an sein Gesicht. »Darf ich?«, fragte er. Ich nickte.

»Du hast übrigens Kuhaugen«, sagte er. »Ist mir sofort aufgefallen.« Er machte ein Foto von mir.

»Du kannst einem Mädchen doch nicht sagen, dass sie wie eine Kuh aussieht!«, rief ich.

Er legte das Foto von mir neben die anderen, während es sich entwickelte. »Habe ich doch gar nicht. Ich habe gesagt, du hast Kuhaugen. Das größte Kompliment überhaupt.« Er zeigte auf ein braunes Kuhgesicht. »Siehst du? Das sind die traurigsten Augen der Welt. In ihnen kannst du die gesamte Tragödie des irdischen Daseins sehen.«

Freund, beschloss ich auf der Stelle. Freund, Freund,

Freund. Dann gab mir Clive das Foto, das er gerade gemacht hatte. Mein Abbild tauchte allmählich aus der Dunkelheit auf. Ich lachte. Hatte ich gelacht, als er mir gesagt hatte, ich sähe aus wie eine Kuh? Anscheinend. Er nahm wieder die Kamera in die Hand. Ich zeigte ihm mit beiden Händen den ausgestreckten Mittelfinger.

»Bernadette!«, rief meine Mutter von der anderen Seite des Raums. »Sei höflich.«

»Wag es nicht, höflich zu sein, Bernadette«, flüsterte Clive, und seine hochgezogenen Augenbrauen und sein teuflisches Grinsen brachten mich zum Lachen. Wieder.

»Ich mag deine Haare«, sagte ich.

Er schenkte mir ein Natürlich-tust–du-das-Nicken. Dieser Typ!

»Wie alt?«, fragte er mich.

»Fünfzehn.«

»Ich bin schon sechzehn«, sagte er herablassend, aber ergänzte dann zu meiner Überraschung: »Meine Mutter ist sehr krank. Sie hat Krebs.« Er machte noch ein Foto von mir.

»Mein großer Bruder ist gestorben«, sagte ich und überraschte mich selbst. Außer mit meinen Eltern sprach ich mit niemandem über Christophes Tod.

Gefühle stürmten auf sein Gesicht ein. »Oh nein. Nein. Das ist ja schrecklich. Oh Mann. Das würde ich nicht überleben. Wenn meinem Bruder etwas passieren würde …«

»So geht es mir«, sagte ich. Er nickte, und irgendwie wusste ich, dass er mich verstanden hatte. Wir guckten beide auf das Abbild von mir, das immer klarer zu sehen war. »Ich will rosa Strähnchen.«

»Babyleicht«, sagte er. »Ich kann dir helfen. Nur, damit du Bescheid weißt, ich ziehe mich zwar so an, aber ich mag weder Punk noch Grunge besonders.«

»Oh, ich mag alle Arten von Musik«, sagte ich.

»Ich mag nur David Bowie«, sagte er. »Ich kann jedes Lied von ihm auf dem Klavier spielen und auf anderen Instrumenten auch. Ich kenne alle Texte …«

In dem Augenblick hörte ich Musik, eine Trompete vielleicht. »Das ist Theo«, sagte Clive stolz, und dann klingelte das Türglöckchen. Und da war euer Vater. Siebzehn Jahre alt, groß, mit langen braunen Ringellocken und dem Gesicht eines Engels. Ich habe tatsächlich bei seinem Anblick gekeucht, aber so getan, als müsste ich husten. Er kam zu uns rüber, die Trompete in einer Hand, ein Buch in der anderen und einen verbeulten Cowboyhut auf dem Kopf. Seine Augen waren dunkelgrün, wie Seetang, mit dichten Wimpern. Clive und ich sahen aus wie die Jugendlichen, die heimlich in irgendeiner Ecke rauchten. Theo sah aus, als würde er ein geflügeltes Pferd am Nachthimmel reiten. Oder sogar ein Einhorn.

Er legte sein Buch auf der Theke ab, streckte Clives Polaroid-Kamera, die jetzt auf ihn gerichtet war, den Mittelfinger entgegen.

Gleichgesinnte, dachte ich glücklich. Der Roman, den er las, war *Hundert Jahre Einsamkeit*, eins von Christophes Lieblingsbüchern.

»Darf ich dir Prinz Theo vorstellen?«, sagte Clive. »Lass dich nicht wie alle anderen täuschen. Er ist scheiße.« Ich konnte Clives Bewunderung für seinen großen Bruder aus dieser beleidigenden Vorstellung raushören. Sie war auch in der Art, wie er Theo ansah, unverkennbar. Genauso habe ich Christophe auch immer angesehen. In dem Moment konnte ich Clive wirklich verstehen. Wir waren zwei jüngere Geschwister, die ihre großen Brüder anbeteten und nie an sie rankommen würden.

»Hallo, Prinz Theo«, sagte ich, während mein Herz Tempo aufnahm.

»Mylady«, erwiderte er.

Ich versuchte, mir vorzustellen, wie es wohl wäre, mit so viel Schönheit durchs Leben zu gehen. Es ist komisch, denn in all den Jahren unserer Ehe habe ich Theo nie vor einem Spiegel gesehen. Er hatte keine Ahnung, wie umwerfend er war.

Theo rutschte auf einen Hocker neben Clive und sagte: »Wusstet ihr, dass in dieser Minute auf dem Jupiter ein Wirbelsturm tobt, der zweimal so groß wie die Erde ist? Und das seit dreihundert Jahren!« (Dizzy, du hast die gleiche Faszination für absonderliche Sachverhalte!)

»Er ist nicht bekifft«, sagte Clive, die Kamera auf seinen Bruder gerichtet. »So ist er einfach.«

»Das sagt genau der Richtige«, erwiderte Theo und zeigte auf die aufgereihten Kuhfotos auf der Theke. »Hat mein Bruder dir von seiner spirituellen Erfahrung erzählt?«

Clive versuchte, seine Hand auf Theos Mund zu legen, doch Theo ließ das nicht zu, und blitzschnell hatte er Clives Hand hinter seinem Rücken. Diese brüderliche Balgerei versetzte mir einen Stich. Theo fuhr fort: »Clive ist auf dem Weg nach Hause von der Schule über eine Weide gegangen, und da ist ihm in den Sinn gekommen, dass Gott sich in dieser einen Kuh befindet …«

»Das tut er!«, sagte Clive. »Du musst dir diese Kuh mal ansehen, Bernadette! Sie hat irgendwas an sich. Kommst du sie dir angucken?«
»Klar«, sagte ich schnell. Denn wer würde nicht gerne Gott in einer Kuh sehen? Und das war der Moment, in dem ich mich in Gedanken bei Christophe bedankte, der mir ganz sicher diese zwei wunderbaren Wahnsinnigen geschickt hatte. Ich guckte auf die Polaroids runter, die Clive von mir gemacht hatte, insgesamt drei. Auf ihnen war eine Version von mir zu sehen, die von Foto zu Foto glücklicher aussah.
Ich erinnere mich an dich, dachte ich.
Ich spürte, dass mich jemand anguckte, und als ich aufsah, traf ich den Blick meiner Mutter. Sie lächelte. Vielleicht hatte sie mich lachen gehört, dieser Tage eine Seltenheit. Mein Vater nippte am Wein, mit geschlossenen Augen und einem entzückten Gesichtsausdruck, nahm nichts anderes wahr als seinen Gaumen. Dann wanderte mein Blick zu Victor, und mein Atem stockte. Mit heimtückischer Miene beobachtete er uns – nein, nicht uns, sondern Theo. In seinem Blick lag viel zu viel Wolf.
Das war der Augenblick, in dem ich wusste, dass mit der Fall-Familie etwas ernsthaft im Argen lag. Ich verspürte einen überwältigenden Drang, mich vor Theo zu werfen, um ihn vor seinem Vater zu schützen. Stattdessen holte ich die Soufflés aus dem Ofen. »Eins für sie, eins für uns«, sagte ich zu Theo und Clive. »Oh, und es gibt eine Sache, die ihr wissen solltet. Man sagt ihnen eine aphrodisische Wirkung nach.«
Beide Fall-Jungs lächelten.

Und so begann es.
So begann alles.
B.

Kinder,
ich kann nicht aufhören zu schreiben. Ich will wieder dorthin zurück. Ich glaube, ich war nie glücklicher als in diesem ersten Sommer in Paradise Springs. Ich war so einsam gewesen und verloren, so wütend bis auf die Knochen, schäumte einfach nur angesichts der Ungerechtigkeit der Welt und musste das alles für mich behalten, und dann waren da euer Dad und Clive, die Fall-Jungs.
Ich verbrachte den Tag, nachdem ich die beiden kennengelernt hatte, damit, aus dem Fenster zu gucken und sie mir zurückzuwünschen. Und am selbem Nachmittag kehrten sie zurück. Sie wollten ihrer Mutter ein Soufflé ins Krankenhaus bringen, und bald danach waren es »Bernadette und die Fall-Jungs«. »Die Fall-Jungs und Bernadette«. Wir drei in einer Reihe im Kino, auf einem Felsbrocken hoch oben in den Bergen, auf einer Weide, während wir Gott in Form einer braunen Kuh anstarrten. Ich immer in der Mitte, Clive auf der einen, Theo auf der anderen Seite.
»Glaubst du, dass dein Bruder Christophe noch hier ist, also seine Seele?«, fragte mich Theo eines Tages. Wir drei lagen auf dem Rücken auf einer Wiese im hohem Gras, voller Wespen und Gänseblümchen und beobachteten,

wie sich rosa Wolkenbänder, die der Sonnenuntergang zurückgelassen hatte, am Himmel kräuselten. Ihre Mutter Eva war aus dem Krankenhaus entlassen worden, und es ging ihr besser, doch die Unvermeidlichkeit ihre Todes war immer bei ihnen. Das war ganz bestimmt der Grund, warum wir drei so gute Freunde geworden waren. Man weiß einfach, wenn Menschen mit dem Tod vertraut sind. Man sieht es in ihren Gesichtern, hört es in ihren Stimmen. Als wäre Trauer ein exklusiver Club, und die Mitglieder erkennen sich genauso mühelos, wie wenn sie Namensschilder tragen würden. Wir drei waren in dem Sommer VIP-Mitglieder.

»Mein Vater sagt, dass Christophe ihn in der Küche besucht«, sagte ich. »Aber ich glaube nicht, dass er mich besucht.« Ich fuhr mit den Händen über das kratzige Gras. »Es ist komisch. Ich glaube schon, dass er irgendwie Macht über uns hat, als würde er jetzt unser Leben dirigieren. Ich glaube, er hat dafür gesorgt, dass wir die Stadt verlassen und hierhergezogen sind, dass *Sebastian's Spanish Bakery* leer und zum Verkauf stand, dass ihr aufgetaucht seid. Ich glaube, er will, dass wir drei Freunde sind …« Zu meiner Überraschung berührten sowohl Theo als auch Clive daraufhin, von beiden Seiten, im selben Augenblick, meine Hand.

»Wir sind nur wegen der Soufflés mit dir befreundet«, sagte Theo, drehte mir den Kopf zu und lächelte mich an. Er rollte sich auf die Seite. »Und weil wir eine Schwester brauchten.« Diese Worte. Diese Worte von Theo, bis zum heutigen Tag klingen sie in mir nach. Ich spürte, wie etwas längst Vergessenes in mir aufstieg: Freude. Da hatte ich das

Bedürfnis, Theos Gesicht zu berühren. Und wenn ich das getan hätte? Wäre dann alles anders gelaufen? Ich glaube schon. Doch ich ließ meine Hand an meiner Seite liegen.

»Wisst ihr, was seltsam ist?«, sagte Theo. »Ich bin mir ziemlich sicher, dass ich neulich nachts Moms Geist gesehen habe. Ich bin geschlafwandelt und in der Hängematte aufgewacht, und da stand sie auf dem Feld. Ich bin zu ihr hingegangen, aber dann ist sie verschwunden. Ich habe das nicht geträumt. Ich weiß, es ergibt keinen Sinn, weil sie nicht tot ist.« Die Worte *noch nicht* schwebten in der Luft. Ich wollte nach Theos Hand greifen. Wieder tat ich es nicht.

Es wurde allmählich dunkel, die Wiese lag voller Schatten. Clive stand auf. »Lasst uns schwimmen gehen«, sagte er, seine Stimme brach. »Lasst uns in den verdammten Fluss springen.«

»Schon mal nachts geschwommen?«, fragte Theo mich. »Wir kennen den besten Platz. *Jeremiah Falls.* Direkt beim *Hidden Highway.* Wir werden trampen müssen. Mein Truck ist kaputt.«

Natürlich war ich noch nie nachts schwimmen gewesen. Oder per Anhalter gefahren. Oder hatte zwei Freunde wie Theo und Clive gehabt.

Zum ersten Mal seit langer Zeit fühlte ich mich glücklich.

In dieser Nacht schwammen wir so lange im Fluss, bis keine Spur des Todes mehr an uns haftete. Ich denke oft an diese Nacht zurück, wir alle jung und lebendig im Mondschein.

Ein paar Wochen später erfuhr ich mehr über Victor.

Wir schliefen im Fall Weinberg in unseren Schlafsäcken unter einem vollen Mond. Ich dachte, wir machen das nur zum Spaß, würde aber bald verstehen, dass Theo und Clive angefangen hatten, im Weinberg zu schlafen, um ihrem Vater aus dem Weg zu gehen. Ich kann mich noch so gut an diese Nacht erinnern, an die Vertraulichkeit. Die Art, wie unsere Stimmen sich in der Dunkelheit vermischten, als würden sich unsere Seelen miteinander verflechten. Zu dem Zeitpunkt hatte ich das Gefühl, ihnen alles anvertrauen zu können. Und sie empfanden wohl das Gleiche für mich, denn, nachdem wir kurz geschwiegen hatten, sagte Theo zu Clive: »Kann ich es ihr erzählen?«

»Mir was erzählen?«, fragte ich.

»Ich mache es nicht, wenn du das nicht willst«, sagte Theo.

»Es ist okay«, sagte Clive. »Sie ist jetzt unsere Schwester.«

Wieder diese Worte.

Theo setzte sich auf, sodass er nur noch halb in seinem Schlafsack steckte. »Unser Dad hat uns beigebracht zu kämpfen«, sagte Theo, während die Kojoten in der Ferne heulten. »Ringen und Boxen. Wir kämpfen gegeneinander, seit ich sieben und Clive sechs ist.« Clive rollte sich in seinem Schlafsack auf die Seite. Der Mond schien hell genug, um die Verzweiflung in seinem Gesicht auszumachen.

»Früher war es in Ordnung«, fuhr Theo fort. »Also, es hat Spaß gemacht. Na ja, Dad hat uns immer dazu gezwungen, gegeneinander anzutreten, bei allem. Als wir klein waren, da hat er uns gesagt, dass er nur einen von uns umarmen kann, und zwar den, der den besseren Witz erzählt.«

Clive sagte: »Theo hat dann einen grauenvoll schlechten Witz erzählt, einen, der völlig sinnlos war, damit ich umarmt wurde.«

»Oder Dad hat uns irgendwo am Berg rausgelassen«, sagte Theo. »Und uns dann gesagt, wer zuerst wieder zu Hause ist, darf mit ihm in die Stadt, ein Eis essen gehen.« Bitterkeit lag in Theos Stimme, die ich noch nie zuvor gehört hatte. Da dachte ich an die Art, wie Victor Theo vor so vielen Wochen im Café finster angeblickt hatte.
»Unsere Mom hasst es«, sagte Theo. »Hasst es so sehr.«
»Ich bin immer drauf reingefallen«, sagte Clive. »Ich wollte immer das Eis oder die Umarmung, wollte gewinnen, was ich immer getan habe, und habe erst, als ich älter wurde, kapiert, dass Theo mich gewinnen lassen hat. Aber wir hatten epische Kämpfe.«
»Ja, Clive ist angriffslustig«, sagte Theo mit warmer Stimme. »Aber ich habe ihn immer gewinnen lassen.«
»Nicht immer!«
»Immer, Clive«, sagte Theo. Ich weiß noch, wie ich Theo in diesem Moment angesehen und gedacht habe, dass er aussieht, als würde er im Mondlicht leuchten. Seitdem habe ich das noch so oft gedacht.
»Aber seit Mom im Krankenhaus ist, ist Dad … ich weiß nicht, was los ist. Neulich hat er uns nachts aus dem Bett geholt, damit wir kämpfen, und als wir in den Ring gestiegen sind – der Ring ist das Wohnzimmer, wir rücken dann das rote Sofa zur Seite –, hat er angefangen, total schreckliche Sachen zu sagen, um uns anzustacheln, damit wir aufeinander losgehen. Es war übel.«
»Was für Sachen?«
»Ich habe mich aufstacheln lassen, Theo. Du nicht.« Clive setzte sich auf, ruderte hilflos mit den Armen. »Ich habe mir solche Mühe gegeben, Dad nicht an mich ranzulassen,

aber er hat gesagt, dass alle Theo lieber mögen als mich. Dass Theo alles besser kann als ich. Er hat gesagt, ich wäre armselig, nutzlos. Er hat gesagt …«

»Er hat das nicht so gemeint«, sagte Theo und schnitt Clive das Wort ab. »Er hat diesen Scheiß nur von sich gegeben, damit du …«

»Was? Damit ich dich verprügele?« Clive atmete laut aus, jämmerlich. »Es hat funktioniert. Theo hat sich geweigert zurückzuschlagen. Er hat nur so getan, sich zusammengerissen, egal, was Dad auch gesagt hat, aber ich nicht …«

»Es ist okay«, sagte Theo zu Clive. »Du hast mir nicht wehgetan.« Da habe ich mich auch aufgesetzt, ein flaues Gefühl im Magen. »Er will, dass wir einander hassen, und je näher wir uns sind, desto angepisster wird Dad.«

»Warum?«, habe ich gefragt. »Warum würde irgendein Vater wollen, dass seine Kinder sich hassen?« Ich war entsetzt. »Er kann euch nicht zwingen, gegeneinander zu kämpfen. Könnt ihr nicht einfach Nein sagen?«

»Das haben wir versucht«, sagte Clive. »In der nächsten Nacht ist es wieder passiert. Theo hat gesagt, dass er nicht mehr gegen mich kämpfen will. Dad ist durchgedreht.« Clive schaltete seine Taschenlampe an und richtete sie auf Theos Brust. »Zeig es ihr.«

Theo hob sein Shirt hoch, um eine blaue Galaxie auf einer Seite zu entblößen. »Dad hat Theo gegen das Treppengeländer geschubst, als er versucht hat zu entkommen.« Clive guckte seinen Bruder an und sagte: »Aber das wird nicht wieder passieren. Dad ist nur außer sich wegen Mom.«

»Es wird wieder passieren, Clive.« Die Art, wie Theo das sagte, ließ mich erschauern.
»Hat dein Dad dich schon einmal verletzt, Theo?«, fragte ich.
Clive verkrampfte sich. Theo musterte Clive und schüttelte dann den Kopf. Aber Theo hatte gelogen.
In dieser Nacht lag ich noch lange wach, nachdem die beiden eingeschlafen waren, beobachtete, wie sie sich im Schlaf einander zuwandten, wie sich Theos Arm schützend um Clive legte. Da habe ich gespürt, dass Theo alles für Clive tun würde. Alles.
Und dann ist etwas völlig Verrücktes passiert.
Theo ist aus seinem Schlafsack aufgestanden und hat angefangen zu schlafwandeln, ist tief in den Weinberg reingegangen, seine Trompete in der Hand. Ich konnte es nicht fassen. Und hatte gar nicht gewusst, dass er die Trompete dabeihatte.
Ich habe Clive geweckt.
Ich hatte noch nie jemanden schlafwandeln sehen, konnte nicht glauben, wie anmutig er sich zwischen den Weinstöcken bewegte. Clive und ich sind ihm hinterhergekraxelt wie zwei unkoordinierte Krabben. Zuerst konnten wir nicht aufhören zu kichern, zu stolpern, gegeneinanderzuprallen, während Theo mühelos durch die Nacht segelte, über Wurzeln und Steine schritt, als würde er eine Nachtsichtbrille tragen.
Halb Junge, halb Wind, habe ich gedacht und Theo beobachtet, und als er an den Rand des Weinbergs kam, hat er seine Trompete an den Mund geführt und angefangen zu spielen. Im Schlaf! Mir ist ein Schauer

den Rücken hinuntergefahren. Clive und ich sind Theo durch die Reihen der Weinstöcke gefolgt, die Musik – Jazz vielleicht? Etwas Klassisches? – schwebte in der Luft, bis das erste Morgenlicht am Himmel auftauchte.
Meine Familie ist damals einmal im Jahr, an den höchsten jüdischen Feiertagen, zu der einen Synagoge in der Gegend gereist, die etwa hundert Kilometer entfernt war. Beim Gottesdienst an Jom Kippur habe ich meine Zeit damit verbracht, die anderen Kinder zu beobachten, die genauso gelangweilt waren wie ich, von dem ewigen Aufstehen und wieder Hinsetzen, dem unverständlichen Hebräisch, ganz zu schweigen davon, dass wir alle vom Fasten hungrig waren. Ich habe Gott dort nie gespürt, genauso wenig wie in Clives Kuh oder woanders. Ich hatte gedacht, wenn er denn existiert, hätte er sich gezeigt, als Christophe gestorben ist. Bevor er gestorben ist. Er hätte meinen Bruder gerettet.
Doch dort im Weinberg, während Theo diese Traummusik im Schlaf gespielt hat, mit Clive an meiner Seite, habe ich zum ersten Mal in meinem Leben die Anwesenheit von etwas gespürt, für das ich allein das Wort *Gott* habe. Es fühlte sich an, als hätte sich eine himmlische Hand auf meine Schulter gelegt. Clive hat mich angelächelt, und ich wusste, dass er es auch spürt. Ein Mehr.
Ein Mehr an Welt, erinnere ich mich gedacht zu haben. Ein Mehr und noch ein Mehr und dann noch ein Mehr an Welt. (Haltet Ausschau nach diesen Augenblicken, meine Kinder.)
»Guck mal«, habe ich Clive zugeflüstert und ans Ende einer Reihe von Weinstöcken gezeigt. Ein schwarzer Hund, ein paar Eichhörnchen und zwei Rehe verharrten dort, als hätte die Musik sie angelockt.

»Ich wünschte, wir hätten das auf Video«, habe ich zu Clive gesagt. »Er wird es nicht glauben.«
»Ich kann es nicht glauben.« Clives Stimme war voller Ehrfurcht.
Theo hat dann aufgehört zu spielen, das Konzert war vorbei, er hat sich auf dem Boden zusammengerollt, das schwindende Mondlicht hat ihn gefunden, sodass er dort auf der Erde geleuchtet hat. Clive und ich haben uns zusammengekauert und zugeguckt, wie sich die Tiere Theo genähert und sich dann um ihn herum gesetzt haben.
»Was ist hier los?«, hat Clive geflüstert.
»Er ist magisch«, habe ich gesagt.
»Ich glaube, mit mir stimmt irgendwas nicht«, hat Clive geflüstert. »Mach dich nicht über mich lustig, Bernadette, aber ich habe das Gefühl, ihn zu sehr zu lieben. Das bringt meine Brust um.«
Am liebsten hätte ich gesagt, *Ich auch*, aber ich habe es für mich behalten.
Das war wohl die Nacht, in der ich mich in euren Vater verliebt habe. Sie gehört zu meinen schönsten Erinnerungen.
Clive zeigte auf die Menagerie mit Theo in der Mitte.
»Der schwarze Labrador Sandro gehört den Bells, aber er schleicht sich nachts in Theos Zimmer. Und manchmal fliegen Vögel zu seinem Fenster und hocken dort auf dem Fensterbrett, während er schläft«, sagte Clive.
»Wirklich?«
»Mädchen auch. Sie kampieren in dem Baum vor seinem Fenster.«
»Warum?« Also diese Vorstellung gefiel mir gar nicht.

Clive zuckte mit den Schultern. »Ein Mädchen, Lucinda Paul, hat sich geweigert zu gehen, bis er ihr versprochen hat, sie zu so einer Tanzveranstaltung mitzunehmen.«

»Hat er es gemacht?«

»Ja. Aber nur um Dad davon abzuhalten, ihre Eltern wegen der Geschichte mit dem Baum anzurufen.« Er zeigte auf Theo. »Dad sagt vielleicht gemeine Sachen zu mir, aber es ist Theo, den er hasst. Er erlaubt Theo nicht, zu Hause auf seiner Trompete zu spielen, sagt, das tut ihm in den Ohren weh, aber singt immer mit, wenn ich Klavier oder Gitarre oder was auch immer spiele. Er geht nie zu Theos Leichtathletikwettkämpfen oder sagt etwas zu seinen perfekten Zeugnissen, wenn ich aber eine mittelmäßige Note schreibe, bekomme ich einen Eisbecher.« Clive wandte sich mir zu. »Wir haben mal Verstecken gespielt, als wir klein waren, und Dad hat mich gefunden und ist mit mir in die Stadt zum Eisessen gegangen. Wir haben Theo einfach in seinem Versteck zurückgelassen. Stundenlang. Ich habe mitgemacht, fand das lustig, bis wir zurückkamen. Theo war immer noch in seinem Versteck im Wäschekorb. Er hat geweint, und Theo weint nie. Er wollte tagelang nicht mit mir sprechen.« Clive guckte auf seine Füße. »Diese Tage waren die schlimmsten meines Lebens. Das ist nicht gelogen.«

»Schon klar«, habe ich gesagt. Während ich mir Theo dort auf dem Boden anguckte, schlafend, umringt von Tieren, konnte ich verstehen, dass eine Welt ohne Theo dunkel sein würde.

Und ich hatte recht. Das ist sie.

Mom

MILES

Miles hatte sein ganzes Leben damit verbracht, seine Gefühle zu verstecken, nur um zu erleben, wie sie alle auf einmal aus ihm herauswirbelten, als er seinem Vater begegnete. Als er zum Auto zurückging, wusste er nichts mit sich anzufangen, wollte am liebsten aus der Haut fahren. Dizzy und Felix saßen schon in der Fahrerkabine. Miles rief nach Sandro und kletterte in den Truck, um zu sehen, wie Dizzy die Trompete fest in den Armen hielt, am Boden zerstört.

»Wir brauchen ihn nicht, Dizzy«, sagte er.

»Tun wir doch. Hast du es nicht gespürt?«

Er hatte es gespürt. *Es* bedeutete für ihn: alles. »Aber wir haben die Trompete«, sagte er, damit sie sich besser fühlte. »Das wird funktionieren, stimmt's?«

Sie sah ihn an, als wäre er völlig blöd. »Wir brauchen ihn bei uns, weil er unser Vater ist, Miles.«

Er musterte seine kleine Schwester. Diesen Kummer trug sie anders als den der vergangenen Tage. Die beständige Blase aus Optimismus, die Dizzy zu Dizzy machte, war geplatzt, und Hoffnungslosigkeit war in ihren kleinen Körper eingedrungen. Das war an ihren herabhängenden Schultern zu sehen, ihren schmerzerfüllten Augen, dem gesenkten Kopf. Er konnte es nicht ertragen. Was für ein Arschloch von Vater tat das einem kleinen Mädchen an? *Seinem* kleinen Mädchen? Schlug ihr die Tür vor der Nase zu? Wie konnte er das tun? Seine Fäuste waren zwei Handgranaten an seiner Seite.

Er lehnte sich aus dem Truck, entspannte seine Kiefer und rief wieder nach Sandro. Dann rief er noch mal nach dem Hund, diesmal in Gedanken. Sie mussten endlich los. Wo war Sandro? Er zog doch sonst nicht alleine los.

»Warum will er nicht unser Vater sein?«, fragte Dizzy leise.

»Nur ein Idiot würde nicht gerne dein Vater sein«, erwiderte Felix. Miles lächelte ihn an, war so dankbar, dass Felix dabei war. Er verspürte den Drang, ihm etwas zu schenken, so was wie die Golden Gate Bridge oder den Mount Everest. Was er wohl von all dem hielt? Von Miles' epischem Ausraster?

»Bin gleich zurück«, sagte Miles. »Ich hol Sandro.«

»Können wir kurz über was anderes reden?«, hörte Miles Felix zu Dizzy sagen, als er aus dem Truck hüpfte. »Darüber, wie großartig es ist, dass Cassidy deine Halbschwester ist?«

Zärtlichkeit erdrückte ihn bei diesen Worten. Felix wäre bestimmt ein krass cooler großer Bruder. Miles ging langsam, um Dizzys Antwort mitzukriegen.

»Das ist das Beste, was mir je passiert ist«, sagte sie feierlich und ergänzte dann: »Deswegen kennt sie wohl unsere Familiengeschichte, weil es auch ihre Familiengeschichte ist.«

Jetzt stürmte Zuneigung für Dizzy auf ihn ein, doch während er den Pfad runterging, verwandelte sich diese Zuneigung in Zorn und ein paar Schritte weiter in wild um sich schlagende Wut, mit Zähnen und Klauen. Je näher er an das gelbe Haus ranging, desto mehr blutrote Worte erfüllten seinen Kopf – er würde seinen Vater damit in Stücke reißen. Denn was für ein Unhold war dieser Mann? Wie konnte er Dizzy das antun? Wie konnte er seinen Sohn nicht sehen wollen, dessen Herz gerade stehen geblieben war? Und was stimmte nicht mit Miles, dass er sich krank vor Verlangen nach diesem Mann fühlte und ihn zur gleichen Zeit möglicherweise umbringen würde? Außerdem, wer hätte gedacht, dass sich vor seiner Schwester zu outen, das unwichtigste Ereignis der letzten paar Stunden sein würde?

Während er auf die Haustür zuging, hörte Miles Jazz. War das schon vorher zu hören gewesen? Es war ihm nicht aufgefallen. Er klopfte weder noch klingelte er. Die Tür stand auf, wahrscheinlich war sie aufgeblieben, als der Mann ihnen beim Weggehen zugeguckt hatte, weil er dachte, er wäre mit ihnen fertig.

Tja, da hast du dich wohl geirrt, mein Lieber.

Miles schob die Tür auf und betrat einen riesigen Raum mit einer gewölbter Balkendecke. Sein Vater war nicht da. Sandro auch nicht. Er sollte auch nicht hier sein, das wusste er. Er fühlte sich wie ein Einbrecher in dem luftigen Raum, randvoll mit den vollen, üppigen Klängen von Trompete, Bass, Klavier.

So unangemessen, dachte Miles, genauso wie das Sonnenlicht, das freudig durch die großen Fenster strömte. Am hinteren Ende des Zimmers stand eine Wand mit Büchern, mit einer Leiter, um die Werke ganz oben erreichen zu können. So viele Bücher. Und zu seiner Linken war eine ähnliche Wand mit einer Leiter, nur dass die Regale dort voller Schallplatten waren.

Miles' hungrige Augen erfassten den Raum, staubsaugten das Leben des Mannes auf, Zentimeter für Zentimeter. Am anderen Ende des Wohnbereichs stand ein großer Esstisch, auf dem ein aufgeklappter Laptop stand und dahinter ein Weinkühlschrank mit Hunderten von Flaschen. Zu seiner Rechten war ein Kamin, groß genug, dass Miles sich hätte reinsetzen können. Er guckte sich die Fotos auf dem Kaminsims an. Sein Vater und Cassidy auf Pferden. Sein Vater und Cassidy im Weinberg. Sein Vater und Cassidy, die an jenem Wohnzimmertisch vor dem Sofa saßen, darauf ein schiefer Geburtstagskuchen voller Kerzen. Sein Vater lächelte von Ost nach West, kurz davor, sie auszublasen. Er hatte das Lächeln des Mannes noch nicht gesehen, und es versetzte ihm einen Stich. Genauso wie die Beweise dafür, dass er ein anderes Kind liebte. Warum konnte er ihr ein Vater sein und ihnen nicht? Es gab keine Fotos von Cassidy als kleines Kind und keines mit einer Mutter, einer Ehefrau oder einer Freundin. Er wusste auch gar nicht, wie alt Cassidy war. Hatte sein Vater eine Affäre gehabt? Oder war Cassidy aus einer Beziehung, bevor er Mom geheiratet hatte? Oder war sie vielleicht das Kind ihrer Mutter? Nein, das schien nicht möglich. Der Schmerz in seiner Brust war jetzt messerscharf. Er hatte den Drang, überall in den Raum zu pissen, jedes kleine bisschen für sich in Anspruch zu nehmen.

Er fuhr mit der Hand über die Armlehne einer riesigen gelben Ledercouch. Davor stand ein großer, niedriger Wohnzimmertisch aus Holz, voll mit noch mehr Büchern und Alben sowie einem angefangenen Backgammonspiel und Scrabble. Ein Kartenspiel mit einer Punktekarte daneben: *Cassidy* und *Dad* stand darauf, gefolgt von zwei langen Spalten mit Zahlen, in vermutlich Cassidys Handschrift – oder auch der seines Vaters, falls der sich selbst als *Dad* bezeichnete. *Ihr* Dad. Er kannte nicht mal die Handschrift seines Vaters. Sein Vater und Cassidy spielten dieses Kartenspiel wahrscheinlich seit Wochen. Daneben stand ein altmodischer Plattenspieler, der sich drehte. Er hatte das überwältigende und beunruhigende Gefühl, dass dieser Raum der Ort war, wo er all die Jahre hingehört hatte, wo er sich zu Hause gefühlt hätte. Doch hier war er nicht erwünscht. Es war schlimmer als von Wynton und Dizzy abgewiesen zu werden, weil er sich ihnen gegenüber immer fremd gefühlt hatte. Sein Vater und Cassidy schienen aus demselben Stoff wie er zu sein, Menschen, die so lasen wie andere atmeten. Cassidy hatte diese Bücher, diese Spiele, diese Musik, dieses Sonnenlicht, diesen Mann gehabt und er nicht. Er musste würgen und dann ein paar Mal tief durchatmen, damit er nicht über den gesamten Tisch kotzte, über ihr schönes Vater-Tochter-Leben.

Er war nichts als ein Staubkorn, so wenig war er hier von Bedeutung.

Er ging zu einer Wand, wo ein gerahmtes Foto von Cassidy hing. Sie saß auf einem Felsen in einem Fluss, ihre Haare waren auf dem Foto blond und wallten ihr über den Rücken. Sie blickte versonnen, und Miles fragte sich, worüber sie wohl gerade nachdachte. Er wäre gerne in ihren Gedanken rumgeschlendert, tagelang, jahrelang. Wieso war ihm nicht aufgefallen, wie ähnlich sie sich sahen? Abgesehen von den Haaren, seine dunkel wie die seines Vaters, ihre hell wie die ihrer Mutter? Wer war ihre Mutter? Und wie lange wusste Cassidy schon von ihnen, ihren Halbgeschwistern in Paradise Springs? Denn sie wusste eindeutig Bescheid. Hatte sie es gerade erst erfahren? Dachte sie immer noch, ihr Vater hieße Dexter? Wo war ihre Mutter jetzt? War Cassidy nach Paradise Springs gefahren, um sie alle kennenzulernen und hatte dann in letzter Sekunde gekniffen? Hatte sie Miles an dem Tag in dem orangefarbenen Truck erzählen wollen, wer sie war? Miles spürte, dass es so gewesen war. Immer wieder. Gott, im Nachhinein war es so offensichtlich. Natürlich war sie seine Schwester. Sie fühlte sich an wie die andere Hälfte seiner Seele.

Und Dizzy hatte recht. Die Familiengeschichte der Falls war auch Cassidys Geschichte. Deswegen wusste sie sogar über die lila, grünen und blauen Streifen in seinem Schlafzimmer Bescheid. Ihr Vater hatte sie ihr wahrscheinlich genau an diesem Tisch erzählt, bei einem prasselnden Feuer, und sie hatte die Familiengeschichte in Erzählungen voller Magie verwandelt, die sie dann Felix zum Besten gegeben hatte. Er erinnerte sich daran, wie sie gesagt hatte: *Manchmal lese ich sie nicht mal in der richtigen Reihenfolge, sondern nur ein paar aus einem Buch, ein paar aus einem anderen, egal, die ganze Nacht lang. Weil alles – und ich meine alles von allem – einfach eine sehr lange Geschichte ist.*

Er war froh, dass er jetzt mit ihr in dieser sehr langen Geschichte war. Selbst wenn ihr Arschloch von Vater sich weigerte, ihm ein Vater zu sein, ihnen allen dreien. Er merkte, dass er mit den Zähnen knirschte und hörte damit auf, als er schwere Schritte die Treppe hinunterkommen hörte, und dann stand da sein Vater am Fuß der Treppe, Sandro in den Armen.

»Sandro hat sich unter meinem Bett versteckt«, sagte der Mann. »Ich wollte ihn zu euch rausbringen.«

Miles untersuchte das vertraute Gesicht dieses fremden Mannes von der anderen Seite des Raums – wie schon draußen raubte es ihm den Atem. Miles war eine schmalere, jüngere Kopie dieses Mannes: dasselbe Modell, anderer Jahrgang. Es war unheimlich – als würde er sich in der Zukunft sehen. Er fragte sich, ob sein Vater auch das Land der Finsternis aufsuchte. Er glaubte schon. (Und Alonso Fall übrigens auch, denn was war mit dieser Zeit, in der er Dunkelheit ausgestrahlt hatte?)

Trauer schien seinem Vater überall anzuhaften, war in seiner Körperhaltung zu sehen, seinem Blick, der Miles in diesem Moment geradezu verschlang, ihn ganz benommen machte, unstet auf den Beinen, unstet in der Seele. Ja, Miles hatte über die Jahre heimlich nach Weinrezensionen gesucht und E-Mails an einen Fantasie-Vater geschrieben, doch fragte er sich jetzt, wie viel von der Sehnsucht im Kern seines Wesens, wie viel von dem Gefühl des emotionalen Exils, wie viel von all den einsamen, hoffnungsdurchsetzten Stunden der Tatsache zuzuschreiben war, dass dieser Mann ihn verlassen hatte. Was wäre, wenn diese tief sitzende Angst, dass etwas in seinem Kern nicht stimmte, verquer war, mit der Ablehnung dieses Mannes *begonnen hatte* und nur von seinen Geschwistern *verstärkt* worden war? Diese Erkenntnis erschütterte ihn. Denn was wäre, wenn er sich all die Jahre geirrt hätte und sein Vater, nicht Wynton, der Urknall von Miles' versehrtem psychischen Universum war? Und wahrscheinlich von Wyntons auch.

Nein, nicht wahrscheinlich, ganz bestimmt. Sein Leben lang hatte Wynton diesen Schmerz und diese Wut mit sich herumgetragen, die Miles heute zum ersten Mal durchmachte. Denn erst seit er in diesem Raum voller Bücher und Musik und Liebe war, in der Anwesenheit dieses Mannes, verstand Miles, was Wynton schon immer gewusst hatte – wie viel ihnen entgangen war.

In Miles' Kehle saß ein enger Knoten aus Schmerz – und eine Sehnsucht von der Größe eines Kontinents in seinem Herzen.

Miles' Blick glitt zu Sandro, so zu Hause in den Armen seines Vaters.

Verräter.

Sandro reagierte nicht.

Was soll das, Sandro?

Nichts.

Willst du jetzt so tun, als könntest du mich nicht hören?

Noch immer nichts.

Warum ignorierst du mich?

Sandro wandte seine Schnauze in Richtung Miles, aber guckte ihn nicht an.

Weil ich bleibe, Miles, und ich weiß nicht, wie ich dir das sagen soll. Ich bleibe bei Dornröschen.

Dornröschen? Was? Er *ist Dornröschen? Du willst mich verarschen, Sandro. Dornröschen ist mein Vater? Ich dachte, Dornröschen wäre ein anderer Hund?*

Dein Vater hat früher immer auf eurem Grundstück geschlafwandelt und dann im Weinberg im Mondlicht geschlafen. Meine menschliche Mom Rory hat ihn immer Dornröschen genannt.

Warum hast du mir das nie erzählt?

Du hast nie gefragt!

Kann er uns hören?

Ich glaube nicht. Dornröschen und ich haben nie auf diese Art miteinander kommuniziert.

Miles konnte nicht anders.

Liebst du ihn mehr als mich?

Frag mich so was nicht.

Das muss ich nicht mehr. Du hast es mir gerade gesagt.

Das Blut schoss durch Miles' Adern, als er das in sich aufnahm, seinen Vater ansah, der dort stand, Miles' ureigenes Gesicht auf seinem Schädel, während er Miles' ureigenen Ersatzhund und besten Freund auf Erden in den Armen hielt. Sandro hatte seine Schnauze unter das Kinn des Mannes gesteckt. Er sah zufriedener aus, als Miles ihn je gesehen hatte, weil dieser Mann mit Miles' eigenem Gesicht die Liebe dieses Hundelebens war.

Dieser Hund, der Miles nicht genug liebte, um bei ihm zu bleiben, genau wie dieser Mann.

Alles, was Miles hatte sagen wollen, räumte das Feld. Seine Körpertemperatur stieg an, seine Gedanken waren im Mixer. Er hatte das Gefühl, er könnte Felsen mit den Händen zertrümmern. Er warf einen Blick auf das Foto von dem Mann, der mit seiner hübschen jugendlichen Tochter Geburtstagskerzen ausblies, ein stolzes Lächeln auf seinem väterlichen Gesicht, und ein Damm brach. Geysire und Geysire aus Verrat und Wut und lebenslangem Schmerz brachen aus Miles hervor und stellten seine vorherigen Wutausbrüche in den Schatten. Er konnte kaum sehen, kaum atmen, dachte, sein Kopf würde gleich wegfliegen. Denn wie konnte dieser Mann sich erdreisten – dieser Urknall versehrter psychischer Universen –, Miles' Gesicht zu haben! Wie konnte er sich erdreisten, so viele Bücher zu haben! Wie konnte er sich erdreisten, ein anderes Kind großzuziehen! Wie konnte er sich erdreisten, wochenlang mit ihr Karten zu spielen! Wie konnte er sich erdreisten, Wyntons Leben nicht zu retten!

Wie konnte er sich erdreisten, Miles' Hund zu stehlen!

Es war zu viel!

Alles war zu viel!

»Fickt. Euch. Doch. Beide. Ins. Knie. Ihr. Arschlöcher«, sagte Miles, nicht nur für sich, sondern auch im Namen von Wynton und Dizzy, genoss jedes einzelne Wort, kostete es aus. »Ich wünsche euch beiden ein schönes Leben.«

Und er war weg.

CASSIDY

Wenn du ein gelbes Haus hast, ein Mountainbike, einen Briefkasten mit einem Vogelfutterhäuschen oben drauf, ein Smartphone, einen Vater mit einem Cowboyhut, eine Adresse in der Dandelion Road, an einem Ort namens Whispering River, eine Küche, in der du zusammen mit einem lustigen, schlaksigen Kellermeister namens Nigel kochst, Mrs McGeralds als Nachbarin auf der einen Seite und die Heredias auf der anderen, zwei Pferde (Chet und Billie), zwei Schweine (Mingus und Parker), drei Hühner (Coltrane, Monk, Rollins), eine Verandatreppe, auf der du bei Sonnenuntergang zusammen mit deinem Dad sitzt, wo er dir erzählt, warum die Trauben, aus denen der Pinot Noir gemacht ist, dir das Herz brechen und dass die großen Weine Liebesgeschichten in Flaschen sind.

Wenn du ein Zimmer mit einer Fensterbank hast und lila Vorhänge, ein richtiges Bett, eine Hauptstraße, die auf einen Platz mündet, mit Becky, die in der Bäckerei arbeitete und Ami in der Eisenwarenhandlung. Wenn du auf die Highschool gehst und zur Tanzstunde und zum Geländelauf und zur Mall. Wenn Freundinnen bei dir übernachten, du dich in lauten Klassenzimmern lümmelst, beim Springbrunnen auf dem Schulhof rumhängst, mit Leuten in deinem Alter am Fluss feierst. Wenn du dich so oft eingeloggt hast, um sinnloses Zeug zu streamen. Wenn du Kuchen gebacken und Pizza bestellt und Popcorn gemacht und Geburtstagskerzen ausgeblasen hast. Wenn du einen Nachnamen hast.

Dann fängst du an zu vergessen, wie es vorher war.

Ich fange an zu vergessen, Wynton, wie es war, auf gummiweichen Autobeinen, mit steifem Nacken aus Sadie Mae zu hüpfen, nach Hunderten von Kilometern Fahrerei, immer der leuchtenden Sonne entgegen, mir mein Strandkleid über den Kopf zu ziehen und es einfach fallen zu lassen, während ich über den heißen Sand renne, Hand in Hand mit einer Rosa Ahornmotte von Mutter, schreiend und jauchzend auf dem Weg zu der Badestelle, auf die wir uns die letzten zehn Stunden gefreut haben, uns vorgestellt, wie es sich anfühlen wird, in das kühle Wasser einzutauchen, und dann sind wir da, am Rand des Felsvorsprungs und zählen: drei, zwei, und sind beide zu aufgeregt, um bis eins zu warten, also springen wir in die Luft, und als unsere wüstenerhitzten Körper in das kühle blaue Wasser sinken, ist das eine Offenbarung. Denn wie meine Mutter versprochen hat, gab es Zeiten, in denen uns die himmlischen Mächte ohne Zweifel wie zwei Tacos verschlungen haben.

Ich vergesse es, wenn ich durch den Weinberg stapfe und mein Vater mir Trauben in den Mund wirft, als er mir beibringt, ein Pferd zu reiten, Gitarre zu spielen, Auto zu fahren (legal), zu erkennen, was der Unterschied zwischen *Hard Bop* und *West Coast Jazz* ist.

Ich vergesse es, wenn ich mit meinem Dad den Berg hochreite, wo ich Billie Äpfel auf der Hand gebe, Billie, der mein Pferd geworden ist; und während mein Vater und ich schweigend in der Sonne sitzen, wird mir klar, dass ich mich in seiner Anwesenheit mehr wie ich selbst fühle, als wenn ich allein bin, was seltsam ist, weil ich mich mit Marigold nie wie ich selbst gefühlt habe, nie das Empfinden hatte, ein von ihr getrenntes Selbst zu haben.

Ich vergesse es, als seine Geheimnisse an die Stelle von ihren treten, als ich den Ehering in seiner Tasche finde, mit der Inschrift *DU BIST MEINE EWIGKEIT, MEIN FÜR IMMER, MEIN EIN UND ALLES*, obwohl er behauptet hat, dass er nie verheiratet war, niemanden auf der Welt hat, abgesehen von mir.

Ich vergesse es, wenn ich ihm dabei zugucke, wie er die Wand anstarrt, als wäre es der Horizont, wenn ich Glas in seinem Büro in der umgebauten Scheune zersplittern höre und durch einen Spalt im Holz sehe, wie mein Vater Weinflasche für Weinflasche zerstört, sie auf den Boden schleudert, während Nigel an meiner Seite mir erklärt, dass das manchmal vorkommt. Ich vergesse es, wenn er sich das ganze Wochenende in sein Schlafzimmer zurückzieht und ich mich frage, ob er in der Stillen Welt ist, ob ich jetzt sein Leben zerstöre, so wie ich Marigolds zerstört habe.

Ich vergesse es, als er mich fragt, was meine Lieblingsfarbe ist und ich es ihm sage – dieselbe wie das Wort *Liebe*: Lila –, und er ausruft, dass ich genauso wie er Synästhesie habe, weil er Musik in Farben sieht, und das fühlt sich an, als wäre ich Mitglied im coolsten Club aller Zeiten, und ich frage mich, ob Marigold je irgendetwas von mir mitbekommen hat, denn wieso hat sie das nicht gemerkt?

Ich vergesse es, wenn ich durch die Flure der Schule ziehe, mit meinen besten Freundinnen Olan und Summer, als wir drei uns den Bauchnabel piercen, uns blaue Vögel auf die Oberschenkel tätowieren lassen, uns gegenseitig die Haare erst rot, dann blau, dann pink färben und schließlich aufs Ganze gehen, in allen Farben des Regenbogens; wenn wir aufbleiben, um Brownies zu backen, wenn wir heimlich Weinflaschen meines Vaters aus dem Haus schmuggeln, um sie am Fluss zu trinken, als ich ihnen erzähle, wie meine Mutter mich im Stich gelassen hat, in der Nacht verschwunden ist, nicht mal ihre Zahnbürste mitgenommen hat, als ich ihnen erzähle, was mit dem Mann in den Mänteln passiert ist, und sie ihre Arme um mich legen und mich trösten und mir dann ihre unerträglichen Geschichten erzählen, und ich die Arme um sie lege.

Ich vergesse es, wenn ich auf Partys bin, während ich zuerst Denver Cho küsse und dann Scott Swan, dann Riley Irgendwas, auch wenn sich nichts Weiteres aus den Küssen ergibt, weil ich für Peter, den Pizzaboten schwärme, der Junge, der mich aus dem Baum beobachtet hat, als ich den Unfall mit Purple Rain im Land der Nackten hatte, der Junge, der mir keine Beachtung schenkt, egal, wie viele Denvers oder Rileys ich auch küsse, egal, wie viel Pizzen ich bestelle, bis er endlich aufhört, mich zu ignorieren, und dann vergesse ich noch mehr, und wir sind auf dem Weg zum Abschlussball.

Aber die Sache ist die, Wynton: Obwohl ich so viel vergesse, ist meine Mutter zu meinem Schatten geworden, meiner Augenzeugin, meiner Wut, meiner Gegnerin, meiner Verbündeten, meiner Sehnsucht, meiner Freude, *meiner Sprache*. Ich lasse mir ein Zitat auf den Arm tätowieren, das alle Walt Whitman zuschreiben, jedoch nur eine Umschreibung ist: *Wir waren zusammen, den Rest habe ich vergessen*. Ich liebe diese Worte, sie sind mein Glaubensbekenntnis. Und ich brauche ein Glaubensbekenntnis, denn diese Jahre mit Marigold haben in mir etwas zerbrochen, und das lässt sich nicht wieder heil machen.

In einem fernen Land in der Zeit für alle Zeiten gab es eine Mutter und eine Tochter, schreibe ich, bevor ich abends ins Bett gehe, und die Worte fließen aus mir heraus. Ich zeige niemanden meine Mutter-Tochter-Geschichten, denn auf diese Art und Weise schleiche ich mich an sie ran (»Oh, da bist du ja!«) und verabscheue sie und liebe sie, auf diese Art und Weise sind sie und ich wieder eine Seele, und als ich Postkarten bekomme, eine aus Indien, eine aus Bali, eine vom Jakobsweg in Spanien, schmeiße ich sie in ihre Wörtertüte und ziehe mich in meinen Schrank zurück, wo sich eine Marigold-Stelle an der Wand befindet und schlage zu, wieder und wieder und wieder, bis mir die Knöchel bluten.

MILES

Miles riss die Beifahrertür auf und hüpfte in den Truck. »Lass uns losfahren«, sagte er.

»Wo ist Sandro?«, fragte Felix.

»Er bleibt hier«, sagte Miles.

Felix lupfte seine Sonnenbrille und blickte Miles in die Augen. »Äh. Alter. Bist du dir sicher?« Unausgesprochen hing natürlich in der Luft: *Er ist nicht dein Hund, also kannst du ihn nicht hergeben.*

»Absolut sicher.«

Felix' besorgter Blick – als müsste er sofort zum nächsten Psychiater? – verweilte einen Augenblick lang auf Miles, dann ließ er die Sonnenbrille wieder sinken, startete den Motor und fuhr auf die Straße, wusste irgendwie, dass er nicht nachfragen sollte, wie es im Haus gelaufen war. Miles musste wieder daran denken, wie Felix gesagt hatte, dass er beim Lesen oder Filmegucken in die Geschichte einzog. Dass hatte er mit Miles' Leben in den letzten vierundzwanzig Stunden gemacht – er war eingezogen, und Miles wollte nicht, dass er je wieder auszog. Er verwarf seine morbiden Gedanken von gestern Nacht. Natürlich lag Felix nicht im Sterben. Gott. Was waren das verdammt noch mal für Gedanken gewesen? Über alles.

Dizzys Gesicht war geschwollen vom Weinen, ihre Brille war verschmiert und saß ihr schief auf der Nase. Ihr Haar sah aus, als hätte sie ihren Finger in eine Steckdose gesteckt. Wie konnte sein Vater dieses Kind nicht lieben? Die Erinnerung daran, wie sie auf Zehenspitzen verkehrt herum durch das Guckloch der verschlossenen Tür gespäht hatte, überfiel ihn und ließ ein heiß-kaltes Gefühl in ihm aufwallen. Dafür *hasste* er den Mann, für so viel. Gott. Dizzy bedeutete Miles, dass er sich runterbeugen sollte, legte sich eine Hand um den Mund und flüsterte ihm ins Ohr: »Hat Sandro dir gesagt, dass er bleiben will?« Miles hätte nicht schockierter sein können, wenn Dizzy plötzlich Sanskrit mit ihm gesprochen hätte. Wie konnte Dizzy so etwas ganz und gar Geheimes von ihm wissen? Er nickte, und sie nickte zurück, Mitgefühl im Blick. Sie lehnte sich wieder zu ihm rüber und flüsterte: »Das ist so traurig, und du warst sowieso schon so traurig.«

Oh Mann. Er legte den Arm um sie und zog sie eng an sich ran, und sie drei fuhren in schwerfälligem Schweigen aus Whispering River raus, in Richtung Krankenhaus, wo Wynton vielleicht gerade im Sterben lag. Sie waren zu vernichtet, um sich über ihre neue Halbschwester zu freuen. Die glänzende Messingtrompete lag sang- und klanglos auf dem Armaturenbrett.

»Was für ein Arsch«, sagte Miles, aber seine Stimme klang matt, unglaubwürdig.

»Mir kam er nicht wie ein Arsch vor«, sagte Dizzy. »Nicht innen drin.«

Miles seufzte. Seine Wut legte sich allmählich und ohne sie blieb nichts außer Verwirrung, Chaos, sein Kopf mit einem Mal die unordentlichste Schublade, die man sich vorstellen konnte, eine, die nicht mehr zugeht. Auf den Fotos mit Cassidy hatte ihr Vater wie ein ganz gewöhnlicher stolzer Vater ausgesehen. Wie ein guter Vater. Aber er hatte ihnen die Tür vor der Nase zugeschlagen! Welcher Teil der Geschichte fehlte Miles da? Er starrte aus dem Fenster auf die Straßen, die seinem Vater so vertraut sein mussten, wollte zurück in diesen Raum, der wie ein umgekehrtes Schiff aussah – trotz allem. Das war armselig. Der Mann zog ihn magnetisch an, machte ihn ganz hilflos. Er verabscheute seinen Vater, konnte es geradezu schmecken, und gleichzeitig wollte er ihn nie wieder aus den Augen lassen. Er wollte sich auf ihn draufsetzen oder ihn fesseln und ihn dazu zwingen, Karten mit ihm auf der gelben Ledercouch zu spielen. Er wollte in die Fotos reinspringen und nie wieder rauskommen. Er wollte sich unter dem Bett des Mannes verstecken, so wie Sandro das getan hatte.

Er wollte seinen Hund zurück!

In seinem Innern spürte er jetzt einen splitternden Schmerz. Er war kaum auszuhalten.

Er hatte das Gefühl, Vögel würden an seinen Gedanken herumpicken.

Und nun fing sein ganzer Körper an, ihm Probleme zu machen, er war in ihm gefangen, musste ihn zwingen, sitzen zu bleiben. Dizzy befreite sich aus seinen Armen, als er anfing, hin und her zu rutschen. Warum fühlten sich seine Glieder plötzlich so übermäßig lang an? So unbeholfen? Wie ging irgendjemand überhaupt mit diesen lächerlichen Anhängseln um? Und diesem Kopf? Der einfach so auf seinem Hals hin und her wackelte? Es war unerträglich. Er hatte das Gefühl, zwanzig Ellbogen zu haben, fünfzig Knie, vier Köpfe, während er sich zurechtrückte, wieder und wieder, bis sie kurz davor waren, in die Landstraße nach Hause einzubiegen, und Miles sagte: »Tut mir so leid, Felix, aber wir müssen zurück.«

MILES

Als Miles zum zweiten Mal in das Haus seines Vaters eintrat, hatte er nichts vorbereitet, keine Ahnung, was passieren würde. Ihm fiel ein, dass er in Physik gelernt hatte, dass der stärkste Magnet, der je gebaut wurde, zehntausendmal stärker war als das Erdmagnetfeld selbst.

Dieser riesige Magnet war sein Vater, und Miles war nichts als ein Span aus Metall.

Der Mann saß zusammen mit Sandro auf der gelben Couch, als würde er auf Miles warten, als hätte er seine Rückkehr angeordnet, und vielleicht hatte er das ja. Die gleiche Jazzmusik erfüllte den Raum. Der Gesichtsausdruck des Mannes war jetzt weicher, weniger vermauert als vorher. Seine Augen waren rot gerändert. Hatte er geweint? Miles hoffte es. Mit einer Geste gab er Miles zu verstehen, dass er sich hinsetzen sollte, doch Miles schüttelte den Kopf, obwohl sich seine Beine schwach und wackelig anfühlten.

Er dachte an seinen epischen Tobsuchtsanfall von vorhin – inzwischen waren es zwei –, ganz zu schweigen davon, dass er dem Mann gesagt hatte, er solle sich ins Knie ficken und ihn ein Arschloch genannt hatte. Verlegenheit breitete sich in ihm aus, aber auch Empörung. Verdammt, nein, er würde sich nicht entschuldigen. Trotzdem, in seinem gesamten Leben hatte er sich noch nie so verhalten – wie ein bockiges Kind. Vielleicht war der kleine Junge, der er einmal gewesen war, beim Anblick des Mannes, der ihn verlassen hatte, durch die Zeit zurückgereist. Der Mann, der Miles in den ersten paar Jahren seines Lebens geliebt hatte – das wusste Miles irgendwie –, weil die Erinnerung daran ein Teil von ihm war, obwohl ihm das in diesem Moment erst bewusst wurde.

Miles verbrachte viel Zeit damit, Jungen und Männer zu studieren. Sein Vater gehörte zu den Männern, die sofort alle Aufmerksamkeit auf sich zogen, sobald sie nur einen Raum betraten. Groß, kräftig, gelassen, ein verdammter Wein-Cowboy, Herrgott noch mal, ein Gesicht voller Zeit und Topografie. Miles wandte den Blick ab. Seinen Vater anzusehen, zog ihm den Boden unter den Füßen weg.

Dann drehte er sich wieder zu ihm um, denn da war sein Vater.

Miles holte tief Luft und atmete dann langsam aus. Diesmal würde er die Fassung bewahren. »Dizzy ist nur ein kleines Kind«, sagte er. »Du hast sie vernichtet. Und ihr Herz war schon wegen Wynton gebrochen.« Während er diese Wörter sagte, verstand Miles, dass er auch über sich selbst sprach.

»Ich weiß«, sagte der Mann und seufzte. Miles musterte die Haare seines Vaters, die dunklen Ringellocken, genau wie seine, nur durchzogen mit grauen Strähnen. Der Mann streckte den Arm über den Tisch und hob die Nadel vom Plattenspieler. Miles heftete seinen Blick auf die Hände des Mannes, die langen Finger, auch wieder genau wie seine, außer dass der ältere Mann Winzernarben und Schnittwunden hatte, Erde unter den Fingernägeln. Der Raum, der nun seine musikalische Farbe verloren hatte, war weniger einladend, weniger gemütlich, was eine Erleichterung war. Sein Vater nahm die Platte vom Teller, hielt sie vorsichtig an den Rändern. »Ich will mit euch mitkommen«, sagte er und schob die Platte zurück in ihre Hülle: *Kind of Blue* von Miles Davis. Seinem Namensvetter. »Das ist die Wahrheit.«

»Warum machst du es dann nicht?«

Der Mann hob den Kopf und sah Miles direkt an. Er ist ein Spiegel, dachte Miles.

»Da gehöre ich nicht hin«, sagte sein Vater.

»Das verstehe ich nicht«, sagte Miles. »Natürlich tust du das. Wie meinst du das?« Alles, was er hatte, waren Fragen über Fragen über Fragen. »Warum denkst du das? Was ist passiert? Warum bist du nie zurückgekommen? Nicht ein einziges Mal. Kannst du wenigstens versuchen, es mir zu erklären?«

Der Mund seines Vaters verzog sich zu einer Seite. Miles konnte sehen, dass er darüber nachdachte, was er Miles erzählen sollte und was nicht.

Erzähl mir alles, wünschte sich Miles mit aller Macht.

»Was hat deine Mutter dazu zu sagen?«

»Gar nichts«, erwiderte Miles. Sein Vater nickte langsam. »Also, sie sagt, sie weiß nicht, warum du gegangen bist. Sie kocht einfach für dich. Und zwar jeden Abend. Lässt einen Teller im Restaurant unter der Wärmelampe stehen, bevor sie verschwindet. Mit dem dazu passenden Wein.« Miles hatte nicht gedacht, dass er darüber reden würde, doch plötzlich sah er sich genötigt, seinen Vater das wissen zu lassen. »Das sind also zwölf Jahre mal dreihundertfünfundsechzig Tage, ähm, ja, außer an den Feiertagen, also wahrscheinlich über viertausend Mahlzeiten, die sie für dich gekocht hat.« Leuchteten die Augen seines Vaters auf? War er überrascht? Das ermutigte Miles. »Die Barkeeper sind davon begeistert. Wenn das Restaurant geschlossen hat, dürfen sie die Mahlzeit essen. Ich glaube, sie ist vielleicht auf die Idee gekommen wegen dem Becher Wein für Elia am Pessachfest. Ich weiß es nicht. Keiner versteht es.« Sein Vater schluckte.

»Und ich schreibe dir, weißt du? E-Mails. Ich habe einen Ordner.« Er war jetzt nicht mehr zu bremsen. »Ich habe ihn *Hilf mir!* genannt. Und außerdem suche ich nach Weinrezensionen, gucke nach welchen, die so seltsam sind, wie die, die deine Weine immer beschrieben haben. Eine Weile lang habe ich wirklich geglaubt, dass ich dich so finden kann.« Auswendig zitierte er: »Mit seinem neuen Pinot Noir ist Theo Fall das Unmögliche gelungen – er hat die wahre Liebe zusammengebraut. Mit Anklängen von Traubenkirschen, Waldboden und purer schwungvoller Glückseligkeit passt dieser saftige Wein zu Wildgeflügel, fettreichem Fisch und zu dem, der entkommen ist, denn dieser Wein wird ihn zurückholen. Es ist ein Tanz, von dem du nicht wusstest, dass du ihn kennst, bis die Musik anfing zu spielen.« Die Überraschung auf dem Gesicht des Mannes verwandelte sich in Schock.

»Ich stelle mir die ganze Zeit vor, dass du irgendwo bist«, fuhr Miles fort, konnte nicht aufhören zu reden. »Auf der Tribüne beim Leichtathletikwettbewerb, in der Tür meines Zimmers, während du mir Gute Nacht wünschst, allein in irgendeinem Restaurant. Irgendwo in einer hinteren Ecke, mit einem Glas Whiskey, das du in deinen Händen schwenkst, wie im Film. Ich mache das die ganze Zeit, weißt du? Und Wynton, der hat mehr Stunden damit verbracht, Fotos von dir anzustarren als Geige zu spielen und alles, was der Typ macht, ist, Geige spielen. Ich glaube, er spielt für dich. Ich glaube, er denkt, wenn er gut genug ist, wirst du das mitkriegen und zurückkommen. Und er weint, während er spielt. Immer. Ich bin mir ziemlich sicher, dass das daran liegt, wie sehr er dich vermisst.« Miles hatte gar nicht gewusst, was er da alles dachte, aber war sich mit einem Mal gewiss, dass alles stimmte, als würde der Staub eines Jahrzehnts von der Vergangenheit weggeblasen. Er war sich auch mit einem Mal gewiss, dass er seinen Bruder nicht hasste. Seine Mutter hatte gesagt, dass Wynton sich verändert hatte, nachdem sein Vater gegangen war. Hatte Wynton seine Wut darüber, dass ihr Dad sie verlassen hatte, in all den Jahren an Miles ausgelassen? Aus irgendeinem Grund? Miles wusste es nicht, aber vielleicht fing er an, seinen Bruder ein wenig zu verstehen oder versuchte es zumindest.

»Als wir klein waren, hat Wynton ganze Tage damit verbracht, aus dem Fenster zu gucken, auf die Einfahrt. Er hat darauf gewartet, dass du nach Hause kommst. Das weiß ich, das wussten wir alle. Aber du bist nie zurückgekommen.« Miles spürte ein Ziehen in seiner Brust – er hatte diesen Jungen geliebt, der den ganzen

Tag aus dem Fenster gestarrt hatte. Was wäre, wenn das immer noch so war?

»Wynton schläft immer noch mit der Trompete, die du ihm dagelassen hast.« Miles ging manchmal in Wyntons Zimmer, wenn der nicht da war, die einzige Zeit, in der er eintreten konnte, ohne einen Schuh an den Kopf geworfen zu bekommen, und konnte dann den Klumpen unter der Bettdecke sehen.

»Wir haben die letzten zwölf Jahre damit verbracht ... in deiner Abwesenheit zu leben. Wir alle. Als würden wir sie atmen, sprechen, an ihrer Seite schlafen.« Miles hatte keine Ahnung, woher dieser Vortrag plötzlich aufgetaucht war. Vielleicht hatte er sich sein ganzes Leben lang unbewusst darauf vorbereitet. »Ich habe so viel Zeit damit verbracht, mir zu wünschen, du wärst da, um mich vor so vielen Dingen zu retten, Dinge, von denen du nichts weißt, weil du nicht da warst. Ich habe so viel Zeit damit verbracht, mich zu fragen, wie es wohl wäre, dich als Vater zu haben, wie du mir sagen würdest, dass alles gut für mich werden würde, gerade weil nicht alles gut für mich gewesen ist.« Miles wurde die Kehle eng. »Ich weiß, es klingt unvorstellbar, aber woher willst du wissen, dass deine Trompete, deine Musik, deine Stimme, allein deine Anwesenheit in diesem Krankenhauszimmer, dein Geruch sogar – Wynton hat mir mal gesagt, dass du nach Laub riechst –, woher willst du wissen, dass deine tatsächliche Gegenwart in diesem Krankenzimmer, nach der sich Wynton all die Jahre gesehnt hat, ihn nicht zurückbringen wird? Ich weiß es nicht, und ich bin der vernünftigste Mensch in dieser Familie. Gäbe es nur die kleinste Chance, dass du das für Wynton tun könntest, für uns, dann würdest du das meiner Meinung nach tun.«

Bravo.

Fick dich, mit dir spreche ich nicht, du Judas.

Miles konnte sehen, dass seine Worte den Mann berührten, der alles in ihrem Leben verpasst hatte, absolut alles.

»Ich bin davon ausgegangen …«, sagte sein Vater. »Ich habe immer gedacht. Ich weiß nicht …« Er schien ernsthaft verwirrt zu sein.

»Dass wir dich alle vergessen haben?«

»Also, ja.« Er schluckte.

»Wie konntest du das denken?«

Der Mann stützte sich auf seine Knie, hob den Kopf. »Hör mal, Miles, nicht, dass das irgendeinen Unterschied machen wird, aber ich habe so ziemlich jeden deiner Leichtathletikwettbewerbe mitbekommen – die sind alle auf dem Videokanal deiner Schule zu sehen, bis hin zur letzten Staffel, wo du aus unerfindlichen Gründen mitten im Rennen einfach mit dem Staffelstab abgehauen bist. Und ich lese die Online-Zeitung der Schule, *The Oracle*, jeden Tag.«

Jetzt war Miles an der Reihe, schockiert zu sein. Er wusste nicht einmal, dass es eine Online-Version der Schulzeitung gab und auch nicht, dass seine Schule einen Videokanal hatte.

Sein Vater sprach weiter: »Ich habe den gesamten akademischen Zehnkampf mitverfolgt, bei dem du letztes Jahr mitgemacht hast, und war außer mir, dass ihr den Regionalwettbewerb nur wegen dieser blöden Formsache in der Musikkategorie verloren habt.«

Er lächelt mit den Augen, dachte Miles.

»Ich habe die drei Gedichte von dir, die in der Literaturzeitschrift *The Phoenix* deiner Schule erschienen sind, wieder und wieder gelesen – besonders gefallen hat mir das letzte ›Wie ich in einem Kühlraum bekehrt wurde‹, wo der Erzähler in dem Kühlraum ist, Putzmittel und Blut riechen kann, von den marinierten Steaks und über das Leben nachdenkt, doch ich habe gespürt – auch, wenn es nie direkt gesagt wird –, dass da noch jemand anderes anwesend ist, es vielleicht sogar um eine Liebschaft geht, aber du, der Schriftsteller, wolltest das geheim halten.« Miles bekam am ganzen Körper eine Gänsehaut. »Seit Wochen hätte ich dich das gerne gefragt. Es ist ein unglaubliches Gedicht. Du bist wirklich gut, Miles. Hat mich an John Berrymans *Traumlieder* erinnert.« Er suchte den Stapel Bücher auf dem Tisch ab, griff dann nach einem dicken Band und schob ihn über den Tisch. »Hier. Kennst du ihn?«

Miles schüttelte den Kopf. Ja, das Gedicht war über den Kuss mit dem Saucier Nico im Kühlraum, aber das sollte niemand wissen. Wusste auch niemand. Nicht mal der heiße Englischlehrer Mr Gelman, der sich ausführlich mit Miles über seine Interpretation des Gedichts unterhalten hatte. Aber sein Vater, der wahrscheinlich mit dem Computer auf dem Schoß auf der Couch gesessen hatte, ohne dass Miles das gewusst hatte, hatte das Gedicht genau genug gelesen, um es zu verstehen.

»Wie oft hast du das Gedicht gelesen?«, fragte Miles.

Sein Vater zuckte mit den Schultern und dann, zum ersten Mal, seit sie angekommen waren, erschien ein Lächeln auf seinem gesamten Gesicht, für einen kurzen Moment, und war dann wieder verschwunden. »Nicht so oft. Höchstens fünfzig Mal.«

Miles hatte Leute immer davon reden gehört, dass sie sich von jemand anderem gesehen fühlen, doch bis zu diesem Moment hatte er das nie wirklich verstanden. Nie hatte ihm jemand solch eine selbstlose, ungeteilte, leidenschaftliche Aufmerksamkeit geschenkt, so ironisch das auch war.

»Da war noch jemand anders in dem Kühlraum«, erzählte Miles seinem Vater. »Und das war geheim. Genau darum geht es in dem Gedicht.« Er fühlte sich durchsichtig, noch viel durchsichtiger als vor ein paar Stunden, als er Dizzy gesagt hatte, dass er schwul war.

Sein Vater hatte ihn gefunden, sein wahres verstecktes Ich, tief unter einem Haufen Wörter. Er war in Miles' Gedicht reingekrochen und hatte Miles rausgezogen.

»Ich denke jeden Tag, in jeder wachen Minute an dich, an deine

Schwester und an deinen Bruder, und das ist keine Übertreibung. Das ist eine Tatsache.«

»Ich finde, du solltest es dir noch mal überlegen«, sagte Miles. »Ich finde, du solltest von dieser Couch aufstehen und versuchen, das Leben deines Sohnes zu retten. Bitte.«

Sie nahmen sich gegenseitig in Augenschein, all die leeren Jahren zwischen ihnen, Jahre voller Worte, die nie gesagt wurden. Voller Versprechen, die nie gemacht wurden, voller Spaziergänge, die nie stattgefunden hatten, voller Mahlzeiten, die nie gemeinsam gegessen wurden, voller Liebe, die nie erkundet wurde, eine Liebe, die Miles spüren konnte, während er vor dem Mann stand, in seinem Bauch, in seinen Knochen, in seinem Blut.

Sein Vater stand von der Couch auf. Miles hörte, wie die Knochen des Mannes knarzten und knackten. Sandro wollte sich ihm auf die Füße legen. Doch dann, bevor Miles sich versah, war sein Vater über den Tisch gesprungen, bewegte sich mit der gleichen Gewandtheit, die auch Miles eigen war und stand neben Miles.

Die Hand seines Vaters fiel ihm schwer und entschlossen auf den Rücken, als wolle der Mann ihn gleich in seine Arme ziehen, in sein Leben. Miles' Körper erstarrte. Er hatte sich ganz plötzlich in Stein verwandelt.

Nein, dachte er, nein, nein, auf keinen Fall. Der heiße Knoten aus Schmerz war zurück in seiner Kehle und seine Augen brannten.

»Ich kann nicht …«, sagte Miles. Sie standen so nah beieinander, dass er die Hitze spüren konnte, die von der Haut seines Vaters ausströmte. Der Duft des Mannes hüllte ihn ein. Wynton hatte recht gehabt. Laub, ja, aber auch Erde, Sonne, Schweiß, Hoffnung. Miles atmete zu schnell, viel zu schnell. Die Hand seines Vaters lag immer noch auf seinem Rücken, und er sah Miles ins Gesicht, aber Miles würde das nicht zulassen. Nein. Konnte er nicht. Er guckte überall hin, nur nicht zu dem Mann und bedeckte dann sein Gesicht mit den Händen. Alles fühlte sich jetzt so anders an, da sein Vater so nah so echt so väterlich war, anstatt sich gefahrlos mit ihm von der anderen Seite des Tisches über ein blödes Gedicht zu unterhalten. Wen interessierte schon, dass er Miles' Gedicht gelesen hatte? Wie konnte das von Bedeutung sein, nach allem, was er getan hatte? Wie konnte er zulassen, dass dieser Mann dieselbe Luft wie er atmete? »Ich kann nicht verzeihen …«

Doch bevor Miles weiterreden konnte, sagte sein Vater »Ich auch nicht« und zog Miles in seine Arme mit der anziehenden Wirkung der Schwerkraft. Miles ließ es zu. Miles ließ zu, dass sein Körper sich in der Umarmung auflöste, fühlte sich wie ein kleiner Junge, ein winziger kleiner Junge, der in den Armen seines Berges von Vater liegt. Er hörte einen Laut, einen Klagelaut und begriff, dass er ihn ausgestoßen hatte. Und dann fiel er durch Jahre voller Schmerz und Trauer, durch Abende, die er allein und gedemütigt auf seinem Zimmer verbracht hatte, während von unten Gelächter zu hören war, durch so viele Tage, an denen er nicht dazugehört, an denen er sich versteckt hatte. Er ließ sich fallen und fallen, denn, so unwahrscheinlich das auch schien, angesichts dessen, was dieser Mann getan hatte, Miles spürte instinktiv, dass hier jemand war, der wusste, wie man ihn auffing, hier jemand war, der wusste, dass er aufgefangen werden musste.

Miles hörte wieder seine eigenen Worte: *Ich finde, du solltest von dieser Couch aufstehen und versuchen, das Leben deines Sohnes zu retten.* Und genau das tat sein Vater, nur begriff Miles in diesem Augenblick, dass er der Sohn war, der gerettet wurde.

»Ich komme mit«, flüsterte sein Vater, und zum ersten Mal, solange er zurückdenken konnte, brach Miles in Tränen aus.

Aus Bernadettes Sammelsurium nicht abgeschickter Briefe

Lieber Niemand,
ich habe es mir anders überlegt. Ich werde nie verraten, was als Nächstes passiert ist. Und als Nächstes. Und als Nächstes. Ich werde diese Seiten aus dem Notizbuch reißen, aber zunächst einmal, während ich in diesem Krankenzimmer sitze, während die Vergangenheit in mir lärmt, muss ich es loswerden.
Alles.
An dem Abend, an dem sich alles verändert hat, war ich siebzehn. Clive war achtzehn, Theo neunzehn und mit der Schule fertig. Wir drei saßen zusammen an Evas Sterbebett, dann an ihrem Grab. Theo und Clive erzählten mir, dass Victor wieder damit angefangen hatte, sie nachts aufzuwecken (er hatte damit aufgehört, als der Krebs ihrer Mutter besiegt zu sein schien), sie betrunken zu spontanen Ringkämpfen aufforderte. Als sie sich widersetzten, sagte Victor: »Entweder ihr kämpft gegeneinander oder ihr kämpft gegen mich.«
Sie entschieden sich, gegeneinander zu kämpfen.
Theo hielt sich zurück, wie immer, versuchte, sich durchzumogeln, weil er Clive nicht verletzen wollte.
Doch dann, eines Tages, gestand Clive mir, dass Victor ihm so sehr zugesetzt hatte, dass er mit den Fäusten auf Theo losgegangen war, ihm in den Magen geschlagen hatte, ins Gesicht, die Schläge genossen hatte, in diesem animalischen Moment begriffen hatte, angestachelt von

den betrunkenen höhnischen Worten seines Vaters, wie sauer er auf Theo war, weil seine Noten vollkommen, seine Freundinnen vollkommen, sein Aussehen vollkommen waren, weil er die Fähigkeit hatte, die Welt so zu kippen, dass alles immer in seine Richtung rutschte.

Clives Gesicht war blass geworden, während er mir erzählte, wie wütend es ihn gemacht hatte, dass Theo sich nicht aus der Fassung bringen ließ und er deswegen umso härter auf ihn losgegangen war. Dieses Geständnis machte mir Angst. Ich konnte es nicht vergessen, es stieß mich ab. Ich hatte nicht gewusst, was ich Clive sagen sollte. Ich konnte nicht fassen, dass Victor diesen lieben Jungen, der Kühe und David Bowie mochte, in jemanden verwandelte, der gemein, bitter, gewalttätig war.

Vielleicht spürte Theo, dass Victor Clive immer mehr zusetzte, denn kurz darauf, als Victor wieder sagte: »Ihr kämpft gegeneinander oder ihr kämpft gegen mich«, erwiderte Theo allem Anschein nach: »Dann kämpfe ich gegen dich.«

Ich habe nur die Nachwirkungen gesehen. Theo, der auf meinem Bett saß, den Kopf in den Händen, während ich Eisbeutel auf seine gebrochenen Rippen legte. Clive war an dem Abend auch da, ging hin und her, sein Gesicht erhitzt, seine Augen ängstlich. »Ich hätte ihn aufhalten sollen.«

»Hast du etwa einfach zugeguckt?«, fragte ich Clive angewidert.

»Lass ihn in Ruhe«, sagte Theo zu mir. »So ist es besser.«

Clive stand an meinem Schlafzimmerfenster und guckte auf den Platz. »Ich habe Angst.«

»Das weiß ich«, sagte Theo sanft zu seinem Bruder.

»Vor Dad.«
»Ich weiß, Clive.«
»Du nicht?«
»Nein«, sagte Theo.
Danach veränderte sich mein Blick auf die beiden. Mir wurde klar, dass Theo, trotz all seiner abgehobenen Schwärmereien, zäh wie Leder war und Clive um jeden Preis beschützen, sich immer für seinen Bruder aufopfern würde und dass Clive, trotz seines Draufgängertums und seines Wagemuts, fragil war.
Hat das unsere Ausgeglichenheit gestört? Vielleicht. Vielleicht waren wir drei jahrelang so vollkommen im Gleichgewicht, weil meine Zuneigung für jeden der Brüder gleich war.
Damit war es vorbei.
An diesem Abend, während ich die Eisbeutel auf Theos Oberköper legte, sah er mich an, und als sich unsere Blicke trafen, spürten wir etwas Unausgesprochenes zwischen uns. Ich bin mir sicher, dass es ihm auch so ging, denn danach führte ihn sein Schlafwandeln immer zu mir. Etwa einmal in der Woche fand mein Vater ihn bei Tagesanbruch zusammengerollt auf der Bank vor dem Café vor, meistens umringt von mehreren Hunden und Tauben. Ich war glücklich, dass sein Unterbewusstsein ihn zu mir führte. Er machte Witze darüber, dass die Croissants meines Vaters im Ofen ihn anlockten, doch so war es nicht. Da wusste ich, dass Theo mein Beschert war, mein Schicksal.
Manchmal wartete ich die ganze Nacht lang am Fenster, darauf, dass dieser magische Junge, der Theo war, aus der

Dunkelheit auftauchte. Nein, zu diesem Zeitpunkt war er bereits ein Mann. Neunzehn Jahre alt und er belegte am College in der Nähe Kurse in Weinbaukunde und Literatur und arbeitete an seinem ersten Jahrgang Pinot Noir. Eigentlich war er am Davis College angenommen worden, doch schrieb sich dort nicht ein, gestand mir, dass er Angst hatte, Clive mit Victor allein zu lassen.

Dann saß ich eines Tages an meinem Ausguck am Fenster in der Morgendämmerung, und da kam Theo, diesmal hellwach, überquerte den großen Platz und kam auf unser Café zu, sah aus wie eine Sonne, die vom Himmel gefallen war. Er blieb stehen, als er mich am Fenster sah, und unsere Blicke begegneten sich. Während ich aus dem Fenster kletterte, wollte mir das Herz zerspringen, ich flog die Feuerleiter hinunter und rannte auf ihn zu und warf ihm die Arme um den Hals.

»Oh Gott, endlich«, sagte er und hob mich von den Füßen, wie im Film. Dann drückte er mich an einen Baum und küsste mich, bis der Baum verschwand, dann der Platz, dann der gesamte Ort. Bis es nur noch uns beide in dieser strahlend schönen Welt gab.

Ich habe mich so in ihn verliebt.

Ich bin immer noch so in ihn verliebt.

Höre jetzt auf, weil ich in diesem Augenblick verweilen muss.

Ich brauche diesen Augenblick.

Ich weiß nicht, wer ich wäre, ohne das Bedauern, was ich für das empfinde, was ich als Nächstes getan habe.

Es hat mein Leben bestimmt, zerstört.

CASSIDY

Meine Geschichte holt allmählich die Gegenwart ein, Wynton, aber noch sind wir da nicht.

Okay, vor einem Monat arbeite ich bei den heißen Quellen, gehe mit diversen Deppen aus – was ich seit der Trennung von Peter, dem Pizzaboten nach dem Abschlussball mache –, habe den Beginn meines Studiums in Stanford aufgeschoben, weil ich das gelbe Haus nicht verlassen will, mein lila Zimmer, mein Pferd Billie, ganz zu schweigen von meinem Vater, der mein Lieblingsmensch geworden ist. Ich will auch Nigel nicht verlassen, den Kellermeister, seine Frau Lupé und ihre kleine Tochter Valentina, die Korkenzieherlocken hat und mir hinterläuft wie eine Betrunkene auf wackeligen Beinchen. Sie leben in einem Haus auf dem Grundstück und gehören zur Familie. Dann ist da meine Tigerkatze Mazie, die ich aus dem Tierheim habe, wo ich am Wochenende ehrenamtlich arbeite. Das alles, um zu sagen, dass es den Anwohnern der Dandelion Road in Whispering River gut geht, vielen Dank. Besonders dieser Anwohnerin.

Aber ein Teil von mir weiß, die vergangenen Jahre waren nur eine Atempause, mein Leben in der Dandelion Road wird mir entrissen werden genauso wie mein Leben mit Marigold.

Das ist dieser Moment.

Ich wache davon auf, dass jemand gegen die Haustür hämmert und von dickem, erstickendem Rauch in der Luft. Oben von der Treppe aus kann ich zwei Feuerwehrleute mit meinem Vater sprechen sehen und mache etwas ganz und gar nicht Mutiges. Ich renne zurück in mein Zimmer, werfe mich unter die Decke und tue so, als wäre nichts.

Dann ist mein Vater da, zieht mir die Decke weg. »Wir müssen hier raus, mein Mädchen. Da draußen tobt ein Waldbrand. Wir haben höchstens ein paar Stunden. Pack zusammen, was du mitnehmen willst, wir treffen uns unten. Ich hole jetzt die Tiere und bringe sie auf eine Farm jenseits der Feuergrenze. Ich würde gerne Purple Rain nehmen, wenn das in Ordnung ist.«

»Natürlich«, sage ich.

»Alles okay? Dir ist klar, was hier vorgeht?«

»Jup.«

»Ich komme gleich zu dir zurück.«

»Okay.«

»Cassidy, es wird alles gut.«

»Ich weiß.« Meine Stimme ist kaum zu hören. Ich weiß nicht, was in mir gerade passiert, aber gut ist es nicht. Hast du je im Zeitraffer gesehen, wie sich ein Farn entfaltet? Stell dir das in umgekehrter Reihenfolge vor.

»Ich komme zu dir zurück. Hörst du mich? Sag es mir.«

Ich konnte es nicht sagen, Wynton, weil ich es nicht glauben konnte. Die Menschen, die ich liebe, kommen nicht zu mir zurück. Deswegen habe ich auch solche Angst, dass du nicht zurückkommst.

»Bitte, sag es«, beharrt mein Vater. »Du musst mir glauben.«

»Du kommst zu mir zurück.«

»Okay.« Er lächelt mit dem ganzen Gesicht. Eine Seltenheit. »Einen Koffer für ein paar Nächte. Und alles, auf was du nicht verzichten kannst.«

Ich packe keinen Koffer. Ich gehe nicht raus, um Nigel und Lupé zu helfen. Ich setze mich an meinen Schreibtisch und fliehe mit meiner Mutter in die *Zeit für alle Zeiten*, bis es Zeit wird, zu gehen, und nehme dann drei Sachen mit.

Es ist aufschlussreich, was Menschen mitnehmen, wenn eine Feuerwand auf sie zusteuert.

Eine Stunde später fahre ich mit meinem Vater in Purple Rain davon. Ich habe Moms Digitalkamera mit all unseren Fotos darauf. Ich habe meine *In der Zeit für alle Zeiten*-Notizbücher mit den Geschichten über meine Mutter und mich. Und ich habe Marigolds Wörtertüte, die jetzt auch die Postkarten enthalten. Das war's. Ich habe nicht die Schublade geleert, in der ich all die Geschenke und Andenken aufhebe, die mir Jungs gegeben habe. Ich habe nicht das gerahmte Foto von meinen Freundinnen Olan und Summer und mir mitgenommen, vom Abend des Abschlussballs in der elften Klasse, als wir in unseren Kleidern in den Fluss gesprungen sind und klatschnass zum Tanz erschienen sind.

Ich mache mich nur mit meiner Mutter, ihren Wörtern, meinen Geschichten und meinem Vater auf den Weg.

Meinem Vater, den ich in dem Moment noch für meinen sicheren Hafen halte und meines Vertrauens würdig. Wie können wir uns so in Menschen irren?

Nachdem er die Tiere in Sicherheit gebracht hatte, ist er zurückgekommen, hat eine Leiter aus dem Schrank im Flur geholt und sie vor meinem Zimmer abgestellt. In der Decke war eine Luke, die mir vorher nie aufgefallen ist, und mein Vater verschwand in diesem geheimen Teil des Hauses und tauchte mit dem auf, auf das er nicht verzichten konnte: zwei Pappkartons. Ich hatte nicht einmal gewusst, dass wir einen Speicher haben.

»Was ist da drin?«, frage ich, als wir den Highway 43 runterschleichen, unsere Masken im Gesicht, während der Luftreiniger auf höchster Stufe brummt. Vor uns ist eine Schlange von Autos, so weit das Auge reicht. Die Luft ist voller Rauch, wegen der Winde, aber anscheinend besteht für uns noch keine Gefahr. Ich glaube, mein Vater tut so, als hätte er mich nicht gehört. Keine Chance.

»Was ist in den Kartons, Dad?«

»Nur ein paar Papiere.«

»Was für welche?«

»Du weißt schon. Die Art von Papieren, die man mitnehmen muss, wenn es brennt.« Normalerweise bedränge ich meinen Vater nicht. Ich bin vorsichtig, will nicht, dass er sich aufregt, spüre immer, wenn ich zu viele Fragen stelle. Ich bin sehr gut darin, den Staub meiner Eltern nicht aufzuwirbeln. Er ist nicht labil wie meine Mutter; er ist das Gegenteil, eine Festung.

»So was wie Urkunden und Mietverträge? So was?«, frage ich.

»Mehr oder weniger.«

»Weniger, schätze ich mal. Die sind in den Aktenschränken in deinem Büro.« Ich weiß, dass ich ihn herausfordere, unsere Harmonie gefährde, die Festung erstürme. Vielleicht sind es die Masken, die wir tragen, die mir den Mut geben, das zu tun: »Sag mir, was da drin ist.«

Eine Weile fahren wir schweigend weiter, und ich habe mich damit abgefunden, keine Antwort zu bekommen, als er sagt: »Es gibt Dinge, über die ich nicht sprechen kann, Cassidy.«

»Warum nicht?«, frage ich, was nicht fair von mir ist. Es gibt so viel über das Leben mit meiner Mutter, über das ich nicht sprechen kann, wahrscheinlich nie sprechen werde. Sachen, die ich ausgelassen habe, Wynton, beschämende Sachen, die ich gesehen und getan habe, was du womöglich zwischen den Wörtern spüren kannst, vielleicht. Wie die weißen Stellen auf einer Seite. Ich glaube, wir haben die gleichen weißen Stellen in unserem Leben, wo die unausgesprochenen Teile sind. Es gibt so viel über das Wanderleben mit Marigold, für das ich immer noch keine Worte habe, egal, wie viel Wörterbücher ich auch erobere. So viel, das in der *Zeit für alle Zeiten* bleiben muss. Doch an dem Tag, mit einem wütenden Feuer auf den Fersen, scheine ich meinem Vater keine Ruhe geben zu können. »Du hast einen Ehering in der Tasche.«

»Eines Tages. Nicht heute.«

»Eingraviert mit: *DU BIST MEINE EWIGKEIT, MEIN FÜR IMMER, MEIN EIN UND ALLES.*«

»Cassidy, bitte.«

Ich kann es nicht ruhen lassen. »Was versteckst du vor mir? *Wen* versteckst du vor mir?«

Er schluckt, zieht dann seine Maske vom Gesicht und sieht mich an. Ich kann Angst in seinen Augen sehen. »Ich kann nicht«, sagt er.

Ich schnalle mich ab und stehe auf, will nach hinten stürzen, um die Pappkartons aufmachen, aber mein Vater tritt auf die Bremse. Ich verliere das Gleichgewicht und falle auf die Knie.

»Ich habe Nein gesagt«, brüllt er und ja, er *brüllt.*

Vier Jahre hat es gedauert, das Fenster in meinem Herzen aufzustemmen, das in diesem Moment zuschlägt.

Ich weiß nicht, wer dieser Mann ist, denke ich, als ich wieder auf die Beine komme, gebändigt und ängstlich, und mich wieder auf den Beifahrersitz setze.

Aus Bernadettes Sammelsurium nicht abgeschickter Briefe

Liebe Scham,
dann ist das hier wohl die Beichte.
Mir wurde schnell klar, dass in Theo verliebt zu sein, nichts anderes war, als eine wunderbare, lähmende Grippe zu haben. Seit dem Kuss auf dem großen Platz waren ein paar Tage vergangen, und es fühlte sich an, als würde sich eine heiße Schlange durch mein Inneres winden. Ganz zu schweigen davon, dass ich nicht aufhören konnte zu schwitzen, seinen Namen auf jede erdenkliche Oberfläche zu schreiben und zu halluzinieren, dass er die Arme um mich legte, meinen Hals küsste, bis ich meine Stellung hinter der Kasse im Café verlassen musste, um auf den Mehlsäcken im Hinterzimmer in besinnungsloser Leidenschaft zusammenzubrechen.
Alles sehr untypisch für mich.
Theo und ich waren seit dem Kuss nicht allein gewesen, und wir hatten vor, uns an diesem Morgen zu treffen, bevor alle anderen wach waren, vor allem, bevor Clive aufgestanden war. Um fünf Uhr in der Früh warf ich die Bettdecke beiseite und schlich mich so leise wie möglich ins Bad, um mir die Zähne zu putzen und kaltes Wasser ins Gesicht zu spritzen. Ich hatte zwei Stunden Zeit, bis ich wieder unter dieser Bettdecke liegen musste, weil mich meine Mutter dann für die Schule wecken würde, mit »Guten Morgen, *chouchou*«, so wie sie das jeden Tag machte. Die Aussicht, mit Theo allein sein zu können, ließ

mich geradezu vibrieren, während ich mir die Turnschuhe anzog, und einen Augenblick später war ich aus dem Fenster geklettert und auf der Feuerleiter. Ich wollte nichts lieber, als diese Feuerleiter hinunterzustürzen, aber ich konnte meinen Vater im Café summen hören, während er, wie jeden Morgen, die Tische deckte.

Endlich verstummte das Summen, was bedeutete, dass mein Vater in die Küche gegangen war. Schnell stieg ich hinab und stand dann auf dem stillen, leeren Platz. In der Ferne kletterte die Sonne über den Berggipfel, ließ die goldenen Hügel leuchten, doch der Wasserfall am Rand des großen Platzes war zu dieser Stunde noch grau, genauso wie die Statue von Alonso Fall davor.

Ich fing an zu rennen und hatte den großen Platz bald hinter mir gelassen, raste durch die Weinberge, bis ich auf der langen Straße war, die zu dem großen weißen Haus führte, wo die Fall-Jungs wohnten, meine beiden besten Freunde, die besten Freunde, die ich je gehabt hatte, bis vor ein paar Tagen, als Theo so viel mehr für mich geworden war.

Als ich ihm wie wild entgegenraste, kam mir in den Sinn, dass ich jetzt genauso wie dieses dumme Mädchen war, das in dem Baum vor seinem Fenster geschlafen hatte. Und nicht nur wie sie. Ich kannte auch all seine anderen liebeskranken Ex-Freundinnen, und zwar *en détail*. Ich wusste, dass er seine Unschuld mit Sierra McMeel am Fluss verloren hatte und sie beide vom Giftefeu Hautausschlag bekommen und sich in der Schule *überall* gekratzt hatten. Ich wusste Bescheid, als er Aiko Yamamoto zu der verlassenen Hütte mitgenommen hatte, unserem Treffpunkt, und alle Kerzen zu flachen Farbklecksen zusammengeschmolzen sind. All diese Mädchen waren schlank und zart, anders als ich, die üppig war und bestimmt einen Mammutbaum stemmen konnte, von all dem Teigkneten. Ich hatte immer gedacht, dass Theo dünne Mädchen mag. Doch anscheinend nicht, denn nach unserem Kuss hatte er gesagt: »Du bist hinreißend, Bernadette, innen wie außen.« Sagte es, als würden all diese dünnen Vogelmädchen keine Rolle spielen.

Da blieb ich stehen, überfahren von meinen Gedanken an diesen Kuss, seinen Geschmack, die Leidenschaft, die uns ergriffen hatte. Meine Knie wurden weich. Ich war mir sicher, dass ich Herzrasen hatte. Ich wollte seine Hände wieder auf mir spüren.

Aber plötzlich konnte ich mich nicht bewegen.

Jetzt waren es Schuldgefühle, die mich aufhielten. Denn was taten wir da? Das war weder gut noch richtig. Was würde es mit Clive machen, der so verletzlich war, so unbeständig, der uns beide so innig liebte? Wie würde er reagieren? Er war so unberechenbar, verwandelte sich so schnell in menschliches Dynamit. Ständig prügelte er sich zu dieser Zeit in der Schule, ganz zu schweigen von dem Ladendiebstahl und dem Trinken bis zur Besinnungslosigkeit. Insgeheim gefiel mir das, weil sich ein Teil von mir damals auch prügeln, auch besinnungslos sein, auch gegen Regeln verstoßen wollte, die Welt zerstören wollte, die mich zerstört hatte, in dem sie mir meinen Bruder genommen hatte. Und da war Clive, der mich einlud, die Schule zu schwänzen, Weinflaschen aus dem Fall-Keller zu klauen und sie auf dem Berg zu trinken, Wände mit Graffiti zu besprühen, auf dem Parkplatz zu rauchen, die Autos mit dem Schlüssel zu zerkratzen, von denen, die uns Unrecht angetan hatten.

Er war mein Teufel, Theo mein Engel. Mit Clive war ich die gewöhnliche verkorkste Person, die ich war. Mit Theo wurde ich zu der Person, die ich sein wollte.

Nein. Theo bedeutete mir damals viel mehr. Als hätte er meine Seele selbst aus ihrem Versteck gelockt. Seine Güte gab mir Hoffnung. Seine Verträumtheit machte mich freier. Seine Stärke gab mir das Gefühl, alles tun zu können. Bis ich ihn kannte, hatte ich nicht gewusst, dass man das Gefühl haben kann zu fliegen, einfach weil man neben jemandem steht. Ich hatte nicht gewusst, dass ein Gespräch einem das Gefühl geben kann, eine neue Welt herbeizureden, eine sehr, *sehr* schöne Welt.

Und dann war da dieser lebensverändernde Kuss gewesen. Oh, ich hielt es keine Sekunde mehr aus. Ich musste ihn sehen. Ich fing an, durch die Bäume zu rennen, wirbelte das Laub auf, wirbelte unsere Leben auf und dann endlich, endlich schmiss ich Kieselsteine an Theos Fenster, achtete darauf, nicht Clives zu treffen, das nur ein paar Meter links davon war.

Ein Schatten bewegte sich vor den Vorhang und da war er, kletterte nach draußen. Ohne Hemd stand Theo auf dem Dach, das Haar vom Schlaf verwuschelt und grinste vom Pazifik zum Atlantik, und ich starb dahin, ganz gewiss, denn warum pochte mein Herz wie wild in meiner Brust, warum wurde meine Kehle eng, warum wand sich ein heißer Fluss durch mein Inneres, und warum fühlten sich meine Gedanken an, als würden sie mit einem Schneebesen durchgequirlt?

Ich konnte nicht fassen, dass so viele *Gefühle* in mir gefangen gewesen waren, so viel *Liebe*.

»Beeil dich«, flüsterte ich und hielt mich irgendwie davon ab, zu sagen: »Bevor ich dahinsterbe!«

Er sprang, landete auf den Füßen, weil er so großartig war, und nahm dann meine Hand, was genug Strom durch meinen Körper jagte, um eine ganze Stadt mit Energie zu versorgen. Zusammen rannten wir durch den Cabernet-Sauvignon-Weinberg, den Hügel hoch, hoch, hoch durch die Trauben, atmeten immer mühsamer, während wir uns den ganzen Weg lang immer wieder verstohlene Blicke zuwarfen.

»Jetzt bist du ein neuer Mensch«, sagte er zu mir. »Und gleichzeitig die, die du immer warst.« Mir ging es genauso mit ihm.

Wer hätte gedacht, dass ein einziger Kuss eine Person in einen brandneuen Menschen verwandeln konnte?

Dann hatten wir unsere Stelle in den Bergen erreicht – na ja, eigentlich war es eine der Stellen, wo wir immer zusammen mit Clive hingingen, aber darüber wollte ich jetzt nicht nachdenken. Im goldenen Licht legten wir die Arme umeinander, in der sanften Morgenbrise, und sogar während ich Theo küsste, hatte ich den dringenden Wunsch, ihn zu küssen, das Gefühl, dass ich nie zufrieden sein, nie genug von ihm kriegen würde, von seinem Mund, seinem Atem in meinem Nacken, seinen Händen in meinem Haar, von seinem Seufzen und Stöhnen, während meine Hände neue Stellen zum Berühren an ihm entdeckten.

Wir flüsterten uns gegenseitig verrückte, sinnlose Sachen zu. *Ich würde alles für dich tun, Bernadette, mich für dich opfern, einen Zug anhalten, in den Krieg ziehen, alles*, sagte er, während seine Hand unter mein T-Shirt fuhr und meine über seinen Oberschenkel. Und ich zu ihm: *Mit dir fühle ich mich lebendig, glücklich, wunderschön, Theo, mit dir kann ich wieder fühlen, ich fühle zu viel*, während er meinen BH aufhakte, und ich zitterte, und er zitterte, und wir brachten uns gegenseitig um den Verstand.

Nur gab es da ein Problem. Ein Problem von der Größe eines Planeten.

»Du musst es ihm sagen, Theo.«

»Ich weiß.«

»Bald, okay?«

»Versprochen.« Er nahm mein Gesicht in seine Hände, strich mit dem Daumen zärtlich über meine Wange.

»Ich habe dich schon immer geliebt, Bernadette. Alles an dir. Du bringst mich zum Lachen. Du machst mich so verdammt glücklich. Ich will immer bei dir bleiben. Ich will nur das essen, was du kochst. Ich wusste nicht, ob es dir genauso geht …«

»Ja. Gott, ja.«

Miteinander verschlungen lagen wir auf der Erde, mein T-Shirt und mein BH lagen verstreut daneben, sein gesamter Körper drückte sich an meinen, Brust an Brust, Bauch an Bauch, konnten beide vor schierer Glückseligkeit kaum weitermachen, ohne zu bersten, als wir hörten, wie sich jemand räusperte …

Theo sprang von mir runter. Ich setzte mich blitzschnell auf und bedeckte mich mit den Armen.

Da stand Clive und starrte ohne Zurückhaltung oder Scheu auf meine Brust, obwohl die von meinen Händen bedeckt war. Der Hunger in seinem Blick, der Besitzanspruch erschreckte mich, verunsicherte mich, und dann, so ungern ich es auch zugebe, fing er an, mich neugierig zu machen, mich sogar zu betören.

Denn in diesem Moment übte er die gleiche Clive-Wirkung auf mich aus wie immer, brachte mich dazu, böse sein zu wollen, die Welt herauszufordern, überredete mich dazu, Dinge zu tun, die ich nicht tun sollte, aber insgeheim wollte, so wie meine Hände von meiner Brust fallen zu lassen, was ich getan habe, vorgeblich, um nach meinem T-Shirt zu greifen, doch im Grunde meines Herzens habe ich es getan, weil ich wollte, dass auch Clive mich sieht.

Eine Entscheidung, die ich im Bruchteil einer Sekunde getroffen habe. Die schlimmste meines Lebens.

Denn in diesem Moment, ohne Worte, ein wenig unschuldig, ein wenig nicht, offenbarte ich, dass womöglich Raum in meinem Herzen für beide von ihnen auf diese neue Art und Weise sein könnte.

Theos Gesicht fiel in sich zusammen. Clive lächelte.

Nie werde ich den Blick vergessen, den sie dann miteinander tauschten. Er ließ mich frösteln.

Tut er immer noch.

Als hätte jeder von ihnen zu dem anderen gesagt: *Diesmal ist es anders. Diesmal kämpfen wir bis zum bitteren Ende.*

CASSIDY

Wynton, nach dem Feuer – Whispering River wurde verschont – verbringe ich Wochen damit, das Haus auseinanderzunehmen, während mein Vater schläft, auf der Suche nach diesen zwei Pappkartons. Ich habe absolut kein Glück, bis ich mir eines Tages den Truck meines Vaters ausleihe, um zur Arbeit zu fahren, die Stahlkiste im Rückspiegel sehe und irgendwie weiß, dass sie da drin sind. Ich fahre den Truck auf den Seitenstreifen, weil ich nicht dazu in der Lage bin, noch länger zu warten, wissen will, ob ich sie gefunden habe, aber natürlich ist sie abgeschlossen.

Am nächsten Morgen stelle ich meinen Wecker auf vier Uhr fünfundvierzig. Dad steht jeden Tag um fünf Uhr auf und duscht als Erstes. Während er im Bad ist, wühle ich durch seine Jeans nach dem Schlüsselbund, der in derselben Tasche ist wie sein Ehering. Ich nehme ihn in die Hand, lese ein weiteres Mal die Inschrift: *DU BIST MEINE EWIGKEIT, MEIN FÜR IMMER, MEIN EIN UND ALLES*. Wer ist sein Ein und Alles? Sein Für immer? Ich habe im Gefühl, dass ich es bald herausfinden werde. Ich renne zum Truck, öffne die Stahlkiste, und so wie ich vermutet habe, sind die zwei Pappkartons da drin. Ich trage einen nach dem anderen in mein Zimmer und schiebe sie unters Bett, schließe dann die Stahlkiste wieder ab und lege den Schlüsselbund zurück in die Tasche mit dem Ehering.

Ja, ich habe ein schlechtes Gewissen, habe Angst, aber ich kann nicht anders. Ich warte, bis Dad sich auf den Weg in den Weinberg gemacht hat und schließe dann, zum ersten Mal, seit ich in die Dandelion Road 68 gezogen bin, mein Zimmer ab. Ich öffne den ersten Karton und da drin sieht es aus, als wäre ein Sammelalbum explodiert. Ganz oben auf dem Stapel ist ein Konzertplakat mit einer Zeichnung von einer Silhouette eines Geigenspielers an einem Veranstaltungsort, der *Paradise Lounge* heißt. Ich fange an zu lachen, Erleichterung flutet durch mich durch. Natürlich! Mein Vater ist so ein Jazzfanatiker, dass er bei einem Feuer Konzertplakate retten muss. Da springt mir die Adresse des Veranstaltungsortes ins Auge: Paradise Springs. Ich bekomme eine Gänsehaut.

Unser Ort?

Wie kann das sein?

Erst als ich das Plakat zurück in den Karton lege, bemerke ich den Namen des Geigenspielers: Wynton Fall. Wynton ist kein besonders geläufiger Name und Wyntons, die begabte Musiker sind und nicht Wynton Marsalis? Ich gucke mir die Zeichnung auf dem Plakat genauer an, das Herz schlägt mir bis zum Hals, denn in diesen Linien und Strichen meine ich das Gesicht des Jungen von der Wiese zu erkennen, jetzt ganz erwachsen.

Das bist du, Wynton.

Du.

Mir wird schwummrig. Einen Augenblick lang vergesse ich meinen Vater, weil mich das Verlangen packt, dich wiederzusehen. Seltsam genug, oder? Dass mein Vater ein Plakat von dem Jungen hat, der seit Jahren in meinen Gedanken herumspukt, der meine dunkle, furchterregende innere Musik vor all den Jahren auf dieser Wiese gespielt hat, der Rücken an Rücken mit mir gesessen hat, während ich geweint habe, der mir ein neues Gehör geschenkt hat, der mich gefragt hat, ob ich ihn heirate – diese Tatsache haut mich um.

Ja, mehr als seltsam.

Aber dann.

Ich nehme ein weiteres Plakat in die Hand, eine Band namens *The Hatchets*, und dann eine Kritik dieser Band, die aus der *Paradise Springs Gazette* ausgeschnitten wurde. Die Band von Wynton

Fall. Darunter ist eine weitere Kritik eines Wynton-Fall-Konzerts, die von einem Musik-Blog ausgedruckt wurde, in der die Worte *Dieser Junge ist erstaunlich!* unterstrichen sind.

Warum ist mein Vater von dem Jungen auf der Wiese besessen? Weil der Junge ein erstaunlicher Geigenspieler ist?

Ich greife tiefer in den Karton und entdecke ausgedruckte Artikel einer Schülerzeitung, von einer Schule namens *Western Catholic Preparatory Highschool*, über einen Läufer, der letztes Jahr Zweiter in der Leichtathletikmeisterschaft geworden ist und einen weiteren über denselben Jungen in einem akademischen Zehnkampf: Miles Fall. Dann ist da ein Foto aus der *Paradise Springs Gazette* von einem kleinen Mädchen, das als Elfe verkleidet ist: Dizzy Fall. Dieselbe Dizzy, die ich kennengelernt habe? Wyntons Schwester, die mir gesagt hat, dass sie mit Geistern spricht, mit *stummen, küssenden Geistern*, wenn ich mich recht erinnere. Ich hatte mir das aufgeschrieben, weil mir die Vorstellung gefiel. Dasselbe Mädchen, das mir vor all den Jahren das Soufflé gebracht hat.

Wynton, Miles und Dizzy Fall.

Ich weiß auch noch, dass Dizzy mir gesagt hat, *Wir sind alle nach den Lieblingsjazztrompetern unseres verschollenen Vaters benannt.*

Dizzy Gillespie, Miles Davis und Wynton Marsalis. Auch die Lieblingstrompeter meines Vaters. Wahrscheinlich gilt das für eine Menge Leute, denke ich.

Weiter unten in dem Karton sind Rezepte aus einer Kochzeitschrift. Kritiken eines Restaurants, das *The Blue Spoonful* heißt, und ältere von einem Restaurant, das *Christophe's Soufflé Shop* heißt. Ein Kochbuch von Bernadette Fall, Daves Soufflé-Köchin, die Mutter der Fall-Kinder. Zu diesem Zeitpunkt ergibt es für mich immer noch keinen Sinn – ich frage mich nur, warum mein Vater, Dexter Brown, einen Pappkarton sein Eigen nennt, der das Pendant eines Sammelalbums der Familie Fall ist.

Ich wühle weiter und dann sehe ich es. Ein Foto und einen Artikel aus der *Paradise Springs Gazette*: »Die Wiederauferstehung des Winzers Theo Fall«, und mein Herz bleibt stehen. Auf dem Foto ist mein Vater zu sehen: Dexter Brown. Dann sehe ich den Artikel von einer Woche später »Das Verschwinden des Winzers Theo Fall« mit einem Foto von Bernadette, Miles und Wynton.

Das kann nicht sein. Kann nicht. Ich denke daran, wie meine Mutter und ich jahrelang nach unserem Ort gesucht haben. Wie wir ihn gefunden haben. Wie ich Wynton und Dizzy kennengelernt und Miles auf seinem Skateboard vorbeifahren sehen habe. Wie Sadie Mae den Geist aufgegeben hat, obwohl nichts kaputt war, als hätte sie gewollt, dass wir bleiben.

Ich erinnere mich daran, wie du mir erzählt hast, dass dein Vater verschwunden ist, du aber immer noch seine Trompete hörst.

Sind diese Leute, diese Fremden, meine Familie? Habe ich eine Familie? Zwei Halbbrüder und eine Halbschwester. Eine kleine Schwester, die Geister sieht! Einen weiteren Bruder, der wunderschön ist! Und dich, der du mich mühelos verstanden hast – okay, das ist der Moment, in dem ich ausflippe und in mein Kissen schreie: Fuck!

Igitt, dein Heiratsantrag!

Igitt, wie du dich in den unpassendsten Momenten in meine Gedanken schleichst!

Ekelhaft und abstoßend, stimmt's? Ja!

Aber.

Ich werde dir jetzt direkt sagen, was ich vorhin schon angedeutet habe, damit du nicht ausflippen musst, so wie ich – ich bin mir eigentlich hundert Prozent sicher, dass wir beide nicht miteinander verwandt sind, Wynton. Dafür würde ich meine Hand ins Feuer legen. Wir kommen bald darauf zurück. Vielleicht weißt du es schon?

Aber in diesem Augenblick weiß ich es nicht, also muss ich

wieder in mein Kissen schreien, alle romantischen Gefühle, die ich für dich hatte, werden sofort unglaublich ekelerregend. Und platonisch. So so so platonisch. Eintausend Prozent platonisch.

Und bald weine ich über die Fotos ganz unten im Karton: Miles und du von hinten, Hand in Hand, wie ihr von einer Schaukel wegrennt. Miles und du, jeder von euch in einem Arm von Bernadette. Dann eins von Bernadette und meinem Vater in einem Weinberg. Dieses Foto überwältigt mich, weil sie so jung sind, wohl in meinem Alter und so offensichtlich verliebt. Das Gesicht meines Vater ist völlig anders, als ich es kenne, aufgesprengt. Es gibt keine Festung.

Ich gucke mir noch einmal das Familienfoto in der *Paradise Springs Gazette* an. Da bist du, Wynton, siehst niedergeschmettert aus und Miles, der voller Mitgefühl zu dir aufschaut, seine Hand erhoben, als wolle er dir im nächsten Moment das Gesicht streicheln, um dich zu trösten. Aber wo ist Dizzy? Ich gucke genauer hin und sehe, wie Bernadette schützend die Hände über den Bauch gelegt hat und denke: Sie ist schwanger.

Er hat sie verlassen, als sie schwanger war.

Er hat euch alle verlassen, Wynton.

Aber warum? Warum würde er so etwas tun? Wie konnte er so etwas tun?

Es überläuft mich eisig. Dieser Mann, dem ich mehr vertraue als jedem anderen, hat seine Familie verlassen. Genauso wie Marigold mich verlassen hat. Und Dave. Die ursprünglichen Freudentränen schnüren mir jetzt die Kehle zu. Er ist schlimmer als meine Mutter. Meine Mutter ist wenigstens ehrlich, was sie selbst angeht.

Der andere Pappkarton ist voller Notizbücher, die mein Vater mitgenommen haben muss, als er euch alle verlassen hat. Das erste ist so alt, dass die Seiten vergilbt sind, die Schrift an manchen Stellen mit der Zeit unleserlich geworden, aber auf der ersten Seite steht ganz deutlich: Maria Guerrero. Das Notizbuch fängt auf Spanisch an und ist am Ende auf Englisch. Der spanische Teil wurde übersetzt, die englischen Wörter in der Handschrift meines Vaters über ihren spanischen Entsprechungen. Wer ist Maria Guerrero? Ich habe natürlich keine Ahnung. Da ist auch ein Tagebuch von Bernadette – ihr Name und ihre Adresse stehen auf der Innenseite –, das nur aus Briefen an jemanden namens Christophe zu bestehen scheint. Nicht cool, dass mein Dad das hat mitgehen lassen –, ich gehe davon aus, dass es ihm nicht ausgehändigt wurde – aber er hatte wohl seine Gründe. Als Letztes ist da ein verwittertes ledernes Notizbuch auf Spanisch, die Übersetzung auch in der Handschrift meines Vaters. Es scheint eine Art von Handbuch für die Weinherstellung zu sein, von jemandem, namens Alonso Fall, mit *sehr* leidenschaftlichen Anmerkungen am Rand, die an jemanden namens S. gerichtet sind.

Ich bleibe die ganze Nacht auf und lese jedes einzelne Wort. Das Tagebuch von Maria Guerrero (meine Urgroßmutter?) erzählt von ihrer Kindheit in Spanien, ihrer Reise mit Alonso Fall (meinen Urgroßvater?) über das Meer, von dem Leben, das sie sich in dem großen weißen Haus in Paradise Springs aufgebaut haben, von ihren Widrigkeiten und Triumphen bei der Weinherstellung, von der Geburt ihres Sohnes, den sie Bazzy nennen, Alonsos Liebesbeziehung mit Sebastian, Marias vielen Techtelmechteln, ihre leidenschaftlichste Liebesbeziehung jedoch die mit ihrer eigenen Freiheit, ihr *wundersames Alleinsein*, nannte sie es.

Mindestens die Hälfte des Tagebuches läuft vor Trauer über angesichts von Alonsos und Sebastians Tod (Alonso, der von seinem »Bruder« Hector aus Spanien ermordet wurde!), dann Bazzys Tod viele Jahre später – sie deutet an, durch die Hand seines »Bruders« Victor, um Alleinerbe des Weinguts zu werden. Ich erfahre, dass Bazzy mit einem Baby nach Hause kommt, das geboren wurde, als er fern von der Heimat in der Luftwaffe gedient hat, dessen Mutter, eine Frau namens Ingrid, bei der Geburt gestorben ist, und dass dieses Baby mein Vater Theo Fall / Dexter Brown ist. Er wurde dann von Eva und dem abscheulichen Victor großgezogen, als Bruder von Clive, obwohl sie gar nicht miteinander verwandt waren.

Aus Bernadettes Tagebuch erfahre ich, dass mein Vater weder wusste, dass Eva und Victor nicht seine biologischen Eltern waren, noch, dass Clive nicht sein biologischer Bruder war, bis er als Teenager Marias Tagebuch unter seiner Matratze fand – wo sie es für ihn versteckt hatte, bevor sie gestorben ist, damit er eines Tages wissen würde, wer seine Eltern waren. Mein Vater hat es anscheinend niemandem erzählt – aus Angst, dass es Clive zerstören würde –, bis er es Bernadette nach ihrer Hochzeit anvertraut hat.

Und aus Marias Tagebuch erfahre ich, wie sehr sie gekämpft hat, trotz ihrer Krebserkrankung am Leben zu bleiben, um ihren Enkel Theo vor Victor zu beschützen und eines Tages möglicherweise auch vor Clive und vor dem, was sie den Kain-und-Abel-Fluch nennt, der auf der Familie liegt – obgleich die Fall-Brüder, die Kains und Abels, von denen sie spricht, nicht blutsverwandt waren –, ein Fluch, von dem sie sagt, dass er wie jeder Fluch nur umgedreht werden kann, wenn er ans Licht gebracht wird und dann zu einem Segen wird. Ich bin so verrückt, Wynton, zu denken, dass du und ich dieser Segen sein könnten, endlich eine Brücke zwischen zwei Geschlechtern zu sein, in denen sich die Brüder seit Generationen bekämpfen? Oh, warum habe ich solche Gedanken? Es muss der Schlafmangel sein – ich glaube gar nicht an diesen Fluch! Es sei denn, vielleicht doch.

In der *Zeit für alle Zeiten* gibt es eine Menge davon: Mädchen, die ihre Flügel verlieren, Mütter und Töchter, die wie Gletscher überfrieren, tote Frauen, die dich mit ihrem Gesang in die Stille Welt locken. Dann geht mir durch den Sinn, dass es vielleicht nicht du und ich, sondern Dizzy und ich sein müssen, die den Fluch umkehren, weil wir die ersten Mädchen seit über einhundert Jahren im Stammbaum der Familie Fall sind. Denn eines hatten diese verfluchten Fall-Brüder nie: Fall-Schwestern.

Bis heute.

Ich sage nur eins, Wynton. Ich glaube, ich weiß, was meinem Vater das Herz gebrochen hat.

Ich glaube, ich weiß, warum er gegangen ist.

Dies ist nun endlich der vierte Verrat. Deiner.

Aus Bernadettes Sammelsurium nicht abgeschickter Briefe

Liebe schlafende Hunde,
es gibt Richtig, und es gibt Falsch, und dann gibt es im Haus nebenan etwas Wahres.
Das hier ist etwas Wahres.

Liebe Trauer,
ich bin vierzehn Jahre alt und Christophe und ich spielen Jacks in unserer lindgrün gekachelten Küche in San Francisco. Christophe ist nachsichtig mit mir, denn eigentlich bin ich schon zu alt für solche Spiele. Tränen laufen mir über das Gesicht, während ich den Flummi hüpfen lasse und wieder und wieder nach den Spielsteinen schnappe, in der Hoffnung, das Spiel möge nie zu Ende gehen. Ich will nicht, dass er auf der anderen Seite der Bucht aufs College geht. Er verspricht mir, dass er in drei Wochen zum Sabbat-Abendessen zurückkommen wird, aber ich kann mir nicht vorstellen, wie ich einundzwanzig ganze Tage und Nächte ohne ihn durchstehen soll. Er ist die Sonne, um die ich kreise.
Es ist das letzte Mal, dass ich meinen Bruder lebend sehen werde.
Ich war ein Kind und wurde konfrontiert mit dem Mangel an Zwangsläufigkeit im Leben, mit dem Würgegriff der Sterblichkeit, mit der Erkenntnis, dass das Leben

weitergeht, die Menschen aber, die man am meisten liebt, nicht. Was macht das mit der sich entwickelnden Psyche, wenn deine erste Erfahrung mit inniger, grenzenloser Liebe ein so tief greifender Verlust ist? Wenn du ein weiteres Mal so eine Liebe verspürst, vertraust du ihr dann? Sabotierst du sie? Bist du jemals wieder emotional oder psychisch dazu in der Lage, irgendetwas loszulassen? Irgendjemanden?

Lieber Hunger,
nie gibt es genug Schokolade, Pfirsiche, Austern, Feigen, nie genug Filets, die genau richtig angebraten sind, nie genug Picknicke am Fluss, nie genug Himmel, Blumen, Wein, Küsse, Liebe, Zeit. Nie ist genug Leben im Leben. Öffne die Schränke. Reiß die Tüten auf. Greif ein weiteres Mal rein. Geh um Mitternacht in den Wald, um dich im Mondlicht zu baden. Finde Menschen, die eine Sonne in deine Brust pflanzen. Such dir Schüsseln, vollgehäuft mit Wörtern, Krüge, randvoll mit leuchtenden Farben, Tage, erfüllt von Musik. Küss wochenlang, küss alle, die du kennst. Ich sehe dich und dich und dich – Lebensdiebe alle, genau wie ich –, sehe, wie du versuchst, dir noch mehr in deine Taschen zu stopfen, in deinen Mund, in dein Herz, im Laufe dieses elenden Lebens, das bald vergessen sein wird.

Liebes Herz mit zwei Türen,
ich hasse dich.
Ich wünschte, ich hätte dich nie kennenlernen müssen.
Die Jahre, nachdem ich mit Theo zusammengekommen bin, waren so wunderbar. Sein Licht hat mich angesteckt, seine Güte, seine Freude. Liebe ist in mich hineingeströmt wie Sonne durch ein Fenster. Ich war die Hoffnung selbst in farbenfrohen Kleidern und hohen Schuhen.
Und dennoch.
Diese Jahre waren auch fürchterlich.
Etwas piesackte mich, tief in meinem Innern, ob ich irgendwie auf unmögliche Art auch in Clive verliebt sein könnte. Es war eine winzige Flamme, die an dem Tag in den Bergen entfacht wurde, jedoch zwei Jahre später ein wütendes Feuer geworden war, das ich nicht mehr austreten konnte. Denn warum erwischte ich mich dabei, an ihn zu denken, während ich den Kabeljau in Salz einlegte? Während ich Hähnchenfleisch klopfte? Während ich Teig knetete und mit solcher Kraft darauf einschlug, dass ich mir die Knöchel verletzte?
Ich versuchte, mich von ihm fernzuhalten.
Und tat dies auch.
Obgleich er mir unaufhörlich hinter Theos Rücken nachstellte.
Unaufhörlich.
Ich wies ihn jedes einzelne Mal ab, egal, wie verwirrt ich auch insgeheim war.
Bis eines Tages.

Lieber Tag, an dem es passiert ist,

es war in der Woche, bevor Theo auf ein Bluegrass-Festival in San Diego gehen wollte. Ich wartete in seinem Schlafzimmer auf ihn, schnüffelte herum, als ich ein schwarzes Schmuckkästchen in der Kommodenschublade entdeckte. Darin lag ein antiker Saphirring, mit Diamanten eingefasst. Wollte Theo mir mit diesem Ring einen Heiratsantrag machen? Mein Herz schwoll so sehr an, dass ich das Gefühl hatte, einen größeren Brustkorb zu brauchen. Ich steckte mir den wunderschönen Ring an den Finger und bewunderte die funkelnden Edelsteine, während ich meine Hand hin und her drehte, als ich Schritte den Flur hinunterkommen hörte. Theo? Ich zog an dem Ring, aber bekam ihn nicht ab. Ich versuchte, ihn abzustreifen, damit ich ihn zurück in das Schmuckkästchen, das Schmuckkästchen zurück in die Schulblade legen und die Schublade schließen konnte, bevor er ihn an meinem Finger sah und die Überraschung verdorben war.

Doch der Ring ging nicht ab, und es war nicht Theo.

Wenn er es nur gewesen wäre.

Clive segelte in den Raum. Er musste gesehen haben, wie ich reingegangen war, weil er gerade im Weinberg arbeitete. Ich legte meine andere Hand auf den Ring, was seinen Blick darauf lenkte, der dann auf mein Gesicht glitt. Er starrte mich auf ähnliche Weise an, wie er das an diesem Tag vor Äonen in den Bergen getan hatte, wie er das in dieser Zeit dauernd tat.

Leider immer mit der gleichen Wirkung.

Er trug Arbeitskleidung und Stiefel, war von Kopf bis Fuß mit Weinberg überzogen, sein blondes Haar vom Wind zerzaust, seine Hände mit Erde beschmiert. Ich schluckte, wandte jedoch den Blick nicht ab, und die Atmosphäre zwischen uns wurde spannungsgeladen. Dann ging er auf mich zu, dann stand er direkt hinter mir, und so nah waren wir uns seit Jahren nicht gewesen. Er nahm meine Hand von dem Ring runter und flüsterte mir ins Ohr: »Das war's also. Du wirst meinen Bruder heiraten, obwohl du eigentlich mich willst.« Ich konnte Zigaretten riechen, Alkohol, Schweiß, Gefahr.

»Ich will dich nicht«, sagte ich, aber meine Stimme brach beim *dich*.

»Nein?« Seine Hand legte sich auf meine nackte Taille. Mein Körper lehnte sich wie von selbst in seine Berührung. Mein Kopf fühlte sich radioaktiv an. Ebenso wie mein Blut.

»Bist du dir sicher?«, fragte er. »Du klingst nicht so.«

»Ich bin mir sicher.« Die Worte klangen rau, zerfasert.

»Dann schieb meine Hand weg«, sagte er. »Zeig mir, dass du mich nicht willst.« Ich habe es versucht, das habe ich.

»Na, los«, sagte er. »Zeig mir, dass du mich nicht willst.« Ich musste seine Hand wegschieben. Musste es. Doch ich konnte es nicht.

Stattdessen legte ich meine Hand auf seine. Ich wusste, dass ich aufhören sollte, aber ich wollte seine Hand nur für eine Sekunde auf mir spüren. Nur eine. Dann noch eine. Dann seine andere Hand, die mir über den Bauch strich, auf meine Brüste zu.

»Sag mir, dass ich aufhören soll. Sag mir, dass du mich nicht willst, Bernadette«, sagte er. Ich lehnte mich in ihn rein. »Sag es mir.«

»Ich kann nicht.« Es war ein Stöhnen.
»Ich weiß«, flüsterte er mir ins Ohr, steckte meinen gesamten Körper in Brand, all unsere Leben in Brand.
Ich spürte seine Lippen, wärmer und rauer als Theos, auf meinem Hals, seine Hände auf mir, gestattete mir das.
Nur. Für. Einen. Moment.
»Ich habe dich immer schon geliebt. Du und ich, wir beide gehören zusammen«, murmelte er, sein Atmen heiß an meinem Ohr, seine hungrigen Hände auf meiner hungrigen Haut.
»Du und ich, Bernie. Wir sind uns doch so viel ähnlicher.«
Das brachte etwas in mir ins Wanken – wir *waren* einander so viel ähnlicher –, und ich wirbelte herum.
Da starrten wir einander an, und während wir das taten, verlor sein Gesicht den prahlerischen Ausdruck, den draufgängerischen und wurde nackt, verletzlich, genauso wie ich mich plötzlich fühlte. Hier war wieder der liebe Junge, der Kühe liebte, ebenso wie der gefährliche Mann, zu dem er sich entwickelte, und all das Fragile und Verwundete dazwischen. Hier war wieder der wilde junge Mann, den ich in meinem Herzen trug. Aber da war noch etwas anderes. In diesem Moment sah ich in Clive etwas Erschreckendes und so Vertrautes – in uns beiden herrschte ein Verlangen von der Größe Gottes.
Und bevor ich mich versah, küssten wir uns. Bevor ich mich versah, waren wir zwei verheerende Stürme, die sich ineinander verwirbelten zu einem, der alles vernichten könnte.
Am nächsten Tag hinterließ er mir im Soufflé-Shop einen Zettel zusammen mit einer Schubkarre voller Wildblumen.

Eine Schubkarre. Auf dem Zettel stand: *Nur wenn ich bei dir bin, bin ich ich selbst.* Mir ging es genauso.

Doch das Herzzerreißende, das Unmögliche, die Wahrheit ist, dass es damals wohl zwei von mir gab, denn mein anderes Ich fühlte sich haargenau so in Bezug auf Theo. Nur noch mehr so.

Ich beschloss, dass das mit Clive eine einmalige Sache gewesen war. Eine Sache, die vergessen werden musste. Ich versuchte, nicht daran zu denken. Es war alles, an das ich denken konnte.

Der Verrat, den ich beging, war so groß, dass ich kaum sprechen konnte, dem keine Worte zufügen konnte.

Ich hasste mich selbst.

Ich hasste mich selbst und konnte mich selbst nicht aufhalten.

Einen Monat später war ich schwanger und mit Theo verlobt, der Saphirring seiner Großmutter an meinem Finger.

Ich zog zu Theo in das weiße Haus auf dem Hügel.

Jahrelang versuchte ich, nicht mit Clive allein zu sein.

Jahrelang scheiterte ich.

WYNTON

Diesmal bist du überzeugt davon, gestorben zu sein. So still ist es. Doch dann hörst du deine Mutter atmen, seufzen, weinen. Jeweils in As, in H-Moll, in Cis.

Menschen sind Musik, denkst du.

Du fragst dich, wo Dizzy und Miles sind. Du würdest so gerne ihre Stimmen, ihren Atem, ihre Musik hören.

Nur Cassidy und deine Mutter sprechen jetzt mit dir. Deine Mutter sagt dir, dass du ihr Lieblingskind bist, obwohl sie kein Lieblingskind haben sollte, und sie behaupten wird, das nie gesagt zu haben, falls du es erwähnst, wenn du wieder wach bist.

Sie sagt dir, dass du und sie seelenverwandt sind. Und dann, nach all den Jahren, in denen sie nichts gesagt hat, nicht ein einziges verdammtes Wort, platzt alles aus ihr heraus, eine Symphonie aus *Tut mir leid.*

Sie sagt, sie weiß, wie sehr du Theo liebst, sie dir deswegen nie die Wahrheit gesagt hat. Sie sagt, sie wollte nicht, dass du ihn nicht auch noch als Vater, der in deinem Herzen lebt, verlierst und dass die Vorstellung von Theo immer das zu sein schien, was dich zusammengehalten hat, dir Hoffnung gegeben, dich hat musizieren lassen.

Sie erzählt dir, dass Clive es nicht weiß, weil sie ihn angelogen hat, als sie das DNA-Ergebnis bekommen hat. Niemand weiß Bescheid.

Nun weint sie in D-Moll. Die traurigste aller Tonarten.

Du willst ihr sagen, dass du es immer schon gewusst hast, ihr keine Vorwürfe machst, das nie getan hast, sie verstehst, immer schon verstanden hast, denn du weißt, was es heißt, Fehler zu machen.

Mann, und wie. Du verstehst, dass das Leben, deins zumindest, nichts ist – war –, als eine Ansammlung von Fehlern.

Du bist dir ziemlich sicher, das Leben ist für sie so wie für dich –, als würde man ein verstimmtes Instrument spielen.

Du willst ihr sagen, dass du es seit diesem Tag weißt.

An diesem Tag schaukelst du mit Miles. Dein Dad schubst dich und deinen Bruder in den Himmel, erst den einen, dann den anderen, und du strampelst wie wild mit den Beinen und Miles auch, und dann springst du, und Miles springt auch, weil er dir alles nachmacht, und wie sehr du das *liebst*. Er läuft dir hinterher, so wie du deinem Vater hinterherläufst, denn für ihn bist du eine Ente, kein Entenküken wie er. Du bist der Einzige, der Miles trösten kann, wenn er weint. Du bist der Einzige, der Miles zum Einschlafen bringen kann. Du bist der Einzige, der ihn wie irre zum Lachen bringen kann.

Nur du, sein großer Bruder.

An dem Tag rennt ihr zusammen nach Hause, du und Miles, die Musik von Dads Trompete folgt euch nach, und du nimmst Miles' Hand, denn er ist dein Affe, deine Banane, dein kleiner Mann.

So nennst du ihn, wenn ihr beiden allein seid, und es ist dir nicht einmal peinlich, weil sein Gesicht dann leuchtet. Du weißt nicht, wie sein Gesicht das macht. Manchmal lächelst du dich im Spiegel an, um zu sehen, ob dein Gesicht das auch kann, aber du siehst einfach aus wie ein Junge, der lächelt, nicht wie eine strahlende Sonne.

An dem Tag stürmt ihr durch die Haustür des weißen Hauses. Du rast nach oben zu Mom, während er in die Küche geht.

An dem Tag hörst du erst die Geräusche, und dann stehst du lang genug in der Tür, um es zu sehen.

Wie deine Mutter und dein Onkel nackt im Bett miteinander ringen. Sie bemerken dich nicht.

Dir wird klar, dass sie nicht miteinander ringen, als sie sich küssen. Und küssen. Als würden sie sich gegenseitig das Gesicht auffressen.

Später an diesem Tag gehst du zum Haus deines Onkels und sagst Clive, er soll sich von deiner Mutter fernhalten. Weil ihm jemand das sagen muss.

An diesem Tag ist er betrunken und wirft dich gegen eine Wand und sagt dir, du sollst die verdammte Fresse halten.

Du hältst die verdammte Fresse.

Du sagst deiner Mutter, dass du vom Skateboard gefallen bist und deswegen blaue Flecken hast.

Du weißt nicht, was du tun sollst.

Lange, ganz lange weißt du nicht, was du tun sollst.

Dann wehen die Teufelswinde, und deine Mutter ist wieder schwanger, und dein Dad hat eine Lungenentzündung und fällt ins Koma. Er ist im Krankenhaus und liegt im Sterben, und endlich weißt du, was du tun musst. Die Krankenschwester hat dir gesagt, dass Menschen im Koma hören können.

Als du also allein mit deinem Vater im Krankenzimmer bist, kletterst du auf sein Bett. Du flüsterst ihm ins Ohr, was du an diesem Tag gehört und gesehen hast.

Du erzählst deinem Vater alles, damit er aufwacht und etwas dagegen tut.

Stattdessen stirbt er! Du hörst, wie die Maschinen, an die er angeschlossen ist, aufhören zu piepen und einen lang gezogenen Ton von sich geben: Cis. Die Krankenschwestern stürzen rein. Niemand scheint zu bemerken, dass du da bist, während sie versuchen, ihn wiederzubeleben. Du weißt, dass er nicht wiederauferstehen wird. Du weißt, dass du deinen Vater umgebracht hast – den du mehr liebst als jeden anderen auf der Welt – und zwar mit deinen Worten.

Niemand findet je heraus, dass du dabei warst, als dein Vater gestorben ist, ein winziges Angstbündel in der Ecke des Krankenzimmers, das zuguckt, bis es nicht mehr zugucken kann, sich rausschleicht und nach Hause rennt.

Du willst irgendjemandem erzählen, dass es deine Schuld ist, dass du ihn umgebracht hast, aber das tust du nicht.

Du willst es dem Geist deines Vaters erzählen, als er dich besucht und dir eine Trompete dalässt, aber du hast zu große Angst zu sprechen.

Am nächsten Tag hörst du, wie deine Mutter deinem Onkel Clive erzählt (während sie ihm das Gesicht und den Arm verbindet), dass Theo ihr Tagebuch mitgenommen hat, als er gegangen ist. Klar und deutlich hörst du sie sagen: »Er weiß alles, Clive.«

Dann ist dein Vater schon ein ganzes Jahr lang weg.

Du guckst dir dauernd sein Foto an, denn inzwischen weißt du einigermaßen über Sex und Babys Bescheid. Du hebst sein Foto in dem Trompetenkoffer auf, den er dir gegeben hat, bevor er verschwunden ist. Du nimmst die Trompete nachts immer mit unter die Bettdecke. Du siehst dir das Foto an, und dann guckst du in den Spiegel, denn du weißt, wenn du nur irgendeine Ähnlichkeit feststellen könntest, an der Kinnpartie, der Stirn, dem Ausdruck in den Augen, würde das alles verändern.

Du beschließt, zu seinem Ebenbild heranzuwachsen.

Dennoch beobachtest du Miles nachts, während er schläft, mit dem Foto in der Hand, sodass du ihn genau studieren kannst. Du weißt, dass jeder Zentimeter seines Gesichts dem Foto gleicht, jede Falte und Linie, die sanft leuchtende Haut, die Form der Augen, das braune lockige Haar, die Grübchen in den Wangen, die alle herzen wollen, sogar sein Körper, so sportlich, so agil, so groß, bereits größer, als du es bist.

Es ist nicht allein sein Aussehen – er strahlt das gleiche Auf-dem-Rücken-in-der-Sonne-liegen-Gefühl aus wie dein Vater. Du strahlst das nicht aus. Und dann sind da die Wörter, die für ihn Farben haben, so wie die Musik für deinen Dad. Für dich und deinen Onkel Clive sind Wörter Wörter, Farben Farben, Musik ist Musik. Die Dinge vermischen sich nicht, weil ihm und dir kein Zauber anhaftet.

Diese Erkenntnis bringt dein Blut zum Kochen und erfüllt dich mit weißglühendem Hass.

Du versuchst, Miles zu verkaufen, aber das funktioniert nicht.

Du schmeckst den Hass in deinem Mund und riechst ihn in deinem Schweiß und siehst ihn im Spiegel. (So wie Hector und Victor wahrscheinlich auch, wie du jetzt weißt.)

Der Hass verzehrt dich. Der Vater, den du so sehr liebst, dass es dich vernichtet, ohne ihn zu sein, der Vater, auf den du am Fenster wartest, weil er dein ist, der Vater, der dir eine Geige gekauft, der dir Trauben in den Mund geworfen, der dir das Gefühl gegeben hat, immer auf dem Rücken in der Sonne zu liegen.

Dieser Mann ist nicht dein Vater, aber er ist Miles' Vater.

Als Dizzy geboren wird, genauso komisch aussieht wie du, frohlockst du. Sie ist dein. Als sie anfängt zu sagen, dass das Blau riecht und das Orange, ignorierst du es, denn sie sieht dir zum Verwechseln ähnlich. Du recherchierst und findest heraus, dass, ja, Synästhesie in der Regel vererbt wird, aber nicht immer. Es ist nicht ausgeschlossen, dass es unwillkürlich auftritt. Du redest dir das ein. Du machst sie dir zu eigen.

Und nun weißt du durch Cassidys Geschichten, dass dein Vater und Clive nicht einmal blutsverwandt sind. Natürlich ist dir deswegen das Herz stehen geblieben, denn der Mann, der einmal dein Vater war, ist nicht einmal dein Onkel.

Theo Fall, der König deines persönlichen Universums, ist nichts für dich. Du hast keinen Anspruch auf ihn. Kein Recht. Ihr habt kein gemeinsames Blut. Nicht einen einzigen Tropfen.

Das ist, was dafür sorgt, dass die Musik in dir verstummt. Clives Fluch hatte doch recht.

Du versuchst, zu sprechen oder die Hand deiner Mutter zu drücken, um dich zu verabschieden, aber du bist nicht in deinem Körper, nicht im Krankenhaus, kaum noch in der Zeit.

Bald hörst du gar keine Stimmen mehr.

Du bist auf der Wiese mit den Gänseblümchen und den Wespen, sitzt an derselben Stelle, wie vor so vielen Jahren, Rücken an Rücken mit dem einzigen Mädchen, das du je geliebt hast, die nicht deine Schwester ist – das hast du schon mitbekommen.

Ein gutes Ergebnis – nein, ein hervorragendes – dieses vierten Verrats.

Du bist bereit, auf dieser Wiese zu bleiben, bis zum Ende der Zeit bereit, darauf zu warten, bis sie sich zu dir gesellt.

Der Zettel, den Theo für Bernadette hinterlassen hat

Bernadette, ich verstehe jetzt, dass es für dich immer wir beide waren, und damit kann ich nicht leben. Versuch nicht, mich zu finden, nie. Ich flehe dich an, lass mir wenigstens das, das schuldest du mir, es würde mich vernichten. Ich hoffe, ihr werdet glücklich miteinander. Das meine ich ernst. Auf unserem gemeinsamen Bankkonto ist genug Geld für euch alle. Das Haus, das Weingut, sie gehören dir.

E-Mail vom Dexter Brown Wines an das Wine Magazine

Sehr geehrte Damen und Herren vom Wine Magazine,

wie wir bereits in der Vergangenheit deutlich gemacht haben, gibt Dexter Brown keine Interviews. Darüber hinaus möchten wir nicht, dass Sie unsere Weine in Ihrem Magazin besprechen oder überhaupt erwähnen. Wir verkaufen nicht an Restaurants oder Weinhandlungen, sondern ausschließlich bei der Verkostung und auf Märkten und Weinfestivals. Wir ziehen es vor, unser Geschäft klein zu halten und wünschen uns keinerlei mediale Aufmerksamkeit.

Vielen Dank.

Nigel Garcia

Im Namen von Dexter Brown

Aus Bernadettes Sammelsurium nicht abgeschickter Briefe

Liebe Welt,
ich weiß, du wirst mir nie verzeihen. Ich mir selbst auch nicht. Ich war ein zerstörtes Mädchen, das zwei Jungen gleichzeitig liebte. Den einen für seine Zerbrechlichkeit, den anderen für seine Stärke. Den einen für seine Dunkelheit, den anderen für sein Licht. Geheimnisse. Lügen. Der Verrat war von großer Tragweite.
Es gibt keine Entschuldigung.
Mit der Zeit fühlte sich die Beziehung mit Clive nicht mehr wie Liebe an, sondern mehr wie Wahnsinn oder eine Krankheit. Als ich es beendet habe, hat er versucht, den Weinberg leer zu trinken. Er hat mir nie verziehen. Das kann ich ihm nicht vorwerfen.
Ich habe Theo damals inniger geliebt als je irgendjemand anderen, etwas anderes.
Es war die Tatsache, dass Theo gegangen ist – lange nach dem Ende der Affäre –, die Clive zerstört hat. Er hat sich nie davon erholt. Genauso wenig wie ich.
Es ist unmöglich nachzuvollziehen, was diese junge Frau, die ich einmal war, getan hat, doch unsere Vergangenheit verfolgt uns auf immer und ewig. Ich habe Theos Wunsch respektiert und nie versucht, ihn zu finden. Auch meine Scham und Schande hat mich stockstill verharren lassen.
Bedauern ist das heillose Durcheinander von Haus, in dem ich lebe. Ich kenne jeden verzweifelten Zentimeter.
So unlogisch (und so beschönigend) es auch klingen mag:

Theo war – ist – die Liebe unserer beider Leben. Von Anfang an bestand Clives und meine Seelenverwandtschaft darin, dass wir beide Theo irgendwie zu sehr liebten und beide das Gefühl hatten, ihn nicht verdient zu haben.
Wir hatten recht.

Der Mann, der als Geist lebte

(Eine Geschichte, die sich Cassidy zusammengereimt hat und die sie weder Felix noch irgendjemand anderem erzählt hat)

In der Zeit für alle Zeiten bliesen die Teufelswinde wahnsinnige Hitze durch unseren Ort, in der Nacht, in der mein Vater Theo Fall sich auf und davon gemacht hat. Alles spielte verrückt, alle waren nervös. Es war unmöglich, sich selbst zu finden, sogar in einem Spiegel. Für Außenstehende war es unmöglich, unseren Ort zu finden, denn die Teufelswinde hatten ihn von der Landkarte geweht.

Ich stelle mir meinen Vater in dieser Nacht vor, wie er sich das aus dem Haus zusammensammelt, was er haben will: Marias Tagebuch, Alonsos Handbuch für die Weinherstellung, ein paar Weinflaschen von sentimentalem Wert und Bernadettes Tagebuch mit Briefen an ihren toten Bruder, von denen er zu diesem Zeitpunkt genug gelesen haben musste, um ihm zu bestätigen, was Wynton ihm damals erzählt hatte. Und noch viel mehr. Er schrieb Bernadette einen Zettel, gab Wynton seine Trompete und fortan fing Wynton an zu weinen, wenn er Musik machte.

Dann küsste Theo Miles auf die Stirn und verabschiedete sich von dem schlafenden Jungen. In ähnlicher Weise fing Miles nun in dieser Nacht an, im Schlaf zu weinen und fuhr fort zu schlafweinen.

Danach stelle ich mir vor, wie Theo Clive einen Besuch abstattet, die gleiche Art von fluchbeladenem Besuch, den Hector mit einer Pistole in der Hand Alonso abgestattet hat.

Vielleicht hat Theo Clive bei diesem Treffen endlich gesagt, dass sie nicht blutsverwandt sind. Die Worte, die Clive am tiefsten treffen würden. Ich stelle mir vor, dass die beiden Brüder, die keine Brüder waren, schnell handgreiflich geworden sind und sich Theo zum ersten Mal in seinem Leben nicht zurückgehalten hat.

Es war kein ausgeglichener Kampf.

Am nächsten Tag verband Bernadette Clives beträchtliche Wunden.

Ich stelle mir vor, dass mein Vater, verraten bis aufs Mark, es für das einzig Richtige hielt, unseren Ort für immer zu verlassen, um der Liebe von Bernadette und Clive nicht im Weg zu stehen, *ihrer* Familie nicht im Weg zu stehen.

War es Schmerz, Liebe oder Bosheit, die ihn antrieb? Vielleicht alles zusammen? Hat er einen Fehler gemacht? Hätte er bleiben sollen? Ich weiß es nicht. Die Art, wie sich der Familienfluch zwischen diesen beiden offenbart hat, ist am schmerzlichsten, denn diese Männer waren Jungen, die sich von ganzem Herzen geliebt haben.

Was ich aber weiß: Seit er geflohen ist, ist mein Vater mehrmals im Jahr an unseren Ort zurückgekehrt, um sich vom Berg aus anzusehen, wie sein Leben ohne ihn weiterging, ganz so, als wäre er einer von Dizzys stummen Geister.

Jedes einzelne Mal hat er Clive dabei beobachtet, wie er nachts in das große weiße Haus gegangen ist. Was sollte er anderes denken, als dass Clive und Bernadette noch ein Paar waren? Woher sollte er wissen, dass Clive sich jede Nacht auf dem Sofa zusammenrollte und schlief (was, abgesehen von Dizzy, keiner wusste), weil er so verdammt einsam war?

Was sollte Theo Fall anderes denken, als dass Clive und seine Ehefrau nach all den Jahren noch immer ineinander verliebt waren? Was sollte er anderes denken, als dass seine Kinder Clives seien, höchstwahrscheinlich von ihm abstammten, auf jeden Fall im Geiste?

DIZZY

Dizzy saß in einem Wohnmobil, das den Namen Purple Rain trug, mit ihrem ganz eigenen Vater hinterm Steuer und raste einen gewundenen Highway entlang, auf dem Weg zurück zum Krankenhaus, wo er ihren Bruder aus dem Koma wecken würde, indem er auf seiner Trompete spielte.

Sie hatte bereits Chef Mom angerufen, um ihr von dieser wundersamen Wendung des Schicksals zu berichten, denn sogar ihre skeptische Mutter würde zugeben müssen, dass sie sich alle bis zu den Knien in einem Wunder befanden. Sie hatten ihren Vater gefunden! Und entdeckt, dass sie eine Halbschwester hatten! Sie erzählte ihrer Mutter von dem neuen Plan im Hinblick auf ihren Vater, die Trompete und Wyntons bevorstehendes Wiedererwachen. Während Dizzy ihr schilderte, was passiert war und was gleich passieren würde, war ihre Mutter die ganze Zeit still – bis Dizzy aufhörte zu reden, und ihre Mutter mit zitternder Stimme sagte: »Dizzy, träumen wir?«

Sie und ihr Vater hatten versucht, Cassidy zu erreichen, aber sie ging nicht ran. Ihr Vater rief dann Cassidys Freundin Summer an, die in Davis lebte, wo Cassidy behauptet hatte zu sein, doch Summer erzählte ihrem Vater, dass Cassidy nie da gewesen war und sie außerdem seit Wochen nicht mit ihr gesprochen hatte, was Sorgenfalten auf dem Gesicht ihres Vaters erscheinen ließ. Er glaubte, dass Cassidy immer noch in Paradise Springs war, und Dizzy hoffte, dass das der Fall war. Wenn Wynton wieder erwachte, musste die gesamte Familie da sein. Und nachdem er wach geworden und wieder zu Hause war, würden sie alle im Familien-Glücksgewühl auf dem roten Sofa sitzen. Danach würde

Dizzy Cassidy ihr Zimmer zeigen. Sie würden die Tür hinter sich schließen, und dann wären sie zwei Schwestern auf einem Bett, genau wie im Kino. Sie bekam kaum Luft, wenn sie über all das nachdachte.

Dizzy hatte sich Sorgen gemacht, dass sie und ihr Dad die gesamte Fahrt lang wie zwei stumme Geister nebeneinander sitzen würden, aber Mann, hatte sie sich geirrt. Zu ihrem Erstaunen hatte ihr Vater so viele sachdienliche Hinweise in Bezug auf das Dasein!

Zum Beispiel erzählte er Dizzy mir nichts, dir nichts von einem türkischen Dorf, in dem die Leute sich durch Pfeifen verständigen – eine schrill klingende, vogelähnliche Sprache, genauso komplex wie jede normale menschliche Sprache, sagte er, die sie benutzen, um über große Entfernungen hinweg komplizierte Nachrichten zu verschicken. Dann sprach er darüber, dass Ochsenfrösche nie schlafen, bestimmte Schnecken jedoch drei Jahre am Stück schlafen können und dann über einen Heiligen namens Polykarp aus dem zweiten Jahrhundert, der feuerfest war. Dizzy wurde schnell klar, dass mit ihm zu reden noch viel besser war, als im Internet zu surfen.

Nachdem sie ihm mir nichts, dir nichts davon erzählt hatte, wie Schlangen Erdbeben voraussagen können (das wusste sie von Lizard), dass eine Katze namens Stubbs Bürgermeister eines Ortes in Alaska geworden war und wie gerne Dizzy unsterblich sein wollte, wie diese bestimmten Quallen, sagte er: »Ich wollte dich etwas fragen.«

»Ich bin ganz Ohr«, sagte sie, und er sah sie an und lächelte mit den Augen und zupfte dann an ihrem Ohrläppchen, was Väter bei Töchtern wohl machen, dachte sie. Sie starb fast vor Glück.

»Warum hat deine Mutter ihr Restaurant *The Blue Spoonful* genannt?«

Oh! Das war auch eine ihrer Lieblingsfragen. »Wegen mir – ich habe Synästhesie. Für mich haben Gerüche Farben. Miles hat es auch, für ihn haben Wörter Farben. Mom sagt, als ich klein war, habe ich immer auf der Theke im alten Soufflé-Shop gesessen, *Christophe's*, und wenn sie dann die Soufflés aus dem Ofen genommen hat, habe ich eingeatmet und gesagt: *blau*. Ich habe ihr erklärt, dass die leckersten Nachtische alle blau riechen.« Dizzy wusste, dass es sich nicht gehörte, so gerne über sich selbst zu reden, aber sie tat es trotzdem, und sie war vom Hundertsten ins Tausendste gekommen und hatte nicht bemerkt, dass ihr Vater angefangen hatte, komisch auszusehen.

»Du und Miles, ihr habt beide Synästhesie?«, fragte er, obwohl sie ihm das doch gerade erklärt hatte, aber er fragte das so, als hätte er gerade gesagt: *Ihr habt beide Krebs*?

»Ja«, sagte sie.

Er fuhr das Wohnmobil auf den Seitenstreifen und bremste, bis es stehen blieb. »Bin gleich zurück.« Er öffnete die Tür und sprang auf die Straße. Musste er plötzlich aufs Klo? Konnte er nicht das in Purple Rain benutzen? Dizzy guckte in den Seitenspiegel und sah, wie ihr Vater wie ein Irrer neben dem Wohnmobil auf und ab lief. Dann lehnte er seinen Kopf an einen Baum, als würde er versuchen, gedanklich mit dem Baumstamm zu verschmelzen. Das war, was Chef Mom launenhaftes Verhalten nannte, etwas, was normalerweise Wynton zugeschrieben wurde.

Dizzy fragte sich, ob sie vielleicht besser mit Miles und Felix zurückgefahren wäre.

Nach ein paar Minuten stieg ihr Vater wieder ein und setzte sich hinters Steuer – ohne eine Erklärung abzugeben –, und sie waren wieder auf dem Weg.

»Für mich haben Klänge Farben«, sagte er. »Bei Cassidy ist es wie bei Miles, für sie haben Wörter Farben.« Er schien wieder in Ordnung zu sein, außer dass er ständig mit der rechten Hand aufs Steuer tippte, auf eine Art, die Dizzy ganz nervös machte.

»Dann haben wir das wohl alle von dir geerbt«, sagte Dizzy. »Das ist genetisch. Ich habe alles darüber gelesen. Das geht einher mit Kreativität und einem hohen IQ. Ich finde, das ist das, was am coolsten an mir ist.«

»Ich weiß nicht so recht. Ich habe den Eindruck, dass eine Menge an dir cool ist.«

»Danke schön.« Sie spürte, wie ihr Gesicht heiß wurde. Sie wollte so sehr, dass er sie mochte. Nein, sie wollte, dass er sie wie verrückt liebte, so wie ihre Mutter und Wynton das taten und Miles das auf dieser Reise angefangen hatte zu tun.

»Und Wynton?«, fragte er und tippte weiter mit der Hand aufs Steuerrad. »Ist der auch Synästhetiker?«

So ein cooles Wort. »Nö. Das beschäftigt ihn auch. Er wäre es gerne.« Dizzy verstand nicht, warum diese Information dafür sorgte, dass ihr Vater sich für gut zehn Minuten in eine Statue verwandelte, aber das war so. Sie nahm sich vor, nie wieder mit ihm über Synästhesie zu sprechen.

»Und war mein Bruder gut zu euch Kindern?«, fragte er nach einer Weile.

»Onkel Clive? Da muss ich leider berichten, dass es Mom nicht gefällt, wenn er vorbeikommt.«

»Oh«, sagte er mit gerunzelter Stirn. »Warum?«

Dizzy zuckte mit den Schultern. Sie wollte seinen Bruder nicht beleidigen, indem sie erzählte, was Mom über ihn sagte, dass man ihm aus dem Weg gehen musste, wenn er trank, was ja immer der Fall war. Sie guckte aus dem Fenster auf die Eukalyptuszweige, die wie Elefantenrüssel runterhingen. »Ich glaube, er ist traurig und einsam und trinkt deswegen so viel und schleicht sich deswegen auch jede Nacht in unser Haus, um auf dem roten Sofa zu schlafen. Ich bin die Einzige, die davon weiß. Ich besuche ihn manchmal und Miles auch, aber Wynton nicht, weil der glaubt, dass ein Fluch auf Onkel Clive liegt und das ansteckend ist.«

Diesmal verwandelte sich ihr Vater nicht in eine Statue, sondern ins Gegenteil. Trotz der Klimaanlage fing er an, durch sein Hemd zu schwitzen. Dizzy konnte sehen, dass sein Hals und seine Stirn schweißnass waren und sein Gesicht rot und fleckig geworden war. Außerdem roch er streng – die Farbe eines alten, rostigen Rohrs.

Sie beschloss, wieder das Thema zu wechseln und setzte Onkel Clive mit auf die Darüber-reden-wir-nicht-Liste. Sie wollte so viel fragen: Warum war er gegangen? Liebte er Mom noch? Liebte er sie und ihre Geschwister? Was war sein Lieblingsfilm? Was war der beste Nachtisch, den er je gegessen hatte? Welche Musik war für ihn blau? Glaubte er an Gott? Hatte er genauso Angst zu sterben wie sie? Mochte er Kissenschlachten? Was unternahmen er und Cassidy gemeinsam? Aber sie schätzte mal, dass sie für all das genug Zeit haben würden und wollte nicht riskieren, dass er sich wieder in eine Statue verwandelte oder auf den Seitenstreifen fuhr. Sie beschloss, ihm zu erzählen, was mit Lizard passiert war und ihn zu fragen, was sie tun sollte. Väter waren doch angeblich gut darin, weise Ratschläge zu erteilen, oder? Nachdem sie mit der Geschichte ganz von vorn angefangen hatte, als sie und Lizard vier Jahre alt waren, und damit aufhörte, wie er nicht einmal ins Krankenhaus gekommen war, trotz all ihrer Sprachnachrichten, fragte er: »Hast du versucht, ganz ehrlich mit ihm zu sein?«

Sie dachte darüber nach. »Vielleicht nicht so ganz.«

»Okay, dann fang damit an. Sag ihm, wie du dich hier fühlst.« Er fasste sich an die Brust.

Dizzy starrte den Mann an. Hatte sie jetzt wirklich einen echten lebendigen Vater, bei dem sie ihr Herz sprechen lassen konnte? Würde er ihr weiter Ratschläge erteilen? Würde er ihr einen Gutenachtkuss auf die Stirn geben? Würde sie jetzt auch sagen können *Mein Vater dies* und *Mein Dad das*, wie die Kinder in der Schule?

»Die Sache ist die, Vater«, sagte sie und probierte das Wort aus, merkte aber zu spät, dass es sonderbar klang, als wären sie in einem gruseligen alten Film. Sie sprach trotzdem weiter. »Du hast uns nicht gefunden, wir haben dich gefunden.« Im Gesicht des Mannes arbeitete es.

»Also weiß ich nicht, ob du uns wieder verlassen wirst. Wirst du?«

Er starrte sie mit traurigen Augen an, ausgesetzten Augen, und griff dann nach ihrer Hand, was sie zuließ. Doch er antwortete ganz lange nicht. Nach einer Ewigkeit sagte er: »Ich werde versuchen, es nicht zu machen, okay?«

Sie hätte gerne ein klares Nein gehört. »Okay«, sagte sie und spürte Tränen in den Augen.

Dann fuhren sie lange weiter, ihre kleine Hand in seiner großen, und sagten gar nichts.

Als sie an der Tankstelle hielten, um Purple Rain aufzutanken, beschloss sie, den Rat ihres Vaters anzunehmen, Lizard anzurufen und hundert Prozent ehrlich zu ihm zu sein. Als sie seiner Stimme auf dem Band lauschte, wo er sich Tristan nannte, kam ihr zum ersten Mal in den Sinn, dass er tatsächlich so genannt werden wollte. Vielleicht gefiel ihm der Name Lizard nicht? Als es piepte, sagte sie: »Tristan, ich vermisse dich. Ich wünschte, du würdest mir sagen, warum du mich nicht mehr magst. Ich mag dich. So sehr. Ich war so verletzt, als du nicht ins Krankenhaus gekommen bist, aber jetzt verzeihe ich dir. Und rat mal was? Ich bin mit *meinem Vater* in einem lila Wohnmobil, und er weiß eine Menge cooler Sachen, so wie wir.« Dizzy blickte zum Himmel auf, der voller bauschiger Wolken war. »Du wirst es nicht glauben, aber ich habe jetzt auch eine Halbschwester. Sie ist dieser Engel, von der ich dir in einer anderen Nachricht erzählt habe, aber eigentlich ist sie doch kein Engel. Wir sind auf dem Weg ins Krankenhaus, um Wynton mit der Trompete meines Vaters aufzuwecken. Mein Vater hat mir gesagt, ich soll ehrlich zu dir sein, also bin ich das. Ich habe immer gedacht, dass Liebe gegenseitig ist. Wegen dir weiß ich, dass es nicht so ist, aber ich werde dich weiter lieben, auch wenn es einseitig ist. Das hier wird meine letzte Nachricht sein.«

»Gut gemacht«, sagte ihr Vater, als er wieder einstieg und es sich auf seinem Sitz bequem machte, weil er wohl ein übermenschliches Gehör hatte und deswegen von draußen mitgehört hatte.

Zu ihrem großen Erstaunen kam fünfzehn Minuten später eine Nachricht von Lizard: Hab nie aufgehört, dich zu mögen.

Dann: Hätte schon früher ins Krankenhaus kommen sollen

Bin jetzt hier

War gestern auch schon da

Gefolgt von: *Tut mir leid*

Dann: Es gibt einen Grund dafür

Schließlich: Beeil dich, damit ich es dir erzählen kann

OMG, dein Dad!

Sie las die Nachrichten wieder und wieder, während in ihrem Kopf ein Feuerwerk abbrannte.

Sie zeigte sie ihrem Vater. Er lächelte. »Wie gesagt, gut gemacht, das war einfach großartig.« Er hatte sie großartig genannt!

»Beeil dich«, flüsterte sie.

Er lächelte und wuschelte ihr dann durchs Haar. »Dann geben wir mal Gas.«

MILES

Seit sein Vater gesagt hatte, dass ihm sein Gedicht gefiel, war Miles absolut und absurderweise davon überzeugt, Homer zu sein oder Keats. Er wollte die gesamte Welt in sein Sudelheft schreiben. Diese neue Welt, in der er einen Vater hatte und eine Halbschwester und diese Halbschwester zufälligerweise von allen Menschen, die er je kennengelernt hatte, seine Lieblingsperson war – na ja, gleichzeitig mit Felix, der jetzt wieder seine Sonnenbrille trug, seinen Arm aus dem Fenster hängen ließ und wie üblich himmelhoch über die Welt um sich herum jauchzte. »Du hast recht, Mann, Licht auf dem Wasser ist bombig – das ist mal echt Zauberei.« Der hündische Verräter schlief zu ihren Füßen, während sie drei zurück nach Paradise Springs rasten.

Kurz bevor sie aus Whispering River abgefahren waren, hatte sein Vater seine Hand auf Miles' Schulter gelegt und ihn so liebevoll angesehen, dass Miles ganz schwindlig geworden war. »Du bist fast ein Mann«, hatte er gesagt, und dabei brach seine Stimme. Und Miles, der Mensch, hatte wieder geweint. Ob er diesem Mann je vertrauen würde oder ihm verzeihen oder ihn verstehen, wusste er nicht, aber irgendwie hatte er das Gefühl, ihn lieben zu können. Vielleicht hatte er auch einfach nie damit aufgehört.

Miles rief seine Mutter an, als sie noch in Whispering River waren. Sein Herz hatte in seinen Ohren gepocht, während das Telefon klingelte. Wie würde sie mit diesen monumentalen Neuigkeiten umgehen? Aber Dizzy war ihm zuvorgekommen.

»Ich kann das alles nicht glauben«, hatte seine Mutter zu ihm gesagt, ihre Stimme hatte seltsam geklungen, ganz weit weg, ganz anders, als er erwartet hatte.

Was hat deine Mutter dazu zu sagen?, hatte sein Vater Miles vorhin gefragt, was ganz offensichtlich bedeutete, dass es eine Menge über seinen Weggang zu sagen gab, was er nicht bereit war zu sagen, eine ganze Menge, was ihre Mutter ihnen nicht mitgeteilt hatte. Jahrelang nicht. Was verschwiegen die beiden? Warum war sein Vater wirklich weggegangen, weggeblieben und hatte seinen verdammten Namen geändert?

»Wir sind bald zurück, Mom«, hatte er ihr gesagt. »Wenn irgendetwas Wynton zurückbringen kann, dann er.« Im Grunde hatte er sich in Dizzy verwandelt. Ein wahrer Glaubensgenosse.

»Ich bin ganz deiner Meinung«, hatte sie mit derselben seltsamen Stimme gesagt, die von ihrer Person losgelöst zu sein schien. »Fahrt vorsichtig.« Stand sie unter Schock? Hatte sie Angst, nach all den Jahren ihren Ehemann wiederzusehen? So hatte sie noch nie geklungen. War es wegen der Untreue, die zu Cassidy geführt hatte? Sie beendete das Telefonat, ohne noch etwas zu sagen, ohne sich überhaupt zu verabschieden.

Und in wenigen Stunden würden sie alle zusammen im Krankenhaus sein.

Ihm fiel auf, dass das lila Wohnmobil wieder hinter ihnen war, obwohl sie aus irgendeinem Grund vorhin rechts rangefahren waren. Im Seitenspiegel konnte er sehen, wie sein Vater und Dizzy quasselten. Bei all dem, was er sich über seinen Vater und dessen Verbleib ausgemalt hatte, hatte er sich nie vorgestellt, dass der Mann nur fünf Stunden entfernt in einem gelben Haus mit einer Tochter wohnte. So banal. Warum hatte der Detektiv, den seine Mutter beauftragt hatte, ihn nie finden können? Wie schwer konnte das sein? Ein Winzer im nördlichen Kalifornien, der unter einem falschen Namen lebte. Es sei denn, der Detektiv hatte ihn doch gefunden? Oder vielleicht hatte es ja nie einen Detektiv gegeben? Hatte seine Mutter das erfunden? Musste sie wohl. Aber warum?

Wie würde es sein, wenn sie alle zusammen waren? War das abgefahren.

Er wandte sich an Felix: »Hat Cassidy dir irgendwelche Geschichten über meine Eltern erzählt? Oder über den – in Anführungszeichen – ›Fluch, der auf den Fall-Brüdern liegt‹ und wie der sich zwischen meinem Vater und seinem Bruder Clive geäußert hat?« Miles war sich bewusst, dass er durchgeknallt klang, und es war ihm egal.

Felix schüttelte den Kopf. »Da bin ich eingeschlafen oder war geistig weggetreten. Tut mir leid, Mann. Das waren eine Menge Geschichten über die Falls.« Er lächelte sein umwerfendes Halblächeln. »Da kannte ich euch ja noch nicht. Lauter Wildfremde, die durch die Gegend schweben und leuchten und sich gegenseitig umbringen.«

Miles lachte. »Es tut mir leid, Felix. Das muss eben echt komisch für dich gewesen sein. Tut mir leid, dass du in dieses Drama mitreingezogen worden bist.« Felix hatte bei den emotionalsten Momenten in Miles' Leben in der ersten Reihe gesessen. Er war dabei gewesen, als bei Miles alle Sicherungen durchgebrannt waren. Und Miles fühlte sich immer noch wohl in seiner Anwesenheit. Das war bizarr. Mehr als wohl. Er gab Miles das Gefühl, mehr er selbst zu sein, als ihm das je gelungen war. Er hatte Miles irgendwie dabei geholfen, in sein eigenes Leben einzuziehen.

»Machst du Witze?«, sagte Felix. »Ich liebe Drama. Solange es mich nicht betrifft. Und dann auch.« Er grinste.

Er ist eine Drama Queen! Genau wie ich!

Du! Ich bin so wütend auf dich, Sandro! Wie konntest du dich für meinen Vater entscheiden anstatt für mich?

Tut mir leid.

Wie konntest du mir nicht erzählen, dass Dornröschen mein Dad ist?

Tut mir leid.

Ich dachte, Dornröschen ist ein anderer Hund!

Er kam da einfach nicht darüber hinweg.

Was spielt das für eine Rolle? Liebe ist Liebe.

Mann, weiß ich doch. Aber ich dachte, es wäre eine romantische Liebe, nicht unsere Art von Liebe.

Manchmal ist die platonische Liebe am tiefgründigsten. Ich dachte, es regt dich nur auf.

Tja, da hattest du recht. Hat es auch.

Einstweilen schenkte Felix Miles ein halbes Lächeln und das sorgte dafür, dass Miles' Nacken heiß wurde und seine Gedanken noch heißer. Wie immer. Er wäre am liebsten mit: »Ich liebe dich so verdammt sehr!« rausgeplatzt, stattdessen sagte er: »Was?«

»Ich kann nicht fassen, dass Cassidy deine Halbschwester ist.«

Ich kann es auch nicht fassen, sagte Sandro.

Hör auf zu wiederholen, was Felix sagt. Das nervt. Wie alt bist du überhaupt? Ich dachte, du hättest gesagt, du wärst siebenundachtzig in Hundejahren, in Menschenjahren wären das dann sechzehn, aber wenn du meinen Vater schon kanntest, als er jung war …

Das ist eine unverschämte Frage, und ich werde sie nicht beantworten.

Wie kannst du so alt sein? Da fällt mir ein, woher kennst du eigentlich all diese altmodischen Ausdrücke?

Ich verweigere die Aussage!

Sandro, der unsterbliche Hund.

Das hat was.

»Jetzt, wo ich das weiß«, sagte Felix, »komm ich nicht damit klar, wie sehr Cassidy und du euch ähnlich seht, ähnlich seid, einfach wow.«

Ich auch nicht. Einfach wow, sagte Sandro, sprang auf den Sitz zwischen ihnen und steckte Miles seine Schnauze direkt ins Gesicht. *Verzeih mir. Ich liebe dich und Dornröschen in gleichem*

Maße. Schließlich habe ich mich für deinen Truck entschieden, nicht wahr?

Vielleicht hast du mich die ganze Zeit nur geliebt, weil ich dich an ihn erinnert habe.

Zuerst … ja.

»Wirklich, du und Cassidy, ihr könntet Zwillinge sein«, sagte Felix.

Ihr könntet wirklich Zwillinge sein.

»Mein Gott, Sandro, hör endlich auf, alles zu wiederholen, was Felix sagt!«

Felix lupfte seine Sonnenbrille und sah Miles mit hochgezogenen Augenbrauen an.

»Was? Ja, Sandro kann sprechen, okay? Genau wie du. Bloß in meinen Gedanken. Ich bin nicht verrückt, na, vielleicht schon, aber das hier ist kein neuer Irrsinn. Keine Sorge.«

Das hast du ja toll hingekriegt, Miles.

Felix musste das erst mal verarbeiten, kaute auf seiner Unterlippe rum, betrachtete die beiden. »Spricht er auch mit mir in Gedanken? Machst du das, Junge? Oder muss ich zur Familie gehören?« Sandro drehte sich auf dem Sitz um und leckte Felix übers Gesicht.

»Ich will dich auch hören können.«

»Und was läuft eigentlich hier ab?« Die Worte waren raus, bevor Miles sie zurückhalten konnte. Er zeigte auf den Raum zwischen sich und Felix. »Geht da irgendwas zwischen uns ab, denn es fühlt sich so an. Ich sag mal, für mich ist das so. Ich stehe auf dich. Das tue ich *wirklich*, Felix. Bist du sicher, dass du nicht zu haben bist?«

Ist dir klar, dass du das gerade laut ausgesprochen hast, Miles?

Das ist mir jetzt egal! Ich habe das Gefühl, ich explodiere gleich. Ich muss es wissen.

Felix sah Miles an. »Weiß nicht …«, sagte er. »Ich bin mir wirklich nicht sicher … Es gibt eine Menge, worüber wir noch nicht geredet haben.«

Miles nickte. Da hatte er ja was losgetreten. Eine ganze Lawine.

Ähm, Miles? Felix hat nicht abgestritten, dass zwischen euch irgendwas abgeht.

Oh mein Gott, du hast recht, das hat er nicht!

Zugegeben hat er es aber auch nicht.

Stimmt. Stimmt. Aber er hat es nicht abgestritten. Er hat gesagt, dass es eine Menge gibt, worüber wir reden müssen.

Miles erwischte sich im Seitenspiegel mit einem idiotischen Grinsen auf dem Gesicht, und neben ihm grinste Felix genauso idiotisch, und Cassidy war seine Schwester, und sein lang verschollener Vater hatte ihn auf eine Art umarmt, die ihn zum Weinen gebracht hatte, wie ein richtiger Mensch, und sein Vater würde seinen Bruder mit seiner Trompete aufwecken, den Bruder, den er nicht länger hasste, trotz des Familienfluches. Wer wusste also überhaupt irgendwas?

Miles sah Felix an. Er wollte auch in Felix' Leben einziehen. Er wollte wissen, was wirklich mit ihm los war. Miles sagte: »Also, können wir über all die Sachen reden, über die wir noch nicht geredet haben?« Außerdem hätte er gerne noch mehr gesagt, aber natürlich machte er das nicht: *Damit wir endlich knutschen können.*

CASSIDY

Wir nähern uns jetzt der Nacht von dem Unfall, nähern uns heute Nachmittag, als ich deine Mutter kennengelernt habe, Wynton. Ja, ich habe gerade Bernadette kennengelernt. Ich habe ihr alles erzählt und sie gefragt, was ich tun soll – so viel Angst habe ich in meinem gesamten Leben noch nie gehabt.

Ich muss ehrlich sagen, dass ich nicht weiß, ob ich unser aller Leben zerstört oder besser gemacht habe.

Wir werden nicht mehr lange unter uns bleiben, wir beide. Später am Nachmittag wird in diesem Zimmer etwas Aufregendes und Furchterregendes passieren. Ich verrate nichts, aber ich hoffe, du magst Überraschungen. Ich bin nervös wie nur was. Und hoffnungsfroher, als ich je in meinem gesamten Leben gewesen bin.

Doch bevor ich dir von meiner Begegnung mit deiner Mutter berichte, will ich dir erzählen, wie es für mich war, nach all den Jahren an unseren Ort zurückzukehren.

Euch alle kennenzulernen.

Also, am Ende desselben Tages, an dem ich die Pappkartons gefunden und durchsucht habe, habe ich meinen Koffer gepackt und einen Rucksack mit Büchern zur Gesellschaft gefüllt; ein paar Romane, ein paar Bände über die Geschichte Kaliforniens (das Interesse daran habe ich von meiner Mutter geerbt) und einen Zettel hinterlassen, dass ich meine Freundin Summer in Davis besuche, damit sich mein Vater keine Sorgen macht. Auf der Online-Seite der heißen Quellen tippe ich bei den Mitfahrgelegenheiten ein: *Auf dem Weg Richtung Süden, nach Paradise Springs. Wer will sich mit mir Benzin, Fahren, Geschichten, Abenteuer teilen?* Ich bin erschöpft und zittrig, weil ich die ganze Nacht wach geblieben bin, um die Tagebücher und Notizbücher zu lesen. Allein zu fahren, traue ich mich nicht.

Ich packe alles in den Truck und warte dann neben dem Empfangskiosk bei den heißen Quellen, in der Hoffnung, dass sich jemand auf mein Angebot hin meldet. Ich stehe an derselben Stelle, an der ich mit Purple Rain vor so vielen Jahren meinen Unfall hatte, nach der Verfolgungsjagd mit meinem Vater – der Moment, in dem sich mein Leben in ein Davor und Danach aufgeteilt hat.

So wie jetzt auch.

Zwischen den Bäumen schwimmt die Morgendämmerung, lässt die Blätter schimmern.

Glisk, denke ich, ein altes schottisches Wort, das ich mir auf das Handgelenk habe tätowieren lassen, vielleicht mein Lieblingswort überhaupt. Denn im Grunde genommen und im Idealfall beschreibt es das Leben: *ein flüchtiger Blick auf eine schimmernde Aussicht.*

Bald bekomme ich eine Antwort auf mein Angebot:

Lass uns ins Paradies fahren! Bin kein Serienmörder, hoffe das Gleiche gilt für meine Mitfahrgelegenheit. Hab genug von Erleuchtung. Hol mich bitte hier raus, Felix Rivera aus Colorado. PS: Ist nicht mein Telefon, bitte deshalb um möglichst rasche Antwort, wenn möglich. Ich muss lachen, und wir schreiben hin und her, vereinbaren, uns in einer Stunde beim Empfangskiosk zu treffen.

Ein Riese mit einer Sonnenbrille auf der Nase taucht auf, in einem gebatikten T-Shirt und karierten Shorts. Seine Haare sind um etwas gewickelt, das aussieht wie ein Knochen. Er hat Piniennadeln im Haar und einen irren Schnurrbart. »Normalerweise laufe ich nicht so rum, aber ich versuche, nicht aufzufallen«, sagt er mit einem verrückten Lächeln, das mir sofort die Sorge nimmt, er könnte ein fieser Typ sein.

»Tarzan-Stil. Gut gemacht. Da hast du dir ja Mühe gegeben«, sage ich.

Er lächelt und lässt ein Grübchen sehen. Er sieht gut aus und wirkt nett – ein sanfter Riese, denke ich, während er durch seinen Rucksack wühlt und sagt: »Das nenn ich mal Snacks. Ich habe hier Pringles, Doritos, Käsebällchen und Salt&Vinegar-Chips.«

»Wo hast du die denn her?«, frage ich. »Salt&Vinegar sind meine absoluten Lieblingschips.«

Er wirft mir eine Tüte zu. »Bin über zwei Kilometer zur Tankstelle gelaufen. Mein persönlicher Aufstand gegen Sojageschnetzeltes, und zwar sieben Tage lang hintereinander. In der kulinarischen Gemeinschaft Colorados nennen wir das Leder.«

»Bist du Teil der kulinarischen Gemeinschaft Colorados?«, frage ich und schiebe die Pappkartons und den Rucksack voller Bücher beiseite, damit er reinpasst. Ich habe einen Menschen von vernünftiger Größe erwartet, als ich alles in meinen Truck gepackt habe.

»Ich war auf dem Weg zur Kochschule, als sich meine Pläne geändert haben«, sagt er, doch bevor ich nachhaken kann, ergänzt er: »Was ist denn das alles?«

Neugierig betrachtet er die Kartons voller Fall-Familien-Andenken und Tagebücher. Was soll ich sagen? »Recherche«, behaupte ich, was ja irgendwie auch stimmt. »Für einen Aufsatz über so eine Familie aus Spanien, die sich Anfang des 20. Jahrhunderts im Weinbaugebiet von Paradise Springs niedergelassen hat. Besonders über so einen Typen namens Alonso Fall. Aber vielleicht wird es auch eine Novelle. Ich weiß es noch nicht.« Einen Aufsatz? Eine Novelle? Egal. Und zufällig ist das *meine* längst verloren geglaubte Familie, der ich mich aufdrängen werde und damit das Leben meines Vaters und all ihre Leben auseinandersprengen werde, ganz zu schweigen von meinem eigenen! Ich versuche, die Panik zu verstecken, die Aufregung, die Unsicherheit und mit ruhiger Stimme zu sprechen. »Deswegen fahre ich dahin.« Ich sage mir, dass Dizzy und Miles vielleicht doch nicht meine Halbschwester und mein Halbbruder sind. Ich bin mir etwa zu neunundneunzig Prozent sicher, dass Clive dein Vater ist, Wynton, wegen dem, was in Bernadettes Tagebuch steht, aber Jahre bevor sie mit Dizzy schwanger wurde, hört es auf und über Miles gibt es nur ein paar Einträge, die nichts hergeben. Ich habe das Gefühl, es genauso sehr zu brauchen, dass die beiden meine Geschwister sind, wie es brauche, dass du es nicht bist. Zu diesem Zeitpunkt habe ich mich selbst davon überzeugt: Sobald ich ihnen begegne, werde ich irgendwie wissen, dass wir verwandt sind. Oder auch nicht.

»Bist du Schriftstellerin?«, fragt Felix.

»Eines Tages vielleicht.«

»Für die Uni?«

»Ja.« Ich lüge noch ein bisschen. »Stanford.« Na ja, sie haben mich ja angenommen, also stimmt das irgendwie auch.

Er nickt, fragt nicht weiter, weil er abgelenkt ist. Ich folge seinem Blick auf einen Blaukehl-Hüttensänger, der auf einem Ast in der Nähe sitzt, ein Männchen, stelle ich fest, als ich die orangebraune Brust sehe. Es ist unglaublich, was ich alles von den Wanderungen mit Marigold behalten habe. Felix hat sich jetzt beide Hände an die Brust gedrückt, als wäre er völlig überwältigt oder würde möglicherweise gleich sterben. »Ach, du heilige Scheiße, ist dieser Vogel blau, oder was?«

Ich lache, bin erleichtert, zusammen mit ihm einen Augenblick lang diese kleine Drossel zu beobachten. »Er ist wirklich sehr blau.«

Dann stelle ich die Pappkartons in der Stahlkiste auf die Ladefläche, damit Felix genug Platz in der Fahrerkabine hat, und wir fahren los, und Tarzan gibt praktisch jedem Baum und jedem flüchtigen Blick auf den Fluss stehende Ovationen. Ich habe noch nie jemanden getroffen, der so außer sich vor Freude über die Natur ist, und zwar wahrhaftig, nicht aufgesetzt wie bei meiner

Mutter. Je länger ich mit ihm unterwegs bin, desto mehr habe *ich* das Gefühl, noch nie in einem Wald gewesen zu sein oder auf einer Landstraße oder sogar am Leben, und bald jauchzen wir beide von einem *Glisk* zum nächsten. Es macht großen Spaß. Irgendwann zwischen unsere Gefühlausbrüchen wendet er sich an mich, sieht dabei aus wie ein Sechsjähriger und sagt: »Rat mal, was? Gestern hatte ich meinen ersten Dreier in der Mineralquelle.«

»Herzlichen Glückwunsch«, sage ich und spiegele ihm auch dazu seine Begeisterung wider. Das ist nichts Ungewöhnliches des Nachts bei den heißen Quellen, aber ich bringe es nicht übers Herz, ihm das zu sagen.

»Es hat weniger als eine Minute gedauert.«

»Ach, fuck.« Ich lege den Kopf schief. »Oder wohl eher nicht.«

Er fängt an zu lachen. »Ja, ne? Schlimmster Dreier aller Zeiten.«

Ich muss lachen, und es ist so, als wären wir bereits Freunde.

»Das war mit so einem Meerjungfrauenmädchen und ihrem Meermannfreund.« Er grinst. »Sie haben mich umzingelt. Ich hatte keine Chance ... also, weil ... der Typ sah aus wie mein bester Freund Eddie. Also, wie sein Doppelgänger.« Seine Stimme verändert sich, als er das preisgibt – sie ist voller Sehnsucht.

Ich sehe ihn an. »Verliebt in den besten Freund?«

»Totales Klischee, ich weiß, bin deswegen aus Denver abgehauen.« Er seufzt, sagt eine Weile lang nichts und ergänzt dann: »Das war nicht der einzige Grund. Warum ich gegangen bin.«

Aber er spricht nicht weiter, und ich möchte nicht aufdringlich sein, also sage ich: »Tut mir leid, dass du so eine schwere Zeit hinter dir hast.«

»Ja, es war hart.« Es ist deutlich, dass er damit keine Tür öffnen will, sondern eine schließen, und ich lasse es ruhen. Einen Moment später dreht er sich zu mir und sagt: »Warte mal, warum schreibst du jetzt über diesen Typen?«

Also erzähle ich ihm noch ein bisschen mehr, und er scheint interessiert, also fange ich mit der Geschichte an, unserer Familiengeschichte, Wynton. Ich webe dies und das aus Alonsos Handbuch für die Weinherstellung mit ein, aus Marias Tagebuch und Bernadettes, aus den Unterrichtsstunden über die Geschichte Kaliforniens, aus den *In der Zeit für alle Zeiten*-Geschichten meiner Mutter und meinen und so mancherlei vom Wind und den Flüssen und den Singvögeln vor meinem Fenster.

Als wir den gleichen Highway runtersausen, den meine Mutter und ich vor so vielen Jahren auf dem Weg zu unserem Ort genommen haben, erzähle ich Felix von den Menschen, die diese Sage bevölkern – die Geschichte von zwei Geschlechtern, die uns zu diesem Augenblick geführt haben, die mich zu dir geführt haben, Wynton. Bisweilen stelle ich Vermutungen an, um dem Ganzen mehr Drama zu verleihen, z. B. über den zeugenlosen Tod von Bazzy, dessen Maria Victor in ihrem Tagebuch verdächtigt. Wer weiß, was wirklich passiert ist? Und ich muss zugeben, dass Felix' Größe etwas damit zu tun hat, dass Hector im Laufe der Geschichte immer größer wird. Die brutale Tracht Prügel, die Hector und Diego ausgeteilt haben, als sie den jungen Alonso und Sebastian in Alonsos Bett erwischt haben, lasse ich aus – die wohl der wahre Grund war, warum Alonso so depressiv wurde und deswegen Spanien verlassen wollte, jedenfalls wenn man nach den Anmerkungen in Alonsos Weinhandbuch geht. Ich konnte es nicht ertragen, das den beiden mit meinen eigenen Worten (wieder) anzutun – und auch Felix nicht.

Ich lasse auch anderes aus oder vermenge es. Es ist wahr, dass sich Alonso, Sebastian und Maria eine vollkommene Idylle innerhalb ihrer vier Wände erschaffen haben, doch die meisten Menschen um sie herum hielten Alonso und Maria für Mann und Frau und Sebastian für einen guten alten Freund aus Spanien. Es war immer noch der Wilde Westen, den mir Marigold im

Geschichtsunterricht beschrieben hat, ja, aber ganz so wild und gesetzlos und ohne Einschränkungen war es dann doch nicht – und auch nicht so schwul –, wie in den Jahrzehnten davor, als die Flüsse noch voller Gold und die Städte und Ortschaften Nordkaliforniens noch voller Männer waren.

Und die Prohibition habe ich auch ausgelassen, eine Zeit, die für viele Winzer das Aus bedeutet hat, doch nicht für sie, weil sie in den Jahren Messwein hergestellt haben, der sich großer Beliebtheit erfreut hat.

Jedenfalls, rate mal, was passiert? Felix schläft ein! Aber mir ist das egal, ich labere weiter, weil mir klar wird, dass ich unbedingt diese Geschichte erzählen muss, für mich selbst, um mir diese Menschen zu eigen zu machen, um mich getrennt von Marigold betrachten zu können, um mich in einer Urgroßmutter wie Maria wiederzufinden, die eine gute Mutter sein konnte und trotzdem fliegen, um mir eine Liebe vorzustellen, die anders als die ist, die Marigold mir vorgelebt hat, eine wie Alonsos und Sebastians, die die Grenzen von Zeit und Raum überwunden hat, sogar die Grenzen des Todes.

Durch meine Nacherzählung wird mir außerdem klar, dass historische Überlieferungen vielleicht nichts anderes sind als ein langes, chaotisches, arbiträres Stille-Post-Spiel.

Bald erreichen wir das Restaurant *The Blue Spoonful*, wo Felix sich für die Küchenbrigade bewerben will, nachdem ich ihm von Bernadettes aphrodisischen Soufflés und ihrem Michelin-Stern erzählt habe. Er schwingt sich den Rucksack über die Schulter. »Jetzt trete ich wohl auch in deine Sage von den Falls ein«, sagt er und deutet auf das Restaurant.

»Ich auch«, sage ich mit aufgewühltem Magen.

Nachdem ich mich verabschiedet habe, fahre ich zu der Stelle, wo ich in Sadie Mae gesessen habe, kurz bevor sie verschrottet werden musste, wo Mom und ich uns das Schokoladensoufflé geteilt haben und wir uns gegenseitig schworen, nachdem wir so viele Jahre damit verbracht haben, unseren Ort zu suchen, dass wir nie und nimmer hierher zurückkehren würden.

Ich gucke über den großen Platz, auf den Wasserfall, der die Sonne einfängt, sodass es aussieht, als würde Licht und nicht Wasser hinabströmen, und etwas in mir drin rastet ein, genauso wie schon beim ersten Mal, als ich hier war. Ich kann es nicht anders erklären: Das ist unser Ort, mein Ort.

Das ist mein Zuhause.

Ich gucke auf das Café, das einmal *Sebastian's Spanish Bakery* war, dann *Christophe's Soufflé Shop* wurde und jetzt ein Hundefriseur ist. Ich stelle mir Bernadette auf der Feuerleiter vor, die darauf wartet, dass mein Vater den Platz überquert, während er seine Trompete im Schlaf spielt. Ich stelle mir vor, wie Alonso und Sebastian vor Sebastians Bäckerei herumschweben, Maria auf ihrem Pferd galoppiert, ihre roten Haare vom Wind gepeitscht. Ich glaube, von allen von uns mag ich sie am liebsten, sie ist mir ein Vorbild – als ich Felix also die Geschichte erzählt habe, habe ich ihr Flügel geschenkt.

Nach vielen Fehlversuchen und etwas Recherche auf meinem Handy finde ich den Weg zu Dave Caputos Haus, aber es ist verkauft worden. Am Briefkasten steht jetzt *The Anglins*. Lange Zeit sitze ich draußen im Auto vor dem Glashaus und vermisse meine Mutter, hasse meine Mutter, liebe meine Mutter. Das Übliche.

Dann bin ich bereit, mich ernsthaft an die Arbeit zu machen – als Stalkerin und Detektivin. Ich glaube immer noch, dass meine Intuition mir sagen wird, ob Miles und Dizzy meine Geschwister sind. Werde ich in ihrer Anwesenheit eine Verwandtschaft spüren? (Bei dir habe ich vor all den Jahren so etwas nicht gespürt, Wynton. Du fühltest dich vollkommen anders an. Den Göttinnen sei Dank.)

Mir fällt ein, dass ich auf dem Weg in die Stadt an der Mittelschule vorbeigefahren bin. Also, Dizzy zuerst.

Ich parke neben dem Sportfeld, wo Kinder Völkerball spielen. Ich muss mir zweimal Sportunterricht angucken, bevor ich eine Elfe von Mädchen wiedererkenne, mit einem wild gelockten Haarschopf, die aufs Feld kommt und so einsam wie ein Blatt aussieht.

Sie ist todunglücklich, denke ich, und etwas Neues wird in mir wachgerüttelt. »Meine Schwester«, sage ich lautlos, nur um die Worte auszuprobieren. Aber ist sie das? Die Möglichkeit lässt meine Kehle eng werden. Obwohl es heißer als auf dem Mars ist, lasse ich das Fenster runter, in der Hoffnung, ihre Stimme zu hören. Ich kann nicht fassen, dass das derselbe Wirbelwind von Mädchen ist, den ich vor Jahren kennengelernt habe. Warum ist sie jetzt so unglücklich? Und dann beobachte ich voller Entsetzen, wie so ein Knilch ihr den Ball in den Bauch ballert und ihr dann den Hintern ins Gesicht hängt. Äh, entschuldige mal? Ich muss mich am Lenkrad festhalten, um mich davon abzuhalten, aus dem Truck zu steigen, über den Zaun zu springen, mir den Ball zu nehmen und ihm ins Gesicht zu drücken.

Dann rennt Dizzy los, hüpft über den Zaun und verpasst so, was als Nächstes passiert.

Ein Junge mit zurückgegelten rotblonden Haaren stürzt sich auf das knilchige Sackgesicht, haut ihm eine rein und verlangt, dass er sich bei Dizzy entschuldigt. Der Knilch, völlig überrumpelt, geht zu Boden. Während der Sportlehrer noch pfeift, sprintet unser rothaariger Held Dizzy hinterher zum Zaun. Ob das ihr Freund ist? Wenn nicht, sollte er es sein. Der Junge hat einen Edelmut an sich, der mir gefällt. Leider schafft er es nicht über den Zaun. Auf halbem Weg zieht der Sportlehrer ihn runter und führt ihn über das Feld ab und ins Schulgebäude, bestimmt zum Büro des Schulleiters, während ein anderer Lehrer den Knilch begleitet, bestimmt zur Schulschwester.

Ich mache den Motor an und fahre Dizzy hinterher. Ich kann nicht anders. Und Gott sei Dank hole ich sie rechtzeitig ein.

Mit aller Macht und vielleicht mit ein bisschen Extrakraft von wem oder was auch immer, schubse ich sie aus dem Weg eines zu schnell fahrenden Sattelschleppers. In dem Moment fühle ich mich wie eine dieser Mütter, die ein Auto hochheben, um ihr Kind zu retten, als könnte ich die Zeit selbst anhalten, um dieses Mädchen zu retten. Meine kleine Schwester? Obwohl Dizzy und ich nur den Bruchteil einer Sekunde zusammen haben, während der Sattelschlepper direkt auf uns zurast, fühlt es sich an wie eine Ewigkeit.

Dennoch kann ich nach unserer flüchtigen Begegnung nicht mit Sicherheit sagen, ob sie meine Schwester ist.

Nachdem ich sie aus dem Weg geschubst habe, tauche ich unter den Sattelzug ab, der mit kreischenden Bremsen über mir zum Stehen kommt. Da ihn die Sonne geblendet hat, hat der Fahrer mich wohl nicht sehen können, weil er keine Ahnung hat, warum Dizzy durch die Luft fliegt. Wie du inzwischen weißt, Wynton, habe ich ja eine Menge Erfahrung damit, mich unter großen Fahrzeugen zu verstecken, aber es herrscht eine glühende Hitze und der Asphalt ist so heiß, dass ich hin und her rollen muss, um mir nicht die Haut zu verbrennen. Während ich wie ein Brathähnchen unter dem Fahrzeug rotiere, höre ich, wie Dizzy den Fahrer um den kleinen Finger wickelt und mir wird klar, dass mein Vater (unser Vater?) von ihr bezaubert sein wird, wenn sie tatsächlich seine Tochter ist, viel mehr als er von mir bezaubert ist, weil sie so viel bezaubernder ist. Sie ist nicht kaputt, so wie ich.

Ich bin nicht stolz auf das, was ich in diesem Moment fühle: Ich will nicht, dass mein Dad noch eine weitere Tochter hat. Überhaupt nicht. Mein Vater ist alles, was ich habe, und somit beschließe ich, dass ich ihn nicht mit euch allen teilen kann, dass ich das nicht tun werde. Obwohl ich dich so unbedingt wiedersehen will, Wynton, schlüpfe ich, als Dizzy und der Fahrer sich verabschieden, unter dem Sattelschlepper hervor, fest entschlossen nach Whispering River zurückzufahren und all das hier für immer wegzuschließen. Ich weiß, dass das feige von mir ist, aber ich weiß auch, dass ihr alle eine Mutter habt und ich nicht.

Auf meinem Weg aus der Stadt sehe ich in der Ferne ein großes weißes Haus. Sogar bevor ich das Weingut-Schild sehe, weiß ich sowohl von Marias als auch von Bernadettes Beschreibungen, dass das das Haus der Familie Fall ist und die Fall-Weinberge drum herum. Meine Neugier gewinnt die Oberhand, ich nehme die Abzweigung und parke am Rand der Zufahrtsstraße, schaue zu dem Haus auf und stelle mir Alonso, Sebastian, Maria und Bazzy auf der Veranda vor. Theo und Clive als Teenager. Stelle mir meinen armen Vater vor, wie er mit gebrochenem Herzen in seinem Truck flieht und stelle mir dich vor, Wynton, Miles und Dizzy, wie ihr ohne ihn aufwachst. Bald holt mich die Müdigkeit ein; in der Nacht zuvor habe ich ja gar nicht geschlafen, weil ich nur gelesen habe. Ich beschließe, kurz die Augen zuzumachen, bevor ich auf und davon fahre. Ich leere den Rucksack mit Büchern, auf der Suche nach etwas zu lesen (selbst, wenn ich todmüde bin, kann ich nicht einschlafen, ohne zu lesen, wenn es auch nur ein, zwei Sätze sind.) Ich entscheide mich dafür, *Jenseits von Eden* ein weiteres Mal zu lesen, zu Ehren all der verfluchten Fall-Brüder. Als ich anfange, legt sich die Dämmerung über das Tal, und ehe ich mich versehe, ist es der nächste Tag, und als ich aufwache, stehen Miles und Sandro vor meinem Fenster.

Dieser Morgen mit Miles gehört zu den besten Zeiten meines Lebens. (Ich weiß, dass es irgendeine Erklärung für die Sache mit dem Müllcontainer geben muss, von der er mir erzählt hat. Ich kann mir nicht vorstellen, dass du ihm so was antun würdest. Würdest du so was machen, Wynton? Habe ich dich so falsch eingeschätzt?) Jedenfalls, es gibt so ein niederländisches Wort:

dauwtrappen. Es bedeutet, barfuß durch taunasses Gras zu gehen; und so fühle ich mich an diesem Morgen, während ich mich mit Miles unterhalte, neben ihm sitze, neben ihm am Wasserfall lese, während wir zusammen, wie Seeotter, auf dem Rücken treiben. Die ganze Zeit habe ich dabei gedacht: Nie im Leben sind wir nicht verwandt. Nie im Leben. Er rückt mich zurecht, als wäre ich ein Gemälde, das sein ganzes Leben lang schief an der Wand gehangen hat. Und er macht etwas in mir weit, als wäre ich ein nie endendes Mädchen.

Seitdem habe ich ein wenig über Geschwister recherchiert, die sich kennenlernen, ohne zu wissen, dass sie miteinander verwandt sind – oft wird es als mystische Erfahrung beschrieben. Miles kennenzulernen, lässt mich genau das fühlen, ein augenblickliches, tief greifendes und fast jenseitiges Gefühl von Vertrautheit, Zugehörigkeit, Frieden. Als würde ich mit einem Mal von einem Gebet umgeben sein. An diesem Morgen bin ich überzeugt davon, dass er mein Halbbruder ist und muss mich die ganze Zeit, während wir zusammen sind, davon abhalten, es ihm zu sagen. Aber vielleicht ist es auch Wunschdenken. Und bei Dizzy bin ich mir wirklich unsicher.

Trotzdem, nachdem ich mich von ihm und Sandro (dessen Stimme ich in meinen Gedanken hören kann!) verabschiedet habe, bin ich fest entschlossen, unseren Ort hinter mir zu lassen – nur, als ich die Stadtgrenze passieren will und an der Bar *Better Luck Next Time* vorbeifahre, habe ich einen Platten. Ja. Wieder. Genauso wie mit Sadie Mae. Ich weiß, unser Ort will, dass ich bleibe, und während ich den Ersatzreifen aufziehe, beschließe ich, dass unser Ort dieses Mal recht hat. Ich muss herausfinden, ob ich auf dieser Welt wirklich Geschwister habe, und der Wunsch, dich wiederzusehen, Wynton, ist stärker als meine Angst, meinen Vater teilen zu müssen und sogar, ihn zu verlieren.

Metanoia, Substantiv (Femininum), *Änderung der eigenen Le-*

bensauffassung, Gewinnung einer neuen Weltsicht. Jetzt auf meine linke Schulter tätowiert. Das mache ich an dem Nachmittag in einem Tattoo-Studio am großen Platz. Die ganze Zeit, während die Nadel in meine Haut sticht, gucke ich auf die Statue von Alonso Fall und frage mich, was zum Teufel mit dem Kopf *meines Urgroßvaters* passiert ist. Ich kann nicht fassen, dass ich jetzt meine Herkunft kenne, Teil einer Familiengeschichte bin, die lange vor dem Großen Abenteuer mit Marigold begonnen hat. Genau, was ich mir immer gewünscht habe. Und vielleicht habe ich sogar Geschwister! Eine richtige Familie! Und wer weiß, was aus uns wird!

An dem Abend ist dein Auftritt, Wynton, und ich bin zu früh da. Zum Glück habe ich einen gefälschten Ausweis im Portemonnaie, den meine Freundin Summer mir besorgt hat, als wir mal ein Wochenende in San Francisco verbracht haben. Als du auf die Bühne kommst, mit Sonnenbrille, schwarzen zerrissenen Jeans und dem Tattoo eines blauen Pferdes auf deinem Arm, bin ich überzeugt davon, dass du der Junge aus der *Zeit für alle Zeiten* bist, der einmal ein Blitz gewesen ist. Du sagst kein einziges Wort, lächelst einfach die Zuschauer an. (Mit dreizehn hat mich dieses Lächeln verwirrt, wie es meinen Magen in eine Achterbahn verwandelt hat. Mit neunzehn verwirrt es mich überhaupt nicht.) Ja, gerade herrscht eine Hitzewelle, aber es fühlt sich an, als hätte ich mich in die Hitzewelle verwandelt. Wieder und wieder sage ich mir: *Wir sind nicht miteinander verwandt!* Clive ist dein Vater, Bernadette deine Mutter. Theo ist mein Vater, Marigold meine Mutter, und Clive und Theo sind nicht blutsverwandt. Den ganzen Wahnsinnsauftritt lang ist das mein Mantra, während meine Gefühle für dich in mir herumgaloppieren: *Wir sind nicht miteinander verwandt! Wir sind nicht miteinander verwandt!*

Weißt du noch, als meine Mutter Dave kennengelernt hat? Weißt du noch, wie ich dich gefragt habe, ob du an Liebe auf den ersten Blick glaubst? Du bist der Grund dafür, dass ich das tue.

Seit dem Tag vor so vielen Jahren, als wir uns auf der Wiese kennengelernt haben, habe ich dich geliebt.

Unter dem Bett meines Vater habe ich mal ein zerlesenes Exemplar eines Kitschromans gefunden, *Jetzt für immer und ewig*. Ich war schockiert. Eine größere Abkehr von den literarischen Vorlieben meines Vaters war nicht vorstellbar. An dem Abend habe ich es in der Badewanne gelesen. Grässlich, aber auch großartig. Es geht um ein Paar, die sich mit dreizehn Jahren kennenlernen und sich das Versprechen geben zu heiraten (so wie wir!). Dann sehen sie sich jahrelang nicht, bis sie sich zufällig auf einer Jacht wiederbegegnen, inmitten der griechischen Inseln, auf der er der Kapitän ist und sie eine reiche Angehörige der feinen Gesellschaft. (Ich weiß, stöhn.) Er erkennt sie wieder und verliebt sich auf den ersten Blick Hals über Kopf (wieder), sorgt dafür, dass die Jacht kein Benzin mehr hat, damit er sie dazu bringen kann, sich (wieder) in ihn zu verlieben, während sie auf dem Meer treiben. In Bezug auf Gesellschaftsschichten und Genderfragen gibt es da einiges zu kritisieren – aber es ist trotzdem herrlich romantisch und sexy. In diesem Moment im Club bin ich Jericho Blane, der Samantha Brooksweather nach all den Jahren wieder zu Gesicht bekommt.

Neben mir steht ein stämmiger Typ mit einem Hut auf dem Kopf, der genauso auf deinen Auftritt und deine Person reagiert wie ich (na ja, nicht *ganz* genauso). Als du anfängst zu spielen, sind seine Worte, glaube ich: »Ach, du heilige Scheiße!« Das bringt mich zum Lachen. Ich erhasche einen Blick auf sein Gesicht und erkenne Sylvester Dennis von der Band *Hell Hyena and the Furniture*. Ich kenne ihre Musik, weil Dad ein Fan von ihnen ist. Er lächelt mich an und sagt: »Wer spielt schon eine Sonate in einem Club und lässt es wie Rock 'n' Roll klingen? Nur dieser Typ. Dieser verdammte Typ. Der kommt in meine Band.«

»Hast du ein Glück.«

»Wem sagst du das.«

(Wynton, es macht mich völlig fertig, dass dir diese Chance womöglich entgehen wird. Ich kann mir nicht vorstellen, wie du damit fertigwerden wirst, wenn du wieder wach bist. Ich werde für dich da sein.)

Sylvester Dennis und ich verlieren uns danach aus den Augen, weil ich höre, wie jemand den Namen meiner Mutter ruft, und als ich mich umdrehe, sehe ich einen sonnenverdorrten Mann auf mich zustürzen. Ich ringe nach Luft. Es ist eine ältere, lebensüberdrüssige Version von Dave Caputo vom zweiten Verrat, und er sagt: »Träume ich, Marigold? Du siehst nicht einen Tag älter aus. Nicht einen einzigen Tag.« Erst als er nur noch ein paar Schritte von mir entfernt ist, erkennt er seinen Fehler. »Cassidy?«

Er legt sich eine Hand auf den Mund und sieht mich ganz lange an, und in diesem Augenblick lerne ich, dass Liebe nicht verschwindet, nur weil ein Mensch das tut. Sie hört nicht auf, nicht wahr? Tränen laufen mir übers Gesicht, und ich erinnere mich daran, wie er mich hochgehoben hat, als ich mich im Wald verlaufen habe. Ich erinnere mich, wie ich seine Sous Chefin war und »Ja!« gerufen habe, als er meiner Mutter einen Heiratsantrag gemacht hat. Dann wache ich zu einer horizontlosen Welt auf, weil sein Wohnmobil weg ist. Ich bin wieder dieses Mädchen. In diesem Moment denke ich, dass ich vielleicht immer all die Mädchen bin, die ich einmal war, dass mein Heute-Ich nichts anderes ist als all meine zusammengeworfenen Gestern-Ichs. Und vielleicht kann man an Menschen nicht festhalten, das habe ich von Marigold und von diesem Mann gelernt, aber herrje, wie halten wir doch an unserer Liebe für sie fest; oder sie an uns.

Denn mein Herz zittert vor Hoffnung beim Anblick von Dave, die gleiche Hoffnung, mit der er mich erfüllt hat, als ich zwölf Jahre alt war, die gleiche sperrige Liebe. Er sagt: »Ich habe meine Frau verlassen, meinen Job. Ich habe hier einen Möbelladen aufgemacht, eine Traumhütte gebaut. Wegen dir und deiner Mom. Ich habe versucht, euch zu finden, fahre seitdem jedes Jahr zu den *Sister Falls*, bleibe den ganzen Monat. Weil ich gehofft habe, ihr kommt auch dorthin zurück. Ich kannte nicht einmal euren Nachnamen. Wusste nicht, wie ich euch finden soll.«

Da umarmen wir uns, und ich rieche seinen vertrauten Dave-Geruch.

»Wie geht es ihr?«, fragt er.

»Ich weiß es nicht.«

»Wie meinst du das?«

»Sie hat mich verlassen …« Gerade will ich anfangen, ihm zu erzählen, was passiert ist, dass mein Dad Theo Fall aus Paradise Springs ist, aus *unserem* Ort, will von euch allen berichten. Ich würde es gerne, aber wie kann ich das? Wie kann er der Erste sein, dem ich das erzähle? Wie kann ich diesem Menschen vertrauen, nach dem, was er uns angetan hat? Ich kann es nicht.

Aber wir schwelgen in Erinnerungen vor dem Club, wo es leiser ist. Es fühlt sich so gut an, mit jemand über Marigold zu sprechen, der sich genauso nach ihr sehnt wie ich, und das tut er ganz offensichtlich, jemand, der versteht, wie sehr sie einen in den Bann ziehen kann ebenso wie in die Dunkelheit.

»Das war echt«, sagt er mir. »Dieser Monat, Mann. Mit euch beiden habe ich mehr gelebt als in all der Zeit davor und danach.«

Als ich wieder reingehe, Wynton, bist du verschwunden. Ich fahre los, um dich zu suchen. Weißt du noch, wie wir uns auf der Straße getroffen haben? Weißt du noch, wie du mich ein weiteres Mal gefragt hast, ob ich dich heirate? Weißt du noch, wie wir uns im Mondschein gewiegt haben? Das war vielleicht der schönste Augenblick meines Lebens. Nur unser Nachmittag auf der Wiese macht dem Konkurrenz.

Beschert ist auf meinen Knöchel eintätowiert. Dad hat mir das Wort beigebracht. Zu der Zeit war ich überrascht, dass er ein jiddisches Wort kennt, doch seit ich das Tagebuch deiner Mutter und ihr Kochbuch gelesen habe, weiß ich, wo er es herhat.

Bist du mein Beschert, Wynton? Oder erfinde ich das alles nur?

Ich habe die ganze Zeit in Daves Gästezimmer in seiner Traumhütte geschlafen die diesmal wirklich ein Traum und wirklich eine Hütte ist. Keine Glaswände, keine Großtuerei, abgesehen von der erstklassigen Küche. Daves »Restaurant« ist immer noch großartig. Marigold würde es da lieben. Er hat mir gesagt, dass er sie vor Augen hatte, als er die Hütte gebaut hat und die Mansarde deswegen Marigolds Nest nennt. »Um ihre seltsamen Geschichten zu schreiben.« Vielleicht kehrt sie eines Tages an unseren Ort zurück und findet uns hier beide vor.

Seit ich hier angekommen bin, bin ich jede Nacht in dein Krankenzimmer geschlichen, damit ich niemandem aus deiner Familie begegne, die möglicherweise auch meine ist. (Ich besteche das Personal von der Nachtschicht mit Daves unglaublichen Allesdrin-Keksen, damit ich mich heimlich zu dir setzen kann – sie nennen uns Romeo und Julia.)

Zu diesem Zeitpunkt habe ich noch furchtbare Angst, das Leben meines Vaters auseinanderzusprengen, Wynton. Ein Mann, der so einen Aufwand betrieben hat, sich ein neues aufzubauen. Ich weiß, dass Dexter Brown nicht die Absicht hat, je wieder Theo Fall zu begegnen. Was ist, wenn er mir das nie verzeiht? Ich glaube nicht, dass ich es überleben werde, ihn zu verlieren, nachdem ich schon Marigold verloren habe.

Ich will Teil der langen und verschlungenen Geschichte der Familie Fall sein. Ich will Anspruch auf Maria Guerrero erheben. Ich will, dass mir Flügel wachsen. Ich will Dizzy zur Schwester haben und Miles zum Bruder. Und ich will dich, Wynton.

Doch mein Vater hat für sich eine Entscheidung getroffen und nun ist es an mir, eine zu treffen.

Nur vor ein paar Stunden also, nachdem ich mit der Polizei

gesprochen und ihnen alles erzählt habe, was ich noch von der Nacht des Unfalls weiß – den Fahrer haben sie immer noch nicht gefunden –, öffne ich zum ersten Mal die Tür zu deinem Krankenzimmer während der Besuchszeiten.

Bernadette ist an deiner Seite, lehnt sich über das Bett, redet mit dir genauso wie ich. »Oh! Du!«, sagt sie zu mir und erhebt sich von ihrem Stuhl. »Das Mädchen mit dem Regenbogenhaar!« Sie trägt ein buntes geblümtes Shirt und Jeans. Ihr Haar ist stürmisch wie Dizzys.

»Cassidy, nicht wahr?«, sagt sie.

Wynton, ich habe deine Mutter auf Fotos gesehen, aber es hat mich nicht auf die Realität vorbereitet. Wie *lebendig* sie ist. Als wäre ihre Seele zu groß für ihren Leib. Wie wunderschön sie ist.

»Mein Sohn und meine Tochter sind in diesem Moment in Richtung Norden unterwegs, auf der Suche nach dir«, sagt sie mir. Miles und Dizzy suchen mich? Woher wissen sie, wo sie hinsollen? Fahren sie einfach nach Lust und Laune durch Nordkalifornien? Das könnte ich mir sogar vorstellen, so wie Marigold und ich auf der Suche nach unserem Ort. Gerade will ich deine Mutter darauf ansprechen, als sie sagt: »Danke, dass du Erste Hilfe geleistet hast und mit Wynton ins Krankenhaus gefahren bist. Sie sagen, du hast sein Leben gerettet. Und Dizzy sagt, ihr Leben auch. Komm her. Wie kann ich dir danken? Darf ich dich in die Arme nehmen?«

Sie kommt mit ausgebreiteten Armen auf mich zu.

Ich weiß, wie sehr sie meinen Vater verletzt hat, aber es ist unmöglich, sich ihrer Wärme zu entziehen. Kein Wunder, dass er ohne sie so verloren ist.

Und Mann, ist das lange her, dass ich von einer Mutter umarmt wurde, irgendeiner Mutter, und deine Mutter ist irgendwie der Inbegriff einer Mutter. Ich versuche, meine Sehnsucht nach genau so einer mütterlichen Zuwendung zu unterdrücken, kann es aber nicht. Außerdem fühle ich mich schuldig, verräterisch, falsch, denn ich bin mir ziemlich sicher, dass sie mich nicht so wird umarmen wollen, wenn sie hört, was ich zu sagen habe. Keine Chance. Dennoch verliere ich mich in ihren Armen, atme ihren Moschusduft ein, sehne mich nach meiner eigenen Mutter, die mich nie so trösten konnte. Die Gefahr, dass sie mich verlassen würde, schwang bei Marigold in jeder liebevollen Geste mit. Ihr ganz eigener schrecklicher Kunstgriff.

Doch nicht deine Mutter. Ich möchte für alle Zeiten in ihren Armen liegen.

Nach einem Augenblick löst sie sich von mir und streift mit den Lippen über meine Stirn, eine Segnung, und neigt dann ihren Kopf so weit nach unten, dass wir für den Bruchteil einer Sekunde Stirn-Nase machen. Ich ringe nach Luft, es ist, als wäre Marigold in ihren Körper geschlüpft. Ihr Gesichtsausdruck ist so voller Dankbarkeit. Wie kann ich dieser Frau, die deinetwegen schon so erschüttert ist, sagen, wer ich bin? Weiß sie überhaupt, wo ihr Mann all die Jahre war? Weiß sie, dass er mit Marigold fremdgegangen ist? Noch kann ich irgendetwas darüber erfinden, wer ich bin, und dann zu meinem Truck gehen und losfahren, ohne irgendwelche Leben durcheinanderzubringen, ohne diese Frau zu verletzen und, was am wichtigsten ist, ohne die Liebe meines Vaters aufs Spiel zu setzen.

»Hast du der Polizei gesagt, was du über den Fahrer des Autos weißt?«, fragt sie. »Ich weiß, dass sie dich gesucht haben.« Ich nicke, und sie sagt: »Dann rufe ich besser mal meinen Sohn und meine Tochter an und sage ihnen, dass sie zurückkommen sollen. Dizzy hält dich für einen Engel – und zwar für einen echten – und glaubt, du bist die Einzige, die meinen Jungen aufwecken kann.« Sie betrachtet mich. »Woher kennst du Wynton denn? Wart ihr auf der Highschool befreundet?« Sie legt den Kopf zur Seite, mustert mich. Fällt ihr auf, wie sehr ich Theo ähnlich sehe?

Ich hole tief Luft, atme langsam wieder aus. »Wynton und ich haben uns zufällig vor vielen Jahren kennengelernt …«, erzähle ich ihr. Sie lächelt höflich, wartet darauf, dass ich weiterspreche. »Auf einer Wiese, hier in Paradise Springs. Aber das ist jetzt nicht wichtig, denn die Sache ist …« Ich bekomme es nicht heraus. Ich bin eine Zeitbombe, die kurz davor ist, ihre Welt in Stücke zu sprengen, die meines Vater, von allen.

Sage ich es oder sage ich es nicht?

Was würden meine Urgroßeltern Maria Guerrero und Alonso Fall mir raten?

»Die Sache ist was, Liebes?«

»Die Sache ist die …«

»Ja?«

»Du kennst meinen Vater.«

»Ja? Kommt er zu uns ins Restaurant?«

»Er ist Theo Fall. Mein Vater war dein Ehemann«, platze ich heraus.

Ihre Hand fliegt zu ihrem Mund. »Nein.« Sie sieht sich um, um sich mit der anderen Hand irgendwo festzuhalten, aber da bin nur ich, also greift sie nach meinem Arm. »Wie alt bist du?«

»Ich bin neunzehn, genau wie Wynton.«

»Genau wie Wyn? Ich muss mich hinsetzen. Ich kriege keine Luft«, sagt sie. »Komm, wir gehen nach draußen.«

Vor der Tür sitzt ein ungepflegter Mann, der wohl Clive sein muss. Als er deine Mutter sieht, steht er auf. »Was ist passiert, Bernie?« Er riecht nach Alkohol.

»Alles gut. Wynton geht's gut. Bin gleich zurück …« Ich folge deiner Mutter den Flur runter und durch den Empfangsbereich, ihre Absätze klack, klack, klackern wie ein Metronom, dann gehen wir durch die Türen des Krankenhauses nach draußen. Mein Puls rast. Ich glaube, ich habe noch nie solche Angst gehabt – als wäre ich nicht in meinem Körper.

Deine Mutter setzt sich auf eine Bank, stützt ihre Hände an beiden Seiten ab. Sie atmet schwer, bewusst. Ich wünschte, ich hätte es ihr nie gesagt, wäre nie an unseren Ort zurückgekehrt. Meine Gedanken gehen wie wild durcheinander. Was ist, wenn sie beschließt, mir nicht zu glauben? Oder schlimmer, was wenn doch und sie mich dann dafür hasst? *Ich* würde mich hassen, wenn ich sie wäre. Oder schlimmer, was ist, wenn sie euch alle von mir fernhält? Was ist, wenn sie meinen Vater gegen mich aufbringt? Wie sehr ich Marigold in diesem Moment dafür verabscheue, dass sie mich in diese Situation gebracht, mir diese Stange Dynamit in die Hand gegeben hat. Außerdem, wie kann ich überhaupt daran denken, sie fragen zu wollen, wer der Vater ihrer Kinder ist? Wer bin ich, dass ich so etwas tun kann? Und das, während ihr Sohn im Koma liegt!

Ich möchte über den Parkplatz flüchten *und* ich will unbedingt noch einmal von ihr in den Arm genommen werden. »Gib mir einen Moment«, sagt sie. Ihre Wangen laufen rot an, und sie starrt blicklos vor sich hin. »Lass mich nachdenken, lass mich nachdenken. Alles dreht sich. Das kommt jetzt wirklich aus heiterem Himmel.« Sie atmet so schnell, dass ich mich frage, ob sie eine Papiertüte braucht. Ich bin froh, dass wir nur ein paar Schritte entfernt von medizinischem Personal sind.

»Okay, alles okay«, sagt sie leise und guckt auf ihre Hände. »Bitte sag mir, wo er ist. Wo hat er die ganze Zeit gelebt?« Bevor ich antworten kann, sagt sie: »Wer ist deine Mutter? Lebt sie hier?«

»Nein, sie ist eine Nomadin«, sage ich und setze mich neben sie auf die Bank, schiebe mir die zitternden Hände unter die Oberschenkel, beruhigt, dass sie mir wenigstens glaubt und mich nicht erwürgt hat. Noch nicht. »Sie haben sich auf einem Bluegrass-Festival kennengelernt. Es war eine einmalige Sache.«

Ich kann sehen, wie sie in Gedanken die Zeit zurückspult. »In

San Diego?« Durch ihr Tagebuch habe ich herausgekriegt, dass das Festival vor ihrer Hochzeit stattgefunden hat.

»Ja«, sage ich.

Mit flüsternder Stimme sagt sie: »In derselben Woche.« Ich sehe Fassungslosigkeit in ihrem Gesicht, aber wohl auch Erleichterung? Ist das so, weil auch er untreu war? Das klingt so gar nicht nach meinem Vater. Wollte er noch einmal unbesonnen sein, bevor er die Liebe seines Lebens heiratet und sich niederlässt? Wer weiß.

»Du bist bei Theo aufgewachsen?«, fragt sie. Ihr Blick folgt den Leuten, die ins Krankenhaus gehen. Geistesabwesend nickt sie einem nach dem anderen zu, als sie sie grüßen. Ich glaube, sie will mich nicht angucken.

»Seit ich vierzehn bin«, sage ich. »Bis dahin habe ich gedacht, mein Vater ist tot. Meine Mutter hat mich verlassen. Sie hatte mich eines Nachts, während ich schlief, einfach vor dem Hause meines Vaters – bei Theo zurückgelassen.«

Sie dreht sich zu mir mit gerunzelter Stirn. »Oje. Wie schrecklich. Das tut mir leid. Wo war das?«

»Whispering River? Fünf Stunden entfernt Richtung Norden.«

»Die ganze Zeit war er so nah.« Ihre Oberlippe zittert. Wird sie gleich weinen? Mir eine reinhauen? Warum habe ich das getan? Auf ihrem Gesicht ist zu sehen, wie sehr ihre Gefühle in Aufruhr sind, als sie fragt: »Wie geht es ihm?« Da kann ich sehen, wie verzweifelt sie ihn noch liebt. Es ist nicht zu übersehen, Wynton. Dasselbe, was er für sie fühlt, da bin ich mir sicher. Ich muss an dieses Foto im Weinberg denken, auf dem sie so jung, so glücklich, so verliebt aussehen, eine unbändige Liebe.

»Er ist okay«, sage ich.

Sie schließt einen Moment lang die Augen und sagt dann: »In dieser ganzen Zeit war er nur ein paar Autostunden entfernt. Ich kann es nicht fassen. Und dann irgendwie doch. Meistens habe ich das Gefühl, dass er noch hier ist.« Sie lacht ein trauriges Lachen, zeigt auf die Stelle neben sich auf der Bank. »Ich meine, genau da. Dieser Geist neben mir. Dieser Geist, mit dem ich mein Leben teile, … für den ich koche.«

Ich will ihre Hand nehmen. Ich will ihr sagen, dass sie mit dieser Liebe nicht allein ist, die so deutlich in ihrer beider Anwesenheit zu spüren ist. »Er trägt seinen Ehering in der Tasche mit sich rum.«

Ein überraschter Ausdruck huscht über ihr Gesicht, dann etwas anderes. Wieder Erleichterung? Oder vielleicht ist es Hoffnung. Sie steckt die Hand in die Tasche ihrer Jeans, gräbt rum und zieht dann den gleichen Ring raus und legt ihn mir in die Handfläche. Er trägt dieselbe Inschrift wie der meines Vaters: *DU BIST MEINE EWIGKEIT, MEIN FÜR IMMER, MEIN EIN UND ALLES.*

Was für eine Tragödie, denke ich. Ich weiß nicht wirklich, was damals vor langer Zeit zwischen Clive und Bernadette passiert ist, zwischen Theo und Marigold, doch diese beiden sind sich immer noch irgendwie treu ergeben, sogar nach allem, was passiert ist, sogar nachdem so viel Zeit vergangen ist. Ich stelle fest, dass ich im Namen von meinem Vater nicht wütend auf sie sein kann. Beide sind sie Wracks am Grunde desselben Meeres. Ich habe Nigel irgendwann gefragt, und ich glaube nicht, dass mein Dad in all den Jahren überhaupt mal ausgegangen ist.

Und dann kommt mir etwas in den Sinn, und es ist, als würde ein Blitz in meine Seele einschlagen, Wynton. Ohne ihre Fehltritte würden wir nicht existieren. Du und ich. Wir *sind* ihre Fehltritte, ihre Schuld. Verändert das die Gleichung? Für mich auf jeden Fall.

Suchend blickt sie in mein Gesicht. »Sieh dich an«, sagt sie. »Also, wirklich. Als wäre die Sonne aufgetaucht. Ich kann nicht einmal … Und du hast das Leben meiner Kinder gerettet.« Sie hebt die Hand, als würde sie mein Gesicht berühren wollen, aber lässt sie dann in den Schoß fallen. »Weiß er, dass du hier bist?«

Ich schüttele den Kopf. »Ich habe Kartons mit Andenken gefunden«, erzähle ich ihr. »Wyntons Bandplakate, Miles Schulsachen, Fotos von euch allen, Zeitungsartikel, Tagebücher von Verwandten, dein Tagebuch …«

»Du hast es gelesen.« Das ist keine Frage. Ihre Stimme klingt ein wenig scharf. Scham erfüllt mich.

»Ich habe es überflogen«, versuche ich zu erklären. »Ich musste herausfinden, warum er euch alle verlassen hat. Ich musste herausfinden, ob es dafür einen legitimen Grund gab. Ich musste herausfinden, ob er wie meine Mutter ist. Er ist der einzige Mensch, dem ich je wirklich vertraut habe. Ich musste herausfinden, ob …«

»Ob er dein Vertrauen verdient hat?« Sie blickt mir in die Augen. »Das hat er. Es war meine Schuld, dass er uns verlassen hat.«

Ich bin erstaunt, dass sie die gesamte Schuld auf sich lädt. Sie scheint meinen Vater nicht dafür verantwortlich zu machen, dass er sie mit drei Kindern allein gelassen hat. Sind ihre Schuldgefühle so groß? Oder liebt sie ihn so sehr? Was um alles in der Welt ist passiert, Wynton?

»Aber du weißt ja bereits, dass es meine Schuld war, nicht wahr?«

»Ich glaube nicht …« Soll ich es laut aussprechen? Das werde ich, denn ich muss es von ihr hören. Ich muss mir tausend Prozent sicher sein. »Ich glaube nicht, dass Wynton der Sohn meines Vaters ist.« Bei Miles und Dizzy weiß ich das natürlich auch nicht, aber das hier fühlt sich erst einmal wichtiger an. Ich brauche eine Bestätigung. Sie guckt auf ihre Hände runter, die zu Fäusten geballt in ihrem Schoß liegen.

»Es geht mich nichts an, das weiß ich«, ergänze ich, die Scham würgt mich jetzt, doch ich bleibe beharrlich, denn ich muss wissen, dass es in Ordnung ist, Wynton, du und ich – das heißt, wenn es dir genauso geht wie mir. Ich wappne mich und sage: »Aber auch wenn es nicht der Fall ist, aus irgendeinem Grund, kannst du es mir sagen, weil …«

»Weil?« Aufmerksam mustert sie mein Gesicht. Ich versuche weiterzuatmen. »Weil du meinen Sohn liebst«, sagt sie, wieder ist es keine Frage.

»Er hat mich jetzt zweimal gefragt, ob ich ihn heirate. Einmal, als wir dreizehn waren, dann noch einmal, neulich nachts.«

Sie reibt sich die Augen. »Das ist ja was. Das ist ja wirklich was. Ihr habt euch als Kinder kennengelernt und jetzt …« Sie runzelt die Stirn, als würde sie versuchen, sich an etwas zu erinnern. »Da fällt mir so ein Kitschroman ein, den ich vor langer Zeit gelesen habe.«

»Jetzt für immer und ewig.«

Ein kleines Lachen platzt aus deiner Mutter heraus. »Du hast dieses schreckliche Buch auch gelesen?«

»Grässlich und *großartig*«, sage ich.

»Grässlich und großartig, das war es«, wiederholt sie lächelnd. »Wie das Leben. Eigentlich wie dieser Moment. Puh.« Sie schüttelt den Kopf, und ihre Stimme klingt erregt, doch als sie mich anblickt, sehe ich nur Mitgefühl in ihren Augen. »Es ist völlig in Ordnung, dass du Wynton liebst, in genetischer Hinsicht. Und ihr seid nicht zusammen aufgewachsen, natürlich, also … Vielleicht hat Dizzy doch recht und du bist diejenige, die ihn zu uns zurückbringen wird.« Wynton! Die Erleichterung und die Freude, die ich fühle, weil ich das jetzt mit Sicherheit weiß, sind überwältigend. Aber ich muss auch wegen Miles und Dizzy Bescheid wissen.

»Und die anderen?« Ich kann deine Mutter nicht einmal ansehen, so beschämend finde es, sie das zu fragen. Wieder und wieder gucke ich auf das Tattoo auf meinem Handgelenk: *Glisk, glisk, glisk, ein flüchtiger Blick auf eine schimmernde Aussicht*. Ich weiß, dass ich sie bedränge, in etwas eindringe, was ein beschämendes Geheimnis sein muss, aber ich muss es wissen. Alles, was ich will, ist dieses Ja. Alles, was ich je gewollt habe, ist dieses Ja.

Bernadette schiebt mein Kinn mit den Fingern nach oben. Ihre Augen sind sanft und gütig, und da weiß ich es. »Willkommen in der Familie«, sagt sie.

Ich breche in Tränen aus, Wynton. Ich denke an das kleine Mädchen in Sadie Mae, seine Mutter in der Stillen Welt, das seine Haare zählt, mit dem Mond spricht, mit seinen Insekten. Etwas Besseres hätte ich mir für sie nicht erträumen können.

Und dann klingelt das Telefon deiner Mutter. Ich kann Dizzys Gesicht auf dem Bildschirm sehen, als sie es rausholt – meine Halbschwester! –, als hätte sie gewusst, dass wir über sie reden. Deine Mutter geht ein paar Schritte mit dem Telefon am Ohr. Schweigend hört sie eine Weile lang zu, bis sie schließlich sagt: »Dizzy, träumen wir?«, bevor sie sich verabschiedet und den Anruf beendet.

Sie kehrt noch aufgewühlter zu der Bank zurück, als sie während unseres Gesprächs war. »Sie sind auf dem Weg zurück.« Unsere Blicke treffen sich. »Mit Theo. Jetzt.« Ihre Stimme zittert. »Kannst du ein bisschen bei Wyn bleiben? Ich muss kurz spazieren gehen, meine Gedanken sortieren.« Es ist schwierig, in diesem Moment ihren Gesichtsausdruck zu beschreiben, er ist irgendwie gleichzeitig voller Angst und voller Freude.

»Natürlich«, sage ich, stehe auf, frage mich, wie um alles in der Welt Miles und Dizzy meinen – unseren – Vater gefunden haben.

Nach ein paar Schritten dreht sich deine Mutter um. »Es war immer Theo«, sagt sie. »Ich war nur zu jung, zu dumm und zu verkorkst wegen dem Tod meines Bruders, um das zu begreifen. Es war immer nur er. Es wird immer er sein.« Für den Bruchteil einer Sekunde verwandelt sie sich in das junge, unbeschwerte

Mädchen auf dem Foto. »Ich bin froh, dass er dir ein Vater sein konnte. Ich weiß, wie gut er das kann.«

»Er ist der beste Vater«, sage ich ihr und blinzele, damit ich nicht wieder weine.

Eine Parade von Gefühlen marschiert über ihr Gesicht. »Ich freue mich, dich kennenzulernen«, sagt sie, und ich kann erkennen, dass das ehrlich gemeint ist, ungeachtet dessen, was es bedeutet. Dann wendet sie sich ab und geht davon.

Das war vor einer Stunde.

Wynton, indem ich dir meine Geschichte von Verrat zu Verrat erzählt habe, ist mir etwas klar geworden. Jeder davon war so schmerzlich, hat mir so viel Leid bereitet, doch am Ende auch Freude. Das habe ich erst jetzt verstanden. Nach dem ersten Verrat hat meine Mutter angefangen, Medikamente zu nehmen, die sie über Jahre meistens vor der Stillen Welt bewahrt haben. Der zweite Verrat hat mich nach Paradise Springs gebracht, zu dir. Der dritte hat mich zu meinem Vater geführt und zu den bisher besten Jahren meines Lebens. Ich hoffe, das wird für dich auch so sein. Ich glaube inzwischen tatsächlich, dass wenn die Welt kippt, mit all dem Leid auch Freude überläuft.

Doch man muss nach ihr Ausschau halten.

In meiner Fantasie werden wir, wenn du wieder wach bist, zusammen die große chaotische Familiensaga der Falls schreiben. Unsere Geschichte. Meine, deine, Miles' und Dizzys. Einen Roman. Wir können Alonso Fall eine Stimme geben – ich habe mir gedacht, dass ich seine Geschichte im Stil von den *In der Zeit für alle Zeiten*-Geschichten meiner Mutter schreiben könnte. Sandro könnte auch eine Stimme haben. Wir könnten den ersten Hund aus ihm machen, der niemals stirbt! Und wir könnten dies und das aus den Kartons voller Andenken meines Vaters miteinbeziehen, aus all den alten Tagebüchern und Notizheften. Vielleicht sogar Ausschnitte aus Bernadettes Briefen, wenn sie uns das erlaubt.

Ergänzen, was wir wollen. Wen wir wollen. Eine Fall-Familien-Fantasie. Unser aberwitziges Liebeslied aus dem Paradies.

Ich hoffe, dass wir gemeinsam das richtige Ende finden.

TEIL FÜNF

MILES

Sandro pennte auf dem Sitz zwischen Miles und Felix, die Schnauze auf Miles' Oberschenkel, während sie zum Krankenhaus rasten, wo gleich ein bislang unvorstellbares Familientreffen stattfinden würde, um Wynton das Leben zu retten. Mit runtergelassenen Fenstern, rundherum von Mammutbäumen behütet, sagte Felix: »Okay, also, was ich dir nicht erzählt habe, niemandem außerhalb meiner Familie erzählt habe, ist, dass ich wahrscheinlich irgendwann mein Augenlicht verlieren werde. Das meiste davon jedenfalls.«

»Oh, Gott sei Dank!«, rief Miles aus.

»Nicht, was ich erwartet habe.«

»Ich dachte, du stirbst!«

»Warum?« Felix lachte. »Wieso hast du das gedacht? What the fuck, Mr Fall?«

»Ich weiß es nicht. Ich glaube, weil …« Miles wusste nicht, wie er es ausdrücken sollte. »Weil du die Vögel und die Sterne und irgendwie *alles* so zu schätzen weißt, aber es ist egal, was ich gedacht habe, das ist echt scheiße, Mann.«

Felix' Gesicht wurde trüb. Er atmete langsam aus. »Ja, wirklich. Hatte keine Ahnung, was Angst ist, bevor das passiert ist.«

»Ich kann es mir gar nicht vorstellen, Felix. Es tut mir so leid.« Wie konnte er derart gefangen sein, dass er Felix nicht schon längst direkt gefragt hatte, was mit ihm los war? Miles wollte ihm sagen, dass er alles für ihn tun würde, absolut alles, denn so lief das mit ihm – der Fleisch gewordenen Scheiß-Samantha-Brooksweather.

Während sie miteinander sprachen, funkelte die Welt um sie

herum, als Sonnenlicht zwischen den Bäumen hindurchtaumelte, auf die Straße, in sie beide rein, zu zweit allein in einem Truck.

»Ich habe so viel für selbstverständlich gehalten«, sagte Felix.

»In der Vergangenheit …« Miles starrte Felix an. »Ich habe wirklich noch nie jemanden wie dich kennengelernt. Das war es, was ich eben versucht habe zu sagen. Du liebst alles.«

Ein Lächeln erschien auf Felix' Gesicht. »Jetzt, verdammt noch mal, ja. Ich liebe *alles.*«

Miles nickte. »Du bist so eine Art Wonne-Schöpfer, Alter. Das ist ansteckend.«

»Ja, wirklich? Das ist ja eigentlich großartig.« Das schien ihn tatsächlich aufzurichten. Außerdem war es die Wahrheit. In nur einem Tag hatte er Miles beigebracht, wie man nach Pracht und Herrlichkeit Ausschau hält, so wie andere Vögel beobachten.

»Es gibt so eine berühmte Köchin, die blind geworden ist«, erzählte er Miles. »Sie war in einer dieser Reality-Shows. Besteht darauf, dass sie dadurch eine bessere Köchin geworden ist, weil ihre anderen Sinne jetzt so geschärft sind.« Er seufzte. »Es könnte sowieso noch ewig dauern, bis es so weit ist. Sogar fünfzehn Jahre.« Er zwirbelte seinen Schnurrbart. »Und vielleicht werde ich nicht ganz blind. Ich hab im Internet so was gelesen. Eines Tages sehe ich Menschen vielleicht nur noch schemenhaft. Der Typ, der das beschrieben hat, sagt, das wäre, wie wenn man Geister sieht«, er lachte, »so wie Dizzy. Und vielleicht haben sie bis dahin ein Heilmittel dafür gefunden, wer weiß?« Er tippte mit den Fingern auf das Lenkrad. »Seit ich Bescheid weiß, ist es so, als wäre ich auf einer Art Sauftour – nur ohne Saufen. Hatte das Gefühl, mein Leben wäre vorbei.« Miles sah Felix an, sah etwas in seinem Gesicht, das er bisher nie gesehen hatte, Schüchternheit vielleicht?

»Aber seit ich mit dir rumhänge«, sagte Felix, »fühle ich mich besser.«

Miles verschränkte die Arme, um zu verhindern, dass er bei

diesem Geständnis nicht seine Finger auf Felix' Gesicht legte und diesen wunderbaren Mund küsste. Felix fuhr fort: »Ich weiß nicht, wie ich es beschreiben soll, aber du bist wirklich so … ich weiß es nicht, *ungestüm* oder so? Nein, du bist ein einziges Chaos, Mann.« Miles lachte. »Ich mein das auf so epische Art, die Lautstärke, das Leuchten, alles ist so aufgedreht, und das liebe ich. Du bist einfach so voll dabei. Ich weiß nicht, warum, aber es nimmt mir die Angst – als wäre das alles ein großes Abenteuer oder so.« Oha. Miles konnte es nicht fassen. Er, ungestüm? Er, voll dabei? Er, der jemandem die Angst nahm? Indem er ein einziges Chaos war? Er selbst war? Miles hätte Felix am liebsten gesagt, dass er sich so *voll dabei* fühlte, so sehr er selbst, so am Leben klebte, weil Felix bei ihm war; bevor sie sich kennengelernt hatten, war er gar nicht so gewesen, bevor all das passiert war, was in den letzten paar Tagen geschehen war – aber er wollte ihn nicht unterbrechen.

»Als ich die Diagnose bekommen habe, ist so was Komisches passiert«, sagte Felix. »Ich wurde besessen von Gesichtern. Das von meiner Mutter, meinem Vater, meinem kleinen Bruder Elvis.« Er lächelte. »Was hat der für ein Gesicht, der Junge. Sieht aus wie Kobold.« Er holte tief Luft. »Und Eddies – besonders er, mein Kumpel. Das ist das Problem. Als mir klar wurde, dass ich vielleicht nie sehen werde, wie Eddies Gesicht altert, hat mich das zerstört. Also, ich hatte eine Freundin. Dachte, wir wären glücklich, aber ich habe mich von ihr getrennt, weil ich überhaupt nicht über ihr Gesicht nachgedacht habe.« Er seufzte. »Das – und natürlich die Diagnose – ist, warum ich abgehauen bin. Kam nicht damit zurecht. Mit gar nichts.«

Miles biss sich in die Wange, bis es blutete. Das war es. Felix war in Eddie, den verdammten olympischen Pizzabäcker verliebt. Scheiße.

»Jedenfalls werde mich nun auf das Hier und Jetzt konzentrieren«, sagte Felix.

Amen. Denn im Hier und Jetzt, während sie sich unterhielten, berührten sich ihre Finger, trotz Eddie, immer wieder, als sie beide den schlafenden Hund streichelten, und jedes Mal, wenn das passierte, musste Miles die Augen schließen, weil sein ganzer Körper erzitterte, sein Atem stockte, ein Seufzen zum Leben erwachte. Als es dann wieder passierte, schob Felix die Sonnenbrille hoch, und sie sahen sich in die Augen. Dann fiel Felix' Blick auf Miles' Mund, seine *Lippen* und verharrte dort. Miles leckte sich über die Unterlippe, und Felix sagte »Alter«, auf diese bestimmte Art. Sie lächelten beide. Miles' Puls kam auf Touren.

Er war nicht der Einzige, der es spürte!

Er war nicht der Einzige, der es spürte!

Waren es Felix' ungeklärte Gefühle für Eddie oder die Diagnose, die ihn behaupten ließen, er wäre nicht zu haben? Oder eine Kombination aus beidem? Miles war sich nicht sicher, aber in diesem Augenblick schien Felix wirklich zu haben zu sein. Miles hätte gerne ins Steuer gegriffen und den Truck auf den Seitenstreifen gefahren. Was wäre, wenn? Wollte Felix das? Er stellte sich das vor, den Rausch dieses Endlichs, zwei Jungs, die wie Planeten aufeinanderprallen. Seine Finger sehnten sich nach Felix.

Jetzt waren es nur noch ein paar Kilometer bis Paradise Springs und sogar mit allem, was im Krankenhaus gleich passieren würde, wollte Miles den Truck nicht verlassen. Sein Blick wanderte zu Felix' Brust unter seinem schwarzen T-Shirt, zu seinen braunen, muskulösen Armen, zu seinen Oberschenkeln, der Beule in seiner Jeans. Gott, es war unerträglich. Begehren pochte durch ihn durch. Er fühlte sich ausgetrocknet und schwindlig. Wie funktionierten Leute noch, wenn sie so etwas fühlten? Wie konnten sie so tun, als würde irgendetwas anderes noch von Bedeutung sein? Miles wäre am liebsten bis nach Südamerika gefahren.

Hätte sich am liebsten zusammen mit ihm ins Handschuhfach gequetscht.

Als das Krankenhaus in Sichtweite war, bog das Wohnmobil mit seinem Vater und Dizzy, das vor ihnen fuhr, in den Parkplatz ein, doch anstatt ihnen zu folgen, fuhr Felix am Krankenhaus vorbei und parkte an der Feuerschneise, wo diese Reise mit Rod, dem Kannibalen, vor einem Tag, vor einem Menschenalter ihren Anfang genommen hatte. Was war los?

Würde jetzt endlich *irgendetwas* passieren?

Felix machte den Motor aus, und während er geradeaus starrte, sagte er: »Mir ist klar geworden, nachdem wir heute geredet haben, dass ich zurück nach Colorado muss.« Miles hatte das Gefühl, jemand hätte ihm in die Kehle getreten. Das hatte er nicht erwartet. Er hatte das Gegenteil erwartet! Selbst mit dem Eddie-Eingeständnis hatte er gedacht, er hätte eine Chance, nachdem sie sich so sehr geöffnet hatten. Er wollte Samantha Brooksweather und Jericho Blane, Alonso und Sebastian, keinen Abschied. Er bekam kein Wort heraus, also nickte er einfach.

Felix nahm die Sonnenbrille ab, legte sie auf das Armaturenbrett. Er streichelte Sandro, der langsam aufwachte. »Ich kann nicht nicht in die Kochschule.« Er sah Miles an, lächelte ein Lächeln, das zu gleichen Teilen ironisch und aufrichtig war. »Das ist mein Schicksal, so wie dein Urgroßvater Alonso auf dieses Schiff musste.«

Miles nickte wieder. Natürlich musste Felix gehen. Das war sein Traum, und Miles wollte, dass er ihn sich erfüllte, im Hier und Jetzt und hoffentlich für immer.

»Und Eddie?«, fragte er, weil er nicht anders konnte.

Felix zuckte mit den Schultern. Erst sah es so aus, als wolle er antworten, erwiderte dann aber nichts, wahrscheinlich um Miles zu schonen, der beschämend klargemacht hatte, wo er stand. Miles konnte Sehnsucht in Felix' Gesicht sehen – geradezu Plakatwerbung dafür –, aber so sehr Miles sich das auch wünschte, sie galt nicht ihm. Felix würde zu Eddie zurückkehren. Miles hatte alles missverstanden, einschließlich all der Handkollisionen, sogar die augenblickliche, während sie beide Sandro streichelten. Menschen berührten sich ständig zufällig mit den Händen. Das bedeutete gar nichts.

Selbst wenn es Miles das Gefühl gab, gerade einen Hitzschlag zu erleiden.

Miles zog seine Hand weg, bleischwer vor Enttäuschung. Es fühlte sich an, als wären alle Vögel davongeflogen. Er konnte Felix nicht mehr ansehen aus Angst, er könnte seine Arme um den Typen werfen und ihn anflehen, nicht zu gehen oder ihm zu sagen, dass er auf ihn warten würde, bis er mit der Kochschule fertig war und/oder für immer.

Stattdessen blickte er Richtung Krankenhaus. Was ging in diesem Zimmer vor? Wachte sein Bruder auf? Er musste jetzt reingehen. So lange war er vor seiner Familie davongelaufen, doch auf sie zuzulaufen, hatte letztendlich dazu geführt, dass er anfing, sich selbst zu finden. Und sein Vater hatte recht, er war fast ein verdammter Mann. Er musste aufhören, anderen die Schuld für sein Leben zu geben. Ja, sein Vater hatte ihn verlassen und sein Bruder hatte ihn abgewiesen, aber keiner von beiden war dafür verantwortlich, welche Rolle er in dieser Familie spielte oder in der Welt. Das lag an ihm. Wie Sandro gestern zu ihm gesagt hatte, war die Geschichte seiner Wahl immer eine Weh-mir-Geschichte gewesen. Jetzt wollte er eine neue schreiben. Eine lange, träumerische, romantische Geschichte wie die seines Urgroßvaters.

Und vielleicht würde er auch eine Therapie machen, wie Dekan Richards es vorgeschlagen hatte, doch das Land der Finsternis schien Lichtjahre entfernt. Wie Felix gesagt hatte, war er jetzt voll dabei und hatte all diese neuen Menschen, an die er sich wenden konnte, falls er wieder wegrutschte. Er wusste sogar, dass irgendwo irgendwie auch Liebe zwischen ihm und seinem Bruder da war, zerbrechlich und zart, ja, aber dennoch war es Liebe. Als hätte man einen unglaublich schweren Felsen hochgehoben und darunter eine Blume gefunden, die man sonst gar nicht bemerkt hätte. Wie konnte es sein, dass sie trotz dieser Dunkelheit, dieses schweren Gewichts, dennoch lebendig und schön war? Aber das war sie. Warum könnten zwei Fall-Brüder nicht ausnahmsweise einmal Brüder sein? *Wenn der Weg klar vor dir liegt, ist es vermutlich der eines anderen …* Gemeinsam würden sie neue, unverfluchte Wege gehen.

Wenn er aufwachte.

Miles wandte sich wieder an Felix, dessen Gesicht immer noch Plakatwerbung für die Sehnsucht machte. Nach jemand anderem. Miles seufzte. Ihm wollte das Herz zerspringen. Das war dann wohl der Abschied. Er hatte Angst, dass seine Stimme brechen würde, wenn er sprach, aber er musste einfach. »Danke, Felix. Wirklich. Danke für alles.« Sehr spät für seine erste richtige Freundschaft, aber besser spät als nie. Er öffnete die Tür. Sandro hob den Kopf und kuschelte sich dann wieder an Felix. Miles wollte sich auch an Felix kuscheln, wollte so viel mit diesem Typ machen. Er schwang sich den Rucksack über die Schulter und suchte unter dem Sitz nach der Leine, als Felix ihn am Arm packte. *Felix packte ihn am Arm.* Packte ihn und ließ nicht los. »Warte«, sagte Felix.

Miles setzte sich auf, seine Gedanken schlugen Funken.

Felix hatte ein Grinsen auf dem Gesicht. »Ich will …«

»Alter, darauf falle ich nicht wieder rein«, sagte Miles. Doch dieses Mal, anders als gestern Abend, glitt Felix' Hand Miles' Arm hoch und nahm ihm den Atem.

Hatte die Plakatwerbung doch ihm gegolten?

Felix lachte Miles an und zeigte sein Grübchen und oh mein Gott, es passierte. »Dieses Mal meine ich etwas anderes.« Sein Griff um Miles' Arm wurde fester. Die Luft zwischen ihnen stand in Flammen. »Ich gehe weg, also wollte ich nicht … aber ich sterbe, Mann. Ich sterbe schon die ganze Zeit. Denn die Sache ist die, ich habe dir nicht gesagt, wie es war, als ich *dein* Gesicht zum ersten Mal gesehen habe. Oder als du im Wald gelacht hast. Oder wie das in jeder Minute in den letzten zwei Tagen war.« Seine Hand glitt unter Miles' T-Shirt. Miles wurde schwach zumute. »Ich habe dir nicht gesagt, wie es ist, dein Gesicht in diesem Moment anzugucken.«

»Wie ist es?« Die Worte waren nichts als ein Hauch, voller Erwartung.

»So wie: Wer ist Eddie, Mann?« Felix lachte. Miles konnte nicht fassen, dass er in diesem Truck sitzen konnte und gleichzeitig einen Salto schlagen. Er war sich ziemlich sicher, dass er sich gerade in eine Leuchtkugel verwandelte, wie sein Urgroßvater.

»Du hast für mich alles ins rechte Licht gerückt, Miles. So habe ich mich noch nie mit jemanden gefühlt. Aber … ich habe Angst, mit allem, was gerade sowieso schon los ist.«

»Ich kann mit dir zusammen Angst haben«, sagte Miles. »Ich will alles mit dir zusammen machen, Felix.«

Miles konnte nicht eine Sekunde länger warten. Er war die Geschwindigkeit selbst, halb taumelnd und voller Hoffnung, als er seine Hand unter Felix' T-Shirt schob, kurz die Erde verließ, als er hörte, wie Felix nach Luft schnappte, während Miles' Hand über Felix' Brust fuhr, Haut an Haut, nach unten glitt, tiefer und tiefer, bis zu seinem Bauch, was dazu führte, dass Felix aufstöhnte, was dazu führte, dass Miles völlig den Verstand verlor, während Felix' Hand zu Miles' Taille wanderte, zu seinem Hosenbund, seinen Finger um eine Gürtelschlaufe wickelte und Miles damit zu sich heranzog, was Miles nach Luft ringen ließ, während sie sich immer näher kamen und endlich, *endlich* ihre Lippen aufeinandertrafen und die Zeit stehen blieb.

Sie atmeten gemeinsam ein, verweilten in diesem Schlüssel-Schloss-Moment, in diesem Wirbelsturm-in-einer-Flasche-Moment, in dieser Verbindung von Körpern und weit darüber hinaus, Miles den Tränen nahe, der Verzückung nahe, bis das Glas zerbrach, der Wirbelsturm entfesselt wurde, ihre Münder sich öffneten und der Hunger von ihnen Besitz ergriff, und los ging's, Zähne knallten aneinander, der Schnurrbart schnurrte, mit verzweifelten Zungen, Hände überall; Felix' schwerer Atem jagte heiße Ströme durch Miles, sodass Miles alle Worte in seinem Sudelheft gleichzeitig sagen wollte, alle Worte in allen Büchern in aller Welt gleichzeitig – denn das wäre die einzige Art, das zu beschreiben, was zwischen ihnen passierte, zwei Jungs in einem Truck, die aus der Welt fallen, Hals über Kopf. Miles badete in Glückseligkeit, und etwas fing an, sich in seinem Innern zu entfalten, etwas Wildes und Freies, etwas, das zutiefst unwiderlegbar *er* war.

Als hätten sich alle Atome in seinem Körper seit Milliarden von Jahren nur auf diesen Moment zubewegt.

Was hatte er sich dabei gedacht, den glückseligsten Teil von sich selbst geheim zu halten?

»Miles«, sagte Felix lächelnd, Stirn an Stirn, während sich ihr Atem vermischte. »Wir sind Alonso und Sebastian. Wir schweben.«

Dann, viel zu bald, stand Miles neben dem Truck und lehnte sich auf der Fahrerseite ins Fenster, seine Hand auf Felix' Arm. Er hatte das Gefühl, aus Träumen zu bestehen.

Du hast es geschafft! Sandro lief einen Achter nach dem anderen um seine Füße. *Was hast du nur für ein Glück, Massel, Dusel!*

Ich weiß! Miles blickte dem Hund in die Augen. Es war an der Zeit, seinem ewigen Gefährten zu verzeihen.

Du auch, Sandro, du hast Dornröschen gefunden.

Er wackelte mit dem Schwanz. *Ich weiß!*

Felix grinste, während er sie beide ansah. »Na, unterhaltet ihr euch gerade?«

Wenn er mich doch hören könnte!

Miles war völlig losgelöst, fernab von vollkommen, dort, wo das Glück zu sein schien. Und dieses Auf Wiedersehen war knallvoll mit Wiedersehen. »Wenn du eines Tages einen Brief bekommst«, sagte er zu Felix, »und in dem Umschlag nur eine leere Seite ist, dann weißt du, was das bedeutet, oder?«

Auf Felix' Gesicht erschien das bisher umwerfendste Lächeln.

Gut gemacht, sagte Sandro zu Miles. *Vielleicht hast du es ja doch drauf.*

Danke schön.

Miles und Sandro gingen auf das Krankenhaus zu, auf das unglaublichste Familientreffen überhaupt, als Miles Felix rufen hörte: »Hey!«

Miles drehte sich um. Im Verabschieden war der Typ schrecklich.

»Später im Sommer könntest du nach Denver kommen? Wir haben größere Berge. Glaube ich jedenfalls.«

Das Geld für die Reise hatte Miles, aber würde Felix später im Sommer mit Eddie zusammen sein? Oder wieder mit seiner Freundin? Wer wusste das schon? Wer wusste überhaupt irgendwas? Miles sagte: »Das wäre cool.«

Dann machte er sich wieder auf den Weg ins Krankenhaus, in der Hoffnung, wieder aufgehalten zu werden.

»Hey!«, hörte er und machte auf dem Absatz kehrt. Felix lachte. »Alter, der Truck gehört deiner Mutter!«

DIZZY

Dizzy ließ ihren Vater allein das Wohnmobil parken und rannte ins Krankenhaus rein. Sie hielt es nicht eine Sekunde länger aus. Als sie den Flur runter auf Wyntons Zimmer zuraste, hörte sie ihren Namen.

Es war Lizard. Genau dort im Flur, mit zurückgegelten Haaren, aber wieder mit der nerdigen Brille auf der Nase, wie in der Zeit vor der Scheidung. Dizzy überkam dasselbe Gefühl, wie wenn sie kurz davor war, in Tränen auszubrechen. Es gibt Augenblicke im Leben, begriff sie, während ihr bester Freund sie breit angrinste, in der die Seele wie eine Blume aufblüht.

»Hast du meine Nachrichten bekommen?«, fragte er.

Sie nickte. »Wir haben uns beeilt.« Sie wollte aus sich selbst herausplatzen, wie ein Springteufel, und ihn umarmen. Sie wollte ihm jede einzelne Sache erzählen, die seit ihrer Trennung passiert war. Aber dann fiel ihr Melinda ein, das, was er auf den Badezimmerspiegel geschrieben hatte, als sie ihn das letzte Mal gesehen hatte: *Lass mich in Ruhe.*

»Du hast gesagt, es gab einen Grund für unsere Scheidung«, sagte sie. »Was war der?«

Er lächelte, schüchtern diesmal, rückte dann seine Brille zurecht, die schon gerade saß. Dizzy machte das Gleiche mit ihrer. Ihr Magen rumorte, und ihre Haut prickelte.

»Okay«, sagte er. »Was ich dir sagen muss …« Theatralisch holte er Luft. »Der Grund, dass ich … also … okay, Dizzy, als wir … für mich … weißt du, es gab da … Ich habe gelogen, als …«

Sie wollte unbedingt in das Krankenzimmer, wo alles gerade passierte, aber wollte genauso unbedingt wissen, was hier los war.

Lizard war nie schüchtern, hatte nie Probleme, sich auszudrücken – sie hatte keine Ahnung, was er versuchte, ihr zu sagen. Und er hatte sie angelogen?

»Sag es einfach, Tristan.« Sie würde ihn so nennen, wenn er das wollte, aber in ihren Gedanken würde er immer Lizard bleiben.

»Okay, okay.« Er lächelte verlegen. Sein Gesicht lief rot an. »In Ordnung. Los geht's. Als wir uns das eine Mal geküsst haben, habe ich sie gespürt.«

»Sie?«

»Die Endorphine! Und auch die spontanen inneren Explosionen aus deinem blöden Kitschroman! Und ich hab nichts gesagt, weil du auch nichts gesagt hast, aber das *habe* ich!«

»Hast du auch mit Melinda die Endorphine und spontanen inneren Explosionen gefühlt?«

Er schüttelte den Kopf.

Okay. Okay. Dann gab es nur eins für sie zu tun. Sie ging zu ihm hin, legte ihre Hände auf Lizards Schultern, schloss die Augen und zum zweiten Mal küsste sie ihren besten Freund. Es fühlte sich nach Lippen an, die sich berühren, mehr nicht. Gerade wollte sie ihn loslassen, ihm sagen, dass sie weder Endorphine noch spontane innere Explosionen spürte, als er mit dem Daumen über ihre Wange strich. Hatte er das das letzte Mal auch gemacht? Wohl nicht. Dann waren seine Hände in ihrem Haar. Das hatte er vorher ganz sicher nicht gemacht. Er öffnete leicht die Lippen – nö, das auch nicht – und sie auch. Und dann lagen sie sich in den Armen und sie schwirrte, schwirrte, schwirrte, nicht nur ihre Seele, sondern auch ihr *glühender Glutofen*.

Das Tor zu ihrer wilden Weiblichkeit schwang auf, genau wie bei Samantha Brooksweather!

Zwei Wochen davon würden *ihr* für ein ganzes Leben eindeutig nicht reichen. Sie brauchte all ihre Kraft, um sich von ihm zu lösen. »Diesmal habe ich es gespürt, Lizard.« Die Worte klangen wie ein Hauch. Mann, war Dizzy schwindelig.

Seine Brille war genauso schief wie sein Lächeln. Sie rückte ihre eigene gerade.

»Das war geil«, sagte er.

»So geil«, sagte sie. »Jetzt komm. Gleich geht alles los!«

Dizzy und Lizard platzten in Wyntons Krankenzimmer.

Am Fenster standen in einer Reihe ihre Mutter, ihr Onkel Clive und Cassidy mit einem Mann, mit dem sie Wynton auf dem großen Platz hatte Schach spielen sehen und schauten aus dem Fenster auf den Parkplatz. Aber das war noch nicht alles. An Wyntons Bett waren Dizzys Lieblingsgeister. Ihre Vorfahren, wie sie inzwischen wusste. Alonso Fall und Sebastian Ortega hielten sich an den Händen, ihre Füße schwebten ein paar Zentimeter über dem Boden. Auf der anderen Seite des Betts war Maria Guerrero, ihr feuerrotes Haar voller Butterblumen und orangefarbenen Rosen, die das Krankenzimmer mit einem purpurnen Duft erfüllten. Aber da war noch ein anderer Geist neben ihr, hielt ihre Hand, ein neuer, den Dizzy noch nie zuvor gesehen hatte, ein jüngerer Mann mit einem traurigen Gesicht und roten Haaren wie Maria. War das Bazzy aus Cassidys Geschichten? Dizzys Großvater-Geist? War er all die Jahre bei Theo gewesen? Und war ihm nun zurück nach Hause, nach Paradise Springs gefolgt? Ja, dachte sie, das war er wohl.

Dizzy ging zu Wynton, legte ihre Hand auf seine Brust, nickte den Geistern zu, die sie wie immer nicht beachteten, und dann stellten sich Lizard und sie zu den anderen ans Fenster. Cassidy begegnete Dizzys Blick, stupste ihr auf die Nase, und Dizzy machte es zurück und war von Fuß bis Kopf glücklich. Sie hatte jetzt eine Schwester, was in aller Welt konnte besser sein als das? Abgesehen davon, dass Wynton gleich aufwachen würde! Dann umarmte Dizzy ihre Mutter und konnte Schweiß auf ihr riechen –

grün mit rostigen Sprenkeln. Der Körper ihrer Mutter bebte, und sogar als sie sich umarmten, hielt sie ihren Blick weiter auf das lila Wohnmobil gerichtet, aus dem Dizzys Vater noch nicht aufgetaucht war.

Dizzy wandte ihre Aufmerksamkeit dann auch dem zu, was vor dem Fenster geschah. Die Sonne versank hinter dem Berg und überschwemmte das Tal mit goldenem Licht. Am Eingang des Krankenhauses war Miles, der gerade irgendetwas zu Sandro sagte, wahrscheinlich, dass er warten solle, öffnete dann die Tür, um reinzugehen, doch Sandro schlüpfte ihm trotzdem hinterher und ein paar Augenblicke später kam Miles mit dem Hund rein, der eindeutig nicht im Krankenhaus erlaubt war, doch das schien allen egal zu sein.

Zu ihrer Überraschung ging Miles zum Krankenbett und legte seine Hand auf Wyntons Brust, auf sein Herz, genau wie sie das gemacht hatte. Dizzy war sich nicht sicher, ob sie je gesehen hatte, wie sich ihre Brüder berührten. Miles beugte sich runter und flüsterte Wynton etwas ins Ohr. Sie konnte nicht hören, was. Dann kam er auf die Gruppe am Fenster zu, und Cassidy und er hatten Tränen in den Augen, als sie sich anguckten. Dizzy dachte, dass sie sich vielleicht in Gedanken verständigten, wie die Schamanen. Miles umarmte seine Mutter und nickte Onkel Clive zu. Dizzy griff nach Miles' Hand. Miles lächelte und drückte sie und griff nach Cassidys. Unter dem Fenster versammelte sich eine Menschenmenge. »Das hat sich wohl rumgesprochen«, flüsterte Cassidy.

Alle Blicke waren auf das Wohnmobil namens Purple Rain gerichtet, als die Tür aufging und Theo Fall mit seinem Cowboyhut auf dem Kopf erschien. Sogar durch das Fenster konnte Dizzy das Klack, Klack, Klacken seiner Stiefel auf dem Asphalt hören, als er mit großen Schritten den Parkplatz überquerte. Tränen liefen über das Gesicht ihrer Mutter, und sie machte sich nicht die Mühe, sie wegzuwischen. Ihr Onkel Clive lächelte, und Dizzy wurde bewusst, dass sie das noch nie gesehen hatte, nicht ein einziges Mal in ihrem Leben. Lauter Sachen passierten in diesem Zimmer gerade zum ersten Mal, ein gutes Omen.

Sie erinnerte sich, wie Cynthia, die atheistische Pflegedienstleiterin, ihr am Abend des Unfalls erklärt hatte, dass sie beten könnte, indem sie ihre Arme um die ganze Welt legte. Das hier war Dizzys ganze Welt, dachte sie. Ihr persönliches Glücksgewühl. Und das Einzige, was einem auf der Welt Sicherheit versprach. Sie konnte nicht wirklich alle zusammen im Haus einsperren, aber sie konnte die Augen schließen und sich vorstellen, wie sie ihre Arme um diese neu erweiterte Familie legte, um ihren besten Freund (ersten festen Freund?), sogar um den blöden Hund. Cynthia hatte recht, es war eine gute Art zu beten, zu hoffen, dem Leben Heiligkeit abzutrotzen.

Darin liegt so viel, dachte Dizzy, so viel Vielheit in allem.

Dann öffnete sie die Augen und richtete sie auf ihren Vater, der Wynton aufwecken würde. Ihr Vater, der endlich nach Hause gekommen war.

Als er allerdings den halben Parkplatz überquert hatte, blieb er stehen, machte er auf dem Absatz kehrt und ging zurück zu dem Wohnmobil, mit schnellen, entschlossenen Schritten.

»Nein!«, rief die ganze Reihe am Fenster im Chor, und sie schlugen alle mit den Händen gegen die Scheibe.

Ihre Mom sagte: »Nicht schon wieder, Theo«, und schon war sie aus dem Krankenzimmer hinausgegangen und sah nicht, dass er nur zurückgegangen war, weil er seine Trompete vergessen hatte.

WYNTON

Der erste Ton ruft dich, so wie früher, als du noch einen Körper hattest, eine Geige, ein tolles, verkorkstes Leben; so wie früher, als die Geistermusik deines Vaters dich aus dem Zimmer zum Fluss zum Dach zur Wiese geführt hat.

Und nun hat sie dich zurück ins Krankenzimmer gebracht.

Nur, dass etwas nicht stimmt. Ganz und gar nicht stimmt.

Das kann nicht er sein, denn dieser Musiker kann nicht spielen. Es schaudert dich innerlich angesichts des Tons, du zuckst zusammen bei dem schrillen Klang. Du schreckst zurück vor den kreischenden Lauten, wahllos zusammengeklatscht, anämisch. Wer ist dieser grauenvolle Musiker? Und warum steht er so nah bei dir, plärrt dir jeden einzelnen entsetzlichen Riff direkt an den Kopf? Das ist nicht das Trompetenspiel, das du dein ganzes Leben lang gehört hast!

Wenn du dich nur bewegen könntest, um dir die Ohren zuzuhalten!

Du flehst denjenigen an, endlich damit aufzuhören, einfach aufzuhören, aber das passiert nicht. Du musst hier weg. Du bist auf dem Weg zurück zur Wiese, um auf den Tod zu warten, irgendwohin, wo dieser Lärm nicht zu hören ist, dieser Lärm, der so tut, als wäre er Jazz, als …

Es ist Miles, der mit dir spricht, dir etwas zuflüstert, über diesen Tag auf der Schaukel. Du kannst es nicht fassen. Auch er erinnert sich an diesen Nachmittag! Und wieder rennst du Hand in Hand mit ihm über das Feld, und er ist dein kleiner Bruder, er ist dein Affe, deine Banane, dein kleiner Mann.

Du willst dich bei ihm für alles entschuldigen; du bist fertig, fertig, fertig damit, ein Unhold wie Hector zu sein. Du willst ihm sagen, dass dieser Augenblick, wie jeder Augenblick, der erste ist, der Anfang, ihr zwei wieder von vorne beginnen könnt. Mit aller Macht versuchst du, den Mund zu bewegen, um die Worte *Kleiner Bruder* zu sagen, als …

Mit dem Gesicht nach unten liegst du im Laub. Du versuchst, den Kopf zu heben.

Kann es sein?

Und dann hörst du zum ersten Mal nach zwölf Jahren seine Stimme. Er *ist* es. *Er ist deinetwegen zurückgekommen*, rufst du in Gedanken, während er gleichzeitig sagt, *Wynton, bitte komm zu uns zurück.*

Oh, du musst ihn sehen! Inzwischen ist es dir egal, dass er nicht dein richtiger Vater ist, in deinen Erinnerungen ist er immer noch dein Vater, in deinem Herzen. Du bringst all deine Kraft auf, um ein Augenlid zu öffnen, aber du schaffst es nicht.

Du bist so unendlich nah dran, zu deiner Familie zurückzukehren, in diese beschissene, wunderliche Welt, zu all dem prächtigen Lärm, aber du bekommst die Augen nicht auf, so sehr du es auch versuchst, bis du von Blumenduft überwältigt wirst – Cassidy!

Du hörst sie rufen: »Wynton und ich sind nicht miteinander verwandt!«

Und dann, was ist das?

Was ist das?

Eine Hand – *ihre* Hand! – streicht zärtlich über deine Stirn, deine Wange, landet dann auf deinen Fingern, und du weißt das, weil du es *fühlen* kannst, was bedeutet, du bist zurück. Du bist zurück! Wenn du die Augen öffnest, wirst du Cassidy sehen – Kaskaden von Schönheit – und deinen Bruder, der dir verzeiht, und deine Mutter und deine kleine Schwester, die dich von ganzem Herzen lieben, einfach so. Du wirst deinen Vater Theo sehen, der gegangen ist, und deinen Vater Clive, der geblieben ist – gut möglich, dass du all die Jahre sein Trompetenspiel gehört hast, denn dir ist gerade eingefallen, dass er derjenige ist und nicht der andere Mann, der dir das größte Geschenk deines Lebens gemacht hat: die Fähigkeit, Musik zu machen.

Ohne einen Gedanken daran zu verschwenden, hast du nun zugesehen, wie sich die Welt immer mehr von dir entfernt hat, bis diese Menschen, *deine* Menschen, sie zurückgezerrt haben. Für dich. Das ist dann wohl die Frequenz der göttlichen Harmonie.

Du weißt, direkt auf der anderen Seite deiner Augenlider liegen sagenhafte Tage vor dir, die glockenrein erklingen werden und Nächte, die dich durch Lieder begleiten werden, denen nichts als Traurigkeit innewohnt. Du wirst da sein, für jedes kleine bisschen, jeden einzelnen Ton.

Nur noch nicht.

Cassidy hält deine Hand, und du weißt, dass sie sich über dich beugt, weil ihre Haarpracht über deinen Hals und dein Gesicht wallt und dich kitzelt. Du bietest all deine Kraft auf, deine Lebenskraft, und drückst ihre Hand, um ihr zu sagen Ja und Ja und noch einmal Ja und dann, mit geschlossenen Augen, flüsterst du nur für ihre Ohren: »Näher« und sie versteht, denn eure Lippen haben sich gefunden – eure Münder! – und sie zu küssen, ist Beethovens verdammte 5., und du willst nie wieder aufhören, willst nicht, wirst nie aufhören, dieses Mädchen zu lieben. Dieses Mädchen, das eine Sonne in deine Brust gepflanzt hat. Dieses Mädchen, das dich ins Leben zurückgeholt hat, Wort für Wort, mit dem vollen Orchester ihres Wesens, ihrer Geschichte, und dich nun mit diesem Kuss verwandelt, in Licht, in Musik, in dich selbst.

Du merkst, dass du deinen rechten Arm heben kannst, obwohl er schwer ist und vermutlich eingegipst, und als du das tust, um ihn sanft auf Cassidys Rücken zu legen, sie noch näher an dich ranzuziehen, näher näher näher, bricht der Raum in wildes Geschrei aus und die Welt, in der ihr alle zusammen seid, kippt, und ausnahmsweise einmal ist es Freude und nichts als Freude, die überläuft.

DER STAMMBAUM DER FAMILIE FALL

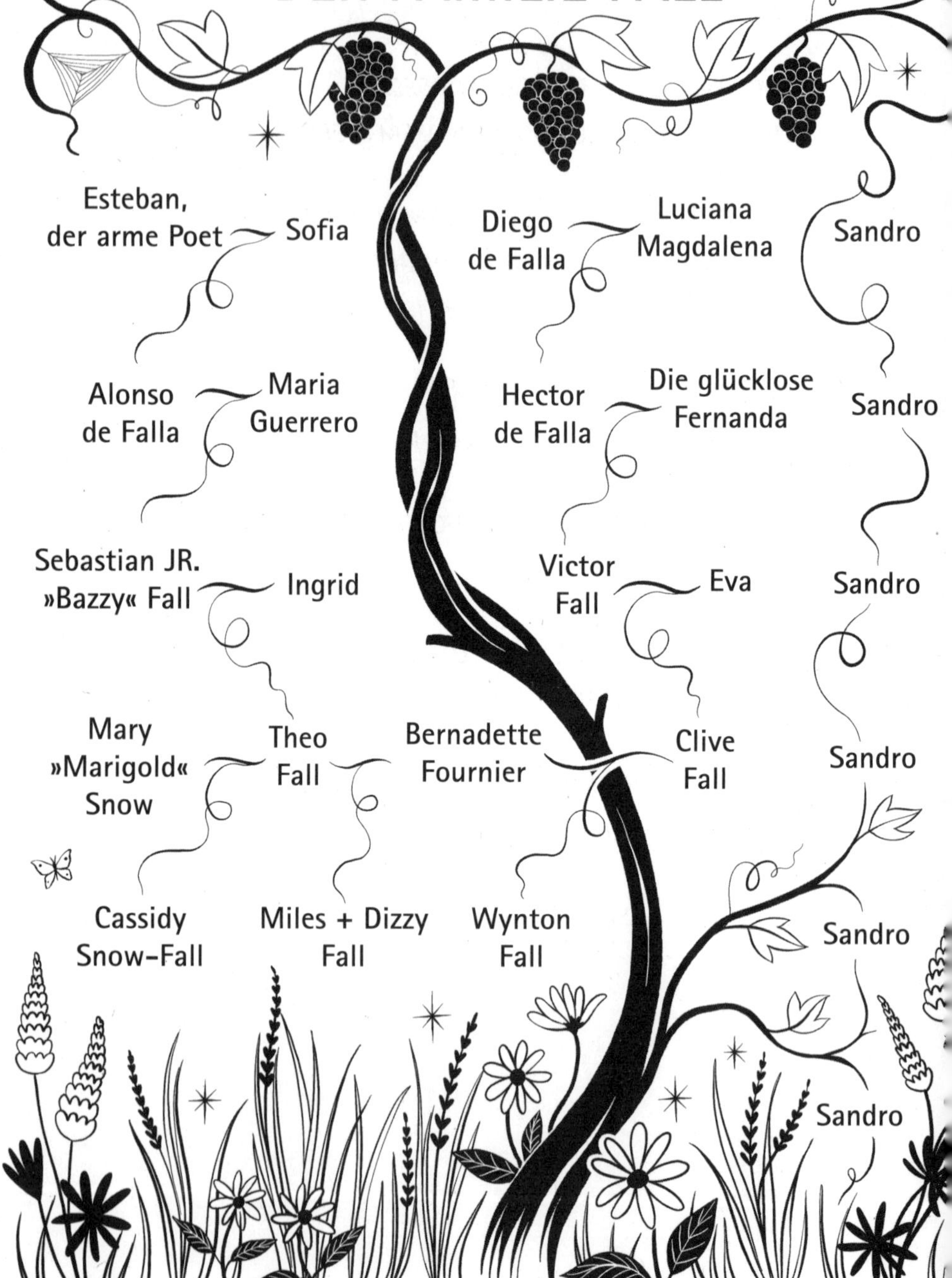

Die erste Mahlzeit, die Theo Fall im The Blue Spoonful isst

AMUSE-BOUCHE: AUSTERN MIT SEEIGEL, ZITRONENPERLEN UND SCHWARZEM PFEFFER

VORSPEISE: EIN TURM AUS JAKOBSMUSCHELN, GURKEN, NEKTARINEN, ABGERUNDET MIT KARDAMOM UND MEERRETTICH

HAUPTSPEISE: ZARTES BRATHÄHNCHEN IN HOLUNDERSAFT MIT OLIVEN UND KAPERN

NACHTISCH NR. 1: ANNIES SCHOKOLADEN-ESSIG-KUCHEN

NACHTISCH NR. 2: DIZZYS BLÜTEN-CRÊPES MIT LAVENDELCREME

DAZU: EIN PINOT NOIR VON EINEM WEINGUT AUS DER NÄHE, DAS SECOND CHANCE HEISST.

DANKSAGUNG

Vor Jahren hat eine befreundete Autorin zu mir gesagt, einen Roman zu schreiben sei so, als würde man versuchen, eine Steppdecke von der Größe eines Footballfeldes in einen winzigen Briefumschlag zu stecken. Als ich *Wenn unsere Welt kippt* geschrieben habe, hat es sich oft so angefühlt, als wäre die Steppdecke so groß wie ein Kontinent. Ohne die einfühlsame, leidenschaftliche und enthusiastische Unterstützung so vieler Menschen wäre ich nie fertig geworden.

Ich will meinen Leser*innen bei Pippin Properties, Inc. danken: Holly McGhee, Marissa Brown, Julia Ermi, Jason Ajas Steiner, Morgan Hughes, die gelesen und wieder gelesen haben, die sich auf meinen Text eingelassen haben, deren Erkenntnisse genial waren und immer ehrlich und ins Schwarze getroffen haben, egal zu welchem Zeitpunkt. Ich will auch allen Pippins – dazu gehören auch Elena Giovinazzo, Ashley Valentine und die großartigen Praktikantinnen – für alles danken, was sie mit so viel Sachverstand, Begeisterung, Einsatz, Kompetenz und Freude tun. Und besonders meiner witzigen, leidenschaftlichen, unbeugsamen Literaturagentin und lieben Freundin Holly McGhee, die sich mit Herz und Seele der Kunst und dem Leben widmet. Sie ist ihr eigener Horizont.

Ich bin meiner fantastischen Lektorin Jessica Dandino Garrison unendlich dankbar, sie ist meine Kampfgenossin, die ich anbete und der ich von ganzem Herzen vertraue. Sie hat zusammen mit mir in dieser Geschichte gelebt und war im Laufe des Lektorats brillant, enthusiastisch, offen, ausdauernd, freundlich und hat mich mit ihrer Freude für Wörter und Geschichten aufgebaut und inspiriert. Ich will auch allen anderen bei Penguin Young Readers danken, für ihre Unterstützung und Geduld, in den Jahren, in denen ich geschrieben habe, sowie für ihre große Leidenschaft und ihren Einsatz, als dieser Roman schließlich fertig war. Ihr seid ein außergewöhnliches Team, und es ist mir eine große Freude und Ehre, Teil davon zu sein. Ihr gebt mir immer das Gefühl, zu Hause zu sein. Ich schulde absolut allen dort so viel Dankbarkeit: Jen Loja, Jen Klonsky, Nancy Mercado, Felicity Vallence, Lizzie Goodell, Emily Romero, Jocelyn Schmid, Christina Colangelo, Carmela Iaria, Venessa Carson, Shanta Newlin, Lauri Hornik, Lindsay Boggs, Squish Pruitt, Lathea Mondesir, Alex Garber, James Akinaka, Jayne Ziemba, Regina Castillo, Kenny Young, Jenn Ridgway, Tabitha Dulla, Shannon Spann, Jenny Kelly, die mit ganzem Herzen diese atemberaubenden Seiten gestaltet hat und Theresa Evangelista, die das Cover der Originalausgabe gemacht hat, das ich so sehr liebe, dass ich es aufessen will. Danke auch an Jessica Cruickshank für ihre wunderschönen Illustrationen, die die Geschichte so bereichern.

Meine Dankbarkeit gilt auch dem unglaublichen Team von Rights People im Vereinigten Königreich, weil sie dafür gesorgt haben, dass meine Geschichten auf der ganzen Welt gelesen werden. Ihr seid einzigartig, und es ist ein wahres Glück, dass ich mit euch zusammenarbeite. Dank an: Alex Devlin, Harim Yim, Claudia Galluzi, Amy Threadgold, Charlotte Bodman, Hannah Whitaker, Annie Blombach. Ein Dank auch an das gesamte fantastische Team von Walker Books in Großbritannien und Australien/Neuseeland für ihre Unterstützung, Begeisterung und ihren Einfallsreichtum. Und ein besonderer Dank an meine wunderbaren britischen Lektorinnen: Jane Winterbotham, Frances Taffinder und meine frühere Lektorin Annalie Grainger. Ich danke auch meiner deutschen Lektorin Birte Hecker, die eine Freundin geworden ist, so wie all meinen Lektor*innen, Übersetzer*innen und Verleger*innen weltweit. Ich kann euch gar nicht sagen, wie viel es mir bedeutet, dass meine Figuren in euren Sprachen zum Leben erweckt werden. Auch meinen Hörbuchverlegern bei Brilliance und Listening Library möchte ich meinen Dank aussprechen sowie den begabten Schauspielerinnen und Schauspielern, die sie eingelesen haben.

Ebenso wie dem fabelhaften Team Diane Gold und Sarah Lerner für ihre Klugheit, Kompetenz und Freundschaft und meiner wunderbaren Filmagentin Dana Spector bei CAA.

Dafür, dass sie am Anfang, als dieser Roman noch eine Steppdecke von der Größe eines Kontinents war, mit so scharfem Verstand mitgelesen haben, möchte ich Tim Wynn-Jones und Brent Hartinger danken und denen, die später dazugestoßen sind, nämlich: Patricia Nelson, Carol Nelson, Marianna Baer, Nina LaCour und meiner wunderbaren Mutter Edie Block.

Besonders meiner Freundin, der unglaublichen Autorin und Lektorin Marianna Baer möchte ich danken, die sich jahrelang mit mir über die Geschichte unterhalten hat und deren Brillanz und herzhaftes Gelächter mich bereichert haben. Ohne dich könnte ich es nicht ertragen, zu schreiben und Bücher zu verlegen.

Ein Dank auch an die Ärztinnen Anne und Maggie, die mir mit meinem Komapatienten geholfen haben und an Dr. Bautista für die Hilfe bei Augenkrankheiten.

Ein riesiges, herzliches Dankeschön an alle Buchhändler*innen, Bibliothekar*innen und an alle Lehrenden, die sich in dieser schrecklichen Zeit, in der Bücher verbannt werden, dafür einsetzen, dass junge Menschen den Zugang zu den richtigen Büchern bekommen. Ihr seid alle Heldinnen und Helden.

Es war nicht einfach, diesen Roman zu schreiben, und in mehrfacher Hinsicht waren es auch schwierige Jahre. Ich will meiner Familie für all die Liebe, Unterstützung und die ausgelassenen

Feiern danken, für die Martini-Abendessen, dafür, dass sie das Leben feiern, egal, was sonst noch los ist. Ein Dank an meine mehr als großherzige und wahnsinnig komische Mutter – mir fehlen die Worte für die Wertschätzung, die ich für sie empfinde, sie ist das Herz außerhalb meines Körpers. Mein Vater ist gestorben, während ich dieses Buch geschrieben habe, und er wird immer bei mir und in meinen Worten sein – und ziemlich sicher auch in dem Strauß getrockneter gelber Rosen, mit dem ich mich unterhalte, wenn ich ihn zu sehr vermisse. Ganz viel Liebe auch an meine Stiefmutter Carol, die ein leuchtender Meteor am Himmel ist, an die besten Brüder und Kumpel auf dieser Welt, Bruce und Bobby, die dafür sorgen, dass ich geerdet bleibe und die ich unendlich liebe, die mich immer zum Lachen bringen und für die ich jeden Tag dankbar bin – was für ein Glück haben wir doch, dass wir das alles gemeinsam durchmachen, nicht wahr? An Pat und Monica, meine geliebten Wahnsinnsschwestern, an meine Nichte Lena, die ein fröhliches Energiebündel ist, meinen liebenswerten und mitfühlenden Neffen Jake, den mutigsten Menschen, den ich kenne, und an den klugen und herzensguten Adam, der mir so sehr fehlt. Ein großer Dank geht auch an Rick und Patricia, an Andy, Sarah, Alyssa und Lindsay, an Jeff und Deborah und für immer und ewig an Michele. Alles Liebe an Paul, der irgendwie immer im Moment lebt und gleichzeitig ganz und gar in den Wolken schwebt, für seine unvergleichliche Lebensfreude, schöne Gespräche und Feiern. Für Mark, seine Freude, sein weiches Herz in Bezug auf vergangene und zukünftige Tage. Und alles Liebe auch an die erweiterte Familie: die Greens, die Blocks, die Shumans, die Routhiers, die Feuerwerkers.

Ich glaube, der glücklichste Teil meines Lebens ist, dass ich seit vielen Jahrzehnten eine zweite Familie aus Freundinnen und Freunden habe, ohne die ich nicht leben könnte, die mein Leben mit Leben erfüllen und mit Freude, Hoffnung, Heiterkeit, Sicherheit, Kontinuität. Ich glaube, wir sind vielleicht alle Bäume, deren Wurzeln sich unter der Erde miteinander verbunden haben. Meine ganze Liebe geht für immer an Anne, Ami, Becky, Emily, Jeremy, Julie, Larry, James, Maggie, Mo, Simone, Sarah, Alex, Zoe, Tim, Jeff, Dave, Matt und die Kinder: Ila, Jo, Lucas, Sora, Siena, Sam, Jules, Prudence.

Und für immer und ewig an Barbie, Stacy und James.

Auch meiner geschätzten Haus-Familie möchte ich danken: Nina, Kristyn, Juju, Luka und Mazie. Ich bin so froh, mit euch in diesem Zauberkreis zu wohnen, mit euch die Tage zu teilen, die Blumen, die Abendessen, die Whist-Spiele, die Cocktails, das Heulen im Wind, sogar die geplatzten Rohre. Ich trage euch alle für immer in meinem Herzen.

Meinen vielen Freundinnen und Freunden sowie den Lehrenden am Vermont College of Fine Arts schulde ich auch so viel Dankbarkeit, dafür, dass sie meinen Lebensweg so beeinflusst haben. Das Gleiche gilt für meine Englischlehrer*innen und Literaturprofessor*innen über die Jahre. Und für meinen Freundeskreis aus Autor*innen.

Ein großer Dank an MacDowell für das Stipendium, dass mir die Möglichkeit gegeben hat, sechs magische, zeitlose Wochen durch die Wälder im Mondlicht zu spazieren und diesen Roman fertigzuschreiben. Die Zeit, die ich mit allen, die ich dort kennengelernt habe, verbracht habe, war so bezaubernd, dass ich gerne alle erwähnen würde, aber es waren einfach zu viele wunderbare Menschen, sodass ich nur Ingrid und Victor beim Namen nenne.

Allen Menschen, die ich genannt habe und so vielen weiteren, die nicht genannt wurden, bin ich so dankbar dafür, dass wir dieses Leben gemeinsam miteinander verbringen, dass euretwegen, wenn die Welt kippt, für mich nichts als Freude überläuft.

Es ist geradezu absurd, wie sehr ich euch alle liebe.